·最新·

商业保险

法规汇编

法律出版社法规中心 编

法律出版社
LAW PRESS·CHINA
北京

图书在版编目(CIP)数据

最新商业保险法规汇编 / 法律出版社法规中心编. -- 北京 : 法律出版社, 2022
ISBN 978-7-5197-7224-6

Ⅰ. ①最… Ⅱ. ①法… Ⅲ. ①商业保险-保险法-汇编-中国 Ⅳ. ①D922.284.9

中国版本图书馆 CIP 数据核字(2022)第 197810 号

最新商业保险法规汇编
ZUI XIN SHANGYE BAOXIAN FAGUI HUIBIAN
法律出版社法规中心 编
责任编辑 冯高琼
装帧设计 李 瞻

出版发行 法律出版社
编辑统筹 法规出版分社
责任校对 张红蕊
责任印制 耿润瑜
经　　销 新华书店
开本 A5
印张 19.5　**字数** 654 千
版本 2022 年 11 月第 1 版
印次 2022 年 11 月第 1 次印刷
印刷 北京中科印刷有限公司

地址:北京市丰台区莲花池西里 7 号(100073)
网址:www.lawpress.com.cn
投稿邮箱:info@lawpress.com.cn
举报盗版邮箱:jbwq@lawpress.com.cn
销售电话:010-83938349
客服电话:010-83938350
咨询电话:010-63939796

书号:ISBN 978-7-5197-7224-6
定价:59.00 元
凡购买本社图书,如有印装错误,我社负责退换。电话:010-83938349

目　录

一、综　合

二、保险公司及专业人员管理规定

1. 保险公司相关规定

三、保险经营规则

四、保险业监督管理

五、法律责任

一、综　　合

中华人民共和国保险法

1. 1995年6月30日第八届全国人民代表大会常务委员会第十四次会议通过
2. 根据2002年10月28日第九届全国人民代表大会常务委员会第三十次会议《关于修改〈中华人民共和国保险法〉的决定》第一次修正
3. 2009年2月28日第十一届全国人民代表大会常务委员会第七次会议修订
4. 根据2014年8月31日第十二届全国人民代表大会常务委员会第十次会议《关于修改〈中华人民共和国保险法〉等五部法律的决定》第二次修正
5. 根据2015年4月24日第十二届全国人民代表大会常务委员会第十四次会议《关于修改〈中华人民共和国计量法〉等五部法律的决定》第三次修正

目　　录

第一章　总　　则

第一条　**【立法目的】**[①] 为了规范保险活动，保护保险活动当事人的合法权益，

① 条文主旨为编者所加，供参考，下同。

加强对保险业的监督管理，维护社会经济秩序和社会公共利益，促进保险事业的健康发展，制定本法。

第二条　【保险的定义】本法所称保险，是指投保人根据合同约定，向保险人支付保险费，保险人对于合同约定的可能发生的事故因其发生所造成的财产损失承担赔偿保险金责任，或者当被保险人死亡、伤残、疾病或者达到合同约定的年龄、期限等条件时承担给付保险金责任的商业保险行为。

第三条　【适用范围】在中华人民共和国境内从事保险活动，适用本法。

第四条　【合法原则】从事保险活动必须遵守法律、行政法规，尊重社会公德，不得损害社会公共利益。

第五条　【诚实信用原则】保险活动当事人行使权利、履行义务应当遵循诚实信用原则。

第六条　【专营原则】保险业务由依照本法设立的保险公司以及法律、行政法规规定的其他保险组织经营，其他单位和个人不得经营保险业务。

第七条　【强制境内保险原则】在中华人民共和国境内的法人和其他组织需要办理境内保险的，应当向中华人民共和国境内的保险公司投保。

第八条　【分业经营原则】保险业和银行业、证券业、信托业实行分业经营、分业管理，保险公司与银行、证券、信托业务机构分别设立。国家另有规定的除外。

第九条　【保险业的监管】国务院保险监督管理机构依法对保险业实施监督管理。

国务院保险监督管理机构根据履行职责的需要设立派出机构。派出机构按照国务院保险监督管理机构的授权履行监督管理职责。

第二章　保 险 合 同

第一节　一 般 规 定

第十条　【保险合同、投保人以及保险人的定义】保险合同是投保人与保险人约定保险权利义务关系的协议。

投保人是指与保险人订立保险合同，并按照合同约定负有支付保险费义务的人。

保险人是指与投保人订立保险合同，并按照合同约定承担赔偿或者给付保险金责任的保险公司。

第十一条　【公平原则、自愿原则】订立保险合同，应当协商一致，遵循公平原则确定各方的权利和义务。

除法律、行政法规规定必须保险的外，保险合同自愿订立。

第十二条　【保险利益原则】人身保险的投保人在保险合同订立时，对被保险人应当具有保险利益。

财产保险的被保险人在保险事故发生时，对保险标的应当具有保险利益。

人身保险是以人的寿命和身体为保险标的的保险。

财产保险是以财产及其有关利益为保险标的的保险。

被保险人是指其财产或者人身受保险合同保障，享有保险金请求权的人。投保人可以为被保险人。

保险利益是指投保人或者被保险人对保险标的具有的法律上承认的利益。

第十三条　【保险合同的成立与生效】投保人提出保险要求，经保险人同意承保，保险合同成立。保险人应当及时向投保人签发保险单或者其他保险凭证。

保险单或者其他保险凭证应当载明当事人双方约定的合同内容。当事人也可以约定采用其他书面形式载明合同内容。

依法成立的保险合同，自成立时生效。投保人和保险人可以对合同的效力约定附条件或者附期限。

第十四条　【保险责任的开始】保险合同成立后，投保人按照约定交付保险费，保险人按照约定的时间开始承担保险责任。

第十五条　【保险合同的解除权】除本法另有规定或者保险合同另有约定外，保险合同成立后，投保人可以解除合同，保险人不得解除合同。

第十六条　【投保人的告知义务与不可抗辩条款】订立保险合同，保险人就保险标的或者被保险人的有关情况提出询问的，投保人应当如实告知。

投保人故意或者因重大过失未履行前款规定的如实告知义务，足以影响保险人决定是否同意承保或者提高保险费率的，保险人有权解除合同。

前款规定的合同解除权，自保险人知道有解除事由之日起，超过三十日不行使而消灭。自合同成立之日起超过二年的，保险人不得解除合同；发生保险事故的，保险人应当承担赔偿或者给付保险金的责任。

投保人故意不履行如实告知义务的，保险人对于合同解除前发生的保险事故，不承担赔偿或者给付保险金的责任，并不退还保险费。

投保人因重大过失未履行如实告知义务，对保险事故的发生有严重影响的，保险人对于合同解除前发生的保险事故，不承担赔偿或者给付保险金的责任，但应当退还保险费。

保险人在合同订立时已经知道投保人未如实告知的情况的，保险人不得解除合同；发生保险事故的，保险人应当承担赔偿或者给付保险金的责任。

保险事故是指保险合同约定的保险责任范围内的事故。

第十七条 【保险合同格式条款的说明义务与免责条款的无效】订立保险合同，采用保险人提供的格式条款的，保险人向投保人提供的投保单应当附格式条款，保险人应当向投保人说明合同的内容。

对保险合同中免除保险人责任的条款，保险人在订立合同时应当在投保单、保险单或者其他保险凭证上作出足以引起投保人注意的提示，并对该条款的内容以书面或者口头形式向投保人作出明确说明；未作提示或者明确说明的，该条款不产生效力。

第十八条 【基本条款应载明的事项】保险合同应当包括下列事项：

（一）保险人的名称和住所；

（二）投保人、被保险人的姓名或者名称、住所，以及人身保险的受益人的姓名或者名称、住所；

（三）保险标的；

（四）保险责任和责任免除；

（五）保险期间和保险责任开始时间；

（六）保险金额；

（七）保险费以及支付办法；

（八）保险金赔偿或者给付办法；

（九）违约责任和争议处理；

（十）订立合同的年、月、日。

投保人和保险人可以约定与保险有关的其他事项。

受益人是指人身保险合同中由被保险人或者投保人指定的享有保险金请求权的人。投保人、被保险人可以为受益人。

保险金额是指保险人承担赔偿或者给付保险金责任的最高限额。

第十九条 【无效的格式条款】采用保险人提供的格式条款订立的保险合同中的下列条款无效：

（一）免除保险人依法应承担的义务或者加重投保人、被保险人责任的；

（二）排除投保人、被保险人或者受益人依法享有的权利的。

第二十条 【保险合同的变更及证明】投保人和保险人可以协商变更合同内容。

变更保险合同的，应当由保险人在保险单或者其他保险凭证上批注或者附贴批单，或者由投保人和保险人订立变更的书面协议。

第二十一条 【保险事故发生的通知义务及例外】投保人、被保险人或者受益人知道保险事故发生后，应当及时通知保险人。故意或者因重大过失未及时通知，致使保险事故的性质、原因、损失程度等难以确定的，保险人对无法确定的部分，不承担赔偿或者给付保险金的责任，但保险人通过其他途径已经及时知道或者应当及时知道保险事故发生的除外。

第二十二条　【协助理赔义务】保险事故发生后，按照保险合同请求保险人赔偿或者给付保险金时，投保人、被保险人或者受益人应当向保险人提供其所能提供的与确认保险事故的性质、原因、损失程度等有关的证明和资料。

保险人按照合同的约定，认为有关的证明和资料不完整的，应当及时一次性通知投保人、被保险人或者受益人补充提供。

第二十三条　【保险金的赔付义务与赔付程序】保险人收到被保险人或者受益人的赔偿或者给付保险金的请求后，应当及时作出核定；情形复杂的，应当在三十日内作出核定，但合同另有约定的除外。保险人应当将核定结果通知被保险人或者受益人；对属于保险责任的，在与被保险人或者受益人达成赔偿或者给付保险金的协议后十日内，履行赔偿或者给付保险金义务。保险合同对赔偿或者给付保险金的期限有约定的，保险人应当按照约定履行赔偿或者给付保险金义务。

保险人未及时履行前款规定义务的，除支付保险金外，应当赔偿被保险人或者受益人因此受到的损失。

任何单位和个人不得非法干预保险人履行赔偿或者给付保险金的义务，也不得限制被保险人或者受益人取得保险金的权利。

第二十四条　【保险人拒绝赔付的通知义务】保险人依照本法第二十三条的规定作出核定后，对不属于保险责任的，应当自作出核定之日起三日内向被保险人或者受益人发出拒绝赔偿或者拒绝给付保险金通知书，并说明理由。

第二十五条　【保险人的先行赔付义务】保险人自收到赔偿或者给付保险金的请求和有关证明、资料之日起六十日内，对其赔偿或者给付保险金的数额不能确定的，应当根据已有证明和资料可以确定的数额先予支付；保险人最终确定赔偿或者给付保险金的数额后，应当支付相应的差额。

第二十六条　【保险金请求权的诉讼时效】人寿保险以外的其他保险的被保险人或者受益人，向保险人请求赔偿或者给付保险金的诉讼时效期间为二年，自其知道或者应当知道保险事故发生之日起计算。

人寿保险的被保险人或者受益人向保险人请求给付保险金的诉讼时效期间为五年，自其知道或者应当知道保险事故发生之日起计算。

第二十七条　【保险人的合同解除权】未发生保险事故，被保险人或者受益人谎称发生了保险事故，向保险人提出赔偿或者给付保险金请求的，保险人有权解除合同，并不退还保险费。

投保人、被保险人故意制造保险事故的，保险人有权解除合同，不承担赔偿或者给付保险金的责任；除本法第四十三条规定外，不退还保险费。

保险事故发生后，投保人、被保险人或者受益人以伪造、变造的有关证明、资料或者其他证据，编造虚假的事故原因或者夸大损失程度的，保险人对其虚报的部分不承担赔偿或者给付保险金的责任。

投保人、被保险人或者受益人有前三款规定行为之一，致使保险人支付保险金或者支出费用的，应当退回或者赔偿。

第二十八条　【再保险的定义】保险人将其承担的保险业务，以分保形式部分转移给其他保险人的，为再保险。

应再保险接受人的要求，再保险分出人应当将其自负责任及原保险的有关情况书面告知再保险接受人。

第二十九条　【再保险合同的相对性】再保险接受人不得向原保险的投保人要求支付保险费。

原保险的被保险人或者受益人不得向再保险接受人提出赔偿或者给付保险金的请求。

再保险分出人不得以再保险接受人未履行再保险责任为由，拒绝履行或者迟延履行其原保险责任。

第三十条　【保险合同格式条款的解释规则】采用保险人提供的格式条款订立的保险合同，保险人与投保人、被保险人或者受益人对合同条款有争议的，应当按照通常理解予以解释。对合同条款有两种以上解释的，人民法院或者仲裁机构应当作出有利于被保险人和受益人的解释。

第二节　人身保险合同

第三十一条　【人身保险的保险利益及效力】投保人对下列人员具有保险利益：

（一）本人；

（二）配偶、子女、父母；

（三）前项以外与投保人有抚养、赡养或者扶养关系的家庭其他成员、近亲属；

（四）与投保人有劳动关系的劳动者。

除前款规定外，被保险人同意投保人为其订立合同的，视为投保人对被保险人具有保险利益。

订立合同时，投保人对被保险人不具有保险利益的，合同无效。

第三十二条　**【误告年龄的后果】**投保人申报的被保险人年龄不真实，并且其真实年龄不符合合同约定的年龄限制的，保险人可以解除合同，并按照合同约定退还保险单的现金价值。保险人行使合同解除权，适用本法第十六条第三款、第六款的规定。

投保人申报的被保险人年龄不真实，致使投保人支付的保险费少于应付保险费的，保险人有权更正并要求投保人补交保险费，或者在给付保险金时按照实付保险费与应付保险费的比例支付。

投保人申报的被保险人年龄不真实，致使投保人支付的保险费多于应付保险费的，保险人应当将多收的保险费退还投保人。

第三十三条　**【为无民事行为能力人投保死亡保险的禁止及例外】**投保人不得为无民事行为能力人投保以死亡为给付保险金条件的人身保险，保险人也不得承保。

父母为其未成年子女投保的人身保险，不受前款规定限制。但是，因被保险人死亡给付的保险金总和不得超过国务院保险监督管理机构规定的限额。

第三十四条　**【订立普通死亡保险合同的限制及其保单流转】**以死亡为给付保险金条件的合同，未经被保险人同意并认可保险金额的，合同无效。

按照以死亡为给付保险金条件的合同所签发的保险单，未经被保险人书面同意，不得转让或者质押。

父母为其未成年子女投保的人身保险，不受本条第一款规定限制。

第三十五条　**【保险费的支付方式】**投保人可以按照合同约定向保险人一次支付全部保险费或者分期支付保险费。

第三十六条　**【缴付保险费的宽限期及逾期缴付的后果】**合同约定分期支付保险费，投保人支付首期保险费后，除合同另有约定外，投保人自保险人催告之日起超过三十日未支付当期保险费，或者超过约定的期限六十日未支付当期保险费的，合同效力中止，或者由保险人按照合同约定的条件减少保险金额。

被保险人在前款规定期限内发生保险事故的，保险人应当按照合同约定给付保险金，但可以扣减欠交的保险费。

第三十七条　**【保险合同的复效及未复效的后果】**合同效力依照本法第三十六条规定中止的，经保险人与投保人协商并达成协议，在投保人补交保险费后，合同效力恢复。但是，自合同效力中止之日起满二年双方未达成协议的，保险人有权解除合同。

保险人依照前款规定解除合同的，应当按照合同约定退还保险单的现金价值。

第三十八条　【以诉讼方式请求人寿保险费的禁止】保险人对人寿保险的保险费，不得用诉讼方式要求投保人支付。

第三十九条　【受益人的指定】人身保险的受益人由被保险人或者投保人指定。

投保人指定受益人时须经被保险人同意。投保人为与其有劳动关系的劳动者投保人身保险，不得指定被保险人及其近亲属以外的人为受益人。

被保险人为无民事行为能力人或者限制民事行为能力人的，可以由其监护人指定受益人。

第四十条　【受益人的顺序及份额】被保险人或者投保人可以指定一人或者数人为受益人。

受益人为数人的，被保险人或者投保人可以确定受益顺序和受益份额；未确定受益份额的，受益人按照相等份额享有受益权。

第四十一条　【受益人的变更】被保险人或者投保人可以变更受益人并书面通知保险人。保险人收到变更受益人的书面通知后，应当在保险单或者其他保险凭证上批注或者附贴批单。

投保人变更受益人时须经被保险人同意。

第四十二条　【保险金作为被保险人遗产的情形】被保险人死亡后，有下列情形之一的，保险金作为被保险人的遗产，由保险人依照《中华人民共和国继承法》的规定履行给付保险金的义务：

（一）没有指定受益人，或者受益人指定不明无法确定的；

（二）受益人先于被保险人死亡，没有其他受益人的；

（三）受益人依法丧失受益权或者放弃受益权，没有其他受益人的。

受益人与被保险人在同一事件中死亡，且不能确定死亡先后顺序的，推定受益人死亡在先。

第四十三条　【故意造成保险事故的后果及受益权的丧失】投保人故意造成被保险人死亡、伤残或者疾病的，保险人不承担给付保险金的责任。投保人已交足二年以上保险费的，保险人应当按照合同约定向其他权利人退还保险单的现金价值。

受益人故意造成被保险人死亡、伤残、疾病的，或者故意杀害被保险人未遂的，该受益人丧失受益权。

第四十四条　【保险人的免责事由（一）被保险人自杀】以被保险人死亡为给付保险金条件的合同，自合同成立或者合同效力恢复之日起二年内，被保险人自杀的，保险人不承担给付保险金的责任，但被保险人自杀时为无民事行为能力人的除外。

保险人依照前款规定不承担给付保险金责任的，应当按照合同约定退还保险单的现金价值。

第四十五条 **【保险人的免责事由（二）被保险人犯罪】** 因被保险人故意犯罪或者抗拒依法采取的刑事强制措施导致其伤残或者死亡的，保险人不承担给付保险金的责任。投保人已交足二年以上保险费的，保险人应当按照合同约定退还保险单的现金价值。

第四十六条 **【人寿保险代位追偿权的禁止】** 被保险人因第三者的行为而发生死亡、伤残或者疾病等保险事故的，保险人向被保险人或者受益人给付保险金后，不享有向第三者追偿的权利，但被保险人或者受益人仍有权向第三者请求赔偿。

第四十七条 **【保单不丧失价值】** 投保人解除合同的，保险人应当自收到解除合同通知之日起三十日内，按照合同约定退还保险单的现金价值。

第三节 财产保险合同

第四十八条 **【保险利益的存在时间】** 保险事故发生时，被保险人对保险标的不具有保险利益的，不得向保险人请求赔偿保险金。

第四十九条 **【转让保险标的的效力】** 保险标的转让的，保险标的的受让人承继被保险人的权利和义务。

保险标的转让的，被保险人或者受让人应当及时通知保险人，但货物运输保险合同和另有约定的合同除外。

因保险标的转让导致危险程度显著增加的，保险人自收到前款规定的通知之日起三十日内，可以按照合同约定增加保险费或者解除合同。保险人解除合同的，应当将已收取的保险费，按照合同约定扣除自保险责任开始之日起至合同解除之日止应收的部分后，退还投保人。

被保险人、受让人未履行本条第二款规定的通知义务的，因转让导致保险标的危险程度显著增加而发生的保险事故，保险人不承担赔偿保险金的责任。

第五十条 **【运输类保险合同解除权的禁止】** 货物运输保险合同和运输工具航程保险合同，保险责任开始后，合同当事人不得解除合同。

第五十一条 **【维护保险标的的安全义务】** 被保险人应当遵守国家有关消防、安全、生产操作、劳动保护等方面的规定，维护保险标的的安全。

保险人可以按照合同约定对保险标的的安全状况进行检查，及时向投保人、被保险人提出消除不安全因素和隐患的书面建议。

投保人、被保险人未按照约定履行其对保险标的的安全应尽责任的，保险人有权要求增加保险费或者解除合同。

保险人为维护保险标的的安全，经被保险人同意，可以采取安全预防措施。

第五十二条　【危险程度增加的通知义务】在合同有效期内，保险标的的危险程度显著增加的，被保险人应当按照合同约定及时通知保险人，保险人可以按照合同约定增加保险费或者解除合同。保险人解除合同的，应当将已收取的保险费，按照合同约定扣除自保险责任开始之日起至合同解除之日止应收的部分后，退还投保人。

被保险人未履行前款规定的通知义务的，因保险标的的危险程度显著增加而发生的保险事故，保险人不承担赔偿保险金的责任。

第五十三条　【减收保险费的情形】有下列情形之一的，除合同另有约定外，保险人应当降低保险费，并按日计算退还相应的保险费：

（一）据以确定保险费率的有关情况发生变化，保险标的的危险程度明显减少的；

（二）保险标的的保险价值明显减少的。

第五十四条　【投保人的解除权及其效力】保险责任开始前，投保人要求解除合同的，应当按照合同约定向保险人支付手续费，保险人应当退还保险费。保险责任开始后，投保人要求解除合同的，保险人应当将已收取的保险费，按照合同约定扣除自保险责任开始之日起至合同解除之日止应收的部分后，退还投保人。

第五十五条　【定值与不定值保险以及超额与不足额保险的效力】投保人和保险人约定保险标的的保险价值并在合同中载明的，保险标的发生损失时，以约定的保险价值为赔偿计算标准。

投保人和保险人未约定保险标的的保险价值的，保险标的发生损失时，以保险事故发生时保险标的的实际价值为赔偿计算标准。

保险金额不得超过保险价值。超过保险价值的，超过部分无效，保险人应当退还相应的保险费。

保险金额低于保险价值的，除合同另有约定外，保险人按照保险金额与保险价值的比例承担赔偿保险金的责任。

第五十六条　【重复保险的定义及效力】重复保险的投保人应当将重复保险的有关情况通知各保险人。

重复保险的各保险人赔偿保险金的总和不得超过保险价值。除合同另有约定外，各保险人按照其保险金额与保险金额总和的比例承担赔偿保险金的责任。

重复保险的投保人可以就保险金额总和超过保险价值的部分，请求各保险人按比例返还保险费。

重复保险是指投保人对同一保险标的、同一保险利益、同一保险事故分别与两个以上保险人订立保险合同，且保险金额总和超过保险价值的保险。

第五十七条　【防止与减少保险标的损失的义务】保险事故发生时，被保险人应当尽力采取必要的措施，防止或者减少损失。

保险事故发生后，被保险人为防止或者减少保险标的的损失所支付的必要的、合理的费用，由保险人承担；保险人所承担的费用数额在保险标的损失赔偿金额以外另行计算，最高不超过保险金额的数额。

第五十八条　【保险标的部分损失时的合同解除权】保险标的发生部分损失的，自保险人赔偿之日起三十日内，投保人可以解除合同；除合同另有约定外，保险人也可以解除合同，但应当提前十五日通知投保人。

合同解除的，保险人应当将保险标的未受损失部分的保险费，按照合同约定扣除自保险责任开始之日起至合同解除之日止应收的部分后，退还投保人。

第五十九条　【保险标的的权利归属】保险事故发生后，保险人已支付了全部保险金额，并且保险金额等于保险价值的，受损保险标的的全部权利归于保险人；保险金额低于保险价值的，保险人按照保险金额与保险价值的比例取得受损保险标的的部分权利。

第六十条　【保险人代位权的行使】因第三者对保险标的的损害而造成保险事故的，保险人自向被保险人赔偿保险金之日起，在赔偿金额范围内代位行使被保险人对第三者请求赔偿的权利。

前款规定的保险事故发生后，被保险人已经从第三者取得损害赔偿的，保险人赔偿保险金时，可以相应扣减被保险人从第三者已取得的赔偿金额。

保险人依照本条第一款规定行使代位请求赔偿的权利，不影响被保险人就未取得赔偿的部分向第三者请求赔偿的权利。

第六十一条　【被保险人追偿权的放弃与限制】保险事故发生后，保险人未赔偿保险金之前，被保险人放弃对第三者请求赔偿的权利的，保险人不承担赔偿保险金的责任。

保险人向被保险人赔偿保险金后，被保险人未经保险人同意放弃对第三者请求赔偿的权利的，该行为无效。

被保险人故意或者因重大过失致使保险人不能行使代位请求赔偿的权利的，保险人可以扣减或者要求返还相应的保险金。

第六十二条　【保险人代位权行使的禁止】除被保险人的家庭成员或者其组成人员故意造成本法第六十条第一款规定的保险事故外，保险人不得对被保险人的家庭成员或者其组成人员行使代位请求赔偿的权利。

第六十三条　【被保险人对代位权行使的协助】保险人向第三者行使代位请求赔偿的权利时，被保险人应当向保险人提供必要的文件和所知道的有关情况。

第六十四条　【查明及确定保险事故费用的承担】保险人、被保险人为查明和确定保险事故的性质、原因和保险标的的损失程度所支付的必要的、合理的费用，由保险人承担。

第六十五条　【责任保险的定义、赔付及第三人的直接请求权】保险人对责任保险的被保险人给第三者造成的损害，可以依照法律的规定或者合同的约定，直接向该第三者赔偿保险金。

责任保险的被保险人给第三者造成损害，被保险人对第三者应负的赔偿责任确定的，根据被保险人的请求，保险人应当直接向该第三者赔偿保险金。被保险人怠于请求的，第三者有权就其应获赔偿部分直接向保险人请求赔偿保险金。

责任保险的被保险人给第三者造成损害，被保险人未向该第三者赔偿的，保险人不得向被保险人赔偿保险金。

责任保险是指以被保险人对第三者依法应负的赔偿责任为保险标的的保险。

第六十六条　【责任保险中保险人承担保险责任的范围】责任保险的被保险人因给第三者造成损害的保险事故而被提起仲裁或者诉讼的，被保险人支付的仲裁或者诉讼费用以及其他必要的、合理的费用，除合同另有约定外，由保险人承担。

第三章　保 险 公 司

第六十七条　【保险公司的设立申请与批准】设立保险公司应当经国务院保险监督管理机构批准。

国务院保险监督管理机构审查保险公司的设立申请时，应当考虑保险业的发展和公平竞争的需要。

第六十八条　【设立条件】设立保险公司应当具备下列条件：

（一）主要股东具有持续盈利能力，信誉良好，最近三年内无重大违法违规记录，净资产不低于人民币二亿元；

（二）有符合本法和《中华人民共和国公司法》规定的章程；

（三）有符合本法规定的注册资本；

（四）有具备任职专业知识和业务工作经验的董事、监事和高级管理人员；

（五）有健全的组织机构和管理制度；

（六）有符合要求的营业场所和与经营业务有关的其他设施；

（七）法律、行政法规和国务院保险监督管理机构规定的其他条件。

第六十九条　【注册资本】设立保险公司，其注册资本的最低限额为人民币二亿元。

国务院保险监督管理机构根据保险公司的业务范围、经营规模，可以调整其注册资本的最低限额，但不得低于本条第一款规定的限额。

保险公司的注册资本必须为实缴货币资本。

第七十条　【申请设立保险公司需提交的材料】申请设立保险公司，应当向国务院保险监督管理机构提出书面申请，并提交下列材料：

（一）设立申请书，申请书应当载明拟设立的保险公司的名称、注册资本、业务范围等；

（二）可行性研究报告；

（三）筹建方案；

（四）投资人的营业执照或者其他背景资料，经会计师事务所审计的上一年度财务会计报告；

（五）投资人认可的筹备组负责人和拟任董事长、经理名单及本人认可证明；

（六）国务院保险监督管理机构规定的其他材料。

第七十一条　【批准筹建保险公司的决定】国务院保险监督管理机构应当对设立保险公司的申请进行审查，自受理之日起六个月内作出批准或者不批准筹建的决定，并书面通知申请人。决定不批准的，应当书面说明理由。

第七十二条　【保险公司的筹建期间】申请人应当自收到批准筹建通知之日起一年内完成筹建工作；筹建期间不得从事保险经营活动。

第七十三条　【保险公司的开业申请与监管机构的决定】筹建工作完成后，申请人具备本法第六十八条规定的设立条件的，可以向国务院保险监督管理机构提出开业申请。

国务院保险监督管理机构应当自受理开业申请之日起六十日内，作出批准或者不批准开业的决定。决定批准的，颁发经营保险业务许可证；决定不批准的，应当书面通知申请人并说明理由。

第七十四条　【分支机构的设立批准机关与责任承担】保险公司在中华人民共和国境内设立分支机构，应当经保险监督管理机构批准。

保险公司分支机构不具有法人资格，其民事责任由保险公司承担。

第七十五条　【设立分支机构的申请与所需材料】保险公司申请设立分支机构，应当向保险监督管理机构提出书面申请，并提交下列材料：

（一）设立申请书；

（二）拟设机构三年业务发展规划和市场分析材料；

（三）拟任高级管理人员的简历及相关证明材料；

（四）国务院保险监督管理机构规定的其他材料。

第七十六条　【分支机构设立申请的审查与决定】保险监督管理机构应当对保险公司设立分支机构的申请进行审查，自受理之日起六十日内作出批准或者不批准的决定。决定批准的，颁发分支机构经营保险业务许可证；决定不批准的，应当书面通知申请人并说明理由。

第七十七条　【保险公司及分支机构的工商登记】经批准设立的保险公司及其分支机构，凭经营保险业务许可证向工商行政管理机关办理登记，领取营业执照。

第七十八条　【保险业经营许可证的失效】保险公司及其分支机构自取得经营保险业务许可证之日起六个月内，无正当理由未向工商行政管理机关办理登记的，其经营保险业务许可证失效。

第七十九条　【设立分支机构的批准机关】保险公司在中华人民共和国境外设立子公司、分支机构，应当经国务院保险监督管理机构批准。

第八十条　【外资保险机构之代表机构的设立及其限制】外国保险机构在中华人民共和国境内设立代表机构，应当经国务院保险监督管理机构批准。代表机构不得从事保险经营活动。

第八十一条　【保险公司高级管理人员的积极任职条件及范围】保险公司的董事、监事和高级管理人员，应当品行良好，熟悉与保险相关的法律、行政法规，具有履行职责所需的经营管理能力，并在任职前取得保险监督管理机构核准的任职资格。

保险公司高级管理人员的范围由国务院保险监督管理机构规定。

第八十二条　【保险公司高级管理人员的消极任职条件】有《中华人民共和国公司法》第一百四十六条规定的情形或者下列情形之一的，不得担任保险公司的董事、监事、高级管理人员：

（一）因违法行为或者违纪行为被金融监督管理机构取消任职资格的金融机构的董事、监事、高级管理人员，自被取消任职资格之日起未逾五年的；

（二）因违法行为或者违纪行为被吊销执业资格的律师、注册会计师或者资产评估机构、验证机构等机构的专业人员，自被吊销执业资格之日起未逾五年的。

第八十三条　**【保险公司高级管理人员的损害赔偿责任】**保险公司的董事、监事、高级管理人员执行公司职务时违反法律、行政法规或者公司章程的规定，给公司造成损失的，应当承担赔偿责任。

第八十四条　**【保险公司的变更事项及批准】**保险公司有下列情形之一的，应当经保险监督管理机构批准：

（一）变更名称；

（二）变更注册资本；

（三）变更公司或者分支机构的营业场所；

（四）撤销分支机构；

（五）公司分立或者合并；

（六）修改公司章程；

（七）变更出资额占有限责任公司资本总额百分之五以上的股东，或者变更持有股份有限公司股份百分之五以上的股东；

（八）国务院保险监督管理机构规定的其他情形。

第八十五条　**【保险公司精算报告制度与合规报告制度的建立】**保险公司应当聘用专业人员，建立精算报告制度和合规报告制度。

第八十六条　**【保险公司经营文件的报送与保证真实义务】**保险公司应当按照保险监督管理机构的规定，报送有关报告、报表、文件和资料。

保险公司的偿付能力报告、财务会计报告、精算报告、合规报告及其他有关报告、报表、文件和资料必须如实记录保险业务事项，不得有虚假记载、误导性陈述和重大遗漏。

第八十七条　**【保险公司的经营活动文件的保管义务及保管期限】**保险公司应当按照国务院保险监督管理机构的规定妥善保管业务经营活动的完整账簿、原始凭证和有关资料。

前款规定的账簿、原始凭证和有关资料的保管期限，自保险合同终止之日起计算，保险期间在一年以下的不得少于五年，保险期间超过一年的不得少于十年。

第八十八条 【保险公司对中介服务机构的聘请与解聘】保险公司聘请或者解聘会计师事务所、资产评估机构、资信评级机构等中介服务机构，应当向保险监督管理机构报告；解聘会计师事务所、资产评估机构、资信评级机构等中介服务机构，应当说明理由。

第八十九条 【保险公司的解散、解散清算及限制】保险公司因分立、合并需要解散，或者股东会、股东大会决议解散，或者公司章程规定的解散事由出现，经国务院保险监督管理机构批准后解散。

经营有人寿保险业务的保险公司，除因分立、合并或者被依法撤销外，不得解散。

保险公司解散，应当依法成立清算组进行清算。

第九十条 【保险公司的重整、和解及破产清算】保险公司有《中华人民共和国企业破产法》第二条规定情形的，经国务院保险监督管理机构同意，保险公司或者其债权人可以依法向人民法院申请重整、和解或者破产清算；国务院保险监督管理机构也可以依法向人民法院申请对该保险公司进行重整或者破产清算。

第九十一条 【保险公司破产后的清偿顺序】破产财产在优先清偿破产费用和共益债务后，按照下列顺序清偿：

（一）所欠职工工资和医疗、伤残补助、抚恤费用，所欠应当划入职工个人账户的基本养老保险、基本医疗保险费用，以及法律、行政法规规定应当支付给职工的补偿金；

（二）赔偿或者给付保险金；

（三）保险公司欠缴的除第（一）项规定以外的社会保险费用和所欠税款；

（四）普通破产债权。

破产财产不足以清偿同一顺序的清偿要求的，按照比例分配。

破产保险公司的董事、监事和高级管理人员的工资，按照该公司职工的平均工资计算。

第九十二条 【人寿保险业务的转让】经营有人寿保险业务的保险公司被依法撤销或者被依法宣告破产的，其持有的人寿保险合同及责任准备金，必须转让给其他经营有人寿保险业务的保险公司；不能同其他保险公司达成转让协议的，由国务院保险监督管理机构指定经营有人寿保险业务的保险公司接受转让。

转让或者由国务院保险监督管理机构指定接受转让前款规定的人寿保险

合同及责任准备金的，应当维护被保险人、受益人的合法权益。

第九十三条　【保险业务许可证的注销】保险公司依法终止其业务活动，应当注销其经营保险业务许可证。

第九十四条　【公司法的适用】保险公司，除本法另有规定外，适用《中华人民共和国公司法》的规定。

第四章　保险经营规则

第九十五条　【保险公司的业务范围】保险公司的业务范围：

（一）人身保险业务，包括人寿保险、健康保险、意外伤害保险等保险业务；

（二）财产保险业务，包括财产损失保险、责任保险、信用保险、保证保险等保险业务；

（三）国务院保险监督管理机构批准的与保险有关的其他业务。

保险人不得兼营人身保险业务和财产保险业务。但是，经营财产保险业务的保险公司经国务院保险监督管理机构批准，可以经营短期健康保险业务和意外伤害保险业务。

保险公司应当在国务院保险监督管理机构依法批准的业务范围内从事保险经营活动。

第九十六条　【再保险业务的经营范围】经国务院保险监督管理机构批准，保险公司可以经营本法第九十五条规定的保险业务的下列再保险业务：

（一）分出保险；

（二）分入保险。

第九十七条　【保险保证金的提取】保险公司应当按照其注册资本总额的百分之二十提取保证金，存入国务院保险监督管理机构指定的银行，除公司清算时用于清偿债务外，不得动用。

第九十八条　【责任准备金的提取】保险公司应当根据保障被保险人利益、保证偿付能力的原则，提取各项责任准备金。

保险公司提取和结转责任准备金的具体办法，由国务院保险监督管理机构制定。

第九十九条　【公积金的提取】保险公司应当依法提取公积金。

第一百条　【保险保障基金的缴纳、使用及筹集】保险公司应当缴纳保险保障基金。

保险保障基金应当集中管理，并在下列情形下统筹使用：

（一）在保险公司被撤销或者被宣告破产时，向投保人、被保险人或者受益人提供救济；

（二）在保险公司被撤销或者被宣告破产时，向依法接受其人寿保险合同的保险公司提供救济；

（三）国务院规定的其他情形。

保险保障基金筹集、管理和使用的具体办法，由国务院制定。

第一百零一条 【最低偿付能力的保证】保险公司应当具有与其业务规模和风险程度相适应的最低偿付能力。保险公司的认可资产减去认可负债的差额不得低于国务院保险监督管理机构规定的数额；低于规定数额的，应当按照国务院保险监督管理机构的要求采取相应措施达到规定的数额。

第一百零二条 【自留保险费的限额】经营财产保险业务的保险公司当年自留保险费，不得超过其实有资本金加公积金总和的四倍。

第一百零三条 【最大赔偿责任及分保】保险公司对每一危险单位，即对一次保险事故可能造成的最大损失范围所承担的责任，不得超过其实有资本金加公积金总和的百分之十；超过的部分应当办理再保险。

保险公司对危险单位的划分应当符合国务院保险监督管理机构的规定。

第一百零四条 【危险单位的计算】保险公司对危险单位的划分方法和巨灾风险安排方案，应当报国务院保险监督管理机构备案。

第一百零五条 【依法办理再保险】保险公司应当按照国务院保险监督管理机构的规定办理再保险，并审慎选择再保险接受人。

第一百零六条 【资金运用原则及形式】保险公司的资金运用必须稳健，遵循安全性原则。

保险公司的资金运用限于下列形式：

（一）银行存款；

（二）买卖债券、股票、证券投资基金份额等有价证券；

（三）投资不动产；

（四）国务院规定的其他资金运用形式。

保险公司资金运用的具体管理办法，由国务院保险监督管理机构依照前两款的规定制定。

第一百零七条 【保险资产管理公司的设立及活动原则】经国务院保险监督管理机构会同国务院证券监督管理机构批准，保险公司可以设立保险资产管理公司。

保险资产管理公司从事证券投资活动，应当遵守《中华人民共和国证券法》等法律、行政法规的规定。

保险资产管理公司的管理办法，由国务院保险监督管理机构会同国务院有关部门制定。

第一百零八条 【关联交易的管理与信息披露】保险公司应当按照国务院保险监督管理机构的规定，建立对关联交易的管理和信息披露制度。

第一百零九条 【利用关联关系损害公司利益行为的禁止】保险公司的控股股东、实际控制人、董事、监事、高级管理人员不得利用关联交易损害公司的利益。

第一百一十条 【重大事项的披露义务】保险公司应当按照国务院保险监督管理机构的规定，真实、准确、完整地披露财务会计报告、风险管理状况、保险产品经营情况等重大事项。

第一百一十一条 【保险销售人员的任职能力】保险公司从事保险销售的人员应当品行良好，具有保险销售所需的专业能力。保险销售人员的行为规范和管理办法，由国务院保险监督管理机构规定。

第一百一十二条 【保险代理人的登记管理】保险公司应当建立保险代理人登记管理制度，加强对保险代理人的培训和管理，不得唆使、诱导保险代理人进行违背诚信义务的活动。

第一百一十三条 【保险业务许可证的合法使用义务】保险公司及其分支机构应当依法使用经营保险业务许可证，不得转让、出租、出借经营保险业务许可证。

第一百一十四条 【保险条款与费率的拟订原则】保险公司应当按照国务院保险监督管理机构的规定，公平、合理拟订保险条款和保险费率，不得损害投保人、被保险人和受益人的合法权益。

保险公司应当按照合同约定和本法规定，及时履行赔偿或者给付保险金义务。

第一百一十五条 【不正当竞争的禁止】保险公司开展业务，应当遵循公平竞争的原则，不得从事不正当竞争。

第一百一十六条 【保险公司及工作人员从事保险业务时的禁止行为】保险公司及其工作人员在保险业务活动中不得有下列行为：

（一）欺骗投保人、被保险人或者受益人；

（二）对投保人隐瞒与保险合同有关的重要情况；

（三）阻碍投保人履行本法规定的如实告知义务，或者诱导其不履行本法规定的如实告知义务；

（四）给予或者承诺给予投保人、被保险人、受益人保险合同约定以外的保险费回扣或者其他利益；

（五）拒不依法履行保险合同约定的赔偿或者给付保险金义务；

（六）故意编造未曾发生的保险事故、虚构保险合同或者故意夸大已经发生的保险事故的损失程度进行虚假理赔，骗取保险金或者牟取其他不正当利益；

（七）挪用、截留、侵占保险费；

（八）委托未取得合法资格的机构从事保险销售活动；

（九）利用开展保险业务为其他机构或者个人牟取不正当利益；

（十）利用保险代理人、保险经纪人或者保险评估机构，从事以虚构保险中介业务或者编造退保等方式套取费用等违法活动；

（十一）以捏造、散布虚假事实等方式损害竞争对手的商业信誉，或者以其他不正当竞争行为扰乱保险市场秩序；

（十二）泄露在业务活动中知悉的投保人、被保险人的商业秘密；

（十三）违反法律、行政法规和国务院保险监督管理机构规定的其他行为。

第五章　保险代理人和保险经纪人

第一百一十七条　【保险代理人的定义】保险代理人是根据保险人的委托，向保险人收取佣金，并在保险人授权的范围内代为办理保险业务的机构或者个人。

保险代理机构包括专门从事保险代理业务的保险专业代理机构和兼营保险代理业务的保险兼业代理机构。

第一百一十八条　【保险经纪人的定义】保险经纪人是基于投保人的利益，为投保人与保险人订立保险合同提供中介服务，并依法收取佣金的机构。

第一百一十九条　【许可证、营业执照及工商登记】保险代理机构、保险经纪人应当具备国务院保险监督管理机构规定的条件，取得保险监督管理机构颁发的经营保险代理业务许可证、保险经纪业务许可证。

第一百二十条　【公司制保险专业代理机构、保险经纪人的设立条件】以公司形式设立保险专业代理机构、保险经纪人，其注册资本最低限额适用《中华人民共和国公司法》的规定。

国务院保险监督管理机构根据保险专业代理机构、保险经纪人的业务范围和经营规模，可以调整其注册资本的最低限额，但不得低于《中华人民共和国公司法》规定的限额。

保险专业代理机构、保险经纪人的注册资本或者出资额必须为实缴货币资本。

第一百二十一条 【保险专业代理机构、保险经纪人高管的任职积极条件】 保险专业代理机构、保险经纪人的高级管理人员，应当品行良好，熟悉保险法律、行政法规，具有履行职责所需的经营管理能力，并在任职前取得保险监督管理机构核准的任职资格。

第一百二十二条 【从业人员的能力要求】 个人保险代理人、保险代理机构的代理从业人员、保险经纪人的经纪从业人员，应当品行良好，具有从事保险代理业务或者保险经纪业务所需的专业能力。

第一百二十三条 【经营场所、账簿记载】 保险代理机构、保险经纪人应当有自己的经营场所，设立专门账簿记载保险代理业务、经纪业务的收支情况。

第一百二十四条 【保证金的缴付与使用及职业责任保险】 保险代理机构、保险经纪人应当按照国务院保险监督管理机构的规定缴存保证金或者投保职业责任保险。

第一百二十五条 【个人保险代理的限制】 个人保险代理人在代为办理人寿保险业务时，不得同时接受两个以上保险人的委托。

第一百二十六条 【保险委托协议】 保险人委托保险代理人代为办理保险业务，应当与保险代理人签订委托代理协议，依法约定双方的权利和义务。

第一百二十七条 【有权代理的效力及表见代理】 保险代理人根据保险人的授权代为办理保险业务的行为，由保险人承担责任。

保险代理人没有代理权、超越代理权或者代理权终止后以保险人名义订立合同，使投保人有理由相信其有代理权的，该代理行为有效。保险人可以依法追究越权的保险代理人的责任。

第一百二十八条 【保险经纪人的赔偿责任】 保险经纪人因过错给投保人、被保险人造成损失的，依法承担赔偿责任。

第一百二十九条 【保险公估机构及其工作人员的责任】 保险活动当事人可以委托保险公估机构等依法设立的独立评估机构或者具有相关专业知识的人员，对保险事故进行评估和鉴定。

接受委托对保险事故进行评估和鉴定的机构和人员，应当依法、独立、客观、公正地进行评估和鉴定，任何单位和个人不得干涉。

前款规定的机构和人员，因故意或者过失给保险人或者被保险人造成损失的，依法承担赔偿责任。

第一百三十条 【保险佣金的支付对象】 保险佣金只限于向保险代理人、保险经纪人支付，不得向其他人支付。

第一百三十一条 **【保险代理人、保险经纪人及其从业人员的行为限制】**保险代理人、保险经纪人及其从业人员在办理保险业务活动中不得有下列行为：

（一）欺骗保险人、投保人、被保险人或者受益人；

（二）隐瞒与保险合同有关的重要情况；

（三）阻碍投保人履行本法规定的如实告知义务，或者诱导其不履行本法规定的如实告知义务；

（四）给予或者承诺给予投保人、被保险人或者受益人保险合同约定以外的利益；

（五）利用行政权力、职务或者职业便利以及其他不正当手段强迫、引诱或者限制投保人订立保险合同；

（六）伪造、擅自变更保险合同，或者为保险合同当事人提供虚假证明材料；

（七）挪用、截留、侵占保险费或者保险金；

（八）利用业务便利为其他机构或者个人牟取不正当利益；

（九）串通投保人、被保险人或者受益人，骗取保险金；

（十）泄露在业务活动中知悉的保险人、投保人、被保险人的商业秘密。

第一百三十二条 **【相关条款的适用】**本法第八十六条第一款、第一百一十三条的规定，适用于保险代理机构和保险经纪人。

第六章　保险业监督管理

第一百三十三条 **【保险业的监管机构、监管原则及目的】**保险监督管理机构依照本法和国务院规定的职责，遵循依法、公开、公正的原则，对保险业实施监督管理，维护保险市场秩序，保护投保人、被保险人和受益人的合法权益。

第一百三十四条 **【保险业监管行政规章的制定】**国务院保险监督管理机构依照法律、行政法规制定并发布有关保险业监督管理的规章。

第一百三十五条 **【特殊险种之条款与费率的监管原则及方式】**关系社会公众利益的保险险种、依法实行强制保险的险种和新开发的人寿保险险种等的保险条款和保险费率，应当报国务院保险监督管理机构批准。国务院保险监督管理机构审批时，应当遵循保护社会公众利益和防止不正当竞争的原则。其他保险险种的保险条款和保险费率，应当报保险监督管理机构备案。

保险条款和保险费率审批、备案的具体办法，由国务院保险监督管理机构依照前款规定制定。

第一百三十六条 **【违法使用条款与费率的责任】**保险公司使用的保险条款和

保险费率违反法律、行政法规或者国务院保险监督管理机构的有关规定的，由保险监督管理机构责令停止使用，限期修改；情节严重的，可以在一定期限内禁止申报新的保险条款和保险费率。

第一百三十七条　【偿付能力监管体系的建立】 国务院保险监督管理机构应当建立健全保险公司偿付能力监管体系，对保险公司的偿付能力实施监控。

第一百三十八条　【可以针对偿付能力不足的保险公司采取的措施】 对偿付能力不足的保险公司，国务院保险监督管理机构应当将其列为重点监管对象，并可以根据具体情况采取下列措施：

（一）责令增加资本金、办理再保险；

（二）限制业务范围；

（三）限制向股东分红；

（四）限制固定资产购置或者经营费用规模；

（五）限制资金运用的形式、比例；

（六）限制增设分支机构；

（七）责令拍卖不良资产、转让保险业务；

（八）限制董事、监事、高级管理人员的薪酬水平；

（九）限制商业性广告；

（十）责令停止接受新业务。

第一百三十九条　【保险公司未依法运用资金的责任】 保险公司未依照本法规定提取或者结转各项责任准备金，或者未依照本法规定办理再保险，或者严重违反本法关于资金运用的规定的，由保险监督管理机构责令限期改正，并可以责令调整负责人及有关管理人员。

第一百四十条　【保险公司的整顿条件、整顿组的构成及整顿公告】 保险监督管理机构依照本法第一百三十九条的规定作出限期改正的决定后，保险公司逾期未改正的，国务院保险监督管理机构可以决定选派保险专业人员和指定该保险公司的有关人员组成整顿组，对公司进行整顿。

整顿决定应当载明被整顿公司的名称、整顿理由、整顿组成员和整顿期限，并予以公告。

第一百四十一条　【整顿组的日常业务监督权】 整顿组有权监督被整顿保险公司的日常业务。被整顿公司的负责人及有关管理人员应当在整顿组的监督下行使职权。

第一百四十二条　【整顿组的业务停止权】 整顿过程中，被整顿保险公司的原有业务继续进行。但是，国务院保险监督管理机构可以责令被整顿公司停止部分原有业务、停止接受新业务，调整资金运用。

第一百四十三条 **【整顿结束】**被整顿保险公司经整顿已纠正其违反本法规定的行为，恢复正常经营状况的，由整顿组提出报告，经国务院保险监督管理机构批准，结束整顿，并由国务院保险监督管理机构予以公告。

第一百四十四条 **【接管保险公司的条件】**保险公司有下列情形之一的，国务院保险监督管理机构可以对其实行接管：

（一）公司的偿付能力严重不足的；

（二）违反本法规定，损害社会公共利益，可能严重危及或者已经严重危及公司的偿付能力的。

被接管的保险公司的债权债务关系不因接管而变化。

第一百四十五条 **【接管组的组成及接管办法】**接管组的组成和接管的实施办法，由国务院保险监督管理机构决定，并予以公告。

第一百四十六条 **【延长接管期限】**接管期限届满，国务院保险监督管理机构可以决定延长接管期限，但接管期限最长不得超过二年。

第一百四十七条 **【接管终止及公告】**接管期限届满，被接管的保险公司已恢复正常经营能力的，由国务院保险监督管理机构决定终止接管，并予以公告。

第一百四十八条 **【被整顿或被接管保险公司的重整或破产清算】**被整顿、被接管的保险公司有《中华人民共和国企业破产法》第二条规定情形的，国务院保险监督管理机构可以依法向人民法院申请对该保险公司进行重整或者破产清算。

第一百四十九条 **【保险公司的撤销与清算】**保险公司因违法经营被依法吊销经营保险业务许可证的，或者偿付能力低于国务院保险监督管理机构规定标准，不予撤销将严重危害保险市场秩序、损害公共利益的，由国务院保险监督管理机构予以撤销并公告，依法及时组织清算组进行清算。

第一百五十条 **【强制股东、实际控制人披露信息的权力】**国务院保险监督管理机构有权要求保险公司股东、实际控制人在指定的期限内提供有关信息和资料。

第一百五十一条 **【保险公司股东关联交易的限制与责任】**保险公司的股东利用关联交易严重损害公司利益，危及公司偿付能力的，由国务院保险监督管理机构责令改正。在按照要求改正前，国务院保险监督管理机构可以限制其股东权利；拒不改正的，可以责令其转让所持的保险公司股权。

第一百五十二条 **【约谈保险公司高管的权力】**保险监督管理机构根据履行监督管理职责的需要，可以与保险公司董事、监事和高级管理人员进行监督管理谈话，要求其就公司的业务活动和风险管理的重大事项作出说明。

第一百五十三条　【对公司直接责任人员采取限制措施的条件及措施类型】保险公司在整顿、接管、撤销清算期间，或者出现重大风险时，国务院保险监督管理机构可以对该公司直接负责的董事、监事、高级管理人员和其他直接责任人员采取以下措施：

（一）通知出境管理机关依法阻止其出境；

（二）申请司法机关禁止其转移、转让或者以其他方式处分财产，或者在财产上设定其他权利。

第一百五十四条　【监管机构的检查权与调查权】保险监督管理机构依法履行职责，可以采取下列措施：

（一）对保险公司、保险代理人、保险经纪人、保险资产管理公司、外国保险机构的代表机构进行现场检查；

（二）进入涉嫌违法行为发生场所调查取证；

（三）询问当事人及与被调查事件有关的单位和个人，要求其对与被调查事件有关的事项作出说明；

（四）查阅、复制与被调查事件有关的财产权登记等资料；

（五）查阅、复制保险公司、保险代理人、保险经纪人、保险资产管理公司、外国保险机构的代表机构以及与被调查事件有关的单位和个人的财务会计资料及其他相关文件和资料；对可能被转移、隐匿或者毁损的文件和资料予以封存；

（六）查询涉嫌违法经营的保险公司、保险代理人、保险经纪人、保险资产管理公司、外国保险机构的代表机构以及与涉嫌违法事项有关的单位和个人的银行账户；

（七）对有证据证明已经或者可能转移、隐匿违法资金等涉案财产或者隐匿、伪造、毁损重要证据的，经保险监督管理机构主要负责人批准，申请人民法院予以冻结或者查封。

保险监督管理机构采取前款第（一）项、第（二）项、第（五）项措施的，应当经保险监督管理机构负责人批准；采取第（六）项措施的，应当经国务院保险监督管理机构负责人批准。

保险监督管理机构依法进行监督检查或者调查，其监督检查、调查的人员不得少于二人，并应当出示合法证件和监督检查、调查通知书；监督检查、调查的人员少于二人或者未出示合法证件和监督检查、调查通知书的，被检查、调查的单位和个人有权拒绝。

第一百五十五条 【被检查、调查单位或个人的协助义务】保险监督管理机构依法履行职责，被检查、调查的单位和个人应当配合。

第一百五十六条 【监管机构人员的廉洁义务】保险监督管理机构工作人员应当忠于职守，依法办事，公正廉洁，不得利用职务便利牟取不正当利益，不得泄露所知悉的有关单位和个人的商业秘密。

第一百五十七条 【金融监管机构的信息共享与协助义务】国务院保险监督管理机构应当与中国人民银行、国务院其他金融监督管理机构建立监督管理信息共享机制。

保险监督管理机构依法履行职责，进行监督检查、调查时，有关部门应当予以配合。

第七章 法律责任

第一百五十八条 【未取得许可证从事保险业务的责任】违反本法规定，擅自设立保险公司、保险资产管理公司或者非法经营商业保险业务的，由保险监督管理机构予以取缔，没收违法所得，并处违法所得一倍以上五倍以下的罚款；没有违法所得或者违法所得不足二十万元的，处二十万元以上一百万元以下的罚款。

第一百五十九条 【非法从事保险代理、保险经纪业务的责任】违反本法规定，擅自设立保险专业代理机构、保险经纪人，或者未取得经营保险代理业务许可证、保险经纪业务许可证从事保险代理业务、保险经纪业务的，由保险监督管理机构予以取缔，没收违法所得，并处违法所得一倍以上五倍以下的罚款；没有违法所得或者违法所得不足五万元的，处五万元以上三十万元以下的罚款。

第一百六十条 【超出审批范围从事保险业务的责任】保险公司违反本法规定，超出批准的业务范围经营的，由保险监督管理机构责令限期改正，没收违法所得，并处违法所得一倍以上五倍以下的罚款；没有违法所得或者违法所得不足十万元的，处十万元以上五十万元以下的罚款。逾期不改正或者造成严重后果的，责令停业整顿或者吊销业务许可证。

第一百六十一条 【保险公司及其工作人员从事禁止行为的责任】保险公司有本法第一百一十六条规定行为之一的，由保险监督管理机构责令改正，处五万元以上三十万元以下的罚款；情节严重的，限制其业务范围、责令停止接受新业务或者吊销业务许可证。

第一百六十二条 【保险公司违法变更公司重要事项的责任】保险公司违反本法第八十四条规定的，由保险监督管理机构责令改正，处一万元以上十万元以下的罚款。

第一百六十三条　【违反本法规定承保的责任】保险公司违反本法规定，有下列行为之一的，由保险监督管理机构责令改正，处五万元以上三十万元以下的罚款：

（一）超额承保，情节严重的；

（二）为无民事行为能力人承保以死亡为给付保险金条件的保险的。

第一百六十四条　【限制业务范围、停止新业务或吊销许可证的情形（一）】违反本法规定，有下列行为之一的，由保险监督管理机构责令改正，处五万元以上三十万元以下的罚款；情节严重的，可以限制其业务范围、责令停止接受新业务或者吊销业务许可证：

（一）未按照规定提存保证金或者违反规定动用保证金的；

（二）未按照规定提取或者结转各项责任准备金的；

（三）未按照规定缴纳保险保障基金或者提取公积金的；

（四）未按照规定办理再保险的；

（五）未按照规定运用保险公司资金的；

（六）未经批准设立分支机构的；

（七）未按照规定申请批准保险条款、保险费率的。

第一百六十五条　【保险代理人与保险经纪人违反限制规定的责任】保险代理机构、保险经纪人有本法第一百三十一条规定行为之一的，由保险监督管理机构责令改正，处五万元以上三十万元以下的罚款；情节严重的，吊销业务许可证。

第一百六十六条　【保险代理人与保险经纪人未分散职业风险或未设立专门账簿的责任】保险代理机构、保险经纪人违反本法规定，有下列行为之一的，由保险监督管理机构责令改正，处二万元以上十万元以下的罚款；情节严重的，责令停业整顿或者吊销业务许可证：

（一）未按照规定缴存保证金或者投保职业责任保险的；

（二）未按照规定设立专门账簿记载业务收支情况的。

第一百六十七条　【违法聘用保险从业人员的责任】违反本法规定，聘任不具有任职资格的人员的，由保险监督管理机构责令改正，处二万元以上十万元以下的罚款。

第一百六十八条　【违法转让、出租、出借保险业务许可证的责任】违反本法规定，转让、出租、出借业务许可证的，由保险监督管理机构处一万元以上十万元以下的罚款；情节严重的，责令停业整顿或者吊销业务许可证。

第一百六十九条　【未依法保管、报送、提供或披露重要文件、资料与信息的责任】违反本法规定，有下列行为之一的，由保险监督管理机构责令限期改正；逾期不改正的，处一万元以上十万元以下的罚款：

（一）未按照规定报送或者保管报告、报表、文件、资料的，或者未按照规定提供有关信息、资料的；

（二）未按照规定报送保险条款、保险费率备案的；

（三）未按照规定披露信息的。

第一百七十条　【限制业务范围、停止新业务或吊销许可证的情形（二）】违反本法规定，有下列行为之一的，由保险监督管理机构责令改正，处十万元以上五十万元以下的罚款；情节严重的，可以限制其业务范围、责令停止接受新业务或者吊销业务许可证：

（一）编制或者提供虚假的报告、报表、文件、资料的；

（二）拒绝或者妨碍依法监督检查的；

（三）未按照规定使用经批准或者备案的保险条款、保险费率的。

第一百七十一条　【保险从业人员因保险机构违法而应承担的责任】保险公司、保险资产管理公司、保险专业代理机构、保险经纪人违反本法规定的，保险监督管理机构除分别依照本法第一百六十条至第一百七十条的规定对该单位给予处罚外，对其直接负责的主管人员和其他直接责任人员给予警告，并处一万元以上十万元以下的罚款；情节严重的，撤销任职资格。

第一百七十二条　【个人保险代理人违法从事保险业务的责任】个人保险代理人违反本法规定的，由保险监督管理机构给予警告，可以并处二万元以下的罚款；情节严重的，处二万元以上十万元以下的罚款。

第一百七十三条　【外国保险机构违法设立代表机构及其违法经营的责任】外国保险机构未经国务院保险监督管理机构批准，擅自在中华人民共和国境内设立代表机构的，由国务院保险监督管理机构予以取缔，处五万元以上三十万元以下的罚款。

外国保险机构在中华人民共和国境内设立的代表机构从事保险经营活动的，由保险监督管理机构责令改正，没收违法所得，并处违法所得一倍以上五倍以下的罚款；没有违法所得或者违法所得不足二十万元的，处二十万元以上一百万元以下的罚款；对其首席代表可以责令撤换；情节严重的，撤销其代表机构。

第一百七十四条　【从事保险诈骗活动的行政责任】投保人、被保险人或者受益人有下列行为之一，进行保险诈骗活动，尚不构成犯罪的，依法给予行政处罚：

（一）投保人故意虚构保险标的，骗取保险金的；

（二）编造未曾发生的保险事故，或者编造虚假的事故原因或者夸大损失程度，骗取保险金的；

（三）故意造成保险事故，骗取保险金的。

保险事故的鉴定人、评估人、证明人故意提供虚假的证明文件，为投保人、被保险人或者受益人进行保险诈骗提供条件的，依照前款规定给予处罚。

第一百七十五条　【加害人的损害赔偿责任】违反本法规定，给他人造成损害的，依法承担民事责任。

第一百七十六条　【阻碍行使保险监管权力的行政责任】拒绝、阻碍保险监督管理机构及其工作人员依法行使监督检查、调查职权，未使用暴力、威胁方法的，依法给予治安管理处罚。

第一百七十七条　【保险监管机构限制及禁止从事保险事业的权力】违反法律、行政法规的规定，情节严重的，国务院保险监督管理机构可以禁止有关责任人员一定期限直至终身进入保险业。

第一百七十八条　【监管人员违法监管的责任】保险监督管理机构从事监督管理工作的人员有下列情形之一的，依法给予处分：

（一）违反规定批准机构的设立的；

（二）违反规定进行保险条款、保险费率审批的；

（三）违反规定进行现场检查的；

（四）违反规定查询账户或者冻结资金的；

（五）泄露其知悉的有关单位和个人的商业秘密的；

（六）违反规定实施行政处罚的；

（七）滥用职权、玩忽职守的其他行为。

第一百七十九条　【严重违法时的刑事责任】违反本法规定，构成犯罪的，依法追究刑事责任。

第八章　附　　则

第一百八十条　【加入保险行业协会的权利与义务】保险公司应当加入保险行业协会。保险代理人、保险经纪人、保险公估机构可以加入保险行业协会。

保险行业协会是保险业的自律性组织，是社会团体法人。

第一百八十一条　【其他保险组织经营保险业务对本法的适用】保险公司以外的其他依法设立的保险组织经营的商业保险业务，适用本法。

第一百八十二条　【海上保险活动对本法的适用】海上保险适用《中华人民共

和国海商法》的有关规定；《中华人民共和国海商法》未规定的，适用本法的有关规定。

第一百八十三条 **【涉外保险机构对本法的适用】**中外合资保险公司、外资独资保险公司、外国保险公司分公司适用本法规定；法律、行政法规另有规定的，适用其规定。

第一百八十四条 **【农业保险对本法的不适用以及强制保险对本法的适用】**国家支持发展为农业生产服务的保险事业。农业保险由法律、行政法规另行规定。

强制保险，法律、行政法规另有规定的，适用其规定。

第一百八十五条 **【施行日期】**本法自2009年10月1日起施行。

最高人民法院关于适用《中华人民共和国保险法》若干问题的解释（一）

1. 2009年9月14日最高人民法院审判委员会第1473次会议通过
2. 2009年9月21日公布
3. 法释〔2009〕12号
4. 自2009年10月1日起施行

为正确审理保险合同纠纷案件，切实维护当事人的合法权益，现就人民法院适用2009年2月28日第十一届全国人大常委会第七次会议修订的《中华人民共和国保险法》（以下简称保险法）的有关问题规定如下：

第一条 保险法施行后成立的保险合同发生的纠纷，适用保险法的规定。保险法施行前成立的保险合同发生的纠纷，除本解释另有规定外，适用当时的法律规定；当时的法律没有规定的，参照适用保险法的有关规定。

认定保险合同是否成立，适用合同订立时的法律。

第二条 对于保险法施行前成立的保险合同，适用当时的法律认定无效而适用保险法认定有效的，适用保险法的规定。

第三条 保险合同成立于保险法施行前而保险标的转让、保险事故、理赔、代位求偿等行为或事件，发生于保险法施行后的，适用保险法的规定。

第四条 保险合同成立于保险法施行前，保险法施行后，保险人以投保人未履行如实告知义务或者申报被保险人年龄不真实为由，主张解除合同的，适用保险法的规定。

第五条 保险法施行前成立的保险合同，下列情形下的期间自2009年10月1日起计算：

（一）保险法施行前，保险人收到赔偿或者给付保险金的请求，保险法施行后，适用保险法第二十三条规定的三十日的；

（二）保险法施行前，保险人知道解除事由，保险法施行后，按照保险法第十六条、第三十二条的规定行使解除权，适用保险法第十六条规定的三十日的；

（三）保险法施行后，保险人按照保险法第十六条第二款的规定请求解除合同，适用保险法第十六条规定的二年的；

（四）保险法施行前，保险人收到保险标的转让通知，保险法施行后，以保险标的转让导致危险程度显著增加为由请求按照合同约定增加保险费或者解除合同，适用保险法第四十九条规定的三十日的。

第六条 保险法施行前已经终审的案件，当事人申请再审或者按照审判监督程序提起再审的案件，不适用保险法的规定。

最高人民法院关于适用《中华人民共和国保险法》若干问题的解释（二）

1. 2013年5月6日最高人民法院审判委员会第1577次会议通过、2013年5月31日公布、自2013年6月8日起施行（法释〔2013〕14号）

2. 根据2020年12月23日最高人民法院审判委员会第1823次会议通过、2020年12月29日公布、自2021年1月1日起施行的《最高人民法院关于修改〈最高人民法院关于破产企业国有划拨土地使用权应否列入破产财产等问题的批复〉等二十九件商事类司法解释的决定》（法释〔2020〕18号）修正

为正确审理保险合同纠纷案件，切实维护当事人的合法权益，根据《中华人民共和国民法典》《中华人民共和国保险法》《中华人民共和国民事诉讼法》等法律规定，结合审判实践，就保险法中关于保险合同一般规定部分有关法律适用问题解释如下：

第一条 财产保险中，不同投保人就同一保险标的分别投保，保险事故发生后，被保险人在其保险利益范围内依据保险合同主张保险赔偿的，人民法院应予支持。

第二条 人身保险中，因投保人对被保险人不具有保险利益导致保险合同无效，投保人主张保险人退还扣减相应手续费后的保险费的，人民法院应予支持。

第三条 投保人或者投保人的代理人订立保险合同时没有亲自签字或者盖章，而由保险人或者保险人的代理人代为签字或者盖章的，对投保人不生效。但投保人已经交纳保险费的，视为其对代签字或者盖章行为的追认。

保险人或者保险人的代理人代为填写保险单证后经投保人签字或者盖章确认的，代为填写的内容视为投保人的真实意思表示。但有证据证明保险人或者保险人的代理人存在保险法第一百一十六条、第一百三十一条相关规定情形的除外。

第四条 保险人接受了投保人提交的投保单并收取了保险费，尚未作出是否承保的意思表示，发生保险事故，被保险人或者受益人请求保险人按照保险合同承担赔偿或者给付保险金责任，符合承保条件的，人民法院应予支持；不符合承保条件的，保险人不承担保险责任，但应当退还已经收取的保险费。

保险人主张不符合承保条件的，应承担举证责任。

第五条 保险合同订立时，投保人明知的与保险标的或者被保险人有关的情况，属于保险法第十六条第一款规定的投保人“应当如实告知”的内容。

第六条 投保人的告知义务限于保险人询问的范围和内容。当事人对询问范围及内容有争议的，保险人负举证责任。

保险人以投保人违反了对投保单询问表中所列概括性条款的如实告知义务为由请求解除合同的，人民法院不予支持。但该概括性条款有具体内容的除外。

第七条 保险人在保险合同成立后知道或者应当知道投保人未履行如实告知义务，仍然收取保险费，又依照保险法第十六条第二款的规定主张解除合同的，人民法院不予支持。

第八条 保险人未行使合同解除权，直接以存在保险法第十六条第四款、第五款规定的情形为由拒绝赔偿的，人民法院不予支持。但当事人就拒绝赔偿事宜及保险合同存续另行达成一致的情况除外。

第九条 保险人提供的格式合同文本中的责任免除条款、免赔额、免赔率、比例赔付或者给付等免除或者减轻保险人责任的条款，可以认定为保险法第十七条第二款规定的“免除保险人责任的条款”。

保险人因投保人、被保险人违反法定或者约定义务，享有解除合同权利的条款，不属于保险法第十七条第二款规定的“免除保险人责任的条款”。

第十条　保险人将法律、行政法规中的禁止性规定情形作为保险合同免责条款的免责事由，保险人对该条款作出提示后，投保人、被保险人或者受益人以保险人未履行明确说明义务为由主张该条款不成为合同内容的，人民法院不予支持。

第十一条　保险合同订立时，保险人在投保单或者保险单等其他保险凭证上，对保险合同中免除保险人责任的条款，以足以引起投保人注意的文字、字体、符号或者其他明显标志作出提示的，人民法院应当认定其履行了保险法第十七条第二款规定的提示义务。

保险人对保险合同中有关免除保险人责任条款的概念、内容及其法律后果以书面或者口头形式向投保人作出常人能够理解的解释说明的，人民法院应当认定保险人履行了保险法第十七条第二款规定的明确说明义务。

第十二条　通过网络、电话等方式订立的保险合同，保险人以网页、音频、视频等形式对免除保险人责任条款予以提示和明确说明的，人民法院可以认定其履行了提示和明确说明义务。

第十三条　保险人对其履行了明确说明义务负举证责任。

投保人对保险人履行了符合本解释第十一条第二款要求的明确说明义务在相关文书上签字、盖章或者以其他形式予以确认的，应当认定保险人履行了该项义务。但另有证据证明保险人未履行明确说明义务的除外。

第十四条　保险合同中记载的内容不一致的，按照下列规则认定：

（一）投保单与保险单或者其他保险凭证不一致的，以投保单为准。但不一致的情形系经保险人说明并经投保人同意的，以投保人签收的保险单或者其他保险凭证载明的内容为准；

（二）非格式条款与格式条款不一致的，以非格式条款为准；

（三）保险凭证记载的时间不同的，以形成时间在后的为准；

（四）保险凭证存在手写和打印两种方式的，以双方签字、盖章的手写部分的内容为准。

第十五条　保险法第二十三条规定的三十日核定期间，应自保险人初次收到索赔请求及投保人、被保险人或者受益人提供的有关证明和资料之日起算。

保险人主张扣除投保人、被保险人或者受益人补充提供有关证明和资料期间的，人民法院应予支持。扣除期间自保险人根据保险法第二十二条规定作出的通知到达投保人、被保险人或者受益人之日起，至投保人、被保险人或者受益人按照通知要求补充提供的有关证明和资料到达保险人之日止。

第十六条　保险人应以自己的名义行使保险代位求偿权。

根据保险法第六十条第一款的规定，保险人代位求偿权的诉讼时效期间应自其取得代位求偿权之日起算。

第十七条 保险人在其提供的保险合同格式条款中对非保险术语所作的解释符合专业意义，或者虽不符合专业意义，但有利于投保人、被保险人或者受益人的，人民法院应予认可。

第十八条 行政管理部门依据法律规定制作的交通事故认定书、火灾事故认定书等，人民法院应当依法审查并确认其相应的证明力，但有相反证据能够推翻的除外。

第十九条 保险事故发生后，被保险人或者受益人起诉保险人，保险人以被保险人或者受益人未要求第三者承担责任为由抗辩不承担保险责任的，人民法院不予支持。

财产保险事故发生后，被保险人就其所受损失从第三者取得赔偿后的不足部分提起诉讼，请求保险人赔偿的，人民法院应予依法受理。

第二十条 保险公司依法设立并取得营业执照的分支机构属于《中华人民共和国民事诉讼法》第四十八条规定的其他组织，可以作为保险合同纠纷案件的当事人参加诉讼。

第二十一条 本解释施行后尚未终审的保险合同纠纷案件，适用本解释；本解释施行前已经终审，当事人申请再审或者按照审判监督程序决定再审的案件，不适用本解释。

最高人民法院关于适用《中华人民共和国保险法》若干问题的解释（三）

1. 2015年9月21日最高人民法院审判委员会第1661次会议通过、2015年11月25日公布、自2015年12月1日起施行（法释〔2015〕21号）

2. 根据2020年12月23日最高人民法院审判委员会第1823次会议通过、2020年12月29日公布、自2021年1月1日起施行的《最高人民法院关于修改〈最高人民法院关于破产企业国有划拨土地使用权应否列入破产财产等问题的批复〉等二十九件商事类司法解释的决定》（法释〔2020〕18号）修正

为正确审理保险合同纠纷案件，切实维护当事人的合法权益，根据《中华人民共和国民法典》《中华人民共和国保险法》《中华人民共和国民事诉讼法》等法律规定，结合审判实践，就保险法中关于保险合同章人身保险部分有关法律适用问题解释如下：

第一条 当事人订立以死亡为给付保险金条件的合同，根据保险法第三十四条的规定，“被保险人同意并认可保险金额”可以采取书面形式、口头形式或者其他形式；可以在合同订立时作出，也可以在合同订立后追认。

有下列情形之一的，应认定为被保险人同意投保人为其订立保险合同并认可保险金额：

（一）被保险人明知他人代其签名同意而未表示异议的；

（二）被保险人同意投保人指定的受益人的；

（三）有证据足以认定被保险人同意投保人为其投保的其他情形。

第二条 被保险人以书面形式通知保险人和投保人撤销其依据保险法第三十四条第一款规定所作出的同意意思表示的，可认定为保险合同解除。

第三条 人民法院审理人身保险合同纠纷案件时，应主动审查投保人订立保险合同时是否具有保险利益，以及以死亡为给付保险金条件的合同是否经过被保险人同意并认可保险金额。

第四条 保险合同订立后，因投保人丧失对被保险人的保险利益，当事人主张保险合同无效的，人民法院不予支持。

第五条 保险人在合同订立时指定医疗机构对被保险人体检，当事人主张投保人如实告知义务免除的，人民法院不予支持。

保险人知道被保险人的体检结果，仍以投保人未就相关情况履行如实告知义务为由要求解除合同的，人民法院不予支持。

第六条 未成年人父母之外的其他履行监护职责的人为未成年人订立以死亡为给付保险金条件的合同，当事人主张参照保险法第三十三条第二款、第三十四条第三款的规定认定该合同有效的，人民法院不予支持，但经未成年人父母同意的除外。

第七条 当事人以被保险人、受益人或者他人已经代为支付保险费为由，主张投保人对应的交费义务已经履行的，人民法院应予支持。

第八条 保险合同效力依照保险法第三十六条规定中止，投保人提出恢复效力申请并同意补交保险费的，除被保险人的危险程度在中止期间显著增加外，保险人拒绝恢复效力的，人民法院不予支持。

保险人在收到恢复效力申请后，三十日内未明确拒绝的，应认定为同意恢复效力。

保险合同自投保人补交保险费之日恢复效力。保险人要求投保人补交相应利息的，人民法院应予支持。

第九条 投保人指定受益人未经被保险人同意的，人民法院应认定指定行为无效。

当事人对保险合同约定的受益人存在争议，除投保人、被保险人在保险合同之外另有约定外，按以下情形分别处理：

（一）受益人约定为“法定”或者“法定继承人”的，以民法典规定的法定继承人为受益人；

（二）受益人仅约定为身份关系的，投保人与被保险人为同一主体时，根据保险事故发生时与被保险人的身份关系确定受益人；投保人与被保险人为不同主体时，根据保险合同成立时与被保险人的身份关系确定受益人；

（三）约定的受益人包括姓名和身份关系，保险事故发生时身份关系发生变化的，认定为未指定受益人。

第十条 投保人或者被保险人变更受益人，当事人主张变更行为自变更意思表示发出时生效的，人民法院应予支持。

投保人或者被保险人变更受益人未通知保险人，保险人主张变更对其不发生效力的，人民法院应予支持。

投保人变更受益人未经被保险人同意，人民法院应认定变更行为无效。

第十一条 投保人或者被保险人在保险事故发生后变更受益人，变更后的受益人请求保险人给付保险金的，人民法院不予支持。

第十二条 投保人或者被保险人指定数人为受益人，部分受益人在保险事故发生前死亡、放弃受益权或者依法丧失受益权的，该受益人应得的受益份额按照保险合同的约定处理；保险合同没有约定或者约定不明的，该受益人应得的受益份额按照以下情形分别处理：

（一）未约定受益顺序及受益份额的，由其他受益人平均享有；

（二）未约定受益顺序但约定受益份额的，由其他受益人按照相应比例享有；

（三）约定受益顺序但未约定受益份额的，由同顺序的其他受益人平均享有；同一顺序没有其他受益人的，由后一顺序的受益人平均享有；

（四）约定受益顺序及受益份额的，由同顺序的其他受益人按照相应比例享有；同一顺序没有其他受益人的，由后一顺序的受益人按照相应比例享有。

第十三条 保险事故发生后，受益人将与本次保险事故相对应的全部或者部分保险金请求权转让给第三人，当事人主张该转让行为有效的，人民法院应予支持，但根据合同性质、当事人约定或者法律规定不得转让的除外。

第十四条 保险金根据保险法第四十二条规定作为被保险人遗产，被保险人的继承人要求保险人给付保险金，保险人以其已向持有保险单的被保险人的其他继承人给付保险金为由抗辩的，人民法院应予支持。

第十五条 受益人与被保险人存在继承关系，在同一事件中死亡且不能确定死亡先后顺序的，人民法院应依据保险法第四十二条第二款推定受益人死亡在先，并按照保险法及本解释的相关规定确定保险金归属。

第十六条 人身保险合同解除时，投保人与被保险人、受益人为不同主体，被保险人或者受益人要求退还保险单的现金价值的，人民法院不予支持，但保险合同另有约定的除外。

投保人故意造成被保险人死亡、伤残或者疾病，保险人依照保险法第四十三条规定退还保险单的现金价值的，其他权利人按照被保险人、被保险人的继承人的顺序确定。

第十七条 投保人解除保险合同，当事人以其解除合同未经被保险人或者受益人同意为由主张解除行为无效的，人民法院不予支持，但被保险人或者受益人已向投保人支付相当于保险单现金价值的款项并通知保险人的除外。

第十八条 保险人给付费用补偿型的医疗费用保险金时，主张扣减被保险人从公费医疗或者社会医疗保险取得的赔偿金额的，应当证明该保险产品在厘定医疗费用保险费率时已经将公费医疗或者社会医疗保险部分相应扣除，并按照扣减后的标准收取保险费。

第十九条 保险合同约定按照基本医疗保险的标准核定医疗费用，保险人以被保险人的医疗支出超出基本医疗保险范围为由拒绝给付保险金的，人民法院不予支持；保险人有证据证明被保险人支出的费用超过基本医疗保险同类医疗费用标准，要求对超出部分拒绝给付保险金的，人民法院应予支持。

第二十条 保险人以被保险人未在保险合同约定的医疗服务机构接受治疗为由拒绝给付保险金的，人民法院应予支持，但被保险人因情况紧急必须立即就医的除外。

第二十一条 保险人以被保险人自杀为由拒绝承担给付保险金责任的，由保险人承担举证责任。

受益人或者被保险人的继承人以被保险人自杀时无民事行为能力为由抗辩的，由其承担举证责任。

第二十二条 保险法第四十五条规定的“被保险人故意犯罪”的认定，应当以刑事侦查机关、检察机关和审判机关的生效法律文书或者其他结论性意见为依据。

第二十三条 保险人主张根据保险法第四十五条的规定不承担给付保险金责任的，应当证明被保险人的死亡、伤残结果与其实施的故意犯罪或者抗拒依法采取的刑事强制措施的行为之间存在因果关系。

被保险人在羁押、服刑期间因意外或者疾病造成伤残或者死亡，保险人主张根据保险法第四十五条的规定不承担给付保险金责任的，人民法院不予支持。

第二十四条 投保人为被保险人订立以死亡为给付保险金条件的人身保险合同，被保险人被宣告死亡后，当事人要求保险人按照保险合同约定给付保险金的，人民法院应予支持。

被保险人被宣告死亡之日在保险责任期间之外，但有证据证明下落不明之日在保险责任期间之内，当事人要求保险人按照保险合同约定给付保险金的，人民法院应予支持。

第二十五条 被保险人的损失系由承保事故或者非承保事故、免责事由造成难以确定，当事人请求保险人给付保险金的，人民法院可以按照相应比例予以支持。

第二十六条 本解释施行后尚未终审的保险合同纠纷案件，适用本解释；本解释施行前已经终审，当事人申请再审或者按照审判监督程序决定再审的案件，不适用本解释。

最高人民法院关于适用《中华人民共和国保险法》若干问题的解释（四）

1. 2018年5月14日最高人民法院审判委员会第1738次会议通过、2018年7月31日公布、自2018年9月1日起施行（法释〔2018〕13号）

2. 根据2020年12月23日最高人民法院审判委员会第1823次会议通过、2020年12月29日公布、自2021年1月1日起施行的《最高人民法院关于修改〈最高人民法院关于破产企业国有划拨土地使用权应否列入破产财产等问题的批复〉等二十九件商事类司法解释的决定》（法释〔2020〕18号）修正

为正确审理保险合同纠纷案件，切实维护当事人的合法权益，根据《中华人民共和国民法典》《中华人民共和国保险法》《中华人民共和国民事诉讼法》等法律规定，结合审判实践，就保险法中财产保险合同部分有关法律适用问题解释如下：

第一条　保险标的已交付受让人，但尚未依法办理所有权变更登记，承担保险标的毁损灭失风险的受让人，依照保险法第四十八条、第四十九条的规定主张行使被保险人权利的，人民法院应予支持。

第二条　保险人已向投保人履行了保险法规定的提示和明确说明义务，保险标的受让人以保险标的转让后保险人未向其提示或者明确说明为由，主张免除保险人责任的条款不成为合同内容的，人民法院不予支持。

第三条　被保险人死亡，继承保险标的的当事人主张承继被保险人的权利和义务的，人民法院应予支持。

第四条　人民法院认定保险标的是否构成保险法第四十九条、第五十二条规定的“危险程度显著增加”时，应当综合考虑以下因素：

（一）保险标的用途的改变；

（二）保险标的使用范围的改变；

（三）保险标的所处环境的变化；

（四）保险标的因改装等原因引起的变化；

（五）保险标的使用人或者管理人的改变；

（六）危险程度增加持续的时间；

（七）其他可能导致危险程度显著增加的因素。

保险标的危险程度虽然增加，但增加的危险属于保险合同订立时保险人预见或者应当预见的保险合同承保范围的，不构成危险程度显著增加。

第五条　被保险人、受让人依法及时向保险人发出保险标的转让通知后，保险人作出答复前，发生保险事故，被保险人或者受让人主张保险人按照保险合同承担赔偿保险金的责任的，人民法院应予支持。

第六条　保险事故发生后，被保险人依照保险法第五十七条的规定，请求保险人承担为防止或者减少保险标的的损失所支付的必要、合理费用，保险人以被保险人采取的措施未产生实际效果为由抗辩的，人民法院不予支持。

第七条　保险人依照保险法第六十条的规定，主张代位行使被保险人因第三者侵权或者违约等享有的请求赔偿的权利的，人民法院应予支持。

第八条　投保人和被保险人为不同主体，因投保人对保险标的的损害而造成保险事故，保险人依法主张代位行使被保险人对投保人请求赔偿的权利的，人民法院应予支持，但法律另有规定或者保险合同另有约定的除外。

第九条　在保险人以第三者为被告提起的代位求偿权之诉中，第三者以被保险人在保险合同订立前已放弃对其请求赔偿的权利为由进行抗辩，人民法院认定上述放弃行为合法有效，保险人就相应部分主张行使代位求偿权的，人民法院不予支持。

保险合同订立时，保险人就是否存在上述放弃情形提出询问，投保人未如实告知，导致保险人不能代位行使请求赔偿的权利，保险人请求返还相应保险金的，人民法院应予支持，但保险人知道或者应当知道上述情形仍同意承保的除外。

第十条 因第三者对保险标的的损害而造成保险事故，保险人获得代位请求赔偿的权利的情况未通知第三者或者通知到达第三者前，第三者在被保险人已经从保险人处获赔的范围内又向被保险人作出赔偿，保险人主张代位行使被保险人对第三者请求赔偿的权利的，人民法院不予支持。保险人就相应保险金主张被保险人返还的，人民法院应予支持。

保险人获得代位请求赔偿的权利的情况已经通知到第三者，第三者又向被保险人作出赔偿，保险人主张代位行使请求赔偿的权利，第三者以其已经向被保险人赔偿为由抗辩的，人民法院不予支持。

第十一条 被保险人因故意或者重大过失未履行保险法第六十三条规定的义务，致使保险人未能行使或者未能全部行使代位请求赔偿的权利，保险人主张在其损失范围内扣减或者返还相应保险金的，人民法院应予支持。

第十二条 保险人以造成保险事故的第三者为被告提起代位求偿权之诉的，以被保险人与第三者之间的法律关系确定管辖法院。

第十三条 保险人提起代位求偿权之诉时，被保险人已经向第三者提起诉讼的，人民法院可以依法合并审理。

保险人行使代位求偿权时，被保险人已经向第三者提起诉讼，保险人向受理该案的人民法院申请变更当事人，代位行使被保险人对第三者请求赔偿的权利，被保险人同意的，人民法院应予准许；被保险人不同意的，保险人可以作为共同原告参加诉讼。

第十四条 具有下列情形之一的，被保险人可以依照保险法第六十五条第二款的规定请求保险人直接向第三者赔偿保险金：

（一）被保险人对第三者所负的赔偿责任经人民法院生效裁判、仲裁裁决确认；

（二）被保险人对第三者所负的赔偿责任经被保险人与第三者协商一致；

（三）被保险人对第三者应负的赔偿责任能够确定的其他情形。

前款规定的情形下，保险人主张按照保险合同确定保险赔偿责任的，人民法院应予支持。

第十五条 被保险人对第三者应负的赔偿责任确定后，被保险人不履行赔偿责任，且第三者以保险人为被告或者以保险人与被保险人为共同被告提起诉讼时，被保险人尚未向保险人提出直接向第三者赔偿保险金的请求的，可以认定为属于保险法第六十五条第二款规定的“被保险人怠于请求”的情形。

第十六条 责任保险的被保险人因共同侵权依法承担连带责任，保险人以该连带责任超出被保险人应承担的责任份额为由，拒绝赔付保险金的，人民法院不予支持。保险人承担保险责任后，主张就超出被保险人责任份额的部分向其他连带责任人追偿的，人民法院应予支持。

第十七条 责任保险的被保险人对第三者所负的赔偿责任已经生效判决确认并已进入执行程序，但未获得清偿或者未获得全部清偿，第三者依法请求保险人赔偿保险金，保险人以前述生效判决已进入执行程序为由抗辩的，人民法院不予支持。

第十八条 商业责任险的被保险人向保险人请求赔偿保险金的诉讼时效期间，自被保险人对第三者应负的赔偿责任确定之日起计算。

第十九条 责任保险的被保险人与第三者就被保险人的赔偿责任达成和解协议且经保险人认可，被保险人主张保险人在保险合同范围内依据和解协议承担保险责任的，人民法院应予支持。

被保险人与第三者就被保险人的赔偿责任达成和解协议，未经保险人认可，保险人主张对保险责任范围以及赔偿数额重新予以核定的，人民法院应予支持。

第二十条 责任保险的保险人在被保险人向第三者赔偿之前向被保险人赔偿保险金，第三者依照保险法第六十五条第二款的规定行使保险金请求权时，保险人以其已向被保险人赔偿为由拒绝赔偿保险金的，人民法院不予支持。保险人向第三者赔偿后，请求被保险人返还相应保险金的，人民法院应予支持。

第二十一条 本解释自 2018 年 9 月 1 日起施行。

本解释施行后人民法院正在审理的一审、二审案件，适用本解释；本解释施行前已经终审，当事人申请再审或者按照审判监督程序决定再审的案件，不适用本解释。

中华人民共和国民法典（节录）

1. 2020年5月28日第十三届全国人民代表大会第三次会议通过
2. 2020年5月28日中华人民共和国主席令第45号公布
3. 自2021年1月1日起施行

第三编　合　　同

第一分编　通　　则

第一章　一 般 规 定

第四百六十三条　【合同编的调整范围】本编调整因合同产生的民事关系。

第四百六十四条　【合同的定义和身份关系协议的法律适用】合同是民事主体之间设立、变更、终止民事法律关系的协议。

婚姻、收养、监护等有关身份关系的协议，适用有关该身份关系的法律规定；没有规定的，可以根据其性质参照适用本编规定。

第四百六十五条　【依法成立的合同效力】依法成立的合同，受法律保护。

依法成立的合同，仅对当事人具有法律约束力，但是法律另有规定的除外。

第四百六十六条　【合同条款的解释】当事人对合同条款的理解有争议的，应当依据本法第一百四十二条第一款的规定，确定争议条款的含义。

合同文本采用两种以上文字订立并约定具有同等效力的，对各文本使用的词句推定具有相同含义。各文本使用的词句不一致的，应当根据合同的相关条款、性质、目的以及诚信原则等予以解释。

第四百六十七条　【非典型合同及涉外合同的法律适用】本法或者其他法律没有明文规定的合同，适用本编通则的规定，并可以参照适用本编或者其他法律最相类似合同的规定。

在中华人民共和国境内履行的中外合资经营企业合同、中外合作经营企业合同、中外合作勘探开发自然资源合同，适用中华人民共和国法律。

第四百六十八条　【非因合同产生的债权债务关系的法律适用】非因合同产生的债权债务关系，适用有关该债权债务关系的法律规定；没有规定的，适用本编通则的有关规定，但是根据其性质不能适用的除外。

第二章　合同的订立

第四百六十九条　【合同订立形式】当事人订立合同，可以采用书面形式、口头形式或者其他形式。

书面形式是合同书、信件、电报、电传、传真等可以有形地表现所载内容的形式。

以电子数据交换、电子邮件等方式能够有形地表现所载内容，并可以随时调取查用的数据电文，视为书面形式。

第四百七十条　【合同主要条款与示范文本】合同的内容由当事人约定，一般包括下列条款：

（一）当事人的姓名或者名称和住所；

（二）标的；

（三）数量；

（四）质量；

（五）价款或者报酬；

（六）履行期限、地点和方式；

（七）违约责任；

（八）解决争议的方法。

当事人可以参照各类合同的示范文本订立合同。

第四百七十一条　【合同订立方式】当事人订立合同，可以采取要约、承诺方式或者其他方式。

第四百七十二条　【要约的定义及构成条件】要约是希望与他人订立合同的意思表示，该意思表示应当符合下列条件：

（一）内容具体确定；

（二）表明经受要约人承诺，要约人即受该意思表示约束。

第四百七十三条　【要约邀请】要约邀请是希望他人向自己发出要约的表示。拍卖公告、招标公告、招股说明书、债券募集办法、基金招募说明书、商业广告和宣传、寄送的价目表等为要约邀请。

商业广告和宣传的内容符合要约条件的，构成要约。

第四百七十四条　【要约生效时间】要约生效的时间适用本法第一百三十七条的规定。

第四百七十五条　【要约撤回】要约可以撤回。要约的撤回适用本法第一百四十一条的规定。

第四百七十六条　【要约不得撤销情形】要约可以撤销，但是有下列情形之一的除外：

（一）要约人以确定承诺期限或者其他形式明示要约不可撤销；

（二）受要约人有理由认为要约是不可撤销的，并已经为履行合同做了合理准备工作。

第四百七十七条 **【要约撤销】**撤销要约的意思表示以对话方式作出的，该意思表示的内容应当在受要约人作出承诺之前为受要约人所知道；撤销要约的意思表示以非对话方式作出的，应当在受要约人作出承诺之前到达受要约人。

第四百七十八条 **【要约失效】**有下列情形之一的，要约失效：

（一）要约被拒绝；

（二）要约被依法撤销；

（三）承诺期限届满，受要约人未作出承诺；

（四）受要约人对要约的内容作出实质性变更。

第四百七十九条 **【承诺的定义】**承诺是受要约人同意要约的意思表示。

第四百八十条 **【承诺的方式】**承诺应当以通知的方式作出；但是，根据交易习惯或者要约表明可以通过行为作出承诺的除外。

第四百八十一条 **【承诺的期限】**承诺应当在要约确定的期限内到达要约人。

要约没有确定承诺期限的，承诺应当依照下列规定到达：

（一）要约以对话方式作出的，应当即时作出承诺；

（二）要约以非对话方式作出的，承诺应当在合理期限内到达。

第四百八十二条 **【承诺期限的起算点】**要约以信件或者电报作出的，承诺期限自信件载明的日期或者电报交发之日开始计算。信件未载明日期的，自投寄该信件的邮戳日期开始计算。要约以电话、传真、电子邮件等快速通讯方式作出的，承诺期限自要约到达受要约人时开始计算。

第四百八十三条 **【合同成立时间】**承诺生效时合同成立，但是法律另有规定或者当事人另有约定的除外。

第四百八十四条 **【承诺生效时间】**以通知方式作出的承诺，生效的时间适用本法第一百三十七条的规定。

承诺不需要通知的，根据交易习惯或者要约的要求作出承诺的行为时生效。

第四百八十五条 **【承诺的撤回】**承诺可以撤回。承诺的撤回适用本法第一百四十一条的规定。

第四百八十六条 **【逾期承诺】**受要约人超过承诺期限发出承诺，或者在承诺期限内发出承诺，按照通常情形不能及时到达要约人的，为新要约；但是，要约人及时通知受要约人该承诺有效的除外。

第四百八十七条 【因传递迟延造成逾期承诺的法律效果】受要约人在承诺期限内发出承诺，按照通常情形能够及时到达要约人，但是因其他原因致使承诺到达要约人时超过承诺期限的，除要约人及时通知受要约人因承诺超过期限不接受该承诺外，该承诺有效。

第四百八十八条 【承诺对要约内容的实质性变更】承诺的内容应当与要约的内容一致。受要约人对要约的内容作出实质性变更的，为新要约。有关合同标的、数量、质量、价款或者报酬、履行期限、履行地点和方式、违约责任和解决争议方法等的变更，是对要约内容的实质性变更。

第四百八十九条 【承诺对要约内容的非实质性变更】承诺对要约的内容作出非实质性变更的，除要约人及时表示反对或者要约表明承诺不得对要约的内容作出任何变更外，该承诺有效，合同的内容以承诺的内容为准。

第四百九十条 【采用书面形式订立的合同成立时间】当事人采用合同书形式订立合同的，自当事人均签名、盖章或者按指印时合同成立。在签名、盖章或者按指印之前，当事人一方已经履行主要义务，对方接受时，该合同成立。

法律、行政法规规定或者当事人约定合同应当采用书面形式订立，当事人未采用书面形式但是一方已经履行主要义务，对方接受时，该合同成立。

第四百九十一条 【签订确认书的合同及电子合同成立时间】当事人采用信件、数据电文等形式订立合同要求签订确认书的，签订确认书时合同成立。

当事人一方通过互联网等信息网络发布的商品或者服务信息符合要约条件的，对方选择该商品或者服务并提交订单成功时合同成立，但是当事人另有约定的除外。

第四百九十二条 【合同成立地点】承诺生效的地点为合同成立的地点。

采用数据电文形式订立合同的，收件人的主营业地为合同成立的地点；没有主营业地的，其住所地为合同成立的地点。当事人另有约定的，按照其约定。

第四百九十三条 【书面合同成立地点】当事人采用合同书形式订立合同的，最后签名、盖章或者按指印的地点为合同成立的地点，但是当事人另有约定的除外。

第四百九十四条 【强制缔约义务】国家根据抢险救灾、疫情防控或者其他需要下达国家订货任务、指令性任务的，有关民事主体之间应当依照有关法律、行政法规规定的权利和义务订立合同。

依照法律、行政法规的规定负有发出要约义务的当事人，应当及时发出合理的要约。

依照法律、行政法规的规定负有作出承诺义务的当事人，不得拒绝对方合理的订立合同要求。

第四百九十五条　【预约合同】当事人约定在将来一定期限内订立合同的认购书、订购书、预订书等，构成预约合同。

当事人一方不履行预约合同约定的订立合同义务的，对方可以请求其承担预约合同的违约责任。

第四百九十六条　【格式条款】格式条款是当事人为了重复使用而预先拟定，并在订立合同时未与对方协商的条款。

采用格式条款订立合同的，提供格式条款的一方应当遵循公平原则确定当事人之间的权利和义务，并采取合理的方式提示对方注意免除或者减轻其责任等与对方有重大利害关系的条款，按照对方的要求，对该条款予以说明。提供格式条款的一方未履行提示或者说明义务，致使对方没有注意或者理解与其有重大利害关系的条款的，对方可以主张该条款不成为合同的内容。

第四百九十七条　【格式条款无效的情形】有下列情形之一的，该格式条款无效：

（一）具有本法第一编第六章第三节和本法第五百零六条规定的无效情形；

（二）提供格式条款一方不合理地免除或者减轻其责任、加重对方责任、限制对方主要权利；

（三）提供格式条款一方排除对方主要权利。

第四百九十八条　【格式条款的解释】对格式条款的理解发生争议的，应当按照通常理解予以解释。对格式条款有两种以上解释的，应当作出不利于提供格式条款一方的解释。格式条款和非格式条款不一致的，应当采用非格式条款。

第四百九十九条　【悬赏广告】悬赏人以公开方式声明对完成特定行为的人支付报酬的，完成该行为的人可以请求其支付。

第五百条　【缔约过失责任】当事人在订立合同过程中有下列情形之一，造成对方损失的，应当承担赔偿责任：

（一）假借订立合同，恶意进行磋商；

（二）故意隐瞒与订立合同有关的重要事实或者提供虚假情况；

（三）有其他违背诚信原则的行为。

第五百零一条　【当事人保密义务】当事人在订立合同过程中知悉的商业秘密

或者其他应当保密的信息，无论合同是否成立，不得泄露或者不正当地使用；泄露、不正当地使用该商业秘密或者信息，造成对方损失的，应当承担赔偿责任。

第三章　合同的效力

第五百零二条　【合同生效时间】依法成立的合同，自成立时生效，但是法律另有规定或者当事人另有约定的除外。

依照法律、行政法规的规定，合同应当办理批准等手续的，依照其规定。未办理批准等手续影响合同生效的，不影响合同中履行报批等义务条款以及相关条款的效力。应当办理申请批准等手续的当事人未履行义务的，对方可以请求其承担违反该义务的责任。

依照法律、行政法规的规定，合同的变更、转让、解除等情形应当办理批准等手续的，适用前款规定。

第五百零三条　【被代理人对无权代理合同的追认】无权代理人以被代理人的名义订立合同，被代理人已经开始履行合同义务或者接受相对人履行的，视为对合同的追认。

第五百零四条　【越权订立的合同效力】法人的法定代表人或者非法人组织的负责人超越权限订立的合同，除相对人知道或者应当知道其超越权限外，该代表行为有效，订立的合同对法人或者非法人组织发生效力。

第五百零五条　【超越经营范围订立的合同效力】当事人超越经营范围订立的合同的效力，应当依照本法第一编第六章第三节和本编的有关规定确定，不得仅以超越经营范围确认合同无效。

第五百零六条　【免责条款效力】合同中的下列免责条款无效：

（一）造成对方人身损害的；

（二）因故意或者重大过失造成对方财产损失的。

第五百零七条　【争议解决条款效力】合同不生效、无效、被撤销或者终止的，不影响合同中有关解决争议方法的条款的效力。

第五百零八条　【合同效力援引规定】本编对合同的效力没有规定的，适用本法第一编第六章的有关规定。

第四章　合同的履行

第五百零九条　【合同履行的原则】当事人应当按照约定全面履行自己的义务。

当事人应当遵循诚信原则，根据合同的性质、目的和交易习惯履行通知、协助、保密等义务。

当事人在履行合同过程中，应当避免浪费资源、污染环境和破坏生态。

第五百一十条　【合同没有约定或者约定不明的补救措施】合同生效后，当事人就质量、价款或者报酬、履行地点等内容没有约定或者约定不明确的，可以协议补充；不能达成补充协议的，按照合同相关条款或者交易习惯确定。

第五百一十一条　【合同约定不明确时的履行】当事人就有关合同内容约定不明确，依据前条规定仍不能确定的，适用下列规定：

（一）质量要求不明确的，按照强制性国家标准履行；没有强制性国家标准的，按照推荐性国家标准履行；没有推荐性国家标准的，按照行业标准履行；没有国家标准、行业标准的，按照通常标准或者符合合同目的的特定标准履行。

（二）价款或者报酬不明确的，按照订立合同时履行地的市场价格履行；依法应当执行政府定价或者政府指导价的，依照规定履行。

（三）履行地点不明确，给付货币的，在接受货币一方所在地履行；交付不动产的，在不动产所在地履行；其他标的，在履行义务一方所在地履行。

（四）履行期限不明确的，债务人可以随时履行，债权人也可以随时请求履行，但是应当给对方必要的准备时间。

（五）履行方式不明确的，按照有利于实现合同目的的方式履行。

（六）履行费用的负担不明确的，由履行义务一方负担；因债权人原因增加的履行费用，由债权人负担。

第五百一十二条　【电子合同标的交付时间】通过互联网等信息网络订立的电子合同的标的为交付商品并采用快递物流方式交付的，收货人的签收时间为交付时间。电子合同的标的为提供服务的，生成的电子凭证或者实物凭证中载明的时间为提供服务时间；前述凭证没有载明时间或者载明时间与实际提供服务时间不一致的，以实际提供服务的时间为准。

电子合同的标的物为采用在线传输方式交付的，合同标的物进入对方当事人指定的特定系统且能够检索识别的时间为交付时间。

电子合同当事人对交付商品或者提供服务的方式、时间另有约定的，按照其约定。

第五百一十三条　【政府定价、政府指导价】执行政府定价或者政府指导价的，在合同约定的交付期限内政府价格调整时，按照交付时的价格计价。逾期交付标的物的，遇价格上涨时，按照原价格执行；价格下降时，按照新价格执行。逾期提取标的物或者逾期付款的，遇价格上涨时，按照新价格执行；价格下降时，按照原价格执行。

第五百一十四条　【金钱之债中对于履行币种约定不明时的处理】以支付金钱为内容的债，除法律另有规定或者当事人另有约定外，债权人可以请求债务人以实际履行地的法定货币履行。

第五百一十五条　【选择之债中选择权归属与移转】标的有多项而债务人只需履行其中一项的，债务人享有选择权；但是，法律另有规定、当事人另有约定或者另有交易习惯的除外。

享有选择权的当事人在约定期限内或者履行期限届满未作选择，经催告后在合理期限内仍未选择的，选择权转移至对方。

第五百一十六条　【选择权的行使】当事人行使选择权应当及时通知对方，通知到达对方时，标的确定。标的确定后不得变更，但是经对方同意的除外。

可选择的标的发生不能履行情形的，享有选择权的当事人不得选择不能履行的标的，但是该不能履行的情形是由对方造成的除外。

第五百一十七条　【按份之债】债权人为二人以上，标的可分，按照份额各自享有债权的，为按份债权；债务人为二人以上，标的可分，按照份额各自负担债务的，为按份债务。

按份债权人或者按份债务人的份额难以确定的，视为份额相同。

第五百一十八条　【连带之债】债权人为二人以上，部分或者全部债权人均可以请求债务人履行债务的，为连带债权；债务人为二人以上，债权人可以请求部分或者全部债务人履行全部债务的，为连带债务。

连带债权或者连带债务，由法律规定或者当事人约定。

第五百一十九条　【连带债务人的份额确定及追偿权】连带债务人之间的份额难以确定的，视为份额相同。

实际承担债务超过自己份额的连带债务人，有权就超出部分在其他连带债务人未履行的份额范围内向其追偿，并相应地享有债权人的权利，但是不得损害债权人的利益。其他连带债务人对债权人的抗辩，可以向该债务人主张。

被追偿的连带债务人不能履行其应分担份额的，其他连带债务人应当在相应范围内按比例分担。

第五百二十条　【连带债务涉他效力】部分连带债务人履行、抵销债务或者提存标的物的，其他债务人对债权人的债务在相应范围内消灭；该债务人可以依据前条规定向其他债务人追偿。

部分连带债务人的债务被债权人免除的，在该连带债务人应当承担的份额范围内，其他债务人对债权人的债务消灭。

部分连带债务人的债务与债权人的债权同归于一人的，在扣除该债务人应当承担的份额后，债权人对其他债务人的债权继续存在。

债权人对部分连带债务人的给付受领迟延的，对其他连带债务人发生效力。

第五百二十一条　【连带债权的内外部关系及法律适用】连带债权人之间的份额难以确定的，视为份额相同。

实际受领债权的连带债权人，应当按比例向其他连带债权人返还。

连带债权参照适用本章连带债务的有关规定。

第五百二十二条　【向第三人履行的合同】当事人约定由债务人向第三人履行债务，债务人未向第三人履行债务或者履行债务不符合约定的，应当向债权人承担违约责任。

法律规定或者当事人约定第三人可以直接请求债务人向其履行债务，第三人未在合理期限内明确拒绝，债务人未向第三人履行债务或者履行债务不符合约定的，第三人可以请求债务人承担违约责任；债务人对债权人的抗辩，可以向第三人主张。

第五百二十三条　【由第三人履行的合同】当事人约定由第三人向债权人履行债务，第三人不履行债务或者履行债务不符合约定的，债务人应当向债权人承担违约责任。

第五百二十四条　【第三人代为履行】债务人不履行债务，第三人对履行该债务具有合法利益的，第三人有权向债权人代为履行；但是，根据债务性质、按照当事人约定或者依照法律规定只能由债务人履行的除外。

债权人接受第三人履行后，其对债务人的债权转让给第三人，但是债务人和第三人另有约定的除外。

第五百二十五条　【同时履行抗辩权】当事人互负债务，没有先后履行顺序的，应当同时履行。一方在对方履行之前有权拒绝其履行请求。一方在对方履行债务不符合约定时，有权拒绝其相应的履行请求。

第五百二十六条　【后履行抗辩权】当事人互负债务，有先后履行顺序，应当先履行债务一方未履行的，后履行一方有权拒绝其履行请求。先履行一方履行债务不符合约定的，后履行一方有权拒绝其相应的履行请求。

第五百二十七条　【不安抗辩权】应当先履行债务的当事人，有确切证据证明对方有下列情形之一的，可以中止履行：

（一）经营状况严重恶化；

（二）转移财产、抽逃资金，以逃避债务；

（三）丧失商业信誉；

（四）有丧失或者可能丧失履行债务能力的其他情形。

当事人没有确切证据中止履行的，应当承担违约责任。

第五百二十八条 【不安抗辩权的效力】当事人依据前条规定中止履行的，应当及时通知对方。对方提供适当担保的，应当恢复履行。中止履行后，对方在合理期限内未恢复履行能力且未提供适当担保的，视为以自己的行为表明不履行主要债务，中止履行的一方可以解除合同并可以请求对方承担违约责任。

第五百二十九条 【因债权人原因致债务履行困难时的处理】债权人分立、合并或者变更住所没有通知债务人，致使履行债务发生困难的，债务人可以中止履行或者将标的物提存。

第五百三十条 【债务人提前履行债务】债权人可以拒绝债务人提前履行债务，但是提前履行不损害债权人利益的除外。

债务人提前履行债务给债权人增加的费用，由债务人负担。

第五百三十一条 【债务人部分履行债务】债权人可以拒绝债务人部分履行债务，但是部分履行不损害债权人利益的除外。

债务人部分履行债务给债权人增加的费用，由债务人负担。

第五百三十二条 【当事人姓名等变化对合同履行的影响】合同生效后，当事人不得因姓名、名称的变更或者法定代表人、负责人、承办人的变动而不履行合同义务。

第五百三十三条 【情势变更】合同成立后，合同的基础条件发生了当事人在订立合同时无法预见的、不属于商业风险的重大变化，继续履行合同对于当事人一方明显不公平的，受不利影响的当事人可以与对方重新协商；在合理期限内协商不成的，当事人可以请求人民法院或者仲裁机构变更或者解除合同。

人民法院或者仲裁机构应当结合案件的实际情况，根据公平原则变更或者解除合同。

第五百三十四条 【合同监管】对当事人利用合同实施危害国家利益、社会公共利益行为的，市场监督管理和其他有关行政主管部门依照法律、行政法规的规定负责监督处理。

第五章 合同的保全

第五百三十五条 【债权人代位权】因债务人怠于行使其债权或者与该债权有关的从权利，影响债权人的到期债权实现的，债权人可以向人民法院请求以自己的名义代位行使债务人对相对人的权利，但是该权利专属于债务人自身的除外。

代位权的行使范围以债权人的到期债权为限。债权人行使代位权的必要费用，由债务人负担。

相对人对债务人的抗辩，可以向债权人主张。

第五百三十六条 **【保存行为】**债权人的债权到期前，债务人的债权或者与该债权有关的从权利存在诉讼时效期间即将届满或者未及时申报破产债权等情形，影响债权人的债权实现的，债权人可以代位向债务人的相对人请求其向债务人履行、向破产管理人申报或者作出其他必要的行为。

第五百三十七条 **【债权人代位权行使效果】**人民法院认定代位权成立的，由债务人的相对人向债权人履行义务，债权人接受履行后，债权人与债务人、债务人与相对人之间相应的权利义务终止。债务人对相对人的债权或者与该债权有关的从权利被采取保全、执行措施，或者债务人破产的，依照相关法律的规定处理。

第五百三十八条 **【撤销债务人无偿行为】**债务人以放弃其债权、放弃债权担保、无偿转让财产等方式无偿处分财产权益，或者恶意延长其到期债权的履行期限，影响债权人的债权实现的，债权人可以请求人民法院撤销债务人的行为。

第五百三十九条 **【撤销债务人有偿行为】**债务人以明显不合理的低价转让财产、以明显不合理的高价受让他人财产或者为他人的债务提供担保，影响债权人的债权实现，债务人的相对人知道或者应当知道该情形的，债权人可以请求人民法院撤销债务人的行为。

第五百四十条 **【债权人撤销权行使范围以及必要费用承担】**撤销权的行使范围以债权人的债权为限。债权人行使撤销权的必要费用，由债务人负担。

第五百四十一条 **【债权人撤销权行使期间】**撤销权自债权人知道或者应当知道撤销事由之日起一年内行使。自债务人的行为发生之日起五年内没有行使撤销权的，该撤销权消灭。

第五百四十二条 **【债权人撤销权行使效果】**债务人影响债权人的债权实现的行为被撤销的，自始没有法律约束力。

第六章 合同的变更和转让

第五百四十三条 **【协议变更合同】**当事人协商一致，可以变更合同。

第五百四十四条 **【变更不明确推定为未变更】**当事人对合同变更的内容约定不明确的，推定为未变更。

第五百四十五条　【债权转让】债权人可以将债权的全部或者部分转让给第三人，但是有下列情形之一的除外：

（一）根据债权性质不得转让；

（二）按照当事人约定不得转让；

（三）依照法律规定不得转让。

当事人约定非金钱债权不得转让的，不得对抗善意第三人。当事人约定金钱债权不得转让的，不得对抗第三人。

第五百四十六条　【债权转让通知】债权人转让债权，未通知债务人的，该转让对债务人不发生效力。

债权转让的通知不得撤销，但是经受让人同意的除外。

第五百四十七条　【债权转让时从权利一并变动】债权人转让债权的，受让人取得与债权有关的从权利，但是该从权利专属于债权人自身的除外。

受让人取得从权利不因该从权利未办理转移登记手续或者未转移占有而受到影响。

第五百四十八条　【债权转让时债务人抗辩权】债务人接到债权转让通知后，债务人对让与人的抗辩，可以向受让人主张。

第五百四十九条　【债权转让时债务人抵销权】有下列情形之一的，债务人可以向受让人主张抵销：

（一）债务人接到债权转让通知时，债务人对让与人享有债权，且债务人的债权先于转让的债权到期或者同时到期；

（二）债务人的债权与转让的债权是基于同一合同产生。

第五百五十条　【债权转让增加的履行费用的负担】因债权转让增加的履行费用，由让与人负担。

第五百五十一条　【债务转移】债务人将债务的全部或者部分转移给第三人的，应当经债权人同意。

债务人或者第三人可以催告债权人在合理期限内予以同意，债权人未作表示的，视为不同意。

第五百五十二条　【债务加入】第三人与债务人约定加入债务并通知债权人，或者第三人向债权人表示愿意加入债务，债权人未在合理期限内明确拒绝的，债权人可以请求第三人在其愿意承担的债务范围内和债务人承担连带债务。

第五百五十三条　【债务转移时新债务人抗辩和抵销】债务人转移债务的，新债务人可以主张原债务人对债权人的抗辩；原债务人对债权人享有债权的，新债务人不得向债权人主张抵销。

第五百五十四条 【债务转移时从债务一并转移】 债务人转移债务的，新债务人应当承担与主债务有关的从债务，但是该从债务专属于原债务人自身的除外。

第五百五十五条 【合同权利义务一并转让】 当事人一方经对方同意，可以将自己在合同中的权利和义务一并转让给第三人。

第五百五十六条 【合同权利义务一并转让的法律适用】 合同的权利和义务一并转让的，适用债权转让、债务转移的有关规定。

第七章 合同的权利义务终止

第五百五十七条 【债权债务终止情形】 有下列情形之一的，债权债务终止：

（一）债务已经履行；

（二）债务相互抵销；

（三）债务人依法将标的物提存；

（四）债权人免除债务；

（五）债权债务同归于一人；

（六）法律规定或者当事人约定终止的其他情形。

合同解除的，该合同的权利义务关系终止。

第五百五十八条 【后合同义务】 债权债务终止后，当事人应当遵循诚信等原则，根据交易习惯履行通知、协助、保密、旧物回收等义务。

第五百五十九条 【债权的从权利消灭】 债权债务终止时，债权的从权利同时消灭，但是法律另有规定或者当事人另有约定的除外。

第五百六十条 【债的清偿抵充顺序】 债务人对同一债权人负担的数项债务种类相同，债务人的给付不足以清偿全部债务的，除当事人另有约定外，由债务人在清偿时指定其履行的债务。

债务人未作指定的，应当优先履行已经到期的债务；数项债务均到期的，优先履行对债权人缺乏担保或者担保最少的债务；均无担保或者担保相等的，优先履行债务人负担较重的债务；负担相同的，按照债务到期的先后顺序履行；到期时间相同的，按照债务比例履行。

第五百六十一条 【费用、利息和主债务的抵充顺序】 债务人在履行主债务外还应当支付利息和实现债权的有关费用，其给付不足以清偿全部债务的，除当事人另有约定外，应当按照下列顺序履行：

（一）实现债权的有关费用；

（二）利息；

（三）主债务。

第五百六十二条　【合同约定解除】当事人协商一致，可以解除合同。

当事人可以约定一方解除合同的事由。解除合同的事由发生时，解除权人可以解除合同。

第五百六十三条　【合同法定解除】有下列情形之一的，当事人可以解除合同：

（一）因不可抗力致使不能实现合同目的；

（二）在履行期限届满前，当事人一方明确表示或者以自己的行为表明不履行主要债务；

（三）当事人一方迟延履行主要债务，经催告后在合理期限内仍未履行；

（四）当事人一方迟延履行债务或者有其他违约行为致使不能实现合同目的；

（五）法律规定的其他情形。

以持续履行的债务为内容的不定期合同，当事人可以随时解除合同，但是应当在合理期限之前通知对方。

第五百六十四条　【解除权行使期限】法律规定或者当事人约定解除权行使期限，期限届满当事人不行使的，该权利消灭。

法律没有规定或者当事人没有约定解除权行使期限，自解除权人知道或者应当知道解除事由之日起一年内不行使，或者经对方催告后在合理期限内不行使的，该权利消灭。

第五百六十五条　【合同解除程序】当事人一方依法主张解除合同的，应当通知对方。合同自通知到达对方时解除；通知载明债务人在一定期限内不履行债务则合同自动解除，债务人在该期限内未履行债务的，合同自通知载明的期限届满时解除。对方对解除合同有异议的，任何一方当事人均可以请求人民法院或者仲裁机构确认解除行为的效力。

当事人一方未通知对方，直接以提起诉讼或者申请仲裁的方式依法主张解除合同，人民法院或者仲裁机构确认该主张的，合同自起诉状副本或者仲裁申请书副本送达对方时解除。

第五百六十六条　【合同解除的效力】合同解除后，尚未履行的，终止履行；已经履行的，根据履行情况和合同性质，当事人可以请求恢复原状或者采取其他补救措施，并有权请求赔偿损失。

合同因违约解除的，解除权人可以请求违约方承担违约责任，但是当事人另有约定的除外。

主合同解除后，担保人对债务人应当承担的民事责任仍应当承担担保责任，但是担保合同另有约定的除外。

第五百六十七条　【合同终止后有关结算和清理条款效力】合同的权利义务关系终止，不影响合同中结算和清理条款的效力。

第五百六十八条　【债务法定抵销】当事人互负债务，该债务的标的物种类、品质相同的，任何一方可以将自己的债务与对方的到期债务抵销；但是，根据债务性质、按照当事人约定或者依照法律规定不得抵销的除外。

当事人主张抵销的，应当通知对方。通知自到达对方时生效。抵销不得附条件或者附期限。

第五百六十九条　【债务约定抵销】当事人互负债务，标的物种类、品质不相同的，经协商一致，也可以抵销。

第五百七十条　【标的物提存的条件】有下列情形之一，难以履行债务的，债务人可以将标的物提存：

（一）债权人无正当理由拒绝受领；

（二）债权人下落不明；

（三）债权人死亡未确定继承人、遗产管理人，或者丧失民事行为能力未确定监护人；

（四）法律规定的其他情形。

标的物不适于提存或者提存费用过高的，债务人依法可以拍卖或者变卖标的物，提存所得的价款。

第五百七十一条　【提存成立及提存对债务人效力】债务人将标的物或者将标的物依法拍卖、变卖所得价款交付提存部门时，提存成立。

提存成立的，视为债务人在其提存范围内已经交付标的物。

第五百七十二条　【提存通知】标的物提存后，债务人应当及时通知债权人或者债权人的继承人、遗产管理人、监护人、财产代管人。

第五百七十三条　【提存期间风险、孳息和提存费用】标的物提存后，毁损、灭失的风险由债权人承担。提存期间，标的物的孳息归债权人所有。提存费用由债权人负担。

第五百七十四条　【提存物的受领及受领权消灭】债权人可以随时领取提存物。但是，债权人对债务人负有到期债务的，在债权人未履行债务或者提供担保之前，提存部门根据债务人的要求应当拒绝其领取提存物。

债权人领取提存物的权利，自提存之日起五年内不行使而消灭，提存物扣除提存费用后归国家所有。但是，债权人未履行对债务人的到期债务，或者债权人向提存部门书面表示放弃领取提存物权利的，债务人负担提存费用后有权取回提存物。

第五百七十五条　【债务免除】债权人免除债务人部分或者全部债务的，债权债务部分或者全部终止，但是债务人在合理期限内拒绝的除外。

第五百七十六条　【债权债务混同】债权和债务同归于一人的，债权债务终止，但是损害第三人利益的除外。

第八章　违约责任

第五百七十七条　【违约责任】当事人一方不履行合同义务或者履行合同义务不符合约定的，应当承担继续履行、采取补救措施或者赔偿损失等违约责任。

第五百七十八条　【预期违约责任】当事人一方明确表示或者以自己的行为表明不履行合同义务的，对方可以在履行期限届满前请求其承担违约责任。

第五百七十九条　【金钱债务继续履行】当事人一方未支付价款、报酬、租金、利息，或者不履行其他金钱债务的，对方可以请求其支付。

第五百八十条　【非金钱债务继续履行责任及违约责任】当事人一方不履行非金钱债务或者履行非金钱债务不符合约定的，对方可以请求履行，但是有下列情形之一的除外：

（一）法律上或者事实上不能履行；

（二）债务的标的不适于强制履行或者履行费用过高；

（三）债权人在合理期限内未请求履行。

有前款规定的除外情形之一，致使不能实现合同目的的，人民法院或者仲裁机构可以根据当事人的请求终止合同权利义务关系，但是不影响违约责任的承担。

第五百八十一条　【替代履行】当事人一方不履行债务或者履行债务不符合约定，根据债务的性质不得强制履行的，对方可以请求其负担由第三人替代履行的费用。

第五百八十二条　【瑕疵履行的补救】履行不符合约定的，应当按照当事人的约定承担违约责任。对违约责任没有约定或者约定不明确，依据本法第五百一十条的规定仍不能确定的，受损害方根据标的的性质以及损失的大小，可以合理选择请求对方承担修理、重作、更换、退货、减少价款或者报酬等违约责任。

第五百八十三条　【违约损害赔偿责任】当事人一方不履行合同义务或者履行合同义务不符合约定的，在履行义务或者采取补救措施后，对方还有其他损失的，应当赔偿损失。

第五百八十四条　【损害赔偿范围】当事人一方不履行合同义务或者履行合同

义务不符合约定，造成对方损失的，损失赔偿额应当相当于因违约所造成的损失，包括合同履行后可以获得的利益；但是，不得超过违约一方订立合同时预见到或者应当预见到的因违约可能造成的损失。

第五百八十五条 **【违约金】**当事人可以约定一方违约时应当根据违约情况向对方支付一定数额的违约金，也可以约定因违约产生的损失赔偿额的计算方法。

约定的违约金低于造成的损失的，人民法院或者仲裁机构可以根据当事人的请求予以增加；约定的违约金过分高于造成的损失的，人民法院或者仲裁机构可以根据当事人的请求予以适当减少。

当事人就迟延履行约定违约金的，违约方支付违约金后，还应当履行债务。

第五百八十六条 **【定金担保】**当事人可以约定一方向对方给付定金作为债权的担保。定金合同自实际交付定金时成立。

定金的数额由当事人约定；但是，不得超过主合同标的额的百分之二十，超过部分不产生定金的效力。实际交付的定金数额多于或者少于约定数额的，视为变更约定的定金数额。

第五百八十七条 **【定金罚则】**债务人履行债务的，定金应当抵作价款或者收回。给付定金的一方不履行债务或者履行债务不符合约定，致使不能实现合同目的的，无权请求返还定金；收受定金的一方不履行债务或者履行债务不符合约定，致使不能实现合同目的的，应当双倍返还定金。

第五百八十八条 **【违约金与定金竞合时的责任】**当事人既约定违约金，又约定定金的，一方违约时，对方可以选择适用违约金或者定金条款。

定金不足以弥补一方违约造成的损失的，对方可以请求赔偿超过定金数额的损失。

第五百八十九条 **【拒绝受领和受领迟延】**债务人按照约定履行债务，债权人无正当理由拒绝受领的，债务人可以请求债权人赔偿增加的费用。

在债权人受领迟延期间，债务人无须支付利息。

第五百九十条 **【不可抗力】**当事人一方因不可抗力不能履行合同的，根据不可抗力的影响，部分或者全部免除责任，但是法律另有规定的除外。因不可抗力不能履行合同的，应当及时通知对方，以减轻可能给对方造成的损失，并应当在合理期限内提供证明。

当事人迟延履行后发生不可抗力的，不免除其违约责任。

第五百九十一条 **【减损规则】**当事人一方违约后，对方应当采取适当措施防止损失的扩大；没有采取适当措施致使损失扩大的，不得就扩大的损失请求赔偿。

当事人因防止损失扩大而支出的合理费用，由违约方负担。

第五百九十二条　**【双方违约和与有过错】**当事人都违反合同的，应当各自承担相应的责任。

当事人一方违约造成对方损失，对方对损失的发生有过错的，可以减少相应的损失赔偿额。

第五百九十三条　**【第三人原因造成违约时违约责任承担】**当事人一方因第三人的原因造成违约的，应当依法向对方承担违约责任。当事人一方和第三人之间的纠纷，依照法律规定或者按照约定处理。

第五百九十四条　**【国际贸易合同诉讼时效和仲裁时效】**因国际货物买卖合同和技术进出口合同争议提起诉讼或者申请仲裁的时效期间为四年。

中华人民共和国海商法（节录）

1. 1992年11月7日第七届全国人民代表大会常务委员会第二十八次会议通过

2. 1992年11月7日中华人民共和国主席令第64号公布

3. 自1993年7月1日起施行

第十二章　海上保险合同

第一节　一 般 规 定

第二百一十六条　**【海上保险合同的定义】**海上保险合同，是指保险人按照约定，对被保险人遭受保险事故造成保险标的的损失和产生的责任负责赔偿，而由被保险人支付保险费的合同。

前款所称保险事故，是指保险人与被保险人约定的任何海上事故，包括与海上航行有关的发生于内河或者陆上的事故。

第二百一十七条　**【合同内容】**海上保险合同的内容，主要包括下列各项：

（一）保险人名称；

（二）被保险人名称；

（三）保险标的；

（四）保险价值；

（五）保险金额；

（六）保险责任和除外责任；

（七）保险期间；

（八）保险费。

第二百一十八条 【保险标的】下列各项可以作为保险标的：

（一）船舶；

（二）货物；

（三）船舶营运收入，包括运费、租金、旅客票款；

（四）货物预期利润；

（五）船员工资和其他报酬；

（六）对第三人的责任；

（七）由于发生保险事故可能受到损失的其他财产和产生的责任、费用。

保险人可以将对前款保险标的的保险进行再保险。除合同另有约定外，原被保险人不得享有再保险的利益。

第二百一十九条 【保险价值】保险标的的保险价值由保险人与被保险人约定。

保险人与被保险人未约定保险价值的，保险价值依照下列规定计算：

（一）船舶的保险价值，是保险责任开始时船舶的价值，包括船壳、机器、设备的价值，以及船上燃料、物料、索具、给养、淡水的价值和保险费的总和；

（二）货物的保险价值，是保险责任开始时货物在起运地的发票价格或者非贸易商品在起运地的实际价值以及运费和保险费的总和；

（三）运费的保险价值，是保险责任开始时承运人应收运费总额和保险费的总和；

（四）其他保险标的的保险价值，是保险责任开始时保险标的的实际价值和保险费的总和。

第二百二十条 【保险金额】保险金额由保险人与被保险人约定。保险金额不得超过保险价值；超过保险价值的，超过部分无效。

第二节 合同的订立、解除和转让

第二百二十一条 【合同订立】被保险人提出保险要求，经保险人同意承保，并就海上保险合同的条款达成协议后，合同成立。保险人应当及时向被保险人签发保险单或者其他保险单证，并在保险单或者其他保险单证中载明当事人双方约定的合同内容。

第二百二十二条 【被保险人的告知义务】合同订立前，被保险人应当将其知道的或者在通常业务中应当知道的有关影响保险人据以确定保险费率或者确定是否同意承保的重要情况，如实告知保险人。

保险人知道或者在通常业务中应当知道的情况，保险人没有询问的，被保险人无需告知。

第二百二十三条　**【未告知责任】**由于被保险人的故意，未将本法第二白二十二条第一款规定的重要情况如实告知保险人的，保险人有权解除合同，并不退还保险费。合同解除前发生保险事故造成损失的，保险人不负赔偿责任。

不是由于被保险人的故意，未将本法第二百二十二条第一款规定的重要情况如实告知保险人的，保险人有权解除合同或者要求相应增加保险费。保险人解除合同的，对于合同解除前发生保险事故造成的损失，保险人应当负赔偿责任；但是，未告知或者错误告知的重要情况对保险事故的发生有影响的除外。

第二百二十四条　**【标的物先于合同损失的责任】**订立合同时，被保险人已经知道或者应当知道保险标的已经因发生保险事故而遭受损失的，保险人不负赔偿责任，但是有权收取保险费；保险人已经知道或者应当知道保险标的已经不可能因发生保险事故而遭受损失的，被保险人有权收回已经支付的保险费。

第二百二十五条　**【重复保险】**被保险人对同一保险标的就同一保险事故向几个保险人重复订立合同，而使该保险标的的保险金额总和超过保险标的的价值的，除合同另有约定外，被保险人可以向任何保险人提出赔偿请求。被保险人获得的赔偿金额总和不得超过保险标的的受损价值。各保险人按照其承保的保险金额同保险金额总和的比例承担赔偿责任。任何一个保险人支付的赔偿金额超过其应当承担的赔偿责任的，有权向未按照其应当承担的赔偿责任支付赔偿金额的保险人追偿。

第二百二十六条　**【责任开始前的合同解除权】**保险责任开始前，被保险人可以要求解除合同，但是应当向保险人支付手续费，保险人应当退还保险费。

第二百二十七条　**【责任开始后的合同解除】**除合同另有约定外，保险责任开始后，被保险人和保险人均不得解除合同。

根据合同约定在保险责任开始后可以解除合同的，被保险人要求解除合同，保险人有权收取自保险责任开始之日起至合同解除之日止的保险费，剩余部分予以退还；保险人要求解除合同，应当将自合同解除之日起至保险期间届满之日止的保险费退还被保险人。

第二百二十八条　**【合同解除禁止的情形】**虽有本法第二百二十七条规定，货物运输和船舶的航次保险，保险责任开始后，被保险人不得要求解除合同。

第二百二十九条 【保险合同转让】海上货物运输保险合同可以由被保险人背书或者以其他方式转让，合同的权利、义务随之转移。合同转让时尚未支付保险费的，被保险人和合同受让人负连带支付责任。

第二百三十条 【船舶保险合同转让】因船舶转让而转让船舶保险合同的，应当取得保险人同意。未经保险人同意，船舶保险合同从船舶转让时起解除；船舶转让发生在航次之中的，船舶保险合同至航次终了时解除。

合同解除后，保险人应当将自合同解除之日起至保险期间届满之日止的保险费退还被保险人。

第二百三十一条 【预约保险合同】被保险人在一定期间分批装运或者接受货物的，可以与保险人订立预约保险合同。预约保险合同应当由保险人签发预约保险单证加以确认。

第二百三十二条 【保险单证的分别签发】应被保险人要求，保险人应当对依据预约保险合同分批装运的货物分别签发保险单证。

保险人分别签发的保险单证的内容与预约保险单证的内容不一致的，以分别签发的保险单证为准。

第二百三十三条 【通知义务】被保险人知道经预约保险合同保险的货物已经装运或者到达的情况时，应当立即通知保险人。通知的内容包括装运货物的船名、航线、货物价值和保险金额。

第三节 被保险人的义务

第二百三十四条 【保险费支付】除合同另有约定外，被保险人应当在合同订立后立即支付保险费；被保险人支付保险费前，保险人可以拒绝签发保险单证。

第二百三十五条 【违反保证条款时的义务】被保险人违反合同约定的保证条款时，应当立即书面通知保险人。保险人收到通知后，可以解除合同，也可以要求修改承保条件、增加保险费。

第二百三十六条 【被保险人的通知义务】一旦保险事故发生，被保险人应当立即通知保险人，并采取必要的合理措施，防止或者减少损失。被保险人收到保险人发出的有关采取防止或者减少损失的合理措施的特别通知的，应当按照保险人通知的要求处理。

对于被保险人违反前款规定所造成的扩大的损失，保险人不负赔偿责任。

第四节 保险人的责任

第二百三十七条 【保险赔偿的支付】发生保险事故造成损失后，保险人应当及时向被保险人支付保险赔偿。

第二百三十八条　【保险赔偿金确定】保险人赔偿保险事故造成的损失，以保险金额为限。保险金额低于保险价值的，在保险标的发生部分损失时，保险人按照保险金额与保险价值的比例负赔偿责任。

第二百三十九条　【多次损失赔偿】保险标的在保险期间发生几次保险事故所造成的损失，即使损失金额的总和超过保险金额，保险人也应当赔偿。但是，对发生部分损失后未经修复又发生全部损失的，保险人按照全部损失赔偿。

第二百四十条　【另行支付费用】被保险人为防止或者减少根据合同可以得到赔偿的损失而支出的必要的合理费用，为确定保险事故的性质、程度而支出的检验、估价的合理费用，以及为执行保险人的特别通知而支出的费用，应当由保险人在保险标的损失赔偿之外另行支付。

保险人对前款规定的费用的支付，以相当于保险金额的数额为限。

保险金额低于保险价值的，除合同另有约定外，保险人应当按照保险金额与保险价值的比例，支付本条规定的费用。

第二百四十一条　【按比例赔偿原则】保险金额低于共同海损分摊价值的，保险人按照保险金额同分摊价值的比例赔偿共同海损分摊。

第二百四十二条　【故意造成的损失】对于被保险人故意造成的损失，保险人不负赔偿责任。

第二百四十三条　【对货物损失不负责任的情形】除合同另有约定外，因下列原因之一造成货物损失的，保险人不负赔偿责任：

（一）航行迟延、交货迟延或者行市变化；

（二）货物的自然损耗、本身的缺陷和自然特性；

（三）包装不当。

第二百四十四条　【对船舶损失不负责任的情形】除合同另有约定外，因下列原因之一造成保险船舶损失的，保险人不负赔偿责任：

（一）船舶开航时不适航，但是在船舶定期保险中被保险人不知道的除外；

（二）船舶自然磨损或者锈蚀。

运费保险比照适用本条的规定。

第五节　保险标的的损失和委付

第二百四十五条　【实际全损】保险标的发生保险事故后灭失，或者受到严重损坏完全失去原有形体、效用，或者不能再归被保险人所拥有的，为实际全损。

第二百四十六条 **【推定全损】**船舶发生保险事故后，认为实际全损已经不可避免，或者为避免发生实际全损所需支付的费用超过保险价值的，为推定全损。

货物发生保险事故后，认为实际全损已经不可避免，或者为避免发生实际全损所需支付的费用与继续将货物运抵目的地的费用之和超过保险价值的，为推定全损。

第二百四十七条 **【部分损失】**不属于实际全损和推定全损的损失，为部分损失。

第二百四十八条 **【视为实际全损】**船舶在合理时间内未从被获知最后消息的地点抵达目的地，除合同另有约定外，满两个月后仍没有获知其消息的，为船舶失踪。船舶失踪视为实际全损。

第二百四十九条 **【委付】**保险标的发生推定全损，被保险人要求保险人按照全部损失赔偿的，应当向保险人委付保险标的。保险人可以接受委付，也可以不接受委付，但是应当在合理的时间内将接受委付或者不接受委付的决定通知被保险人。

委付不得附带任何条件。委付一经保险人接受，不得撤回。

第二百五十条 **【委付的效力】**保险人接受委付的，被保险人对委付财产的全部权利和义务转移给保险人。

第六节 保险赔偿的支付

第二百五十一条 **【提供证明和资料的义务】**保险事故发生后，保险人向被保险人支付保险赔偿前，可以要求被保险人提供与确认保险事故性质和损失程度有关的证明和资料。

第二百五十二条 **【索赔权转移】**保险标的发生保险责任范围内的损失是由第三人造成的，被保险人向第三人要求赔偿的权利，自保险人支付赔偿之日起，相应转移给保险人。

被保险人应当向保险人提供必要的文件和其所需要知道的情况，并尽力协助保险人向第三人追偿。

第二百五十三条 **【保险赔偿的扣减】**被保险人未经保险人同意放弃向第三人要求赔偿的权利，或者由于过失致使保险人不能行使追偿权利的，保险人可以相应扣减保险赔偿。

第二百五十四条 **【扣减或退还】**保险人支付保险赔偿时，可以从应支付的赔偿额中相应扣减被保险人已经从第三人取得的赔偿。

保险人从第三人取得的赔偿，超过其支付的保险赔偿的，超过部分应当退还给被保险人。

第二百五十五条 **【权利的放弃】**发生保险事故后，保险人有权放弃对保险标的的权利，全额支付合同约定的保险赔偿，以解除对保险标的的义务。

保险人行使前款规定的权利，应当自收到被保险人有关赔偿损失的通知之日起的七日内通知被保险人；被保险人在收到通知前，为避免或者减少损失而支付的必要的合理费用，仍然应当由保险人偿还。

第二百五十六条 **【对保险标的的权利】**除本法第二百五十五条的规定外，保险标的发生全损，保险人支付全部保险金额的，取得对保险标的的全部权利；但是，在不足额保险的情况下，保险人按照保险金额与保险价值的比例取得对保险标的的部分权利。

企业会计准则第25号——保险合同

1. 2020年12月19日财政部修订发布

2. 财会〔2020〕20号

3. 自2023年1月1日起执行

第一章 总 则

第一条 为了规范保险合同的确认、计量和相关信息的列报，根据《企业会计准则——基本准则》，制定本准则。

第二条 保险合同，是指企业（合同签发人）与保单持有人约定，在特定保险事项对保单持有人产生不利影响时给予其赔偿，并因此承担源于保单持有人重大保险风险的合同。

保险事项，是指保险合同所承保的、产生保险风险的不确定未来事项。

保险风险，是指从保单持有人转移至合同签发人的除金融风险之外的风险。

第三条 本准则适用于下列保险合同：

（一）企业签发的保险合同（含分入的再保险合同）；

（二）企业分出的再保险合同；

（三）企业在合同转让或非同一控制下企业合并中取得的上述保险合同。

签发保险合同的企业所签发的具有相机参与分红特征的投资合同适用本准则。

再保险合同，是指再保险分入人（再保险合同签发人）与再保险分出人约定，对再保险分出人由对应的保险合同所引起的赔付等进行补偿的保险合同。

具有相机参与分红特征的投资合同，是指赋予特定投资者合同权利以收取保证金额和附加金额的金融工具。附加金额由企业（合同签发人）基于特定项目回报相机决定，且预计构成合同利益的重要部分。

第四条　下列各项适用其他相关会计准则：

（一）由《企业会计准则第6号——无形资产》、《企业会计准则第14号——收入》和《企业会计准则第21号——租赁》规范的基于非金融项目未来使用情况等形成的合同权利或义务，分别适用《企业会计准则第6号——无形资产》、《企业会计准则第14号——收入》和《企业会计准则第21号——租赁》。

（二）由《企业会计准则第9号——职工薪酬》和《企业会计准则第11号——股份支付》规范的职工薪酬计划、股份支付等形成的权利或义务，分别适用《企业会计准则第9号——职工薪酬》和《企业会计准则第11号——股份支付》。

（三）由《企业会计准则第14号——收入》规范的附有质量保证条款的销售，适用《企业会计准则第14号——收入》。

（四）生产商、经销商和零售商提供的余值担保，以及租赁合同中由承租方提供的余值担保，分别适用《企业会计准则第14号——收入》和《企业会计准则第21号——租赁》。

（五）企业合并中的或有对价，适用《企业会计准则第20号——企业合并》。

（六）财务担保合同，适用《企业会计准则第22号——金融工具确认和计量》、《企业会计准则第23号——金融资产转移》、《企业会计准则第24号——套期会计》和《企业会计准则第37号——金融工具列报》（以下统称金融工具相关会计准则）。企业明确表明将此类合同视作保险合同，并且已按照保险合同相关会计准则进行会计处理的，应当基于单项合同选择适用本准则或金融工具相关会计准则。选择一经作出，不得撤销。

（七）符合保险合同定义的信用卡合同或类似合同，如果定价时未单独评估和反映单一保单持有人的保险风险，合同条款中除保险保障服务以外的部分，适用金融工具相关会计准则或其他相关会计准则。

第五条　符合保险合同定义但主要以固定收费方式提供服务的合同，同时符合下列条件的，企业可以选择适用《企业会计准则第 14 号——收入》或本准则：

（一）合同定价不反映对单个保单持有人的风险评估；

（二）合同通过提供服务而非支付现金补偿保单持有人；

（三）合同转移的保险风险主要源于保单持有人对服务的使用而非服务成本的不确定性。

该选择应当基于单项合同，一经作出，不得撤销。

第六条　符合保险合同定义但对保险事项的赔偿金额仅限于清算保单持有人因该合同而产生的支付义务的合同（如包含死亡豁免条款的贷款合同），企业可以选择适用金融工具相关会计准则或本准则。该选择应当基于保险合同组合，一经作出，不得撤销。

第二章　保险合同的识别、合并和分拆

第七条　企业应当评估各单项合同的保险风险是否重大，据此判断该合同是否为保险合同。对于合同开始日经评估符合保险合同定义的合同，后续不再重新评估。

第八条　企业基于整体商业目的而与同一或相关联的多个合同对方订立的多份保险合同，应当合并为一份合同进行会计处理，以反映其商业实质。

第九条　保险合同中包含多个组成部分的，企业应当将下列组成部分予以分拆，并分别适用相关会计准则：

（一）符合《企业会计准则第 22 号——金融工具确认和计量》分拆条件的嵌入衍生工具，适用金融工具相关会计准则。

（二）可明确区分的投资成分，适用金融工具相关会计准则，但与投资成分相关的合同条款符合具有相机参与分红特征的投资合同定义的，应当适用本准则。

（三）可明确区分的商品或非保险合同服务的承诺，适用《企业会计准则第 14 号——收入》。

保险合同经上述分拆后的剩余组成部分，适用本准则。

投资成分，是指无论保险事项是否发生均须偿还给保单持有人的金额。

保险合同服务，是指企业为保险事项提供的保险保障服务、为不具有直接参与分红特征的保险合同持有人提供的投资回报服务，以及代具有直接参与分红特征的保险合同持有人管理基础项目的投资相关服务。

第十条　企业应当根据保险合同分拆情况分摊合同现金流量。合同现金流量扣除已分拆嵌入衍生工具和可明确区分的投资成分的现金流量后，在保险成分

（含未分拆嵌入衍生工具、不可明确区分的投资成分和不可明确区分的商品或非保险合同服务的承诺，下同）和可明确区分的商品或非保险合同服务的承诺之间进行分摊，分摊至保险成分的现金流量适用本准则。

第三章 保险合同的分组

第十一条 企业应当将具有相似风险且统一管理的保险合同归为同一保险合同组合。

第十二条 企业应当将同一合同组合至少分为下列合同组：

（一）初始确认时存在亏损的合同组；

（二）初始确认时无显著可能性在未来发生亏损的合同组；

（三）该组合中剩余合同组成的合同组。

企业不得将签发时间间隔超过一年的合同归入同一合同组。

第十三条 企业可以按照获利水平、亏损程度或初始确认后在未来发生亏损的可能性等，对合同组作进一步细分。

第十四条 企业应当以合同组合中单项合同为基础，逐项评估其归属的合同组。但有合理可靠的信息表明多项合同属于同一合同组的，企业可以多项合同为基础评估其归属的合同组。

第十五条 企业针对不同特征保单持有人设定不同价格或承诺不同利益水平的实际能力因法律法规或监管要求而受到限制，并将因此限制而导致合同组合中的合同被归入不同合同组的，企业可以不考虑相关限制的影响，将这些合同归入同一合同组。

第四章 确　　认

第十六条 企业应当在下列时点中的最早时点确认其签发的合同组：

（一）责任期开始日；

（二）保单持有人首付款到期日，或者未约定首付款到期日时企业实际收到首付款日；

（三）发生亏损时。

合同组合中的合同符合上述时点要求时，企业应当根据本准则第三章相关规定评估其归属的合同组，后续不再重新评估。

责任期，是指企业向保单持有人提供保险合同服务的期间。

第十七条 企业应当将合同组确认前已付或应付的、系统合理分摊至相关合同组的保险获取现金流量，确认为保险获取现金流量资产。

保险获取现金流量，是指因销售、核保和承保已签发或预计签发的合同组而产生的，可直接归属于其对应合同组合的现金流量。

第十八条　合同组合中的合同归入其所属合同组时，企业应当终止确认该合同对应的保险获取现金流量资产。

第十九条　资产负债表日，如果事实和情况表明保险获取现金流量资产可能存在减值迹象，企业应当估计其可收回金额。保险获取现金流量资产的可收回金额低于其账面价值的，企业应当计提资产减值准备，确认减值损失，计入当期损益。导致以前期间减值因素已经消失的，应当转回原已计提的资产减值准备，计入当期损益。

第五章　计　　量

第一节　一般规定

第二十条　企业应当以合同组作为计量单元。

企业应当在合同组初始确认时按照履约现金流量与合同服务边际之和对保险合同负债进行初始计量。

合同服务边际，是指企业因在未来提供保险合同服务而将于未来确认的未赚利润。

本准则第六章对分出的再保险合同组确认和计量另有规定的，从其规定。

第二十一条　履约现金流量包括下列各项：

（一）与履行保险合同直接相关的未来现金流量的估计；

（二）货币时间价值及金融风险调整；

（三）非金融风险调整。

非金融风险调整，是指企业在履行保险合同时，因承担非金融风险导致的未来现金流量在金额和时间方面的不确定性而要求得到的补偿。

履约现金流量的估计不考虑企业自身的不履约风险。

第二十二条　企业可以在高于合同组或合同组合的汇总层面估计履约现金流量，并采用系统合理的方法分摊至合同组。

第二十三条　未来现金流量的估计应当符合下列要求：

（一）未来现金流量估计值为无偏的概率加权平均值；

（二）有关市场变量的估计应当与可观察市场数据一致；

（三）以当前可获得的信息为基础，反映计量时存在的情况和假设；

（四）与货币时间价值及金融风险调整分别估计，估计技术适合合并估计的除外。

第二十四条　企业估计未来现金流量时应当考虑合同组内各单项合同边界内的现金流量，不得将合同边界外的未来现金流量用于合同组的计量。

企业有权要求保单持有人支付保费或者有实质性义务向保单持有人提供

保险合同服务的，该权利或义务所产生的现金流量在保险合同边界内。

存在下列情形之一的，表明企业无实质性义务向保单持有人提供保险合同服务：

（一）企业有实际能力重新评估该保单持有人的风险，并据此可重新设定价格或承诺利益水平以充分反映该风险。

（二）企业有实际能力重新评估该合同所属合同组合的风险，并据此可重新设定价格或承诺利益水平以充分反映该风险，且重新评估日前对应保费在定价时未考虑重新评估日后的风险。

第二十五条 企业应当采用适当的折现率对履约现金流量进行货币时间价值及金融风险调整，以反映货币时间价值及未包含在未来现金流量估计中的有关金融风险。适当的折现率应当同时符合下列要求：

（一）反映货币时间价值、保险合同现金流量特征以及流动性特征；

（二）基于与保险合同具有一致现金流量特征的金融工具当前可观察市场数据确定，且不考虑与保险合同现金流量无关但影响可观察市场数据的其他因素。

第二十六条 企业在估计履约现金流量时应当考虑非金融风险调整，以反映非金融风险对履约现金流量的影响。

企业应当单独估计非金融风险调整，不得在未来现金流量和折现率的估计中隐含非金融风险调整。

第二十七条 企业应当在合同组初始确认时计算下列各项之和：

（一）履约现金流量；

（二）在该日终止确认保险获取现金流量资产以及其他相关资产或负债对应的现金流量；

（三）合同组内合同在该日产生的现金流量。

上述各项之和反映为现金净流入的，企业应当将其确认为合同服务边际；反映为现金净流出的，企业应当将其作为首日亏损计入当期损益。

第二十八条 企业应当在资产负债表日按照未到期责任负债与已发生赔款负债之和对保险合同负债进行后续计量。

未到期责任负债包括资产负债表日分摊至保险合同组的、与未到期责任有关的履约现金流量和当日该合同组的合同服务边际。

已发生赔款负债包括资产负债表日分摊至保险合同组的、与已发生赔案及其他相关费用有关的履约现金流量。

第二十九条 对于不具有直接参与分红特征的保险合同组，资产负债表日合同组的合同服务边际账面价值应当以期初账面价值为基础，经下列各项调整后予以确定：

（一）当期归入该合同组的合同对合同服务边际的影响金额；

（二）合同服务边际在当期计提的利息，计息利率为该合同组内合同确认时、不随基础项目回报变动的现金流量所适用的加权平均利率；

（三）与未来服务相关的履约现金流量的变动金额，但履约现金流量增加额超过合同服务边际账面价值所导致的亏损部分，以及履约现金流量减少额抵销的未到期责任负债的亏损部分除外；

（四）合同服务边际在当期产生的汇兑差额；

（五）合同服务边际在当期的摊销金额。

第三十条 企业应当按照提供保险合同服务的模式，合理确定合同组在责任期内各个期间的责任单元，并据此对根据本准则第二十九条（一）至（四）调整后的合同服务边际账面价值进行摊销，计入当期及以后期间保险服务收入。

第三十一条 企业因当期提供保险合同服务导致未到期责任负债账面价值的减少额，应当确认为保险服务收入；因当期发生赔案及其他相关费用导致已发生赔款负债账面价值的增加额，以及与之相关的履约现金流量的后续变动额，应当确认为保险服务费用。

企业在确认保险服务收入和保险服务费用时，不得包含保险合同中的投资成分。

第三十二条 企业应当将合同组内的保险获取现金流量，随时间流逝进行系统摊销，计入责任期内各个期间的保险服务费用，同时确认为保险服务收入，以反映该类现金流量所对应的保费的收回。

第三十三条 企业应当将货币时间价值及金融风险的影响导致的未到期责任负债和已发生赔款负债账面价值变动额，作为保险合同金融变动额。

企业可以选择将货币时间价值及金融风险的影响导致的非金融风险调整变动额不作为保险合同金融变动额。

第三十四条 企业应当考虑持有的相关资产及其会计处理，在合同组合层面对保险合同金融变动额的会计处理做出下列会计政策选择：

（一）将保险合同金融变动额全额计入当期保险财务损益。

（二）将保险合同金融变动额分解计入当期保险财务损益和其他综合收益。选择该会计政策的，企业应当在合同组剩余期限内，采用系统合理的方法确定计入各个期间保险财务损益的金额，其与保险合同金融变动额的差额计入其他综合收益。

保险财务损益，是指计入当期及以后期间损益的保险合同金融变动额。保险财务损益包括企业签发的保险合同的承保财务损益和分出的再保险合同的分出再保险财务损益。

第三十五条 企业应当将非金融风险调整账面价值变动中除保险合同金融变动额以外的金额计入当期及以后期间损益。

第三十六条 对于本准则适用范围内的具有相机参与分红特征的投资合同，企业应当按照本准则有关保险合同的规定进行会计处理，但下列各项特殊规定除外：

（一）初始确认的时点为企业成为合同一方的日期。

（二）企业有支付现金的实质性义务的，该义务所产生的现金流量在合同边界内。企业有实际能力对其支付现金的承诺进行重新定价以充分反映其承诺支付现金的金额及相关风险的，表明企业无支付现金的实质性义务。

（三）企业应当按照投资服务的提供模式，在合同组期限内采用系统合理的方法对合同服务边际进行摊销，计入当期及以后期间损益。

第三十七条 对于中期财务报表中根据本准则作出的相关会计估计处理结果，企业应当就是否在本年度以后中期财务报表和年度财务报表中进行调整做出会计政策选择，并一致应用于本准则适用范围内的合同组。

第三十八条 企业对产生外币现金流量的合同组进行计量时，应当将保险合同负债视为货币性项目，根据《企业会计准则第 19 号——外币折算》有关规定处理。

资产负债表日，产生外币现金流量的合同组的汇兑差额应当计入当期损益。企业根据本准则第三十四条规定选择将保险合同金融变动额分解计入当期保险财务损益和其他综合收益的，与计入其他综合收益的金额相关的汇兑差额，应当计入其他综合收益。

第二节 具有直接参与分红特征的保险合同组计量的特殊规定

第三十九条 企业应当在合同开始日评估一项合同是否为具有直接参与分红特征的保险合同，后续不再重新评估。

第四十条 具有直接参与分红特征的保险合同，是指在合同开始日同时符合下列条件的保险合同：

（一）合同条款规定保单持有人参与分享清晰可辨认的基础项目；

（二）企业预计将基础项目公允价值变动回报中的相当大部分支付给保单持有人；

（三）预计应付保单持有人金额变动中的相当大部分将随基础项目公允

价值的变动而变动。

第四十一条 企业应当按照基础项目公允价值扣除浮动收费的差额，估计具有直接参与分红特征的保险合同组的履约现金流量。

浮动收费，是指企业因代保单持有人管理基础项目并提供投资相关服务而取得的对价，等于基础项目公允价值中企业享有份额减去不随基础项目回报变动的履约现金流量。

第四十二条 对于具有直接参与分红特征的保险合同组，资产负债表日合同组的合同服务边际账面价值应当以期初账面价值为基础，经下列调整后予以确定：

（一）当期归入该合同组的合同对合同服务边际的影响金额。

（二）基础项目公允价值中企业享有份额的变动金额，但以下情形除外：

1. 企业使用衍生工具或分出再保险合同管理与该金额变动相关金融风险时，对符合本准则规定条件的，可以选择将该金额变动中由货币时间价值及金融风险的影响导致的部分计入当期保险财务损益。但企业将分出再保险合同的保险合同金融变动额分解计入当期保险财务损益和其他综合收益的，该金额变动中的相应部分也应予以分解。

2. 基础项目公允价值中企业享有份额的减少额超过合同服务边际账面价值所导致的亏损部分。

3. 基础项目公允价值中企业享有份额的增加额抵销的未到期责任负债的亏损部分。

（三）与未来服务相关且不随基础项目回报变动的履约现金流量的变动金额，但以下情形除外：

1. 企业使用衍生工具、分出再保险合同或以公允价值计量且其变动计入当期损益的非衍生金融工具管理与该履约现金流量变动相关金融风险时，对符合本准则规定条件的，可以选择将该履约现金流量变动中由货币时间价值及金融风险的影响导致的部分计入当期保险财务损益。但企业将分出再保险合同的保险合同金融变动额分解计入当期保险财务损益和其他综合收益的，该履约现金流量变动中的相应部分也应予以分解。

2. 该履约现金流量的增加额超过合同服务边际账面价值所导致的亏损部分。

3. 该履约现金流量的减少额抵销的未到期责任负债的亏损部分。

（四）合同服务边际在当期产生的汇兑差额。

（五）合同服务边际在当期的摊销金额。企业应当按照提供保险合同服务的模式，合理确定合同组在责任期内各个期间的责任单元，并据此对根据本条（一）至（四）调整后的合同服务边际账面价值进行摊销，计入当期及以后期间保险服务收入。

企业可以对本条（二）和（三）中的变动金额进行合并调整。

第四十三条 企业采用风险管理措施对具有直接参与分红特征的保险合同产生的金融风险予以缓释时，同时符合下列条件的，对于本准则第四十二条（二）和（三）相关金额变动中由货币时间价值及金融风险的影响导致的部分，可以选择不调整合同服务边际：

（一）企业制定了关于风险管理目标和策略的书面文件；

（二）保险合同与用于风险管理的衍生工具、分出再保险合同或以公允价值计量且其变动计入当期损益的非衍生金融工具之间存在经济抵销关系；

（三）经济抵销关系产生的价值变动中，信用风险的影响不占主导地位。

企业不再符合上述条件时，应当自不符合之日起，将本准则第四十二条（二）和（三）相关金额变动中由货币时间价值及金融风险的影响导致的部分调整合同服务边际，之前已经计入保险财务损益的金额不予调整。

第四十四条 对于企业不持有基础项目的具有直接参与分红特征的保险合同组，企业应当根据本准则第三十四条规定，对保险合同金额变动额进行会计处理。

对于企业持有基础项目的具有直接参与分红特征的保险合同组，企业根据本准则第三十四条规定，选择将保险合同金融变动额分解计入当期保险财务损益和其他综合收益的，计入当期保险财务损益的金额应当等于其持有的基础项目按照相关会计准则规定计入当期损益的金额。

本准则第四十二条对保险合同金融变动额的会计处理另有规定的，从其规定。

第四十五条 分入和分出的再保险合同不适用本节规定。

第三节　亏损保险合同组计量的特殊规定

第四十六条 合同组在初始确认时发生首日亏损的，或合同组合中的合同归入其所属亏损合同组而新增亏损的，企业应当确认亏损并计入当期保险服务费用，同时将该亏损部分增加未到期责任负债账面价值。

初始确认时，亏损合同组的保险合同负债账面价值等于其履约现金流量。

第四十七条 发生下列情形之一导致合同组在后续计量时发生亏损的，企业应当确认亏损并计入当期保险服务费用，同时将该亏损部分增加未到期责任负债账面价值：

（一）因与未来服务相关的未来现金流量或非金融风险调整的估计发生

变更，导致履约现金流量增加额超过合同服务边际账面价值。

（二）对于具有直接参与分红特征的保险合同组，其基础项目公允价值中企业享有份额的减少额超过合同服务边际账面价值。

第四十八条　企业在确认合同组的亏损后，应当将未到期责任负债账面价值的下列变动额，采用系统合理的方法分摊至未到期责任负债中的亏损部分和其他部分：

（一）因发生保险服务费用而减少的未来现金流量的现值；

（二）因相关风险释放而计入当期损益的非金融风险调整的变动金额；

（三）保险合同金融变动额。

分摊至亏损部分的金额不得计入当期保险服务收入。

第四十九条　企业在确认合同组的亏损后，应当按照下列规定进行后续计量：

（一）将因与未来服务相关的未来现金流量或非金融风险调整的估计变更所导致的履约现金流量增加额，以及具有直接参与分红特征的保险合同组的基础项目公允价值中企业享有份额的减少额，确认为新增亏损并计入当期保险服务费用，同时将该亏损部分增加未到期责任负债账面价值。

（二）将因与未来服务相关的未来现金流量或非金融风险调整的估计变更所导致的履约现金流量减少额，以及具有直接参与分红特征的保险合同组的基础项目公允价值中企业享有份额的增加额，减少未到期责任负债的亏损部分，冲减当期保险服务费用；超出亏损部分的金额，确认为合同服务边际。

第四节　保险合同组计量的简化处理规定

第五十条　符合下列条件之一的，企业可以采用保费分配法简化合同组的计量：

（一）企业能够合理预计采用本节简化处理规定与根据本准则前述章节规定计量合同组未到期责任负债的结果无重大差异。企业预计履约现金流量在赔案发生前将发生重大变化的，表明该合同组不符合本条件。

（二）该合同组内各项合同的责任期不超过一年。

第五十一条　企业对其签发的保险合同采用保费分配法时，应当假设初始确认时该合同所属合同组合内不存在亏损合同，该假设与相关事实和情况不符的除外。

第五十二条　企业采用保费分配法时，合同组内各项合同初始确认时的责任期均不超过一年的，可以选择在保险获取现金流量发生时将其确认为费用，计入当期损益。

第五十三条　企业采用保费分配法计量合同组时，初始确认时未到期责任负债账面价值等于已收保费减去初始确认时发生的保险获取现金流量（根据本准则第五十二条规定选择在发生时计入当期损益的除外），减去（或加上）在合同组初始确认时终止确认的保险获取现金流量资产以及其他相关资产或负债的金额。

资产负债表日未到期责任负债账面价值等于期初账面价值加上当期已收保费，减去当期发生的保险获取现金流量（根据本准则第五十二条规定选择在发生时计入当期损益的除外），加上当期确认为保险服务费用的保险获取现金流量摊销金额和针对融资成分的调整金额，减去因当期提供保险合同服务而确认为保险服务收入的金额和当期已付或转入已发生赔款负债中的投资成分。

第五十四条 合同组内的合同中存在重大融资成分的，企业应当按照合同组初始确认时确定的折现率，对未到期责任负债账面价值进行调整，以反映货币时间价值及金融风险的影响。

合同组初始确认时，如果企业预计提供保险合同服务每一部分服务的时点与相关保费到期日之间的间隔不超过一年，可以不考虑合同中存在的重大融资成分。

第五十五条 相关事实和情况表明合同组在责任期内存在亏损时，企业应当将该日与未到期责任相关的履约现金流量超过按照本准则第五十三条确定的未到期责任负债账面价值的金额，计入当期保险服务费用，同时增加未到期责任负债账面价值。

第五十六条 企业应当根据与已发生赔案及其他相关费用有关的履约现金流量计量已发生赔款负债。相关履约现金流量预计在赔案发生后一年内支付或收取的，企业可以不考虑货币时间价值及金融风险的影响，且一致应用于本准则第五十五条规定的相关履约现金流量的计算。

第五十七条 企业应当将已收和预计收取的保费，在扣除投资成分并根据本准则第五十四条规定对重大融资成分进行调整后，分摊至当期的金额确认为保险服务收入。

企业应当随时间流逝在责任期内分摊经调整的已收和预计收取的保费；保险合同的风险在责任期内不随时间流逝为主释放的，应当以保险服务费用预计发生时间为基础进行分摊。

第六章 分出的再保险合同组的确认和计量

第五十八条 企业对分出的再保险合同组进行确认和计量，除本章另有规定外，应当按照本准则有关保险合同的其他相关规定进行处理，但本准则第五章关于亏损合同组计量的相关规定不适用于分出的再保险合同组。

第五十九条　企业应当将同一分出的再保险合同组合至少分为下列合同组：

（一）初始确认时存在净利得的合同组；

（二）初始确认时无显著可能性在未来产生净利得的合同组；

（三）该组合中剩余合同组成的合同组。

企业可以按照净成本或净利得水平以及初始确认后在未来产生净利得的可能性等，对分出的再保险合同组作进一步细分。

企业不得将分出时间间隔超过一年的合同归入同一分出的再保险合同组。

第六十条　企业应当在下列时点中的最早时点确认其分出的再保险合同组：

（一）分出的再保险合同组责任期开始日；

（二）分出的再保险合同组所对应的保险合同组确认为亏损合同组时。

第六十一条　分出的再保险合同组分出成比例责任的，企业应当在下列时点中的最早时点确认该合同组：

（一）分出的再保险合同组责任期开始日和任一对应的保险合同初始确认时点中较晚的时点；

（二）分出的再保险合同组所对应的保险合同组确认为亏损合同组时。

第六十二条　企业在初始确认其分出的再保险合同组时，应当按照履约现金流量与合同服务边际之和对分出再保险合同资产进行初始计量。

分出再保险合同组的合同服务边际，是指企业为在未来获得再保险分入人提供的保险合同服务而产生的净成本或净利得。

第六十三条　企业在估计分出的再保险合同组的未来现金流量现值时，采用的相关假设应当与计量所对应的保险合同组保持一致，并考虑再保险分入人的不履约风险。

第六十四条　企业应当根据分出的再保险合同组转移给再保险分入人的风险，估计非金融风险调整。

第六十五条　企业应当在分出的再保险合同组初始确认时计算下列各项之和：

（一）履约现金流量；

（二）在该日终止确认的相关资产或负债对应的现金流量；

（三）分出再保险合同组内合同在该日产生的现金流量；

（四）分保摊回未到期责任资产亏损摊回部分的金额。

企业应当将上述各项之和所反映的净成本或净利得，确认为合同服务边际。净成本与分出前发生的事项相关的，企业应当将其确认为费用并计入当期损益。

第六十六条 企业应当在资产负债表日按照分保摊回未到期责任资产与分保摊回已发生赔款资产之和对分出再保险合同资产进行后续计量。

分保摊回未到期责任资产包括资产负债表日分摊至分出的再保险合同组的、与未到期责任有关的履约现金流量和当日该合同组的合同服务边际。

分保摊回已发生赔款资产包括资产负债表日分摊至分出的再保险合同组的、与已发生赔款及其他相关费用的摊回有关的履约现金流量。

第六十七条 对于订立时点不晚于对应的保险合同确认时点的分出的再保险合同，企业在初始确认对应的亏损合同组或者将对应的亏损保险合同归入合同组而确认亏损时，应当根据下列两项的乘积确定分出再保险合同组分保摊回未到期责任资产亏损摊回部分的金额：

（一）对应的保险合同确认的亏损；

（二）预计从分出再保险合同组摊回的对应的保险合同赔付的比例。

企业应当按照上述亏损摊回部分的金额调整分出再保险合同组的合同服务边际，同时确认为摊回保险服务费用，计入当期损益。

企业在对分出的再保险合同组进行后续计量时，应当调整亏损摊回部分的金额以反映对应的保险合同亏损部分的变化，调整后的亏损摊回部分的金额不应超过企业预计从分出再保险合同组摊回的对应的保险合同亏损部分的相应金额。

第六十八条 资产负债表日分出的再保险合同组的合同服务边际账面价值应当以期初账面价值为基础，经下列各项调整后予以确定：

（一）当期归入该合同组的合同对合同服务边际的影响金额；

（二）合同服务边际在当期计提的利息，计息利率为该合同组内合同确认时、不随基础项目回报变动的现金流量所适用的加权平均利率；

（三）根据本准则第六十七条第一款计算的分保摊回未到期责任资产亏损摊回部分的金额，以及与分出再保险合同组的履约现金流量变动无关的分保摊回未到期责任资产亏损摊回部分的转回；

（四）与未来服务相关的履约现金流量的变动金额，但分摊至对应的保险合同组且不调整其合同服务边际的履约现金流量变动而导致的变动，以及对应的保险合同组采用保费分配法计量时因确认或转回亏损而导致的变动除外；

（五）合同服务边际在当期产生的汇兑差额；

（六）合同服务边际在当期的摊销金额。企业应当按照取得保险合同服务的模式，合理确定分出再保险合同组在责任期内各个期间的责任单元，并据此对根据本条（一）至（五）调整后的合同服务边际账面价值进行摊销，计入当期及以后期间损益。

第六十九条　再保险分入人不履约风险导致的履约现金流量变动金额与未来服务无关，企业不应当因此调整分出再保险合同组的合同服务边际。

第七十条　企业因当期取得再保险分入人提供的保险合同服务而导致分保摊回未到期责任资产账面价值的减少额，应当确认为分出保费的分摊；因当期发生赔款及其他相关费用的摊回导致分保摊回已发生赔款资产账面价值的增加额，以及与之相关的履约现金流量的后续变动额，应当确认为摊回保险服务费用。

企业应当将预计从再保险分入人收到的不取决于对应的保险合同赔付的金额，作为分出保费的分摊的减项。企业在确认分出保费的分摊和摊回保险服务费用时，不得包含分出再保险合同中的投资成分。

第七十一条　符合下列条件之一的，企业可以采用保费分配法简化分出的再保险合同组的计量：

（一）企业能够合理预计采用保费分配法与不采用保费分配法计量分出再保险合同组的结果无重大差异。企业预计履约现金流量在赔案发生前将发生重大变化的，表明该合同组不符合本条件。

（二）该分出的再保险合同组内各项合同的责任期不超过一年。

第七十二条　企业采用保费分配法计量分出的再保险合同组时，根据本准则第六十七条第一款计算的亏损摊回部分的金额应当调整分出再保险合同组的分保摊回未到期责任资产账面价值，同时确认为摊回保险服务费用，计入当期损益。

第七章　合同转让或非同一控制下企业合并中取得的保险合同的确认和计量

第七十三条　企业对合同转让或非同一控制下企业合并中取得的保险合同进行确认和计量，除本章另有规定外，应当适用本准则其他相关规定。

第七十四条　企业在合同转让或非同一控制下企业合并中取得的保险合同，应当视为在转让日（或购买日）订立该合同，并根据本准则相关规定将该合同归入其所属合同组。

第七十五条　企业在合同转让或非同一控制下企业合并中为取得保险合同而收到或支付的对价，应当视为收取或支付的保费。

第七十六条　企业在合同转让或非同一控制下企业合并中取得保险合同的会计处理适用《企业会计准则第 20 号——企业合并》等其他会计准则的，应当根据相关会计准则进行处理。

第八章 保险合同的修改和终止确认

第七十七条 保险合同条款的修改符合下列条件之一的，企业应当终止确认原合同，并按照修改后的合同条款确认一项新合同：

（一）假设修改后的合同条款自合同开始日适用，出现下列情形之一的：

1. 修改后的合同不属于本准则的适用范围。

2. 修改后的合同应当予以分拆且分拆后适用本准则的组成部分发生变化。

3. 修改后的合同的合同边界发生实质性变化。

4. 修改后的合同归属于不同的合同组。

（二）原合同与修改后的合同仅有其一符合具有直接参与分红特征的保险合同的定义。

（三）原合同采用保费分配法，修改后的合同不符合采用保费分配法的条件。

保险合同条款的修改不符合上述条件的，企业应当将合同条款修改导致的现金流量变动作为履约现金流量的估计变更进行处理。

第七十八条 保险合同约定的义务因履行、取消或到期而解除的，企业应当终止确认保险合同。

第七十九条 企业终止确认一项保险合同，应当按照下列规定进行处理：

（一）调整该保险合同所属合同组的履约现金流量，扣除与终止确认的权利义务相关的未来现金流量现值和非金融风险调整。

（二）调整合同组的合同服务边际。

（三）调整合同组在当期及以后期间的责任单元。

第八十条 企业修改原合同并确认新合同时，应当按照下列两项的差额调整原合同所属合同组的合同服务边际：

（一）因终止确认原合同所导致的合同组履约现金流量变动金额；

（二）修改日订立与新合同条款相同的合同预计将收取的保费减去因修改原合同而收取的额外保费后的保费净额。

企业在计量新合同所属合同组时，应当假设于修改日收到本条（二）中的保费净额。

第八十一条 企业因合同转让而终止确认一项保险合同的，应当按照因终止确认该合同所导致的合同组履约现金流量变动金额与受让方收取的保费之间的差额，调整该合同所属合同组的合同服务边际。

第八十二条 企业因合同修改或转让而终止确认一项保险合同时，应当将与该合同相关的、由于会计政策选择而在以前期间确认为其他综合收益的余额转入当期损益；但对于企业持有基础项目的具有直接参与分红特征的保险合同，企业不得仅因终止确认该保险合同而进行上述会计处理。

第九章 列 报

第一节 资产负债表和利润表相关项目的列示及披露

第八十三条 企业应当根据自身实际情况，合理确定列报保险合同的详细程度，避免列报大量不重要信息或不恰当汇总实质性不同信息。

企业可以按照合同类型、地理区域或报告分部等对保险合同的信息披露进行恰当汇总。

第八十四条 企业应当在资产负债表中分别列示与保险合同有关的下列项目：

（一）保险合同资产；

（二）保险合同负债；

（三）分出再保险合同资产；

（四）分出再保险合同负债。

企业签发的保险合同组合账面价值为借方余额的，列示为保险合同资产；分出的再保险合同组合账面价值为贷方余额的，列示为分出再保险合同负债。

保险获取现金流量资产于资产负债表日的账面价值应当计入保险合同组合账面价值。

第八十五条 企业应当在利润表中分别列示与保险合同有关的下列项目：

（一）保险服务收入；

（二）保险服务费用；

（三）分出保费的分摊；

（四）摊回保险服务费用；

（五）承保财务损益；

（六）分出再保险财务损益。

第八十六条 企业应当在附注中分别就签发的保险合同和分出的再保险合同，单独披露未到期责任负债（或分保摊回未到期责任资产）和已发生赔款负债（或分保摊回已发生赔款资产）余额调节表，以反映与保险合同账面价值变动有关的下列信息：

（一）保险合同负债和保险合同资产（或分出再保险合同资产和分出再保险合同负债）的期初和期末余额及净额，及净额调节情况；

（二）未到期责任负债（或分保摊回未到期责任资产）当期变动情况，亏损部分（或亏损摊回部分）应单独披露；

（三）已发生赔款负债（或分保摊回已发生赔款资产）当期变动情况，采用保费分配法的保险合同应分别披露未来现金流量现值和非金融风险调整；

（四）当期保险服务收入；

（五）当期保险服务费用，包括当期发生赔款及其他相关费用、保险获取现金流量的摊销、亏损部分的确认及转回和已发生赔款负债相关履约现金流量变动；

（六）当期分出保费的分摊；

（七）当期摊回保险服务费用，包括摊回当期发生赔款及其他相关费用、亏损摊回部分的确认及转回和分保摊回已发生赔款资产相关履约现金流量变动；

（八）不计入当期损益的投资成分，保费返还可以在此项合并披露；

（九）与当期服务无关但影响保险合同账面价值的金额，包括当期现金流量、再保险分入人不履约风险变动额、保险合同金融变动额、其他与保险合同账面价值变动有关的金额。当期现金流量应分别披露收到保费（或支付分出保费）、支付保险获取现金流量、支付赔款及其他相关费用（或收到摊回赔款及其他相关费用）。

第八十七条 对于未采用保费分配法的保险合同，企业应当在附注中分别就签发的保险合同和分出的再保险合同，单独披露履约现金流量和合同服务边际余额调节表，以反映与保险合同账面价值变动有关的下列信息：

（一）保险合同负债和保险合同资产（或分出再保险合同资产和分出再保险合同负债）的期初和期末余额及净额，及净额调节情况；

（二）未来现金流量现值当期变动情况；

（三）非金融风险调整当期变动情况；

（四）合同服务边际当期变动情况；

（五）与当期服务相关的变动情况，包括合同服务边际的摊销、非金融风险调整的变动、当期经验调整；

（六）与未来服务相关的变动情况，包括当期初始确认的保险合同影响金额、调整合同服务边际的估计变更、不调整合同服务边际的估计变更；

（七）与过去服务相关的变动情况，包括已发生赔款负债（或分保摊回已发生赔款资产）相关履约现金流量变动；

（八）与当期服务无关但影响保险合同账面价值的金额，包括当期现金流量、再保险分入人不履约风险变动额、保险合同金融变动额、其他与保险合同账面价值变动有关的金额。当期现金流量应分别披露收到保费（或支付分出保费）、支付保险获取现金流量、支付赔款及其他相关费用（或收到摊回赔款及其他相关费用）。

第八十八条 企业应当在附注中披露关于保险获取现金流量资产的下列定量信息：

（一）保险获取现金流量资产的期初和期末余额及其调节情况；

（二）保险获取现金流量资产减值准备当期计提和当期转回情况；

（三）期末保险获取现金流量资产预计在未来按适当的时间段终止确认的相关信息。

第八十九条 对于未采用保费分配法的保险合同，企业应当在附注中分别就签发的保险合同和分出的再保险合同，披露当期初始确认的保险合同对资产负债表影响的下列信息：

（一）未来现金流出现值，保险获取现金流量的金额应单独披露；

（二）未来现金流入现值；

（三）非金融风险调整；

（四）合同服务边际。

对于当期初始确认的亏损合同组以及在合同转让或非同一控制下企业合并中取得的保险合同，企业应当分别披露其对资产负债表影响的上述信息。

第九十条 对于未采用保费分配法的签发的保险合同，企业应当在附注中披露与本期确认保险服务收入相关的下列定量信息：

（一）与未到期责任负债变动相关的保险服务收入，分别披露期初预计当期发生的保险服务费用、非金融风险调整的变动、合同服务边际的摊销、其他金额（如与当期服务或过去服务相关的保费经验调整）；

（二）保险获取现金流量的摊销。

第九十一条 对于未采用保费分配法的保险合同，企业应当在附注中分别就签发的保险合同和分出的再保险合同，披露期末合同服务边际在剩余期限内按适当的时间段摊销计入利润表的定量信息。

第九十二条 企业应当披露当期保险合同金融变动额的定量信息及其解释性说明，包括对保险合同金融变动额与相关资产投资回报关系的说明。

第九十三条 企业应当披露与具有直接参与分红特征的保险合同相关的下列信息：

（一）基础项目及其公允价值；

（二）根据本准则第四十二条和第四十三条规定，将货币时间价值及金融风险的影响金额计入当期保险财务损益或其他综合收益对当期合同服务边际的影响。

第九十四条 对于具有直接参与分红特征的保险合同组，企业选择将保险合同金融变动额分解计入当期保险财务损益和其他综合收益的，根据本准则第四十四条规定，因是否持有基础项目的情况发生变动导致计入当期保险财务损益的计量方法发生变更的，应当披露变更原因和对财务报表项目的影响金额，以及相关合同组在变更日的账面价值。

第二节　与保险合同计量相关的披露

第九十五条 企业应当披露与保险合同计量所采用的方法、输入值和假设等相关的下列信息：

（一）保险合同计量所采用的方法以及估计相关输入值的程序。企业应当披露相关输入值的定量信息，不切实可行的除外。

（二）本条（一）中所述方法和程序的变更及其原因，以及受影响的合同类型。

（三）与保险合同计量有关的下列信息：

1. 对于不具有直接参与分红特征的保险合同，区分相机抉择与其他因素导致未来现金流量估计变更的方法；

2. 确定非金融风险调整的计量方法及计量结果所对应的置信水平，以及非金融风险调整变动额根据本准则第三十三条在利润表中的列示方法；

3. 确定折现率的方法，以及用于不随基础项目回报变动的现金流量折现的收益率曲线（或收益率曲线范围）；

4. 确定投资成分的方法；

5. 确定责任单元组成部分及相对权重的方法。

第九十六条 企业选择将保险合同金融变动额分解计入当期保险财务损益和其他综合收益的，应当披露确定保险财务损益金额的方法及其说明。

第九十七条 对于采用保费分配法计量的保险合同组，企业应当披露下列信息：

（一）合同组适用保费分配法的判断依据；

（二）未到期责任负债（或分保摊回未到期责任资产）和已发生赔款负债（或分保摊回已发生赔款资产）的计量是否反映货币时间价值及金融风险的影响；

（三）是否在保险获取现金流量发生时将其确认为费用。

第三节 与风险相关的披露

第九十八条 企业应当披露与保险合同产生的保险风险和金融风险等相关的定性和定量信息。金融风险包括市场风险、信用风险、流动性风险等。

第九十九条 对于保险合同产生的各类风险，企业应当按类别披露下列信息：

（一）风险敞口及其形成原因，以及在本期发生的变化。

（二）风险管理的目标、政策和程序以及计量风险的方法及其在本期发生的变化。

（三）期末风险敞口的汇总数据。该数据应当以向内部关键管理人员提供的相关信息为基础。期末风险敞口不能反映企业本期风险敞口变动情况的，企业应当进一步提供相关信息。

（四）风险集中度信息，包括企业确定风险集中度的说明和参考因素（如保险事项类型、行业特征、地理区域、货币种类等）。

第一百条 企业应当披露相关监管要求（如最低资本要求、保证利率等）对本准则适用范围内的合同的影响。保险合同分组时应用本准则第十五条规定的，企业应当披露这一事实。

第一百零一条 企业应当对保险风险和市场风险进行敏感性分析并披露下列信息：

（一）资产负债表日保险风险变量和各类市场风险变量发生合理、可能的变动时，将对企业损益和所有者权益产生的影响。

对于保险风险，敏感性分析应当反映对企业签发的保险合同及其经分出的再保险合同进行风险缓释后的影响。

对于各类市场风险，敏感性分析应当反映保险合同所产生的风险变量与企业持有的金融资产所产生的风险变量之间的关联性。

（二）本期进行敏感性分析所使用的方法和假设，以及在本期发生的变化及其原因。

第一百零二条 企业为管理保险合同所产生的风险，采用不同于本准则第一百零一条中所述方法进行敏感性分析的，应当披露下列信息：

（一）用于敏感性分析的方法、选用的主要参数和假设；

（二）所用方法的目的，以及该方法提供信息的局限性。

第一百零三条 企业应当披露索赔进展情况，以反映已发生赔款的实际赔付金额与未经折现的预计赔付金额的比较信息，及其与资产负债表日已发生赔款负债账面价值的调节情况。

索赔进展情况的披露应当从赔付时间和金额在资产负债表日仍存在不确

定性的重大赔付最早发生期间开始，但最长披露期限可不超过十年。赔付时间和金额的不确定性在未来一年内将消除的索赔进展信息可以不披露。

第一百零四条 企业应当披露与保险合同所产生的信用风险相关的下列信息：

（一）签发的保险合同和分出的再保险合同分别于资产负债表日的最大信用风险敞口；

（二）与分出再保险合同资产的信用质量相关的信息。

第一百零五条 企业应当披露与保险合同所产生的流动性风险相关的下列信息：

（一）对管理流动性风险的说明。

（二）对资产负债表日保险合同负债和分出再保险合同负债的到期期限分析。

到期期限分析应当基于合同组合，所使用的时间段至少应当为资产负债表日后一年以内、一年至两年以内、两年至三年以内、三年至四年以内、四年至五年以内、五年以上。列入各时间段内的金额可以是未来现金流量现值或者未经折现的合同剩余净现金流量。

到期期限分析可以不包括采用保费分配法计量的保险合同负债和分出再保险合同负债中与未到期责任相关的部分。

（三）保单持有人可随时要求偿还的金额。企业应当说明该金额与相关保险合同组合账面价值之间的关联性。

第十章 衔接规定

第一百零六条 首次执行日之前的保险合同会计处理与本准则规定不一致的，企业应当按照《企业会计准则第 28 号——会计政策、会计估计变更和差错更正》的规定采用追溯调整法处理，但本准则另有规定的除外。

企业进行追溯调整的，无须披露当期和各个列报前期财务报表受影响项目和每股收益的调整金额。

第一百零七条 企业采用追溯调整法时，应当在过渡日按照下列规定进行衔接处理：

（一）假设一直按照本准则要求识别、确认和计量保险合同组；

（二）假设一直按照本准则要求识别、确认和计量保险获取现金流量资产，但无须估计该资产于过渡日前的可收回金额；

（三）确认追溯调整对所有者权益的累积影响数；

（四）不得在过渡日前运用本准则第四十三条规定的风险管理缓释选择权。

过渡日是指本准则首次执行日前最近一个会计年度的期初，企业列报经调整的更早期间的比较信息的，过渡日是更早比较期间的期初。

第一百零八条 对合同组采用追溯调整法不切实可行的，企业应当采用修正追溯调整法或公允价值法。对合同组采用修正追溯调整法也不切实可行的，企业应当采用公允价值法。

修正追溯调整法，是指企业在对本章所涉及相关事项采用追溯调整法不切实可行时，使用在过渡日无须付出不必要的额外成本或努力即可获得的合理可靠的信息，以获得接近追溯调整法结果为目标，在衔接处理上按本准则规定进行简化的方法。

公允价值法，是指以过渡日合同组公允价值与履约现金流量的差额确定合同组在该日的合同服务边际或未到期责任负债亏损部分，以及在衔接处理上按本准则规定进行简化的方法。

企业在过渡日前符合本准则第四十三条规定条件，使用衍生工具、分出的再保险合同或以公允价值计量且其变动计入当期损益的非衍生金融工具管理合同组产生的金融风险，并自过渡日起采用未来适用法运用风险管理缓释选择权进行会计处理的，企业可以对该合同组采用公允价值法进行衔接处理。

第一百零九条 企业采用修正追溯调整法时，应当在过渡日根据本准则规定识别下列事项并进行衔接处理：

（一）保险合同组，但在按照本准则规定进行保险合同分组时无法获得合理可靠的信息的，企业可以将签发或分出时间间隔超过一年的合同归入同一合同组；

（二）具有直接参与分红特征的保险合同；

（三）不具有直接参与分红特征的保险合同中的相机抉择现金流量；

（四）具有相机参与分红特征的投资合同。

企业采用修正追溯调整法时，对于在合同转让或非同一控制下企业合并中取得的保险合同，应当将该类合同在转让日或购买日前已发生的赔付义务确认为已发生赔款负债。

第一百一十条 对不具有直接参与分红特征的保险合同组在过渡日的合同服务边际或未到期责任负债亏损部分采用修正追溯调整法时，企业应当按照下列规定进行衔接处理：

（一）以过渡日或更早日期（如适用）估计的未来现金流量为基础，根据合同组初始确认时至过渡日或更早日期（如适用）发生的现金流量进行调整，确定合同组在初始确认时的未来现金流量；

（二）基于过渡日前最近至少三个会计年度可观察数据，考虑该数据与本准则第二十五条规定的折现率的相似性或差异，采用适当方法确定合同组在初始确认时或以后的折现率；

（三）以过渡日估计的非金融风险调整金额为基础，根据在过渡日签发或分出的类似保险合同的相关风险释放方式，估计过渡日之前合同组非金融风险调整的变动金额，确定合同组在初始确认时的非金融风险调整金额；

（四）采用与过渡日后一致的方法将过渡日前已付或应付的保险获取现金流量系统合理地分摊至过渡日确认和预计将于过渡日后确认的合同组，分别调整过渡日合同服务边际和确认为保险获取现金流量资产。企业无法获得合理可靠的信息进行上述处理的，则不应调整合同服务边际或确认保险获取现金流量资产；

（五）合同组在初始确认时根据本条（一）至（四）确认合同服务边际的，应当按照本条（二）确定的初始确认时折现率计提利息，并基于过渡日合同组中的剩余责任单元和该日前的责任单元，确定过渡日前计入损益的合同服务边际；

（六）合同组在初始确认时根据本条（一）至（四）确认未到期责任负债亏损部分的，应当采用系统合理的方法，确定分摊至过渡日前的亏损部分；

（七）对于订立时点不晚于对应的亏损保险合同确认时点的分出的再保险合同，应当根据过渡日对应的亏损保险合同的未到期责任负债亏损部分乘以预计从分出的再保险合同组摊回的对应的保险合同赔付的比例，计算分出再保险合同组分保摊回未到期责任资产在过渡日的亏损摊回部分金额，企业无法获得合理可靠的信息确定该亏损摊回部分金额的，则不应确认亏损摊回部分。

第一百一十一条 对具有直接参与分红特征的保险合同组在过渡日的合同服务边际或未到期责任负债亏损部分采用修正追溯调整法时，企业应当按照下列规定进行衔接处理：

（一）以过渡日基础项目公允价值减去该日履约现金流量的金额为基础，根据过渡日前相关现金流量以及非金融风险调整的变动进行恰当调整；

（二）采用与过渡日后一致的方法将过渡日前已付或应付的保险获取现金流量系统合理地分摊至过渡日确认和预计将于过渡日后确认的合同组，分别调整过渡日合同服务边际和确认为保险获取现金流量资产。企业无法获得合理可靠的信息进行上述处理的，则不应调整合同服务边际或确认保险获取现金流量资产；

（三）合同组根据本条（一）和（二）确认合同服务边际的，应当基于过渡日合同组中的剩余责任单元和该日前的责任单元，确定过渡日前计入损益的合同服务边际；

（四）合同组根据本条（一）和（二）确认未到期责任负债亏损部分的，应当将该亏损部分调整为零，同时将该亏损部分增加过渡日未到期责任负债账面价值。

第一百一十二条 企业对过渡日保险合同金融变动额采用修正追溯调整法时，应当按照下列规定进行衔接处理：

（一）根据本准则第一百零九条（一）规定将签发或分出时间相隔超过一年的合同归入同一合同组的，可以在过渡日确定合同组初始确认时或以后适用的折现率。企业根据本准则第三十四条选择将保险合同金融变动额分解计入保险财务损益和其他综合收益的，应当采用适当方法确定过渡日计入其他综合收益的累计金额。

（二）未将签发或分出时间相隔超过一年的合同归入同一合同组的，应当按照本准则第一百一十条（二）估计合同组初始确认时或以后适用的折现率。企业根据本准则第三十四条选择将保险合同金融变动额分解计入保险财务损益和计入其他综合收益的，应当采用适当方法确定过渡日计入其他综合收益的累计金额。

第一百一十三条 企业根据本准则第三十七条规定选择不调整中期财务报表有关会计估计处理结果的会计政策的，应当在过渡日对该会计政策采用追溯调整法处理。采用追溯调整法不切实可行的，企业可以采用修正追溯调整法，对保险合同金融变动额和不具有直接参与分红特征的保险合同的合同服务边际或未到期责任负债亏损部分进行衔接处理时，视同过渡日前未编制中期财务报表。

第一百一十四条 企业采用公允价值法时，可以使用在合同开始日或初始确认时根据合同条款和市场状况可确定的合理可靠的信息，或使用在过渡日可获得的合理可靠的信息，根据本准则规定识别下列事项并进行衔接处理：

（一）保险合同组，企业可以将签发或分出时间间隔超过一年的合同归入同一合同组；

（二）具有直接参与分红特征的保险合同；

（三）不具有直接参与分红特征的保险合同中的相机抉择现金流量；

（四）具有相机参与分红特征的投资合同。

企业采用公允价值法时，对于在合同转让或非同一控制下企业合并中取得的保险合同，可以将该类合同在转让日或购买日前已发生的赔付义务确认为已发生赔款负债。

第一百一十五条 企业采用公允价值法时，按照下列规定进行衔接处理：

（一）企业可以在过渡日确定合同组初始确认时或以后适用的折现率；

（二）对于分出的再保险合同组对应亏损保险合同的，应当根据过渡日对应的亏损保险合同的未到期责任负债亏损部分乘以预计从分出的再保险合同组摊回的对应的保险合同赔付的比例，计算分出再保险合同组分保摊回未到期责任资产在过渡日的亏损摊回部分金额；

（三）企业根据本准则第三十四条选择将保险合同金融变动额分解计入保险财务损益和其他综合收益的，应当采用适当方法确定过渡日计入其他综合收益的累计金额；

（四）对保险获取现金流量资产采用追溯调整法不切实可行时，企业应当采用适当方法确定过渡日的保险获取现金流量资产。

第一百一十六条 企业应当在附注中披露与衔接处理相关的下列信息：

（一）在采用修正追溯调整法和公允价值法的保险合同的存续期间，说明该类保险合同在过渡日的衔接处理；

（二）在本准则第八十六条和第八十七条规定的调节表中，分别就过渡日采用修正追溯调整法和公允价值法的保险合同，在该类保险合同存续期间单独披露其对保险服务收入和合同服务边际的影响；

（三）企业根据本准则第一百一十二条和第一百一十五条（三）的规定，采用修正追溯调整法或公允价值法确定过渡日计入其他综合收益的累计金额的，在该金额减计为零之前的期间，应当披露以公允价值计量且其变动计入其他综合收益的相关金融资产计入其他综合收益的累计金额自期初至期末的调节情况。

第一百一十七条 企业无须披露比首次执行日前最近一个会计年度更早期间的信息。企业选择披露未经调整的更早期间的比较信息的，应当列示该类信息并说明其编制基础。

企业可以选择不披露未公开的、比首次执行日前四个会计年度更早期间发生的索赔进展情况，但应当披露这一选择。

第一百一十八条 企业在本准则首次执行日前执行金融工具相关会计准则的，应当在本准则首次执行日对金融资产进行下列处理：

（一）企业可以对管理金融资产的业务模式进行重新评估并确定金融资产分类，但为了与本准则适用范围内合同无关的活动而持有的金融资产除外；

（二）在首次执行日前被指定为以公允价值计量且其变动计入当期损益的金融资产，因企业执行本准则而不再符合指定条件时，应当撤销之前的指定；

（三）金融资产因企业执行本准则而符合指定条件的，可以指定为以公允价值计量且其变动计入当期损益的金融资产；

（四）企业可以将非交易性权益工具投资指定为以公允价值计量且其变动计入其他综合收益的金融资产或撤销之前的指定。

企业应当以本准则首次执行日的事实和情况为基础进行上述处理，并追溯调整首次执行本准则当年年初留存收益或权益的其他部分。企业无须调整可比期间信息。企业选择调整可比期间信息的，应当以前期事实和情况为基础，以反映金融工具相关会计准则的要求。

第一百一十九条　企业根据本准则第一百一十八条规定进行处理的，应当披露下列信息：

（一）根据本准则第一百一十八条（一）对管理相关金融资产的业务模式进行重新评估并确定金融资产分类的标准；

（二）相关金融资产列报类型和账面价值的变化；

（三）撤销之前指定为以公允价值计量且其变动计入当期损益的金融资产的期末账面价值；

（四）指定或撤销指定以公允价值计量且其变动计入当期损益的相关金融资产的原因。

第十一章　附　　则

第一百二十条　本准则自2023年1月1日起施行。

二、保险公司及专业人员管理规定

1. 保险公司相关规定

中华人民共和国公司法

1. 1993年12月29日第八届全国人民代表大会常务委员会第五次会议通过
2. 根据1999年12月25日第九届全国人民代表大会常务委员会第十三次会议《关于修改〈中华人民共和国公司法〉的决定》第一次修正
3. 根据2004年8月28日第十届全国人民代表大会常务委员会第十一次会议《关于修改〈中华人民共和国公司法〉的决定》第二次修正
4. 2005年10月27日第十届全国人民代表大会常务委员会第十八次会议修订
5. 根据2013年12月28日第十二届全国人民代表大会常务委员会第六次会议《关于修改〈中华人民共和国海洋环境保护法〉等七部法律的决定》第三次修正
6. 根据2018年10月26日第十三届全国人民代表大会常务委员会第六次会议《关于修改〈中华人民共和国公司法〉的决定》第四次修正

目　　录

第一章　总　　则

第一条　【立法目的】为了规范公司的组织和行为，保护公司、股东和债权人的合法权益，维护社会经济秩序，促进社会主义市场经济的发展，制定本法。

第二条　【调整对象】本法所称公司是指依照本法在中国境内设立的有限责任公司和股份有限公司。

第三条　【公司的界定】公司是企业法人，有独立的法人财产，享有法人财产权。公司以其全部财产对公司的债务承担责任。

有限责任公司的股东以其认缴的出资额为限对公司承担责任；股份有限公司的股东以其认购的股份为限对公司承担责任。

第四条　【股东权利】公司股东依法享有资产收益、参与重大决策和选择管理者等权利。

第五条　【合法经营和合法权益受保护】公司从事经营活动，必须遵守法律、行政法规，遵守社会公德、商业道德，诚实守信，接受政府和社会公众的监督，承担社会责任。

公司的合法权益受法律保护，不受侵犯。

第六条　【公司设立的准则主义】设立公司，应当依法向公司登记机关申请设立登记。符合本法规定的设立条件的，由公司登记机关分别登记为有限责任公司或者股份有限公司；不符合本法规定的设立条件的，不得登记为有限责任公司或者股份有限公司。

法律、行政法规规定设立公司必须报经批准的，应当在公司登记前依法办理批准手续。

公众可以向公司登记机关申请查询公司登记事项，公司登记机关应当提供查询服务。

第七条　【公司营业执照】依法设立的公司，由公司登记机关发给公司营业执照。公司营业执照签发日期为公司成立日期。

公司营业执照应当载明公司的名称、住所、注册资本、经营范围、法定代表人姓名等事项。

公司营业执照记载的事项发生变更的，公司应当依法办理变更登记，由公司登记机关换发营业执照。

第八条　【公司的名称】依照本法设立的有限责任公司，必须在公司名称中标明有限责任公司或者有限公司字样。

依照本法设立的股份有限公司，必须在公司名称中标明股份有限公司或者股份公司字样。

第九条　【公司形式变更的准则主义与债权债务承继】有限责任公司变更为股份有限公司，应当符合本法规定的股份有限公司的条件。股份有限公司变更为有限责任公司，应当符合本法规定的有限责任公司的条件。

有限责任公司变更为股份有限公司的，或者股份有限公司变更为有限责任公司的，公司变更前的债权、债务由变更后的公司承继。

第十条　【公司的住所】公司以其主要办事机构所在地为住所。

第十一条　【公司的章程】设立公司必须依法制定公司章程。公司章程对公司、股东、董事、监事、高级管理人员具有约束力。

第十二条　【公司的经营范围】公司的经营范围由公司章程规定，并依法登记。公司可以修改公司章程，改变经营范围，但是应当办理变更登记。

公司的经营范围中属于法律、行政法规规定须经批准的项目，应当依法经过批准。

第十三条　【公司法定代表人】公司法定代表人依照公司章程的规定，由董事长、执行董事或者经理担任，并依法登记。公司法定代表人变更，应当办理变更登记。

第十四条　【分公司与子公司】公司可以设立分公司。设立分公司，应当向公司登记机关申请登记，领取营业执照。分公司不具有法人资格，其民事责任由公司承担。

公司可以设立子公司，子公司具有法人资格，依法独立承担民事责任。

第十五条 【公司的转投资及其限制】 公司可以向其他企业投资；但是，除法律另有规定外，不得成为对所投资企业的债务承担连带责任的出资人。

第十六条 【公司转投资及提供担保的程序规定】 公司向其他企业投资或者为他人提供担保，依照公司章程的规定，由董事会或者股东会、股东大会决议；公司章程对投资或者担保的总额及单项投资或者担保的数额有限额规定的，不得超过规定的限额。

公司为公司股东或者实际控制人提供担保的，必须经股东会或者股东大会决议。

前款规定的股东或者受前款规定的实际控制人支配的股东，不得参加前款规定事项的表决。该项表决由出席会议的其他股东所持表决权的过半数通过。

第十七条 【公司的劳动保护等义务】 公司必须保护职工的合法权益，依法与职工签订劳动合同，参加社会保险，加强劳动保护，实现安全生产。

公司应当采用多种形式，加强公司职工的职业教育和岗位培训，提高职工素质。

第十八条 【公司的工会及民主管理】 公司职工依照《中华人民共和国工会法》组织工会，开展工会活动，维护职工合法权益。公司应当为本公司工会提供必要的活动条件。公司工会代表职工就职工的劳动报酬、工作时间、福利、保险和劳动安全卫生等事项依法与公司签订集体合同。

公司依照宪法和有关法律的规定，通过职工代表大会或者其他形式，实行民主管理。

公司研究决定改制以及经营方面的重大问题、制定重要的规章制度时，应当听取公司工会的意见，并通过职工代表大会或者其他形式听取职工的意见和建议。

第十九条 【公司中的中国共产党组织】 在公司中，根据中国共产党章程的规定，设立中国共产党的组织，开展党的活动。公司应当为党组织的活动提供必要条件。

第二十条 【股东滥用权利的责任】 公司股东应当遵守法律、行政法规和公司章程，依法行使股东权利，不得滥用股东权利损害公司或者其他股东的利益；不得滥用公司法人独立地位和股东有限责任损害公司债权人的利益。

公司股东滥用股东权利给公司或者其他股东造成损失的，应当依法承担赔偿责任。

公司股东滥用公司法人独立地位和股东有限责任，逃避债务，严重损害公司债权人利益的，应当对公司债务承担连带责任。

第二十一条 【禁止关联行为】公司的控股股东、实际控制人、董事、监事、高级管理人员不得利用其关联关系损害公司利益。

违反前款规定，给公司造成损失的，应当承担赔偿责任。

第二十二条 【无效与可撤销决议及其法律后果】公司股东会或者股东大会、董事会的决议内容违反法律、行政法规的无效。

股东会或者股东大会、董事会的会议召集程序、表决方式违反法律、行政法规或者公司章程，或者决议内容违反公司章程的，股东可以自决议作出之日起六十日内，请求人民法院撤销。

股东依照前款规定提起诉讼的，人民法院可以应公司的请求，要求股东提供相应担保。

公司根据股东会或者股东大会、董事会决议已办理变更登记的，人民法院宣告该决议无效或者撤销该决议后，公司应当向公司登记机关申请撤销变更登记。

第二章 有限责任公司的设立和组织机构

第一节 设 立

第二十三条 【有限责任公司的设立条件】设立有限责任公司，应当具备下列条件：

（一）股东符合法定人数；

（二）有符合公司章程规定的全体股东认缴的出资额；

（三）股东共同制定公司章程；

（四）有公司名称，建立符合有限责任公司要求的组织机构；

（五）有公司住所。

第二十四条 【有限责任公司的股东人数限制】有限责任公司由五十个以下股东出资设立。

第二十五条 【有限责任公司章程的法定事项】有限责任公司章程应当载明下列事项：

（一）公司名称和住所；

（二）公司经营范围；

（三）公司注册资本；

（四）股东的姓名或者名称；

（五）股东的出资方式、出资额和出资时间；

（六）公司的机构及其产生办法、职权、议事规则；

（七）公司法定代表人；

（八）股东会会议认为需要规定的其他事项。

股东应当在公司章程上签名、盖章。

第二十六条　【有限责任公司的注册资本】有限责任公司的注册资本为在公司登记机关登记的全体股东认缴的出资额。

法律、行政法规以及国务院决定对有限责任公司注册资本实缴、注册资本最低限额另有规定的，从其规定。

第二十七条　【股东出资方式、出资评估】股东可以用货币出资，也可以用实物、知识产权、土地使用权等可以用货币估价并可以依法转让的非货币财产作价出资；但是，法律、行政法规规定不得作为出资的财产除外。

对作为出资的非货币财产应当评估作价，核实财产，不得高估或者低估作价。法律、行政法规对评估作价有规定的，从其规定。

第二十八条　【股东出资义务的履行和出资违约】股东应当按期足额缴纳公司章程中规定的各自所认缴的出资额。股东以货币出资的，应当将货币出资足额存入有限责任公司在银行开设的账户；以非货币财产出资的，应当依法办理其财产权的转移手续。

股东不按照前款规定缴纳出资的，除应当向公司足额缴纳外，还应当向已按期足额缴纳出资的股东承担违约责任。

第二十九条　【有限责任公司的设立登记】股东认足公司章程规定的出资后，由全体股东指定的代表或者共同委托的代理人向公司登记机关报送公司登记申请书、公司章程等文件，申请设立登记。

第三十条　【非货币财产出资违约责任】有限责任公司成立后，发现作为设立公司出资的非货币财产的实际价额显著低于公司章程所定价额的，应当由交付该出资的股东补足其差额；公司设立时的其他股东承担连带责任。

第三十一条　【股东出资证明书】有限责任公司成立后，应当向股东签发出资证明书。

出资证明书应当载明下列事项：

（一）公司名称；

（二）公司成立日期；

（三）公司注册资本；

（四）股东的姓名或者名称、缴纳的出资额和出资日期；

（五）出资证明书的编号和核发日期。

出资证明书由公司盖章。

第三十二条 【股东名册】有限责任公司应当置备股东名册，记载下列事项：

（一）股东的姓名或者名称及住所；

（二）股东的出资额；

（三）出资证明书编号。

记载于股东名册的股东，可以依股东名册主张行使股东权利。

公司应当将股东的姓名或者名称向公司登记机关登记；登记事项发生变更的，应当办理变更登记。未经登记或者变更登记的，不得对抗第三人。

第三十三条 【股东的查阅权】股东有权查阅、复制公司章程、股东会会议记录、董事会会议决议、监事会会议决议和财务会计报告。

股东可以要求查阅公司会计账簿。股东要求查阅公司会计账簿的，应当向公司提出书面请求，说明目的。公司有合理根据认为股东查阅会计账簿有不正当目的，可能损害公司合法利益的，可以拒绝提供查阅，并应当自股东提出书面请求之日起十五日内书面答复股东并说明理由。公司拒绝提供查阅的，股东可以请求人民法院要求公司提供查阅。

第三十四条 【股东分红权和优先认购权】股东按照实缴的出资比例分取红利；公司新增资本时，股东有权优先按照实缴的出资比例认缴出资。但是，全体股东约定不按照出资比例分取红利或者不按照出资比例优先认缴出资的除外。

第三十五条 【股东不得抽逃出资】公司成立后，股东不得抽逃出资。

第二节 组 织 机 构

第三十六条 【股东会】有限责任公司股东会由全体股东组成。股东会是公司的权力机构，依照本法行使职权。

第三十七条 【股东会的职权】股东会行使下列职权：

（一）决定公司的经营方针和投资计划；

（二）选举和更换非由职工代表担任的董事、监事，决定有关董事、监事的报酬事项；

（三）审议批准董事会的报告；

（四）审议批准监事会或者监事的报告；

（五）审议批准公司的年度财务预算方案、决算方案；

（六）审议批准公司的利润分配方案和弥补亏损方案；

（七）对公司增加或者减少注册资本作出决议；

（八）对发行公司债券作出决议；

（九）对公司合并、分立、解散、清算或者变更公司形式作出决议；

（十）修改公司章程；

（十一）公司章程规定的其他职权。

对前款所列事项股东以书面形式一致表示同意的，可以不召开股东会会议，直接作出决定，并由全体股东在决定文件上签名、盖章。

第三十八条　【股东会的首次会议】首次股东会会议由出资最多的股东召集和主持，依照本法规定行使职权。

第三十九条　【股东会的会议制度】股东会会议分为定期会议和临时会议。

定期会议应当依照公司章程的规定按时召开。代表十分之一以上表决权的股东，三分之一以上的董事，监事会或者不设监事会的公司的监事提议召开临时会议的，应当召开临时会议。

第四十条　【股东会会议的召集与组织】有限责任公司设立董事会的，股东会会议由董事会召集，董事长主持；董事长不能履行职务或者不履行职务的，由副董事长主持；副董事长不能履行职务或者不履行职务的，由半数以上董事共同推举一名董事主持。

有限责任公司不设董事会的，股东会会议由执行董事召集和主持。

董事会或者执行董事不能履行或者不履行召集股东会会议职责的，由监事会或者不设监事会的公司的监事召集和主持；监事会或者监事不召集和主持的，代表十分之一以上表决权的股东可以自行召集和主持。

第四十一条　【股东会会议的通知期限和会议记录】召开股东会会议，应当于会议召开十五日前通知全体股东；但是，公司章程另有规定或者全体股东另有约定的除外。

股东会应当对所议事项的决定作成会议记录，出席会议的股东应当在会议记录上签名。

第四十二条　【股东的表决权】股东会会议由股东按照出资比例行使表决权；但是，公司章程另有规定的除外。

第四十三条　【股东会的议事方式和表决程序】股东会的议事方式和表决程序，除本法有规定的外，由公司章程规定。

股东会会议作出修改公司章程、增加或者减少注册资本的决议，以及公司合并、分立、解散或者变更公司形式的决议，必须经代表三分之二以上表决权的股东通过。

第四十四条　【董事会及其成员构成】有限责任公司设董事会，其成员为三人至十三人；但是，本法第五十条另有规定的除外。

两个以上的国有企业或者两个以上的其他国有投资主体投资设立的有限

责任公司，其董事会成员中应当有公司职工代表；其他有限责任公司董事会成员中可以有公司职工代表。董事会中的职工代表由公司职工通过职工代表大会、职工大会或者其他形式民主选举产生。

董事会设董事长一人，可以设副董事长。董事长、副董事长的产生办法由公司章程规定。

第四十五条　【董事的任职期限】董事任期由公司章程规定，但每届任期不得超过三年。董事任期届满，连选可以连任。

董事任期届满未及时改选，或者董事在任期内辞职导致董事会成员低于法定人数的，在改选出的董事就任前，原董事仍应当依照法律、行政法规和公司章程的规定，履行董事职务。

第四十六条　【董事会的职权】董事会对股东会负责，行使下列职权：

（一）召集股东会会议，并向股东会报告工作；

（二）执行股东会的决议；

（三）决定公司的经营计划和投资方案；

（四）制订公司的年度财务预算方案、决算方案；

（五）制订公司的利润分配方案和弥补亏损方案；

（六）制订公司增加或者减少注册资本以及发行公司债券的方案；

（七）制订公司合并、分立、解散或者变更公司形式的方案；

（八）决定公司内部管理机构的设置；

（九）决定聘任或者解聘公司经理及其报酬事项，并根据经理的提名决定聘任或者解聘公司副经理、财务负责人及其报酬事项；

（十）制定公司的基本管理制度；

（十一）公司章程规定的其他职权。

第四十七条　【董事会会议的召集和主持】董事会会议由董事长召集和主持；董事长不能履行职务或者不履行职务的，由副董事长召集和主持；副董事长不能履行职务或者不履行职务的，由半数以上董事共同推举一名董事召集和主持。

第四十八条　【董事会的议事方式和表决程序】董事会的议事方式和表决程序，除本法有规定的外，由公司章程规定。

董事会应当对所议事项的决定作成会议记录，出席会议的董事应当在会议记录上签名。

董事会决议的表决，实行一人一票。

第四十九条　【经理的职权】有限责任公司可以设经理，由董事会决定聘任或者解聘。经理对董事会负责，行使下列职权：

（一）主持公司的生产经营管理工作，组织实施董事会决议；

（二）组织实施公司年度经营计划和投资方案；

（三）拟订公司内部管理机构设置方案；

（四）拟订公司的基本管理制度；

（五）制定公司的具体规章；

（六）提请聘任或者解聘公司副经理、财务负责人；

（七）决定聘任或者解聘除应由董事会决定聘任或者解聘以外的负责管理人员；

（八）董事会授予的其他职权。

公司章程对经理职权另有规定的，从其规定。

经理列席董事会会议。

第五十条 【执行董事】股东人数较少或者规模较小的有限责任公司，可以设一名执行董事，不设董事会。执行董事可以兼任公司经理。

执行董事的职权由公司章程规定。

第五十一条 【监事会和监事】有限责任公司设监事会，其成员不得少于三人。股东人数较少或者规模较小的有限责任公司，可以设一至二名监事，不设监事会。

监事会应当包括股东代表和适当比例的公司职工代表，其中职工代表的比例不得低于三分之一，具体比例由公司章程规定。监事会中的职工代表由公司职工通过职工代表大会、职工大会或者其他形式民主选举产生。

监事会设主席一人，由全体监事过半数选举产生。监事会主席召集和主持监事会会议；监事会主席不能履行职务或者不履行职务的，由半数以上监事共同推举一名监事召集和主持监事会会议。

董事、高级管理人员不得兼任监事。

第五十二条 【监事的任职期限】监事的任期每届为三年。监事任期届满，连选可以连任。

监事任期届满未及时改选，或者监事在任期内辞职导致监事会成员低于法定人数的，在改选出的监事就任前，原监事仍应当依照法律、行政法规和公司章程的规定，履行监事职务。

第五十三条 【监事会或监事的一般职权】监事会、不设监事会的公司的监事行使下列职权：

（一）检查公司财务；

（二）对董事、高级管理人员执行公司职务的行为进行监督，对违反法律、行政法规、公司章程或者股东会决议的董事、高级管理人员提出罢免的建议；

（三）当董事、高级管理人员的行为损害公司的利益时，要求董事、高级管理人员予以纠正；

（四）提议召开临时股东会会议，在董事会不履行本法规定的召集和主持股东会会议职责时召集和主持股东会会议；

（五）向股东会会议提出提案；

（六）依照本法第一百五十一条的规定，对董事、高级管理人员提起诉讼；

（七）公司章程规定的其他职权。

第五十四条　【监事的质询建议权与调查权】监事可以列席董事会会议，并对董事会决议事项提出质询或者建议。

监事会、不设监事会的公司的监事发现公司经营情况异常，可以进行调查；必要时，可以聘请会计师事务所等协助其工作，费用由公司承担。

第五十五条　【监事会会议】监事会每年度至少召开一次会议，监事可以提议召开临时监事会会议。

监事会的议事方式和表决程序，除本法有规定的外，由公司章程规定。

监事会决议应当经半数以上监事通过。

监事会应当对所议事项的决定作成会议记录，出席会议的监事应当在会议记录上签名。

第五十六条　【监事行使职权的费用承担】监事会、不设监事会的公司的监事行使职权所必需的费用，由公司承担。

第三节　一人有限责任公司的特别规定

第五十七条　【一人有限责任公司的定义、设立、组织机构】一人有限责任公司的设立和组织机构，适用本节规定；本节没有规定的，适用本章第一节、第二节的规定。

本法所称一人有限责任公司，是指只有一个自然人股东或者一个法人股东的有限责任公司。

第五十八条　【一人有限责任公司的投资限制】一个自然人只能投资设立一个一人有限责任公司。该一人有限责任公司不能投资设立新的一人有限责任公司。

第五十九条　【公司登记与营业执照中的投资者身份注明】一人有限责任公司

应当在公司登记中注明自然人独资或者法人独资，并在公司营业执照中载明。

第六十条 【一人有限责任公司的章程】一人有限责任公司章程由股东制定。

第六十一条 【股东决定重大事项的书面形式要求】一人有限责任公司不设股东会。股东作出本法第三十七条第一款所列决定时，应当采用书面形式，并由股东签名后置备于公司。

第六十二条 【年度审计】一人有限责任公司应当在每一会计年度终了时编制财务会计报告，并经会计师事务所审计。

第六十三条 【股东对公司债务的连带责任】一人有限责任公司的股东不能证明公司财产独立于股东自己的财产的，应当对公司债务承担连带责任。

第四节 国有独资公司的特别规定

第六十四条 【国有独资公司的定义】国有独资公司的设立和组织机构，适用本节规定；本节没有规定的，适用本章第一节、第二节的规定。

本法所称国有独资公司，是指国家单独出资、由国务院或者地方人民政府授权本级人民政府国有资产监督管理机构履行出资人职责的有限责任公司。

第六十五条 【国有独资公司章程的制定或批准】国有独资公司章程由国有资产监督管理机构制定，或者由董事会制订报国有资产监督管理机构批准。

第六十六条 【国有独资公司重大事项的决定】国有独资公司不设股东会，由国有资产监督管理机构行使股东会职权。国有资产监督管理机构可以授权公司董事会行使股东会的部分职权，决定公司的重大事项，但公司的合并、分立、解散、增加或者减少注册资本和发行公司债券，必须由国有资产监督管理机构决定；其中，重要的国有独资公司合并、分立、解散、申请破产的，应当由国有资产监督管理机构审核后，报本级人民政府批准。

前款所称重要的国有独资公司，按照国务院的规定确定。

第六十七条 【国有独资公司的董事会】国有独资公司设董事会，依照本法第四十六条、第六十六条的规定行使职权。董事每届任期不得超过三年。董事会成员中应当有公司职工代表。

董事会成员由国有资产监督管理机构委派；但是，董事会成员中的职工代表由公司职工代表大会选举产生。

董事会设董事长一人，可以设副董事长。董事长、副董事长由国有资产监督管理机构从董事会成员中指定。

第六十八条 【国有独资公司经理】国有独资公司设经理，由董事会聘任或者解聘。经理依照本法第四十九条规定行使职权。

经国有资产监督管理机构同意，董事会成员可以兼任经理。

第六十九条 【高级职员的兼职禁止】国有独资公司的董事长、副董事长、董事、高级管理人员，未经国有资产监督管理机构同意，不得在其他有限责任公司、股份有限公司或者其他经济组织兼职。

第七十条 【国有独资公司的监事会】国有独资公司监事会成员不得少于五人，其中职工代表的比例不得低于三分之一，具体比例由公司章程规定。

监事会成员由国有资产监督管理机构委派；但是，监事会成员中的职工代表由公司职工代表大会选举产生。监事会主席由国有资产监督管理机构从监事会成员中指定。

监事会行使本法第五十三条第（一）项至第（三）项规定的职权和国务院规定的其他职权。

第三章 有限责任公司的股权转让

第七十一条 【股权转让的一般规定】有限责任公司的股东之间可以相互转让其全部或者部分股权。

股东向股东以外的人转让股权，应当经其他股东过半数同意。股东应就其股权转让事项书面通知其他股东征求同意，其他股东自接到书面通知之日起满三十日未答复的，视为同意转让。其他股东半数以上不同意转让的，不同意的股东应当购买该转让的股权；不购买的，视为同意转让。

经股东同意转让的股权，在同等条件下，其他股东有优先购买权。两个以上股东主张行使优先购买权的，协商确定各自的购买比例；协商不成的，按照转让时各自的出资比例行使优先购买权。

公司章程对股权转让另有规定的，从其规定。

第七十二条 【强制执行程序下的股权转让】人民法院依照法律规定的强制执行程序转让股东的股权时，应当通知公司及全体股东，其他股东在同等条件下有优先购买权。其他股东自人民法院通知之日起满二十日不行使优先购买权的，视为放弃优先购买权。

第七十三条 【股权转让对出资证明书、公司章程和股东名册的影响】依照本法第七十一条、第七十二条转让股权后，公司应当注销原股东的出资证明书，向新股东签发出资证明书，并相应修改公司章程和股东名册中有关股东及其出资额的记载。对公司章程的该项修改不需再由股东会表决。

第七十四条 【异议股东请求公司收购股权的情形】有下列情形之一的，对股东会该项决议投反对票的股东可以请求公司按照合理的价格收购其股权：

（一）公司连续五年不向股东分配利润，而公司该五年连续盈利，并且符合本法规定的分配利润条件的；

（二）公司合并、分立、转让主要财产的；

（三）公司章程规定的营业期限届满或者章程规定的其他解散事由出现，股东会会议通过决议修改章程使公司存续的。

自股东会会议决议通过之日起六十日内，股东与公司不能达成股权收购协议的，股东可以自股东会会议决议通过之日起九十日内向人民法院提起诉讼。

第七十五条　【股东资格的继承】自然人股东死亡后，其合法继承人可以继承股东资格；但是，公司章程另有规定的除外。

第四章　股份有限公司的设立和组织机构

第一节　设　　立

第七十六条　【设立条件】设立股份有限公司，应当具备下列条件：

（一）发起人符合法定人数；

（二）有符合公司章程规定的全体发起人认购的股本总额或者募集的实收股本总额；

（三）股份发行、筹办事项符合法律规定；

（四）发起人制订公司章程，采用募集方式设立的经创立大会通过；

（五）有公司名称，建立符合股份有限公司要求的组织机构；

（六）有公司住所。

第七十七条　【设立方式】股份有限公司的设立，可以采取发起设立或者募集设立的方式。

发起设立，是指由发起人认购公司应发行的全部股份而设立公司。

募集设立，是指由发起人认购公司应发行股份的一部分，其余股份向社会公开募集或者向特定对象募集而设立公司。

第七十八条　【设立发起人的限制】设立股份有限公司，应当有二人以上二百人以下为发起人，其中须有半数以上的发起人在中国境内有住所。

第七十九条　【发起人筹办公司的义务】股份有限公司发起人承担公司筹办事务。

发起人应当签订发起人协议，明确各自在公司设立过程中的权利和义务。

第八十条　【注册资本的限定】股份有限公司采取发起设立方式设立的，注册资本为在公司登记机关登记的全体发起人认购的股本总额。在发起人认购的股份缴足前，不得向他人募集股份。

股份有限公司采取募集方式设立的，注册资本为在公司登记机关登记的实收股本总额。

法律、行政法规以及国务院决定对股份有限公司注册资本实缴、注册资本最低限额另有规定的，从其规定。

第八十一条　【股份有限公司章程的法定事项】股份有限公司章程应当载明下列事项：

（一）公司名称和住所；

（二）公司经营范围；

（三）公司设立方式；

（四）公司股份总数、每股金额和注册资本；

（五）发起人的姓名或者名称、认购的股份数、出资方式和出资时间；

（六）董事会的组成、职权和议事规则；

（七）公司法定代表人；

（八）监事会的组成、职权和议事规则；

（九）公司利润分配办法；

（十）公司的解散事由与清算办法；

（十一）公司的通知和公告办法；

（十二）股东大会会议认为需要规定的其他事项。

第八十二条　【发起人的出资方式要求】发起人的出资方式，适用本法第二十七条的规定。

第八十三条　【发起人出资义务的履行、出资违约及设立登记申请】以发起设立方式设立股份有限公司的，发起人应当书面认足公司章程规定其认购的股份，并按照公司章程规定缴纳出资。以非货币财产出资的，应当依法办理其财产权的转移手续。

发起人不依照前款规定缴纳出资的，应当按照发起人协议承担违约责任。

发起人认足公司章程规定的出资后，应当选举董事会和监事会，由董事会向公司登记机关报送公司章程以及法律、行政法规规定的其他文件，申请设立登记。

第八十四条　【对募集设立发起人认购股份的要求】以募集设立方式设立股份有限公司的，发起人认购的股份不得少于公司股份总数的百分之三十五；但是，法律、行政法规另有规定的，从其规定。

第八十五条　【募集股份公告和认股书内容】发起人向社会公开募集股份，必须公告招股说明书，并制作认股书。认股书应当载明本法第八十六条所列事项，由认股人填写认购股数、金额、住所，并签名、盖章。认股人按照所认购股数缴纳股款。

第八十六条 【招股说明书的主要内容】招股说明书应当附有发起人制订的公司章程，并载明下列事项：

（一）发起人认购的股份数；

（二）每股的票面金额和发行价格；

（三）无记名股票的发行总数；

（四）募集资金的用途；

（五）认股人的权利、义务；

（六）本次募股的起止期限及逾期未募足时认股人可以撤回所认股份的说明。

第八十七条 【发起人向社会募集股份的方式】发起人向社会公开募集股份，应当由依法设立的证券公司承销，签订承销协议。

第八十八条 【缴纳股款方式】发起人向社会公开募集股份，应当同银行签订代收股款协议。

代收股款的银行应当按照协议代收和保存股款，向缴纳股款的认股人出具收款单据，并负有向有关部门出具收款证明的义务。

第八十九条 【发起人召开公司创立大会的义务】发行股份的股款缴足后，必须经依法设立的验资机构验资并出具证明。发起人应当自股款缴足之日起三十日内主持召开公司创立大会。创立大会由发起人、认股人组成。

发行的股份超过招股说明书规定的截止期限尚未募足的，或者发行股份的股款缴足后，发起人在三十日内未召开创立大会的，认股人可以按照所缴股款并加算银行同期存款利息，要求发起人返还。

第九十条 【创立大会的召集职权和表决程序】发起人应当在创立大会召开十五日前将会议日期通知各认股人或者予以公告。创立大会应有代表股份总数过半数的发起人、认股人出席，方可举行。

创立大会行使下列职权：

（一）审议发起人关于公司筹办情况的报告；

（二）通过公司章程；

（三）选举董事会成员；

（四）选举监事会成员；

（五）对公司的设立费用进行审核；

（六）对发起人用于抵作股款的财产的作价进行审核；

（七）发生不可抗力或者经营条件发生重大变化直接影响公司设立的，可以作出不设立公司的决议。

创立大会对前款所列事项作出决议，必须经出席会议的认股人所持表决权过半数通过。

第九十一条 【股本抽回的限制】 发起人、认股人缴纳股款或者交付抵作股款的出资后，除未按期募足股份、发起人未按期召开创立大会或者创立大会决议不设立公司的情形外，不得抽回其股本。

第九十二条 【申请设立登记文件】 董事会应于创立大会结束后三十日内，向公司登记机关报送下列文件，申请设立登记：

（一）公司登记申请书；

（二）创立大会的会议记录；

（三）公司章程；

（四）验资证明；

（五）法定代表人、董事、监事的任职文件及其身份证明；

（六）发起人的法人资格证明或者自然人身份证明；

（七）公司住所证明。

以募集方式设立股份有限公司公开发行股票的，还应当向公司登记机关报送国务院证券监督管理机构的核准文件。

第九十三条 【发起人的出资补缴责任】 股份有限公司成立后，发起人未按照公司章程的规定缴足出资的，应当补缴；其他发起人承担连带责任。

股份有限公司成立后，发现作为设立公司出资的非货币财产的实际价额显著低于公司章程所定价额的，应当由交付该出资的发起人补足其差额；其他发起人承担连带责任。

第九十四条 【公司设立过程中的发起人责任】 股份有限公司的发起人应当承担下列责任：

（一）公司不能成立时，对设立行为所产生的债务和费用负连带责任；

（二）公司不能成立时，对认股人已缴纳的股款，负返还股款并加算银行同期存款利息的连带责任；

（三）在公司设立过程中，由于发起人的过失致使公司利益受到损害的，应当对公司承担赔偿责任。

第九十五条 【有限责任公司变更为股份有限公司的资产额要求及募股要求】 有限责任公司变更为股份有限公司时，折合的实收股本总额不得高于公司净资产额。有限责任公司变更为股份有限公司，为增加资本公开发行股份时，应当依法办理。

第九十六条 【重要资料的置备】 股份有限公司应当将公司章程、股东名册、公司债券存根、股东大会会议记录、董事会会议记录、监事会会议记录、财务会计报告置备于本公司。

第九十七条　【股东的查阅权与建议质询权】股东有权查阅公司章程、股东名册、公司债券存根、股东大会会议记录、董事会会议决议、监事会会议决议、财务会计报告，对公司的经营提出建议或者质询。

第二节　股东大会

第九十八条　【股东大会的地位与组成】股份有限公司股东大会由全体股东组成。股东大会是公司的权力机构，依照本法行使职权。

第九十九条　【股东大会的职权】本法第三十七条第一款关于有限责任公司股东会职权的规定，适用于股份有限公司股东大会。

第一百条　【股东大会及临时股东大会的召开】股东大会应当每年召开一次年会。有下列情形之一的，应当在两个月内召开临时股东大会：

（一）董事人数不足本法规定人数或者公司章程所定人数的三分之二时；

（二）公司未弥补的亏损达实收股本总额三分之一时；

（三）单独或者合计持有公司百分之十以上股份的股东请求时；

（四）董事会认为必要时；

（五）监事会提议召开时；

（六）公司章程规定的其他情形。

第一百零一条　【股东大会的召集】股东大会会议由董事会召集，董事长主持；董事长不能履行职务或者不履行职务的，由副董事长主持；副董事长不能履行职务或者不履行职务的，由半数以上董事共同推举一名董事主持。

董事会不能履行或者不履行召集股东大会会议职责的，监事会应当及时召集和主持；监事会不召集和主持的，连续九十日以上单独或者合计持有公司百分之十以上股份的股东可以自行召集和主持。

第一百零二条　【股东大会的通知期限、临时议案和股票交存制度】召开股东大会会议，应当将会议召开的时间、地点和审议的事项于会议召开二十日前通知各股东；临时股东大会应当于会议召开十五日前通知各股东；发行无记名股票的，应当于会议召开三十日前公告会议召开的时间、地点和审议事项。

单独或者合计持有公司百分之三以上股份的股东，可以在股东大会召开十日前提出临时提案并书面提交董事会；董事会应当在收到提案后二日内通知其他股东，并将该临时提案提交股东大会审议。临时提案的内容应当属于股东大会职权范围，并有明确议题和具体决议事项。

股东大会不得对前两款通知中未列明的事项作出决议。

无记名股票持有人出席股东大会会议的，应当于会议召开五日前至股东大会闭会时将股票交存于公司。

第一百零三条 【表决权与股东大会议事规则】股东出席股东大会会议，所持每一股份有一表决权。但是，公司持有的本公司股份没有表决权。

股东大会作出决议，必须经出席会议的股东所持表决权过半数通过。但是，股东大会作出修改公司章程、增加或者减少注册资本的决议，以及公司合并、分立、解散或者变更公司形式的决议，必须经出席会议的股东所持表决权的三分之二以上通过。

第一百零四条 【股东大会的法定召集及表决事项】本法和公司章程规定公司转让、受让重大资产或者对外提供担保等事项必须经股东大会作出决议的，董事会应当及时召集股东大会会议，由股东大会就上述事项进行表决。

第一百零五条 【累积投票制】股东大会选举董事、监事，可以依照公司章程的规定或者股东大会的决议，实行累积投票制。

本法所称累积投票制，是指股东大会选举董事或者监事时，每一股份拥有与应选董事或者监事人数相同的表决权，股东拥有的表决权可以集中使用。

第一百零六条 【表决权的代理行使】股东可以委托代理人出席股东大会会议，代理人应当向公司提交股东授权委托书，并在授权范围内行使表决权。

第一百零七条 【股东大会的会议记录】股东大会应当对所议事项的决定作成会议记录，主持人、出席会议的董事应当在会议记录上签名。会议记录应当与出席股东的签名册及代理出席的委托书一并保存。

第三节 董事会、经理

第一百零八条 【董事会设立及其职权】股份有限公司设董事会，其成员为五人至十九人。

董事会成员中可以有公司职工代表。董事会中的职工代表由公司职工通过职工代表大会、职工大会或者其他形式民主选举产生。

本法第四十五条关于有限责任公司董事任期的规定，适用于股份有限公司董事。

本法第四十六条关于有限责任公司董事会职权的规定，适用于股份有限公司董事会。

第一百零九条 【董事会的组成】董事会设董事长一人，可以设副董事长。董事长和副董事长由董事会以全体董事的过半数选举产生。

董事长召集和主持董事会会议，检查董事会决议的实施情况。副董事长协助董事长工作，董事长不能履行职务或者不履行职务的，由副董事长履行职务；副董事长不能履行职务或者不履行职务的，由半数以上董事共同推举一名董事履行职务。

第一百一十条 【董事会的召开】董事会每年度至少召开两次会议，每次会议应当于会议召开十日前通知全体董事和监事。

代表十分之一以上表决权的股东、三分之一以上董事或者监事会，可以提议召开董事会临时会议。董事长应当自接到提议后十日内，召集和主持董事会会议。

董事会召开临时会议，可以另定召集董事会的通知方式和通知时限。

第一百一十一条 【董事会的议事规则】董事会会议应有过半数的董事出席方可举行。董事会作出决议，必须经全体董事的过半数通过。

董事会决议的表决，实行一人一票。

第一百一十二条 【董事会的出席与代理出席、会议记录与责任承担】董事会会议，应由董事本人出席；董事因故不能出席，可以书面委托其他董事代为出席，委托书中应载明授权范围。

董事会应当对会议所议事项的决定作成会议记录，出席会议的董事应当在会议记录上签名。

董事应当对董事会的决议承担责任。董事会的决议违反法律、行政法规或者公司章程、股东大会决议，致使公司遭受严重损失的，参与决议的董事对公司负赔偿责任。但经证明在表决时曾表明异议并记载于会议记录的，该董事可以免除责任。

第一百一十三条 【经理及其职权】股份有限公司设经理，由董事会决定聘任或者解聘。

本法第四十九条关于有限责任公司经理职权的规定，适用于股份有限公司经理。

第一百一十四条 【董事会成员兼任经理】公司董事会可以决定由董事会成员兼任经理。

第一百一十五条 【禁止向高级职员提供借款】公司不得直接或者通过子公司向董事、监事、高级管理人员提供借款。

第一百一十六条 【定期披露高级职员报酬】公司应当定期向股东披露董事、监事、高级管理人员从公司获得报酬的情况。

第四节 监 事 会

第一百一十七条 【监事会的设立与组成】股份有限公司设监事会，其成员不得少于三人。

监事会应当包括股东代表和适当比例的公司职工代表，其中职工代表的比例不得低于三分之一，具体比例由公司章程规定。监事会中的职工代表由公司职工通过职工代表大会、职工大会或者其他形式民主选举产生。

监事会设主席一人，可以设副主席。监事会主席和副主席由全体监事过半数选举产生。监事会主席召集和主持监事会会议；监事会主席不能履行职务或者不履行职务的，由监事会副主席召集和主持监事会会议；监事会副主席不能履行职务或者不履行职务的，由半数以上监事共同推举一名监事召集和主持监事会会议。

董事、高级管理人员不得兼任监事。

本法第五十二条关于有限责任公司监事任期的规定，适用于股份有限公司监事。

第一百一十八条　【监事会的职权】本法第五十三条、第五十四条关于有限责任公司监事会职权的规定，适用于股份有限公司监事会。

监事会行使职权所必需的费用，由公司承担。

第一百一十九条　【监事会的会议制度】监事会每六个月至少召开一次会议。监事可以提议召开临时监事会会议。

监事会的议事方式和表决程序，除本法有规定的外，由公司章程规定。

监事会决议应当经半数以上监事通过。

监事会应当对所议事项的决定作成会议记录，出席会议的监事应当在会议记录上签名。

第五节　上市公司组织机构的特别规定

第一百二十条　【上市公司的定义】本法所称上市公司，是指其股票在证券交易所上市交易的股份有限公司。

第一百二十一条　【重大资产买卖与重要担保的议事规则】上市公司在一年内购买、出售重大资产或者担保金额超过公司资产总额百分之三十的，应当由股东大会作出决议，并经出席会议的股东所持表决权的三分之二以上通过。

第一百二十二条　【独立董事的设立】上市公司设独立董事，具体办法由国务院规定。

第一百二十三条　【董事会秘书的设立及其职权】上市公司设董事会秘书，负责公司股东大会和董事会会议的筹备、文件保管以及公司股东资料的管理，办理信息披露事务等事宜。

第一百二十四条　【关联关系董事回避与相关事项议事规则】上市公司董事与董事会会议决议事项所涉及的企业有关联关系的，不得对该项决议行使表决权，也不得代理其他董事行使表决权。该董事会会议由过半数的无关联关系董事出席即可举行，董事会会议所作决议须经无关联关系董事过半数通过。出席董事会的无关联关系董事人数不足三人的，应将该事项提交上市公司股东大会审议。

第五章 股份有限公司的股份发行和转让

第一节 股份发行

第一百二十五条 【股份有限公司的股份及其形式】股份有限公司的资本划分为股份，每一股的金额相等。

公司的股份采取股票的形式。股票是公司签发的证明股东所持股份的凭证。

第一百二十六条 【股份有限公司股份发行的原则】股份的发行，实行公平、公正的原则，同种类的每一股份应当具有同等权利。

同次发行的同种类股票，每股的发行条件和价格应当相同；任何单位或者个人所认购的股份，每股应当支付相同价额。

第一百二十七条 【股票发行的价格】股票发行价格可以按票面金额，也可以超过票面金额，但不得低于票面金额。

第一百二十八条 【股票形式与应载明的事项】股票采用纸面形式或者国务院证券监督管理机构规定的其他形式。

股票应当载明下列主要事项：

（一）公司名称；

（二）公司成立日期；

（三）股票种类、票面金额及代表的股份数；

（四）股票的编号。

股票由法定代表人签名，公司盖章。

发起人的股票，应当标明发起人股票字样。

第一百二十九条 【股票种类】公司发行的股票，可以为记名股票，也可以为无记名股票。

公司向发起人、法人发行的股票，应当为记名股票，并应当记载该发起人、法人的名称或者姓名，不得另立户名或者以代表人姓名记名。

第一百三十条 【股东名册的置备及内容】公司发行记名股票的，应当置备股东名册，记载下列事项：

（一）股东的姓名或者名称及住所；

（二）各股东所持股份数；

（三）各股东所持股票的编号；

（四）各股东取得股份的日期。

发行无记名股票的，公司应当记载其股票数量、编号及发行日期。

第一百三十一条　【其他种类股票】国务院可以对公司发行本法规定以外的其他种类的股份，另行作出规定。

第一百三十二条　【向股东交付股票的时间】股份有限公司成立后，即向股东正式交付股票。公司成立前不得向股东交付股票。

第一百三十三条　【发行新股的决议事项】公司发行新股，股东大会应当对下列事项作出决议：

（一）新股种类及数额；

（二）新股发行价格；

（三）新股发行的起止日期；

（四）向原有股东发行新股的种类及数额。

第一百三十四条　【新股发行公告、募股方式及缴纳股款方式】公司经国务院证券监督管理机构核准公开发行新股时，必须公告新股招股说明书和财务会计报告，并制作认股书。

本法第八十七条、第八十八条的规定适用于公司公开发行新股。

第一百三十五条　【新股作价方案的确定】公司发行新股，可以根据公司经营情况和财务状况，确定其作价方案。

第一百三十六条　【新股募足后的变更登记及公告】公司发行新股募足股款后，必须向公司登记机关办理变更登记，并公告。

第二节　股份转让

第一百三十七条　【股份可依法转让】股东持有的股份可以依法转让。

第一百三十八条　【转让股份的场所】股东转让其股份，应当在依法设立的证券交易场所进行或者按照国务院规定的其他方式进行。

第一百三十九条　【记名股票的转让】记名股票，由股东以背书方式或者法律、行政法规规定的其他方式转让；转让后由公司将受让人的姓名或者名称及住所记载于股东名册。

股东大会召开前二十日内或者公司决定分配股利的基准日前五日内，不得进行前款规定的股东名册的变更登记。但是，法律对上市公司股东名册变更登记另有规定的，从其规定。

第一百四十条　【无记名股票的转让】无记名股票的转让，由股东将该股票交付给受让人后即发生转让的效力。

第一百四十一条　【转让本公司股份的限制】发起人持有的本公司股份，自公司成立之日起一年内不得转让。公司公开发行股份前已发行的股份，自公司股票在证券交易所上市交易之日起一年内不得转让。

公司董事、监事、高级管理人员应当向公司申报所持有的本公司的股份及其变动情况，在任职期间每年转让的股份不得超过其所持有本公司股份总数的百分之二十五；所持本公司股份自公司股票上市交易之日起一年内不得转让。上述人员离职后半年内，不得转让其所持有的本公司股份。公司章程可以对公司董事、监事、高级管理人员转让其所持有的本公司股份作出其他限制性规定。

第一百四十二条　【股份回购】公司不得收购本公司股份。但是，有下列情形之一的除外：

（一）减少公司注册资本；

（二）与持有本公司股份的其他公司合并；

（三）将股份用于员工持股计划或者股权激励；

（四）股东因对股东大会作出的公司合并、分立决议持异议，要求公司收购其股份；

（五）将股份用于转换上市公司发行的可转换为股票的公司债券；

（六）上市公司为维护公司价值及股东权益所必需。

公司因前款第（一）项、第（二）项规定的情形收购本公司股份的，应当经股东大会决议；公司因前款第（三）项、第（五）项、第（六）项规定的情形收购本公司股份的，可以依照公司章程的规定或者股东大会的授权，经三分之二以上董事出席的董事会会议决议。

公司依照本条第一款规定收购本公司股份后，属于第（一）项情形的，应当自收购之日起十日内注销；属于第（二）项、第（四）项情形的，应当在六个月内转让或者注销；属于第（三）项、第（五）项、第（六）项情形的，公司合计持有的本公司股份数不得超过本公司已发行股份总额的百分之十，并应当在三年内转让或者注销。

上市公司收购本公司股份的，应当依照《中华人民共和国证券法》的规定履行信息披露义务。上市公司因本条第一款第（三）项、第（五）项、第（六）项规定的情形收购本公司股份的，应当通过公开的集中交易方式进行。

公司不得接受本公司的股票作为质押权的标的。

第一百四十三条　【公示催告程序】记名股票被盗、遗失或者灭失，股东可以依照《中华人民共和国民事诉讼法》规定的公示催告程序，请求人民法院宣告该股票失效。人民法院宣告该股票失效后，股东可以向公司申请补发股票。

第一百四十四条　【上市公司的股票交易】上市公司的股票，依照有关法律、行政法规及证券交易所交易规则上市交易。

第一百四十五条　【上市公司的信息披露公开制度】上市公司必须依照法律、行政法规的规定，公开其财务状况、经营情况及重大诉讼，在每会计年度内半年公布一次财务会计报告。

第六章　公司董事、监事、高级管理人员的资格和义务

第一百四十六条　【不得担任高级职员的情形】有下列情形之一的，不得担任公司的董事、监事、高级管理人员：

（一）无民事行为能力或者限制民事行为能力；

（二）因贪污、贿赂、侵占财产、挪用财产或者破坏社会主义市场经济秩序，被判处刑罚，执行期满未逾五年，或者因犯罪被剥夺政治权利，执行期满未逾五年；

（三）担任破产清算的公司、企业的董事或者厂长、经理，对该公司、企业的破产负有个人责任的，自该公司、企业破产清算完结之日起未逾三年；

（四）担任因违法被吊销营业执照、责令关闭的公司、企业的法定代表人，并负有个人责任的，自该公司、企业被吊销营业执照之日起未逾三年；

（五）个人所负数额较大的债务到期未清偿。

公司违反前款规定选举、委派董事、监事或者聘任高级管理人员的，该选举、委派或者聘任无效。

董事、监事、高级管理人员在任职期间出现本条第一款所列情形的，公司应当解除其职务。

第一百四十七条　【高级职员的一般义务】董事、监事、高级管理人员应当遵守法律、行政法规和公司章程，对公司负有忠实义务和勤勉义务。

董事、监事、高级管理人员不得利用职权收受贿赂或者其他非法收入，不得侵占公司的财产。

第一百四十八条　【高级职员的禁止行为】董事、高级管理人员不得有下列行为：

（一）挪用公司资金；

（二）将公司资金以其个人名义或者以其他个人名义开立账户存储；

（三）违反公司章程的规定，未经股东会、股东大会或者董事会同意，将公司资金借贷给他人或者以公司财产为他人提供担保；

（四）违反公司章程的规定或者未经股东会、股东大会同意，与本公司

订立合同或者进行交易；

（五）未经股东会或者股东大会同意，利用职务便利为自己或者他人谋取属于公司的商业机会，自营或者为他人经营与所任职公司同类的业务；

（六）接受他人与公司交易的佣金归为己有；

（七）擅自披露公司秘密；

（八）违反对公司忠实义务的其他行为。

董事、高级管理人员违反前款规定所得的收入应当归公司所有。

第一百四十九条　【高级职员对公司的赔偿责任】董事、监事、高级管理人员执行公司职务时违反法律、行政法规或者公司章程的规定，给公司造成损失的，应当承担赔偿责任。

第一百五十条　【高级职员对股东会及监事会行使知情权的配合】股东会或者股东大会要求董事、监事、高级管理人员列席会议的，董事、监事、高级管理人员应当列席并接受股东的质询。

董事、高级管理人员应当如实向监事会或者不设监事会的有限责任公司的监事提供有关情况和资料，不得妨碍监事会或者监事行使职权。

第一百五十一条　【股东维护公司利益的起诉权】董事、高级管理人员有本法第一百四十九条规定的情形的，有限责任公司的股东、股份有限公司连续一百八十日以上单独或者合计持有公司百分之一以上股份的股东，可以书面请求监事会或者不设监事会的有限责任公司的监事向人民法院提起诉讼；监事有本法第一百四十九条规定的情形的，前述股东可以书面请求董事会或者不设董事会的有限责任公司的执行董事向人民法院提起诉讼。

监事会、不设监事会的有限责任公司的监事，或者董事会、执行董事收到前款规定的股东书面请求后拒绝提起诉讼，或者自收到请求之日起三十日内未提起诉讼，或者情况紧急、不立即提起诉讼将会使公司利益受到难以弥补的损害的，前款规定的股东有权为了公司的利益以自己的名义直接向人民法院提起诉讼。

他人侵犯公司合法权益，给公司造成损失的，本条第一款规定的股东可以依照前两款的规定向人民法院提起诉讼。

第一百五十二条　【股东与监事维护个人利益的起诉权】董事、高级管理人员违反法律、行政法规或者公司章程的规定，损害股东利益的，股东可以向人民法院提起诉讼。

第七章　公司债券

第一百五十三条　【公司债券的定义及发行条件】本法所称公司债券，是指公司依照法定程序发行、约定在一定期限还本付息的有价证券。

公司发行公司债券应当符合《中华人民共和国证券法》规定的发行条件。

第一百五十四条　【公司债券募集的核准和公告】发行公司债券的申请经国务院授权的部门核准后，应当公告公司债券募集办法。

公司债券募集办法中应当载明下列主要事项：

（一）公司名称；

（二）债券募集资金的用途；

（三）债券总额和债券的票面金额；

（四）债券利率的确定方式；

（五）还本付息的期限和方式；

（六）债券担保情况；

（七）债券的发行价格、发行的起止日期；

（八）公司净资产额；

（九）已发行的尚未到期的公司债券总额；

（十）公司债券的承销机构。

第一百五十五条　【公司债券票面必须载明的事项】公司以实物券方式发行公司债券的，必须在债券上载明公司名称、债券票面金额、利率、偿还期限等事项，并由法定代表人签名，公司盖章。

第一百五十六条　【债券的种类】公司债券，可以为记名债券，也可以为无记名债券。

第一百五十七条　【债券存根簿的置备及其应载明的事项】公司发行公司债券应当置备公司债券存根簿。

发行记名公司债券的，应当在公司债券存根簿上载明下列事项：

（一）债券持有人的姓名或者名称及住所；

（二）债券持有人取得债券的日期及债券的编号；

（三）债券总额，债券的票面金额、利率、还本付息的期限和方式；

（四）债券的发行日期。

发行无记名公司债券的，应当在公司债券存根簿上载明债券总额、利率、偿还期限和方式、发行日期及债券的编号。

第一百五十八条　【债券登记结算机构的制度要求】记名公司债券的登记结算机构应当建立债券登记、存管、付息、兑付等相关制度。

第一百五十九条　【公司债券的转让场所与转让价格】公司债券可以转让，转让价格由转让人与受让人约定。

公司债券在证券交易所上市交易的，按照证券交易所的交易规则转让。

第一百六十条 **【公司债券的转让方式】**记名公司债券，由债券持有人以背书方式或者法律、行政法规规定的其他方式转让；转让后由公司将受让人的姓名或者名称及住所记载于公司债券存根簿。

无记名公司债券的转让，由债券持有人将该债券交付给受让人后即发生转让的效力。

第一百六十一条 **【可转换债券的发行及载明事项】**上市公司经股东大会决议可以发行可转换为股票的公司债券，并在公司债券募集办法中规定具体的转换办法。上市公司发行可转换为股票的公司债券，应当报国务院证券监督管理机构核准。

发行可转换为股票的公司债券，应当在债券上标明可转换公司债券字样，并在公司债券存根簿上载明可转换公司债券的数额。

第一百六十二条 **【可转换债券的转换】**发行可转换为股票的公司债券的，公司应当按照其转换办法向债券持有人换发股票，但债券持有人对转换股票或者不转换股票有选择权。

第八章 公司财务、会计

第一百六十三条 **【公司财务、会计制度的建立】**公司应当依照法律、行政法规和国务院财政部门的规定建立本公司的财务、会计制度。

第一百六十四条 **【财务会计报告的制作和年审制】**公司应当在每一会计年度终了时编制财务会计报告，并依法经会计师事务所审计。

财务会计报告应当依照法律、行政法规和国务院财政部门的规定制作。

第一百六十五条 **【财务会计报告送交股东及公告】**有限责任公司应当依照公司章程规定的期限将财务会计报告送交各股东。

股份有限公司的财务会计报告应当在召开股东大会年会的二十日前置备于本公司，供股东查阅；公开发行股票的股份有限公司必须公告其财务会计报告。

第一百六十六条 **【公司税后利润的分配】**公司分配当年税后利润时，应当提取利润的百分之十列入公司法定公积金。公司法定公积金累计额为公司注册资本的百分之五十以上的，可以不再提取。

公司的法定公积金不足以弥补以前年度亏损的，在依照前款规定提取法定公积金之前，应当先用当年利润弥补亏损。

公司从税后利润中提取法定公积金后，经股东会或者股东大会决议，还可以从税后利润中提取任意公积金。

公司弥补亏损和提取公积金后所余税后利润，有限责任公司依照本法第三十四条的规定分配；股份有限公司按照股东持有的股份比例分配，但股份有限公司章程规定不按持股比例分配的除外。

股东会、股东大会或者董事会违反前款规定，在公司弥补亏损和提取法定公积金之前向股东分配利润的，股东必须将违反规定分配的利润退还公司。

公司持有的本公司股份不得分配利润。

第一百六十七条　【资本公积金】股份有限公司以超过股票票面金额的发行价格发行股份所得的溢价款以及国务院财政部门规定列入资本公积金的其他收入，应当列为公司资本公积金。

第一百六十八条　【公积金的用途及限制】公司的公积金用于弥补公司的亏损、扩大公司生产经营或者转为增加公司资本。但是，资本公积金不得用于弥补公司的亏损。

法定公积金转为资本时，所留存的该项公积金不得少于转增前公司注册资本的百分之二十五。

第一百六十九条　【公司对会计师事务所的聘用及解聘】公司聘用、解聘承办公司审计业务的会计师事务所，依照公司章程的规定，由股东会、股东大会或者董事会决定。

公司股东会、股东大会或者董事会就解聘会计师事务所进行表决时，应当允许会计师事务所陈述意见。

第一百七十条　【公司对会计师事务所的诚实义务】公司应当向聘用的会计师事务所提供真实、完整的会计凭证、会计账簿、财务会计报告及其他会计资料，不得拒绝、隐匿、谎报。

第一百七十一条　【禁止另立账簿及开立个人账户】公司除法定的会计账簿外，不得另立会计账簿。

对公司资产，不得以任何个人名义开立账户存储。

第九章　公司合并、分立、增资、减资

第一百七十二条　【公司合并的种类】公司合并可以采取吸收合并或者新设合并。

一个公司吸收其他公司为吸收合并，被吸收的公司解散。两个以上公司合并设立一个新的公司为新设合并，合并各方解散。

第一百七十三条　【公司合并程序和债权人异议权】公司合并，应当由合并各方签订合并协议，并编制资产负债表及财产清单。公司应当自作出合并决议

之日起十日内通知债权人，并于三十日内在报纸上公告。债权人自接到通知书之日起三十日内，未接到通知书的自公告之日起四十五日内，可以要求公司清偿债务或者提供相应的担保。

第一百七十四条　【公司合并的债权债务承继】公司合并时，合并各方的债权、债务，应当由合并后存续的公司或者新设的公司承继。

第一百七十五条　【公司分立的通知义务】公司分立，其财产作相应的分割。

公司分立，应当编制资产负债表及财产清单。公司应当自作出分立决议之日起十日内通知债权人，并于三十日内在报纸上公告。

第一百七十六条　【公司分立的债务承继】公司分立前的债务由分立后的公司承担连带责任。但是，公司在分立前与债权人就债务清偿达成的书面协议另有约定的除外。

第一百七十七条　【减少注册资本的程序要求】公司需要减少注册资本时，必须编制资产负债表及财产清单。

公司应当自作出减少注册资本决议之日起十日内通知债权人，并于三十日内在报纸上公告。债权人自接到通知书之日起三十日内，未接到通知书的自公告之日起四十五日内，有权要求公司清偿债务或者提供相应的担保。

第一百七十八条　【增加注册资本的规定】有限责任公司增加注册资本时，股东认缴新增资本的出资，依照本法设立有限责任公司缴纳出资的有关规定执行。

股份有限公司为增加注册资本发行新股时，股东认购新股，依照本法设立股份有限公司缴纳股款的有关规定执行。

第一百七十九条　【公司合并、分立、增资、减资的登记要求】公司合并或者分立，登记事项发生变更的，应当依法向公司登记机关办理变更登记；公司解散的，应当依法办理公司注销登记；设立新公司的，应当依法办理公司设立登记。

公司增加或者减少注册资本，应当依法向公司登记机关办理变更登记。

第十章　公司解散和清算

第一百八十条　【公司解散的原因】公司因下列原因解散：

（一）公司章程规定的营业期限届满或者公司章程规定的其他解散事由出现；

（二）股东会或者股东大会决议解散；

（三）因公司合并或者分立需要解散；

（四）依法被吊销营业执照、责令关闭或者被撤销；

（五）人民法院依照本法第一百八十二条的规定予以解散。

第一百八十一条　【为使公司存续而修改章程的议事规则】公司有本法第一百八十条第（一）项情形的，可以通过修改公司章程而存续。

依照前款规定修改公司章程，有限责任公司须经持有三分之二以上表决权的股东通过，股份有限公司须经出席股东大会会议的股东所持表决权的三分之二以上通过。

第一百八十二条　【股东请求法院解散公司的情形】公司经营管理发生严重困难，继续存续会使股东利益受到重大损失，通过其他途径不能解决的，持有公司全部股东表决权百分之十以上的股东，可以请求人民法院解散公司。

第一百八十三条　【清算组的成立与组成】公司因本法第一百八十条第（一）项、第（二）项、第（四）项、第（五）项规定而解散的，应当在解散事由出现之日起十五日内成立清算组，开始清算。有限责任公司的清算组由股东组成，股份有限公司的清算组由董事或者股东大会确定的人员组成。逾期不成立清算组进行清算的，债权人可以申请人民法院指定有关人员组成清算组进行清算。人民法院应当受理该申请，并及时组织清算组进行清算。

第一百八十四条　【清算组的职权】清算组在清算期间行使下列职权：

（一）清理公司财产，分别编制资产负债表和财产清单；

（二）通知、公告债权人；

（三）处理与清算有关的公司未了结的业务；

（四）清缴所欠税款以及清算过程中产生的税款；

（五）清理债权、债务；

（六）处理公司清偿债务后的剩余财产；

（七）代表公司参与民事诉讼活动。

第一百八十五条　【清算期间的债权申报】清算组应当自成立之日起十日内通知债权人，并于六十日内在报纸上公告。债权人应当自接到通知书之日起三十日内，未接到通知书的自公告之日起四十五日内，向清算组申报其债权。

债权人申报债权，应当说明债权的有关事项，并提供证明材料。清算组应当对债权进行登记。

在申报债权期间，清算组不得对债权人进行清偿。

第一百八十六条　【清算方案的制定与公司财产的处理】清算组在清理公司财产、编制资产负债表和财产清单后，应当制定清算方案，并报股东会、股东大会或者人民法院确认。

公司财产在分别支付清算费用、职工的工资、社会保险费用和法定补偿金，缴纳所欠税款，清偿公司债务后的剩余财产，有限责任公司按照股东的出资比例分配，股份有限公司按照股东持有的股份比例分配。

清算期间，公司存续，但不得开展与清算无关的经营活动。公司财产在未依照前款规定清偿前，不得分配给股东。

第一百八十七条　【宣告破产】清算组在清理公司财产、编制资产负债表和财产清单后，发现公司财产不足清偿债务的，应当依法向人民法院申请宣告破产。

公司经人民法院裁定宣告破产后，清算组应当将清算事务移交给人民法院。

第一百八十八条　【清算报告的报送及公司注销登记】公司清算结束后，清算组应当制作清算报告，报股东会、股东大会或者人民法院确认，并报送公司登记机关，申请注销公司登记，公告公司终止。

第一百八十九条　【清算组成员的义务】清算组成员应当忠于职守，依法履行清算义务。

清算组成员不得利用职权收受贿赂或者其他非法收入，不得侵占公司财产。

清算组成员因故意或者重大过失给公司或者债权人造成损失的，应当承担赔偿责任。

第一百九十条　【破产清算的法律依据】公司被依法宣告破产的，依照有关企业破产的法律实施破产清算。

第十一章　外国公司的分支机构

第一百九十一条　【外国公司的定义】本法所称外国公司是指依照外国法律在中国境外设立的公司。

第一百九十二条　【外国公司分支机构的设立申请及审批】外国公司在中国境内设立分支机构，必须向中国主管机关提出申请，并提交其公司章程、所属国的公司登记证书等有关文件，经批准后，向公司登记机关依法办理登记，领取营业执照。

外国公司分支机构的审批办法由国务院另行规定。

第一百九十三条　【外国公司分支机构的设立及资金要求】外国公司在中国境内设立分支机构，必须在中国境内指定负责该分支机构的代表人或者代理人，并向该分支机构拨付与其所从事的经营活动相适应的资金。

对外国公司分支机构的经营资金需要规定最低限额的，由国务院另行规定。

第一百九十四条 【外国公司分支机构的名称要求及章程置备】外国公司的分支机构应当在其名称中标明该外国公司的国籍及责任形式。

外国公司的分支机构应当在本机构中置备该外国公司章程。

第一百九十五条 【外国公司分支机构不具有中国法人资格】外国公司在中国境内设立的分支机构不具有中国法人资格。

外国公司对其分支机构在中国境内进行经营活动承担民事责任。

第一百九十六条 【外国公司分支机构的合法经营义务及合法权益的保护】经批准设立的外国公司分支机构，在中国境内从事业务活动，必须遵守中国的法律，不得损害中国的社会公共利益，其合法权益受中国法律保护。

第一百九十七条 【外国公司撤销分支机构的条件】外国公司撤销其在中国境内的分支机构时，必须依法清偿债务，依照本法有关公司清算程序的规定进行清算。未清偿债务之前，不得将其分支机构的财产移至中国境外。

第十二章 法律责任

第一百九十八条 【公司登记违法的法律责任】违反本法规定，虚报注册资本、提交虚假材料或者采取其他欺诈手段隐瞒重要事实取得公司登记的，由公司登记机关责令改正，对虚报注册资本的公司，处以虚报注册资本金额百分之五以上百分之十五以下的罚款；对提交虚假材料或者采取其他欺诈手段隐瞒重要事实的公司，处以五万元以上五十万元以下的罚款；情节严重的，撤销公司登记或者吊销营业执照。

第一百九十九条 【公司的发起人、股东出资违法的法律责任】公司的发起人、股东虚假出资，未交付或者未按期交付作为出资的货币或者非货币财产的，由公司登记机关责令改正，处以虚假出资金额百分之五以上百分之十五以下的罚款。

第二百条 【公司的发起人、股东抽逃出资的法律责任】公司的发起人、股东在公司成立后，抽逃其出资的，由公司登记机关责令改正，处以所抽逃出资金额百分之五以上百分之十五以下的罚款。

第二百零一条 【公司另立会计账簿的法律责任】公司违反本法规定，在法定的会计账簿以外另立会计账簿的，由县级以上人民政府财政部门责令改正，处以五万元以上五十万元以下的罚款。

第二百零二条 【提交财务会计报告违法的法律责任】公司在依法向有关主管部门提供的财务会计报告等材料上作虚假记载或者隐瞒重要事实的，由有关主管部门对直接负责的主管人员和其他直接责任人员处以三万元以上三十万元以下的罚款。

第二百零三条 【违法提取法定公积金的法律责任】公司不依照本法规定提取法定公积金的，由县级以上人民政府财政部门责令如数补足应当提取的金额，可以对公司处以二十万元以下的罚款。

第二百零四条 【公司在合并、分立、减少注册资本和清算中的违法行为及其法律责任】公司在合并、分立、减少注册资本或者进行清算时，不依照本法规定通知或者公告债权人的，由公司登记机关责令改正，对公司处以一万元以上十万元以下的罚款。

公司在进行清算时，隐匿财产，对资产负债表或者财产清单作虚假记载或者在未清偿债务前分配公司财产的，由公司登记机关责令改正，对公司处以隐匿财产或者未清偿债务前分配公司财产金额百分之五以上百分之十以下的罚款；对直接负责的主管人员和其他直接责任人员处以一万元以上十万元以下的罚款。

第二百零五条 【公司在清算期间违法经营的法律责任】公司在清算期间开展与清算无关的经营活动的，由公司登记机关予以警告，没收违法所得。

第二百零六条 【清算组及其成立对其违法行为的法律责任】清算组不依照本法规定向公司登记机关报送清算报告，或者报送清算报告隐瞒重要事实或者有重大遗漏的，由公司登记机关责令改正。

清算组成员利用职权徇私舞弊、谋取非法收入或者侵占公司财产的，由公司登记机关责令退还公司财产，没收违法所得，并可以处以违法所得一倍以上五倍以下的罚款。

第二百零七条 【资产评估、验资或验证机构对其违法行为的法律责任】承担资产评估、验资或者验证的机构提供虚假材料的，由公司登记机关没收违法所得，处以违法所得一倍以上五倍以下的罚款，并可以由有关主管部门依法责令该机构停业、吊销直接责任人员的资格证书，吊销营业执照。

承担资产评估、验资或者验证的机构因过失提供有重大遗漏的报告的，由公司登记机关责令改正，情节较重的，处以所得收入一倍以上五倍以下的罚款，并可以由有关主管部门依法责令该机构停业、吊销直接责任人员的资格证书，吊销营业执照。

承担资产评估、验资或者验证的机构因其出具的评估结果、验资或者验证证明不实，给公司债权人造成损失的，除能够证明自己没有过错的外，在其评估或者证明不实的金额范围内承担赔偿责任。

第二百零八条 【登记机关违法行为的法律责任】公司登记机关对不符合本法规定条件的登记申请予以登记，或者对符合本法规定条件的登记申请不予登记的，对直接负责的主管人员和其他直接责任人员，依法给予行政处分。

第二百零九条　【登记机关上级部门违法行为的法律责任】公司登记机关的上级部门强令公司登记机关对不符合本法规定条件的登记申请予以登记，或者对符合本法规定条件的登记申请不予登记的，或者对违法登记进行包庇的，对直接负责的主管人员和其他直接责任人员依法给予行政处分。

第二百一十条　【假冒公司的违法行为及其法律责任】未依法登记为有限责任公司或者股份有限公司，而冒用有限责任公司或者股份有限公司名义的，或者未依法登记为有限责任公司或者股份有限公司的分公司，而冒用有限责任公司或者股份有限公司的分公司名义的，由公司登记机关责令改正或者予以取缔，可以并处十万元以下的罚款。

第二百一十一条　【不当停业及不依法办理变更登记的法律责任】公司成立后无正当理由超过六个月未开业的，或者开业后自行停业连续六个月以上的，可以由公司登记机关吊销营业执照。

公司登记事项发生变更时，未依照本法规定办理有关变更登记的，由公司登记机关责令限期登记；逾期不登记的，处以一万元以上十万元以下的罚款。

第二百一十二条　【外国公司擅自在中国境内设立分支机构的法律责任】外国公司违反本法规定，擅自在中国境内设立分支机构的，由公司登记机关责令改正或者关闭，可以并处五万元以上二十万元以下的罚款。

第二百一十三条　【危害国家安全与社会公共利益的法律责任】利用公司名义从事危害国家安全、社会公共利益的严重违法行为的，吊销营业执照。

第二百一十四条　【民事赔偿优先原则】公司违反本法规定，应当承担民事赔偿责任和缴纳罚款、罚金的，其财产不足以支付时，先承担民事赔偿责任。

第二百一十五条　【刑事责任的追究】违反本法规定，构成犯罪的，依法追究刑事责任。

第十三章　附　　则

第二百一十六条　【本法所涉相关用语的含义】本法下列用语的含义：

（一）高级管理人员，是指公司的经理、副经理、财务负责人，上市公司董事会秘书和公司章程规定的其他人员。

（二）控股股东，是指其出资额占有限责任公司资本总额百分之五十以上或者其持有的股份占股份有限公司股本总额百分之五十以上的股东；出资额或者持有股份的比例虽然不足百分之五十，但依其出资额或者持有的股份所享有的表决权已足以对股东会、股东大会的决议产生重大影响的股东。

（三）实际控制人，是指虽不是公司的股东，但通过投资关系、协议或者其他安排，能够实际支配公司行为的人。

（四）关联关系，是指公司控股股东、实际控制人、董事、监事、高级管理人员与其直接或者间接控制的企业之间的关系，以及可能导致公司利益转移的其他关系。但是，国家控股的企业之间不仅因为同受国家控股而具有关联关系。

第二百一十七条　【本法在外商投资领域的适用及例外】外商投资的有限责任公司和股份有限公司适用本法；有关外商投资的法律另有规定的，适用其规定。

第二百一十八条　【施行日期】本法自2006年1月1日起施行。

保险公司管理规定

1. 2009年9月25日中国保险监督管理委员会令2009年第1号发布

2. 根据2015年10月19日中国保险监督管理委员会令2015年第3号《关于修改〈保险公司设立境外保险类机构管理办法〉等八部规章的决定》修订

第一章　总　　则

第一条　为了加强对保险公司的监督管理，维护保险市场的正常秩序，保护被保险人合法权益，促进保险业健康发展，根据《中华人民共和国保险法》（以下简称《保险法》）、《中华人民共和国公司法》（以下简称《公司法》）等法律、行政法规，制定本规定。

第二条　中国保险监督管理委员会（以下简称中国保监会）根据法律和国务院授权，对保险公司实行统一监督管理。

中国保监会的派出机构在中国保监会授权范围内依法履行监管职责。

第三条　本规定所称保险公司，是指经保险监督管理机构批准设立，并依法登记注册的商业保险公司。

本规定所称保险公司分支机构，是指经保险监督管理机构批准，保险公司依法设立的分公司、中心支公司、支公司、营业部、营销服务部以及各类专属机构。专属机构的设立和管理，由中国保监会另行规定。

本规定所称保险机构，是指保险公司及其分支机构。

第四条　本规定所称分公司，是指保险公司依法设立的以分公司命名的分支机构。

本规定所称省级分公司，是指保险公司根据中国保监会的监管要求，在各省、自治区、直辖市内负责许可申请、报告提交等相关事宜的分公司。保险公司在住所地以外的各省、自治区、直辖市已经设立分公司的，应当指定其中一家分公司作为省级分公司。

保险公司在计划单列市设立分支机构的，应当指定一家分支机构，根据中国保监会的监管要求，在计划单列市负责许可申请、报告提交等相关事宜。

省级分公司设在计划单列市的，由省级分公司同时负责前两款规定的事宜。

第五条 保险业务由依照《保险法》设立的保险公司以及法律、行政法规规定的其他保险组织经营，其他单位和个人不得经营或者变相经营保险业务。

第二章 法人机构设立

第六条 设立保险公司，应当遵循下列原则：

（一）符合法律、行政法规；

（二）有利于保险业的公平竞争和健康发展。

第七条 设立保险公司，应当向中国保监会提出筹建申请，并符合下列条件：

（一）有符合法律、行政法规和中国保监会规定条件的投资人，股权结构合理；

（二）有符合《保险法》和《公司法》规定的章程草案；

（三）投资人承诺出资或者认购股份，拟注册资本不低于人民币 2 亿元，且必须为实缴货币资本；

（四）具有明确的发展规划、经营策略、组织机构框架、风险控制体系；

（五）拟任董事长、总经理应当符合中国保监会规定的任职资格条件；

（六）有投资人认可的筹备组负责人；

（七）中国保监会规定的其他条件。

中国保监会根据保险公司业务范围、经营规模，可以调整保险公司注册资本的最低限额，但不得低于人民币 2 亿元。

第八条 申请筹建保险公司的，申请人应当提交下列材料一式三份：

（一）设立申请书，申请书应当载明拟设立保险公司的名称、拟注册资本和业务范围等；

（二）设立保险公司可行性研究报告，包括发展规划、经营策略、组织机构框架和风险控制体系等；

（三）筹建方案；

（四）保险公司章程草案；

（五）中国保监会规定投资人应当提交的有关材料；

（六）筹备组负责人、拟任董事长、总经理名单及本人认可证明；

（七）中国保监会规定的其他材料。

第九条 中国保监会应当对筹建保险公司的申请进行审查，自受理申请之日起6个月内作出批准或者不批准筹建的决定，并书面通知申请人。决定不批准的，应当书面说明理由。

第十条 中国保监会在对筹建保险公司的申请进行审查期间，应当对投资人进行风险提示。

中国保监会应当听取拟任董事长、总经理对拟设保险公司在经营管理和业务发展等方面的工作思路。

第十一条 经中国保监会批准筹建保险公司的，申请人应当自收到批准筹建通知之日起1年内完成筹建工作。筹建期间届满未完成筹建工作的，原批准筹建决定自动失效。

筹建机构在筹建期间不得从事保险经营活动。筹建期间不得变更主要投资人。

第十二条 筹建工作完成后，符合下列条件的，申请人可以向中国保监会提出开业申请：

（一）股东符合法律、行政法规和中国保监会的有关规定；

（二）有符合《保险法》和《公司法》规定的章程；

（三）注册资本最低限额为人民币2亿元，且必须为实缴货币资本；

（四）有符合中国保监会规定任职资格条件的董事、监事和高级管理人员；

（五）有健全的组织机构；

（六）建立了完善的业务、财务、合规、风险控制、资产管理、反洗钱等制度；

（七）有具体的业务发展计划和按照资产负债匹配等原则制定的中长期资产配置计划；

（八）具有合法的营业场所，安全、消防设施符合要求，营业场所、办公设备等与业务发展规划相适应，信息化建设符合中国保监会要求；

（九）法律、行政法规和中国保监会规定的其他条件。

第十三条 申请人提出开业申请，应当提交下列材料一式三份：

（一）开业申请书；

（二）创立大会决议，没有创立大会决议的，应当提交全体股东同意申请开业的文件或者决议；

（三）公司章程；

（四）股东名称及其所持股份或者出资的比例，资信良好的验资机构出具的验资证明，资本金入账原始凭证复印件；

（五）中国保监会规定股东应当提交的有关材料；

（六）拟任该公司董事、监事、高级管理人员的简历以及相关证明材料；

（七）公司部门设置以及人员基本构成；

（八）营业场所所有权或者使用权的证明文件；

（九）按照拟设地的规定提交有关消防证明；

（十）拟经营保险险种的计划书、3 年经营规划、再保险计划、中长期资产配置计划，以及业务、财务、合规、风险控制、资产管理、反洗钱等主要制度；

（十一）信息化建设情况报告；

（十二）公司名称预先核准通知；

（十三）中国保监会规定提交的其他材料。

第十四条 中国保监会应当审查开业申请，进行开业验收，并自受理开业申请之日起60 日内作出批准或者不批准开业的决定。验收合格决定批准开业的，颁发经营保险业务许可证；验收不合格决定不批准开业的，应当书面通知申请人并说明理由。

经批准开业的保险公司，应当持批准文件以及经营保险业务许可证，向工商行政管理部门办理登记注册手续，领取营业执照后方可营业。

第三章 分支机构设立

第十五条 保险公司可以根据业务发展需要申请设立分支机构。

保险公司分支机构的层级依次为分公司、中心支公司、支公司、营业部或者营销服务部。保险公司可以不逐级设立分支机构，但其在住所地以外的各省、自治区、直辖市开展业务，应当首先设立分公司。

保险公司可以不按照前款规定的层级逐级管理下级分支机构；营业部、营销服务部不得再管理其他任何分支机构。

第十六条 保险公司以 2 亿元人民币的最低资本金额设立的，在其住所地以外的每一省、自治区、直辖市首次申请设立分公司，应当增加不少于人民币 2 千万元的注册资本。

申请设立分公司，保险公司的注册资本达到前款规定的增资后额度的，可以不再增加相应的注册资本。

保险公司注册资本达到人民币5亿元，在偿付能力充足的情况下，设立分公司不需要增加注册资本。

第十七条 设立省级分公司，由保险公司总公司提出申请；设立其他分支机构，由保险公司总公司提出申请，或者由省级分公司持总公司批准文件提出申请。

在计划单列市申请设立分支机构，还可以由保险公司根据本规定第四条第三款指定的分支机构持总公司批准文件提出申请。

第十八条 设立分支机构，应当提出设立申请，并符合下列条件：

（一）上一年度偿付能力充足，提交申请前连续2个季度偿付能力均为充足；

（二）保险公司具备良好的公司治理结构，内控健全；

（三）申请人具备完善的分支机构管理制度；

（四）对拟设立分支机构的可行性已进行充分论证；

（五）在住所地以外的省、自治区、直辖市申请设立省级分公司以外其他分支机构的，该省级分公司已经开业；

（六）申请人最近2年内无受金融监管机构重大行政处罚的记录，不存在因涉嫌重大违法行为正在受到中国保监会立案调查的情形；

（七）申请设立省级分公司以外其他分支机构，在拟设地所在的省、自治区、直辖市内，省级分公司最近2年内无受金融监管机构重大行政处罚的记录，已设立的其他分支机构最近6个月内无受重大保险行政处罚的记录；

（八）有申请人认可的筹建负责人；

（九）中国保监会规定的其他条件。

第十九条 设立分支机构，申请人应当提交下列材料一式三份：

（一）设立申请书；

（二）申请前连续2个季度的偿付能力报告和上一年度经审计的偿付能力报告；

（三）保险公司上一年度公司治理结构报告以及申请人内控制度；

（四）分支机构设立的可行性论证报告，包括拟设机构3年业务发展规划和市场分析，设立分支机构与公司风险管理状况和内控状况相适应的说明；

（五）申请人分支机构管理制度；

（六）申请人作出的其最近2年无受金融监管机构重大行政处罚的声明；

（七）申请设立省级分公司以外其他分支机构的，提交省级分公司最近2年无受金融监管机构重大行政处罚的声明；

（八）拟设机构筹建负责人的简历以及相关证明材料；

（九）中国保监会规定提交的其他材料。

第二十条 中国保监会应当自收到完整申请材料之日起 30 日内对设立申请进行书面审查，对不符合本规定第十八条的，作出不予批准决定，并书面说明理由；对符合本规定第十八条的，向申请人发出筹建通知。

第二十一条 申请人应当自收到筹建通知之日起 6 个月内完成分支机构的筹建工作。筹建期间不计算在行政许可的期限内。

筹建期间届满未完成筹建工作的，应当根据本规定重新提出设立申请。

筹建机构在筹建期间不得从事任何保险经营活动。

第二十二条 筹建工作完成后，筹建机构具备下列条件的，申请人可以向中国保监会提交开业验收报告：

（一）具有合法的营业场所，安全、消防设施符合要求；

（二）建立了必要的组织机构和完善的业务、财务、风险控制、资产管理、反洗钱等管理制度；

（三）建立了与经营管理活动相适应的信息系统；

（四）具有符合任职条件的拟任高级管理人员或者主要负责人；

（五）对员工进行了上岗培训；

（六）筹建期间未开办保险业务；

（七）中国保监会规定的其他条件。

第二十三条 申请人提交的开业验收报告应当附下列材料一式三份：

（一）筹建工作完成情况报告；

（二）拟任高级管理人员或者主要负责人简历及有关证明；

（三）拟设机构营业场所所有权或者使用权证明；

（四）计算机设备配置、应用系统及网络建设情况报告；

（五）业务、财务、风险控制、资产管理、反洗钱等制度；

（六）机构设置和从业人员情况报告，包括员工上岗培训情况报告等；

（七）按照拟设地规定提交有关消防证明，无需进行消防验收或者备案的，提交申请人作出的已采取必要措施确保消防安全的书面承诺；

（八）中国保监会规定提交的其他材料。

第二十四条 中国保监会应当自收到完整的开业验收报告之日起 30 日内，进行开业验收，并作出批准或者不予批准的决定。验收合格批准设立的，颁发分支机构经营保险业务许可证；验收不合格不予批准设立的，应当书面通知申请人并说明理由。

第二十五条 经批准设立的保险公司分支机构，应当持批准文件以及分支机构经营保险业务许可证，向工商行政管理部门办理登记注册手续，领取营业执照后方可营业。

第四章 机构变更、解散与撤销

第二十六条 保险机构有下列情形之一的，应当经中国保监会批准：

（一）保险公司变更名称；

（二）变更注册资本；

（三）扩大业务范围；

（四）变更营业场所；

（五）保险公司分立或者合并；

（六）修改保险公司章程；

（七）变更出资额占有限责任公司资本总额5%以上的股东，或者变更持有股份有限公司股份5%以上的股东；

（八）中国保监会规定的其他情形。

第二十七条 保险机构有下列情形之一，应当自该情形发生之日起15日内，向中国保监会报告：

（一）变更出资额不超过有限责任公司资本总额5%的股东，或者变更持有股份有限公司股份不超过5%的股东，上市公司的股东变更除外；

（二）保险公司的股东变更名称，上市公司的股东除外；

（三）保险公司分支机构变更名称；

（四）中国保监会规定的其他情形。

第二十八条 保险公司依法解散的，应当经中国保监会批准，并报送下列材料一式三份：

（一）解散申请书；

（二）股东大会或者股东会决议；

（三）清算组织及其负责人情况和相关证明材料；

（四）清算程序；

（五）债权债务安排方案；

（六）资产分配计划和资产处分方案；

（七）中国保监会规定提交的其他材料。

第二十九条 保险公司依法解散的，应当成立清算组，清算工作由中国保监会监督指导。

保险公司依法被撤销的，由中国保监会及时组织股东、有关部门以及相关专业人员成立清算组。

第三十条 清算组应当自成立之日起10日内通知债权人，并于60日内在中国保监会指定的报纸上至少公告3次。

清算组应当委托资信良好的会计师事务所、律师事务所，对公司债权债务和资产进行评估。

第三十一条 保险公司撤销分支机构，应当经中国保监会批准。分支机构经营保险业务许可证自被批准撤销之日起自动失效，并应当于被批准撤销之日起15日内缴回。

保险公司合并、撤销分支机构的，应当进行公告，并书面通知有关投保人、被保险人或者受益人，对交付保险费、领取保险金等事宜应当充分告知。

第三十二条 保险公司依法解散或者被撤销的，其资产处分应当采取公开拍卖、协议转让或者中国保监会认可的其他方式。

第三十三条 保险公司依法解散或者被撤销的，在保险合同责任清算完毕之前，公司股东不得分配公司资产，或者从公司取得任何利益。

第三十四条 保险公司有《中华人民共和国企业破产法》第二条规定情形的，依法申请重整、和解或者破产清算。

第五章 分支机构管理

第三十五条 保险公司应当加强对分支机构的管理，督促分支机构依法合规经营，确保上级机构对管理的下级分支机构能够实施有效管控。

第三十六条 保险公司总公司应当根据本规定和发展需要制定分支机构管理制度，其省级分公司应当根据总公司的规定和当地实际情况，制定本省、自治区、直辖市分支机构管理制度。

保险公司在计划单列市设立分支机构的，应当由省级分公司或者保险公司根据本规定第四条第三款指定的分支机构制定当地分支机构管理制度。

第三十七条 分支机构管理制度至少应当包括下列内容：

（一）各级分支机构职能；

（二）各级分支机构人员、场所、设备等方面的配备要求；

（三）分支机构设立、撤销的内部决策制度；

（四）上级机构对下级分支机构的管控职责和措施。

第三十八条 保险公司分支机构应当配备必要数量的工作人员，分支机构高级管理人员或者主要负责人应当是与保险公司订立劳动合同的正式员工。

第三十九条 保险公司分支机构在经营存续期间，应当具有规范和稳定的营业场所，配备必要的办公设备。

第四十条 保险公司分支机构应当将经营保险业务许可证原件放置于营业场所显著位置，以备查验。

第六章 保险经营

第四十一条 保险公司的分支机构不得跨省、自治区、直辖市经营保险业务，本规定第四十二条规定的情形和中国保监会另有规定的除外。

第四十二条 保险机构参与共保、经营大型商业保险或者统括保单业务，以及通过互联网、电话营销等方式跨省、自治区、直辖市承保业务，应当符合中国保监会的有关规定。

第四十三条 保险机构应当公平、合理拟订保险条款和保险费率，不得损害投保人、被保险人和受益人的合法权益。

第四十四条 保险机构的业务宣传资料应当客观、完整、真实，并应当载有保险机构的名称和地址。

第四十五条 保险机构应当按照中国保监会的规定披露有关信息。

保险机构不得利用广告或者其他宣传方式，对其保险条款内容和服务质量等做引人误解的宣传。

第四十六条 保险机构对保险合同中有关免除保险公司责任、退保、费用扣除、现金价值和犹豫期等事项，应当依照《保险法》和中国保监会的规定向投保人作出提示。

第四十七条 保险机构开展业务，应当遵循公平竞争的原则，不得从事不正当竞争。

第四十八条 保险机构不得将其保险条款、保险费率与其他保险公司的类似保险条款、保险费率或者金融机构的存款利率等进行片面比较。

第四十九条 保险机构不得以捏造、散布虚假事实等方式损害其他保险机构的信誉。

保险机构不得利用政府及其所属部门、垄断性企业或者组织，排挤、阻碍其他保险机构开展保险业务。

第五十条 保险机构不得劝说或者诱导投保人解除与其他保险机构的保险合同。

第五十一条 保险机构不得给予或者承诺给予投保人、被保险人、受益人保险合同约定以外的保险费回扣或者其他利益。

第五十二条 除再保险公司以外，保险机构应当按照规定设立客户服务部门或者咨询投诉部门，并向社会公开咨询投诉电话。

保险机构对保险投诉应当认真处理，并将处理意见及时告知投诉人。

第五十三条 保险机构应当建立保险代理人的登记管理制度，加强对保险代理人的培训和管理，不得唆使、诱导保险代理人进行违背诚信义务的活动。

第五十四条 保险机构不得委托未取得合法资格的机构或者个人从事保险销售活动，不得向未取得合法资格的机构或者个人支付佣金或者其他利益。

第五十五条 保险公司应当建立健全公司治理结构，加强内部管理，建立严格的内部控制制度。

第五十六条 保险公司应当建立控制和管理关联交易的有关制度。保险公司的重大关联交易应当按照规定及时向中国保监会报告。

第五十七条 保险机构任命董事、监事、高级管理人员，应当在任命前向中国保监会申请核准上述人员的任职资格。

保险机构董事、监事、高级管理人员的任职资格管理，按照《保险法》和中国保监会有关规定执行。

第五十八条 保险机构应当依照《保险法》和中国保监会的有关规定管理、使用经营保险业务许可证。

第七章 监督管理

第五十九条 中国保监会对保险机构的监督管理，采取现场监管与非现场监管相结合的方式。

第六十条 保险机构有下列情形之一的，中国保监会可以将其列为重点监管对象：

（一）严重违法；

（二）偿付能力不足；

（三）财务状况异常；

（四）中国保监会认为需要重点监管的其他情形。

第六十一条 中国保监会对保险机构的现场检查包括但不限于下列事项：

（一）机构设立、变更是否依法经批准或者向中国保监会报告；

（二）董事、监事、高级管理人员任职资格是否依法经核准；

（三）行政许可的申报材料是否真实；

（四）资本金、各项准备金是否真实、充足；

（五）公司治理和内控制度建设是否符合中国保监会的规定；

（六）偿付能力是否充足；

（七）资金运用是否合法；

（八）业务经营和财务情况是否合法，报告、报表、文件、资料是否及时、完整、真实；

（九）是否按规定对使用的保险条款和保险费率报经审批或者备案；

（十）与保险中介的业务往来是否合法；

（十一）信息化建设工作是否符合规定；

（十二）需要事后报告的其他事项是否按照规定报告；

（十三）中国保监会依法检查的其他事项。

第六十二条 中国保监会对保险机构进行现场检查，保险机构应当予以配合，并按中国保监会的要求提供有关文件、材料。

第六十三条 中国保监会工作人员依法实施现场检查；检查人员不得少于2人，并应当出示有关证件和检查通知书。

中国保监会可以在现场检查中，委托会计师事务所等中介服务机构提供相关专业服务；委托上述中介服务机构提供专业服务的，应当签订书面委托协议。

第六十四条 保险机构出现频繁撤销分支机构、频繁变更分支机构营业场所等情形，可能或者已经对保险公司经营造成不利影响的，中国保监会有权根据监管需要采取下列措施：

（一）要求保险机构在指定时间内完善分支机构管理的相关制度；

（二）询问保险机构负责人、其他相关人员，了解变更、撤销的有关情况；

（三）要求保险机构提供其内部对变更、撤销行为进行决策的相关文件和资料；

（四）出示重大风险提示函，或者对有关人员进行监管谈话；

（五）依法采取的其他措施。

保险机构应当按照中国保监会的要求进行整改，并及时将整改情况书面报告中国保监会。

第六十五条 中国保监会有权根据监管需要，要求保险机构进行报告或者提供专项资料。

第六十六条 保险机构应当按照规定及时向中国保监会报送营业报告、精算报告、财务会计报告、偿付能力报告、合规报告等报告、报表、文件和资料。

保险机构向中国保监会提交的各类报告、报表、文件和资料，应当真实、完整、准确。

第六十七条 保险公司的股东大会、股东会、董事会的重大决议，应当在决议作出后30日内向中国保监会报告，中国保监会另有规定的除外。

第六十八条 中国保监会有权根据监管需要，对保险机构董事、监事、高级管理人员进行监管谈话，要求其就保险业务经营、风险控制、内部管理等有关重大事项作出说明。

第六十九条 保险机构或者其从业人员违反本规定，由中国保监会依照法律、行政法规进行处罚；法律、行政法规没有规定的，由中国保监会责令改正，给予警告，对有违法所得的处以违法所得1倍以上3倍以下罚款，但最高不得超过3万元，对没有违法所得的处以1万元以下罚款；涉嫌犯罪的，依法移交司法机关追究其刑事责任。

第八章 附 则

第七十条 外资独资保险公司、中外合资保险公司分支机构设立适用本规定；中国保监会之前作出的有关规定与本规定不一致的，以本规定为准。

对外资独资保险公司、中外合资保险公司的其他管理，适用本规定，法律、行政法规和中国保监会另有规定的除外。

第七十一条 除本规定第四十二条和第七十二条第一款规定的情形外，外国保险公司分公司只能在其住所地的省、自治区、直辖市行政辖区内开展业务。

对外国保险公司分公司的其他管理，参照本规定对保险公司总公司的有关规定执行，法律、行政法规和中国保监会另有规定的除外。

第七十二条 再保险公司，包括外国再保险公司分公司，可以直接在全国开展再保险业务。

再保险公司适用本规定，法律、行政法规和中国保监会另有规定的除外。

第七十三条 政策性保险公司、相互制保险公司参照适用本规定，国家另有规定的除外。

第七十四条 保险公司在境外设立子公司、分支机构，应当经中国保监会批准；其设立条件和管理，由中国保监会另行规定。

第七十五条 保险公司应当按照《保险法》的规定，加入保险行业协会。

第七十六条 本规定施行前已经设立的分支机构，无需按照本规定的设立条件重新申请设立审批，但应当符合本规定对分支机构的日常管理要求。不符合规定的，应当自本规定施行之日起2年内进行整改，在高级管理人员或者主要负责人资质、场所规范、许可证使用、分支机构管理等方面达到本规定的相关要求。

第七十七条 保险机构依照本规定报送的各项报告、报表、文件和资料，应当用中文书写。原件为外文的，应当附中文译本；中文与外文意思不一致的，以中文为准。

第七十八条 本规定中的日是指工作日，不含法定节假日；本规定中的以上、以下，包括本数。

第七十九条 本规定由中国保监会负责解释。

第八十条 本规定自2009年10月1日起施行。中国保监会2004年5月13日发布的《保险公司管理规定》（保监会令〔2004〕3号）同时废止。

保险集团公司监督管理办法

1. 2021年11月24日中国银行保险监督管理委员会令2021年第13号公布
2. 自公布之日起施行

第一章 总 则

第一条 为加强对保险集团公司的监督管理，有效防范保险集团经营风险，促进金融保险业健康发展，根据《中华人民共和国保险法》（以下简称《保险法》）、《中华人民共和国公司法》等法律、行政法规及《国务院对确需保留的行政审批项目设定行政许可的决定》（中华人民共和国国务院令第412号），制定本办法。

第二条 中国银行保险监督管理委员会（以下简称银保监会）根据法律、行政法规和国务院授权，按照实质重于形式的原则，对保险集团公司实行全面、持续、穿透的监督管理。

第三条 本办法所称保险集团公司，是指依法登记注册并经银保监会批准设立，名称中具有“保险集团”或“保险控股”字样，对保险集团成员公司实施控制、共同控制或重大影响的公司。

保险集团是指保险集团公司及受其控制、共同控制或重大影响的公司组成的企业集合，该企业集合中除保险集团公司外，有两家以上子公司为保险公司且保险业务为该企业集合的主要业务。

保险集团成员公司是指保险集团公司及受其控制、共同控制或重大影响的公司，包括保险集团公司、保险集团公司直接或间接控制的子公司以及其他成员公司。

第二章 设立和许可

第四条 设立保险集团公司，应当报银保监会审批，并具备下列条件：

（一）投资人符合银保监会规定的保险公司股东资质条件，股权结构合理，且合计至少控制两家境内保险公司50%以上股权；

（二）具有符合本办法第六条规定的成员公司；

（三）注册资本最低限额为20亿元人民币；

（四）具有符合银保监会规定任职资格条件的董事、监事和高级管理人员；

（五）具有完善的公司治理结构、健全的组织机构、有效的风险管理和内部控制管理制度；

（六）具有与其经营管理相适应的营业场所、办公设备和信息系统；

（七）法律、行政法规和银保监会规定的其他条件。

涉及处置风险的，经银保监会批准，上述条件可以适当放宽。

第五条 保险集团公司的股权监管、股东行为监管，参照适用银保监会关于保险公司股权管理的监管规定。

第六条 拟设立保险集团公司的投资人控制的保险公司中至少有一家具备下列条件：

（一）在中国境内开业6年以上；

（二）最近3个会计年度连续盈利；

（三）上一年末净资产不低于10亿元人民币，总资产不低于100亿元人民币；

（四）具有完善的公司治理结构、健全的组织机构、有效的风险管理和内部控制管理制度；

（五）最近4个季度核心偿付能力充足率不低于75%，综合偿付能力充足率不低于150%；

（六）最近4个季度风险综合评级不低于B类；

（七）最近3年无重大违法违规行为和重大失信行为。

第七条 设立保险集团公司可以采取下列两种方式：

（一）发起设立。保险公司的股东作为发起人，以其持有的保险公司股权和货币出资设立保险集团公司，其中货币出资总额不得低于保险集团公司注册资本的50%。

（二）更名设立。保险公司转换更名为保险集团公司，保险集团公司以货币出资设立保险子公司，原保险公司的保险业务依法转移至该保险子公司。

保险集团公司设立包括筹建和开业两个阶段。

第八条 采取发起设立的方式设立保险集团公司的，发起人应当在筹建阶段向银保监会提交下列材料：

（一）设立申请书，包括拟设立公司的名称、组织形式、注册资本、住所（营业场所）、投资人、投资金额、投资比例、业务范围、筹备组织情况、联系人及联系方式等；

（二）可行性研究报告，包括可行性分析、设立方式、发展战略、公司治理和组织机构框架、风险管理和内部控制体系、保险子公司整合前后偿付能力评估等；

（三）筹建方案，包括筹备组设置、工作职责和工作计划，拟设立的保险集团公司及其子公司的股权结构，理顺股权关系的总体规划和操作流程，子公司的名称和业务类别等；

（四）筹备负责人材料，包括投资人关于认可筹备组负责人和拟任董事长、总经理任职的确认书，筹备组负责人基本情况、本人认可证明，拟任董事长、总经理的任职资格申请表，身份证明和学历学位证书复印件；

（五）保险集团公司章程草案；

（六）发起人控制的保险公司最近3年经审计的财务报告、偿付能力报告；

（七）营业执照；

（八）投资人有关材料，包括基本情况类材料、财务信息类材料、公司治理类材料、附属信息类材料、有限合伙企业投资人的特别材料等；

（九）住所（营业场所）所有权或者使用权的证明文件；

（十）中长期发展战略和规划、业务经营计划、对外投资计划，资本及财务管理、风险管理和内部控制等主要制度；

（十一）信息化建设情况报告；

（十二）法律意见书；

（十三）反洗钱材料；

（十四）材料真实性声明；

（十五）银保监会规定的其他材料。

第九条 采取更名设立的方式设立保险集团公司的，拟更名的保险公司应当在筹建阶段向银保监会提交下列材料：

（一）更名申请书，其中应当载明拟更名公司的名称、组织形式、注册资本、住所（营业场所）、业务范围、筹备组织情况、联系人及联系方式等；

（二）可行性研究报告，包括可行性分析、更名方式、公司治理和组织机构框架、发展战略、风险管理和内部控制体系、保险公司更名前后偿付能力评估等；

（三）更名方案，包括拟设立的保险集团公司及其子公司的股权结构，理顺股权关系的总体规划和操作流程，子公司的名称和业务类别等；

（四）筹备负责人材料，包括投资人关于认可筹备组负责人和拟任董事长、总经理任职的确认书，筹备组负责人基本情况、本人认可证明，拟任董事长、总经理任职资格申请表，身份证明和学历学位证书复印件；

（五）保险集团公司章程草案；

（六）保险公司股东（大）会同意更名设立保险集团公司的决议；

（七）保险公司最近3年经审计的财务报告、偿付能力报告；

（八）更名后的营业执照；

（九）住所（营业场所）所有权或者使用权的证明文件；

（十）中长期发展战略和规划、业务经营计划、对外投资计划，资本及财务管理、风险管理和内部控制等主要制度；

（十一）信息化建设情况报告；

（十二）法律意见书；

（十三）反洗钱材料；

（十四）材料真实性声明；

（十五）银保监会规定的其他材料。

第十条 设立保险集团公司的，发起人或拟更名的保险公司应当在开业阶段向银保监会提交下列材料：

（一）开业申请书，包括公司名称、住所（营业场所）、法定代表人、注册资本、股权结构、经营区域、业务范围，拟任董事、监事、高级管理人员和关键岗位管理人员名单。

（二）采取发起设立方式的，提供创立大会决议，没有创立大会决议的，应当提交所有投资人同意申请开业的文件或决议；采取更名设立方式的，提供股东（大）会决议。

（三）保险集团公司章程，股东（大）会、董事会、监事会议事规则。

（四）采取发起设立方式的，提供验资报告；采取更名设立方式的，提供拟注入新设保险子公司的资产评估报告、客户和债权人权益保障计划、员工权益保障计划。

（五）发展规划，包括公司战略目标、业务发展、机构发展、偿付能力管理、资本管理、风险管理、保障措施等规划要素。

（六）拟任董事、监事、高级管理人员的简历及其符合相应任职资格条件的证明材料。

（七）公司组织机构，包括部门设置及人员基本构成情况。

（八）资产托管协议或资产托管合作意向书。

（九）住所（营业场所）所有权或者使用权的证明文件及消防安全证明。

（十）信息化建设情况报告。

（十一）公司内部管理制度。

（十二）营业执照。

（十三）投资人有关材料，包括财务信息类材料、纳税证明和征信记录，股权结构、控股股东及实际控制人情况材料，无重大违法违规记录声明、自有资金投资承诺书等。

（十四）反洗钱材料。

（十五）材料真实性声明。

（十六）银保监会规定的其他材料。

第十一条 设立保险集团公司，应当向市场监督管理部门办理工商注册登记，领取营业执照。

保险集团公司应当经银保监会批准方能开展相关经营活动。银保监会批准后，应当颁发保险许可证。

保险集团公司设立事项审批时限参照保险公司相关规定执行。

第三章 经营规则

第十二条 保险集团公司的业务以股权投资及管理为主。

保险集团公司开展重大股权投资应当使用自有资金。重大股权投资是指对被投资企业实施控制的投资行为。

第十三条 保险集团公司经营保险业务、进行股权管理、开展保险资金运用，应当遵守法律、行政法规及其他监管规定的要求。

第十四条 在尊重子公司及其他成员公司独立法人经营自主权的基础上，保险集团公司应当对全集团的股权投资进行统筹管理，防止无序扩张。

第十五条 保险集团公司可以投资下列保险类企业：

（一）保险公司；

（二）保险资产管理机构；

（三）保险专业代理机构、保险经纪机构和保险公估机构；

（四）银保监会批准设立的其他保险类企业。

第十六条 保险集团公司可以投资非保险类金融企业。

保险集团公司及其子公司对境内非保险类金融企业重大股权投资的账面余额，合计不得超过集团上一年末合并净资产的30%。

第十七条 保险集团公司及其子公司投资同一金融行业中主营业务相同的企业，控股的数量原则上不得超过一家。

第十八条 保险集团公司可以投资本办法第五十六条规定的与保险业务相关的非金融类企业。

除本办法第五十六条规定的非金融类企业和为投资不动产设立的项目公司外，保险集团公司对其他单一非金融类企业的持股比例不得超过25%，或不得对该企业有重大影响。

第十九条 保险集团公司及其金融类子公司对境内非金融类企业重大股权投资的账面余额，合计不得超过集团上一年末合并净资产的10%。

纳入前款计算范围的非金融类企业是指保险集团公司及其金融类子公司在境内投资的首层级非金融类企业。

本条规定的非金融类企业，不包括保险集团公司及其金融类子公司为投资不动产设立的项目公司，以及本办法第五十六条第一款第（一）项规定的主要为保险集团提供服务的共享服务类子公司。

第二十条 保险集团公司可进行境外投资。

保险集团公司及其境内子公司对境外主体重大股权投资的账面余额，合计不得超过集团上一年末合并净资产的10%。

纳入前款计算范围的境外主体是指保险集团公司及其境内子公司在境外投资的首层级境外主体。

保险集团公司及其境内子公司投资单一境外非金融主体的账面余额不得超过集团上一年末合并净资产的5%。

本条规定的境外主体不包括保险集团公司及其境内金融类子公司为投资不动产设立的项目公司。

第四章 公司治理

第二十一条 保险集团公司应当按照法律、行政法规及其他监管规定的要求，建立符合下列要求的公司治理框架：

（一）覆盖集团所有成员公司；

（二）覆盖集团所有重要事项；

（三）恰当地识别和平衡各成员公司与集团整体之间以及各成员公司之间的利益冲突。

治理框架应关注的内容包括但不限于：

（一）规范的治理结构；

（二）股权结构和管理结构的适当性；

（三）清晰的职责边界；

（四）主要股东的财务稳健性；

（五）科学的发展战略、价值准则与良好的社会责任；

（六）有效的风险管理与内部控制；

（七）合理的激励约束机制；

（八）完善的信息披露制度。

第二十二条 保险集团公司应当尊重子公司及其他成员公司独立法人经营自主权，统筹管理集团人力资源、财务会计、数据治理、信息系统、资金运用、品牌文化等事项，加强集团内部的业务协同和资源共享，建立覆盖集团整体的风险管理、内控合规和内部审计体系，提高集团整体运营效率和风险防范能力。

第二十三条 保险集团公司对子公司履行管理职能过程中，不得滥用其控制地位或采取其他不正当措施，损害子公司及其他利益相关者的合法权益。

第二十四条 保险集团公司应当组织制定集团整体战略规划，定期对战略规划执行情况进行评估，根据发展实际和外部环境变化调整和完善战略规划。

保险集团公司应当根据集团整体战略规划，指导子公司制定发展战略和经营计划。保险集团公司应当设立或指定相应职能部门，定期监控、评估子公司发展战略和经营计划的执行情况并提出管理意见，确保集团整体目标和子公司责任目标的实现。

第二十五条 保险集团公司应当根据自身管理需要，合理确定董事会规模及成员构成。

第二十六条 保险集团公司董事会应当根据相关监管要求及实际情况设立专门委员会，行使审计、提名薪酬管理、战略管理、风险管理以及关联交易管理等职能。

第二十七条 保险集团公司应当根据集团整体战略规划和子公司管理需求，按照合规、精简、高效的原则，指导子公司建立规范的公司治理结构。

子公司为上市公司的，公司治理应当符合上市规则及上市公司监管要求。

第二十八条 保险集团公司在依法推进本公司股东（大）会、董事会、监事会良好运作的同时，应当加强对子公司不同层级、不同类别会议的决策支持和组织管理。

保险集团公司应当设立或指定相应的职能部门，为其派驻子公司董事、监事履职提供支持和服务。子公司董事、监事对其在董事会或监事会的履职行为依法承担责任。

第二十九条 保险集团公司满足下列条件的，经向银保监会备案后，可以豁免其下属保险子公司适用关于独立董事、董事会专门委员会等方面的监管要求：

（一）保险集团公司治理结构健全、公司治理机制运行有效，并已根据相关监管规定建立独立董事和董事会专门委员会制度；

（二）保险集团公司已对保险子公司建立有效的管控机制。

获得前款豁免的保险子公司出现公司治理机制失灵、公司治理缺陷等情形的，银保监会可视情况撤销豁免。

第三十条 保险集团公司应当具有简明、清晰、可穿透的股权结构。

保险集团应当建立与其战略规划、风险状况和管理能力相适应的组织架构和管理结构，实现保险集团公司与其下属成员公司股权控制层级合理，组织架构清晰透明，管理结构明确。

第三十一条 保险集团公司与其金融类子公司之间的股权控制层级原则上不得超过三级，与其非金融类子公司之间的股权控制层级原则上不得超过四级。股权控制层级的计算，以保险集团公司本级为第一级。不开展业务、不实际运营的特殊目的实体以及为投资不动产设立的项目公司，可以不计算在上述股权控制层级之内。

第三十二条 保险集团成员公司之间原则上不得交叉持股，子公司及其他成员公司不得持有保险集团公司的股权。

第三十三条 保险集团公司高级管理人员原则上最多兼任一家保险子公司的高级管理人员。

子公司及其他成员公司高级管理人员原则上不得相互兼任。

第三十四条 保险集团公司应当建立健全覆盖全集团的董事、监事及高级管理人员履职评价体系。

保险集团公司应当建立与本集团发展战略、风险管理、整体效益、岗位职责、社会责任、企业文化相适应的科学合理的薪酬管理机制和绩效考核体系。

第三十五条 保险集团公司应当建立统一的内部审计制度，对集团及其成员公司财务收支、业务经营、内部控制、风险管理实施独立、客观的监督、评价和建议，指导和评估子公司的内部审计工作。

保险集团公司对内部审计实行集中化或垂直化管理的，子公司可以委托保险集团公司实施内部审计工作。

第五章 风险管理

第三十六条 保险集团公司应当整合集团风险管理资源，建立与集团战略目标、组织架构、业务模式相适应的全面风险管理体系以及科学有效的风险预警机制，有效识别、计量、评估、监测和控制集团总体风险。

保险集团风险包括但不限于：

（一）一般风险，包括保险风险、信用风险、市场风险、流动性风险、操作风险、声誉风险、战略风险等；

（二）特有风险，包括风险传染、组织结构不透明风险、集中度风险、非保险领域风险等。

第三十七条 保险集团公司应当设立独立于业务部门的风险管理部门，负责集团全面风险管理体系的制定和实施，并要求各业务条线、子公司及其他成员公司在集团整体风险偏好和风险管理政策框架下，制定自身的风险管理政策，促进保险集团风险管理的一致性和有效性。

第三十八条 保险集团公司应当制定集团层面的风险偏好体系，明确集团在实现其战略目标过程中愿意并能够承担的风险水平，确定风险管理目标，以及集团对各类风险的风险容忍度和风险限额。

风险偏好体系应当经董事会批准后实施，并每年进行审查、修订和完善。

第三十九条 保险集团公司应当根据集团整体的发展战略和风险偏好，对各类风险指标和风险限额进行分配，建立超限额处置机制。子公司及其他成员公司风险偏好、风险容忍度和风险限额应当与集团风险偏好、风险容忍度和风险限额相协调。

保险集团公司应当对集团整体、子公司及其他成员公司的风险管理制度执行情况进行监测，必要时可基于集团风险限额要求各成员公司对风险限额进行调整。

第四十条 保险集团公司应当建立满足集团风险管理需要的信息系统，确保能够准确、全面、及时地获取集团风险管理相关信息，对各类风险进行定性、定量分析，有效识别、评估和监测集团整体风险状况。

第四十一条 保险集团公司应当在并表基础上管理集团集中度风险，建立和完善集中度风险管理的政策、程序和方法，以识别、计量、监测和防范集团整体以及各成员公司的不同类型的集中度风险。

保险集团集中度风险，是指成员公司单个风险或风险组合在集团层面聚合后，可能直接或间接威胁到集团偿付能力的风险；包括但不限于交易对手集中度风险、保险业务集中度风险、非保险业务集中度风险、投资资产集中度风险、行业集中度风险、地区集中度风险等。

第四十二条 保险集团公司应当建立和完善集团内部资金管理、业务运营、信息管理以及人员管理等方面的防火墙制度，防范保险集团成员公司之间的风险传递。

保险集团成员公司之间开展业务协同的，应当依法以合同等形式明确风险承担主体，防止风险责任不清、交叉传染及利益冲突。

第四十三条 保险集团公司应当建立监测、报告、控制和处理整个保险集团关联交易和内部交易的政策与程序，防范可能产生的不当利益输送、风险延迟暴露、监管套利、风险传染和其他对保险集团稳健经营的负面影响。

保险集团的内部交易应当遵守银保监会对于关联交易、内部交易的相关规定。

第四十四条 保险集团公司应当加强集团对外担保的统筹管理，明确对外担保的条件、额度及审批程序。

保险集团公司只能对其保险子公司提供担保，且保险集团公司及其子公司对外担保的余额不得超过本公司上一年度末净资产的10%。

第四十五条 保险集团公司应当建立与其风险相适应的压力测试体系，定期对集团整体的流动性、偿付能力等开展压力测试，将测试结果应用于制定经营管理决策、应急预案以及恢复和处置计划。

第四十六条 保险集团公司应当加强集团客户信息安全保护，指导和督促子公司及其他成员公司按照合法、正当、必要的原则，依法开展客户信息收集、传输、存储、使用和共享，严格履行信息保护义务。

第六章 资本管理

第四十七条 保险集团公司应当建立健全覆盖整个集团的资本管理体系，包括资本规划机制、资本充足评估机制、资本约束机制以及资本补充机制，确保资本与资产规模、业务复杂程度和风险特征相适应，并能够充分覆盖集团面临的各类风险。

第四十八条 保险集团公司应当根据公司发展战略目标、行业情况和国家有关规定，有针对性地制定保险集团公司及其金融类子公司至少未来3年的资本规划，并保证资本规划的可行性。

第四十九条 保险集团公司应当根据集团的发展战略、经营规划和风险偏好，设定恰当的资本充足目标。

保险集团公司及其金融类子公司应当建立与其自身风险特征、经营环境相适应的资本充足评估机制，定期评估资本状况，确保保险集团公司及其保险子公司满足偿付能力监管要求，非保险类金融子公司的资本状况持续符合金融监管部门规定，并将非金融类子公司资产负债比率保持在合理水平，实现集团安全稳健运行。

第五十条 保险集团公司应当在集团内部建立资本约束机制，指导子公司及其他成员公司在制定发展战略与经营规划、设计产品、资金运用等方面，严格遵守资本约束指标，注重审慎经营，强化风险管理。

保险集团公司应当加强资产负债管理，保持债务规模和期限结构合理适当，保持资产结构和负债结构合理匹配。

第五十一条 保险集团公司应当建立与子公司及其他成员公司发展战略和经营规划相适应的资本补充机制，通过加强业务管理、提高内部盈利能力、股权或者债权融资等方式保持集团的资本充足，并加强现金流管理，履行对子公司及其他成员公司的出资义务。

第五十二条 保险集团公司可以根据法律、行政法规及其他监管规定发行符合条件的资本工具，但应当严格控制双重杠杆比率。保险集团公司的双重杠杆比率不得高于银保监会的相关要求。

本办法所称双重杠杆比率，是指保险集团公司长期股权投资账面价值与所有者权益之比；账面价值是指账面余额扣除减值准备。

第七章 非保险子公司管理

第五十三条 本办法所称非保险子公司，是指保险集团公司及其保险子公司直接或间接控制的不属于本办法第十五条规定的保险类企业的境内外子公司。

第五十四条 保险集团公司及其保险子公司直接或间接投资非保险子公司，应当有利于优化集团资源配置、发挥协同效应、提升集团整体专业化水平和市场竞争能力，有效促进保险主业发展。

本章所称直接投资，是指保险集团公司及其保险子公司以出资人名义投资并持有非保险子公司股权的行为；所称间接投资，是指保险集团公司及其保险子公司的各级非保险子公司以出资人名义投资并持有其他非保险子公司股权的行为。

投资非保险子公司，应当遵循实质重于形式的原则。实质上由保险集团公司或其保险子公司开展的投资，不得违规通过非保险子公司以间接投资的形式规避监管。

第五十五条 保险集团公司应当建立健全完善的内部管理制度，明确对非保险子公司管理的权限、流程和责任，落实对非保险子公司管理的主体责任。

第五十六条 保险集团公司可以直接或间接投资非保险子公司，具体类型包括：

（一）主要为保险集团成员公司提供信息技术服务、审计、保单管理、巨灾管理、物业等服务和管理的共享服务类子公司；

（二）根据银保监会关于保险资金运用的监管规定开展重大股权投资设立的其他非保险子公司；

（三）法律、行政法规及银保监会规定的其他类子公司。

第五十七条　保险集团公司直接投资共享服务类非保险子公司的，应当符合下列条件：

（一）公司治理机制健全、运行良好；

（二）上期末综合偿付能力充足率在150%以上，核心偿付能力充足率在75%以上；

（三）使用自有资金投资，资金来源符合法律、行政法规及监管规定要求；

（四）拟投资的共享服务类非保险子公司主要为该保险集团提供共享服务；

（五）银保监会关于重大股权投资的监管规定。

保险集团公司不得间接投资共享服务类非保险子公司。

第五十八条　保险集团公司投资共享服务类非保险子公司，应当报银保监会审批，并提供下列材料：

（一）银保监会相关监管规定要求的重大股权投资应当提交的材料；

（二）共享服务或管理的具体方案、风险隔离的制度安排以及保险消费者权益保护的有关措施等。

保险集团公司直接投资共享服务类之外的其他非保险子公司，应当按照银保监会重大股权投资的监管规定执行。

保险集团公司间接投资非保险子公司的，保险集团公司应当在发起人协议或投资协议签署之日起15个工作日内向银保监会报告。

第五十九条　保险集团公司及其保险子公司直接投资非保险子公司，应符合法律、行政法规、监管规定及其公司章程规定的内部决策程序，经其股东（大）会、董事会或其授权机构审批通过。

间接投资非保险子公司的，应当向保险集团公司或其保险子公司董事会报告。

第六十条　保险集团公司及其保险子公司应通过对直接控制的非保险子公司的管理，确保非保险子公司投资设立或收购的其他非保险子公司遵守本办法有关要求。

第六十一条　保险集团公司应当加强商标、字号管理，明确非保险成员公司使用本公司商标、字号的具体方式和权限等，避免声誉风险传递。

第六十二条　保险集团公司及其保险子公司不得为非保险子公司的债务提供担保，不得向非保险子公司提供借款，银保监会另有规定的除外。

第六十三条 保险集团公司及其保险子公司不能以对被投资企业债务承担连带责任的方式投资非保险子公司。

保险集团公司及其保险子公司认购非保险子公司股权或其发行的股票、债券等有价证券的，应当遵守银保监会关于保险资金运用等监管规定。

保险集团公司及其保险子公司就将来向非保险子公司增加投资或提供资本协助等作出承诺的，应当符合相关规定，并经其股东（大）会、董事会或其授权机构批准。

第六十四条 保险集团公司及其保险子公司应当建立外包管理制度，明确允许和禁止外包的范围、内容、形式、决策权限与程序、后续管理以及外包各方的权利义务与责任等。

本办法所称外包，是指保险集团公司及其保险子公司将原本由自身负责处理的某些业务活动或管理职能委托给非保险子公司或者集团外机构持续处理的行为。

第六十五条 保险集团公司及其保险子公司外包本公司业务或职能的，应当进行风险评估并经其董事会或董事会授权机构审议通过，确保提供外包服务的受托方具备良好稳定的财务状况、较高的技术实力和服务质量、完备的管理能力以及较强的应对突发事件能力。

保险集团公司及其保险子公司外包时，应当与受托方签署书面合同，明确外包内容、形式、服务价格、客户信息保密要求、各方权利义务以及违约责任等内容。外包过程中应加强对外包活动风险的监测，在年度风险评估中定期审查外包业务、职能的履行情况，进行风险敞口分析和其他风险评估，并向董事会报告。

保险集团公司及其保险子公司应当在外包合同签署前20个工作日向银保监会报告。银保监会根据该外包行为的风险状况，可以采取风险提示、约见谈话、监管质询等措施。

第六十六条 保险集团公司应当于每年4月30日前向银保监会报送非保险子公司年度报告。报告应当包含下列内容：

（一）投资非保险子公司的总体情况，包括非保险子公司的数量、层级、业务分类及其经营情况、管控情况、重要内控和风险管理制度等；

（二）非保险子公司股权结构图，包括非保险子公司层级及计算情况、保险集团公司及其保险子公司直接或间接投资非保险子公司的股权比例等；

（三）非保险子公司主要高级管理人员基本信息；

（四）非保险子公司风险评估情况，包括重大关联交易和重大内部交易情况、外包管理情况、防火墙建设以及非金融类子公司的资产负债率情况等；

（五）保险集团持有非保险子公司股权变动情况及原因；

（六）银保监会要求的其他事项。

保险集团所属非保险子公司年度报告，由保险集团公司统一报送。

第八章 信息披露

第六十七条 保险集团公司应当根据法律、行政法规及其他监管规定的要求，遵循完整、准确、及时、有效的原则，规范地披露信息。

第六十八条 保险集团公司除根据保险机构信息披露相关监管规定披露本公司基本情况外，还应当披露集团整体的基本情况，包括：

（一）保险集团公司与各级子公司之间的股权结构关系；

（二）非保险子公司名称、注册资本、实缴资本、股权结构、法定代表人等基本信息；

（三）银保监会规定的其他事项。

第六十九条 保险集团公司除根据保险机构信息披露相关监管规定披露本公司重大事项外，还应当披露集团发生的下列重大事项：

（一）对集团造成重大影响的风险事件；

（二）银保监会规定的其他事项。

第七十条 保险集团公司应当制作年度信息披露报告，除根据保险机构信息披露相关监管规定披露的本公司年度信息外，还应当至少包括下列内容：

（一）上一年度合并口径下的财务会计信息；

（二）上一年度的偿付能力信息；

（三）上一年度保险集团并表成员公司之间的重大内部交易，根据法律、行政法规及其他监管规定要求已由成员公司披露的除外；

（四）上一年度集团整体的风险管理状况；

（五）银保监会规定的其他事项。

第七十一条 保险集团公司应当将本公司及集团整体的基本情况、重大事项、年度信息披露报告登载于公司网站上。

基本情况发生变更的，保险集团公司应当自变更之日起 10 个工作日内更新。

发生重大事项的，保险集团公司应当自事项发生之日起 15 个工作日内发布临时信息披露公告。

年度信息披露报告应当在每年 4 月 30 日前发布，银保监会另有规定的从其规定。

偿付能力相关信息披露按照保险公司偿付能力监管规则有关要求执行。

第七十二条 上市保险集团公司按照上市公司信息披露要求已披露的相关信息，可不再重复披露。

第九章 监督管理

第七十三条 银保监会在单一法人监管的基础上，对保险集团的资本、财务以及风险进行全面和持续的并表监管，识别、计量、监控和评估保险集团的总体风险。

银保监会基于并表监管，可采取直接或间接监管方式，依法通过保险集团公司或其他受监管的成员公司，全面监测保险集团所有成员公司的风险，必要时可采取相应措施。

金融管理部门依法按照金融监管职责分工，对保险集团公司及其金融类成员公司实施监管。

第七十四条 银保监会遵循实质重于形式的原则，以控制为基础，兼顾风险相关性，确定保险集团的并表监管范围。

第七十五条 保险集团公司及其子公司应当纳入并表监管范围。

除前款规定的情形外，保险集团公司投资的下列机构，应当纳入并表监管的范围：

（一）被投资机构所产生的风险或造成的损失足以对保险集团的财务状况及风险水平造成重大影响；

（二）通过境内外附属机构、空壳公司等复杂股权设计成立的，保险集团实际控制或对该机构的经营管理存在重大影响的其他被投资机构。

第七十六条 银保监会有权根据保险集团公司股权结构变动、风险类别及风险状况，确定和调整并表监管范围并提出监管要求。

保险集团公司应当向银保监会报告并表范围及管理情况。

第七十七条 银保监会可以要求下列单位或者个人，在指定的期限内提供与保险集团公司经营管理和财务状况有关的资料、信息：

（一）保险集团成员公司；

（二）保险集团公司股东、实际控制人；

（三）保险集团公司董事、监事、高级管理人员；

（四）银保监会认为需要提供相关资料、信息的其他单位或个人。

银保监会可以建立与保险集团公司以及外部审计机构的三方会谈机制，了解保险集团在公司治理、风险防控和集团管控等方面的情况。

依据《保险法》和金融监管协调机制的有关规定，银保监会可以请保险集团成员公司的开户银行、指定商业银行、资产托管机构、证券交易所、证券登记结算机构等协助调查。

第七十八条 保险集团公司应当按照有关规定及时向银保监会报送财务报告、偿付能力报告、并表监管报告以及非保险子公司报告等有关报告和其他资料。

第七十九条 发生影响或可能影响保险集团公司经营管理、财务状况、风险控制、客户资产安全的重大事件，或者保险集团的组织架构、管理结构或股权结构等发生重大变化时，保险集团公司应立即向银保监会报送报告，说明起因、目前状态、可能产生的影响和拟采取的措施。

第八十条 保险集团公司的金融类子公司资本充足水平未能达到金融监管机构规定的，银保监会可以要求保险集团公司采取增资等方式保证其实现资本充足。保险集团公司不落实监管要求的，银保监会可以依法采取相应措施。

第八十一条 保险集团公司的保险子公司未达到金融监管机构规定的审慎监管要求，业务或财务状况显著恶化的，银保监会可以要求保险集团公司采取有效措施协助其恢复正常运营。

第八十二条 非保险子公司显著危及保险集团公司或其保险子公司安全经营的，银保监会可以要求保险集团公司进行整改。

第八十三条 保险集团公司及其子公司的股权投资范围、比例或股权控制层级不符合监管要求的，银保监会可依法采取相应措施。

第八十四条 银保监会可以基于审慎监管原则，要求保险集团公司对其偿付能力、流动性等风险开展覆盖全集团的压力测试，并根据压力测试结果采取相应措施。

第八十五条 银保监会可以根据保险集团的资产规模、业务复杂程度以及风险状况等要求保险集团公司制定恢复和处置计划。恢复计划应当确保面对危机时保险集团重要业务的可持续性；处置计划应当避免保险集团经营中断对行业造成负面影响，并最大程度降低对公共资本的消耗。

第八十六条 银保监会与境内其他监管机构相互配合，共享监督管理信息，协调监管政策和监管措施，有效监管保险集团成员公司，避免监管真空和重复监管。

银保监会可以与境外监管机构以签订跨境合作协议或其他形式开展监管合作，加强跨境监管协调及信息共享，对跨境运营的保险集团实施有效的监管。

第十章 附 则

第八十七条 保险集团公司的合并、分立、变更、解散、业务，以及相关人员任职资格等事项的监督管理，参照银保监会关于保险公司相关规定执行。

第八十八条 外国保险公司或外国保险集团公司作为中国境内保险公司股东设立保险集团公司的，适用本办法。《外资保险公司管理条例》及其实施细则有特殊规定的，从其规定。

对其他保险类企业具有直接或间接控制权，但名称中不带有“保险集团”或“保险控股”字样的保险公司，参照适用本办法，第二十九条第一款不适用。

被认定为系统重要性金融机构的保险集团，有特殊监管规定的，从其规定。

第八十九条 保险公司直接或间接投资设立的非保险子公司的管理，参照适用本办法关于非保险子公司的规定。

除保险集团成员公司分支机构外，保险集团所属非法人组织，参照适用本办法关于保险集团成员公司的规定。

第九十条 本办法所称控制，是指存在下列情况之一：

（一）投资人直接或间接取得被投资企业过半数有表决权股份；

（二）投资人通过与其他投资人签订协议或其他安排，实质拥有被投资企业过半数表决权；

（三）按照法律规定或协议约定，投资人具有实际支配被投资企业行为的权力；

（四）投资人有权任免被投资企业董事会或其他类似权力机构的过半数成员；

（五）投资人在被投资企业董事会或其他类似权力机构具有过半数表决权；

（六）其他属于控制的情形，包括按照《企业会计准则第33号——合并财务报表》构成控制的情形。

两个或两个以上投资人均有资格单独主导被投资企业不同方面的决策、经营和管理等活动时，能够主导对被投资企业回报产生最重大影响的活动的一方，视为对被投资企业形成控制。

第九十一条 本办法所称“以上”“至少”“不低于”均包含本数，“超过”不含本数。

第九十二条 本办法由银保监会解释。

第九十三条 本办法自公布之日起施行。原中国保险监督管理委员会发布的《保险集团公司管理办法（试行）》（保监发〔2010〕29号）同时废止。《保险集团并表监管指引》（保监发〔2014〕96号）规定与本办法不一致的，以本办法为准。

保险资产管理公司管理规定

1. 2022年7月28日中国银行保险监督管理委员会令2022年第2号公布
2. 自2022年9月1日起施行

第一章 总 则

第一条 为加强对保险资产管理公司的监督管理，规范保险资产管理公司行为，保护投资者合法权益，防范经营风险，根据《中华人民共和国保险法》（以下简称《保险法》）、《中华人民共和国公司法》（以下简称《公司法》）等法律法规及《中国人民银行 中国银行保险监督管理委员会 中国证券监督管理委员会 国家外汇管理局关于规范金融机构资产管理业务的指导意见》（银发〔2018〕106号），制定本规定。

第二条 保险资产管理公司是指经中国银行保险监督管理委员会（以下简称银保监会）批准，在中华人民共和国境内设立，通过接受保险集团（控股）公司和保险公司等合格投资者委托、发行保险资产管理产品等方式，以实现资产长期保值增值为目的，开展资产管理业务及国务院金融管理部门允许的其他业务的金融机构。

第三条 保险资产管理公司应当诚实守信、勤勉尽责，严格遵守投资者适当性管理要求，稳健审慎开展业务经营，维护投资者合法权益，不得损害国家利益和社会公共利益。

第四条 银保监会依法对保险资产管理公司及其业务活动实施监督管理。

第二章 设立、变更和终止

第五条 保险资产管理公司应当采取下列组织形式：

（一）有限责任公司；

（二）股份有限公司。

第六条 保险资产管理公司名称一般为“字号+保险资产管理+组织形式”。未经银保监会批准，任何单位不得在其名称中使用“保险资产管理”字样。

第七条 保险资产管理公司应当具备下列条件：

（一）具有符合《公司法》和银保监会规定的公司章程；

（二）具有符合规定条件的股东；

（三）境内外保险集团（控股）公司、保险公司合计持股比例超过50%；

（四）具有符合本规定要求的最低注册资本；

（五）具有符合规定条件的董事、监事和高级管理人员，配备从事研究、投资、运营、风险管理等资产管理相关业务的专业人员；

（六）建立有效的公司治理、内部控制和风险管理体系，具备从事资产管理业务需要的信息系统，具备保障信息系统有效安全运行的技术与措施；

（七）具有与业务经营相适应的营业场所、安全防范措施和其他设施；

（八）银保监会规定的其他审慎性条件。

第八条 保险资产管理公司股东应当为境内保险集团（控股）公司、保险公司、其他金融机构、非金融企业，境外保险集团（控股）公司、保险公司、资产管理机构等。

保险资产管理公司开展股权激励或员工持股计划的，相关持股主体另有规定的从其规定。

第九条 保险资产管理公司股东应当具备下列条件：

（一）具有良好的公司治理结构和内部控制机制；

（二）具有良好的社会声誉、诚信记录和纳税记录；

（三）经营管理状况良好，最近2年内无重大违法违规经营记录；

（四）入股资金为自有资金，不得以债务资金、委托资金等非自有资金入股；

（五）非金融企业作为股东的，应当符合国家有关部门关于非金融企业投资金融机构的相关要求；

（六）境外机构作为股东的，应当符合所在国家或地区有关法律法规和监管规定，其所在国家或地区金融监管当局已经与国务院金融监督管理部门建立良好的监督管理合作机制；

（七）银保监会规定的其他审慎性条件。

第十条 保险资产管理公司的主要发起人应当为保险集团（控股）公司或保险公司。主要发起人除满足本规定第九条规定的条件外，还应当具备下列条件：

（一）持续经营5年以上；

（二）最近3年内无重大违法违规经营记录；

（三）财务状况良好，最近3个会计年度连续盈利；

（四）主要发起人与保险资产管理公司的其他保险公司股东最近1年末

总资产合计不低于500亿元人民币或等值可自由兑换货币；

（五）最近四个季度综合偿付能力充足率均不低于150%；

（六）银保监会规定的其他审慎性条件。

第十一条 任何单位和个人不得委托他人或接受他人委托持有保险资产管理公司股权，银保监会另有规定的除外。

第十二条 保险资产管理公司主要发起人、控股股东及实际控制人应当秉持长期投资理念，书面承诺持有保险资产管理公司股权不少于5年，持股期间不得将所持有的股权进行质押或设立信托，银保监会另有规定的除外。

第十三条 存在以下情形之一的企业，不得作为保险资产管理公司的股东：

（一）股权结构不清晰，不能逐层穿透至最终权益持有人；

（二）公司治理存在明显缺陷；

（三）关联企业众多，关联交易频繁且异常；

（四）核心主业不突出或经营范围涉及行业过多；

（五）现金流量波动受经济景气影响较大；

（六）资产负债率、财务杠杆率明显高于行业平均水平；

（七）其他可能对保险资产管理公司产生重大不利影响的情况。

第十四条 保险资产管理公司的注册资本应当为实缴货币资本，最低限额为1亿元人民币或者等值可自由兑换货币。

银保监会根据审慎监管的需要，可以调整保险资产管理公司注册资本的最低限额，但不得低于前款规定的限额。

第十五条 同一投资人及其关联方、一致行动人投资入股保险资产管理公司的数量不得超过2家，其中，直接、间接、共同控制的保险资产管理公司的数量不得超过1家，经银保监会批准的除外。

第十六条 设立保险资产管理公司，主要发起人应当向银保监会提出书面申请，并提交下列材料：

（一）设立申请书；

（二）拟设公司的可行性研究报告、发展规划、筹建方案以及出资资金来源说明；

（三）股东的基本资料，包括股东名称、法定代表人、组织形式、注册资本、经营范围、资格证明文件以及经会计师事务所审计的最近3年资产负债表和损益表等；

（四）拟设公司的筹备负责人名单和简历；

（五）出资人出资意向书或者股份认购协议；

（六）股东为金融机构的，应当提交所在行业监管机构出具的监管意见；

（七）银保监会规定的其他材料。

第十七条 对设立保险资产管理公司的申请，银保监会应当自收到完整的申请材料之日起 3 个月内作出批准或者不批准筹建的决定。决定不予批准的，应当书面通知申请人并说明理由。

第十八条 申请人应当自收到银保监会批准筹建文件之日起 6 个月内完成筹建工作。在规定的期限内未完成筹建工作的，经申请人申请、银保监会批准，筹建期可延长 3 个月。筹建期满仍未完成筹建工作的，原批准筹建文件自动失效。

筹建机构在筹建期间不得从事任何经营业务活动。

第十九条 筹建工作完成后，主要发起人应当向银保监会提出开业申请，并提交下列材料：

（一）开业申请报告；

（二）法定验资机构出具的验资证明，资本金入账凭证复印件；

（三）拟任董事、监事、高级管理人员的任职资格申请材料；

（四）营业场所的所有权或者使用权证明文件；

（五）公司章程和内部管理制度；

（六）信息管理系统、资金运用交易设备和安全防范设施的资料；

（七）受托管理资金及相关投资管理能力证明材料；

（八）银保监会规定的其他材料。

第二十条 银保监会应当自收到完整的保险资产管理公司开业申请材料之日起 60 个工作日内，作出核准或者不予核准的决定。决定核准的，颁发业务许可证；决定不予核准的，应当书面通知申请人并说明理由。

第二十一条 保险资产管理公司设立分支机构，应当向银保监会提出申请，并提交下列材料：

（一）设立申请书；

（二）拟设机构的业务范围和可行性研究报告；

（三）拟设机构筹建负责人的简历及相关证明材料；

（四）银保监会规定的其他材料。

保险资产管理公司申请设立分支机构，由银保监会按有关规定受理、审查并作出决定。

第二十二条 保险资产管理公司可以投资设立理财、公募基金、私募基金、不动产、基础设施等从事资产管理业务或与资产管理业务相关的子公司。

保险资产管理公司投资设立子公司的，应当向银保监会提出申请，并具备以下条件：

（一）开业3年以上；

（二）最近3年内无重大违法违规经营记录；

（三）最近1年末经审计的净资产不低于1亿元，已建立风险准备金制度；

（四）最近2年监管评级均达到B类以上；

（五）使用自有资金出资，投资金额累计不超过经审计的上一年度净资产的50%；

（六）银保监会规定的其他条件。

保险资产管理公司投资设立子公司，由银保监会按照保险资金重大股权投资有关规定受理、审查并作出决定。

第二十三条 保险资产管理公司应当严格控制、合理规划分支机构和子公司的设立，避免同业竞争及重复投入。

第二十四条 保险资产管理公司有下列情形之一的，应当报银保监会批准：

（一）变更公司名称；

（二）变更注册资本；

（三）变更组织形式；

（四）变更出资额占有限责任公司资本总额5%以上的股东，或者变更持股占股份有限公司总股本5%以上的股东；

（五）调整业务范围；

（六）变更公司住所或营业场所；

（七）修改公司章程；

（八）合并或分立；

（九）撤销分支机构；

（十）银保监会规定的其他事项。

第二十五条 保险资产管理公司董事、监事、高级管理人员应当在任职前取得银保监会核准的任职资格。

银保监会可以对保险资产管理公司拟任董事、监事和高级管理人员进行任职谈话。

第二十六条 保险资产管理公司董事、监事应当具有大学本科以上学历以及履行职务必需的知识、经验与能力，具备5年以上与履行职责相适应的工作经历。其中，董事长应当具有10年以上金融从业经验。

第二十七条 本规定所称保险资产管理公司高级管理人员，是指对保险资产管理公司的经营管理活动和风险管理具有决策权或者重大影响的下列人员：总经理、副总经理、首席风险管理执行官以及实际履行上述职务的其他人员。

保险资产管理公司高级管理人员应当具备下列条件：

（一）大学本科以上学历；

（二）10年以上金融从业经历；

（三）品行良好，熟悉与保险资产管理业务相关的法律法规及监管规定，具有履行职责所需要的经营管理能力；

（四）银保监会规定的其他条件。

第二十八条 保险资产管理公司申请核准董事、监事和高级管理人员任职资格的，应当向银保监会提交下列申请材料：

（一）任职资格核准申请文件及任职资格申请表；

（二）拟任董事、监事或者高级管理人员的身份证件、学历学位证书、劳动合同、接受反洗钱培训和履行反洗钱义务相关材料、关联关系说明、个人征信报告等复印件或证明文件；

（三）最近三年曾任金融机构董事长、高级管理人员或其他重要管理职务的，应当提交其最近一次离任审计报告或经济责任审计报告；

（四）公司相关会议决策文件；

（五）银保监会规定的其他材料。

第二十九条 保险资产管理公司拟任董事、监事、高级管理人员有下列情形之一的，银保监会不予核准其任职资格：

（一）依据《公司法》等法律法规、监管规定，不得担任董事、监事、高级管理人员的情形；

（二）最近3年内因重大违法违规行为受到行政处罚，或涉嫌重大违法违规正在接受有关部门立案调查，尚未作出结论；

（三）被国务院金融监督管理部门取消、撤销任职资格或采取市场禁入措施的，自被取消、撤销任职资格或禁入期满未逾5年；

（四）因违法违规或违纪行为被吊销执业资格的律师、注册会计师或者资产评估机构、验证机构等机构的专业人员，自被吊销执业资格之日起未逾5年；

（五）因严重失信行为被国家有关单位确定为失信联合惩戒对象且应当受到相应惩戒，或者最近5年内具有其他严重失信不良记录；

（六）因违法违规或违纪行为被国家机关开除公职；

（七）因犯破坏金融管理秩序罪被判处刑事处罚，或因其他罪名被判处刑事处罚执行期满未逾5年；

（八）银保监会规定的其他情形。

第三十条 保险资产管理公司应当自高级管理人员任职任命决定作出之日起10个工作日内向银保监会提交任职报告文件、任命文件复印件等材料。

第三十一条 保险资产管理公司高级管理人员不能履职或缺位时，公司可以指定临时负责人，并及时向银保监会报告。临时负责人履职时间原则上不得超过6个月。

第三十二条 保险资产管理公司董事、监事或者高级管理人员有下列情形之一的，其任职资格自动失效：

（一）获得任职资格核准后，超过2个月未实际到任履职，且未提供正当理由；

（二）从核准任职资格的岗位离职；

（三）受到禁止进入保险业的行政处罚；

（四）被判处刑罚；

（五）有关法律法规规定及银保监会认定的其他情形。

第三十三条 保险资产管理公司有下列情形之一的，经银保监会批准后可以解散：

（一）公司章程规定的营业期限届满或者公司章程规定的其他解散事由出现；

（二）股东会或股东大会决议解散；

（三）因公司合并或者分立需要解散；

（四）依法被吊销业务许可证、营业执照、责令关闭或者被撤销；

（五）其他法定事由。

第三十四条 保险资产管理公司不得将受托管理资产和所管理的保险资产管理产品资产归入其自有财产。因解散、依法被撤销或者被宣告破产等原因进行清算的，其受托管理资产和所管理的保险资产管理产品资产不属于清算财产。

第三十五条 保险资产管理公司因解散、依法被撤销或被宣告破产而终止的，其清算事宜按照国家有关法律法规办理。

第三章 公司治理

第三十六条 保险资产管理公司应当建立组织机构健全、职责分工清晰、制衡监督有效、激励约束合理的公司治理结构，保持公司独立规范运作，维护投资者的合法权益。

第三十七条 保险资产管理公司的股东应当履行法定义务，依法行使对保险资产管理公司的股东权利。保险资产管理公司的股东及其实际控制人不得有以下行为：

（一）虚假出资、抽逃或者变相抽逃出资；

（二）以任何形式占有或者转移保险资产管理公司资产；

（三）在资产管理等业务活动中要求保险资产管理公司为其提供配合，损害投资者和其他当事人的合法权益；

（四）通过任何方式隐瞒关联关系，隐瞒提供或虚假提供关联方信息；

（五）与保险资产管理公司管理的资产进行不当交易，要求保险资产管理公司利用管理的资产为自己或他人牟取利益；

（六）其他利用股东地位损害投资者、保险资产管理公司及其他利益相关方合法权益的行为；

（七）国家有关法律法规及监管机构禁止的其他行为。

第三十八条 保险资产管理公司股东（大）会职权范围和议事规则应当清晰明确。保险资产管理公司的股东及其实际控制人应当通过股东（大）会依法行使权利，不得越过股东（大）会、董事会任免保险资产管理公司的董事、监事、高级管理人员，或者直接干预保险资产管理公司的经营管理和投资运作。

第三十九条 保险资产管理公司应当建立与股东之间有效的风险隔离机制以及业务和客户关键信息隔离制度，通过隔离资金、业务、管理、人员、系统、营业场所和信息等措施，防范风险传染、内幕交易、利益冲突和利益输送，防范利用未公开信息交易等违法违规行为。

第四十条 保险资产管理公司的公司章程应当明确董事会职权范围和议事规则。董事会应当按照法律法规、监管规定和公司章程等要求，制定公司总体战略和基本管理制度并监督实施，决策公司重大事项，监督评价经营管理人员的履职情况。董事会对公司的合规管理和风险管控有效性承担最终责任。

董事会对经营管理人员的考核，应当包括长期业绩、合规和风险管理等内容，不得以短期业务规模和盈利增长为主要考核标准。

董事会和董事长不得越权干预经营管理人员的具体经营活动。

第四十一条 保险资产管理公司应当根据监管规定和实际需要，在董事会下设置从事合规风控、审计、关联交易管理、提名薪酬和考核等事务的专门委员会，并在公司章程中明确规定各专门委员会的成员构成及职权。

董事会应当制定各专门委员会的工作程序等制度。各专门委员会应当定期向董事会报告工作，形成书面工作报告，以备查阅。

第四十二条 保险资产管理公司应当按规定建立健全独立董事制度，独立董事人数原则上不得少于董事会人数的1/3。

独立董事应当独立于保险资产管理公司及其股东，以维护投资者和公司合法权益为出发点，勤勉尽责，依法对受托资产管理和公司运作的重大事项独立作出客观、公正的专业判断。

独立董事发现公司存在合规问题或重大风险隐患，应当及时告知董事会，并按规定向银保监会报告。

第四十三条 保险资产管理公司监事会或监事应当加强对公司财务状况和董事会、高级管理人员履职尽责情况的监督，但不得越权干预经营管理人员的具体经营活动。

保险资产管理公司设立监事会的，监事会成员应当包括股东代表和公司职工代表，其中职工代表的比例不得少于监事会人数的1/3。

第四十四条 保险资产管理公司的总经理负责公司的经营管理。

保险资产管理公司的高级管理人员及其他工作人员应当坚持稳健经营理念，忠实、勤勉地履行职责，不得为股东、本人或者他人谋取不正当利益。

第四十五条 保险资产管理公司应当设立首席风险管理执行官。首席风险管理执行官不得主管投资管理。

首席风险管理执行官负责组织和领导保险资产管理公司风险管理工作，履职范围包括所有公司运作和业务环节的风险管理，独立向董事会、银保监会报告有关情况，提出防范和化解公司重大风险建议。

保险资产管理公司更换首席风险管理执行官，应当于更换前至少5个工作日，向银保监会书面报告更换理由，以及首席风险管理执行官的履职情况。

第四十六条 保险资产管理公司应当加强对董事、监事和高级管理人员的兼职管理，确保相关人员履职时间与履职责任相匹配，防止不履职、不当履职和利益冲突。

保险资产管理公司的高级管理人员不得在其他营利性经营机构兼任高级管理人员。因经营管理需要在母公司、子公司任职，或因项目投资需要在被投资项目公司任职的，原则上只能兼任1家机构的高级管理人员。

第四十七条 保险资产管理公司应当建立健全与公司发展相适应的长效激励约束机制和薪酬递延机制。

第四章 业务规则

第四十八条 保险资产管理公司经营范围包括以下业务：

（一）受托管理保险资金及其形成的各种资产；

（二）受托管理其他资金及其形成的各种资产；

（三）管理运用自有人民币、外币资金；

（四）开展保险资产管理产品业务、资产证券化业务、保险私募基金业务等；

（五）开展投资咨询、投资顾问，以及提供与资产管理业务相关的运营、会计、风险管理等专业服务；

（六）银保监会批准的其他业务；

（七）国务院其他部门批准的业务。

前款第（二）项所述“其他资金”包括基本养老保险基金、社会保障基金、企业年金基金、职业年金基金等资金及其他具备相应风险识别和风险承受能力的境内外合格投资者的资金。

第四十九条 保险资产管理公司开展保险资产管理产品业务和投资管理活动，应当满足银保监会有关保险资产管理产品管理和投资管理能力的要求。

保险资产管理公司开展外汇资金运用业务和其他外汇业务，应当符合银保监会、中国人民银行和国家外汇管理局的相关规定。

第五十条 保险资产管理公司应当依据监管规定和合同约定，对受托管理的资产和保险资产管理产品资产进行投资管理和运作。

保险资产管理公司受托管理保险资金，可以列席保险公司资产负债匹配管理部门的有关会议。

第五十一条 保险资产管理公司自有资金运用应当遵循审慎稳健、风险分散、合法公平的原则，维护自有资金的安全性、流动性。

保险资产管理公司自有资金可以开展金融资产投资以及与资产管理业务相关的股权投资，可以购置自用性不动产。其中，持有现金、银行存款、政府债券、准政府债券、中央银行票据、政策性金融债券、公募基金、组合类保险资产管理产品等具有较高流动性资产的比例不得低于50%；投资于本公司发行的保险资产管理产品原则上不得超过单只产品净资产的50%；不得直接投资上市交易的股票、期货及其他衍生品。

保险资产管理公司运用自有资金，应当避免与公司及子公司管理的资产之间发生利益冲突，严禁任何形式的利益输送行为。

第五十二条 保险资产管理公司开展资产管理业务应当建立资产托管机制，并由委托人或保险资产管理公司聘任符合银保监会监管规定的商业银行或者其他专业机构作为托管人。

第五十三条 保险资产管理公司应当公平对待所管理的不同委托人和不同保险

资产管理产品的资产，分别记账并建立防范利益输送的隔离机制，防止可能出现的风险传递和利益冲突。

保险资产管理公司应当指定专门的投资管理人员单独管理公司的自有资金。

第五十四条 保险资产管理公司作为受托人管理运用、处分不同委托人和保险资产管理产品资产所产生的债权，不得与保险资产管理公司自有财产所产生的债务相互抵销。

保险资产管理公司作为受托人管理运用、处分不同委托人和保险资产管理产品资产所产生的债权债务，不得相互抵销。

保险资产管理公司与其他组织或者个人发生民事纠纷，其受托管理的资产和保险资产管理产品资产不得用于扣押、冻结、抵偿等。

第五十五条 保险资产管理公司开展资产管理业务应当与投资者及其他当事人签署书面合同。

第五十六条 保险资产管理公司依照合同约定取得资产管理费，资产管理费率应当依照公平、合理和市场化的原则确定。

第五十七条 保险资产管理公司不得有下列行为：

（一）提供担保；

（二）承诺受托管理资产或保险资产管理产品资产不受损失，或者保证最低收益；

（三）违规将受托管理的资产转委托；

（四）提供规避投资范围、杠杆约束等监管要求的通道服务；

（五）利用受托管理资产或保险资产管理产品资产等为他人牟取利益，或者为自己谋取合同约定报酬以外的其他利益；

（六）以获取非法利益或进行利益输送为目的，操纵自有财产、不同来源的受托管理资产、保险资产管理产品资产等互相交易或与股东进行资金运用交易；

（七）以资产管理费的名义或者其他方式与投资者合谋获取非法利益；

（八）国家有关法律法规及监管机构禁止的其他行为。

第五十八条 保险资产管理公司应当妥善保管受托管理资产、保险资产管理产品资产管理运用的完整记录及合同文本，保管期限自合同终止之日起不少于15年。

第五十九条 保险资产管理公司应当定期或者根据合同约定，向委托人报告受托管理资产的管理运用情况。

保险资产管理公司应当按照法律法规、银保监会相关规定及保险资产管理产品合同等约定，及时履行信息披露义务。

第六十条 保险资产管理公司应当建立和完善客户服务标准，加强销售管理，规范保险资产管理产品及业务宣传推介行为，不得有不正当销售或者不正当竞争的行为。

第六十一条 保险资产管理公司应当审慎经营，保持良好的财务状况，满足公司运营、业务发展和风险管理的需要。

保险资产管理公司年度财务报告应当经会计师事务所审计。

第六十二条 保险资产管理公司和托管人对受托管理资产及保险资产管理产品资产的管理运用情况和投资者信息等资料负有依法保密义务。

第五章 风险管理

第六十三条 保险资产管理公司应当建立全面风险管理体系。保险资产管理公司应当明确股东（大）会、董事会、监事会或监事、高级管理层、业务部门、风险管理部门和内部审计部门的风险管理职责分工，建立相互衔接、相互制衡、协调运转的风险管理组织架构。

第六十四条 保险资产管理公司应当设立独立的风险管理部门，并配备满足业务需要的风险管理人员、方法和系统。建立完善全面风险管理制度和机制，有效进行风险识别、评估、计量、监测、报告和风险处置，防范各类业务风险。

第六十五条 保险资产管理公司应当建立健全内部控制制度和内、外部审计制度，完善内部控制措施，提高内、外部审计有效性，持续提升业务经营、风险管理、内控合规水平。

保险资产管理公司应当按规定，每年至少开展一次对资产管理业务的内部审计，并将审计报告报送董事会。董事会应当针对内部审计发现的问题，督促经营管理层及时采取整改措施。内部审计部门应当跟踪检查整改措施的实施情况，并及时向董事会提交有关报告。

保险资产管理公司应当委托外部审计机构每年至少开展一次资产管理业务内部控制审计，针对外部审计发现的问题及时采取整改措施，并按规定向银保监会报告。

第六十六条 保险资产管理公司设立子公司的，应当依法依规对子公司的经营策略、风险管理、内控合规和审计工作进行指导、监督。

保险资产管理公司与其子公司之间，以及保险资产管理公司各子公司之间，应当建立隔离墙制度，防止可能出现的风险传递和利益冲突。

第六十七条 保险资产管理公司开展关联交易，应当遵守法律法规和银保监会相关规定，不得与关联方进行不正当交易和利益输送。

保险资产管理公司应当全面准确识别关联方，并定期对关联方清单进行检查更新。建立健全关联交易内部评估和决策审批机制，严格履行关联交易相关内部管理、信息披露和报告程序。

第六十八条 保险资产管理公司员工应当遵守法律法规及监管规定，恪守职业道德和行为规范。在公司任职期间，不得从事损害投资者和公司利益的证券交易及其他活动，不得利用职务之便为自己或他人谋取不当利益，不得进行利益输送。

保险资产管理公司应当建立证券投资相关从业人员证券交易行为管理制度，明确证券投资相关从业人员本人、配偶、利害关系人进行证券投资的申报、登记、审查、处置以及禁止性规定要求。

第六十九条 保险资产管理公司在开展受托管理资金业务和保险资产管理产品业务时，应当建立风险准备金制度。风险准备金主要用于弥补因保险资产管理公司违法违规、违反合同约定、操作失误或技术故障等给受托管理资产、保险资产管理产品资产等造成的损失。

保险资产管理公司应当将风险准备金计提情况纳入公司年度财务报告，按规定报送银保监会。

银保监会可以根据审慎监管的要求，提高保险资产管理公司风险准备金计提比例要求。

第七十条 保险资产管理公司应当加强信息化建设，具备从事资产管理业务所需要的投资决策、资金运用、风险管理、财务核算以及支持保险资产管理产品或账户单独管理、单独建账和单独核算等业务管理的信息系统；具备保障信息系统有效安全运行的技术与措施，具有与业务操作相关的安全保障措施。

第七十一条 保险资产管理公司应当建立重大突发事件应急处理机制，并指定相关部门具体负责突发事件的应急管理、信息报告等工作。

第六章 监督管理

第七十二条 银保监会根据有关规定对保险资产管理公司进行监管评级，并根据评级结果对保险资产管理公司在市场准入、监管措施等方面实施分类监管。

第七十三条 保险资产管理公司应当建立健全信息报送机制，按照法律法规和银保监会规定，向银保监会报送有关信息、资料。银保监会有权要求保险资产管理公司及其股东、实际控制人在指定的期限内提供有关信息、资料。

保险资产管理公司及其股东、实际控制人向银保监会报送或提供的信息、资料，必须及时、真实、准确、完整。

第七十四条 保险资产管理公司应当按照银保监会及所涉业务领域相关监管机构的要求，及时、真实、准确、完整地履行各项信息披露义务。

第七十五条 保险资产管理公司应当在以下事项发生之日起5个工作日内，按规定向银保监会报告：

（一）变更持股5%以下的股东或变更股东的持股比例不超过5%；

（二）公司股权被质押或解质押；

（三）股东及股东的实际控制人变更、名称变更、合并、分立、破产等可能导致所持保险资产管理公司股权发生变化的情况；

（四）在保险资产管理公司自有资金投资中，发生单项投资实际投资损失金额超过其上季度末净资产总额5%的投资损失；

（五）发生对保险资产管理公司净资产和实际经营造成重要影响或者判决其赔偿金额超过5000万元人民币的重大诉讼案件或仲裁案件；

（六）发生其他可能影响保险资产管理公司经营管理、财务状况、风险控制或者投资者资产安全的重大事件；

（七）银保监会要求报告的其他重大事项。

第七十六条 银保监会对保险资产管理公司的监督检查采取现场检查、现场调查与非现场监管相结合的方式。银保监会可以委托专业机构进行专项审计、评估或者出具法律意见，保险资产管理公司应当配合专业机构工作。

银保监会对保险资产管理公司进行现场检查、现场调查时，可以依法采取询问、查阅、复制等方式，保险资产管理公司应当予以配合。

银保监会认为保险资产管理公司可能存在下列情形之一的，可以要求其聘请专业机构进行专项审计、评估或者出具法律意见：

（一）公司信息披露和监管报告内容存在虚假记载、误导性陈述或者重大遗漏；

（二）违反法律法规及监管规定，造成受托管理资产或保险资产管理产品资产严重损失；

（三）银保监会认定的其他情形。

第七十七条 保险资产管理公司违反本规定要求，有下列情形之一的，银保监会可以对其采取监管谈话、出具警示函、责令限期整改等监管措施；逾期不改正或情节严重的，银保监会可以对其采取暂停新增相关业务，责令调整负有直接责任的董事、监事、高级管理人员等监管措施：

（一）公司治理不健全，部门或者岗位设置存在较大缺陷，董事、监事、高级管理人员及其他关键业务岗位人员缺位、未履行职责或存在未经批准实际履职情形的；

（二）业务规则不健全或者未有效执行，风险管理或者内部控制机制不完善；

（三）未按规定开展资金运用行为；

（四）其他不符合持续性经营规则要求或者出现其他经营风险的情形。

第七十八条 保险资产管理公司及其股东、实际控制人、董事、监事、高级管理人员等违反本规定及有关法律法规的，银保监会依据《保险法》及有关行政法规给予保险资产管理公司及相关责任人员行政处罚；涉嫌犯罪的，依法移送司法机关，追究其刑事责任。

第七十九条 银保监会建立保险资产管理行业市场准入违规档案，记录保险资产管理公司股东或实际控制人、董事、监事、高级管理人员等违法违规情况，依法对相关主体采取措施，并将相关情况向社会公布。

第八十条 会计师事务所、律师事务所、资产评估机构、信用评级机构等为保险资产管理公司提供中介服务的机构及其直接负责的主管人员和其他直接责任人员违反相关规定开展业务，银保监会应当记录其不良行为，并将有关情况通报其行业主管部门。相关机构出具不具有公信力的报告或者有其他不诚信行为的，自行为发生之日起五年内，银保监会对其再次出具的报告不予认可，并将相关情况向社会公布。情节严重的，银保监会可向相关部门移送线索材料，由主管部门依法给予行政处罚。

第八十一条 保险资产管理公司的净资产低于4000万元人民币，或者现金、银行存款、政府债券、准政府债券等可运用的流动资产低于2000万元人民币且低于公司上一会计年度营业支出的，银保监会可以要求其限期整改。整改完成前，保险资产管理公司不得新增受托管理保险资金和其他资金，不得新增保险资产管理产品业务。

第八十二条 中国保险资产管理业协会依据法律法规、银保监会规定和自律规则，对保险资产管理公司及其业务活动进行自律管理。

中国保险资产管理业协会开展活动，应当接受银保监会的指导和监督。

第七章 附 则

第八十三条 本规定所称“以上”均含本数。

第八十四条 本规定由银保监会负责解释。

第八十五条 本规定自2022年9月1日起施行，《保险资产管理公司管理暂行规定》（保监会令〔2004〕2号）、《关于调整〈保险资产管理公司管理暂行规定〉有关规定的通知》（保监发〔2011〕19号）、《关于保险资产管理公司有关事项的通知》（保监发〔2012〕90号）同时废止。

关于保险资产管理公司管理的有关规定，与本规定不一致的，以本规定为准。

保险公司股权管理办法

1. 2018年3月2日公布
2. 保监会令〔2018〕5号
3. 自2018年4月10日起施行

第一章 总 则

第一条 为了加强保险公司股权监管，规范保险公司股东行为，保护投保人、被保险人、受益人的合法权益，维护保险市场秩序，根据《中华人民共和国公司法》《中华人民共和国保险法》等法律、行政法规，制定本办法。

第二条 保险公司股权管理遵循以下原则：

（一）资质优良，关系清晰；

（二）结构合理，行为规范；

（三）公开透明，流转有序。

第三条 中国保险监督管理委员会（以下简称中国保监会）按照实质重于形式的原则，依法对保险公司股权实施穿透式监管和分类监管。

股权监管贯穿于以下环节：

（一）投资设立保险公司；

（二）变更保险公司注册资本；

（三）变更保险公司股权；

（四）保险公司上市；

（五）保险公司合并、分立；

（六）保险公司治理；

（七）保险公司风险处置或者破产清算。

第四条 根据持股比例、资质条件和对保险公司经营管理的影响，保险公司股东分为以下四类：

（一）财务Ⅰ类股东。是指持有保险公司股权不足百分之五的股东。

（二）财务Ⅱ类股东。是指持有保险公司股权百分之五以上，但不足百分之十五的股东。

（三）战略类股东。是指持有保险公司股权百分之十五以上，但不足三分之一的股东，或者其出资额、持有的股份所享有的表决权已足以对保险公司股东（大）会的决议产生重大影响的股东。

（四）控制类股东。是指持有保险公司股权三分之一以上，或者其出资额、持有的股份所享有的表决权已足以对保险公司股东（大）会的决议产生控制性影响的股东。

第五条　中国保监会鼓励具备风险管理、科技创新、健康管理、养老服务等专业能力的投资人投资保险业，促进保险公司转型升级和优化服务。

第二章　股东资质

第六条　符合本办法规定条件的以下投资人，可以成为保险公司股东：

（一）境内企业法人；

（二）境内有限合伙企业；

（三）境内事业单位、社会团体；

（四）境外金融机构。

事业单位和社会团体只能成为保险公司财务Ⅰ类股东，国务院另有规定的除外。

自然人只能通过购买上市保险公司股票成为保险公司财务Ⅰ类股东。中国保监会另有规定的除外。

第七条　资产管理计划、信托产品可以通过购买公开发行股票的方式投资上市保险公司。单一资产管理计划或者信托产品持有上市保险公司股票的比例不得超过该保险公司股本总额的百分之五。具有关联关系、委托同一或者关联机构投资保险公司的，投资比例合并计算。

第八条　财务Ⅰ类股东，应当具备以下条件：

（一）经营状况良好，有合理水平的营业收入；

（二）财务状况良好，最近一个会计年度盈利；

（三）纳税记录良好，最近三年内无偷漏税记录；

（四）诚信记录良好，最近三年内无重大失信行为记录；

（五）合规状况良好，最近三年内无重大违法违规记录；

（六）法律、行政法规以及中国保监会规定的其他条件。

第九条　财务Ⅱ类股东，除符合本办法第八条规定外，还应当具备以下条件：

（一）信誉良好，投资行为稳健，核心主业突出；

（二）具有持续出资能力，最近二个会计年度连续盈利；

（三）具有较强的资金实力，净资产不低于二亿元人民币；

（四）法律、行政法规以及中国保监会规定的其他条件。

第十条 战略类股东，除符合本办法第八条、第九条规定外，还应当具备以下条件：

（一）具有持续出资能力，最近三个会计年度连续盈利；

（二）净资产不低于十亿元人民币；

（三）权益性投资余额不得超过净资产；

（四）法律、行政法规以及中国保监会规定的其他条件。

第十一条 控制类股东，除符合本办法第八条、第九条、第十条规定外，还应当具备以下条件：

（一）总资产不低于一百亿元人民币；

（二）最近一年末净资产不低于总资产的百分之三十；

（三）法律、行政法规以及中国保监会规定的其他条件。

国家另有规定的，金融机构可以不受前款第二项限制。

第十二条 投资人为境内有限合伙企业的，除符合本办法第八条、第九条规定外，还应当具备以下条件：

（一）其普通合伙人应当诚信记录良好，最近三年内无重大违法违规记录；

（二）设有存续期限的，应当承诺在存续期限届满前转让所持保险公司股权；

（三）层级简单，结构清晰。

境内有限合伙企业不得发起设立保险公司。

第十三条 投资人为境内事业单位、社会团体的，除符合本办法第八条规定外，还应当具备以下条件：

（一）主营业务或者主要事务与保险业相关；

（二）不承担行政管理职能；

（三）经上级主管机构批准同意。

第十四条 投资人为境内金融机构的，还应当符合法律、行政法规的规定和所在行业金融监管机构的监管要求。

第十五条 投资人为境外金融机构的，除符合上述股东资质要求规定外，还应当具备以下条件：

（一）最近三个会计年度连续盈利；

（二）最近一年末总资产不低于二十亿美元；

（三）最近三年内国际评级机构对其长期信用评级为A级以上；

（四）符合所在地金融监管机构的监管要求。

第十六条 保险公司发起设立保险公司，或者成为保险公司控制类股东的，应当具备以下条件：

（一）开业三年以上；

（二）公司治理良好，内控健全；

（三）最近一个会计年度盈利；

（四）最近一年内总公司无重大违法违规记录；

（五）最近三年内无重大失信行为记录；

（六）净资产不低于三十亿元人民币；

（七）最近四个季度核心偿付能力充足率不低于百分之七十五，综合偿付能力充足率不低于百分之一百五十，风险综合评级不低于B类；

（八）中国保监会规定的其他条件。

第十七条 关联方、一致行动人合计持股达到财务Ⅱ类、战略类或者控制类股东标准的，其持股比例最高的股东应当符合本办法规定的相应类别股东的资质条件，并报中国保监会批准。

自投资入股协议签订之日前十二个月内具有关联关系的，视为关联方。

第十八条 投资人有下列情形之一的，不得成为保险公司的股东：

（一）因严重失信行为被国家有关单位确定为失信联合惩戒对象且应当在保险领域受到相应惩戒；

（二）股权结构不清晰或者存在权属纠纷；

（三）曾经委托他人或者接受他人委托持有保险公司股权；

（四）曾经投资保险业，存在提供虚假材料或者作不实声明的行为；

（五）曾经投资保险业，对保险公司经营失败负有重大责任未逾三年；

（六）曾经投资保险业，对保险公司重大违规行为负有重大责任；

（七）曾经投资保险业，拒不配合中国保监会监督检查。

第十九条 投资人成为保险公司的控制类股东，应当具备投资保险业的资本实力、风险管控能力和审慎投资理念。投资人有下列情形之一的，不得成为保险公司的控制类股东：

（一）现金流量波动受经济景气影响较大；

（二）经营计划不具有可行性；

（三）财务能力不足以支持保险公司持续经营；

（四）核心主业不突出且其经营范围涉及行业过多；

（五）公司治理结构与机制存在明显缺陷；

（六）关联企业众多、股权关系复杂且不透明、关联交易频繁且异常；

（七）在公开市场上有不良投资行为记录；

（八）曾经有不诚信商业行为，造成恶劣影响；

（九）曾经被有关部门查实存在不正当行为；

（十）其他对保险公司产生重大不利影响的情况。

保险公司实际控制人适用前款规定。

第三章 股权取得

第二十条 投资人可以通过以下方式取得保险公司股权：

（一）发起设立保险公司；

（二）认购保险公司发行的非上市股权；

（三）以协议方式受让其他股东所持有的保险公司股权；

（四）以竞价方式取得其他股东公开转让的保险公司股权；

（五）从股票市场购买上市保险公司股权；

（六）购买保险公司可转换债券，在符合合同约定条件下，取得保险公司股权；

（七）作为保险公司股权的质权人，在符合有关规定的条件下，取得保险公司股权；

（八）参与中国保监会对保险公司的风险处置取得股权；

（九）通过行政划拨取得保险公司股权；

（十）中国保监会认可的其他方式。

第二十一条 保险公司的投资人应当充分了解保险行业的经营特点、业务规律和作为保险公司股东所应当承担的责任和义务，知悉保险公司的经营管理状况和潜在风险等信息。

投资人投资保险公司的，应当出资意愿真实，并且履行必要的内部决策程序。

第二十二条 以发起设立保险公司方式取得保险公司股权的，应当按照《中华人民共和国保险法》和《保险公司管理规定》等规定的条件和程序，完成保险公司的筹建和开业。

第二十三条 认购保险公司发行的股权或者受让其他股东所持有的保险公司股权的，应当按照保险公司章程的约定，经保险公司履行相应内部审查和决策程序后，按照本办法规定报中国保监会批准或者备案。

保险公司章程约定股东对其他股东的股权有优先购买权的，转让股权的股东应当主动要求保险公司按照章程约定，保障其他股东行使优先购买权。

第二十四条 保险公司股权采取协议或者竞价方式转让的，保险公司应当事先向投资人告知本办法的有关规定。

参加竞价的投资人应当符合本办法有关保险公司股东资格条件的规定。竞得保险公司股权后，应当按照本办法的规定，报中国保监会批准或者备案。不予批准的，相关投资人应当自不予批准之日起一年内转出。

第二十五条 投资人从股票市场购买上市保险公司股票，所持股权达到本办法第五十五条规定比例的，应当报中国保监会批准。不予批准的，应当自不予批准之日起五十个交易日内转出。如遇停牌，应当自复牌之日起十个交易日内转出。

第二十六条 投资人通过购买保险公司可转换债券，按照合同条件转为股权的，或者通过质押权实现取得保险公司股权的，应当按照本办法规定报中国保监会批准或者备案。

第二十七条 股权转让涉及国有资产的，应当符合国有资产管理的有关规定。

通过行政划拨等方式对保险公司国有股权合并管理的，应当符合本办法关于持股比例和投资人条件的规定，国家另有规定的除外。

第二十八条 通过参与员工持股计划取得股权的，持股方式和持股比例由中国保监会另行规定。

第二十九条 保险公司股东持股比例除符合本办法第四条、第六条规定外，还应当符合以下要求：

（一）单一股东持股比例不得超过保险公司注册资本的三分之一；

（二）单一境内有限合伙企业持股比例不得超过保险公司注册资本的百分之五，多个境内有限合伙企业合计持股比例不得超过保险公司注册资本的百分之十五。

保险公司因为业务创新、专业化或者集团化经营需要投资设立或者收购保险公司的，其出资或者持股比例上限不受限制。

股东与其关联方、一致行动人的持股比例合并计算。

第三十条 投资人及其关联方、一致行动人只能成为一家经营同类业务的保险公司的控制类股东。投资人为保险公司的，不得投资设立经营同类业务的保险公司。

投资人及其关联方、一致行动人，成为保险公司控制类和战略类股东的家数合计不得超过两家。

保险公司因为业务创新或者专业化经营投资设立保险公司的，不受本条第一款、第二款限制，但不得转让其设立保险公司的控制权。成为两家以上保险公司控制类股东的，不得成为其他保险公司的战略类股东。

根据国务院授权持有保险公司股权的投资主体，以及经中国保监会批准参与保险公司风险处置的公司和机构不受本条第一款和第二款限制。

第三十一条 投资人不得委托他人或者接受他人委托持有保险公司股权。

第四章 入股资金

第三十二条 投资人取得保险公司股权，应当使用来源合法的自有资金。中国保监会另有规定的除外。

本办法所称自有资金以净资产为限。投资人不得通过设立持股机构、转让股权预期收益权等方式变相规避自有资金监管规定。根据穿透式监管和实质重于形式原则，中国保监会可以对自有资金来源向上追溯认定。

第三十三条 投资人应当用货币出资，不得用实物、知识产权、土地使用权等非货币财产作价出资。

中国保监会对保险集团（控股）公司另有规定的除外。

第三十四条 投资人为保险公司的，不得利用其注册资本向其子公司逐级重复出资。

第三十五条 投资人不得直接或者间接通过以下资金取得保险公司股权：

（一）与保险公司有关的借款；

（二）以保险公司存款或者其他资产为担保获取的资金；

（三）不当利用保险公司的财务影响力，或者与保险公司的不正当关联关系获取的资金；

（四）以中国保监会禁止的其他方式获取的资金。

严禁挪用保险资金，或者以保险公司投资信托计划、私募基金、股权投资等获取的资金对保险公司进行循环出资。

第三十六条 保险公司和保险公司筹备组，应当按照国家有关规定，开立和使用验资账户。

投资人向保险公司出资，应当经会计师事务所验资并出具验资证明。

第五章 股东行为

第三十七条 保险公司的股权结构应当清晰、合理，并且应当向中国保监会说明实际控制人情况。

第三十八条 保险公司股东应当按照《中华人民共和国公司法》的规定，以及保险公司章程的约定，依法行使股东权利，履行股东义务。

第三十九条 保险公司应当在章程中约定，股东有下列情形之一的，不得行使股东（大）会参会权、表决权、提案权等股东权利，并承诺接受中国保监会的处置措施：

（一）股东变更未经中国保监会批准或者备案；

（二）股东的实际控制人变更未经中国保监会备案；

（三）委托他人或者接受他人委托持有保险公司股权；

（四）通过接受表决权委托、收益权转让等方式变相控制股权；

（五）利用保险资金直接或者间接自我注资、虚假增资；

（六）其他不符合监管规定的出资行为、持股行为。

第四十条 保险公司股东应当建立有效的风险隔离机制，防止风险在股东、保险公司以及其他关联机构之间传染和转移。

第四十一条 保险公司股东不得与保险公司进行不正当的关联交易，不得利用其对保险公司经营管理的影响力获取不正当利益。

第四十二条 保险公司需要采取增资方式解决偿付能力不足的，股东负有增资的义务。不能增资或者不增资的股东，应当同意其他股东或者投资人采取合理方案增资。

第四十三条 保险公司发生风险事件或者重大违法违规行为，被中国保监会采取接管等风险处置措施的，股东应当积极配合。

第四十四条 保险公司控制类股东应当严格依法行使对保险公司的控制权，不得利用其控制地位损害保险公司及其他利益相关方的合法权益。

第四十五条 保险公司控股股东对保险公司行使股东权利义务的，应当符合中国保监会关于控股股东的规定。

保险集团（控股）公司对其控股保险公司行使股东权利义务的，应当符合中国保监会关于保险集团（控股）公司的规定。

第四十六条 保险公司股东应当如实向保险公司报告财务信息、股权结构、入股保险公司的资金来源、控股股东、实际控制人、关联方、一致行动人等信息。

保险公司股东的控股股东、实际控制人发生变化的，该股东应当及时将变更情况、变更后的关联方及关联关系情况、一致行动人情况书面通知保险公司。

第四十七条 保险公司股东依法披露的信息应当真实、准确、完整，不得有虚假记载、误导性陈述或者重大遗漏。

第四十八条 保险公司股东应当自发生以下情况之日起十五个工作日内，书面通知保险公司：

（一）所持保险公司股权被采取诉讼保全措施或者被强制执行；

（二）所持有的保险公司股权被质押或者解质押；

（三）股权变更取得中国保监会许可后未在三个月内完成变更手续；

（四）名称变更；

（五）合并、分立；

（六）解散、破产、关闭、被接管；

（七）其他可能导致所持保险公司股权发生变化的情况。

第四十九条 保险公司股东质押其持有的保险公司股权的，不得损害其他股东和保险公司的利益。

保险公司股东不得利用股权质押形式，代持保险公司股权、违规关联持股以及变相转移股权。

保险公司股东质押股权时，不得与质权人约定债务人不履行到期债务时被质押的保险公司股权归债权人所有，不得约定由质权人或者其关联方行使表决权等股东权利，也不得采取股权收益权转让等其他方式转移保险公司股权的控制权。

第五十条 投资人自成为控制类股东之日起五年内不得转让所持有的股权，自成为战略类股东之日起三年内不得转让所持有的股权，自成为财务Ⅱ类股东之日起二年内不得转让所持有的股权，自成为财务Ⅰ类股东之日起一年内不得转让所持有的股权。

经中国保监会批准进行风险处置的，中国保监会责令依法转让股权的，或者在同一控制人控制的不同主体之间转让股权等特殊情形除外。

第六章 股权事务

第五十一条 保险公司董事会办公室是保险公司处理股权事务的办事机构。

保险公司董事长和董事会秘书是保险公司处理股权事务的直接责任人。

第五十二条 行政许可申请、事项报告或者资料报送等股权事务，由保险公司负责办理。必要时经中国保监会同意可以由股东直接提交相关材料。

发起设立保险公司的，由全部发起人或者经授权的发起人向中国保监会提交相关材料。

第五十三条 保险公司变更持有百分之五以上股权的股东，应当经中国保监会批准。

保险公司变更持有不足百分之五股权的股东，应当报中国保监会备案，并在保险公司官方网站以及中国保监会指定网站公开披露，上市保险公司除外。

保险公司股东的实际控制人变更，保险公司股东持有的保险公司股权价值占该股东总资产二分之一以上的，实际控制人应当符合本办法关于股东资质的相关要求，并向保险公司及时提供相关材料，保险公司应当在变更前二十个工作日内将相关情况报中国保监会备案。

第五十四条 保险公司应当自股东签署股权转让协议书之日起三个月内，报中国保监会批准或者备案。

第五十五条 投资人购买上市保险公司股票，其所持股权比例达到保险公司股本总额的百分之五、百分之十五和三分之一的，应当自交易之日起五个工作日内向保险公司书面报告，保险公司应当在收到报告后十个工作日内报中国保监会批准。

第五十六条 保险公司的股东及其控股股东或者实际控制人发生本办法第四十六条第二款或者第四十八条规定情形的，保险公司应当自知悉之日起十个工作日内，向中国保监会书面报告。

第五十七条 保险公司应当按照有关监管规定，及时、真实、准确、完整地披露保险公司相关股权信息，披露内容包括：

（一）股权结构及变动情况；

（二）持股百分之五以上股东及其控股股东及实际控制人情况；

（三）财务Ⅱ类股东、战略类股东、控制类股东及其控股股东、实际控制人、关联方、一致行动人变更情况；

（四）相关股东出质保险公司股权情况；

（五）股东提名董事、监事情况；

（六）中国保监会规定的其他信息。

第五十八条 投资人成为保险公司控制类股东的，保险公司应当修改公司章程，对董事提名和选举规则，中小股东和投保人、被保险人、受益人利益保护作出合理安排。

第五十九条 保险公司应当加强股东股权管理，对股东及其控股股东、实际控制人、关联方及一致行动人信息进行核实并掌握其变动情况，就股东对保险公司经营决策的影响进行判断，依法及时、准确、完整地报告或者披露相关信息。

第六十条 保险公司应当自中国保监会核准或者备案之日起三个月内完成章程变更和工商登记手续。

未在规定时间内完成变更的，保险公司应当及时向中国保监会书面报告。

第六十一条 保险公司应当加强对股权质押和解质押的管理，在股东名册上记载质押相关信息，并及时协助股东向有关机构办理出质登记。

第七章 材料申报

第六十二条 申请发起设立或者投资入股保险公司的，保险公司或者投资人应当按照中国保监会的要求提交申报材料，申报材料必须真实、准确、完整。

申报材料包括基本情况类、财务信息类、公司治理类、附属信息类以及中国保监会要求提交的其他相关材料。

第六十三条 基本情况类材料包括以下具体文件：

（一）营业执照复印件；

（二）经营范围的说明；

（三）组织管理架构图；

（四）对外长期股权投资的说明；

（五）自身以及关联机构投资入股其他金融机构等情况的说明。

第六十四条 财务信息类材料包括以下具体文件：

（一）财务Ⅰ类股东经会计师事务所审计的最近一年的财务会计报告，财务Ⅱ类股东经会计师事务所审计的最近二年的财务会计报告，境外金融机构、战略类股东、控制类股东经会计师事务所审计的最近三年的财务会计报告；

（二）关于入股资金来源的说明；

（三）最近三年的纳税证明；

（四）由征信机构出具的投资人征信记录；

（五）国际评级机构对境外金融机构最近三年的长期信用评级；

（六）最近四个季度的偿付能力报告。

第六十五条 公司治理类材料包括以下具体文件：

（一）逐级披露股权结构至最终权益持有人的说明；

（二）股权信息公开披露的相关证明材料；

（三）控股股东、实际控制人及其最近一年内的变更情况的说明；

（四）投资人共同签署的股权认购协议书或者转让方与受让方共同签署的股权转让协议；

（五）股东（大）会或者董事会同意其投资的证明材料；

（六）投资人及其实际控制人与保险公司其他投资人之间关联关系、一致行动的情况说明，新设保险机构还应当提供关联方的基本情况说明；

（七）保险公司实际控制人，或者控制类股东实际控制人的履职经历、经营记录、既往投资情况等说明材料；

（八）控制类股东关于公司治理、经营计划、后续资金安排等情况的说明。

第六十六条 附属信息类材料包括以下具体文件：

（一）投资人关于报送材料的授权委托书；

（二）主管机构同意其投资的证明材料；

（三）金融机构审慎监管指标报告；

（四）金融监管机构出具的监管意见；

（五）无重大违法违规记录的声明；

（六）中国保监会要求出具的其他声明或者承诺书。

第六十七条 境内有限合伙企业向保险公司投资入股，除提交本办法第六十三条至第六十六条规定的有关材料外，还应当提交以下材料：

（一）资金来源和合伙人名称或者姓名、国籍、经营范围或者职业、出资额等背景情况的说明材料；

（二）负责执行事务的合伙人关于资金来源不违反反洗钱有关规定的承诺；

（三）合伙人与保险公司其他投资人之间的关联关系的说明。

第六十八条 保险公司变更注册资本，应当向中国保监会提出书面申请，并应当提交以下材料：

（一）公司股东（大）会通过的增加或者减少注册资本的决议；

（二）增加或者减少注册资本的方案和可行性研究报告；

（三）增加或者减少注册资本后的股权结构；

（四）验资报告和股东出资或者减资证明；

（五）参与增资股东经会计师事务所审计的财务会计报告；

（六）退股股东的名称、基本情况以及减资金额；

（七）中国保监会规定的其他材料。

保险公司新增股东的，应当提交本办法第六十三条至第六十六条规定的有关材料。

第六十九条 股东转让保险公司股权的，保险公司应当报中国保监会批准或者备案，并提交股权转让协议和受让方经会计师事务所审计的财务会计报告。

受让方为新增股东的，保险公司还应当提交本办法第六十三条至第六十六条规定的有关材料。

第七十条 保险公司向中国保监会报告股权被采取诉讼保全或者被强制执行时，

应当提交有关司法文件。

第七十一条 保险公司向中国保监会报告股权质押或者解质押时，应当提交以下材料：

（一）质押和解质押有关情况的书面报告；

（二）质押或者解质押合同；

（三）主债权债务合同或者股权收益权转让合同；

（四）有关部门出具的登记文件；

（五）出质人与债务人关系的说明；

（六）股东关于质押行为符合公司章程和监管要求的声明，并承诺如提供不实声明将自愿接受监管部门对其所持股权采取处置措施；

（七）截至报告日股权质押的全部情况；

（八）中国保监会规定的其他材料。

其中，书面报告应当包括出质人、债务人、质权人基本情况，被担保债权的种类和数额，债务人履行债务的期限，出质股权的数量，担保的范围，融入资金的用途，资金偿还能力以及相关安排，可能引发的风险以及应对措施等内容。质权人为非金融企业的，还应当说明质权人融出资金的来源，以及质权人与出质人的关联关系情况。

第七十二条 保险公司向中国保监会报告股东更名时，应当提交股东更名后的营业执照和有关部门出具的登记文件。

第八章 监督管理

第七十三条 中国保监会加强对保险公司股东的穿透监管和审查，可以对保险公司股东及其实际控制人、关联方、一致行动人进行实质认定。

中国保监会采取以下措施对保险公司股权实施监管：

（一）依法对股权取得或者变更实施审查；

（二）根据有关规定或者监管需要，要求保险公司报告股权有关事项；

（三）要求保险公司在指定媒体披露相关股权信息；

（四）委托专业中介机构对保险公司提供的财务报告等资料信息进行审查；

（五）与保险公司董事、监事、高级管理人员以及其他相关当事人进行监管谈话，要求其就相关情况作出说明；

（六）对股东涉及保险公司股权的行为进行调查或者公开质询；

（七）要求股东报送审计报告、经营管理信息、股权信息等材料；

（八）查询、复制股东及相关单位和人员的财务会计报表等文件、资料；

（九）对保险公司进行检查，并依法对保险公司和有关责任人员实施行政处罚；

（十）中国保监会依法可以采取的其他监管措施。

第七十四条 中国保监会对保险公司股权取得或者变更实施行政许可，重点审查以下内容：

（一）申报材料的完备性；

（二）保险公司决策程序的合规性；

（三）股东资质及其投资行为的合规性；

（四）资金来源的合规性；

（五）股东之间的关联关系；

（六）中国保监会认为需要审查的其他内容。

申请人应当如实提交有关材料和反映真实情况，并对其申请材料实质内容的真实性负责。

第七十五条 中国保监会对保险公司股权取得或者变更实施行政许可，可以采取以下方式进行审查：

（一）对申报材料进行审核；

（二）根据审慎监管的需要，要求保险公司或者股东提交证明材料；

（三）对保险公司或者相关股东进行监管谈话、公开问询；

（四）要求相关股东逐级披露其股东或者实际控制人；

（五）根据审慎监管的需要，要求相关股东逐级向上声明关联关系和资金来源；

（六）向相关机构查阅有关账户或者了解相关信息；

（七）实地走访股东或者调查股东经营情况等；

（八）中国保监会认为需要采取的其他审查方式。

第七十六条 在行政许可过程中，投资人、保险公司或者股东有下列情形之一的，中国保监会可以中止审查：

（一）相关股权存在权属纠纷；

（二）被举报尚需调查；

（三）因涉嫌违法违规被有关部门调查，或者被司法机关侦查，尚未结案；

（四）被起诉尚未判决；

（五）中国保监会认定的其他情形。

第七十七条 在实施行政许可或者履行其他监管职责时，中国保监会可以要求保险公司或者股东就其提供的有关资质、关联关系或者入股资金等信息的真实性作出声明，并就提供虚假信息或者不实声明所应当承担的后果作出承诺。

第七十八条 保险公司或者股东提供虚假材料或者不实声明，情节严重的，中国保监会将依法撤销行政许可。被撤销行政许可的投资人，应当按照入股价格和每股净资产价格的孰低者退出，承接的机构应当符合中国保监会的相关要求。

第七十九条 保险公司未遵守本办法规定进行股权管理的，中国保监会可以调整该保险公司公司治理评价结果或者分类监管评价类别。

第八十条 中国保监会建立保险公司股权管理不良记录，并纳入保险业企业信用信息系统，通过全国信用信息共享平台与政府机构共享信息。

第八十一条 保险公司及其董事和高级管理人员在股权管理中弄虚作假、失职渎职，严重损害保险公司利益的，中国保监会依法对其实施行政处罚，或者要求保险公司撤换有关当事人。

第八十二条 保险公司股东或者相关当事人违反本办法规定的，中国保监会可以采取以下监管措施：

（一）通报批评并责令改正；

（二）公开谴责并向社会披露；

（三）限制其在保险公司的有关权利；

（四）依法责令其转让或者拍卖其所持股权。股权转让完成前，限制其股东权利。限期未完成转让的，由符合中国保监会相关要求的投资人按照评估价格受让股权；

（五）限制其在保险业的投资活动，并向其他金融监管机构通报；

（六）依法限制保险公司分红、发债、上市等行为；

（七）中国保监会可以依法采取的其他措施。

第八十三条 中国保监会建立保险公司投资人市场准入负面清单，记录投资人违法违规情况，并正式函告保险公司和投资人。中国保监会根据投资人违法违规情节，可以限制其五年以上直至终身不得再次投资保险业。涉嫌犯罪的，依法移送司法机关。

第八十四条 中国保监会建立会计师事务所等第三方中介机构诚信档案，记载会计师事务所、律师事务所及其从业人员的执业质量。第三方中介机构出具不具有公信力的评估报告或者有其他不诚信行为的，自行为发生之日起五年内中国保监会对其再次出具的报告不予认可，并向社会公布。

第九章 附 则

第八十五条 本办法适用于中华人民共和国境内依法登记注册的中资保险公司。

全部外资股东持股比例占公司注册资本百分之二十五以上的保险公司，参照适用本办法有关规定。

第八十六条 保险集团（控股）公司、保险资产管理公司的股权管理参照适用本办法，法律、行政法规或者中国保监会另有规定的，从其规定。

第八十七条 金融监管机构对非金融企业投资金融机构另有规定的，从其规定。

第八十八条 经中国保监会批准，参与保险公司风险处置的，或者由指定机构承接股权的，不受本办法关于股东资质、持股比例、入股资金等规定的限制。

第八十九条 通过购买上市保险公司股票成为保险公司财务Ⅰ类股东的，不受本办法第八条、第十二条、第十三条、第十五条、第五十条、第五十三条第三款、第六十二条、第六十七条、第六十九条的限制。

第九十条 在全国中小企业股份转让系统挂牌的保险公司参照适用本办法有关上市保险公司的规定。

第九十一条 本办法所称"以上""不低于"均含本数，"不足""超过"不含本数。

第九十二条 本办法所称"一致行动"，是指投资人通过协议、其他安排，与其他投资人共同扩大其所能够支配的一个保险公司表决权数量的行为或者事实。

在保险公司相关股权变动活动中有一致行动情形的投资人，互为一致行动人。如无相反证据，投资人有下列情形之一的，为一致行动人：

（一）投资人的董事、监事或者高级管理人员中的主要成员，同时担任另一投资人的董事、监事或者高级管理人员；

（二）投资人通过银行以外的其他投资人提供的融资安排取得相关股权；

（三）投资人之间存在合伙、合作、联营等其他经济利益关系；

（四）中国保监会规定的其他情形。

投资人认为其与他人不应被视为一致行动人的，可以向中国保监会提供相反证据。

第九十三条 本办法由中国保监会负责解释。

第九十四条 本办法自2018年4月10日起施行。中国保监会2010年5月4日发布的《保险公司股权管理办法》（保监会令2010年第6号）、2014年4月15日发布的《中国保险监督管理委员会关于修改〈保险公司股权管理办法〉的决定》（保监会令2014年第4号）、2013年4月9日发布的《中国保监会关于〈保险公司股权管理办法〉第四条有关问题的通知》（保监发〔2013〕29号）、2013年4月17日发布的《中国保监会关于规范有限合伙式股权投资企业投资入股保险公司有关问题的通知》（保监发〔2013〕36号）、2014年3月21日发布的《中国保险监督管理委员会关于印发〈保险公司收购合并管理办法〉的通知》（保监发〔2014〕26号）同时废止。

保险公司保险业务转让管理暂行办法

1. 2011年8月26日中国保险监督管理委员会令2011年第1号发布
2. 自2011年10月1日起施行

第一条 为了规范保险公司保险业务转让行为，保护投保人、被保险人和受益人的合法权益，维护保险市场秩序，根据《中华人民共和国保险法》（以下简称《保险法》），制定本办法。

第二条 中国保险监督管理委员会（以下简称中国保监会）根据法律和国务院授权，对保险公司保险业务转让行为实施监督管理。

第三条 保险公司转让全部或者部分保险业务，应当经中国保监会批准。

前款所称的“部分保险业务”的标准，由中国保监会另行规定。

第四条 保险公司转让保险业务，应当遵循自愿、公开、公平、公正的原则。

第五条 保险公司转让保险业务，不得泄露在此过程中获悉的商业秘密和个人隐私，不得损害投保人、被保险人和受益人的合法权益。

第六条 保险业务转让双方应当在平等协商基础上订立保险业务转让协议。

第七条 保险业务受让方保险公司应当承担转让方保险公司依照原保险合同对投保人、被保险人和受益人负有的义务。

第八条 保险业务受让方保险公司应当符合下列条件：

（一）受让的保险业务在其业务范围之内；

（二）公司治理结构完善，内控制度健全；

（三）偿付能力充足，且受让保险业务后，其偿付能力符合中国保监会的相关规定；

（四）最近2年内无受金融监管机构重大行政处罚的记录；

（五）在受让业务的保单最初签发地设有分支机构；

（六）已进行经营管理受让业务的可行性研究；

（七）中国保监会规定的其他条件。

第九条 保险业务转让双方应当聘请律师事务所、会计师事务所等专业中介机构，对转让的保险业务的价值、合规性等方面进行评估。

第十条 保险业务转让双方应当按照中国保监会的有关规定，对转让业务的责任准备金进行评估，确保充分、合理。

第十一条 保险公司转让或者受让保险业务，应当经董事会或者股东会、股东大会批准；转让全部保险业务的，应当经股东会、股东大会批准。

第十二条 保险业务转让双方应当向中国保监会提交下列材料一式三份：

（一）保险业务转让双方的基本情况；

（二）保险业务转让协议；

（三）保险业务转让程序安排；

（四）经营管理受让保险业务的可行性方案；

（五）专业中介机构的评估报告；

（六）转让业务的责任准备金评估报告；

（七）受让方保险公司上一年度偿付能力报告和受让业务对受让方保险公司偿付能力影响的分析报告；

（八）保险业务转让双方的董事会或者股东会、股东大会作出的批准保险业务转让协议的文件；

（九）中国保监会规定提交的其他材料。

其中，第（三）项、第（五）项和第（六）项须双方共同签字确认。

第十三条 中国保监会批准保险业务转让后，转让方保险公司应当及时将受让方保险公司基本信息、转让方案概要及责任承担等相关事宜书面告知相关投保人、被保险人，并征得相关投保人、被保险人的同意；人身保险合同的被保险人死亡的，转让方保险公司应当书面告知受益人并征得其同意。

保险业务转让双方应当合理实施业务转让方案，妥善处置业务转让相关事宜。

第十四条 中国保监会批准保险业务转让后，保险业务转让双方应当在中国保监会指定的报纸上联合公告，公告次数不得少于三次，同时在各自的互联网网站进行公告，公告期不得少于一个月。

第十五条 保险公司转让全部保险业务，依法终止其业务活动的，应当在转让协议履行完毕之日起十五个工作日内向中国保监会办理保险许可证注销手续，并向工商行政管理部门办理相关手续。

保险公司转让部分保险业务，涉及保险许可证事项变更的，应当在转让协议履行完毕之日起十五个工作日内，按照中国保监会的有关规定办理变更手续。

第十六条 保险公司违反本办法进行保险业务转让的，由中国保监会责令其限期改正，并依法进行处罚。

第十七条 《保险法》第二十八条规定的再保险、第九十二条、第一百三十九条规定的保险业务转让，不适用本办法。

保险公司转让保险业务，不得违反《保险法》第八十九条第二款的规定。

第十八条 中国保监会对保险公司保险业务转让另有规定的，从其规定。

第十九条 本办法由中国保监会负责解释。

第二十条 本办法自2011年10月1日起施行。

保险公司章程指引

1. 2017年4月24日发布

2. 保监发〔2017〕36号

3. 根据2020年2月4日中国银行保险监督管理委员会《关于废止和修改部分规范性文件的通知》（银保监发〔2020〕5号）修正

【说明：①《保险公司章程指引》（以下简称《章程指引》）规定保险公司章程至少应包括以下各章：总则；经营宗旨和范围；注册资本与股份；股东和股东大会；董事会；监事会；总经理及其他高级管理人员；财务会计制度、利润分配和审计；公司基本管理制度；通知和公告；合并、分立、增资、减资、解散和清算；公司治理特殊事项；修改章程；附则。②《章程指引》适用于股份制的保险集团（控股）公司、保险公司、保险资产管理公司，其他组织形式的公司参照执行。上市保险公司还应符合中国证监会关于上市公司章程的相关规定。③《章程指引》仅就保险公司章程的必备条款作出规定。④在不违反法律、法规及《章程指引》要求的前提下，公司可以在其章程中增加《章程指引》规定以外的、适合本公司实际需要的其他内容，也可以对《章程指引》规定的内容做文字和顺序的调整或者变动。发生上述情形的，公司应当在报送中国保监会审核的章程材料中，对增加或者修改的《章程指引》的内容进行解释说明。⑤《章程指引》由中国保监会负责解释。⑥《章程指引》自发布之日起施行。】

一、公司应当在公司章程正文前注明章程制定与修改的记录，并以如下方式载明：

序号	章程制定	决议时间	会议名称	中国保监会批准文号
1	章程制定	【】年【】月【】日	创立大会	【】
2	第一次修订	【】年【】月【】日	【】	【】
……	……	……	……	……

第一章　总　　则

二、公司章程应按照《公司法》等法律法规和监管规定载明如下公司基本事项，且事项的内容应与中国保监会行政许可的内容一致：

1. 公司名称

2. 公司住所

3. 组织形式

4. 公司开业批准文件文号与营业执照签发日期

【注释：该项不适用开业前提交的公司章程。】

5. 营业期限

6. 法定代表人

三、公司章程须载明“公司董事、监事、高级管理人员应当经过中国保监会任职资格核准”及“公司必须遵守法律法规，执行国家统一的金融保险方针、政策，接受中国保监会的监督管理”。

四、公司章程须载明规定公司章程效力的下列条款：

“本章程自生效之日起，即成为规范公司的组织与行为、公司与股东、股东与股东之间权利义务关系的具有法律约束力的文件，对公司、股东、董事、监事、高级管理人员具有法律约束力的文件。

公司发起人协议、股东出资协议或者其他股东协议中的内容与章程规定不一致时，以本章程为准。”

第二章　经营宗旨和范围

五、公司章程应载明规定公司经营宗旨、经营范围的条款，经营范围表述应与中国保监会行政许可的内容一致。

第三章　注册资本与股份

第一节　注册资本与股份发行

六、公司章程应载明公司最新的注册资本数额、股份总数。

七、公司章程应编制发起人表、股份结构表。

1. 发起人表样式如下：

公司设立时注册资本为人民币【】元，发起人情况如下：

序号	发起人名称	出资额（人民币/元）	认购股份（股）	占总股本比例	出资方式	出资时间
1						
2						
……	……	……	……	……	……	……
合计						

【注释：发起人表应详细记载发起人情况，包括发起人全称、认购的股份数及持股比例。发起人已全部转让所持股份的，发起人表应当保留其记录并予以注明。】

2. 股份结构表样式如下：

公司股份结构情况如下：

序号	股东名称	持有股份（股）	占总股本比例
1			
2			
……	……	……	……
合计			

备注：

【注释：①股份结构表应详细记载股份情况，包括股份总数、股东全称、持股数量及持股比例。②股东转让股份的，应当在备注中注明历次股份转让情况，包括转让股份数量、交易对方、转让时间及中国保监会的批准文件文号或者公司的报请备案文件文号。③股东已全部转让所持股份的，不再列入股份结构表，但应当在股份结构表备注中保留该股东的持股记录。④公司已上市的，股份结构表应当记载限售流通股股东的持股情况，包括股东全称、持股数量、持股比例及限售流通股的锁定期。⑤股份结构表记载内容较多的，可以将股份结构表列入章程附件。⑥发起人表和股份结构表记载内容完全一致的，两表可以合并。】

第二节 股份增减

八、公司章程须载明“公司增加或者减少注册资本，应按照《公司法》、中国保监会及其他监管机构的有关规定和本章程约定的程序办理”。

九、根据公司实际情况，公司可在章程中就公司新增资本时，原股东是否可优先按照实缴的股份比例认缴出资作出规定。

十、公司章程应载明“公司变更注册资本应上报中国保监会批准并依法向登记机关办理变更登记”。

十一、公司应根据《公司法》、中国保监会及其他监管机构的有关规定对公司增加注册资本，以及收购本公司股份的情形、方式等内容在公司章程中予以明确。

第三节 股份转让

十二、公司章程须载明“公司的股份可以依法转让，但必须符合中国保监会及有关监管机构的相关规定和本章程约定”。

十三、公司章程须载明“股东转让公司股份应当依法办理股份转让的相关手续，并应自股份转让协议签署之日起十五个工作日内书面报告公司”。

【注释：相关法律法规对上市保险公司股东的股份转让另有规定的，从其规定。】

十四、公司章程须载明“公司不得为董事、监事和高级管理人员购买本公司股份提供借款、担保等形式的财务资助”。

十五、公司章程应明确股东持有本公司股份的限制转让期限，相关内容应符合法律法规和监管相关规定。

第四章 股东和股东大会

第一节 股 东

十六、公司章程应载明股东享有的权利。股东的权利至少应包括如下内容：

“1. 按照其所持有的股份份额获得股利和其他形式的利益分配；

2. 依法请求、召集、主持、参加或者委派股东代理人参加股东大会，并行使相应的表决权；

3. 单独或者合计持有公司百分之【 】以上股份的股东有提名董事或者监事的权利；

【注释：该项中的比例由公司依照《公司法》等法律法规和监管规定自行约定。公司采取其他方式规定董事、监事提名权的，应当在公司章程中写明。】

4. 对公司的经营进行监督，依法提出建议或者质询；

5. 依照法律法规、监管规定及本章程的规定转让、赠与或者质押其所持有的股份；

6. 查阅本章程、股东名册、公司债券存根、股东大会会议记录、董事会会议决议、监事会会议决议、财务会计报告；

7. 公司终止或者清算时，按其所持有的股份份额参加公司剩余财产的分配；

8. 对股东大会作出的公司合并、分立决议持异议的股东，要求公司收购其股份；

9. 股东名册记载及变更请求权；

10. 法律法规、监管规定或者本章程约定的其他权利。”

【注释：公司可根据实际情况增加股东其他权利内容，但应当符合法律法规和监管规定。】

十七、公司章程须载明“董事、监事、高级管理人员违反法律法规、监管规定或者本章程约定，损害公司或者股东利益的，股东有权直接向中国保监会反映问题”。

十八、公司章程应规定股东承担的义务。股东的义务至少应包括如下内容：

“1. 遵守法律法规、监管规定和本章程；

2. 依其所认购的股份和入股方式缴纳股款；

3. 入股资金和持股行为应当符合监管规定，不得代持和超比例持股；

4. 除法律法规、监管规定的情形外，不得退股；

5. 以其所认购的股份为限对公司承担责任；

6. 不得滥用股东权利损害公司或者其他股东的利益；

7. 不得滥用公司法人独立地位和股东有限责任损害公司债权人的利益；

8. 公司偿付能力达不到监管要求时，股东应支持公司改善偿付能力；

9. 持有公司百分之五以上股份的股东之间产生关联关系时，应当在五个工作日内向公司提交书面报告；

10. 应当向公司如实告知其控股股东、实际控制人情况，在其控股股东、实际控制人发生变更后五个工作日内将变更情况以及变更后的关联方及关联关系情况书面通知公司，并须履行监管规定的程序；

11. 所持公司股份涉及诉讼、仲裁、被质押或者解质押时，应当于前述事实发生后十五个工作日内以书面形式通知公司，公司应当将相关情况及时通知其他股东；

12. 股东发生合并、分立、解散、破产、关闭、被接管等重大事项或者其法定代表人、公司名称、经营场所、经营范围及其他重大事项发生变化时，应当于前述事实发生后十五个工作日内以书面形式通知公司；

13. 服从和执行股东大会的有关决议；

14. 在公司发生风险事件或者重大违规行为时，应当配合监管机构开展调查和风险处置；

15. 股东质押其持有的保险公司股权的，不得损害其他股东和公司的利益，不得约定由质权人或者其关联方行使表决权；

16. 法律法规、监管规定及本章程约定应当承担的其他义务。”

【注释：公司可根据实际情况增加股东其他义务内容，但应当符合法律法规和监管规定。】

十九、公司章程须载明如下条款：

“若股东的出资行为、股东行为等违反法律法规和监管相关规定的，股东不得行使表决权、分红权、提名权等股东权利，并承诺接受中国保监会对其采取的限制股东权利、责令转让股权等监管处置措施。”

二十、公司章程应载明“公司的股东不得利用其关联关系损害公司利益。违反规定给公司造成损失的，应当承担赔偿责任”。

二十一、公司章程应载明公司控股股东、实际控制人对公司和其他股东负有相关义务的如下条款：

“公司控股股东及实际控制人对公司和其他股东负有诚信义务。控股股东应严格依法行使出资人的权利，不得利用利润分配、资产重组、对外投资、资金占用、借款担保、保险资金运用、关联交易等方式损害公司和其他股东的合法权益，不得利用其控制地位损害公司和其他股东的利益。

控股股东应当对同时在控股股东和公司任职的人员进行有效管理，防范利益冲突。控股股东的工作人员不得兼任公司的执行董事和高级管理人员，控股股东的董事长除外。”

【注释：《保险集团公司管理办法》等监管规定对保险集团（控股）公司作为公司控股股东另有规定的，从其规定。】

第二节　股东大会的一般规定

二十二、公司章程应明确股东大会的职权。除《公司法》规定的内容外，股东大会的法定职权至少应包括：

“1. 对发行公司债券或者其他有价证券及公司上市作出决议；

2. 修改本章程，审议股东大会、董事会和监事会议事规则；

3. 对收购本公司股份作出决议；

4. 对聘用、解聘为公司财务报告进行定期法定审计的会计师事务所作出决议；

5. 审议批准公司设立法人机构、重大对外投资、重大资产购置、重大资产处置与核销、重大资产抵押等事项；

【注释：①该条第5项所述法人机构是指保险公司直接投资设立并对其实施控制的境内外公司。②该条第5项所述重大对外投资、资产购置、资产处置与核销、资产抵押等事项，公司须在公司章程中明确具体额度或者具体内容范围。③保险资产管理公司涉及到该条第5项所述的对外投资事项，是指以公司自有资金进行投资的情况；公司使用受托资金投资的情况应在公司章程中另行约定。】

6. 审议法律法规、监管规定或者本章程约定的应当由股东大会决定的其他事项。”

【注释：①股东大会不得将其法定职权授予董事会、其他机构或者个人行使。②公司应将《公司法》和本条列举的股东大会职权一并在章程中载明。】

二十三、公司章程应按照《公司法》等法律法规和监管规定，载明股东大会会议制度的相关内容，包括但不限于会议召集、提案和会议通知、会议召开、表决和决议、会议记录及其签署、公告等。

二十四、公司章程应明确股东大会召开方式，并须载明“应由股东大会以特别决议通过的议案，不得采用通讯表决方式召开会议”。

第三节 股东大会的召集

二十五、公司章程应规定股东大会召集人及其递补顺序、会议召集具体程序等有关会议召集的内容。

二十六、公司章程须载明独立董事提议召开临时股东大会的如下条款：

“二分之一以上且不少于两名独立董事提议召开临时股东大会的，董事会应当根据法律法规、监管规定和本章程约定，在收到提议后十日内提出同意或者不同意召开临时股东大会的书面反馈意见。董事会同意召开临时股东大会的，应在作出董事会决议后的五日内发出召开股东大会的通知。董事会不同意召开临时股东大会的，独立董事应当向中国保监会报告。”

第四节 股东大会的提案与通知

二十七、公司须按照《公司法》、监管规定并结合公司自身情况在章程中规定股东大会提案与通知的相关内容，包括但不限于提案和通知的必备内容及要求、提案人资格、通知时限以及选举董事、监事提案的特殊要求等。

第五节 股东大会的召开

二十八、公司须按照《公司法》、监管规定并结合公司自身情况在章程中规定股东大会召开的相关内容，包括但不限于股东和董事、监事、高级管理人员的出席要求、会议主持人及其递补顺序、会议召开程序、会议记录等。

第六节 股东大会的表决和决议

二十九、公司章程须明确应由股东大会以普通决议、特别决议通过的具体事项。

下列事项应以普通决议通过：

1. 公司的经营方针和投资计划；

2. 选举和更换非由职工代表担任的董事、监事，决定有关董事、监事的报酬和支付方法；

3. 董事会和监事会的工作报告；

4. 公司年度财务预算方案、决算方案；

5. 公司的利润分配方案和弥补亏损方案；

6. 聘用、解聘为公司财务报告进行定期法定审计的会计师事务所；

7. 除法律法规、监管规定或者本章程约定应当以特别决议通过以外的其他事项。

下列事项应以特别决议通过：

1. 公司增加或者减少注册资本；

2. 发行公司债券或者其他有价证券及上市；

3. 收购本公司股份；

4. 公司的分立、合并、解散和清算或者变更公司形式；

5. 本章程的修改；

6. 公司涉及设立法人机构、重大对外投资、重大资产处置与核销、重大资产抵押等事项；

7. 免去独立董事职务；

8. 法律法规、监管规定或者本章程约定的，以及股东大会以普通决议认定会对公司产生重大影响的、需要以特别决议通过的其他事项。

本条所指普通决议，须由出席股东大会的股东所持表决权的过半数通过；特别决议，须由出席股东大会的股东所持表决权的三分之二以上通过。

三十、公司章程应载明“股东大会审议有关关联交易事项时，关联股东不应当参与投票表决，其所代表的有表决权的股份数不计入有效表决总数”。

【注释：保险集团（控股）公司、保险公司与其控股子公司之间及其子公

司之间关联交易的审查程序，由保险集团（控股）公司在其按照监管规定制定的关联交易内部管理制度中予以明确。】

三十一、公司应当在公司章程中规定有关关联股东回避和表决具体程序的内容。

三十二、公司应当在章程中明确股东大会选举董事、监事时，是否实行累积投票制和其具体实施规则等相关内容。

股东大会就选举董事、监事进行表决时，鼓励公司实行累积投票制。

公司单个股东（关联股东或者一致行动人合计）持股比例超过50%的，股东大会就选举董事、监事进行表决时，必须实行累积投票制。

三十三、公司章程须载明"股东大会定期会议召开十日前，公司须将会议通知以书面和电子邮件的方式报告中国保监会"和"公司应当在股东大会决议作出后三十日内，向中国保监会报告决议情况"。

三十四、公司须按照《公司法》、监管规定并结合公司自身情况在章程中规定股东大会的表决和决议的其他相关内容，包括但不限于表决规则、决议要求等。

第五章 董 事 会

第一节 董 事

三十五、公司章程应当载明具体董事提名规则，包括但不限于董事提名方式、程序等有关内容。

三十六、公司章程应规定董事的任职条件、任免程序、职权和义务、尽职和考核等内容，上述内容应当符合《公司法》《保险公司董事会运作指引》《保险公司董事、监事和高级管理人员任职资格管理规定》等法律法规和监管规定。

除监管规定外，公司可在公司章程中增加对董事忠实义务、勤勉义务及其他义务的要求。

三十七、公司章程须载明如下条款：

"公司董事为自然人的，应具有良好的品行和声誉，具备与其职责相适应的专业知识和工作经验，并符合法律法规及中国保监会规定的条件。违反本条规定选举、委派董事的，该选举、委派无效。董事在任职期间出现不符合法律法规、监管规定有关董事资格或者条件情形的，公司应当解除其职务。"

三十八、公司章程须载明"董事可以由总经理或者其他高级管理人员兼任，但兼任总经理或者其他高级管理人员职务的董事以及由职工代表担任的董事，总计不得超过公司董事总数的二分之一"。

三十九、公司章程应规定董事辞职生效或者任期届满后承担忠实义务的具体期限。

第二节 独立董事

四十、公司章程应规定独立董事任职条件、提名、选举和免职、职责、义务和保障等内容，相关内容应符合《公司法》《保险公司独立董事管理暂行办法》等法律法规和监管规定。

四十一、公司章程须载明“独立董事应当具备较高的专业素质和良好的信誉，符合法律法规和中国保监会规定的条件”。

四十二、除具有《公司法》和其他有关法律法规、监管规定及本章程赋予董事的职权外，公司章程须规定独立董事如下特别职权：

“1. 对重大关联交易的公允性、内部审查程序执行情况以及对被保险人权益的影响进行审查，所审议的关联交易存在问题的，独立董事应当出具书面意见。两名以上独立董事认为有必要的，可以聘请中介机构出具独立财务顾问报告，作为判断的依据；

2. 半数以上且不少于两名独立董事可以向董事会提请召开临时股东大会；

3. 两名以上独立董事可以提议召开董事会；

4. 独立聘请外部审计机构和咨询机构；

5. 法律法规、监管规定及本章程约定的其他职权。”

四十三、公司章程须规定独立董事发表意见的下列条款：

“独立董事应当对公司股东大会或者董事会讨论事项发表客观、公正的独立意见，尤其应当就以下事项向董事会或者股东大会发表意见：

1. 重大关联交易；

2. 董事的提名、任免以及高级管理人员的聘任和解聘；

3. 董事和高级管理人员的薪酬；

4. 利润分配方案；

5. 非经营计划内的投资、租赁、资产买卖、担保等重大交易事项；

6. 其他可能对保险公司、被保险人和中小股东权益产生重大影响的事项；

7. 法律法规、监管规定或者本章程约定的其他事项。

独立董事对上述事项投弃权或者反对票的，或者认为发表意见存在障碍的，应当向公司提交书面意见并向中国保监会报告。”

第三节 董事会

四十四、公司章程须明确董事会的构成，包括执行董事、非执行董事及独立董事的人数。董事会组成人数应当具体、确定，不得为区间数。具体条款表述应是：

“董事会由【人数】名董事组成，设董事长 1 人，副董事长【人数】人，执行董事【人数】人，非执行董事【人数】人，独立董事【人数】人。董事长和副董事长由董事会以全体董事的过半数选举产生。”

四十五、公司章程须明确董事会职权。除《公司法》规定的内容外，董事会职权至少应包括：

“1. 制订公司增加或者减少注册资本、发行债券或者其他证券及上市的方案；

2. 拟订公司重大收购、收购本公司股份或者合并、分立、解散及变更公司形式的方案；

3. 审议批准公司对外投资、资产购置、资产处置与核销、资产抵押、关联交易等事项；

4. 聘任或者解聘公司高级管理人员，并决定其报酬事项和奖惩事项；

5. 制订本章程的修改方案；拟订股东大会议事规则、董事会议事规则；审议董事会专业委员会工作规则；

6. 提请股东大会聘请或者解聘为公司财务报告进行定期法定审计的会计师事务所；

7. 听取公司总经理的工作汇报并检查总经理的工作；

8. 选聘实施公司董事及高级管理人员审计的外部审计机构。”

【注释：①公司应将《公司法》和本条列举的董事会职权一并在章程中载明。②本条第 3 项董事会职权指区别于股东大会相关职权的须由董事会审议批准的非重大事项，对外投资、资产购置、资产处置与核销、资产抵押、关联交易等事项应在章程中明确应由董事会审议的具体额度或者比例。③对于保险资产管理公司涉及到本条第 3 项职权所述的对外投资事项，是指以公司自有资金进行投资的情况，公司使用受托资金投资的情况应在公司章程中另行约定。】

四十六、公司章程须载明“董事会职权由董事会集体行使。董事会法定职权原则上不得授予董事长、董事或者其他个人及机构行使，确有必要授权的，应通过董事会决议的方式依法进行。授权一事一授，不得将董事会职权笼统或者永久授予公司其他机构或者个人行使”。

四十七、公司章程须载明“董事会应当就注册会计师对公司财务报告出具的非无保留意见的审计意见向股东大会作出说明”。

四十八、公司章程应载明规定董事长职权的条款。

【注释：董事会应谨慎授予董事长职权，公司章程中不得出现董事长可以

代行董事会职权等方面的相关表述。】

四十九、公司章程应按照《公司法》《保险公司董事会运作指引》等法律法规和监管规定，载明董事会会议制度的相关内容，包括但不限于会议召集、提案和会议通知、会议召开、表决和决议（包括表决规则）、会议记录及其签署、公告等。

五十、公司章程须载明“董事会应当每年向股东大会报告关联交易情况和关联交易管理制度执行情况”，并规定关联董事回避表决的如下条款：

“董事会在审议重大关联交易时，关联董事不得行使表决权，也不得代理其他董事行使表决权。该董事会会议由过半数的非关联董事出席即可举行。董事会会议所作决议须经非关联董事三分之二以上通过。出席董事会会议的非关联董事人数不足三人的，应将交易提交股东大会审议。”

【注释：保险集团（控股）公司、保险公司与其控股子公司之间及其子公司之间关联交易的审查程序，由保险集团（控股）公司在其按照监管规定制定的关联交易内部管理制度中予以明确。】

五十一、公司章程应当明确不得采用通讯表决方式召开会议表决的事项，包括但不限于利润分配方案、薪酬方案、重大投资及资产处置、聘任及解聘高管人员等。

五十二、公司章程应规定董事会下设专业委员会的名称、构成及主要职责的相关内容。

第六章 监 事 会

第一节 监 事

五十三、公司章程应当写明具体监事提名规则，包括但不限于监事提名方式、程序等有关内容。

五十四、公司章程应规定监事的任职条件、任免程序、职权和义务的相关内容，并应符合《保险公司董事、监事和高级管理人员任职资格管理规定》等法律法规和监管规定。

五十五、公司章程须载明有关监事任职的如下条款：

“公司监事应具有良好的品行和声誉，具备与其职责相适应的专业知识和工作经验，并符合法律法规及中国保监会规定的条件。

董事、高级管理人员不得兼任监事。”

第二节 监 事 会

五十六、公司章程须明确监事会的构成。

监事会组成人数应当具体、确定，不得为区间数。

监事会中职工代表的比例应当符合《公司法》的规定。

五十七、公司章程应规定监事会职权。除《公司法》规定的内容外，监事会职权应包括“监事会可以提名独立董事”的内容。

【注释：公司应将《公司法》和本条列举的监事会职权一并在章程中载明。】

五十八、公司章程应按照《公司法》等法律法规和监管规定，载明监事会会议制度的相关内容，包括但不限于会议召集、提案和会议通知、会议召开、表决和决议（包括表决规则）、会议记录及其签署、公告等。

第七章　总经理及其他高级管理人员

五十九、公司应根据法律法规、监管规定和公司具体情况，在章程中规定属于公司高级管理人员的范围。

六十、公司应根据法律法规、监管规定和公司具体情况，在章程中明确总经理的职权。

监管规定要求其他高级管理人员职责和权利应当在公司章程中明确的，公司章程应载明相应条款。

六十一、公司章程须规定“总经理应制订经理工作细则，报董事会批准后实施”。

第八章　财务会计制度、利润分配和审计

第一节　财务会计制度

六十二、公司章程应按照法律法规、监管规定及公司情况规定公司财务会计制度的主要事项，包括会计年度、会计报告、利润分配方式等内容。

六十三、公司章程须载明“公司不得为他人债务向第三方提供担保”的条款并根据监管规定列明除外条款。

【注释：①对外担保的除外条款包括：公司在正常经营管理活动中的下列行为：诉讼中的担保；出口信用保险公司经营的与出口信用保险相关的信用担保；海事担保。②除下属成员公司外，保险集团公司不得为其他公司提供担保。保险集团公司对下属成员公司的担保行为应当遵守中国保监会相关监管规定。】

六十四、公司章程须载明“公司偿付能力达不到监管规定时，公司不得向股东分配利润”和“公司按照国家有关规定提取保证金、保险保障基金和各项保险责任准备金”。

第二节　内部审计

六十五、公司章程应按照监管规定明确公司内部审计制度、专职审计人员、

内部审计报告路径等内容。

第三节 会计师事务所的聘任

六十六、公司章程应就聘用、解聘为公司财务报告进行定期法定审计的会计师事务所的程序等相关内容作出规定。其中，公司聘用会计师事务所及其报酬事项应由股东大会决定并须在公司章程中载明。

第九章 公司基本管理制度

六十七、公司章程应对公司相关制度包括但不限于关联交易、信息披露、内控合规、内部审计、保险消费者合法权益保护等作出原则规定。

第十章 通知和公告

六十八、公司章程应当载明公司的通知和公告办法的条款。

六十九、公司章程须载明“公司指定具有较大影响力的全国性媒体为刊登公司公告和信息披露的媒体”。

第十一章 合并、分立、增资、减资、解散和清算

第一节 合并、分立、增资和减资

七十、公司章程应当规定公司合并、分立、增资和减资相关内容，包括但不限于办理程序、通知和公告时限、责任承担等。

七十一、公司章程须载明公司合并、分立、增资和减资应当报中国保监会批准的条款。

第二节 解散和清算

七十二、公司章程应当规定公司的解散和清算事由、办理程序等相关内容。

经营有人寿保险业务的保险公司，其章程不得规定法定情形以外的解散事由。

七十三、公司章程须载明公司解散须报中国保监会批准、清算工作由中国保监会监督指导的条款。

第十二章 公司治理特殊事项

第一节 替代和递补机制

七十四、公司章程须就有关替代和递补机制作出规定，并应载明如下条款：

“董事长不能履行职务或者不履行职务的，由副董事长履行职务（设有多名副董事长的，公司章程应当明确履行特定职务副董事长的确定方式）；副董事长不能履行职务或者不履行职务的，由半数以上董事共同推举一名董事履行职务。

总经理不能履行职务或者不履行职务的，由董事会指定的临时负责人代行总经理职权。

董事长、总经理不能履行职务或者不履行职务影响公司正常经营情况的，公司应按章程规定重新选举董事长、聘任总经理。”

第二节 针对治理机制失灵的处置方案

七十五、公司章程应预先列明公司治理机制可能失灵的情形、公司可采取的内部纠正程序及申请中国保监会指导的程序。

公司治理机制失灵的情形，包括但不限于董事会连续一年以上无法产生；公司董事长期冲突，且无法通过股东大会解决；公司连续一年以上无法召开股东大会；股东表决时无法达到法定或者公司章程约定的比例，连续一年以上不能做出有效的股东大会决议；因偿付能力不足进行增资的提案无法通过；公司现有治理机制无法正常运转导致公司经营管理发生严重困难等情形及中国保监会认定的其他情形。

七十六、公司章程须载明“当出现本章程约定的公司治理机制失灵情形且公司采取的内部纠正程序无法解决时，公司、单独或者合计持有公司1/3以上股份的股东、过半数董事有权向中国保监会申请对公司进行监管指导”。

七十七、公司章程须规定中国保监会进行监管指导的如下条款：

“中国保监会依据公司治理机制失灵存在的情形进行相应的监管指导。如发现保险公司存在重大治理风险，已经严重危及或者可能严重危及保险消费者合法权益或者保险资金安全的，股东、公司承诺接受中国保监会采取的要求公司增加资本金、限制相关股东权利、转让所持保险公司股权等监管措施；对被认定为情节严重的，承诺接受中国保监会对公司采取的整顿、接管措施。”

七十八、公司章程应载明如下条款：

“公司偿付能力不足时，股东负有支持公司改善偿付能力的义务。出现下列情形之一的，不能增资或者不增资的股东，应当同意其他股东或者投资人采取合理方案增资，改善偿付能力：

1. 中国保监会责令公司增加资本金的；
2. 公司采取其他方案仍无法使偿付能力达到监管要求而必须增资的。”

第十三章 修改章程

七十九、公司章程须载明修改章程事由的如下条款：

“有下列情形之一的，公司应当修改章程：

1. 《公司法》《保险法》或者有关法律法规及监管规定修改后，章程内容与相关规定相抵触；

2. 公司章程记载的基本事项或者规定的相关权利、义务、职责、议事程序等内容发生变更的；

3. 其他导致章程必须修改的事项。”

【注释：公司可根据法律法规和监管规定及实际情况，列明章程需要修改的其他事由。】

八十、公司章程应当载明章程修改程序等相关内容的条款。

第十四章 附　　则

八十一、公司应当依法制定股东大会议事规则、董事会议事规则和监事会议事规则并作为本章程附件。

八十二、公司章程须载明“本章程经股东大会审议通过，并经中国保监会核准之日起生效”。

中华人民共和国外资保险公司管理条例

1. 2001年12月12日国务院令第336号公布

2. 根据2013年5月30日国务院令第636号《关于修改〈中华人民共和国外资保险公司管理条例〉的决定》第一次修订

3. 根据2016年2月6日国务院令第666号《关于修改部分行政法规的决定》第二次修订

4. 根据2019年9月30日国务院令第720号《关于修改〈中华人民共和国外资保险公司管理条例〉和〈中华人民共和国外资银行管理条例〉的决定》第三次修订

第一章 总　　则

第一条 为了适应对外开放和经济发展的需要，加强和完善对外资保险公司的监督管理，促进保险业的健康发展，制定本条例。

第二条 本条例所称外资保险公司，是指依照中华人民共和国有关法律、行政法规的规定，经批准在中国境内设立和营业的下列保险公司：

（一）外国保险公司同中国的公司、企业在中国境内合资经营的保险公司（以下简称合资保险公司）；

（二）外国保险公司在中国境内投资经营的外国资本保险公司（以下简称独资保险公司）；

（三）外国保险公司在中国境内的分公司（以下简称外国保险公司分公

司）。

第三条 外资保险公司必须遵守中国法律、法规，不得损害中国的社会公共利益。

外资保险公司的正当业务活动和合法权益受中国法律保护。

第四条 国务院保险监督管理机构负责对外资保险公司实施监督管理。国务院保险监督管理机构的派出机构根据国务院保险监督管理机构的授权，对本辖区的外资保险公司进行日常监督管理。

第二章 设立与登记

第五条 设立外资保险公司，应当经国务院保险监督管理机构批准。

设立外资保险公司的地区，由国务院保险监督管理机构按照有关规定确定。

第六条 设立经营人身保险业务的外资保险公司和经营财产保险业务的外资保险公司，其设立形式、外资比例由国务院保险监督管理机构按照有关规定确定。

第七条 合资保险公司、独资保险公司的注册资本最低限额为2亿元人民币或者等值的自由兑换货币；其注册资本最低限额必须为实缴货币资本。

外国保险公司分公司应当由其总公司无偿拨给不少于2亿元人民币或者等值的自由兑换货币的营运资金。

国务院保险监督管理机构根据外资保险公司业务范围、经营规模，可以提高前两款规定的外资保险公司注册资本或者营运资金的最低限额。

第八条 申请设立外资保险公司的外国保险公司，应当具备下列条件：

（一）提出设立申请前1年年末总资产不少于50亿美元；

（二）所在国家或者地区有完善的保险监管制度，并且该外国保险公司已经受到所在国家或者地区有关主管当局的有效监管；

（三）符合所在国家或者地区偿付能力标准；

（四）所在国家或者地区有关主管当局同意其申请；

（五）国务院保险监督管理机构规定的其他审慎性条件。

第九条 设立外资保险公司，申请人应当向国务院保险监督管理机构提出书面申请，并提交下列资料：

（一）申请人法定代表人签署的申请书，其中设立合资保险公司的，申请书由合资各方法定代表人共同签署；

（二）外国申请人所在国家或者地区有关主管当局核发的营业执照（副本）、对其符合偿付能力标准的证明及对其申请的意见书；

（三）外国申请人的公司章程、最近3年的年报；

（四）设立合资保险公司的，中国申请人的有关资料；

（五）拟设公司的可行性研究报告及筹建方案；

（六）拟设公司的筹建负责人员名单、简历和任职资格证明；

（七）国务院保险监督管理机构规定提供的其他资料。

第十条 国务院保险监督管理机构应当对设立外资保险公司的申请进行初步审查，自收到完整的申请文件之日起6个月内作出受理或者不受理的决定。决定受理的，发给正式申请表；决定不受理的，应当书面通知申请人并说明理由。

第十一条 申请人应当自接到正式申请表之日起1年内完成筹建工作；在规定的期限内未完成筹建工作，有正当理由的，经国务院保险监督管理机构批准，可以延长3个月。在延长期内仍未完成筹建工作的，国务院保险监督管理机构作出的受理决定自动失效。筹建工作完成后，申请人应当将填写好的申请表连同下列文件报国务院保险监督管理机构审批：

（一）筹建报告；

（二）拟设公司的章程；

（三）拟设公司的出资人及其出资额；

（四）法定验资机构出具的验资证明；

（五）对拟任该公司主要负责人的授权书；

（六）拟设公司的高级管理人员名单、简历和任职资格证明；

（七）拟设公司未来3年的经营规划和分保方案；

（八）拟在中国境内开办保险险种的保险条款、保险费率及责任准备金的计算说明书；

（九）拟设公司的营业场所和与业务有关的其他设施的资料；

（十）设立外国保险公司分公司的，其总公司对该分公司承担税务、债务的责任担保书；

（十一）设立合资保险公司的，其合资经营合同；

（十二）国务院保险监督管理机构规定提供的其他文件。

第十二条 国务院保险监督管理机构应当自收到设立外资保险公司完整的正式申请文件之日起60日内，作出批准或者不批准的决定。决定批准的，颁发经营保险业务许可证；决定不批准的，应当书面通知申请人并说明理由。

经批准设立外资保险公司的，申请人凭经营保险业务许可证向市场监督管理部门办理登记，领取营业执照。

第十三条 外资保险公司成立后，应当按照其注册资本或者营运资金总额的20%提取保证金，存入国务院保险监督管理机构指定的银行；保证金除外资保险公司清算时用于清偿债务外，不得动用。

第十四条 外资保险公司在中国境内设立分支机构，由国务院保险监督管理机构按照有关规定审核批准。

第三章 业务范围

第十五条 外资保险公司按照国务院保险监督管理机构核定的业务范围，可以全部或者部分依法经营下列种类的保险业务：

（一）财产保险业务，包括财产损失保险、责任保险、信用保险等保险业务；

（二）人身保险业务，包括人寿保险、健康保险、意外伤害保险等保险业务。

外资保险公司经国务院保险监督管理机构按照有关规定核定，可以在核定的范围内经营大型商业风险保险业务、统括保单保险业务。

第十六条 同一外资保险公司不得同时兼营财产保险业务和人身保险业务。

第十七条 外资保险公司可以依法经营本条例第十五条规定的保险业务的下列再保险业务：

（一）分出保险；

（二）分入保险。

第十八条 外资保险公司的具体业务范围、业务地域范围和服务对象范围，由国务院保险监督管理机构按照有关规定核定。外资保险公司只能在核定的范围内从事保险业务活动。

第四章 监督管理

第十九条 国务院保险监督管理机构有权检查外资保险公司的业务状况、财务状况及资金运用状况，有权要求外资保险公司在规定的期限内提供有关文件、资料和书面报告，有权对违法违规行为依法进行处罚、处理。

外资保险公司应当接受国务院保险监督管理机构依法进行的监督检查，如实提供有关文件、资料和书面报告，不得拒绝、阻碍、隐瞒。

第二十条 除经国务院保险监督管理机构批准外，外资保险公司不得与其关联企业进行资产买卖或者其他交易。

前款所称关联企业，是指与外资保险公司有下列关系之一的企业：

（一）在股份、出资方面存在控制关系；

（二）在股份、出资方面同为第三人所控制；

（三）在利益上具有其他相关联的关系。

第二十一条 外国保险公司分公司应当于每一会计年度终了后 3 个月内，将该分公司及其总公司上一年度的财务会计报告报送国务院保险监督管理机构，并予公布。

第二十二条 外国保险公司分公司的总公司有下列情形之一的，该分公司应当自各该情形发生之日起 10 日内，将有关情况向国务院保险监督管理机构提交书面报告：

（一）变更名称、主要负责人或者注册地；

（二）变更资本金；

（三）变更持有资本总额或者股份总额 10% 以上的股东；

（四）调整业务范围；

（五）受到所在国家或者地区有关主管当局处罚；

（六）发生重大亏损；

（七）分立、合并、解散、依法被撤销或者被宣告破产；

（八）国务院保险监督管理机构规定的其他情形。

第二十三条 外国保险公司分公司的总公司解散、依法被撤销或者被宣告破产的，国务院保险监督管理机构应当停止该分公司开展新业务。

第二十四条 外资保险公司经营外汇保险业务的，应当遵守国家有关外汇管理的规定。

除经国家外汇管理机关批准外，外资保险公司在中国境内经营保险业务的，应当以人民币计价结算。

第二十五条 本条例规定向国务院保险监督管理机构提交、报送文件、资料和书面报告的，应当提供中文本。

第五章 终止与清算

第二十六条 外资保险公司因分立、合并或者公司章程规定的解散事由出现，经国务院保险监督管理机构批准后解散。外资保险公司解散的，应当依法成立清算组，进行清算。

经营人寿保险业务的外资保险公司，除分立、合并外，不得解散。

第二十七条 外资保险公司违反法律、行政法规，被国务院保险监督管理机构吊销经营保险业务许可证的，依法撤销，由国务院保险监督管理机构依法及时组织成立清算组进行清算。

第二十八条 外资保险公司因解散、依法被撤销而清算的，应当自清算组成立之日起 60 日内在报纸上至少公告 3 次。公告内容应当经国务院保险监督管理机构核准。

第二十九条 外资保险公司不能支付到期债务，经国务院保险监督管理机构同意，由人民法院依法宣告破产。外资保险公司被宣告破产的，由人民法院组织国务院保险监督管理机构等有关部门和有关人员成立清算组，进行清算。

第三十条 外资保险公司解散、依法被撤销或者被宣告破产的，未清偿债务前，不得将其财产转移至中国境外。

第六章 法律责任

第三十一条 违反本条例规定，擅自设立外资保险公司或者非法从事保险业务活动的，由国务院保险监督管理机构予以取缔；依照刑法关于擅自设立金融机构罪、非法经营罪或者其他罪的规定，依法追究刑事责任；尚不够刑事处罚的，由国务院保险监督管理机构没收违法所得，并处违法所得1倍以上5倍以下的罚款，没有违法所得或者违法所得不足20万元的，处20万元以上100万元以下的罚款。

第三十二条 外资保险公司违反本条例规定，超出核定的业务范围、业务地域范围或者服务对象范围从事保险业务活动的，依照刑法关于非法经营罪或者其他罪的规定，依法追究刑事责任；尚不够刑事处罚的，由国务院保险监督管理机构责令改正，责令退还收取的保险费，没收违法所得，并处违法所得1倍以上5倍以下的罚款，没有违法所得或者违法所得不足10万元的，处10万元以上50万元以下的罚款；逾期不改正或者造成严重后果的，责令限期停业或者吊销经营保险业务许可证。

第三十三条 外资保险公司违反本条例规定，有下列行为之一的，由国务院保险监督管理机构责令改正，处5万元以上30万元以下的罚款；情节严重的，可以责令停止接受新业务或者吊销经营保险业务许可证：

（一）未按照规定提存保证金或者违反规定动用保证金的；

（二）违反规定与其关联企业从事交易活动的；

（三）未按照规定补足注册资本或者营运资金的。

第三十四条 外资保险公司违反本条例规定，有下列行为之一的，由国务院保险监督管理机构责令限期改正；逾期不改正的，处1万元以上10万元以下的罚款：

（一）未按照规定提交、报送有关文件、资料和书面报告的；

（二）未按照规定公告的。

第三十五条 外资保险公司违反本条例规定，有下列行为之一的，由国务院保险监督管理机构处10万元以上50万元以下的罚款：

（一）提供虚假的文件、资料和书面报告的；

（二）拒绝或者阻碍依法监督检查的。

第三十六条 外资保险公司违反本条例规定，将其财产转移至中国境外的，由国务院保险监督管理机构责令转回转移的财产，处转移财产金额20%以上等值以下的罚款。

第三十七条 外资保险公司违反中国有关法律、行政法规和本条例规定的，国务院保险监督管理机构可以取消该外资保险公司高级管理人员一定期限直至终身在中国的任职资格。

第七章 附 则

第三十八条 对外资保险公司的管理，本条例未作规定的，适用《中华人民共和国保险法》和其他有关法律、行政法规和国家其他有关规定。

第三十九条 香港特别行政区、澳门特别行政区和台湾地区的保险公司在内地（大陆）设立和营业的保险公司，比照适用本条例。

第四十条 外国保险集团公司可以在中国境内设立外资保险公司，具体管理办法由国务院保险监督管理机构依照本条例的原则制定。

第四十一条 境外金融机构可以入股外资保险公司，具体管理办法由国务院保险监督管理机构制定。

第四十二条 本条例自2002年2月1日起施行。

中华人民共和国外资保险公司管理条例实施细则

1. 2004年5月13日中国保险监督管理委员会令2004年第4号公布

2. 根据2010年12月3日中国保险监督管理委员会令2010年第10号《关于修改部分规章的决定》第一次修正

3. 根据2018年2月13日中国保险监督管理委员会令2018年第4号《关于修改〈中华人民共和国外资保险公司管理条例实施细则〉等四部规章的决定》第二次修正

4. 根据2021年3月10日中国银行保险监督管理委员会令2021年第2号《关于修改〈中华人民共和国外资保险公司管理条例实施细则〉的决定》第三次修正

第一条 根据《中华人民共和国保险法》和《中华人民共和国外资保险公司管理条例》（以下简称《条例》），制定本细则。

第二条 《条例》所称外国保险公司，是指在中国境外注册、经营保险业务的保险公司。

第三条 外资保险公司至少有1家经营正常的保险公司或者保险集团公司作为主要股东，进行股权变更的，变更后至少有一家经营正常的保险公司或者保险集团公司作为主要股东。

外资保险公司的外方唯一或者外方主要股东应当为外国保险公司或者外国保险集团公司。

主要股东是指持股比例最大的股东，以及法律、行政法规、中国银行保险监督管理委员会（以下简称银保监会）规定的其他对公司经营管理有重大影响的股东。股东与其关联方、一致行动人的持股比例合并计算。

第四条 外资保险公司主要股东应当承诺自取得股权之日起5年内不转让所持有的股权，并在外资保险公司章程中载明。

经银保监会批准进行风险处置的，银保监会责令依法转让的，涉及司法强制执行的，或者在同一控制人控制的不同主体之间转让股权等特殊情形除外。

第五条 外资保险公司主要股东拟减持股权或者退出中国市场的，应当履行股东义务，保证保险公司偿付能力符合监管要求。

第六条 外资保险公司的注册资本或者营运资金应当为实缴货币。

第七条 外国保险公司分公司成立后，外国保险公司不得以任何形式抽回营运资金。

第八条 《条例》第八条第一项所称设立申请前1年年末，是指申请日的上一个会计年度末。

第九条 《条例》第八条第五项所称其他审慎性条件，至少包括下列条件：

（一）法人治理结构合理；

（二）风险管理体系稳健；

（三）内部控制制度健全；

（四）管理信息系统有效；

（五）经营状况良好，无重大违法违规记录。

第十条 申请人不能提供《条例》第九条第二项要求的营业执照（副本）的，可以提供营业执照的有效复印件或者有关主管当局出具的该申请人有权经营保险业务的书面证明。

第十一条 《条例》第九条第二项所称外国申请人所在国家或者地区有关主管当局对其符合偿付能力标准的证明，应当包括下列内容之一：

（一）在有关主管当局出具证明之日的上一个会计年度，该申请人的偿付能力符合该国家或者地区的监管要求；

（二）在有关主管当局出具证明之日的上一个会计年度中，该申请人没有不符合该国家或者地区偿付能力标准的记录。

第十二条 《条例》第九条第二项所称外国申请人所在国家或者地区有关主管当局对其申请的意见书，应当包括下列内容：

（一）该申请人申请在中国境内设立保险机构是否符合该国家或者地区的法律规定；

（二）是否同意该申请人的申请；

（三）在有关主管当局出具意见之日的前 3 年，该申请人受处罚的记录。

第十三条 《条例》第九条第三项所称年报，应当包括申请人在申请日的前 3 个会计年度的资产负债表、利润表和现金流量表。

前款所列报表应当附由申请人所在国家或者地区认可的会计师事务所或者审计师事务所出具的审计意见书。

第十四条 除法律、行政法规另有规定或者经国务院批准外，《条例》第九条第四项所称中国申请人应当符合《保险公司股权管理办法》等相关规定要求。

第十五条 拟设外资保险公司的筹建负责人应当具备下列条件：

（一）大专以上学历；

（二）从事保险或者相关工作 2 年以上；

（三）无违法犯罪记录。

第十六条 申请人根据《条例》第十一条规定申请延长筹建期的，应当在筹建期期满之日的前 1 个月以内向银保监会提交书面申请，并说明理由。

第十七条 《条例》第十一条第一项所称筹建报告，应当对该条其他各项的内容作出综述。

第十八条 《条例》第十一条第四项所称法定验资机构，是指符合银保监会要求的会计师事务所。

第十九条 《条例》第十一条第四项所称验资证明，应当包括下列内容：

（一）法定验资机构出具的验资报告；

（二）注册资本或者营运资金的银行原始入账凭证的复印件。

第二十条 《条例》第十一条第五项所称主要负责人，是指拟设外国保险公司分公司的总经理。

对拟任外国保险公司分公司主要负责人的授权书，是指由外国保险公司董事长或者总经理签署的、对拟任外国保险公司分公司总经理的授权书。

授权书应当明确记载被授权人的权限范围。

第二十一条 《条例》第十一条第六项所称拟设公司的高级管理人员，应当符合银保监会规定的任职资格条件。

外国保险公司分公司的高级管理人员，应当具备保险公司总公司高级管理人员的任职资格条件。

第二十二条 《条例》第十一条第九项所称拟设公司的营业场所的资料，是指营业场所所有权或者使用权的证明文件。

《条例》第十一条第九项所称与业务有关的其他设施的资料，至少包括计算机设备配置、网络建设情况以及信息管理系统情况。

第二十三条 外资保险公司可以根据业务发展需要申请设立分支机构。

外国保险公司分公司只能在其所在省、自治区或者直辖市的行政辖区内开展业务，银保监会另有规定的除外。

合资保险公司、独资保险公司在其住所地以外的各省、自治区、直辖市开展业务的，应当设立分支机构。分支机构的设立和管理适用银保监会的有关规定。

第二十四条 外资保险公司及其分支机构的高级管理人员，其任职资格审核与管理，按照银保监会的有关规定执行，本细则另有规定的除外。

第二十五条 合资、独资财产保险公司因分立、合并或者公司章程规定的解散事由出现，申请解散的，应当报银保监会批准，并提交下列资料：

（一）公司董事长签署的申请书；

（二）公司股东会的决议；

（三）拟成立的清算组人员构成及清算方案；

（四）未了责任的处理方案。

第二十六条 经银保监会批准解散的合资、独资财产保险公司，应当自收到银保监会批准文件之日起，停止新的业务经营活动，向银保监会缴回经营保险业务许可证，并在15日内成立清算组。

第二十七条 清算组应当自成立后5日内将公司开始清算程序的情况书面通知市场监督管理、税务、人力资源社会保障等有关部门。

第二十八条 清算组应当自成立之日起1个月内聘请符合银保监会要求的会计师事务所进行审计；自聘请之日起3个月内向银保监会提交审计报告。

第二十九条 清算组应当在每月10号前向银保监会报送有关债务清偿、资产处置等最新情况报告。

第三十条 《条例》第二十八条所称报纸，是指具有一定影响的全国性报纸。

第三十一条 外国财产保险公司申请撤销其在中国境内分公司的，应当报银保监会批准，并提交下列资料：

（一）外国财产保险公司董事长或者总经理签署的申请书；

（二）拟成立的清算组人员构成及清算方案；

（三）未了责任的处理方案。

外国财产保险公司撤销其在中国境内分公司的具体程序，适用《条例》及本细则有关合资、外资财产保险公司申请解散的程序。

外国财产保险公司分公司的总公司解散、依法被撤销或者宣告破产的，外国财产保险公司分公司的清算及债务处理适用《条例》第三十条及本细则有关合资、独资财产保险公司解散的相应规定。

第三十二条 《条例》第四十条所称外国保险集团公司，是指经所在国家依法登记注册，对集团内一家或者多家保险公司实施控制、共同控制和重大影响的公司。

保险集团是指保险集团公司及受其控制、共同控制和重大影响的公司组成的企业集合，且保险业务为企业集合的主要业务。

第三十三条 申请设立外资保险公司的外国保险集团公司，应当具备下列条件：

（一）符合《条例》第八条第一、四、五项的规定；

（二）所在国家或者地区有完善的保险监管制度，并且该外国保险集团公司或者其主要保险子公司已经受到所在国家或者地区有关主管当局的有效监管；

（三）其所属外国保险集团或者其主要保险子公司符合所在国家或者地区偿付能力标准。

前款所称主要保险子公司是指受保险集团公司控制、共同控制，申请设立前一年度总资产规模排名靠前的一家或者多家保险公司，且该一家或者多家保险公司合计总资产占该保险集团合并报表保险总资产比重不低于60%。

第三十四条 申请设立外资保险公司的外国保险集团公司，应当提交下列资料：

（一）该外国保险集团公司所在国家或者地区有关主管当局核发的营业执照（副本）；

（二）该外国保险集团公司或者其主要保险子公司所在国家或者地区有关主管当局出具的符合偿付能力标准的证明及对其申请的意见书；

（三）《条例》第九条规定的除第二项之外的资料。

前款第一、二项所要求的资料，应当符合本细则第十条至第十二条的规定。

第三十五条 外资保险公司变更股东，拟受让方或者承继方为外国保险公司或者外国保险集团公司的，应当符合《条例》及本细则关于申请设立外资保险公司的股东条件。

第三十六条 《条例》第四十一条所称境外金融机构，是指在中华人民共和国境外注册并经所在国家或者地区金融监管当局批准或者许可的金融机构。

第三十七条 保险公司、保险集团公司以外的境外金融机构成为外资保险公司股东的，适用《保险公司股权管理办法》相关规定。

第三十八条 外资保险公司违反本细则有关规定的，由银保监会依据《中华人民共和国保险法》《条例》等法律、行政法规进行处罚。

第三十九条 《条例》及本细则要求提交、报送的文件、资料和书面报告，应当提供中文本，中外文本表述不一致的，以中文本的表述为准。

第四十条 《条例》及本细则规定的期限，从有关资料送达银保监会之日起计算。申请人申请文件不全、需要补交资料的，期限应当从申请人的补交资料送达银保监会之日起重新计算。

本细则有关批准、报告期间的规定是指工作日。

第四十一条 对外资保险公司的管理，《条例》和本细则未作规定的，适用其他法律、行政法规与银保监会的有关规定。

外资再保险公司的设立适用《再保险公司设立规定》，《再保险公司设立规定》未作规定的，适用本细则。

第四十二条 投资外资保险公司，影响或者可能影响国家安全的，应当依法进行外商投资安全审查。

第四十三条 香港特别行政区、澳门特别行政区和台湾地区的保险公司和保险集团公司在内地（大陆）设立和营业的保险公司，参照适用《条例》和本细则；法律、行政法规或者行政协议另有规定的，适用其规定。

第四十四条 外国保险公司和外国保险集团公司作为中国境内保险公司股东，设立保险集团公司的，适用保险集团公司管理的相关规定，未作规定的，参照适用《条例》和本细则。

第四十五条 本细则自公布之日起施行。原中国保险监督管理委员会 2004 年 5 月 13 日发布的《中华人民共和国外资保险公司管理条例实施细则》（保监会令 2004 年第 4 号）同时废止。

保险公司设立境外保险类机构管理办法

1. 2006年7月31日中国保险监督管理委员会令2006年第7号发布

2. 根据2015年10月19日中国保险监督管理委员会令2015年第3号《关于修改〈保险公司设立境外保险类机构管理办法〉等八部规章的决定》修订

第一章 总 则

第一条 为了加强管理保险公司设立境外保险类机构的活动，防范风险，保障被保险人的利益，根据《中华人民共和国保险法》（以下简称《保险法》）等法律、行政法规，制定本办法。

第二条 本办法所称保险公司，是指经中国保险监督管理委员会（以下简称中国保监会）批准设立，并依法登记注册的商业保险公司。

第三条 本办法所称境外保险类机构，是指保险公司的境外分支机构、境外保险公司和保险中介机构。

本办法所称保险中介机构，是指保险代理机构、保险经纪机构和保险公估机构。

第四条 本办法所称设立境外保险类机构，是指保险公司的下列行为：

（一）设立境外分支机构、境外保险公司和保险中介机构；

（二）收购境外保险公司和保险中介机构。

第五条 本办法所称收购，是指保险公司受让境外保险公司、保险中介机构的股权、且其持有的股权达到该机构表决权资本总额20%及以上或者虽不足20%但对该机构拥有实际控制权、共同控制权或者重大影响的行为。

保险公司收购上市的境外保险公司、保险中介机构的，适用本办法。中国保监会另有规定的从其规定。

第六条 保险公司设立境外保险类机构应当遵守中国有关保险和外汇管理的法律、行政法规以及中国保监会相关规定，遵守境外的相关法律及规定。

保险公司收购境外保险公司和保险中介机构，应当执行现行保险外汇资金的有关规定。

第七条 中国保监会依法对保险公司设立境外保险类机构的活动实施监督管理。

第八条 保险公司在境外设立代表机构、联络机构或者办事处等非营业性机构的，适用本办法。

第二章 设立审批

第九条 保险公司设立境外保险类机构的，应当具备下列条件：

（一）开业2年以上；

（二）上年末总资产不低于50亿元人民币；

（三）上年末外汇资金不低于1500万美元或者其等值的自由兑换货币；

（四）偿付能力额度符合中国保监会有关规定；

（五）内部控制制度和风险管理制度符合中国保监会有关规定；

（六）最近2年内无受重大处罚的记录；

（七）拟设立境外保险类机构所在的国家或者地区金融监管制度完善，并与中国保险监管机构保持有效的监管合作关系；

（八）中国保监会规定的其他条件。

第十条 保险公司申请设立境外分支机构、境外保险公司和保险中介机构的，应当向中国保监会提交下列材料：

（一）申请书；

（二）国家外汇管理局外汇资金来源核准决定的复印件；

（三）上一年度经会计师事务所审计的公司财务报表及外币资产负债表；

（四）上一年度经会计师事务所审计的偿付能力状况报告；

（五）内部控制制度和风险管理制度；

（六）拟设境外保险类机构的基本情况说明，包括名称、住所、章程、注册资本或者营运资金、股权结构及出资额、业务范围、筹建负责人简历及身份证明材料复印件；

（七）拟设境外保险类机构的可行性研究报告、市场分析报告和筹建方案；

（八）拟设境外保险类机构所在地法律要求保险公司为其设立的境外保险类机构承担连带责任的，提交相关说明材料；

（九）中国保监会规定的其他材料。

保险公司在境外设立的保险公司、保险中介机构有其他发起人的，还应当提交其他发起人的名称、股份认购协议书复印件、营业执照以及上一年度经会计师事务所审计的资产负债表。

第十一条 保险公司申请收购境外保险公司和保险中介机构的，应当向中国保监会提交下列材料：

（一）申请书；

（二）国家外汇管理局外汇资金来源核准决定的复印件；

（三）上一年度经会计师事务所审计的公司财务报表及外币资产负债表；

（四）上一年度和最近季度经会计师事务所审计的偿付能力状况报告及其说明；

（五）内部管理制度和风险控制制度；

（六）拟被收购的境外保险类机构的基本情况说明，包括名称、住所、章程、注册资本或者营运资金、业务范围、负责人情况说明；

（七）拟被收购的境外保险类机构上一年度经会计师事务所审计的公司财务报表；

（八）收购境外保险类机构的可行性研究报告、市场分析报告、收购方案；

（九）中国保监会规定的其他材料。

拟被收购境外保险类机构为保险公司的，还应当提交其上一年度和最近季度经会计师事务所审计的偿付能力状况报告及说明。

第十二条 中国保监会应当依法对设立境外保险类机构的申请进行审查，并自受理申请之日起20日内作出批准或者不予批准的决定。决定不予批准的，应当书面通知申请人并说明理由。

第十三条 保险公司应当在境外保险类机构获得许可证或者收购交易完成后20日内，将境外保险类机构的下列情况书面报告中国保监会：

（一）许可证复印件；

（二）机构名称和住所；

（三）机构章程；

（四）机构的组织形式、业务范围、注册资本或者营运资金、其他股东或者合伙人的出资金额及出资比例；

（五）机构负责人姓名及联系方式；

（六）中国保监会规定的其他材料。

第十四条 保险公司应当在境外代表机构、联络机构或者办事处等非营业性机构设立后20日内，将境外代表机构、联络机构或者办事处等非营业性机构的下列情况书面报告中国保监会：

（一）登记证明的复印件；

（二）名称和住所；

（三）负责人姓名及联系方式；

（四）中国保监会规定的其他材料。

第三章 境外保险类机构管理

第十五条 保险公司应当对其设立的境外保险类机构进行有效的风险管理，并督促该类机构按照所在国法律和监管部门的相关规定，建立健全风险管理制度。

第十六条 保险公司应当严格控制其设立的境外保险类机构对外提供担保。

保险公司在境外设立的分支机构确需对外提供担保的，应当取得被担保人的资信证明，并签署具有法律效力的反担保协议书。以财产抵押、质押等方式提供反担保协议的，提供担保的金额不得超过抵押、质押财产重估价值的60%。

第十七条 保险公司在境外设立的分支机构，除保单质押贷款外，不得对外贷款。

第十八条 保险公司应当对派往其设立的境外保险类机构的董事长和高级管理人员建立绩效考核制度、期中审计制度和离任审计制度。

第十九条 保险公司设立的境外保险类机构清算完毕后，应当将清算机构出具的经当地注册会计师验证的清算报告，报送中国保监会。

第四章 监督检查

第二十条 保险公司应当按照中国会计制度及中国保监会的规定，在财务报告和偿付能力报告中单独披露其设立的境外保险类机构的经营成果、财务状况和偿付能力状况。

第二十一条 保险公司设立的境外保险类机构按照所在地保险监管机构要求编制偿付能力报告的，保险公司应当抄送中国保监会。

第二十二条 保险公司应当在其设立的境外保险类机构每一会计年度结束后5个月内，将该境外保险类机构上一年度的财务报表报送中国保监会。

第二十三条 保险公司应当在每年1月底之前，将其境外代表机构、联络机构或者办事处等非营业性机构的年度工作报告，报送中国保监会。

境外代表机构、联络机构或者办事处等非营业性机构的年度工作报告应当包括该机构的主要工作和机构变更情况。

第二十四条 保险公司设立的境外保险类机构发生下列事项的，保险公司应当在事项发生之日起20日内书面报告中国保监会：

（一）投资、设立公司的；

（二）分立、合并、解散、撤销或者破产的；

（三）机构名称或者注册地变更的；

（四）董事长和高级管理人员变动的；

（五）注册资本和股东结构发生重大变化的；

（六）调整业务范围的；

（七）出现重大经营或者财务问题的；

（八）涉及重大诉讼、受到重大处罚的；

（九）所在地保险监管部门出具监管报告或者检查报告的；

（十）中国保监会认为有必要报告的其他事项。

第二十五条 保险公司转让其境外保险类机构股权的，应当报经中国保监会批准。

第二十六条 保险公司对其境外保险类机构实施下列行为之一的，应当报经中国保监会批准，并按照本办法第十一条的规定提交材料：

（一）增持境外保险类机构股份的；

（二）增加境外保险类机构的资本金或者营运资金的。

第二十七条 保险公司应当建立控制和管理关联交易的相关制度。保险公司与其境外设立的保险公司和保险中介机构之间发生重大关联交易的，应当在交易完成后 15 日内向中国保监会报告。

前款规定的重大关联交易是指保险公司与其境外设立的保险公司和保险中介机构之间的下列交易活动：

（一）再保险分出或者分入业务；

（二）资产管理、担保和代理业务；

（三）固定资产买卖或者债权债务转移；

（四）大额借款；

（五）其他重大交易活动。

第二十八条 保险公司向中国保监会报送的境外保险类机构的各项材料，应当完整、真实、准确。

第五章 法律责任

第二十九条 未经中国保监会批准，擅自设立境外保险类机构的，由中国保监会责令改正，并处 5 万元以上 30 万元以下的罚款；情节严重的，可以限制业务范围、责令停止接受新业务或者吊销经营保险业务许可证。

第三十条 未按照本办法规定报送有关报告、报表、文件和资料的，由中国保监会责令改正，逾期不改正的，处以 1 万元以上 10 万元以下的罚款。

第三十一条 提供虚假的报告、报表、文件和资料的，由中国保监会责令改正，处以 10 万元以上 50 万元以下的罚款；情节严重的，可以限制业务范围、责令停止接受新业务或者吊销经营保险业务许可证。

第六章 附 则

第三十二条 保险集团公司、保险控股公司设立境外保险类机构和境外代表机构、联络机构、办事处等非营业性机构的，适用本办法。中国保监会另有规定的，从其规定。

第三十三条 保险公司在香港、澳门和台湾地区设立保险类机构和境外代表机构、联络机构、办事处等非营业性机构的，适用本办法。

第三十四条 保险公司按照本办法向中国保监会报送的各项报告、报表、文件和材料，应当使用中文。原件为外文的，应当附中文译本。中文与外文表述不一致的，以中文表述为准。

第三十五条 本办法所称的“日”是指工作日，不含节假日。

第三十六条 本办法由中国保监会负责解释。

第三十七条 本办法自2006年9月1日起施行。

2. 保险公司人员及保险专业人员管理

保险公司控股股东管理办法

1. 2012年7月25日中国保险监督管理委员会令2012年第1号公布

2. 自2012年10月1日起施行

第一章 总 则

第一条 为了加强保险公司治理监管，规范保险公司控股股东行为，保护保险公司、投保人、被保险人和受益人的合法权益，根据《中华人民共和国保险法》、《中华人民共和国公司法》等法律、行政法规制定本办法。

第二条 本办法所称保险公司，是指经中国保险监督管理委员会（以下简称中国保监会）批准设立，并依法登记注册的商业保险公司。

第三条 本办法所称保险公司控股股东，是指其出资额占保险公司资本总额百分之五十以上或者其持有的股份占保险公司股本总额百分之五十以上的股东；出资额或者持有股份的比例虽然不足百分之五十，但依其出资额或者持有的股份所享有的表决权已足以对股东会、股东大会的决议产生重大影响的股东。

第四条 中国保监会根据法律、行政法规以及本办法的规定，对保险公司控股股东实施监督管理。

第二章 行为及义务

第一节 控制行为

第五条 保险公司控股股东应当善意行使对保险公司的控制权，依法对保险公司实施有效监督，防范保险公司经营风险，不得利用控制权损害保险公司、投保人、被保险人和受益人的合法权益。

第六条 保险公司控股股东应当审慎行使对保险公司董事、监事的提名权，提名人选应当符合中国保监会规定的条件。

保险公司控股股东应当依法加强对其提名的保险公司董事、监事的履职监督，对不能有效履职的人员应当按照法律和保险公司章程的规定及时进行调整。

第七条 保险公司控股股东应当对同时在控股股东和保险公司任职的人员进行有效管理，防范利益冲突。

保险公司控股股东的工作人员不得兼任保险公司的执行董事和高级管理人员。

保险公司控股股东的董事长不受本条第二款规定的限制。

第八条 保险公司控股股东应当支持保险公司建立独立、完善、健全的公司治理结构，维护保险公司的独立运作，不得对保险公司董事会、监事会和管理层行使职权进行不正当限制或者施加其他不正当影响。

第九条 保险公司控股股东不得指使保险公司董事、监事、高级管理人员以及其他在保险公司任职的人员作出损害保险公司、保险公司其他股东、投保人、被保险人和受益人合法权益的决策或者行为。

第十条 保险公司控股股东提名的保险公司董事，应当审慎提名保险公司高级管理人员，提名人选应当符合中国保监会规定的条件。

保险公司控股股东提名的保险公司董事，应当以维护保险公司整体利益最大化为原则进行独立、公正决策，对所作决策依法承担责任，不得因直接或者间接为控股股东谋取利益导致保险公司、投保人、被保险人和受益人的合法权益受到损害。

保险公司董事会决策违反法律、行政法规和中国保监会规定的，中国保监会将依法追究董事的法律责任，经证明在表决时曾表明异议并记载于会议记录的董事除外。

第十一条 保险公司控股股东应当维护保险公司财务和资产独立，不得对保险公司的财务核算、资金调动、资产管理和费用管理等进行非法干预，不得通过借款、担保等方式占用保险公司资金。

第二节 交易行为

第十二条 保险公司控股股东应当确保与保险公司进行交易的透明性和公允性，不得无偿或者以明显不公平的条件要求保险公司为其提供资金或者其他重大利益。

第十三条 保险公司控股股东与保险公司之间的关联交易应当严格遵守《保险公司关联交易管理暂行办法》等中国保监会的规定。

保险公司控股股东不得利用关联交易、利润分配、资产重组、对外投资等任何方式损害保险公司的合法权益。

第十四条 保险公司控股股东不得利用其对保险公司的控制地位，谋取属于保险公司的商业机会。

第十五条 保险公司控股股东不得向保险公司出售其非公开发行的债券。保险公司控股股东公开发行债券的，应当采取必要措施，确保保险公司购买的债券不得超过该次发行债券总额的百分之十。

第十六条 保险公司控股股东不得要求保险公司代其偿还债务，不得要求保险公司为其支付或者垫支工资、福利、保险、广告等费用。

第三节 资本协助

第十七条 保险公司控股股东应当恪守对保险公司作出的资本协助承诺，不得擅自变更或者解除。

第十八条 保险公司控股股东应当保持财务状况良好稳定，具有较强的资本实力和持续的出资能力。

对偿付能力不足的保险公司，保监会依法责令其增加资本金时，保险公司控股股东应当积极协调保险公司其他股东或者采取其他有效措施，促使保险公司资本金达到保险监管的要求。

第十九条 保险公司控股股东应当根据保险公司的发展战略、业务发展计划以及风险状况，指导保险公司编制资本中期规划和长期规划，促进保险公司资本需求与资本补充能力相匹配。

第二十条 保险公司控股股东的财务状况、资本补充能力和信用状况发生重大不利变化的，应当依法及时向中国保监会报告。

第二十一条 保险公司控股股东不得接受其控制的保险公司以及该保险公司控制的子公司的投资入股。

第四节 信息披露和保密

第二十二条 保险公司控股股东应当严格按照国家有关规定履行信息披露义务，并保证披露信息的及时、真实、准确、完整，不得有虚假记载、误导性陈述或者重大遗漏。

第二十三条 保险公司控股股东应当建立信息披露管理制度，明确规定涉及保险公司重大信息的范围、保密措施、报告和披露等事项。

第二十四条 保险公司控股股东与保险公司之间进行重大关联交易，保险公司按照《保险公司信息披露管理办法》的要求，披露保险公司全体独立董事就该交易公允性出具的书面意见以及其他相关信息，保险公司控股股东应当积极配合。

第二十五条 保险公司控股股东应当恪守对保险公司的保密义务，不得违法使用保险公司的客户信息和其他信息。

第二十六条 公共传媒上出现与保险公司控股股东有关的、对保险公司可能产生重大影响的报道或者传闻，保险公司控股股东应当及时就有关报道或者传闻所涉及事项向保险公司通报。

第五节 监管配合

第二十七条 保险公司控股股东应当及时了解中国保监会的相关规定、政策，根据中国保监会对保险公司的监管意见，督促保险公司依法合规经营。

保险公司控股股东认为必要时，可以向中国保监会反映保险公司的业务经营和风险管理等情况。

第二十八条 保险公司控股股东对保险公司的股权投资策略和发展战略作出重大调整的，应当及时向中国保监会报告。

第二十九条 保险公司控股股东应当积极配合中国保监会对保险公司进行风险处置，并按照中国保监会的要求提供有关信息资料或者采取其他措施。

第三十条 保险公司控股股东转让股权导致或者有可能导致保险公司控制权变更的，应当在转让期间与受让方和保险公司共同制定控制权交接计划，确保保险公司经营管理稳定，维护投保人、被保险人和受益人的合法权益。

控制权交接计划应当对转让过程中可能出现的违法违规或者违反承诺的行为约定处理措施。

第三章 监督管理

第三十一条 中国保监会建立保险公司控股股东信息档案，记录和管理保险公司控股股东的相关信息。

第三十二条 因股权转让导致保险公司控制权变更的，保险公司在向中国保监会提交股权变更审批申请时，应当提交本办法第三十条规定的控制权交接计划并说明相关情况。

第三十三条 中国保监会有权要求保险公司控股股东在指定的期限内提供下列信息和资料：

（一）法定代表人或者主要负责人情况；

（二）股权控制关系结构图；

（三）经审计的财务报告；

（四）其他有关信息和资料。

保险公司控股股东股权控制关系结构图应当包括其持股百分之五以上股东的基本情况、持股目的和持股情况，并应当逐级披露至享有最终控制权的自然人、法人或者机构。

第三十四条 保险公司出现严重亏损、偿付能力不足、多次重大违规或者其他重大风险隐患的，中国保监会可以对保险公司控股股东的董事、监事和高级管理人员进行监管谈话。

第三十五条 保险公司控股股东利用关联交易严重损害保险公司利益，危及公司偿付能力的，由中国保监会责令改正。在按照要求改正前，中国保监会可以限制其享有的资产收益、参与重大决策和选择管理者等股东权利；拒不改正的，可以责令其在一定期限内转让所持的部分或者全部保险公司股权。

第三十六条 保险公司控股股东有其他违反本办法规定行为的，由中国保监会责令改正，并可以依法采取相应的监管措施。

第四章　附　　则

第三十七条 保险集团公司控股股东参照适用本办法。

第三十八条 国务院财政部门、国务院授权投资机构以及《保险集团公司管理办法（试行）》规定的保险集团公司是保险公司控股股东的，不适用本办法。

第三十九条 外资保险公司控股股东不适用本办法第七条第二款的规定；中国保监会另有规定的，适用其规定。

第四十条 本办法由中国保监会负责解释。

第四十一条 本办法自2012年10月1日起施行。

保险机构独立董事管理办法

1. 2018年6月30日发布

2. 银保监发〔2018〕35号

3. 根据2020年2月4日中国银行保险监督管理委员会《关于废止和修改部分规范性文件的通知》(银保监发〔2020〕5号)修正

第一章　总　　则

第一条　为进一步完善保险机构独立董事制度，充分发挥独立董事在保险机构公司治理结构中的重要作用，促进科学决策和充分监督，根据《中华人民共和国公司法》《中华人民共和国保险法》及有关保险监管规定，制定本办法。

第二条　本办法所称独立董事是指在所任职的保险机构不担任除董事外的其他职务，并与保险机构股东、实际控制人不存在可能影响其对公司事务进行独立客观判断关系的董事。

第三条　保险集团（控股）公司、保险公司、保险资产管理公司、相互保险社应当建立独立董事制度，并根据本办法的规定，建立健全实施独立董事制度的各项内部配套机制和工作流程。

经中国银行保险监督管理委员会批准设立，并依法登记注册的外资股东出资额或者持股占保险机构注册资本或股本总额25%以上的保险机构参照执行。

第四条　保险集团（控股）公司治理结构健全，公司治理运行有效，并已按照本办法建立独立董事制度，经保险集团（控股）公司申请，中国银行保险监督管理委员会备案，其保险子公司可以不适用本办法。

保险集团（控股）公司或其豁免适用本办法的保险子公司出现公司治理机制重大缺陷或公司治理机制失灵的，中国银行保险监督管理委员会可以视情形撤销其保险子公司适用本办法的豁免。

第二章　独立董事设置要求

第五条　保险机构董事会独立董事人数应当至少为3名，并且不低于董事会成员总数的1/3。

保险机构存在出资额或者持股占保险机构注册资本或股本总额50%以上控股股东的，其独立董事占董事会成员的比例必须达到1/2以上。

前款所述控股股东为保险集团（控股）公司或保险公司的保险机构，可以不受前款规定限制。

存在第二款所述控股股东的保险机构，其公司治理评价在董事会换届前2年连续为优秀的，其下一届董事会（3年）独立董事占比可以不受本条第二款规定限制。公司治理评价未能达到上述要求的，应当主动调整独立董事人数至占董事会成员比例1/2以上。

鼓励公司治理结构健全、公司治理运行规范的保险机构逐步增加独立董事人数，提高独立董事占比。

第六条 保险机构应当结合保险行业特点和自身发展阶段特点，选择具有财务、会计、金融、保险、精算、投资、风险管理、审计、法律等专业背景或经历的人士担任独立董事，不断优化董事会专业结构，提高董事会专业委员会运作效能。

第七条 保险机构应当重视发挥独立董事在董事会专业委员会的作用。董事会审计委员会、提名薪酬委员会应当至少包括2名独立董事，独立董事占比应不低于委员会成员总数的1/3，主任委员应当由独立董事担任。

担任董事会审计委员会委员的独立董事，应当至少有1人为财务、会计或审计专业人士，或具备5年以上财务、会计或审计工作经验。

担任董事会提名薪酬委员会委员的独立董事，应当至少有1人具备较强的识人用人和薪酬管理能力，并具备在企事业单位担任领导或者管理职务的任职经历。

第八条 保险机构出现公司治理机制失灵，或者保险机构控股股东、实际控制人严重侵害保险机构、保险消费者和中小股东利益，或者出现被中国银行保险监督管理委员会限制股东权利等情形的，除按照法律法规和其他监管规定应当实施的行政处罚或监管措施外，中国银行保险监督管理委员会还可以采取以下措施：

（一）限制相关股东提名独立董事的权利；

（二）要求增加独立董事人数和比例；

（三）责令撤换有关独立董事；

（四）经保险机构申请，向其派驻独立董事。

第三章 独立董事任职条件

第九条 独立董事应当具备较高的专业素质和良好的信誉，除符合国家法律法规和中国银行保险监督管理委员会规定的董事任职资格要求外，还应当具备以下条件：

（一）大学本科以上学历或者学士以上学位；

（二）具有5年以上从事管理、财务、会计、金融、保险、精算、投资、风险管理、审计、法律等工作经历；

（三）符合本办法所要求的独立性；

（四）有履行职责所必需的时间和精力；

（五）中国银行保险监督管理委员会规定的其他条件。

除上述条件外，独立董事应当符合保险机构章程规定的其他条件。

第十条 独立董事应当具有独立性。有下列情形之一的，不得担任保险机构独立董事：

（一）近3年内在持有保险机构5%以上出资额或股份的股东单位或者保险机构前10名股东单位任职的人员及其近亲属、主要社会关系；

本项所称股东单位包括该股东逐级追溯的各级控股股东及其关联方、一致行动人以及该股东的附属企业。

（二）近3年内在保险机构或者其实际控制的企业任职的人员及其近亲属、主要社会关系；

（三）近1年内为保险机构及其控股股东、其各自附属企业提供审计、精算、法律和管理咨询等服务的人员；

（四）近1年内在与保险机构及其控股股东、其各自附属企业有业务往来的银行、法律、咨询、审计等机构担任高级管理人员、合伙人或控股股东；

（五）在其他经营同类主营业务的保险机构任职的人员；

（六）中国银行保险监督管理委员会认定的其他可能影响独立判断的人员。

第十一条 独立董事应当保证有足够的时间和精力有效履行职责，最多同时在4家境内外企业担任独立董事。

第十二条 独立董事正式任职前，应当取得中国银行保险监督管理委员会的任职资格核准。

拟任独立董事获得中国银行保险监督管理委员会任职资格核准后，应当在具有较大影响力的全国性媒体和保险机构官方网站公布拟任独立董事任职声明，表明独立性并承诺勤勉尽职，保证具有足够的时间和精力履行职责。任职声明应当报中国银行保险监督管理委员会备案。

对保险机构拟任独立董事声明的独立性和其他条件有异议的，可以向中国银行保险监督管理委员会反映。

第十三条 当独立董事任职期间出现对其独立性构成影响的情形时，独立董事应当主动向董事会申明，并同时申请表决回避。

董事会在收到独立董事个人申明后，应当以会议决议方式对该独立董事是否符合独立性要求做出认定。董事会认定其不符合独立性要求的，独立董事应当主动提出辞职。

自董事会做出认定之日起5个工作日内，保险机构应当在公司官方网站公开披露独立董事申明和董事会认定结果。

第四章 独立董事产生、罢免及换届机制

第十四条 保险机构应当在章程中明确独立董事人数、产生、罢免及换届机制。

第十五条 独立董事可以通过下列方式提名：

（一）单独或者合计持有保险机构3%以上出资额或股份的股东提名；

（二）董事会提名薪酬委员会提名；

（三）监事会提名；

（四）中国银行保险监督管理委员会认可的其他方式。

持有保险机构1/3以上出资额或股份的股东及其关联股东、一致行动人不得提名独立董事。

保险集团（控股）公司、保险公司作为保险机构出资额或持股1/3以上股东，可以不受前款规定限制。

董事会提名薪酬委员会、监事会提名独立董事的，应当通过会议决议方式做出。

第十六条 独立董事提名人在提名前应当取得被提名人同意，并应当详细了解被提名人的职业、职称、学历、专业知识、工作经历、全部兼职、过往担任独立董事履职情况及其近亲属、主要社会关系等情况，并应当就被提名人的独立性和资格出具书面意见。

独立董事被提名人应向提名人提交证明其符合独立性和其他资格要求的书面声明和证明文件。

第十七条 独立董事候选人在提交股东（大）会选举前，应当履行董事会提名薪酬委员会审查程序。

对于非经董事会提名薪酬委员会提名的独立董事候选人，提名薪酬委员会应当就提名人资格、候选人资格、提名程序等是否符合本办法及公司章程规定进行审查，并向董事会提交是否符合要求的审查意见。

第十八条 独立董事由股东（大）会选举产生。

保险机构单个股东（关联股东或一致行动人合计）持股比例超过50%的，股东（大）会选举独立董事时，应当实行累积投票制。

第十九条 独立董事的任期与保险机构其他董事的任期相同，任期届满可以连选连任，连续任职原则上不得超过6年。

连续6年任期届满的独立董事，经保险机构向中国银行保险监督管理委员会报备，可以作为该保险机构独立董事候选人，但再任期限不得超过3年。

除前款规定情形外，独立董事在同一家保险机构连续任职满6年的，自该事实发生之日起3年内不得被提名为该保险机构独立董事候选人。

第二十条 独立董事在任期届满前可以提出辞职。独立董事辞职应当向董事会递交书面辞职报告，并对任何与其辞职有关且有必要引起股东、董事会和保险消费者注意的情况向董事会提交书面说明。

保险机构应当在收到独立董事辞职报告后5个工作日内，以书面形式向中国银行保险监督管理委员会报告。

第二十一条 独立董事辞职导致保险机构董事会或董事会专业委员会中独立董事人数低于最低要求时，在新的独立董事任职前，该独立董事应当继续履行职责，因丧失独立性而辞职和被免职的除外。

第二十二条 独立董事任期届满前不得无故被免职。

因独立性丧失且本人未主动提出辞职的，或者存在未尽勤勉义务等其他不适宜继续担任独立董事的情形，且本人未主动提出辞职的，股东、董事、监事可以以书面方式向董事会提交免职建议和事实证明材料，董事会应当对免职建议进行审议，并提交股东（大）会审议。被提议免职的独立董事可以向董事会作出申辩和陈述。

第二十三条 对独立董事的免职决议应当由股东会代表2/3以上表决权的股东通过，或股东大会出席会议股东所持表决权2/3以上通过。

在股东（大）会召开前至少15天，保险机构应当书面通知该独立董事，告知其免职理由和相应的权利。被提议免职的独立董事在股东（大）会表决前有权向会议做出申辩和陈述。

第二十四条 保险机构应当在股东（大）会作出免职决议后5个工作日内，将免职理由、独立董事的申辩和陈述等有关情况，以书面形式向中国银行保险监督管理委员会报告。

被免职的独立董事对股东（大）会免职决议持有异议的，可以就免职相关情况及保险机构治理状况向中国银行保险监督管理委员会报告。中国银行保险监督管理委员会认为有必要的，可以要求保险机构作出书面说明。

第二十五条 独立董事辞职、被免职或被中国银行保险监督管理委员会撤销其任职资格的，保险机构应当自收到辞职报告、被免职或被撤销任职资格之日起3个月内召开股东（大）会改选独立董事。

董事会任期内改选独立董事，应当遵守本办法规定的独立董事提名、审查和选举程序。

第五章 独立董事职责、权利和义务

第二十六条 独立董事应当诚信、独立、勤勉履行职责，切实维护保险机构、保险消费者和中小股东的合法权益，不受保险机构主要股东、实际控制人、管理层或者其他与保险机构存在重大利害关系的单位或者个人的影响。

第二十七条 独立董事应当对股东（大）会或者董事会讨论事项发表客观、公正的独立意见，尤其应当就以下事项向董事会或者股东（大）会发表意见：

（一）重大关联交易；

（二）董事的提名、任免以及高级管理人员的聘任和解聘；

（三）董事和高级管理人员的薪酬；

（四）利润分配方案；

（五）非经营计划内的投资、租赁、资产买卖、担保等重大交易事项；

（六）其他可能对保险机构、保险消费者和中小股东权益产生重大影响的事项；

（七）法律法规、监管规定或者公司章程约定的其他事项。

独立董事对上述事项投弃权或反对票的，或者认为发表意见存在障碍的，应当向保险机构提交书面意见，并向中国银行保险监督管理委员会报告。独立董事的书面意见应当存入会议档案。

第二十八条 除具有《中华人民共和国公司法》和其他法律法规、监管规定及公司章程赋予董事的职权外，独立董事享有如下特别职权：

（一）对重大关联交易的公允性、内部审查程序执行情况以及对保险消费者权益的影响进行审查，所审议的关联交易存在问题的，独立董事应当出具书面意见。2名以上独立董事认为有必要的，可以聘请中介机构出具独立财务顾问报告，作为判断的依据；

（二）1/2以上且不少于2名独立董事可以向董事会提请召开临时股东（大）会；

（三）2名以上独立董事可以提议召开董事会；

（四）独立聘请外部审计机构和咨询机构；

（五）法律法规、监管规定及公司章程约定的其他职权。

第二十九条 独立董事可以召开仅由独立董事参加的会议，对公司事务进行讨论，可以推举1名独立董事负责会议的召集及其他协调工作。

第三十条 董事会决议事项可能损害保险机构、保险消费者或者中小股东利益，董事会不接受独立董事意见的，1/2 以上且不少于 2 名独立董事可以向董事会提请召开临时股东（大）会。

董事会不同意召开临时股东（大）会的，独立董事应当向中国银行保险监督管理委员会报告。

第三十一条 保险机构应当保证独立董事的知情权，为独立董事提供履行职责所必需的工作条件。

第三十二条 独立董事行使职权时，保险机构股东、实际控制人、董事长和管理层应当积极支持和配合，为发挥独立董事的决策监督作用创造良好的内部环境，不得干预其独立行使职权。

独立董事依法行使职权遭遇阻碍时，可以向保险机构董事长或总经理说明情况，董事长或总经理应当责令相关人员改正，并追究相关人员的责任。

董事长或总经理未采取行动，或相关人员不予改正的，独立董事可以向中国银行保险监督管理委员会报告。

第三十三条 独立董事享有与其他董事同等的知情权。

保险机构应当及时完整地向独立董事提供参与决策的必要信息。独立董事认为据以作出决策的资料不充分时，可以要求保险机构补充。2 名以上独立董事认为补充资料仍不充分时，可联名要求延期审议相关议题，董事会应当采纳。

第三十四条 保险机构应当建立面向董事的信息报送制度，持续为独立董事提供履职所需的相关信息，协助独立董事及时了解保险机构及行业发展动态信息，包括：

（一）保险机构业务状况、财务状况、管理层重要经营决策、董事会及股东（大）会决议执行情况等保险机构经营管理相关的信息；

（二）反映市场状况和行业发展情况的信息；

（三）与保险机构发展相关的法律法规和监管政策信息；

（四）中国银行保险监督管理委员会组织实施的重大监管行动信息；

（五）独立董事要求提供的与履职相关的其他信息。

第三十五条 独立董事应当亲自出席董事会会议和所任职董事会专业委员会会议，列席股东（大）会。

独立董事因故不能亲自出席董事会会议的，应当书面委托其他独立董事代为出席。

独立董事 1 年内 2 次未亲自出席董事会会议的，保险机构应当向其发出书面提示。

独立董事连续3次未亲自出席董事会会议的，视为不履行职责，保险机构应当在3个月内召开股东（大）会免除其职务并选举新的独立董事。

独立董事在一届任期内2次被提示的，不得连任。

独立董事因未亲自出席会议被免职或者存在不得连任情形的，自事实发生之日起3年内不得受聘担任其他保险机构独立董事。

第三十六条 独立董事应当主动持续了解政策法规变化和保险机构经营管理情况，特别关注和监督本办法第二十七条所涉及事项的执行情况。

独立董事开展相关调查及聘请外部机构的费用由保险机构承担。

第三十七条 独立董事个人应当于每年4月30日前通过电子邮件向中国银行保险监督管理委员会提交报告，报告内容包括但不限于所任职保险机构公司治理面临的突出问题和风险、独立董事履职存在的障碍及对中国银行保险监督管理委员会的意见建议。

保险机构出现公司治理机制重大缺陷或公司治理机制失灵的，独立董事应当及时将有关情况向中国银行保险监督管理委员会报告。

独立董事除按照规定向中国银行保险监督管理委员会报告有关情况外，应当保守保险机构商业秘密。

第三十八条 独立董事应当每年向股东（大）会提交尽职报告。尽职报告主要包括：

（一）参加会议情况，包括未亲自出席会议的次数及原因；

（二）发表意见情况，包括投弃权或反对票的情况及原因，无法发表意见的情况及原因；

（三）为了解保险机构经营管理状况所做的工作，包括开展现场调研、专项调查、与管理层工作沟通等；

（四）履职过程中存在的障碍，包括未能保障独立董事知情权的情况、履职受到干扰或阻碍的情况，以及独立董事向董事会和管理层提出工作意见和建议未被采纳的情况；

（五）年度工作自我评价，包括是否持续保持独立性的自我评价、是否存在未尽独立董事职责的情况、参加培训的情况；

（六）对董事会及管理层工作的评价；

（七）独立董事认为应当提请股东（大）会关注的其他事项。

保险机构应当于每年5月15日前将独立董事尽职报告报中国银行保险监督管理委员会。

第六章 独立董事的管理

第三十九条 保险机构应当建立健全独立董事履职年度评价机制，建立相应的评价程序、评价标准和评价结果等级，对独立董事履职进行客观公正的评价。

独立董事履职年度评价可以划分为优秀、良好、合格和不合格四种评价结果。

独立董事在评价年度内连续2次未亲自出席董事会会议、被采取监管措施或受到监管处罚的，其年度评价结果不得为优秀或良好。

第四十条 保险机构董事会负责组织对独立董事的履职评价工作。

对独立董事的履职评价应当结合独立董事尽职报告，并分别征求董事会其他成员、监事会成员和总经理的意见，董事会形成独立董事履职评价初步结果后，应当提交股东（大）会审议。

独立董事履职评价结果应当与独立董事尽职报告一并报中国银行保险监督管理委员会备案。

保险机构应当将独立董事履职情况及评价结果在独立董事人才库进行公开披露。

第四十一条 保险机构应当给予独立董事适当的津贴，津贴标准应当充分体现独立董事所承担的职责。

董事会应当制订独立董事津贴方案，并提交股东（大）会审议批准。津贴方案应当充分考虑独立董事的履职情况和年度履职评价结果。

除上述津贴外，独立董事不得从保险机构及其主要股东或有利害关系的机构、人员处取得额外的、未予披露的其他利益。

第四十二条 保险机构可以建立必要的独立董事责任保险制度，以降低独立董事正常履行职责可能引致的风险。

第四十三条 独立董事在取得任职资格之日起一年内应当至少参加一次中国银行保险监督管理委员会组织或认可的独立董事培训，此后每两年应当至少参加一次中国银行保险监督管理委员会组织或认可的独立董事培训。

保险机构可以为独立董事组织有助于其履职的内部培训。

独立董事参加培训的相关费用应当由保险机构承担。

第四十四条 中国银行保险监督管理委员会支持行业自律机构组织会员单位针对独立董事开展以下工作：

（一）对独立董事选任、履职、津贴等方面作出自律规定；

（二）组织相关培训，推动独立董事制度持续有效实施；

（三）进行相关专题研究和履职经验交流；

（四）向中国银行保险监督管理委员会提出意见建议。

第四十五条 中国保险行业协会开展保险机构独立董事人才库建设及管理。

独立董事人才库是独立董事推荐选任、履职评价、奖惩声誉、信息披露、监督管理的平台。

保险机构可以从独立董事人才库或其他渠道选聘独立董事。

保险机构全部在任独立董事应当入库管理。符合条件的专业人士可以向中国保险行业协会申请加入人才库，进一步丰富独立董事人才资源。

保险机构独立董事人才库入库标准及管理办法由中国银行保险监督管理委员会另行制定。

第四十六条 中国银行保险监督管理委员会结合独立董事尽职报告、独立董事个人向中国银行保险监督管理委员会提交的报告、保险机构对独立董事履职评价等情况，对独立董事履职进行年度监管评价，评价结果分为尽职与未尽职两类，监管评价结果在独立董事人才库公开披露。

第四十七条 存在下列情形之一的，独立董事年度监管评价为未尽职：

（一）连续2次未亲自出席且未委托他人出席董事会会议的；

（二）独立董事个人连续2年未按要求向中国银行保险监督管理委员会报送报告的；

（三）保险机构对独立董事年度履职评价为不合格的；

（四）符合本办法第五十一条规定的情形，被中国银行保险监督管理委员会采取监管措施或处罚的；

（五）其他中国银行保险监督管理委员会认定未尽职的情形。

第七章 监督和处罚

第四十八条 中国银行保险监督管理委员会对保险机构独立董事制度实施情况进行监督管理。

第四十九条 保险机构股东应当支持保险机构全面实施本办法各项规定。

保险机构股东对保险机构设置障碍导致无法有效实施本办法，或者对独立董事合法履职设置阻碍或施加不利影响的，中国银行保险监督管理委员会有权责令改正，并对保险机构及其股东采取通报、监管谈话、出具监管函等监管措施。

第五十条 保险机构或相关人员存在下列情形的，中国银行保险监督管理委员会可以按照有关法律、法规和规章的规定，采取责令改正、通报、监管谈话、出具监管函等监管措施，或视情节依据相关法律法规对其作出行政处罚：

（一）保险机构未按本办法实施独立董事制度；

（二）因保险机构董事、高级管理人员或其他相关人员干扰、阻碍，或保险机构不提供必要工作条件等原因，致使独立董事无法正常履职；

（三）独立董事知情权得不到保障；

（四）独立董事发现保险机构或董事、高级管理人员涉嫌违法违规行为向董事会报告后，董事会未采取有效措施；

（五）其他严重妨碍独立董事履职的情形。

第五十一条 独立董事存在下列情形的，中国银行保险监督管理委员会可以按照有关法律、法规和规章的规定，采取责令改正、通报、监管谈话、出具监管函等监管措施，或视情节依据相关法律法规对其作出行政处罚：

（一）履职过程中接受不正当利益或者利用独立董事地位谋取私利的；

（二）董事会决议严重违反法律、法规、公司章程，或者明显损害保险机构、股东、保险消费者合法权益，本人未投反对票且不具有免责情形的；

（三）对重大关联交易未尽到审慎审查职责的；

（四）经查实独立董事存在主观隐瞒其独立性重大缺陷的；

（五）中国银行保险监督管理委员会认定的其他违反监管规定的情形。

独立董事受到中国银行保险监督管理委员会行政处罚的，或独立董事未尽勤勉义务，连续3次未亲自出席董事会会议，而保险机构未在3个月内予以免职的，中国银行保险监督管理委员会可以责令保险机构撤换有关独立董事。独立董事被责令撤换的，中国银行保险监督管理委员会将在具有较大影响力的全国性媒体上予以公布。

第五十二条 因失职给保险机构或股东造成损失的，独立董事应当依法承担相应的赔偿责任。

第八章 附 则

第五十三条 释义

（一）本办法所称“保险机构”，是指在中华人民共和国境内登记注册的保险法人，包括保险集团（控股）公司、保险公司、保险资产管理公司及相互保险社。

（二）本办法所称“主要股东”，是指其出资额或持有的股份占公司注册资本或股本总额15%以上的股东。

（三）本办法所称“任职”，包括担任董事、监事、高级管理人员以及其他工作人员。

（四）本办法所称“以上”包含本数。

第五十四条 法律法规对上市保险机构独立董事另有规定的，从其规定。

第五十五条 本办法由中国银行保险监督管理委员会负责解释。

第五十六条 本办法自发布之日起施行。原中国保监会 2007 年 4 月 6 日发布的《保险公司独立董事管理暂行办法》（保监发〔2007〕22 号）同时废止。

保险公司董事、监事和高级管理人员任职资格管理规定

1. 2021 年 6 月 3 日中国银行保险监督管理委员会令 2021 年第 6 号公布
2. 自 2021 年 7 月 3 日起施行

第一章 总 则

第一条 为了加强和完善对保险公司董事、监事和高级管理人员的管理，保障保险公司稳健经营，促进保险业健康发展，根据《中华人民共和国保险法》《中华人民共和国行政许可法》和有关法律、行政法规，制定本规定。

第二条 中国银行保险监督管理委员会（以下简称银保监会）根据法律法规授权，对保险公司董事、监事和高级管理人员任职资格实行统一监督管理。

银保监会派出机构依法独立负责辖区内保险公司分支机构高级管理人员任职资格的监督管理，但中资再保险公司分公司和境外保险公司分公司除外。银保监会派出机构根据授权依法独立负责辖区内保险公司董事、监事和高级管理人员任职资格的监督管理。

第三条 本规定所称保险公司，是指经银保监会批准设立，并依法登记注册的商业保险公司。

本规定所称同类保险公司，是指同属财产保险公司、同属人身保险公司或者同属再保险公司。

专属机构高级管理人员任职资格管理，由银保监会另行规定。

第四条 本规定所称高级管理人员，是指对保险公司经营管理活动和风险控制具有决策权或者重大影响的下列人员：

（一）总公司总经理、副总经理和总经理助理；

（二）总公司董事会秘书、总精算师、合规负责人、财务负责人和审计责任人；

（三）省级分公司总经理、副总经理和总经理助理；

（四）其他分公司、中心支公司总经理；

（五）与上述高级管理人员具有相同职权的管理人员。

第五条 保险公司董事、监事和高级管理人员，应当在任职前取得银保监会或其派出机构核准的任职资格。

第二章 任职资格条件

第六条 保险公司董事、监事和高级管理人员应当遵守法律、行政法规和银保监会的有关规定，遵守保险公司章程。

第七条 保险公司董事、监事和高级管理人员应当符合以下基本条件：

（一）具有完全民事行为能力；

（二）具有诚实信用的品行、良好的守法合规记录；

（三）具有履行职务必需的知识、经验与能力，并具备在中国境内正常履行职务必需的时间和条件；

（四）具有担任董事、监事和高级管理人员职务所需的独立性。

第八条 保险公司董事、监事和高级管理人员应当具有大学本科以上学历或者学士以上学位。

第九条 保险公司董事长应当具有金融工作经历 5 年以上或者经济工作经历 10 年以上（其中金融工作经历不得少于 3 年）。

第十条 保险公司董事和监事应当具有 5 年以上与其履行职责相适应的工作经历。

第十一条 保险公司总经理应当具有金融工作经历 8 年以上或者经济工作经历 10 年以上（其中金融工作经历不得少于 5 年），并且具有下列任职经历之一：

（一）担任保险公司省级分公司总经理以上职务高级管理人员 5 年以上；

（二）担任保险公司部门主要负责人 5 年以上；

（三）担任金融监管机构相当管理职务 5 年以上。

具有 10 年以上金融工作经历且其中保险业工作经历不少于 2 年，并担任国家机关、大中型企业相当管理职务 5 年以上的，可以不受前款关于任职经历的限制。

第十二条 保险公司副总经理、总经理助理应当从事金融工作 8 年以上或者经济工作 10 年以上。

第十三条 保险公司董事会秘书应当从事金融工作 5 年以上或者经济工作 8 年以上。

第十四条 保险公司总精算师应当具备下列条件：

（一）取得中国精算师、北美精算师、英国精算师、法国精算师或者银保监会认可的其他国家（地区）精算领域专业资格 3 年以上，熟悉中国保险精算监管制度，具有从事保险精算工作必需的专业技能；

（二）从事保险精算、保险财务或者保险投资工作8年以上，其中包括5年以上在保险行业内担任保险精算、保险财务或者保险投资管理职务的任职经历；

（三）银保监会规定的其他条件。

其中，银保监会认可的其他国家（地区）精算领域专业资格，由银保监会不定期公布。

第十五条 保险公司合规负责人应当具备下列条件：

（一）具有在企事业单位或者国家机关担任领导或者管理职务的任职经历；

（二）熟悉合规工作，具有一定年限的合规从业经历，从事法律、合规、稽核、财会或者审计等相关工作5年以上，或者在金融机构的业务部门、内控部门或者风险管理部门等相关部门工作5年以上；

（三）熟悉保险法律、行政法规和基本民事法律，熟悉保险监管规定和行业自律规范；

（四）银保监会规定的其他条件。

第十六条 保险公司财务负责人应当从事金融工作5年以上或者经济工作8年以上，并且具备下列条件：

（一）具有在企事业单位或者国家机关担任领导或者管理职务的任职经历；

（二）具有国内外会计、财务、投资或者精算等相关领域的合法专业资格，或者具有国内会计或者审计系列高级职称；

（三）熟悉履行职责所需的法律法规和监管规定，在会计、精算、投资或者风险管理等方面具有良好的专业基础；

（四）对保险业的经营规律有比较深入的认识，有较强的专业判断能力、组织管理能力和沟通能力；

（五）银保监会规定的其他条件。

具有财会等相关专业博士学位的，或从事金融工作10年以上并且在金融机构担任5年以上管理职务的，可以豁免本条第一款第（二）项规定的条件。

第十七条 保险公司审计责任人应当具备下列条件：

（一）具有在企事业单位或者国家机关担任领导或者管理职务的任职经历；

（二）从事审计、会计或财务工作5年以上，或者从事金融工作8年以上，熟悉金融保险业务；

（三）银保监会规定的其他条件。

第十八条 保险公司省级分公司总经理、副总经理和总经理助理应当从事金融工作5年以上或者经济工作8年以上。

省级分公司总经理除具备前款规定条件外，还应当具有下列任职经历之一：

（一）担任保险公司中心支公司总经理以上职务高级管理人员3年以上；

（二）担任保险公司省级分公司部门主要负责人以上职务3年以上；

（三）担任其他金融机构高级管理人员3年以上；

（四）担任国家机关、大中型企业相当管理职务5年以上。

第十九条 保险公司在计划单列市设立的行使省级分公司管理职责的分公司，其高级管理人员的任职条件参照适用第十八条规定。

第二十条 除省级分公司以外的其他分公司、中心支公司总经理应当从事金融工作3年以上或者经济工作5年以上，还应当具有下列任职经历之一：

（一）担任保险公司高级管理人员2年以上；

（二）担任保险公司分公司、中心支公司部门主要负责人以上职务2年以上；

（三）担任其他金融机构高级管理人员2年以上；

（四）担任国家机关、大中型企业相当管理职务3年以上；

（五）其他足以证明其具有拟任职务所需知识、能力、经验的职业资历。

第二十一条 保险公司主持工作的副总经理或者其他高级管理人员任职资格核准，适用本规定同级机构总经理的有关规定。

第二十二条 境外保险公司分公司高级管理人员任职资格核准，适用保险公司总公司高级管理人员的有关规定。

第二十三条 保险公司应当与高级管理人员建立劳动关系，订立书面劳动合同。

第二十四条 保险公司高级管理人员兼任其他经营管理职务不得违反《中华人民共和国公司法》等国家有关规定，不得兼任存在利益冲突的职务。

第二十五条 保险公司拟任董事、监事或者高级管理人员有下列情形之一的，银保监会及其派出机构对其任职资格不予核准：

（一）无民事行为能力或者限制民事行为能力；

（二）因贪污、贿赂、侵占财产、挪用财产或者破坏社会主义市场经济秩序，被判处刑罚，执行期满未逾5年，或者因犯罪被剥夺政治权利，执行期满未逾5年；

（三）被判处其他刑罚，执行期满未逾3年；

（四）被金融监管部门取消、撤销任职资格，自被取消或者撤销任职资格年限期满之日起未逾5年；

（五）被金融监管部门禁止进入市场，期满未逾5年；

（六）被国家机关开除公职，自作出处分决定之日起未逾5年，或受国家机关警告、记过、记大过、降级、撤职等其他处分，在受处分期间内的；

（七）因违法行为或者违纪行为被吊销执业资格的律师、注册会计师或者资产评估机构、验证机构等机构的专业人员，自被吊销执业资格之日起未逾5年；

（八）担任破产清算的公司、企业的董事或者厂长、经理，对该公司、企业的破产负有个人责任的，自该公司、企业破产清算完结之日起未逾3年；

（九）担任因违法被吊销营业执照、责令关闭的公司、企业的法定代表人，并负有个人责任的，自该公司、企业被吊销营业执照之日起未逾3年；

（十）个人所负数额较大的债务到期未清偿；

（十一）申请前1年内受到银保监会或其派出机构警告或者罚款的行政处罚；

（十二）因涉嫌严重违法违规行为，正接受有关部门立案调查，尚未作出处理结论；

（十三）受到境内其他行政机关重大行政处罚，执行期满未逾2年；

（十四）因严重失信行为被国家有关单位确定为失信联合惩戒对象且应当在保险领域受到相应惩戒，或者最近5年内具有其他严重失信不良记录的；

（十五）银保监会规定的其他情形。

第二十六条 保险公司被整顿、接管期间，或者出现重大风险时，负有直接责任的董事、监事或者高级管理人员，在被整顿、接管或者重大风险处置期间，不得到其他保险公司担任董事、监事或者高级管理人员。

第三章 任职资格核准

第二十七条 保险公司董事、监事和高级管理人员需要进行任职资格核准的，保险公司应当在内部选用程序完成后，及时按要求向银保监会或其派出机构提交任职资格申请材料。保险公司及其拟任董事、监事和高级管理人员应当对材料的真实性、完整性负责，不得有虚假记载、误导性陈述和重大遗漏。

保险公司在决定聘任董事、监事和高级管理人员前，应对拟任人员进行必要的履职调查，确保拟任人员符合相关规定。

第二十八条 保险公司董事、监事和高级管理人员需要进行任职资格核准的，保险公司应当向银保监会或其派出机构提交下列申请材料：

（一）任职资格核准申请文件；

（二）银保监会统一制作的任职资格申请表；

（三）拟任董事、监事或者高级管理人员身份证、学历证书等有关证书的复印件；

（四）接受反洗钱培训情况报告及本人签字的履行反洗钱、反恐怖融资义务承诺书；

（五）拟任人最近三年曾任金融机构董事长或高级管理人员的，应当提交其最近一次离任审计报告或经济责任审计报告；

（六）银保监会规定的其他材料。

第二十九条 保险公司拟任高级管理人员频繁更换保险公司任职的，应当由本人提交两年内工作情况的书面说明，并解释更换任职的原因。

第三十条 银保监会或其派出机构在核准保险公司拟任董事、监事或者高级管理人员的任职资格前，可以向原任职机构核实其工作的基本情况。

第三十一条 银保监会或其派出机构可以对保险公司拟任董事、监事和高级管理人员进行任职考察，包括下列内容：

（一）进行保险法规及相关知识测试；

（二）通过谈话方式，了解拟任人员的基本情况和业务素质，如对公司治理、业务发展、法律合规、风险管控等问题的理解把握，对拟任人员需要重点关注的问题进行提示；

（三）银保监会或其派出机构认为应当考察的其他内容。

任职考察谈话应当制作书面记录，由考察人和拟任人员签字。

第三十二条 银保监会及其派出机构应当自受理任职资格申请之日起20日内，作出核准或者不予核准的决定。20日内不能作出决定的，经本机关负责人批准，可以延长10日，并应当将延长期限的理由告知申请人。

决定核准任职资格的，应当颁发核准文件；决定不予核准的，应当作出书面决定并说明理由。

第三十三条 已核准任职资格的保险公司董事、监事和高级管理人员，任职符合下列情形的，无须重新核准其任职资格，但任职中断时间超过一年的除外：

（一）在同一保险公司内调任、兼任同级或者下级机构高级管理人员职务；

（二）保险公司董事、监事转任同类保险公司董事长以外的董事、监事；

（三）在同类保险公司间转任同级或者下级机构高级管理人员职务。

调任、兼任或转任的同级机构职务为董事长或总经理的，应当重新报经银保监会或其派出机构核准任职资格。

调任、兼任或转任同级或下级机构职务后，拟任职务对经济工作经历及金融工作经历年限的要求、对任职经历的要求或者对专业资格的要求高于原职务的，应当重新报经银保监会或其派出机构核准任职资格。

任职中断时间，自拟任职人员从原职务离职次日起算，至拟任职务任命决定作出之日止。

保险公司董事、监事和高级管理人员任职过程中或任职中断期间存在本规定第二十五条所列情形的，不适用本条第一款规定。

第三十四条 已核准任职资格的高级管理人员，依照本规定第三十三条第一款规定任职的，其任职保险公司应当自任命决定作出之日起 10 日内向银保监会或其派出机构提交下列报告材料：

（一）任职报告文件；

（二）银保监会统一制作的任职报告表；

（三）任命文件复印件；

（四）最近三年曾任金融机构董事长或高级管理人员的，应当提交其最近一次离任审计报告或经济责任审计报告；

（五）银保监会规定的其他材料。

银保监会或其派出机构审查发现存在不符合任职资格条件的情形，可以责令保险公司限期改正。

第三十五条 保险公司董事、监事或者高级管理人员有下列情形之一的，其任职资格自动失效：

（一）获得核准任职资格后，超过 2 个月未实际到任履职，且未提供正当理由；

（二）从核准任职资格的岗位离职；

（三）受到银保监会或其派出机构禁止进入保险业的行政处罚；

（四）出现《中华人民共和国公司法》第一百四十六条或者《中华人民共和国保险法》第八十二条规定的情形；

（五）被判处刑罚；

（六）银保监会认定的其他情形。

出现前款第（三）至（五）项规定情形的，保险公司应当立即解除相关人员的职务。

第四章 监督管理

第三十六条 保险公司董事、监事和高级管理人员需要进行任职资格核准的，未经银保监会或其派出机构核准任职资格，保险公司不得以任何形式任命董事、监事或者高级管理人员。

第三十七条 保险公司总公司总经理、总精算师、合规负责人、财务负责人和审计责任人，省级分公司、其他分公司和中心支公司总经理不能履行职务或缺位时，可以指定临时负责人，但临时负责时间累计不得超过6个月。保险公司应当在6个月内选聘具有任职资格的人员正式任职。

保险公司确有需要的，在本条第一款规定的累计临时负责期限内，可以更换1次临时负责人。更换临时负责人的，保险公司应当说明理由。

临时负责人应当具有与履行职责相当的能力，并不得有本规定禁止担任高级管理人员的情形。

第三十八条 保险公司应当自下列决定作出之日起10日内，向银保监会或其派出机构报告：

（一）董事、监事或者高级管理人员的任职、免职或者批准其辞职的决定；

（二）依照保险监管规定对高级管理人员作出的撤职或者开除的处分决定；

（三）因任职资格失效，解除董事、监事或者高级管理人员职务的决定；

（四）根据撤销任职资格的行政处罚，解除董事、监事或者高级管理人员职务的决定；

（五）根据禁止进入保险业的行政处罚，解除董事、监事或者高级管理人员职务、终止劳动关系的决定；

（六）指定、更换或者撤销临时负责人的决定；

（七）根据本规定第四十五条、第四十六条规定，暂停职务的决定。

保险公司依照本规定第三十四条规定已经报告的，不再重复报告。

第三十九条 保险公司董事、监事和高级管理人员应当按照银保监会的规定参加培训。

第四十条 保险公司应当对董事长和高级管理人员实施审计。

第四十一条 保险公司董事、监事或者高级管理人员在任职期间犯罪、受到监察机关重大处分或者受到其他行政机关重大行政处罚的，保险公司应当自知道或者应当知道判决或者行政处罚决定之日起10日内，向银保监会或其派出机构报告。

第四十二条 保险公司出现下列情形之一的，银保监会或其派出机构可以对直接负责的董事、监事或者高级管理人员出具重大风险提示函，进行监管谈话，要求其就相关事项作出说明，并可以视情形责令限期整改：

（一）在业务经营、资金运用、公司治理、关联交易、反洗钱或者内控制度等方面出现重大隐患的；

（二）董事、监事或者高级管理人员违背《中华人民共和国公司法》规定的忠实和勤勉义务，严重危害保险公司业务经营的；

（三）银保监会规定的其他情形。

第四十三条 保险公司出现下列情形之一的，银保监会及其派出机构可以视情形责令其限期整改，要求保险公司或者直接负责的董事、监事、高级管理人员作出书面说明，对其进行监管谈话、出具监管意见，或对其作出监管措施决定：

（一）频繁变更高级管理人员，对经营造成不利影响；

（二）未按照本规定履行对高级管理人员的任职管理责任；

（三）银保监会规定的其他情形。

第四十四条 银保监会及其派出机构记录并管理保险公司董事、监事和高级管理人员的以下信息：

（一）任职资格申请材料的基本内容；

（二）保险公司根据本规定第三十四条、第三十八条规定报告的情况；

（三）与该人员相关的风险提示函、监管谈话记录、监管意见、监管措施决定；

（四）离任审计报告；

（五）受到刑罚和行政处罚情况；

（六）银保监会规定的其他内容。

第四十五条 保险公司董事、监事或者高级管理人员涉嫌重大违纪或重大违法犯罪，被监察机关、行政机关立案调查或者司法机关立案侦查的，保险公司应当暂停相关人员的职务。

第四十六条 保险公司出现下列情形之一的，银保监会或其派出机构认为与被调查事件相关的董事、监事或者高级管理人员不宜继续履行职责时，可以在调查期间责令保险公司暂停相关董事、监事或者高级管理人员职务：

（一）偿付能力严重不足；

（二）涉嫌严重损害被保险人的合法权益；

（三）未按照规定提取或者结转各项责任准备金；

（四）未按照规定办理再保险；

（五）未按照规定运用保险资金。

第四十七条 保险公司在整顿、接管、撤销清算期间，或者出现重大风险时，银保监会及其派出机构可以对该机构直接负责的董事、监事或者高级管理人员采取以下措施：

（一）通知出境管理机关依法阻止其出境；

（二）申请司法机关禁止其转移、转让或者以其他方式处分财产，或者在财产上设定其他权利。

第五章 法律责任

第四十八条 隐瞒有关情况或者提供虚假材料申请任职资格的机构或者个人，银保监会及其派出机构不予受理或者不予核准任职资格申请，并在 1 年内不再受理对该拟任董事、监事或者高级管理人员的任职资格申请。

第四十九条 以欺骗、贿赂等不正当手段取得任职资格的，由银保监会或其派出机构撤销核准该董事、监事或者高级管理人员任职资格的行政许可决定，并在 3 年内不再受理其任职资格的申请。

第五十条 保险公司或者其从业人员违反本规定，由银保监会及其派出机构依照法律、行政法规进行处罚；法律、行政法规没有规定的，由银保监会及其派出机构责令改正，予以警告，对有违法所得的处以违法所得 1 倍以上 3 倍以下罚款，但最高不超过 3 万元，对没有违法所得的处以 1 万元以下罚款；涉嫌犯罪的，依法移交司法机关追究刑事责任。

第六章 附 则

第五十一条 保险集团公司、保险控股公司、再保险公司、政策性保险公司、一般相互保险组织和保险资产管理公司董事、监事和高级管理人员任职资格管理适用本规定，法律、行政法规和银保监会另有规定的，适用其规定。

第五十二条 外资独资保险公司、中外合资保险公司董事、监事和高级管理人员任职资格管理适用本规定，法律、行政法规和银保监会另有规定的，适用其规定。

第五十三条 保险公司依照本规定报送的任职资格申请、报告材料和其他文件资料，应当用中文书写。原件是外文的，应当附中文译本。

第五十四条 本规定所称“日”指工作日。

本规定所称“以上”“以下”，除有专门解释外，均包括本数。

第五十五条 本规定由银保监会负责解释。本规定施行前发布的规章、规范性文件内容与本规定不一致的，以本规定为准。

第五十六条 本规定自2021年7月3日起施行。《保险公司董事、监事和高级管理人员任职资格管理规定》（保监会令〔2010〕2号，根据保监会令〔2014〕1号第1次修改，根据保监会令〔2018〕4号第2次修改）和《保险机构董事、监事和高级管理人员任职资格考试管理暂行办法》（保监发〔2016〕6号）同时废止。

保险公司财务负责人任职资格管理规定

1. 2008年12月11日中国保险监督管理委员会令2008年第4号公布

2. 根据2010年12月3日中国保险监督管理委员会令2010年第10号《关于修改部分规章的决定》修正

第一章 总 则

第一条 为了促进保险公司加强经营管理，完善公司治理，实现保险业持续、健康发展，根据《中华人民共和国保险法》、《中华人民共和国公司法》、《中华人民共和国外资保险公司管理条例》等法律、行政法规，制定本规定。

第二条 本规定所称保险公司财务负责人（以下简称财务负责人），是指保险公司负责会计核算、财务管理等企业价值管理活动的总公司高级管理人员。

第三条 保险公司应当设立财务负责人职位。

保险公司任命财务负责人，应当在任命前向中国保险监督管理委员会（以下简称中国保监会）申请核准拟任财务负责人的任职资格；未经核准的，不得以任何形式任命。

第四条 财务负责人应当勤勉尽责，遵守法律、行政法规和中国保监会的有关规定，遵守保险公司章程和职业准则。

第五条 中国保监会依法对财务负责人的任职和履职进行监督管理。

第二章 任职资格管理

第六条 财务负责人应当具有诚信勤勉的品行和良好的职业道德操守，具备履行职务必需的专业知识、从业经历和管理能力。

第七条 担任财务负责人应当具备下列条件：

（一）大学本科以上学历；

（二）从事金融工作5年以上或者从事经济工作8年以上；

（三）具有在企事业单位或者国家机关担任领导或者管理职务的任职

经历；

（四）具有国内外会计、财务、投资或者精算等相关领域的合法专业资格，或者具有国内会计或者审计系列高级职称；

（五）熟悉履行职责所需的法律法规和监管规定，在会计、精算、投资或者风险管理等方面具有良好的专业基础；

（六）对保险业的经营规律有比较深入的认识，有较强的专业判断能力、组织管理能力和沟通能力；

（七）能够熟练使用中文进行工作；

（八）在中华人民共和国境内有住所；

（九）中国保监会规定的其他条件。

具有财会等相关专业博士学位的，可以豁免本条第一款第（四）项规定的条件，并可以适当放宽从事金融工作或者经济工作的年限。

从事金融工作 10 年以上并且在金融机构担任 5 年以上管理职务的，可以豁免本条第一款第（四）项规定的条件。

第八条 有《保险公司董事、监事和高级管理人员任职资格管理规定》中禁止担任高级管理人员情形之一，或者有中国保监会规定不适宜担任财务负责人的其他情形的，不得担任保险公司财务负责人。

曾因提供虚假财务会计信息受过行政处罚的，不论其申请核准任职资格时是否超过《保险公司董事、监事和高级管理人员任职资格管理规定》或者中国保监会其他规定中规定的禁入年限，均不得担任财务负责人。

第九条 保险公司任命财务负责人，应当在任命前向中国保监会申请核准财务负责人任职资格，提交下列书面材料一式三份，并同时提交有关电子文档：

（一）董事会拟任命财务负责人的决议；

（二）拟任财务负责人任职资格核准申请书；

（三）《保险公司董事、监事和高级管理人员任职资格申请表》；

（四）拟任财务负责人身份证、学历证书、专业资格证书、职称证明等有关文件的复印件，有护照的应当同时提供护照复印件；

（五）在中华人民共和国境内有住所的证明；

（六）离职时进行离任审计的，提交离任审计报告，没有进行离任审计的，由原任职单位作出未进行离任审计的说明，不能提交上述资料的，由拟任财务负责人作出书面说明；

（七）中国保监会规定提交的其他材料。

经中国保监会核准开业的保险公司，应当在取得开业核准文件之后 1 个月以内，按照前款规定向中国保监会申请核准拟任财务负责人的任职资格。

第十条 中国保监会应当自受理任职资格核准申请之日起20个工作日以内，作出核准或者不予核准的决定。20个工作日以内不能作出决定的，经中国保监会主席批准，可以延长10个工作日，并应当将延长期限的理由告知申请人。

决定核准的，颁发任职资格核准文件；决定不予核准的，应当作出书面决定并说明理由。

第十一条 中国保监会对任职资格核准申请进行审查，审查可以包括下列方式：

（一）审查任职申请材料；

（二）对拟任财务负责人进行任职考察谈话；

（三）中国保监会规定的其他方式。

第十二条 任职考察谈话可以包括下列内容：

（一）了解拟任财务负责人对保险业经营规律的认识，对拟任职企业内外部环境的认识；

（二）对与其履行职责相关的重要法律、行政法规和规章的掌握情况；

（三）对担任财务负责人应当重点关注的问题进行提示；

（四）中国保监会认为应当考察或者提示的其他内容。

任职考察谈话应当作成书面记录，由考察人和拟任财务负责人双方签字。

第十三条 中国保监会可以向拟任财务负责人原任职机构以及有关部门征询意见，了解拟任财务负责人的有关情况。

第十四条 财务负责人有下列情形之一的，其任职资格自动失效，拟再担任财务负责人的，应当重新核准任职资格：

（一）因辞职、被免职或者被撤职等原因离职的；

（二）受到撤销任职资格的行政处罚的；

（三）出现《中华人民共和国公司法》第一百四十七条第一款规定情形的。

第三章 财务负责人职责

第十五条 保险公司应当在公司章程中明确规定财务负责人的职责和权利。

第十六条 财务负责人的聘任、解聘及其报酬事项，由保险公司董事会根据总经理提名决定。

保险公司董事会应当对财务负责人的履职行为进行持续评估和定期考核，及时更换不能胜任的财务负责人。

第十七条 财务负责人履行下列职责：

（一）负责会计核算和编制财务报告，建立和维护与财务报告有关的内部控制体系，负责财务会计信息的真实性；

（二）负责财务管理，包括预算管理、成本控制、资金调度、收益分配、经营绩效评估等；

（三）负责或者参与风险管理和偿付能力管理；

（四）参与战略规划等重大经营管理活动；

（五）根据法律、行政法规和有关监管规定，审核、签署对外披露的有关数据和报告；

（六）中国保监会规定以及依法应当履行的其他职责。

第十八条 财务负责人向董事会和总经理报告工作。

保险公司应当规定董事会每半年至少听取一次财务负责人就保险公司财务状况、经营成果以及应当注意问题等事项的汇报。

第十九条 财务负责人在签署财务报告、偿付能力报告等文件之前，应当向保险公司负责精算、投资以及风险管理等相关业务的高级管理人员书面征询意见。

第二十条 保险公司有下列情形之一的，财务负责人应当依据其职责，及时向董事会、总经理或者相关高级管理人员提出纠正建议；董事会、总经理没有采取措施纠正的，财务负责人应当向中国保监会报告，并有权拒绝在相关文件上签字：

（一）经营活动或者编制的财务会计报告严重违反保险法律、行政法规或者监管规定的；

（二）严重损害投保人、被保险人合法权益的；

（三）保险公司其他高级管理人员侵犯保险公司合法权益，给保险公司经营可能造成严重危害的。

第二十一条 财务负责人有权获得履行职责所需的数据、文件、资料等相关信息，保险公司有关部门和人员不得进行非法干预，不得隐瞒信息或者提供虚假信息。

保险公司应当规定财务负责人有权列席与其职责相关的董事会会议。

第四章 监督管理

第二十二条 保险公司任命财务负责人，应当依照本规定经中国保监会核准任职资格；情况特殊需要指定临时财务负责人的，临时任职时间不得超过 3 个月。

保险公司任命临时财务负责人，应当在作出任职或者免职决定之日起 10 个工作日以内向中国保监会报告。临时财务负责人有下列情形之一的，中国保监会有权要求保险公司更换：

（一）有本规定禁止担任财务负责人情形的；

（二）中国保监会规定不适宜行使财务负责人职责的。

第二十三条 保险公司有下列情形之一的，中国保监会可以对负有直接责任的董事、财务负责人或者其他高级管理人员进行监管谈话，并可以视情形责令限期整改：

（一）没有在公司章程中明确规定财务负责人职责和权利的；

（二）公司治理结构或者内部控制制度存在重大缺陷，导致财务负责人难以获取履行职责所需的数据、文件、资料等相关信息的；

（三）有证据证明财务负责人违背本规定中规定的职责，或者违背《中华人民共和国公司法》规定的忠实和勤勉义务，可能给保险公司经营造成严重危害的；

（四）保险公司在财务负责人职责范围内的有关经营管理活动存在重大风险隐患，可能给保险公司经营造成严重危害的；

（五）中国保监会认为应当提示风险的其他情形。

第二十四条 财务负责人因辞职、被免职或者被撤职等原因离职的，保险公司应当在做出批准辞职或者免职、撤职等决定的同时，将决定文件抄报中国保监会，并同时提交对财务负责人免职或者撤职的原因说明。

第二十五条 财务负责人应当持续进行法律法规和专业知识学习，参加中国保监会组织或者认可的培训。

第二十六条 中国保监会根据本规定对保险公司财务负责人履职行为的合规性进行监督检查，并向董事会和总经理通报检查结果。

第二十七条 财务负责人违反《中华人民共和国保险法》和本规定的，由中国保监会依法予以处罚。

第五章 附 则

第二十八条 对保险公司财务负责人的任职资格管理，本规定没有规定的，适用《保险公司董事、监事和高级管理人员任职资格管理规定》，中国保监会另有规定的除外。

第二十九条 保险资产管理公司参照本规定执行。

第三十条 本规定由中国保监会负责解释。

第三十一条 本规定自 2009 年 2 月 1 日起施行。

银行保险机构董事监事履职评价办法（试行）

1．2021年5月20日中国银行保险监督管理委员会令2021年第5号公布
2．自2021年7月1日起施行

第一章 总 则

第一条 为健全银行保险机构公司治理，规范董事监事履职行为，促进银行业保险业稳健可持续发展，根据《中华人民共和国公司法》《中华人民共和国商业银行法》《中华人民共和国银行业监督管理法》《中华人民共和国保险法》等法律法规，制定本办法。

第二条 本办法所称银行保险机构，是指在中华人民共和国境内依法设立的商业银行、保险公司。

第三条 本办法所称董事监事履职评价是指银行保险机构依照法律法规和监管规定，对本机构董事和监事的履职情况开展评价的行为。

第四条 银行保险机构监事会对本机构董事监事履职评价工作承担最终责任。

董事会、高级管理层应当支持和配合董事监事履职评价相关工作，对自身提供材料的真实性、准确性、完整性和及时性负责。

第五条 中国银行保险监督管理委员会（以下简称中国银保监会）及其派出机构依法对银行保险机构董事监事履职评价工作进行监督管理，并将董事监事履职评价情况纳入公司治理监管评估。

第六条 董事监事履职评价应当遵循依法合规、客观公正、标准统一、科学有效、问责严格的原则。

第二章 评价内容

第一节 基本职责

第七条 董事监事应当充分了解自身的权利、义务和责任，严格按照法律法规、监管规定及公司章程要求，忠实、勤勉地履行其诚信受托义务及作出的承诺，服务于银行保险机构和全体股东的最佳利益，维护利益相关者的合法权益。

第八条 董事监事应当具备良好的品行、声誉和守法合规记录，遵守高标准的职业道德准则，具备与所任职务匹配的知识、经验、能力和精力，保持履职所需要的独立性、个人及家庭财务的稳健性。

董事监事不得在履职过程中接受不正当利益，不得利用职务、地位谋取私利或侵占银行保险机构财产，不得为股东利益损害银行保险机构利益，不得损害利益相关者合法权益。

第九条 董事监事任职前应当书面签署尽职承诺，保证严格保守银行保险机构秘密，有足够的时间和精力履行职责。董事监事应当恪守承诺。

第十条 董事监事应当如实告知银行保险机构自身本职、兼职情况，确保任职情况符合监管要求，并且与银行保险机构不存在利益冲突。

第十一条 董事监事应当按照相关规定，及时向董事会、监事会报告关联关系、一致行动关系及变动情况。董事监事应当严格遵守关联交易和履职回避相关规定。

第十二条 董事监事在履行职责时，特别是在决策可能对不同股东造成不同影响的事项时，应当坚持公平原则。董事监事发现股东、其他单位、个人对银行保险机构进行不当干预或限制的，应当主动向董事会、监事会报告或向监管部门反映。

第十三条 董事监事应当持续了解银行保险机构公司治理、战略管理、经营投资、风险管理、内控合规、财务会计等情况，依法合规参会议事、提出意见建议和行使表决权，对职责范围内的事项做出独立、专业、客观的判断，提升董事会决策和监事会监督质效，推动和监督股东（大）会、董事会、监事会决议落实到位。

董事监事应当主动关注监管部门、市场中介机构、媒体和社会公众对银行保险机构的评价，持续跟进监管部门发现问题的整改问责情况。

第十四条 独立董事、外部监事每年在银行保险机构工作的时间不得少于15个工作日。

董事会风险管理委员会、审计委员会、关联交易控制委员会主任委员每年在银行保险机构工作的时间不得少于20个工作日。

第十五条 董事监事每年应当亲自出席三分之二以上的董事会、监事会现场会议。因故不能出席的，应当书面委托其他董事监事代为出席，委托书中应当载明董事监事本人对议案的个人意见和表决意向；独立董事不得委托非独立董事代为出席。

前款所称现场会议，是指通过现场、视频、电话等能够保证参会人员即时交流讨论的方式召开的会议。

第十六条 董事监事任期届满未及时改选、董事在任期内辞职导致董事会成员低于法定人数或者公司章程规定人数的三分之二、监事在任期内辞职导致监事会成员低于法定人数的，在改选出的董事监事就任前，原董事监事仍应当依照法律法规、监管规定及公司章程的规定，履行董事监事职责。独立董事在任期内辞职导致董事会中独立董事人数占比少于三分之一的，在新的独立董事就任前，该独立董事应当继续履职，因丧失独立性而辞职和被罢免的除外。

第十七条 董事监事应当不断提升履职所必需的专业知识和基本素质，了解掌握与银行保险机构经营管理相关的法律法规和监管规定，积极参加监管部门、行业协会和银行保险机构等组织的培训，不断提升履职能力和水平。

第十八条 董事会、监事会专门委员会成员应当持续关注专门委员会职责范围内的相关事项，及时提出专业意见，提请专门委员会关注或审议。担任专门委员会主任委员的董事监事，应当及时组织召开专门委员会会议并形成集体意见提交董事会、监事会。

第十九条 国有银行保险机构应当积极推动党的领导与公司治理有机融合。担任党委成员的董事监事，应当在决策和监督过程中严格落实党组织决定，促进党委会与董事会、监事会之间的信息沟通，确保党组织的领导核心作用得到发挥。

第二十条 董事长、监事会主席应当领导银行保险机构加强董事会、监事会建设，切实提升董事会、监事会运行质效。

董事长、监事会主席除履行董事监事一般职责外，还应当按照法律法规、监管规定及公司章程履行其职务所要求的其他职责。

第二十一条 执行董事应当充分发挥自身特点和优势，维护董事会在战略决策中的核心地位，支持配合监事会的监督工作，确保董事会职责范围内的事项及时提交董事会审议，落实高级管理层向董事会报告制度，支持董事会其他成员充分了解银行保险机构经营管理和风险信息，推动董事会决议的有效执行和及时反馈。

第二十二条 独立董事、外部监事在决策和监督过程中，应不受主要股东、高级管理人员以及其他与银行保险机构存在利害关系的单位和个人的影响，注重维护中小股东与其他利益相关者合法权益。独立董事对股东（大）会、董事会讨论事项，尤其是重大关联交易、利润分配、董事的提名任免、高级管理人员的聘任和解聘以及薪酬等可能存在利益冲突的事项，发表客观、公正的独立意见。

第二十三条 职工董事、职工监事应当积极发挥自身对经营管理较为熟悉的优势，从银行保险机构的长远利益出发，推动董事会、监事会更好地开展工作。职工董事、职工监事应当就涉及职工切身利益的规章制度或者重大事项，听取职工的意见和建议，在董事会、监事会上真实、准确、全面地反映，切实维护职工合法权益。

职工董事、职工监事应当定期向职工（代表）大会述职和报告工作，主动接受广大职工的监督，在董事会、监事会会议上，对职工（代表）大会作出决议的事项，应当按照职工（代表）大会的相关决议发表意见，并行使表决权。

第二节 评价维度和重点

第二十四条 董事监事履职评价应当至少包括履行忠实义务、履行勤勉义务、履职专业性、履职独立性与道德水准、履职合规性五个维度。

履行忠实义务包括但不限于董事监事能够以银行保险机构的最佳利益行事，严格保守银行保险机构秘密，高度关注可能损害银行保险机构利益的事项，及时向董事会、监事会报告并推动问题纠正等。

履行勤勉义务包括但不限于董事监事能够投入足够的时间和精力参与银行保险机构事务，及时了解经营管理和风险状况，按要求出席董事会及其专门委员会、监事会及其专门委员会会议，对提交董事会、监事会审议的事项认真研究并作出审慎判断等。

履职专业性包括但不限于董事监事能够持续提升自身专业水平，立足董事会、监事会职责定位，结合自身的专业知识、从业经历和工作经验，研究提出科学合理的意见建议，推动董事会科学决策、监事会有效监督等。

履职独立性与道德水准包括但不限于董事监事能够坚持高标准的职业道德准则，不受主要股东和内部人控制或干预，独立自主地履行职责，推动银行保险机构公平对待全体股东、维护利益相关者的合法权益、积极履行社会责任等。

履职合规性包括但不限于董事监事能够遵守法律法规、监管规定及公司章程，持续规范自身履职行为，依法合规履行相应的职责，推动和监督银行保险机构守法合规经营等。

第二十五条 银行保险机构应结合董事类型特点及其在董事会专门委员会中的任职情况，从不同维度重点关注董事在下列事项中的工作表现：

（一）制定并推动实施战略规划、年度经营计划；

（二）制定和推动执行风险管理策略、风险偏好、风险限额和风险管理制度；

（三）审查重大投融资和资产处置项目，特别是非计划内的投资、租赁、资产买卖、担保等重大事项；

（四）推动加强资本管理和资本补充；

（五）制订和推动执行利润分配方案；

（六）推动股东（大）会决议和董事会决议的落实；

（七）推动银行保险机构完善股权结构和内部治理架构，加强股权管理，提升公司治理的有效性；

（八）提升内部控制、合规管理和内部审计的有效性，落实反洗钱、反恐怖融资相关要求；

（九）提升董事提名和选举流程的规范性和透明度；

（十）选任、监督和更换高级管理人员，加强与高级管理层的沟通；

（十一）评估和完善董事会对高级管理层的授权原则、授权范围和管理机制；

（十二）推动董事、高级管理人员薪酬与银行保险机构和股东长期利益保持一致，且符合监管要求；

（十三）推动协调各治理主体运作，加强与股东及其他利益相关者的沟通，平衡各方利益；

（十四）促进关联交易的合法合规性和关联交易管理的规范性；

（十五）提升财务会计信息的真实性、准确性和完整性；

（十六）提升信息披露的真实性、准确性、完整性和及时性；

（十七）确保监管报送数据的及时性、真实性和完整性；

（十八）推动完善消费者权益保护决策机制，规划和指导消费者权益保护工作；

（十九）推动监管意见落实以及相关问题整改问责；

（二十）关注和依责处理可能或已经造成重大风险和损失的事项，特别是对存款人、投保人、被保险人和受益人、中小股东合法权益产生重大影响的事项；

（二十一）履行法律法规、监管规定及公司章程规定董事应当承担的其他重要职责。

银行保险机构应当结合监管制度关于独立董事职责的特别规定，围绕独立董事应当重点关注和发表独立意见的事项，考察和评价其履职表现。

第二十六条 银行保险机构应当结合监事类型特点及其在监事会专门委员会中的任职情况，从不同维度重点关注监事在下列事项中的工作表现：

（一）对董事会及其成员的履职监督，包括但不限于董事会及其成员遵守法律法规、监管规定及银行保险机构内部制度，完善银行保险机构股权结构、组织架构，制定并推动实施发展战略，完善风险管理、消费者权益保护、内控合规、薪酬考核、内外部审计、信息披露等相关机制的情况，董事会各专门委员会有效运作情况，董事参加会议、发表意见、提出建议情况等。

（二）对高级管理层及其成员的履职监督，包括但不限于高级管理层及其成员遵守法律法规、监管规定及银行保险机构内部制度，执行股东（大）会、董事会和监事会决议，落实发展战略和经营计划，加强风险管理、内控合规管理、消费者权益保护、案件防控、绩效考评管理等情况。

（三）对发展战略和经营理念的科学性、有效性、合理性以及实施情况的监督与评估。

（四）对财务状况的监督，包括但不限于重要财务决策和执行情况；利润分配方案的合规性、合理性；机构定期报告的真实性、准确性和完整性；外部审计工作管理情况。

（五）对内控合规的监督，尤其是新业务、新产品的管理制度、操作流程、关键风险环节和相关信息系统等情况。

（六）对全面风险管理架构及主要风险管控情况的监督。

（七）对激励约束机制科学性、稳健性以及具体实施效果的监督。

（八）对监管报送数据及时性、真实性和完整性的监督。

（九）对落实监管意见以及问题整改问责情况的监督。

（十）对落实股东（大）会决议、董事会决议、监事会决议情况的监督。

（十一）关注和监督其他影响银行保险机构合法稳健经营和可持续发展的重点事项。

（十二）履行法律法规、监管规定及公司章程规定监事应当承担的其他重要职责。

第三章 评价制度、程序和方法

第二十七条 银行保险机构应当建立健全董事监事履职评价制度，并向中国银保监会或其派出机构报告。银行保险机构在建立健全董事监事履职评价制度时，应根据自身具体情况对董事监事的评价内容、评价原则、实施主体、资源保障、评价方式、评价流程、评价等级、结果应用、工作责任等重要内容作出明确规定。履职评价制度应当考虑到不同类型董事监事的特点，作出差异化的规定。

第二十八条 银行保险机构应当建立健全董事监事履职档案，真实、准确、完整地记录董事监事日常履职情况以及履职评价工作开展情况。董事会负责建立和完善董事履职档案，监事会负责建立和完善监事履职档案以及董事监事履职评价档案。

第二十九条 银行保险机构应当每年对董事监事的履职情况进行评价。对于评价年度内职位发生变动但任职时间超过半年的董事监事，应当根据其在任期间的履职表现开展评价。

第三十条 银行保险机构应当优化董事监事特别是独立董事和外部监事的履职环境，保障董事监事履职所必需的信息和其他必要条件。

董事监事认为履职所必需的信息无法得到基本保障，或独立履职受到威胁、阻挠和不当干预的，应当及时向监事会提交书面意见，监事会应当将相关意见作为确定董事监事履职评价结果的重要考虑因素，并将其纳入履职评价档案。

第三十一条 董事履职评价可以包括董事自评、董事互评、董事会评价、外部评价、监事会最终评价等环节。监事履职评价可以包括监事自评、监事互评、外部评价、监事会最终评价等环节。

银行保险机构应当为董事监事履职评价工作提供充分保障，畅通监事会办公室、董事会办公室等办事机构间的沟通交流机制。

鼓励银行保险机构结合自身情况，聘请外部专家或市场中介机构等独立第三方协助本机构开展董事监事履职评价。连续两年公司治理监管评估等级为 D 级以下的银行保险机构，应当聘请独立第三方协助开展董事监事履职评价工作。

第三十二条 评价方法可以包括资料分析、行为观察、问卷调查、履职测评、座谈访谈等。资料分析指对董事监事履职记录、履职档案等进行分析，静态评判董事监事履职情况。行为观察指根据相关评判人对董事监事日常履职行为的观察进行评价。调查问卷和履职测评表根据各银行保险机构实际情况设计，问卷调查对象可相对广泛，董事监事可通过履职测评表对自身或其他董事监事履职表现评价打分。座谈访谈指通过与董事监事及相关人员直接交谈，对董事监事履职细节进行较为具体深入地了解。

第三十三条 银行保险机构应当依据履职评价情况将董事监事年度履职表现划分为称职、基本称职和不称职三个级别。

银行保险机构应当结合公司治理监管评估、商业银行监管评级、保险公司法人机构风险综合评级等情况，审慎确定相关董事监事的履职评价级别。

第三十四条 董事监事出现下列情形之一的，当年不得评为称职：

（一）该年度内未能亲自出席三分之二以上的董事会、监事会现场会议的。

（二）董事会审议通过违反法律法规或严重违反监管规定、公司章程的事项，董事投赞成票的；董事会、高级管理层决策事项违反法律法规，或严重违反监管规定、公司章程，监事知悉或应当知悉，但未进行质询或及时提请监事会关注并予以纠正的。

（三）董事会违反公司章程、议事规则和决策程序审议重大事项，董事未提出反对意见的；董事会、高级管理层违反公司章程、议事规则和决策程序决定重大事项，或对股东（大）会、董事会、监事会决议落实不到位，监事知悉或应当知悉，但未进行质询或及时提请监事会关注并予以纠正的。

（四）董事会运作低效，出现长期未换届、长期无法正常召开会议等公司治理问题，董事未能及时反映情况并推动纠正的；监事会运作低效，对董事会、高级管理层及其成员的履职监督严重弱化，监事未及时提出意见并推动有效整改的。

（五）股权和关联交易管理严重违规，经营战略出现重大偏差，风险管理政策出现重大失误，内部控制体系存在明显漏洞，董事未及时提出意见或修正要求的；监事会未能按照要求有效履行在经营战略、风险管理、内部控制、财务会计、激励约束机制等方面的监督职责，监事未及时提出意见并推动有效整改的。

（六）资本充足率、资产质量、偿付能力等主要监管指标未达到监管要求，董事监事未及时提出意见建议并依责推动有效整改的。

（七）知悉或应当知悉符合履职回避情形，而未按规定执行的。

（八）对监管发现并指出的重大违法违规问题，董事监事未依责推动有效整改的。

（九）董事监事个人被监管部门行政处罚或受到纪律处分的。

（十）中国银保监会认定的其他不当履职情形。

第三十五条 董事监事出现下列情形之一的，当年应当评为不称职：

（一）泄露秘密，损害银行保险机构合法权益的；

（二）在履职过程中接受不正当利益，或者利用董事监事地位谋取私利的；

（三）参与或协助股东对银行保险机构进行不当干预，导致银行保险机构出现重大风险和损失的；

（四）隐瞒重要事实、提供虚假材料或参与银行保险机构编造虚假材料的；

（五）对银行保险机构及相关人员重大违法违规违纪问题隐匿不报的；

（六）董事会、监事会决议违反法律法规、监管规定及公司章程，导致银行保险机构重大风险和严重损失，董事监事没有提出异议的；

（七）对履职评价发现的严重问题拒不改正的；

（八）中国银保监会认定的其他严重失职行为。

第三十六条 董事监事发现银行保险机构履职评价工作违反监管规定的，应当向监管部门反映情况。两名以上董事、监事对履职评价程序或结果存在异议并向银行保险机构提出书面意见的，银行保险机构应当在收到书面意见后5个工作日以内向监管部门报告并作出详细解释。

第四章 评价应用

第三十七条 银行保险机构应当把履职评价作为加强董事会、监事会建设的重要抓手，通过对评价结果的有效应用，引导董事监事改进履职行为，推动董事会、监事会规范自身运作。

第三十八条 银行保险机构监事会应当根据评价结果提出工作建议或处理意见，及时将董事监事评价结果和相关意见建议报告股东（大）会，及时将董事评价结果和相关意见建议反馈董事会，并以书面形式正式通知董事监事本人。

对履职评价结果为“基本称职”的董事监事，董事会和监事会应当组织会谈，向董事监事本人提出限期改进要求。董事会和监事会应当为相关董事监事改进履职提供必要的帮助和支持。

对被评为“不称职”的董事监事，银行保险机构董事会、监事会应向其问责。依据本办法相关条款被评为“不称职”的董事监事，可由其主动辞去职务，或由银行保险机构按照有关程序罢免并报告监管部门，同时相应扣减其作为董事监事的部分或全部薪酬。董事监事违法违规履职给银行保险机构造成损失的，银行保险机构应当追偿。董事监事涉嫌犯罪的，银行保险机构应当及时移送司法机关。

第三十九条 银行保险机构应当在每年4月30日前，将董事监事履职情况及评价结果报告中国银保监会或其派出机构。

第四十条 鼓励银行保险机构公开披露董事监事履职评价结果，发挥外部约束作用，探索建立董事监事特别是独立董事和外部监事的声誉机制。

第五章 监督管理

第四十一条 中国银保监会及其派出机构应当对银行保险机构董事监事履职评价工作进行监督，并将其作为监事会履职情况的重要依据。

银行保险机构董事监事履职评价制度、程序、方式、结果不符合监管规定的，中国银保监会及其派出机构应当责令其限期改正，并视情况追究银行保险机构及相关人员的责任。对在评价过程中弄虚作假、徇私舞弊，导致评价结果严重失真的，或利用履职评价打击报复的，监管部门应严肃查处。

对在履职过程中违反法律法规和监管规定的董事监事，监管部门可依法采取监管谈话、责令限期改正、责令银行保险机构调整相关人员等监督管理措施，并视情况采取责令纪律处分、行政处罚等方式追究其相应责任。存在本办法第三十五条情形的，监管部门应从严处理。

监管部门可以根据需要对银行保险机构董事监事履职情况开展监管评价。

第四十二条 中国银保监会及其派出机构可以根据董事监事履职评价结果组织开展专项检查，督促银行保险机构完善公司治理。中国银保监会及其派出机构应当建立银行保险机构董事监事年度履职评价监管档案，在公司治理全面评估、市场准入、非现场监管和现场检查等工作中强化履职评价信息运用。

第六章 附　　则

第四十三条 本办法所称“商业银行、保险公司”“银行保险机构”，是指国有大型商业银行、全国性股份制商业银行、城市商业银行、民营银行、农村商业银行、外资银行、保险集团（控股）公司、财产保险公司、再保险公司、人身保险公司。

未设立监事会的银行保险机构，以及中国银保监会负责监管的其他金融机构参照适用本办法。

法律、行政法规或规章对外资银行、外资保险公司另有规定的，从其规定。

第四十四条 本办法所称“执行董事”指在银行保险机构除担任董事外，还承担高级管理人员职责的董事；“独立董事”“外部监事”指在银行保险机构不担任除董事监事以外的其他职务，并且与银行保险机构及其股东、实际控制人不存在可能影响其独立客观判断关系的董事监事；“职工董事”“职工监事”指按照相关规定由职工（代表）大会民主选举产生的董事监事。

第四十五条 本办法所称“以上”“以下”“以内”均含本数，“少于”“超过”“低于”均不含本数。

第四十六条 本办法由中国银保监会负责解释。

第四十七条 本办法自 2021 年 7 月 1 日起施行。《商业银行董事履职评价办法（试行）》（中国银行业监督管理委员会令 2010 年第 7 号）同时废止。此前有关银行保险机构董事监事履职评价的规定与本办法不一致的，按照本办法执行。

保险经纪人监管规定

1. 2018年2月1日中国保险监督管理委员会令〔2018〕3号公布
2. 自2018年5月1日起施行

第一章　总　　则

第一条　为了规范保险经纪人的经营行为，保护投保人、被保险人和受益人的合法权益，维护市场秩序，根据《中华人民共和国保险法》（以下简称《保险法》）等法律、行政法规，制定本规定。

第二条　本规定所称保险经纪人是指基于投保人的利益，为投保人与保险公司订立保险合同提供中介服务，并依法收取佣金的机构，包括保险经纪公司及其分支机构。

本规定所称保险经纪从业人员是指在保险经纪人中，为投保人或者被保险人拟订投保方案、办理投保手续、协助索赔的人员，或者为委托人提供防灾防损、风险评估、风险管理咨询服务、从事再保险经纪等业务的人员。

第三条　保险经纪公司在中华人民共和国境内经营保险经纪业务，应当符合中国保险监督管理委员会（以下简称中国保监会）规定的条件，取得经营保险经纪业务许可证（以下简称许可证）。

第四条　保险经纪人应当遵守法律、行政法规和中国保监会有关规定，遵循自愿、诚实信用和公平竞争的原则。

第五条　中国保监会根据《保险法》和国务院授权，对保险经纪人履行监管职责。

中国保监会派出机构在中国保监会授权范围内履行监管职责。

第二章　市场准入

第一节　业务许可

第六条　除中国保监会另有规定外，保险经纪人应当采取下列组织形式：

（一）有限责任公司；

（二）股份有限公司。

第七条　保险经纪公司经营保险经纪业务，应当具备下列条件：

（一）股东符合本规定要求，且出资资金自有、真实、合法，不得用银行贷款及各种形式的非自有资金投资；

（二）注册资本符合本规定第十条要求，且按照中国保监会的有关规定托管；

（三）营业执照记载的经营范围符合中国保监会的有关规定；

（四）公司章程符合有关规定；

（五）公司名称符合本规定要求；

（六）高级管理人员符合本规定的任职资格条件；

（七）有符合中国保监会规定的治理结构和内控制度，商业模式科学合理可行；

（八）有与业务规模相适应的固定住所；

（九）有符合中国保监会规定的业务、财务信息管理系统；

（十）法律、行政法规和中国保监会规定的其他条件。

第八条 单位或者个人有下列情形之一的，不得成为保险经纪公司的股东：

（一）最近5年内受到刑罚或者重大行政处罚；

（二）因涉嫌重大违法犯罪正接受有关部门调查；

（三）因严重失信行为被国家有关单位确定为失信联合惩戒对象且应当在保险领域受到相应惩戒，或者最近5年内具有其他严重失信不良记录；

（四）依据法律、行政法规不能投资企业；

（五）中国保监会根据审慎监管原则认定的其他不适合成为保险经纪公司股东的情形。

第九条 保险公司的工作人员、保险专业中介机构的从业人员投资保险经纪公司的，应当提供其所在机构知晓投资的书面证明；保险公司、保险专业中介机构的董事、监事或者高级管理人员投资保险经纪公司的，应当根据有关规定取得股东会或者股东大会的同意。

第十条 经营区域不限于工商注册登记地所在省、自治区、直辖市、计划单列市的保险经纪公司的注册资本最低限额为5000万元。

经营区域为工商注册登记地所在省、自治区、直辖市、计划单列市的保险经纪公司的注册资本最低限额为1000万元。

保险经纪公司的注册资本必须为实缴货币资本。

第十一条 保险经纪人的名称中应当包含“保险经纪”字样。

保险经纪人的字号不得与现有的保险专业中介机构相同，与保险专业中介机构具有同一实际控制人的保险经纪人除外。

第十二条 保险经纪公司申请经营保险经纪业务，应当在领取营业执照后，及时按照中国保监会的要求提交申请材料，并进行相关信息披露。

中国保监会及其派出机构按照法定的职责和程序实施行政许可。

第十三条 中国保监会及其派出机构收到经营保险经纪业务申请后，应当采取谈话、函询、现场验收等方式了解、审查申请人股东的经营记录以及申请人的市场发展战略、业务发展计划、内控制度建设、人员结构、信息系统配置及运行等有关事项，并进行风险测试和提示。

第十四条 中国保监会及其派出机构依法作出批准保险经纪公司经营保险经纪业务的决定的，应当向申请人颁发许可证。申请人取得许可证后，方可开展保险经纪业务，并应当及时在中国保监会规定的监管信息系统中登记相关信息。

中国保监会及其派出机构决定不予批准的，应当作出书面决定并说明理由。申请人应当自收到中国保监会及其派出机构书面决定之日起15日内书面报告工商注册登记所在地的工商行政管理部门。公司继续存续的，不得从事保险经纪业务，并应当依法办理名称、营业范围和公司章程等事项的工商变更登记，确保其名称中无“保险经纪”字样。

第十五条 经营区域不限于工商注册登记地所在省、自治区、直辖市、计划单列市的保险经纪公司可以在中华人民共和国境内从事保险经纪活动。

经营区域不限于工商注册登记地所在省、自治区、直辖市、计划单列市的保险经纪公司向工商注册登记地以外派出保险经纪从业人员，为投保人或者被保险人是自然人的保险业务提供服务的，应当在当地设立分支机构。设立分支机构时应当首先设立省级分公司，指定其负责办理行政许可申请、监管报告和报表提交等相关事宜，并负责管理其他分支机构。

保险经纪公司分支机构包括分公司、营业部。

第十六条 保险经纪公司新设分支机构经营保险经纪业务，应当符合下列条件：

（一）保险经纪公司及其分支机构最近1年内没有受到刑罚或者重大行政处罚；

（二）保险经纪公司及其分支机构未因涉嫌违法犯罪正接受有关部门调查；

（三）保险经纪公司及其分支机构最近1年内未引发30人以上群访群诉事件或者100人以上非正常集中退保事件；

（四）最近2年内设立的分支机构不存在运营未满1年退出市场的情形；

（五）具备完善的分支机构管理制度；

（六）新设分支机构有符合要求的营业场所、业务财务信息系统，以及与经营业务相匹配的其他设施；

（七）新设分支机构主要负责人符合本规定的任职条件；

（八）中国保监会规定的其他条件。

保险经纪公司因严重失信行为被国家有关单位确定为失信联合惩戒对象且应当在保险领域受到相应惩戒的，或者最近5年内具有其他严重失信不良记录的，不得新设分支机构经营保险经纪业务。

第十七条 保险经纪公司分支机构应当在营业执照记载的登记之日起15日内，书面报告中国保监会派出机构，在中国保监会规定的监管信息系统中登记相关信息，按照规定进行公开披露，并提交主要负责人的任职资格核准申请材料或者报告材料。

第十八条 保险经纪人有下列情形之一的，应当自该情形发生之日起5日内，通过中国保监会规定的监管信息系统报告，并按照规定进行公开披露：

（一）变更名称、住所或者营业场所；

（二）变更股东、注册资本或者组织形式；

（三）股东变更姓名或者名称、出资额；

（四）修改公司章程；

（五）股权投资，设立境外保险类机构及非营业性机构；

（六）分立、合并、解散，分支机构终止保险经纪业务活动；

（七）变更省级分公司以外分支机构主要负责人；

（八）受到行政处罚、刑罚或者涉嫌违法犯罪正接受调查；

（九）中国保监会规定的其他报告事项。

保险经纪人发生前款规定的相关情形，应当符合中国保监会相关规定。

第十九条 保险经纪公司变更事项涉及许可证记载内容的，应当按照《保险许可证管理办法》等有关规定办理许可证变更登记，交回原许可证，领取新许可证，并进行公告。

第二节 任职资格

第二十条 本规定所称保险经纪人高级管理人员是指下列人员：

（一）保险经纪公司的总经理、副总经理；

（二）省级分公司主要负责人；

（三）对公司经营管理行使重要职权的其他人员。

保险经纪人高级管理人员应当在任职前取得中国保监会派出机构核准的任职资格。

第二十一条 保险经纪人高级管理人员应当具备下列条件：

（一）大学专科以上学历；

（二）从事金融工作3年以上或者从事经济工作5年以上；

（三）具有履行职责所需的经营管理能力，熟悉保险法律、行政法规及中国保监会的相关规定；

（四）诚实守信，品行良好。

从事金融工作10年以上的人员，学历要求可以不受第一款第（一）项的限制。

保险经纪人任用的省级分公司以外分支机构主要负责人应当具备前两款规定的条件。

第二十二条 有下列情形之一的人员，不得担任保险经纪人高级管理人员和省级分公司以外分支机构主要负责人：

（一）担任因违法被吊销许可证的保险公司或者保险中介机构的董事、监事或者高级管理人员，并对被吊销许可证负有个人责任或者直接领导责任的，自许可证被吊销之日起未逾3年；

（二）因违法行为或者违纪行为被金融监管机构取消任职资格的金融机构的董事、监事或者高级管理人员，自被取消任职资格之日起未逾5年；

（三）被金融监管机构决定在一定期限内禁止进入金融行业的，期限未满；

（四）受金融监管机构警告或者罚款未逾2年；

（五）正在接受司法机关、纪检监察部门或者金融监管机构调查；

（六）因严重失信行为被国家有关单位确定为失信联合惩戒对象且应当在保险领域受到相应惩戒，或者最近5年内具有其他严重失信不良记录；

（七）法律、行政法规和中国保监会规定的其他情形。

第二十三条 保险经纪人应当与其高级管理人员、省级分公司以外分支机构主要负责人建立劳动关系，订立书面劳动合同。

第二十四条 保险经纪人高级管理人员和省级分公司以外分支机构主要负责人不得兼任2家以上分支机构的主要负责人。

保险经纪人高级管理人员和省级分公司以外分支机构主要负责人兼任其他经营管理职务的，应当具有必要的时间履行职务。

第二十五条 非经股东会或者股东大会批准，保险经纪人的高级管理人员和省级分公司以外分支机构主要负责人不得在存在利益冲突的机构中兼任职务。

第二十六条 保险经纪人向中国保监会派出机构提出高级管理人员任职资格核准申请的，应当如实填写申请表、提交相关材料。

中国保监会派出机构可以对保险经纪人拟任高级管理人员进行考察或者

谈话。

第二十七条 保险经纪人高级管理人员应当通过中国保监会认可的保险法规及相关知识测试。

第二十八条 保险经纪人的高级管理人员在同一保险经纪人内部调任、兼任其他职务，无须重新核准任职资格。

保险经纪人调整、免除高级管理人员和省级分公司以外分支机构主要负责人职务，应当自决定作出之日起5日内在中国保监会规定的监管信息系统中登记相关信息。

第二十九条 保险经纪人的高级管理人员和省级分公司以外分支机构主要负责人因涉嫌犯罪被起诉的，保险经纪人应当自其被起诉之日起5日内和结案之日起5日内在中国保监会规定的监管信息系统中登记相关信息。

第三十条 保险经纪人高级管理人员和省级分公司以外分支机构主要负责人有下列情形之一，保险经纪人已经任命的，应当免除其职务；经核准任职资格的，其任职资格自动失效：

（一）获得核准任职资格后，保险经纪人超过2个月未任命；

（二）从该保险经纪人离职；

（三）受到中国保监会禁止进入保险业的行政处罚；

（四）因贪污、受贿、侵占财产、挪用财产或者破坏社会主义市场秩序，被判处刑罚执行期满未逾5年，或者因犯罪被剥夺政治权利，执行期满未逾5年；

（五）担任破产清算的公司、企业的董事或者厂长、经理，对该公司、企业的破产负有个人责任的，自该公司、企业破产清算完结之日起未逾3年；

（六）担任因违法被吊销营业执照、责令关闭的公司、企业的法定代表人，并负有个人责任的，自该公司、企业被吊销营业执照之日起未逾3年；

（七）个人所负数额较大的债务到期未清偿。

第三十一条 保险经纪人出现下列情形之一，可以任命临时负责人，但临时负责人任职时间最长不得超过3个月，并且不得就同一职务连续任命临时负责人：

（一）原负责人辞职或者被撤职；

（二）原负责人因疾病、意外事故等原因无法正常履行工作职责；

（三）中国保监会认可的其他特殊情况。

临时负责人应当具有与履行职责相当的能力，并应当符合本规定第二十一条、第二十二条的相关要求。

保险经纪人任命临时负责人的，应当自决定作出之日起5日内在中国保监会规定的监管信息系统中登记相关信息。

第三节 从业人员

第三十二条 保险经纪人应当聘任品行良好的保险经纪从业人员。有下列情形之一的，保险经纪人不得聘任：

（一）因贪污、贿赂、侵占财产、挪用财产或者破坏社会主义市场经济秩序，被判处刑罚，执行期满未逾5年；

（二）被金融监管机构决定在一定期限内禁止进入金融行业，期限未满；

（三）因严重失信行为被国家有关单位确定为失信联合惩戒对象且应当在保险领域受到相应惩戒，或者最近5年内具有其他严重失信不良记录；

（四）法律、行政法规和中国保监会规定的其他情形。

第三十三条 保险经纪从业人员应当具有从事保险经纪业务所需的专业能力。保险经纪人应当加强对保险经纪从业人员的岗前培训和后续教育，培训内容至少应当包括业务知识、法律知识及职业道德。

保险经纪人可以委托保险中介行业自律组织或者其他机构组织培训。

保险经纪人应当建立完整的保险经纪从业人员培训档案。

第三十四条 保险经纪人应当按照规定为其保险经纪从业人员进行执业登记。

保险经纪从业人员只限于通过一家保险经纪人进行执业登记。

保险经纪从业人员变更所属保险经纪人的，新所属保险经纪人应当为其进行执业登记，原所属保险经纪人应当及时注销执业登记。

第三章 经营规则

第三十五条 保险经纪公司应当将许可证、营业执照置于住所或者营业场所显著位置。

保险经纪公司分支机构应当将加盖所属法人公章的许可证复印件、营业执照置于营业场所显著位置。

保险经纪人不得伪造、变造、出租、出借、转让许可证。

第三十六条 保险经纪人可以经营下列全部或者部分业务：

（一）为投保人拟订投保方案、选择保险公司以及办理投保手续；

（二）协助被保险人或者受益人进行索赔；

（三）再保险经纪业务；

（四）为委托人提供防灾、防损或者风险评估、风险管理咨询服务；

（五）中国保监会规定的与保险经纪有关的其他业务。

第三十七条 保险经纪人从事保险经纪业务不得超出承保公司的业务范围和经

营区域；从事保险经纪业务涉及异地共保、异地承保和统括保单，中国保监会另有规定的，从其规定。

第三十八条 保险经纪人及其从业人员不得销售非保险金融产品，经相关金融监管部门审批的非保险金融产品除外。

保险经纪人及其从业人员销售符合条件的非保险金融产品前，应当具备相应的资质要求。

第三十九条 保险经纪人应当根据法律、行政法规和中国保监会的有关规定，依照职责明晰、强化制衡、加强风险管理的原则，建立完善的公司治理结构和制度；明确管控责任，构建合规体系，注重自我约束，加强内部追责，确保稳健运营。

第四十条 保险经纪从业人员应当在所属保险经纪人的授权范围内从事业务活动。

第四十一条 保险经纪人通过互联网经营保险经纪业务，应当符合中国保监会的规定。

第四十二条 保险经纪人应当建立专门账簿，记载保险经纪业务收支情况。

第四十三条 保险经纪人应当开立独立的客户资金专用账户。下列款项只能存放于客户资金专用账户：

（一）投保人支付给保险公司的保险费；

（二）为投保人、被保险人和受益人代领的退保金、保险金。

保险经纪人应当开立独立的佣金收取账户。

保险经纪人开立、使用其他银行账户的，应当符合中国保监会的规定。

第四十四条 保险经纪人应当建立完整规范的业务档案，业务档案至少应当包括下列内容：

（一）通过本机构签订保单的主要情况，包括保险人、投保人、被保险人名称或者姓名，保单号，产品名称，保险金额，保险费，缴费方式，投保日期，保险期间等；

（二）保险合同对应的佣金金额和收取方式等；

（三）保险费交付保险公司的情况，保险金或者退保金的代领以及交付投保人、被保险人或者受益人的情况；

（四）为保险合同签订提供经纪服务的从业人员姓名，领取报酬金额、领取报酬账户等；

（五）中国保监会规定的其他业务信息。

保险经纪人的记录应当真实、完整。

第四十五条　保险经纪人应当按照中国保监会的规定开展再保险经纪业务。

保险经纪人从事再保险经纪业务，应当设立专门部门，在业务流程、财务管理与风险管控等方面与其他保险经纪业务实行隔离。

第四十六条　保险经纪人从事再保险经纪业务，应当建立完整规范的再保险业务档案，业务档案至少应当包括下列内容：

（一）再保险安排确认书；

（二）再保险人接受分入比例。

保险经纪人应当对再保险经纪业务和其他保险经纪业务分别建立账簿记载业务收支情况。

第四十七条　保险经纪人应当向保险公司提供真实、完整的投保信息，并应当与保险公司依法约定对投保信息保密、合理使用等事项。

第四十八条　保险经纪人从事保险经纪业务，应当与委托人签订委托合同，依法约定双方的权利义务及其他事项。委托合同不得违反法律、行政法规及中国保监会有关规定。

第四十九条　保险经纪人从事保险经纪业务，涉及向保险公司解付保险费、收取佣金的，应当与保险公司依法约定解付保险费、支付佣金的时限和违约赔偿责任等事项。

第五十条　保险经纪人在开展业务过程中，应当制作并出示规范的客户告知书。客户告知书至少应当包括以下事项：

（一）保险经纪人的名称、营业场所、业务范围、联系方式；

（二）保险经纪人获取报酬的方式，包括是否向保险公司收取佣金等情况；

（三）保险经纪人及其高级管理人员与经纪业务相关的保险公司、其他保险中介机构是否存在关联关系；

（四）投诉渠道及纠纷解决方式。

第五十一条　保险经纪人应当妥善保管业务档案、会计账簿、业务台账、客户告知书以及佣金收入的原始凭证等有关资料，保管期限自保险合同终止之日起计算，保险期间在 1 年以下的不得少于 5 年，保险期间超过 1 年的不得少于 10 年。

第五十二条　保险经纪人为政策性保险业务、政府委托业务提供服务的，佣金收取不得违反中国保监会的规定。

第五十三条　保险经纪人向投保人提出保险建议的，应当根据客户的需求和风险承受能力等情况，在客观分析市场上同类保险产品的基础上，推荐符合其利益的保险产品。

保险经纪人应当按照中国保监会的要求向投保人披露保险产品相关信息。

第五十四条 保险经纪公司应当按规定将监管费交付到中国保监会指定账户。

第五十五条 保险经纪公司应当自取得许可证之日起20日内投保职业责任保险或者缴存保证金。

保险经纪公司应当自投保职业责任保险或者缴存保证金之日起10日内，将职业责任保险保单复印件或者保证金存款协议复印件、保证金入账原始凭证复印件报送中国保监会派出机构，并在中国保监会规定的监管信息系统中登记相关信息。

第五十六条 保险经纪公司投保职业责任保险的，该保险应当持续有效。

保险经纪公司投保的职业责任保险对一次事故的赔偿限额不得低于人民币100万元；一年期保单的累计赔偿限额不得低于人民币1000万元，且不得低于保险经纪人上年度的主营业务收入。

第五十七条 保险经纪公司缴存保证金的，应当按注册资本的5%缴存，保险经纪公司增加注册资本的，应当按比例增加保证金数额。

保险经纪公司应当足额缴存保证金。保证金应当以银行存款形式专户存储到商业银行，或者以中国保监会认可的其他形式缴存。

第五十八条 保险经纪公司有下列情形之一的，可以动用保证金：

（一）注册资本减少；

（二）许可证被注销；

（三）投保符合条件的职业责任保险；

（四）中国保监会规定的其他情形。

保险经纪公司应当自动用保证金之日起5日内书面报告中国保监会派出机构。

第五十九条 保险经纪公司应当在每一会计年度结束后聘请会计师事务所对本公司的资产、负债、利润等财务状况进行审计，并在每一会计年度结束后4个月内向中国保监会派出机构报送相关审计报告。

保险经纪公司应当根据规定向中国保监会派出机构提交专项外部审计报告。

第六十条 保险经纪人应当按照中国保监会的有关规定及时、准确、完整地报送报告、报表、文件和资料，并根据要求提交相关的电子文本。

保险经纪人报送的报告、报表、文件和资料应当由法定代表人、主要负责人或者其授权人签字，并加盖机构印章。

第六十一条 保险经纪人不得委托未通过本机构进行执业登记的个人从事保险经纪业务。

第六十二条 保险经纪人应当对保险经纪从业人员进行执业登记信息管理，及时登记个人信息及授权范围等事项以及接受处罚、聘任关系终止等情况，确保执业登记信息的真实、准确、完整。

第六十三条 保险经纪人及其从业人员在办理保险业务活动中不得有下列行为：

（一）欺骗保险人、投保人、被保险人或者受益人；

（二）隐瞒与保险合同有关的重要情况；

（三）阻碍投保人履行如实告知义务，或者诱导其不履行如实告知义务；

（四）给予或者承诺给予投保人、被保险人或者受益人保险合同约定以外的利益；

（五）利用行政权力、职务或者职业便利以及其他不正当手段强迫、引诱或者限制投保人订立保险合同；

（六）伪造、擅自变更保险合同，或者为保险合同当事人提供虚假证明材料；

（七）挪用、截留、侵占保险费或者保险金；

（八）利用业务便利为其他机构或者个人牟取不正当利益；

（九）串通投保人、被保险人或者受益人，骗取保险金；

（十）泄露在业务活动中知悉的保险人、投保人、被保险人的商业秘密。

第六十四条 保险经纪人及其从业人员在开展保险经纪业务过程中，不得索取、收受保险公司或者其工作人员给予的合同约定之外的酬金、其他财物，或者利用执行保险经纪业务之便牟取其他非法利益。

第六十五条 保险经纪人不得以捏造、散布虚假事实等方式损害竞争对手的商业信誉，不得以虚假广告、虚假宣传或者其他不正当竞争行为扰乱保险市场秩序。

第六十六条 保险经纪人不得与非法从事保险业务或者保险中介业务的机构或者个人发生保险经纪业务往来。

第六十七条 保险经纪人不得以缴纳费用或者购买保险产品作为招聘从业人员的条件，不得承诺不合理的高额回报，不得以直接或者间接发展人员的数量或者销售业绩作为从业人员计酬的主要依据。

第四章 市场退出

第六十八条 保险经纪公司经营保险经纪业务许可证的有效期为 3 年。

保险经纪公司应当在许可证有效期届满 30 日前，按照规定向中国保监会派出机构申请延续许可。

第六十九条 保险经纪公司申请延续许可证有效期的，中国保监会派出机构在许可证有效期届满前对保险经纪人前3年的经营情况进行全面审查和综合评价，并作出是否准予延续许可证有效期的决定。决定不予延续的，应当书面说明理由。

保险经纪公司不符合本规定第七条有关经营保险经纪业务的条件，或者不符合法律、行政法规、中国保监会规定的延续保险经纪业务许可应当具备的其他条件的，中国保监会派出机构不予延续许可证有效期。

第七十条 保险经纪公司应当自收到不予延续许可证有效期的决定之日起10日内向中国保监会派出机构缴回原证；准予延续有效期的，应当自收到决定之日起10日内领取新许可证。

第七十一条 保险经纪公司退出保险经纪市场，应当遵守法律、行政法规及其他相关规定。保险经纪公司有下列情形之一的，中国保监会派出机构依法注销许可证，并予以公告：

（一）许可证有效期届满未延续的；

（二）许可证依法被撤回、撤销或者吊销的；

（三）因解散或者被依法宣告破产等原因依法终止的；

（四）法律、行政法规规定的其他情形。

被注销许可证的保险经纪公司应当及时交回许可证原件；许可证无法交回的，中国保监会派出机构在公告中予以说明。

被注销许可证的保险经纪公司应当终止其保险经纪业务活动，并自许可证注销之日起15日内书面报告工商注册登记所在地的工商行政管理部门。公司继续存续的，不得从事保险经纪业务，并应当依法办理名称、营业范围和公司章程等事项的工商变更登记，确保其名称中无“保险经纪”字样。

第七十二条 有下列情形之一的，保险经纪人应当在5日内注销保险经纪从业人员执业登记：

（一）保险经纪从业人员受到禁止进入保险业的行政处罚的；

（二）保险经纪从业人员因其他原因终止执业的；

（三）保险经纪人停业、解散或者因其他原因不再继续经营保险经纪业务的；

（四）法律、行政法规和中国保监会规定的其他情形。

第七十三条 保险经纪人终止保险经纪业务活动，应当妥善处理债权债务关系，不得损害投保人、被保险人、受益人的合法权益。

第五章 行 业 自 律

第七十四条 保险经纪人自愿加入保险中介行业自律组织。

保险中介行业自律组织依法制定保险经纪人自律规则，依据法律法规和自律规则，对保险经纪人实行自律管理。

保险中介行业自律组织依法制定章程，并按照规定报中国保监会或其派出机构备案。

第七十五条 保险中介行业自律组织应当根据法律法规、国家有关规定和自律组织章程，组织会员单位及其保险经纪从业人员进行教育培训。

第七十六条 保险中介行业自律组织应当通过互联网等渠道加强信息披露，并可以组织会员就保险经纪行业的发展、运作及有关内容进行研究，收集整理、发布保险经纪相关信息，提供会员服务，组织行业交流。

第六章 监 督 检 查

第七十七条 中国保监会派出机构按照属地原则负责辖区内保险经纪人的监管。

中国保监会派出机构应当注重对辖区内保险经纪人的行为监管，依法进行现场检查和非现场监管，并实施行政处罚和其他监管措施。

第七十八条 中国保监会及其派出机构根据监管需要，可以对保险经纪人高级管理人员及相关人员进行监管谈话，要求其就经营活动中的重大事项作出说明。

第七十九条 中国保监会及其派出机构根据监管需要，可以委派监管人员列席保险经纪公司的股东会或者股东大会、董事会。

第八十条 保险经纪公司分支机构经营管理混乱，从事重大违法违规活动的，保险经纪公司应当根据中国保监会及其派出机构的监管要求，对分支机构采取限期整改、停业、撤销等措施。

第八十一条 中国保监会及其派出机构依法对保险经纪人进行现场检查，主要包括下列内容：

（一）业务许可及相关事项是否依法获得批准或者履行报告义务；

（二）资本金是否真实、足额；

（三）保证金是否符合规定；

（四）职业责任保险是否符合规定；

（五）业务经营是否合法；

（六）财务状况是否良好；

（七）向中国保监会及其派出机构提交的报告、报表及资料是否及时、完整和真实；

（八）内控制度是否符合中国保监会的有关规定；

（九）任用高级管理人员和省级分公司以外分支机构主要负责人是否符合规定；

（十）是否有效履行从业人员管理职责；

（十一）对外公告是否及时、真实；

（十二）业务、财务信息管理系统是否符合中国保监会的有关规定；

（十三）中国保监会规定的其他事项。

第八十二条 中国保监会及其派出机构依法履行职责，被检查、调查的单位和个人应当配合。

第八十三条 中国保监会及其派出机构可以在现场检查中，委托会计师事务所等社会中介机构提供相关服务；委托上述中介机构提供服务的，应当签订书面委托协议。

中国保监会及其派出机构应当将委托事项告知被检查的保险经纪人。

第七章 法律责任

第八十四条 未取得许可证，非法从事保险经纪业务的，由中国保监会及其派出机构予以取缔，没收违法所得，并处违法所得 1 倍以上 5 倍以下罚款；没有违法所得或者违法所得不足 5 万元的，处 5 万元以上 30 万元以下罚款。

第八十五条 行政许可申请人隐瞒有关情况或者提供虚假材料申请保险经纪业务许可或者申请其他行政许可的，中国保监会及其派出机构不予受理或者不予批准，并给予警告，申请人在 1 年内不得再次申请该行政许可。

第八十六条 被许可人通过欺骗、贿赂等不正当手段取得保险经纪业务许可或者其他行政许可的，由中国保监会及其派出机构予以撤销，并依法给予行政处罚；申请人在 3 年内不得再次申请该行政许可。

第八十七条 保险经纪人聘任不具有任职资格的人员的，由中国保监会及其派出机构责令改正，处 2 万元以上 10 万元以下罚款；对该机构直接负责的主管人员和其他直接责任人员，给予警告，并处 1 万元以上 10 万元以下罚款，情节严重的，撤销任职资格。

保险经纪人未按规定聘任省级分公司以外分支机构主要负责人或者未按规定任命临时负责人的，由中国保监会及其派出机构责令改正，给予警告，并处 1 万元以下罚款；对该机构直接负责的主管人员和其他直接责任人员，给予警告，并处 1 万元以下罚款。

第八十八条 保险经纪人未按规定聘任保险经纪从业人员，或者未按规定进行执业登记和管理的，由中国保监会及其派出机构责令改正，给予警告，并处

1 万元以下罚款；对该机构直接负责的主管人员和其他直接责任人员，给予警告，并处 1 万元以下罚款。

第八十九条 保险经纪人出租、出借或者转让许可证的，由中国保监会及其派出机构责令改正，处 1 万元以上 10 万元以下罚款；情节严重的，责令停业整顿或者吊销许可证；对该机构直接负责的主管人员和其他直接责任人员，给予警告，并处 1 万元以上 10 万元以下罚款，情节严重的，撤销任职资格。

第九十条 保险经纪人在许可证使用过程中，有下列情形之一的，由中国保监会及其派出机构责令改正，给予警告，没有违法所得的，处 1 万元以下罚款，有违法所得的，处违法所得 3 倍以下罚款，但最高不得超过 3 万元；对该机构直接负责的主管人员和其他直接责任人员，给予警告，并处 1 万元以下罚款：

（一）未按规定在住所或者营业场所放置许可证或者其复印件；

（二）未按规定办理许可证变更登记；

（三）未按规定交回许可证；

（四）未按规定进行公告。

第九十一条 保险经纪人有下列情形之一的，由中国保监会及其派出机构责令改正，处 2 万元以上 10 万元以下罚款；情节严重的，责令停业整顿或者吊销许可证；对该机构直接负责的主管人员和其他直接责任人员，给予警告，并处 1 万元以上 10 万元以下罚款，情节严重的，撤销任职资格：

（一）未按规定缴存保证金或者投保职业责任保险的；

（二）未按规定设立专门账簿记载业务收支情况的。

第九十二条 保险经纪人超出规定的业务范围、经营区域从事业务活动的，或者与非法从事保险业务或者保险中介业务的单位或者个人发生保险经纪业务往来的，由中国保监会及其派出机构责令改正，给予警告，没有违法所得的，处 1 万元以下罚款，有违法所得的，处违法所得 3 倍以下罚款，但最高不得超过 3 万元；对该机构直接负责的主管人员和其他直接责任人员，给予警告，并处 1 万元以下罚款。

第九十三条 保险经纪人违反本规定第三十七条，由中国保监会及其派出机构责令改正，给予警告，没有违法所得的，处 1 万元以下罚款，有违法所得的，处违法所得 3 倍以下罚款，但最高不得超过 3 万元；对该机构直接负责的主管人员和其他直接责任人员，给予警告，并处 1 万元以下罚款。

第九十四条 保险经纪人违反本规定第四十七条，由中国保监会及其派出机构责令改正，给予警告，并处 1 万元以下罚款；对该机构直接负责的主管人员和其他直接责任人员，给予警告，并处 1 万元以下罚款。

第九十五条 保险经纪人违反本规定第五十条，由中国保监会及其派出机构责令改正，给予警告，并处 1 万元以下罚款；对该机构直接负责的主管人员和其他直接责任人员，给予警告，并处 1 万元以下罚款。

第九十六条 保险经纪人有本规定第六十三条所列情形之一的，由中国保监会及其派出机构责令改正，处 5 万元以上 30 万元以下罚款；情节严重的，吊销许可证；对该机构直接负责的主管人员和其他直接责任人员，给予警告，并处 1 万元以上 10 万元以下罚款，情节严重的，撤销任职资格。

第九十七条 保险经纪人违反本规定第六十四条，由中国保监会及其派出机构责令改正，给予警告，并处 1 万元以下罚款；对该机构直接负责的主管人员和其他直接责任人员，给予警告，并处 1 万元以下罚款。

第九十八条 保险经纪人违反本规定第六十五条、第六十七条，由中国保监会及其派出机构责令改正，给予警告，没有违法所得的，处 1 万元以下罚款，有违法所得的，处违法所得 3 倍以下罚款，但最高不得超过 3 万元；对该机构直接负责的主管人员和其他直接责任人员，给予警告，并处 1 万元以下罚款。

第九十九条 保险经纪人未按本规定报送或者保管报告、报表、文件、资料的，或者未按规定提供有关信息、资料的，由中国保监会及其派出机构责令限期改正；逾期不改正的，处 1 万元以上 10 万元以下罚款；对该机构直接负责的主管人员和其他直接责任人员，给予警告，并处 1 万元以上 10 万元以下罚款，情节严重的，撤销任职资格。

第一百条 保险经纪人有下列情形之一的，由中国保监会及其派出机构责令改正，处 10 万元以上 50 万元以下罚款；情节严重的，可以限制其业务范围、责令停止接受新业务或者吊销许可证；对该机构直接负责的主管人员和其他直接责任人员，给予警告，并处 1 万元以上 10 万元以下罚款，情节严重的，撤销任职资格：

（一）编制或者提供虚假的报告、报表、文件或者资料；

（二）拒绝、妨碍依法监督检查。

第一百零一条 保险经纪人有下列情形之一的，由中国保监会及其派出机构责令改正，给予警告，没有违法所得的，处 1 万元以下罚款，有违法所得的，处违法所得 3 倍以下罚款，但最高不得超过 3 万元；对该机构直接负责的主管人员和其他直接责任人员，给予警告，并处 1 万元以下罚款：

（一）未按规定托管注册资本；

（二）未按规定设立分支机构经营保险经纪业务；

（三）未按规定开展互联网保险经纪业务；

（四）未按规定开展再保险经纪业务；

（五）未按规定建立或者管理业务档案；

（六）未按规定使用银行账户；

（七）违反规定动用保证金；

（八）未按规定进行信息披露；

（九）未按规定缴纳监管费。

第一百零二条 违反法律和行政法规的规定，情节严重的，中国保监会及其派出机构可以禁止有关责任人员一定期限直至终身进入保险业。

第一百零三条 保险经纪人的高级管理人员、省级分公司以外分支机构主要负责人或者从业人员，离职后被发现在原工作期间违反中国保监会及其派出机构有关规定的，应当依法追究其责任。

第八章 附 则

第一百零四条 本规定所称保险专业中介机构是指保险专业代理机构、保险经纪人和保险公估人。

本规定所称保险中介机构是指保险专业中介机构和保险兼业代理机构。

第一百零五条 经中国保监会批准经营保险经纪业务的外资保险经纪人适用本规定，我国参加的有关国际条约和中国保监会另有规定的，适用其规定。

采取公司以外的组织形式的保险经纪人的设立和管理参照适用本规定，中国保监会另有规定的，适用其规定。

第一百零六条 本规定施行前依法设立的保险经纪公司继续保留，不完全具备本规定条件的，具体适用办法由中国保监会另行规定。

第一百零七条 本规定要求提交的各种表格格式由中国保监会制定。

第一百零八条 本规定有关“5 日”“10 日”“15 日”“20 日”的规定是指工作日，不含法定节假日。

本规定所称“以上”“以下”均含本数。

第一百零九条 本规定自 2018 年 5 月 1 日起施行，中国保监会 2009 年 9 月 25 日发布的《保险经纪机构监管规定》（保监会令 2009 年第 6 号）、2013 年 1 月 6 日发布的《保险经纪从业人员、保险公估从业人员监管办法》（保监会令 2013 年第 3 号）、2013 年 4 月 27 日发布的《中国保险监督管理委员会关于修改〈保险经纪机构监管规定〉的决定》（保监会令 2013 年第 6 号）同时废止。

保险代理人监管规定

1. 2020年11月12日中国银行保险监督管理委员会令2020年第11号公布
2. 自2021年1月1日起施行

第一章 总 则

第一条 为了规范保险代理人的经营行为，保护投保人、被保险人和受益人的合法权益，维护市场秩序，根据《中华人民共和国保险法》（以下简称《保险法》）等法律、行政法规，制定本规定。

第二条 本规定所称保险代理人是指根据保险公司的委托，向保险公司收取佣金，在保险公司授权的范围内代为办理保险业务的机构或者个人，包括保险专业代理机构、保险兼业代理机构及个人保险代理人。

本规定所称保险专业代理机构是指依法设立的专门从事保险代理业务的保险代理公司及其分支机构。

本规定所称保险兼业代理机构是指利用自身主业与保险的相关便利性，依法兼营保险代理业务的企业，包括保险兼业代理法人机构及其分支机构。

本规定所称个人保险代理人是指与保险公司签订委托代理合同，从事保险代理业务的人员。

本规定所称保险代理机构从业人员是指在保险专业代理机构、保险兼业代理机构中，从事销售保险产品或者进行相关损失勘查、理赔等业务的人员。

第三条 保险专业代理公司、保险兼业代理法人机构在中华人民共和国境内经营保险代理业务，应当符合国务院保险监督管理机构规定的条件，取得相关经营保险代理业务的许可证（以下简称许可证）。

第四条 保险代理人应当遵守法律、行政法规和国务院保险监督管理机构有关规定，遵循自愿、诚实信用和公平竞争的原则。

第五条 国务院保险监督管理机构根据《保险法》和国务院授权，对保险代理人履行监管职责。

国务院保险监督管理机构派出机构在国务院保险监督管理机构授权范围内履行监管职责。

第二章 市场准入

第一节 业务许可

第六条 除国务院保险监督管理机构另有规定外，保险专业代理公司应当采取下列组织形式：

（一）有限责任公司；

（二）股份有限公司。

第七条 保险专业代理公司经营保险代理业务，应当具备下列条件：

（一）股东符合本规定要求，且出资资金自有、真实、合法，不得用银行贷款及各种形式的非自有资金投资；

（二）注册资本符合本规定第十条要求，且按照国务院保险监督管理机构的有关规定托管；

（三）营业执照记载的经营范围符合有关规定；

（四）公司章程符合有关规定；

（五）公司名称符合本规定要求；

（六）高级管理人员符合本规定的任职资格条件；

（七）有符合国务院保险监督管理机构规定的治理结构和内控制度，商业模式科学合理可行；

（八）有与业务规模相适应的固定住所；

（九）有符合国务院保险监督管理机构规定的业务、财务信息管理系统；

（十）法律、行政法规和国务院保险监督管理机构规定的其他条件。

第八条 单位或者个人有下列情形之一的，不得成为保险专业代理公司的股东：

（一）最近5年内受到刑罚或者重大行政处罚的；

（二）因涉嫌重大违法犯罪正接受有关部门调查的；

（三）因严重失信行为被国家有关单位确定为失信联合惩戒对象且应当在保险领域受到相应惩戒，或者最近5年内具有其他严重失信不良记录的；

（四）依据法律、行政法规不能投资企业的；

（五）国务院保险监督管理机构根据审慎监管原则认定的其他不适合成为保险专业代理公司股东的情形。

第九条 保险公司的工作人员、个人保险代理人和保险专业中介机构从业人员不得另行投资保险专业代理公司；保险公司、保险专业中介机构的董事、监事或者高级管理人员的近亲属经营保险代理业务的，应当符合履职回避的有关规定。

第十条 经营区域不限于注册登记地所在省、自治区、直辖市、计划单列市的保险专业代理公司的注册资本最低限额为5000万元。

经营区域为注册登记地所在省、自治区、直辖市、计划单列市的保险专业代理公司的注册资本最低限额为2000万元。

保险专业代理公司的注册资本必须为实缴货币资本。

第十一条 保险专业代理公司名称中应当包含“保险代理”字样。

保险专业代理公司的字号不得与现有的保险专业中介机构相同，与其他保险专业中介机构具有同一实际控制人的保险专业代理公司除外。

保险专业代理公司应当规范使用机构简称，清晰标识所属行业细分类别，不得混淆保险代理公司与保险公司概念，在宣传工作中应当明确标识“保险代理”字样。

第十二条 保险兼业代理机构经营保险代理业务，应当符合下列条件：

（一）有市场监督管理部门核发的营业执照，其主营业务依法须经批准的，应取得相关部门的业务许可；

（二）主业经营情况良好，最近2年内无重大行政处罚记录；

（三）有同主业相关的保险代理业务来源；

（四）有便民服务的营业场所或者销售渠道；

（五）具备必要的软硬件设施，保险业务信息系统与保险公司对接，业务、财务数据可独立于主营业务单独查询统计；

（六）有完善的保险代理业务管理制度和机制；

（七）有符合本规定条件的保险代理业务责任人；

（八）法律、行政法规和国务院保险监督管理机构规定的其他条件。

保险兼业代理机构因严重失信行为被国家有关单位确定为失信联合惩戒对象且应当在保险领域受到相应惩戒的，或者最近5年内具有其他严重失信不良记录的，不得经营保险代理业务。

第十三条 保险兼业代理法人机构及其根据本规定第二十条指定的分支机构应当分别委派本机构分管保险业务的负责人担任保险代理业务责任人。

保险代理业务责任人应当品行良好，熟悉保险法律、行政法规，具有履行职责所需的经营管理能力。

第十四条 保险专业代理公司申请经营保险代理业务，应当在领取营业执照后，及时按照国务院保险监督管理机构的要求提交申请材料，并进行相关信息披露。

保险兼业代理法人机构申请经营保险代理业务，应当及时按照国务院保险监督管理机构的要求提交申请材料，并进行相关信息披露。

国务院保险监督管理机构及其派出机构（以下统称保险监督管理机构）按照法定的职责和程序实施行政许可。

第十五条 保险专业代理公司申请经营保险代理业务的，保险监督管理机构应当采取谈话、询问、现场验收等方式了解、审查申请人股东的经营、诚信记录，以及申请人的市场发展战略、业务发展计划、内控制度建设、人员结构、信息系统配置及运行等有关事项，并进行风险测试和提示。

保险兼业代理法人机构申请经营保险代理业务具体办法由国务院保险监督管理机构另行规定。

第十六条 保险监督管理机构依法作出批准保险专业代理公司、保险兼业代理法人机构经营保险代理业务的决定的，应当向申请人颁发许可证。申请人取得许可证后，方可开展保险代理业务，并应当及时在国务院保险监督管理机构规定的监管信息系统中登记相关信息。

保险监督管理机构决定不予批准的，应当作出书面决定并说明理由。保险专业代理公司继续存续的，应当依法办理名称、营业范围和公司章程等事项的变更登记，确保其名称中无“保险代理”字样。

第十七条 经营区域不限于注册登记地所在省、自治区、直辖市、计划单列市的保险专业代理公司可以在中华人民共和国境内开展保险代理业务。

经营区域不限于注册登记地所在省、自治区、直辖市、计划单列市的保险专业代理公司在注册登记地以外开展保险代理业务的，应当在当地设立分支机构。设立分支机构时应当首先设立省级分公司，指定其负责办理行政许可申请、监管报告和报表提交等相关事宜，并负责管理其他分支机构。

保险专业代理公司分支机构包括分公司、营业部。

第十八条 保险专业代理公司新设分支机构经营保险代理业务，应当符合以下条件：

（一）保险专业代理公司及分支机构最近 1 年内没有受到刑罚或者重大行政处罚；

（二）保险专业代理公司及分支机构未因涉嫌违法犯罪正接受有关部门调查；

（三）保险专业代理公司及分支机构最近 1 年内未发生 30 人以上群访群诉事件或者 100 人以上非正常集中退保事件；

（四）最近 2 年内设立的分支机构不存在运营未满 1 年退出市场的情形；

（五）具备完善的分支机构管理制度；

（六）新设分支机构有符合要求的营业场所、业务财务信息管理系统，以及与经营业务相匹配的其他设施；

（七）新设分支机构主要负责人符合本规定的任职条件；

（八）国务院保险监督管理机构规定的其他条件。

保险专业代理公司因严重失信行为被国家有关单位确定为失信联合惩戒对象且应当在保险领域受到相应惩戒的，或者最近5年内具有其他严重失信不良记录的，不得新设分支机构经营保险代理业务。

第十九条 保险专业代理公司分支机构应当在营业执照记载的登记之日起15日内，书面报告保险监督管理机构，在国务院保险监督管理机构规定的监管信息系统中登记相关信息，按照规定进行公开披露，并提交主要负责人的任职资格核准申请材料或者报告材料。

第二十条 保险兼业代理分支机构获得法人机构关于开展保险代理业务的授权后，可以开展保险代理业务，并应当及时通过国务院保险监督管理机构规定的监管信息系统报告相关情况。

保险兼业代理法人机构授权注册登记地以外的省、自治区、直辖市或者计划单列市的分支机构经营保险代理业务的，应当指定一家分支机构负责该区域全部保险代理业务管理事宜。

第二十一条 保险专业代理机构有下列情形之一的，应当自该情形发生之日起5日内，通过国务院保险监督管理机构规定的监管信息系统报告，并按照规定进行公开披露：

（一）变更名称、住所或者营业场所的；

（二）变更股东、注册资本或者组织形式的；

（三）变更股东姓名或者名称、出资额的；

（四）修改公司章程的；

（五）股权投资、设立境外保险类机构及非营业性机构的；

（六）分立、合并、解散，分支机构终止保险代理业务活动的；

（七）变更省级分公司以外分支机构主要负责人的；

（八）受到行政处罚、刑罚或者涉嫌违法犯罪正接受调查的；

（九）国务院保险监督管理机构规定的其他报告事项。

保险专业代理机构发生前款规定的相关情形，应当符合国务院保险监督管理机构相关规定。

第二十二条 保险兼业代理机构有下列情形之一的，应当自该情形发生之日起5日内，通过国务院保险监督管理机构规定的监管信息系统报告，并按照规定进行公开披露：

（一）变更名称、住所或者营业场所的；

（二）变更保险代理业务责任人的；

（三）变更对分支机构代理保险业务授权的；

（四）国务院保险监督管理机构规定的其他报告事项。

第二十三条 保险专业代理公司、保险兼业代理法人机构变更事项涉及许可证记载内容的，应当按照国务院保险监督管理机构有关规定办理许可证变更登记，交回原许可证，领取新许可证，并进行公告。

第二节 任职资格

第二十四条 本规定所称保险专业代理机构高级管理人员是指下列人员：

（一）保险专业代理公司的总经理、副总经理；

（二）省级分公司主要负责人；

（三）对公司经营管理行使重要职权的其他人员。

保险专业代理机构高级管理人员应当在任职前取得保险监督管理机构核准的任职资格。

第二十五条 保险专业代理机构高级管理人员应当具备下列条件：

（一）大学专科以上学历；

（二）从事金融工作 3 年以上或者从事经济工作 5 年以上；

（三）具有履行职责所需的经营管理能力，熟悉保险法律、行政法规及国务院保险监督管理机构的相关规定；

（四）诚实守信，品行良好。

从事金融工作 10 年以上的人员，学历要求可以不受第一款第（一）项的限制。

保险专业代理机构任用的省级分公司以外分支机构主要负责人应当具备前两款规定的条件。

第二十六条 有下列情形之一的人员，不得担任保险专业代理机构的高级管理人员和省级分公司以外分支机构主要负责人：

（一）无民事行为能力或者限制民事行为能力；

（二）因贪污、贿赂、侵占财产、挪用财产或者破坏社会主义市场秩序，被判处刑罚执行期满未逾 5 年，或者因犯罪被剥夺政治权利，执行期满未逾 5 年；

（三）担任破产清算的公司、企业的董事或者厂长、经理，对该公司、企业的破产负有个人责任的，自该公司、企业破产清算完结之日起未逾 3 年；

（四）担任因违法被吊销营业执照、责令关闭的公司、企业的法定代表人，并负有个人责任的，自该公司、企业被吊销营业执照之日起未逾 3 年；

（五）担任因违法被吊销许可证的保险公司或者保险中介机构的董事、监事或者高级管理人员，并对被吊销许可证负有个人责任或者直接领导责任的，自许可证被吊销之日起未逾 3 年；

（六）因违法行为或者违纪行为被金融监管机构取消任职资格的金融机构的董事、监事或者高级管理人员，自被取消任职资格之日起未逾 5 年；

（七）被金融监管机构决定在一定期限内禁止进入金融行业的，期限未满；

（八）受金融监管机构警告或者罚款未逾 2 年；

（九）正在接受司法机关、纪检监察部门或者金融监管机构调查；

（十）个人所负数额较大的债务到期未清偿；

（十一）因严重失信行为被国家有关单位确定为失信联合惩戒对象且应当在保险领域受到相应惩戒，或者最近 5 年内具有其他严重失信不良记录；

（十二）法律、行政法规和国务院保险监督管理机构规定的其他情形。

第二十七条 保险专业代理机构应当与高级管理人员、省级分公司以外分支机构主要负责人建立劳动关系，订立书面劳动合同。

第二十八条 保险专业代理机构高级管理人员、省级分公司以外分支机构主要负责人至多兼任 2 家分支机构的主要负责人。

保险专业代理机构高级管理人员和省级分公司以外分支机构主要负责人兼任其他经营管理职务的，应当具有必要的时间履行职务。

第二十九条 非经股东会或者股东大会批准，保险专业代理公司的高级管理人员和省级分公司以外分支机构主要负责人不得在存在利益冲突的机构中兼任职务。

第三十条 保险专业代理机构向保险监督管理机构提出高级管理人员任职资格核准申请的，应当如实填写申请表、提交相关材料。

保险监督管理机构可以对保险专业代理机构拟任高级管理人员进行考察或者谈话。

第三十一条 保险专业代理机构高级管理人员应当通过国务院保险监督管理机构认可的保险法规及相关知识测试。

第三十二条 保险专业代理机构高级管理人员在同一保险专业代理机构内部调任、兼任其他职务，无须重新核准任职资格。

保险专业代理机构调整、免除高级管理人员和省级分公司以外分支机构主要负责人职务，应当自决定作出之日起 5 日内在国务院保险监督管理机构规定的监管信息系统中登记相关信息，并按照规定进行公开披露。

第三十三条 保险专业代理机构的高级管理人员和省级分公司以外分支机构主要负责人因涉嫌犯罪被起诉的，保险专业代理机构应当自其被起诉之日起5日内和结案之日起5日内在国务院保险监督管理机构规定的监管信息系统中登记相关信息。

第三十四条 保险专业代理机构高级管理人员和省级分公司以外分支机构主要负责人有下列情形之一，保险专业代理机构已经任命的，应当免除其职务；经核准任职资格的，其任职资格自动失效：

（一）获得核准任职资格后，保险专业代理机构超过2个月未任命；

（二）从该保险专业代理机构离职；

（三）受到国务院保险监督管理机构禁止进入保险业的行政处罚；

（四）出现《中华人民共和国公司法》第一百四十六条规定的情形。

第三十五条 保险专业代理机构出现下列情形之一，可以指定临时负责人，但临时负责人任职时间最长不得超过3个月，并且不得就同一职务连续任命临时负责人：

（一）原负责人辞职或者被撤职；

（二）原负责人因疾病、意外事故等原因无法正常履行工作职责；

（三）国务院保险监督管理机构认可的其他特殊情况。

临时负责人应当具有与履行职责相当的能力，并应当符合本规定第二十五条、第二十六条的相关要求。

保险专业代理机构任命临时负责人的，应当自决定作出之日起5日内在国务院保险监督管理机构规定的监管信息系统中登记相关信息。

第三节　从　业　人　员

第三十六条 保险公司应当委托品行良好的个人保险代理人。保险专业代理机构、保险兼业代理机构应当聘任品行良好的保险代理机构从业人员。

保险公司、保险专业代理机构、保险兼业代理机构应当加强对个人保险代理人、保险代理机构从业人员招录工作的管理，制定规范统一的招录政策、标准和流程。

有下列情形之一的，保险公司、保险专业代理机构、保险兼业代理机构不得聘任或者委托：

（一）因贪污、受贿、侵占财产、挪用财产或者破坏社会主义市场经济秩序，被判处刑罚，执行期满未逾5年的；

（二）被金融监管机构决定在一定期限内禁止进入金融行业，期限未满的；

（三）因严重失信行为被国家有关单位确定为失信联合惩戒对象且应当在保险领域受到相应惩戒，或者最近5年内具有其他严重失信不良记录的；

（四）法律、行政法规和国务院保险监督管理机构规定的其他情形。

第三十七条 个人保险代理人、保险代理机构从业人员应当具有从事保险代理业务所需的专业能力。保险公司、保险专业代理机构、保险兼业代理机构应当加强对个人保险代理人、保险代理机构从业人员的岗前培训和后续教育。培训内容至少应当包括业务知识、法律知识及职业道德。

保险公司、保险专业代理机构、保险兼业代理机构可以委托保险中介行业自律组织或者其他机构组织培训。

保险公司、保险专业代理机构、保险兼业代理机构应当建立完整的个人保险代理人、保险代理机构从业人员培训档案。

第三十八条 保险公司、保险专业代理机构、保险兼业代理机构应当按照规定为其个人保险代理人、保险代理机构从业人员进行执业登记。

个人保险代理人、保险代理机构从业人员只限于通过一家机构进行执业登记。

个人保险代理人、保险代理机构从业人员变更所属机构的，新所属机构应当为其进行执业登记，原所属机构应当在规定的时限内及时注销执业登记。

第三十九条 国务院保险监督管理机构对个人保险代理人实施分类管理，加快建立独立个人保险代理人制度。

第三章 经营规则

第四十条 保险专业代理公司应当将许可证、营业执照置于住所或者营业场所显著位置。

保险专业代理公司分支机构应当将加盖所属法人公章的许可证复印件、分支机构营业执照置于营业场所显著位置。

保险兼业代理机构应当按照国务院保险监督管理机构的有关规定放置许可证或者许可证复印件。

保险专业代理机构和兼业代理机构不得伪造、变造、出租、出借、转让许可证。

第四十一条 保险专业代理机构可以经营下列全部或者部分业务：

（一）代理销售保险产品；

（二）代理收取保险费；

（三）代理相关保险业务的损失勘查和理赔；

（四）国务院保险监督管理机构规定的其他相关业务。

第四十二条 保险兼业代理机构可以经营本规定第四十一条规定的第（一）、（二）项业务及国务院保险监督管理机构批准的其他业务。

保险公司兼营保险代理业务的，除同一保险集团内各保险子公司之间开展保险代理业务外，一家财产保险公司在一个会计年度内只能代理一家人身保险公司业务，一家人身保险公司在一个会计年度内只能代理一家财产保险公司业务。

第四十三条 保险代理人从事保险代理业务不得超出被代理保险公司的业务范围和经营区域；保险专业代理机构从事保险代理业务涉及异地共保、异地承保和统括保单，国务院保险监督管理机构另有规定的，从其规定。

除国务院保险监督管理机构另有规定外，保险兼业代理机构不得在主业营业场所外另设代理网点。

第四十四条 保险专业代理机构及其从业人员、个人保险代理人不得销售非保险金融产品，经相关金融监管部门审批的非保险金融产品除外。

保险专业代理机构及其从业人员、个人保险代理人销售符合条件的非保险金融产品前，应当具备相应的资质要求。

第四十五条 保险专业代理机构应当根据法律、行政法规和国务院保险监督管理机构的有关规定，依照职责明晰、强化制衡、加强风险管理的原则，建立完善的公司治理结构和制度；明确管控责任，构建合规体系，注重自我约束，加强内部追责，确保稳健运营。

第四十六条 个人保险代理人、保险代理机构从业人员应当在所属机构的授权范围内从事保险代理业务。

保险公司兼营保险代理业务的，其个人保险代理人可以根据授权，代为办理其他保险公司的保险业务。个人保险代理人所属保险公司应当及时变更执业登记，增加记载授权范围等事项。法律、行政法规和国务院保险监督管理机构另有规定的，适用其规定。

第四十七条 保险代理人通过互联网、电话经营保险代理业务，国务院保险监督管理机构另有规定的，适用其规定。

第四十八条 保险专业代理机构、保险兼业代理机构应当建立专门账簿，记载保险代理业务收支情况。

第四十九条 保险专业代理机构、保险兼业代理机构代收保险费的，应当开立独立的代收保险费账户进行结算。

保险专业代理机构、保险兼业代理机构应当开立独立的佣金收取账户。

保险专业代理机构、保险兼业代理机构开立、使用其他与经营保险代理业务有关银行账户的，应当符合国务院保险监督管理机构的规定。

第五十条 保险专业代理机构、保险兼业代理机构应当建立完整规范的业务档案。

保险专业代理机构业务档案至少应当包括下列内容：

（一）代理销售保单的基本情况，包括保险人、投保人、被保险人名称或者姓名，保单号，产品名称，保险金额，保险费，缴费方式，投保日期，保险期间等；

（二）保险费代收和交付被代理保险公司的情况；

（三）保险代理佣金金额和收取情况；

（四）为保险合同签订提供代理服务的保险代理机构从业人员姓名、领取报酬金额、领取报酬账户等；

（五）国务院保险监督管理机构规定的其他业务信息。

保险兼业代理机构的业务档案至少应当包括前款第（一）至（三）项内容，并应当列明为保险合同签订提供代理服务的保险兼业代理机构从业人员姓名及其执业登记编号。

保险专业代理机构、保险兼业代理机构的记录应当真实、完整。

第五十一条 保险代理人应当加强信息化建设，通过业务信息系统等途径及时向保险公司提供真实、完整的投保信息，并应当与保险公司依法约定对投保信息保密、合理使用等事项。

第五十二条 保险代理人应当妥善管理和使用被代理保险公司提供的各种单证、材料；代理关系终止后，应当在30日内将剩余的单证及材料交付被代理保险公司。

第五十三条 保险代理人从事保险代理业务，应当与被代理保险公司签订书面委托代理合同，依法约定双方的权利义务，并明确解付保费、支付佣金的时限和违约赔偿责任等事项。委托代理合同不得违反法律、行政法规及国务院保险监督管理机构有关规定。

保险代理人根据保险公司的授权代为办理保险业务的行为，由保险公司承担责任。保险代理人没有代理权、超越代理权或者代理权终止后以保险公司名义订立合同，使投保人有理由相信其有代理权的，该代理行为有效。

个人保险代理人、保险代理机构从业人员开展保险代理活动有违法违规行为的，其所属保险公司、保险专业代理机构、保险兼业代理机构依法承担法律责任。

第五十四条 除国务院保险监督管理机构另有规定外，保险专业代理机构、保险兼业代理机构在开展业务过程中，应当制作并出示客户告知书。客户告知书至少应当包括以下事项：

（一）保险专业代理机构或者保险兼业代理机构及被代理保险公司的名称、营业场所、业务范围、联系方式；

（二）保险专业代理机构的高级管理人员与被代理保险公司或者其他保险中介机构是否存在关联关系；

（三）投诉渠道及纠纷解决方式。

第五十五条 保险专业代理机构、保险兼业代理机构应当对被代理保险公司提供的宣传资料进行记录存档。

保险代理人不得擅自修改被代理保险公司提供的宣传资料。

第五十六条 保险专业代理机构、保险兼业代理机构应当妥善保管业务档案、会计账簿、业务台账、客户告知书以及佣金收入的原始凭证等有关资料，保管期限自保险合同终止之日起计算，保险期间在 1 年以下的不得少于 5 年，保险期间超过 1 年的不得少于 10 年。

第五十七条 保险代理人为政策性保险业务、政府委托业务提供服务的，佣金收取不得违反国务院保险监督管理机构的规定。

第五十八条 保险代理人应当向投保人全面披露保险产品相关信息，并明确说明保险合同中保险责任、责任减轻或者免除、退保及其他费用扣除、现金价值、犹豫期等条款。

第五十九条 保险专业代理公司应当按规定将监管费交付到国务院保险监督管理机构指定账户。国务院保险监督管理机构对监管费另有规定的，适用其规定。

第六十条 保险专业代理公司应当自取得许可证之日起20日内投保职业责任保险或者缴存保证金。

保险专业代理公司应当自投保职业责任保险或者缴存保证金之日起 10 日内，将职业责任保险保单复印件或者保证金存款协议复印件、保证金入账原始凭证复印件报送保险监督管理机构，并在国务院保险监督管理机构规定的监管信息系统中登记相关信息。

保险兼业代理机构应当按照国务院保险监督管理机构的规定投保职业责任保险或者缴存保证金。

第六十一条 保险专业代理公司投保职业责任保险，该保险应当持续有效。

保险专业代理公司投保的职业责任保险对一次事故的赔偿限额不得低于

人民币100万元；一年期保单的累计赔偿限额不得低于人民币1000万元，且不得低于保险专业代理公司上年度的主营业务收入。

第六十二条 保险专业代理公司缴存保证金的，应当按照注册资本的5%缴存。保险专业代理公司增加注册资本的，应当按比例增加保证金数额。

保险专业代理公司应当足额缴存保证金。保证金应当以银行存款形式专户存储到商业银行，或者以国务院保险监督管理机构认可的其他形式缴存。

第六十三条 保险专业代理公司有下列情形之一的，可以动用保证金：

（一）注册资本减少；

（二）许可证被注销；

（三）投保符合条件的职业责任保险；

（四）国务院保险监督管理机构规定的其他情形。

保险专业代理公司应当自动用保证金之日起5日内书面报告保险监督管理机构。

第六十四条 保险专业代理公司应当在每一会计年度结束后聘请会计师事务所对本公司的资产、负债、利润等财务状况进行审计，并在每一会计年度结束后4个月内向保险监督管理机构报送相关审计报告。

保险专业代理公司应当根据规定向保险监督管理机构提交专项外部审计报告。

第六十五条 保险专业代理机构、保险兼业代理机构应当按照国务院保险监督管理机构的有关规定及时、准确、完整地报送报告、报表、文件和资料，并根据要求提交相关的电子文本。

保险专业代理机构、保险兼业代理机构报送的报告、报表、文件和资料应当由法定代表人、主要负责人或者其授权人签字，并加盖机构印章。

第六十六条 保险公司、保险专业代理机构、保险兼业代理机构不得委托未通过该机构进行执业登记的个人从事保险代理业务。国务院保险监督管理机构另有规定的除外。

第六十七条 保险公司、保险专业代理机构、保险兼业代理机构应当对个人保险代理人、保险代理机构从业人员进行执业登记信息管理，及时登记个人信息及授权范围等事项以及接受处罚、聘任或者委托关系终止等情况，确保执业登记信息的真实、准确、完整。

第六十八条 保险公司、保险专业代理机构、保险兼业代理机构应当承担对个人保险代理人、保险代理机构从业人员行为的管理责任，维护人员规范有序流动，强化日常管理、监测、追责，防范其超越授权范围或者从事违法违规活动。

第六十九条 保险公司应当制定个人保险代理人管理制度。明确界定负责团队组织管理的人员（以下简称团队主管）的职责，将个人保险代理人销售行为合规性与团队主管的考核、奖惩挂钩。个人保险代理人发生违法违规行为的，保险公司应当按照有关规定对团队主管追责。

第七十条 保险代理人及其从业人员在办理保险业务活动中不得有下列行为：

（一）欺骗保险人、投保人、被保险人或者受益人；

（二）隐瞒与保险合同有关的重要情况；

（三）阻碍投保人履行如实告知义务，或者诱导其不履行如实告知义务；

（四）给予或者承诺给予投保人、被保险人或者受益人保险合同约定以外的利益；

（五）利用行政权力、职务或者职业便利以及其他不正当手段强迫、引诱或者限制投保人订立保险合同；

（六）伪造、擅自变更保险合同，或者为保险合同当事人提供虚假证明材料；

（七）挪用、截留、侵占保险费或者保险金；

（八）利用业务便利为其他机构或者个人牟取不正当利益；

（九）串通投保人、被保险人或者受益人，骗取保险金；

（十）泄露在业务活动中知悉的保险人、投保人、被保险人的商业秘密。

第七十一条 个人保险代理人、保险代理机构从业人员不得聘用或者委托其他人员从事保险代理业务。

第七十二条 保险代理人及保险代理机构从业人员在开展保险代理业务过程中，不得索取、收受保险公司或其工作人员给予的合同约定之外的酬金、其他财物，或者利用执行保险代理业务之便牟取其他非法利益。

第七十三条 保险代理人不得以捏造、散布虚假事实等方式损害竞争对手的商业信誉，不得以虚假广告、虚假宣传或者其他不正当竞争行为扰乱保险市场秩序。

第七十四条 保险代理人不得与非法从事保险业务或者保险中介业务的机构或者个人发生保险代理业务往来。

第七十五条 保险代理人不得将保险佣金从代收的保险费中直接扣除。

第七十六条 保险代理人及保险代理机构从业人员不得违反规定代替投保人签订保险合同。

第七十七条 保险公司、保险专业代理机构以及保险兼业代理机构不得以缴纳费用或者购买保险产品作为招聘从业人员的条件，不得承诺不合理的高额回报，不得以直接或者间接发展人员的数量作为从业人员计酬的主要依据。

第七十八条 保险代理人自愿加入保险中介行业自律组织。

保险中介行业自律组织依法制定保险代理人自律规则，依据法律法规和自律规则，对保险代理人实行自律管理。

保险中介行业自律组织依法制定章程，按照规定向批准其成立的登记管理机关申请审核，并报保险监督管理机构备案。

第四章 市场退出

第七十九条 保险专业代理公司、保险兼业代理法人机构退出保险代理市场，应当遵守法律、行政法规及其他相关规定。保险专业代理公司、保险兼业代理法人机构有下列情形之一的，保险监督管理机构依法注销许可证，并予以公告：

（一）许可证依法被撤回、撤销或者吊销的；

（二）因解散或者被依法宣告破产等原因依法终止的；

（三）法律、行政法规规定的其他情形。

被注销许可证的保险专业代理公司、保险兼业代理法人机构应当及时交回许可证原件；许可证无法交回的，保险监督管理机构在公告中予以说明。

被注销许可证的保险专业代理公司、保险兼业代理法人机构应当终止其保险代理业务活动。

第八十条 保险专业代理公司许可证注销后，公司继续存续的，不得从事保险代理业务，并应当依法办理名称、营业范围和公司章程等事项的变更登记，确保其名称中无“保险代理”字样。

保险兼业代理法人机构被保险监督管理机构依法吊销许可证的，3 年之内不得再次申请许可证；因其他原因被依法注销许可证的，1 年之内不得再次申请许可证。

第八十一条 有下列情形之一的，保险公司、保险专业代理机构、保险兼业代理机构应当在规定的时限内及时注销个人保险代理人、保险代理机构从业人员执业登记：

（一）个人保险代理人、保险代理机构从业人员受到禁止进入保险业的行政处罚；

（二）个人保险代理人、保险代理机构从业人员因其他原因终止执业；

（三）保险公司、保险专业代理机构、保险兼业代理机构停业、解散或者因其他原因不再继续经营保险代理业务；

（四）法律、行政法规和国务院保险监督管理机构规定的其他情形。

第八十二条　保险代理人终止保险代理业务活动，应妥善处理债权债务关系，不得损害投保人、被保险人、受益人的合法权益。

第五章　监督检查

第八十三条　国务院保险监督管理机构派出机构按照属地原则负责辖区内保险代理人的监管。

国务院保险监督管理机构派出机构应当注重对辖区内保险代理人的行为监管，依法进行现场检查和非现场监管，并实施行政处罚和采取其他监管措施。

国务院保险监督管理机构派出机构在依法对辖区内保险代理人实施行政处罚和采取其他监管措施时，应当同时依法对该行为涉及的保险公司实施行政处罚和采取其他监管措施。

第八十四条　保险监督管理机构根据监管需要，可以对保险专业代理机构的高级管理人员、省级分公司以外分支机构主要负责人或者保险兼业代理机构的保险代理业务责任人进行监管谈话，要求其就经营活动中的重大事项作出说明。

第八十五条　保险监督管理机构根据监管需要，可以委派监管人员列席保险专业代理公司的股东会或者股东大会、董事会。

第八十六条　保险专业代理公司、保险兼业代理法人机构的分支机构保险代理业务经营管理混乱，从事重大违法违规活动的，保险专业代理公司、保险兼业代理法人机构应当根据保险监督管理机构的监管要求，对分支机构采取限期整改、停业、撤销或者解除保险代理业务授权等措施。

第八十七条　保险监督管理机构依法对保险专业代理机构进行现场检查，主要包括下列内容：

（一）业务许可及相关事项是否依法获得批准或者履行报告义务；

（二）资本金是否真实、足额；

（三）保证金是否符合规定；

（四）职业责任保险是否符合规定；

（五）业务经营是否合法；

（六）财务状况是否真实；

（七）向保险监督管理机构提交的报告、报表及资料是否及时、完整和真实；

（八）内控制度是否符合国务院保险监督管理机构的有关规定；

（九）任用高级管理人员和省级分公司以外分支机构主要负责人是否符合规定；

（十）是否有效履行从业人员管理职责；

（十一）对外公告是否及时、真实；

（十二）业务、财务信息管理系统是否符合国务院保险监督管理机构的有关规定；

（十三）国务院保险监督管理机构规定的其他事项。

保险监督管理机构依法对保险兼业代理机构进行现场检查，主要包括前款规定除第（二）项、第（九）项以外的内容。

保险监督管理机构依法对保险公司是否有效履行对其个人保险代理人的管控职责进行现场检查。

第八十八条 保险监督管理机构依法履行职责，被检查、调查的单位和个人应当配合。

保险监督管理机构依法进行监督检查或者调查，其监督检查、调查的人员不得少于二人，并应当出示合法证件和监督检查、调查通知书；监督检查、调查的人员少于二人或者未出示合法证件和监督检查、调查通知书的，被检查、调查的单位和个人有权拒绝。

第八十九条 保险监督管理机构可以在现场检查中，委托会计师事务所等社会中介机构提供相关服务；保险监督管理机构委托上述中介机构提供服务的，应当签订书面委托协议。

保险监督管理机构应当将委托事项告知被检查的保险专业代理机构、保险兼业代理机构。

第六章 法律责任

第九十条 未取得许可证，非法从事保险代理业务的，由保险监督管理机构予以取缔，没收违法所得，并处违法所得1倍以上5倍以下罚款；没有违法所得或者违法所得不足5万元的，处5万元以上30万元以下罚款。

第九十一条 行政许可申请人隐瞒有关情况或者提供虚假材料申请相关保险代理业务许可或者申请其他行政许可的，保险监督管理机构不予受理或者不予批准，并给予警告，申请人在1年内不得再次申请该行政许可。

第九十二条 被许可人通过欺骗、贿赂等不正当手段取得保险代理业务许可或者其他行政许可的，由保险监督管理机构予以撤销，并依法给予行政处罚；申请人在3年内不得再次申请该行政许可。

第九十三条 保险专业代理机构聘任不具有任职资格的人员的，由保险监督管理机构责令改正，处 2 万元以上 10 万元以下罚款；对该机构直接负责的主管人员和其他直接责任人员，给予警告，并处 1 万元以上 10 万元以下罚款，情节严重的，撤销任职资格。

保险专业代理机构未按规定聘任省级分公司以外分支机构主要负责人或者未按规定任命临时负责人的，由保险监督管理机构责令改正，给予警告，并处 1 万元以下罚款；对该机构直接负责的主管人员和其他直接责任人员，给予警告，并处 1 万元以下罚款。

保险兼业代理机构未按规定指定保险代理业务责任人的，由保险监督管理机构责令改正，给予警告，并处 1 万元以下罚款；对该机构直接负责的主管人员和其他直接责任人员，给予警告，并处 1 万元以下罚款。

第九十四条 保险公司、保险专业代理机构、保险兼业代理机构未按规定委托或者聘任个人保险代理人、保险代理机构从业人员，或者未按规定进行执业登记和管理的，由保险监督管理机构责令改正，给予警告，并处 1 万元以下罚款；对该机构直接负责的主管人员和其他直接责任人员，给予警告，并处 1 万元以下罚款。

第九十五条 保险专业代理机构、保险兼业代理机构出租、出借或者转让许可证的，由保险监督管理机构责令改正，处 1 万元以上 10 万元以下罚款；情节严重的，责令停业整顿或者吊销许可证；对保险专业代理机构直接负责的主管人员和其他直接责任人员，给予警告，并处 1 万元以上 10 万元以下罚款，情节严重的，撤销任职资格；对保险兼业代理机构直接负责的主管人员和其他直接责任人员，给予警告，并处 1 万元以下罚款。

第九十六条 保险专业代理机构、保险兼业代理机构在许可证使用过程中，有下列情形之一的，由保险监督管理机构责令改正，给予警告，没有违法所得的，处 1 万元以下罚款，有违法所得的，处违法所得 3 倍以下罚款，但最高不得超过 3 万元；对该机构直接负责的主管人员和其他直接责任人员，给予警告，并处 1 万元以下罚款：

（一）未按规定放置许可证的；

（二）未按规定办理许可证变更登记的；

（三）未按规定交回许可证的；

（四）未按规定进行公告的。

第九十七条 保险专业代理机构、保险兼业代理机构有下列情形之一的，由保险监督管理机构责令改正，处 2 万元以上 10 万元以下罚款；情节严重的，责令停业整顿或者吊销许可证；对保险专业代理机构直接负责的主管人员和其他直接责任人员，给予警告，并处1万元以上10万元以下罚款，情节严重的，撤销任职资格；对保险兼业代理机构直接负责的主管人员和其他直接责任人员，给予警告，并处1万元以下罚款：

（一）未按照规定缴存保证金或者投保职业责任保险的；

（二）未按规定设立专门账簿记载业务收支情况的。

第九十八条 保险专业代理机构未按本规定设立分支机构或者保险兼业代理分支机构未按本规定获得法人机构授权经营保险代理业务的，由保险监督管理机构责令改正，给予警告，没有违法所得的，处1万元以下罚款，有违法所得的，处违法所得3倍以下的罚款，但最高不得超过3万元；对该机构直接负责的主管人员和其他直接责任人员，给予警告，并处1万元以下罚款。

第九十九条 保险专业代理机构、保险兼业代理机构有下列情形之一的，由保险监督管理机构责令改正，给予警告，没有违法所得的，处1万元以下罚款，有违法所得的，处违法所得3倍以下的罚款，但最高不得超过3万元；对该机构直接负责的主管人员和其他直接责任人员，给予警告，并处1万元以下罚款：

（一）超出规定的业务范围、经营区域从事保险代理业务活动的；

（二）与非法从事保险业务或者保险中介业务的机构或者个人发生保险代理业务往来的。

第一百条 保险专业代理机构、保险兼业代理机构违反本规定第四十三条的，由保险监督管理机构责令改正，给予警告，没有违法所得的，处1万元以下罚款，有违法所得的，处违法所得3倍以下罚款，但最高不得超过3万元；对该机构直接负责的主管人员和其他直接责任人员，给予警告，并处1万元以下罚款。

第一百零一条 保险专业代理机构、保险兼业代理机构违反本规定第五十一条、第五十四条的，由保险监督管理机构责令改正，给予警告，并处1万元以下罚款；对该机构直接负责的主管人员和其他直接责任人员，给予警告，并处1万元以下罚款。

第一百零二条 保险专业代理机构、保险兼业代理机构有本规定第七十条所列情形之一的，由保险监督管理机构责令改正，处5万元以上30万元以下罚款；情节严重的，吊销许可证；对保险专业代理机构直接负责的主管人员和其他直接责任人员，给予警告，并处1万元以上10万元以下罚款，情节严重的，撤销任职资格；对保险兼业代理机构直接负责的主管人员和其他直接责任人员，给予警告，并处1万元以下罚款。

第一百零三条 个人保险代理人、保险代理机构从业人员聘用或者委托其他人员从事保险代理业务的，由保险监督管理机构给予警告，没有违法所得的，处1万元以下罚款，有违法所得的，处违法所得3倍以下罚款，但最高不得超过3万元。

第一百零四条 保险专业代理机构、保险兼业代理机构违反本规定第七十二条的，由保险监督管理机构给予警告，没有违法所得的，处1万元以下罚款，有违法所得的，处违法所得3倍以下罚款，但最高不得超过3万元；对该机构直接负责的主管人员和其他直接责任人员，给予警告，并处1万元以下罚款。

第一百零五条 保险专业代理机构、保险兼业代理机构违反本规定第七十三条、第七十七条的，由保险监督管理机构给予警告，没有违法所得的，处1万元以下罚款，有违法所得的，处违法所得3倍以下罚款，但最高不得超过3万元；对该机构直接负责的主管人员和其他直接责任人员，给予警告，并处1万元以下罚款。

第一百零六条 保险专业代理机构、保险兼业代理机构未按本规定报送或者保管报告、报表、文件、资料的，或者未按照本规定提供有关信息、资料的，由保险监督管理机构责令限期改正；逾期不改正的，处1万元以上10万元以下罚款；对保险专业代理机构直接负责的主管人员和其他直接责任人员，给予警告，并处1万元以上10万元以下罚款，情节严重的，撤销任职资格；对保险兼业代理机构直接负责的主管人员和其他直接责任人员，给予警告，并处1万元以下罚款。

第一百零七条 保险专业代理机构、保险兼业代理机构有下列情形之一的，由保险监督管理机构责令改正，处10万元以上50万元以下罚款；情节严重的，可以限制其业务范围、责令停止接受新业务或者吊销许可证；对保险专业代理机构直接负责的主管人员和其他直接责任人员，给予警告，并处1万元以上10万元以下罚款，情节严重的，撤销任职资格；对保险兼业代理机构直接负责的主管人员和其他直接责任人员，给予警告，并处1万元以下罚款：

（一）编制或者提供虚假的报告、报表、文件或者资料的；

（二）拒绝或者妨碍依法监督检查的。

第一百零八条 保险专业代理机构、保险兼业代理机构有下列情形之一的，由保险监督管理机构责令改正，给予警告，没有违法所得的，处1万元以下罚款，有违法所得的，处违法所得3倍以下罚款，但最高不得超过3万元；对该机构直接负责的主管人员和其他直接责任人员，给予警告，并处 1 万元以下罚款：

（一）未按规定托管注册资本的；

（二）未按规定建立或者管理业务档案的；

（三）未按规定使用银行账户的；

（四）未按规定进行信息披露的；

（五）未按规定缴纳监管费的；

（六）违反规定代替投保人签订保险合同的；

（七）违反规定动用保证金的；

（八）违反规定开展互联网保险业务的；

（九）从代收保险费中直接扣除保险佣金的。

第一百零九条 个人保险代理人、保险代理机构从业人员违反本规定，依照《保险法》或者其他法律、行政法规应当予以处罚的，由保险监督管理机构依照相关法律、行政法规进行处罚；法律、行政法规未作规定的，由保险监督管理机构给予警告，没有违法所得的，处 1 万元以下罚款，有违法所得的，处违法所得 3 倍以下罚款，但最高不得超过 3 万元。

第一百一十条 保险公司违反本规定，由保险监督管理机构依照法律、行政法规进行处罚；法律、行政法规未作规定的，对保险公司给予警告，没有违法所得的，处 1 万元以下罚款，有违法所得的，处违法所得 3 倍以下罚款，但最高不得超过 3 万元；对其直接负责的主管人员和其他直接责任人员，给予警告，并处 1 万元以下罚款。

第一百一十一条 违反法律和行政法规的规定，情节严重的，国务院保险监督管理机构可以禁止有关责任人员一定期限直至终身进入保险业。

第一百一十二条 保险专业代理机构的高级管理人员或者从业人员，离职后被发现在原工作期间违反保险监督管理规定的，应当依法追究其责任。

第一百一十三条 保险监督管理机构从事监督管理工作的人员有下列情形之一的，依法给予行政处分；构成犯罪的，依法追究刑事责任：

（一）违反规定批准代理机构经营保险代理业务的；

（二）违反规定核准高级管理人员任职资格的；

（三）违反规定对保险代理人进行现场检查的；

（四）违反规定对保险代理人实施行政处罚的；

（五）违反规定干预保险代理市场佣金水平的；

（六）滥用职权、玩忽职守的其他行为。

第七章 附 则

第一百一十四条 本规定所称保险专业中介机构指保险专业代理机构、保险经纪人和保险公估人。

本规定所称保险中介机构是指保险专业中介机构和保险兼业代理机构。

第一百一十五条 经保险监督管理机构批准经营保险代理业务的外资保险专业代理机构适用本规定，法律、行政法规另有规定的，适用其规定。

采取公司以外的组织形式的保险专业代理机构的设立和管理参照本规定，国务院保险监督管理机构另有规定的，适用其规定。

第一百一十六条 本规定施行前依法设立的保险代理公司继续保留，不完全具备本规定条件的，具体适用办法由国务院保险监督管理机构另行规定。

第一百一十七条 本规定要求提交的各种表格格式由国务院保险监督管理机构制定。

第一百一十八条 本规定中有关“5 日”“10 日”“15 日”“20 日”的规定是指工作日，不含法定节假日。

本规定所称“以上”“以下”均含本数。

第一百一十九条 本规定自 2021 年 1 月 1 日起施行，原中国保监会 2009 年 9 月 25 日发布的《保险专业代理机构监管规定》（中国保险监督管理委员会令 2009 年第 5 号）、2013 年 1 月 6 日发布的《保险销售从业人员监管办法》（中国保险监督管理委员会令 2013 年第 2 号）、2013 年 4 月 27 日发布的《中国保险监督管理委员会关于修改〈保险专业代理机构监管规定〉的决定》（中国保险监督管理委员会令 2013 年第 7 号）、2000 年 8 月 4 日发布的《保险兼业代理管理暂行办法》（保监发〔2000〕144 号）同时废止。

三、保险经营规则

1. 综　　合

银行保险机构关联交易管理办法

1. 2022年1月10日中国银行保险监督管理委员会令2022年第1号公布
2. 自2022年3月1日起施行

第一章　总　　则

第一条　为加强审慎监管，规范银行保险机构关联交易行为，防范关联交易风险，促进银行保险机构安全、独立、稳健运行，根据《中华人民共和国公司法》《中华人民共和国银行业监督管理法》《中华人民共和国商业银行法》《中华人民共和国保险法》《中华人民共和国信托法》等法律法规，制定本办法。

第二条　本办法所称银行保险机构包括银行机构、保险机构和在中华人民共和国境内依法设立的信托公司、金融资产管理公司、金融租赁公司、汽车金融公司、消费金融公司。

银行机构是指在中华人民共和国境内依法设立的商业银行、政策性银行、村镇银行、农村信用合作社、农村合作银行。

保险机构是指在中华人民共和国境内依法设立的保险集团（控股）公司、保险公司、保险资产管理公司。

第三条　银行保险机构开展关联交易应当遵守法律法规和有关监管规定，健全公司治理架构，完善内部控制和风险管理，遵循诚实信用、公开公允、穿透识别、结构清晰的原则。

银行保险机构不得通过关联交易进行利益输送或监管套利，应当采取有效措施，防止关联方利用其特殊地位，通过关联交易侵害银行保险机构利益。

银行保险机构应当维护经营独立性，提高市场竞争力，控制关联交易的数量和规模，避免多层嵌套等复杂安排，重点防范向股东及其关联方进行利益输送的风险。

第四条 银保监会及其派出机构依法对银行保险机构的关联交易实施监督管理。

第二章 关 联 方

第五条 银行保险机构的关联方，是指与银行保险机构存在一方控制另一方，或对另一方施加重大影响，以及与银行保险机构同受一方控制或重大影响的自然人、法人或非法人组织。

第六条 银行保险机构的关联自然人包括：

（一）银行保险机构的自然人控股股东、实际控制人，及其一致行动人、最终受益人；

（二）持有或控制银行保险机构5%以上股权的，或持股不足5%但对银行保险机构经营管理有重大影响的自然人；

（三）银行保险机构的董事、监事、总行（总公司）和重要分行（分公司）的高级管理人员，以及具有大额授信、资产转移、保险资金运用等核心业务审批或决策权的人员；

（四）本条第（一）至（三）项所列关联方的配偶、父母、成年子女及兄弟姐妹；

（五）本办法第七条第（一）（二）项所列关联方的董事、监事、高级管理人员。

第七条 银行保险机构的关联法人或非法人组织包括：

（一）银行保险机构的法人控股股东、实际控制人，及其一致行动人、最终受益人；

（二）持有或控制银行保险机构5%以上股权的，或者持股不足5%但对银行保险机构经营管理有重大影响的法人或非法人组织，及其控股股东、实际控制人、一致行动人、最终受益人；

（三）本条第（一）项所列关联方控制或施加重大影响的法人或非法人组织，本条第（二）项所列关联方控制的法人或非法人组织；

（四）银行保险机构控制或施加重大影响的法人或非法人组织；

（五）本办法第六条第（一）项所列关联方控制或施加重大影响的法人或非法人组织，第六条第（二）至（四）项所列关联方控制的法人或非法人组织。

第八条 银行保险机构按照实质重于形式和穿透的原则，可以认定以下自然人、法人或非法人组织为关联方：

（一）在过去十二个月内或者根据相关协议安排在未来十二个月内存在

本办法第六条、第七条规定情形之一的；

（二）本办法第六条第（一）至（三）项所列关联方的其他关系密切的家庭成员；

（三）银行保险机构内部工作人员及其控制的法人或其他组织；

（四）本办法第六条第（二）（三）项，以及第七条第（二）项所列关联方可施加重大影响的法人或非法人组织；

（五）对银行保险机构有影响，与银行保险机构发生或可能发生未遵守商业原则、有失公允的交易行为，并可据以从交易中获取利益的自然人、法人或非法人组织。

第九条 银保监会或其派出机构可以根据实质重于形式和穿透的原则，认定可能导致银行保险机构利益转移的自然人、法人或非法人组织为关联方。

第三章 关联交易

第十条 银行保险机构关联交易是指银行保险机构与关联方之间发生的利益转移事项。

第十一条 银行保险机构应当按照实质重于形式和穿透原则，识别、认定、管理关联交易及计算关联交易金额。

计算关联自然人与银行保险机构的关联交易余额时，其配偶、父母、成年子女、兄弟姐妹等与该银行保险机构的关联交易应当合并计算；计算关联法人或非法人组织与银行保险机构的关联交易余额时，与其存在控制关系的法人或非法人组织与该银行保险机构的关联交易应当合并计算。

第十二条 银保监会或其派出机构可以根据实质重于形式和穿透监管原则认定关联交易。

银保监会可以根据银行保险机构的公司治理状况、关联交易风险状况、机构类型特点等对银行保险机构适用的关联交易监管比例进行设定或调整。

第一节 银行机构关联交易

第十三条 银行机构的关联交易包括以下类型：

（一）授信类关联交易：指银行机构向关联方提供资金支持、或者对关联方在有关经济活动中可能产生的赔偿、支付责任作出保证，包括贷款（含贸易融资）、票据承兑和贴现、透支、债券投资、特定目的载体投资、开立信用证、保理、担保、保函、贷款承诺、证券回购、拆借以及其他实质上由银行机构承担信用风险的表内外业务等；

（二）资产转移类关联交易：包括银行机构与关联方之间发生的自用动产与不动产买卖，信贷资产及其收（受）益权买卖，抵债资产的接收和处置等；

（三）服务类关联交易：包括信用评估、资产评估、法律服务、咨询服务、信息服务、审计服务、技术和基础设施服务、财产租赁以及委托或受托销售等；

（四）存款和其他类型关联交易，以及根据实质重于形式原则认定的可能引致银行机构利益转移的事项。

第十四条 银行机构关联交易分为重大关联交易和一般关联交易。

银行机构重大关联交易是指银行机构与单个关联方之间单笔交易金额达到银行机构上季末资本净额1%以上，或累计达到银行机构上季末资本净额5%以上的交易。

银行机构与单个关联方的交易金额累计达到前款标准后，其后发生的关联交易，每累计达到上季末资本净额1%以上，则应当重新认定为重大关联交易。

一般关联交易是指除重大关联交易以外的其他关联交易。

第十五条 银行机构关联交易金额计算方式如下：

（一）授信类关联交易原则上以签订协议的金额计算交易金额；

（二）资产转移类关联交易以交易价格或公允价值计算交易金额；

（三）服务类关联交易以业务收入或支出金额计算交易金额；

（四）银保监会确定的其他计算口径。

第十六条 银行机构对单个关联方的授信余额不得超过银行机构上季末资本净额的10%。银行机构对单个关联法人或非法人组织所在集团客户的合计授信余额不得超过银行机构上季末资本净额的15%。银行机构对全部关联方的授信余额不得超过银行机构上季末资本净额的50%。

计算授信余额时，可以扣除授信时关联方提供的保证金存款以及质押的银行存单和国债金额。

银行机构与关联方开展同业业务应当同时遵守关于同业业务的相关规定。银行机构与境内外关联方银行之间开展的同业业务、外资银行与母行集团内银行之间开展的业务可不适用本条第一款所列比例规定和本办法第十四条重大关联交易标准。

被银保监会或其派出机构采取风险处置或接管等措施的银行机构，经银保监会批准可不适用本条所列比例规定。

第二节 保险机构关联交易

第十七条 保险机构的关联交易包括以下类型：

（一）资金运用类关联交易：包括在关联方办理银行存款；直接或间接买卖债券、股票等有价证券，投资关联方的股权、不动产及其他资产；直接或间接投资关联方发行的金融产品，或投资基础资产包含关联方资产的金融产品等。

（二）服务类关联交易：包括审计服务、精算服务、法律服务、咨询顾问服务、资产评估、技术和基础设施服务、委托或受托管理资产、租赁资产等。

（三）利益转移类关联交易：包括赠与、给予或接受财务资助，权利转让，担保，债权债务转移，放弃优先受让权、同比例增资权或其他权利等。

（四）保险业务和其他类型关联交易，以及根据实质重于形式原则认定的可能引致保险机构利益转移的事项。

第十八条 保险机构关联交易金额以交易对价或转移的利益计算。具体计算方式如下：

（一）资金运用类关联交易以保险资金投资金额计算交易金额。其中，投资于关联方发行的金融产品且基础资产涉及其他关联方的，以投资金额计算交易金额；投资于关联方发行的金融产品且基础资产不涉及其他关联方的，以发行费或投资管理费计算交易金额；买入资产的，以交易价格计算交易金额。

（二）服务类关联交易以业务收入或支出金额计算交易金额。

（三）利益转移类关联交易以资助金额、交易价格、担保金额、标的市场价值等计算交易金额。

（四）银保监会确定的其他计算口径。

第十九条 保险机构关联交易分为重大关联交易和一般关联交易。

保险机构重大关联交易是指保险机构与单个关联方之间单笔或年度累计交易金额达到3000万元以上，且占保险机构上一年度末经审计的净资产的1%以上的交易。

一个年度内保险机构与单个关联方的累计交易金额达到前款标准后，其后发生的关联交易再次累计达到前款标准，应当重新认定为重大关联交易。

保险机构一般关联交易是指除重大关联交易以外的其他关联交易。

第二十条 保险机构资金运用关联交易应符合以下比例要求：

（一）保险机构投资全部关联方的账面余额，合计不得超过保险机构上一年度末总资产的25%与上一年度末净资产二者中的金额较低者；

（二）保险机构投资权益类资产、不动产类资产、其他金融资产和境外投资的账面余额中，对关联方的投资金额不得超过上述各类资产投资限额的30%；

（三）保险机构投资单一关联方的账面余额，合计不得超过保险机构上一年度末净资产的30%；

（四）保险机构投资金融产品，若底层基础资产涉及控股股东、实际控制人或控股股东、实际控制人的关联方，保险机构购买该金融产品的份额不得超过该产品发行总额的50%。

保险机构与其控股的非金融子公司投资关联方的账面余额及购买份额应当合并计算并符合前述比例要求。

保险机构与其控股子公司之间，以及控股子公司之间发生的关联交易，不适用前述规定。

第三节　信托公司及其他非银行金融机构关联交易

第二十一条　信托公司应当按照穿透原则和实质重于形式原则，加强关联交易认定和关联交易资金来源与运用的双向核查。

信托公司关联交易分为重大关联交易和一般关联交易。重大关联交易是指信托公司固有财产与单个关联方之间、信托公司信托财产与单个关联方之间单笔交易金额占信托公司注册资本5%以上，或信托公司与单个关联方发生交易后，信托公司与该关联方的交易余额占信托公司注册资本20%以上的交易。一般关联交易是指除重大关联交易以外的其他关联交易。

第二十二条　金融资产管理公司、金融租赁公司、汽车金融公司、消费金融公司（下称其他非银行金融机构）的关联交易包括以下类型：

（一）以资产为基础的关联交易：包括资产买卖与委托（代理）处置、资产重组（置换）、资产租赁等；

（二）以资金为基础的关联交易：包括投资、贷款、融资租赁、借款、拆借、存款、担保等；

（三）以中间服务为基础的关联交易：包括评级服务、评估服务、审计服务、法律服务、拍卖服务、咨询服务、业务代理、中介服务等；

（四）其他类型关联交易以及根据实质重于形式原则认定的可能引致其他非银行金融机构利益转移的事项。

第二十三条　其他非银行金融机构的关联交易分为重大关联交易和一般关联交易。

其他非银行金融机构重大关联交易是指其他非银行金融机构与单个关联方之间单笔交易金额达到其他非银行金融机构上季末资本净额1%以上，或累计达到其他非银行金融机构上季末资本净额5%以上的交易。金融租赁公司除外。

金融租赁公司重大关联交易是指金融租赁公司与单个关联方之间单笔交易金额达到金融租赁公司上季末资本净额5%以上，或累计达到金融租赁公司上季末资本净额10%以上的交易。

其他非银行金融机构与单个关联方的交易金额累计达到前款标准后，其后发生的关联交易，每累计达到上季末资本净额1%以上，应当重新认定为重大关联交易。金融租赁公司除外。

金融租赁公司与单个关联方的交易金额累计达到前款标准后，其后发生的关联交易，每累计达到上季末资本净额5%以上，应当重新认定为重大关联交易。

一般关联交易是指除重大关联交易以外的其他关联交易。

第二十四条 其他非银行金融机构的关联交易金额以交易对价或转移的利益计算，具体计算方式如下：

（一）以资产为基础的关联交易以交易价格计算交易金额；

（二）以资金为基础的关联交易以签订协议的金额计算交易金额；

（三）以中间服务为基础的关联交易以业务收入或支出金额计算交易金额；

（四）银保监会确定的其他计算口径。

第二十五条 金融资产管理公司及其非金融控股子公司与关联方之间发生的以资金、资产为基础的交易余额应当合并计算，参照适用本办法第十六条相关监管要求，金融资产管理公司与其控股子公司之间、以及控股子公司之间发生的关联交易除外。

金融资产管理公司应当参照本办法第二章规定，将控股子公司的关联方纳入集团关联方范围。

第二十六条 金融租赁公司对单个关联方的融资余额不得超过上季末资本净额的30%。

金融租赁公司对全部关联方的全部融资余额不得超过上季末资本净额的50%。

金融租赁公司对单个股东及其全部关联方的融资余额不得超过该股东在金融租赁公司的出资额，且应同时满足本条第一款的规定。

金融租赁公司及其设立的控股子公司、项目公司之间的关联交易不适用本条规定。

汽车金融公司对单个股东及其关联方的授信余额不得超过该股东在汽车金融公司的出资额。

第四节 禁止性规定

第二十七条 银行保险机构不得通过掩盖关联关系、拆分交易等各种隐蔽方式规避重大关联交易审批或监管要求。

银行保险机构不得利用各种嵌套交易拉长融资链条、模糊业务实质、规避监管规定，不得为股东及其关联方违规融资、腾挪资产、空转套利、隐匿风险等。

第二十八条 银行机构不得直接通过或借道同业、理财、表外等业务，突破比例限制或违反规定向关联方提供资金。

银行机构不得接受本行的股权作为质押提供授信。银行机构不得为关联方的融资行为提供担保（含等同于担保的或有事项），但关联方以银行存单、国债提供足额反担保的除外。

银行机构向关联方提供授信发生损失的，自发现损失之日起二年内不得再向该关联方提供授信，但为减少该授信的损失，经银行机构董事会批准的除外。

第二十九条 保险机构不得借道不动产项目、非保险子公司、信托计划、资管产品投资，或其他通道、嵌套方式等变相突破监管限制，为关联方违规提供融资。

第三十条 金融资产管理公司参照执行本办法第二十八条规定，且不得与关联方开展无担保的以资金为基础的关联交易，同业拆借、股东流动性支持以及金融监管机构另有规定的除外。非金融子公司负债依存度不得超过30%，确有必要救助的，原则上不得超过70%，并于作出救助决定后3个工作日内向董事会、监事会和银保监会报告。

金融资产管理公司及其子公司将自身形成的不良资产在集团内部转让的，应当由集团母公司董事会审批，金融子公司按规定批量转让的除外。

第三十一条 金融租赁公司与关联方开展以资产、资金为基础的关联交易发生损失的，自发现损失之日起二年内不得与该关联方新增以资产、资金为基础的关联交易。但为减少损失，经金融租赁公司董事会批准的除外。

第三十二条 信托公司开展固有业务，不得向关联方融出资金或转移财产，不得为关联方提供担保。

信托公司开展结构化信托业务不得以利益相关人作为劣后受益人，利益相关人包括但不限于信托公司及其全体员工、信托公司股东等。

信托公司管理集合资金信托计划，不得将信托资金直接或间接运用于信托公司的股东及其关联方，但信托资金全部来源于股东或其关联方的除外。

第三十三条 公司治理监管评估结果为E级的银行保险机构，不得开展授信类、资金运用类、以资金为基础的关联交易。经银保监会或其派出机构认可的除外。

第三十四条 银行保险机构违反本办法规定的，银保监会或其派出机构予以责令改正，包括以下措施：

（一）责令禁止与特定关联方开展交易；

（二）要求对特定的交易出具审计报告；

（三）根据银行保险机构关联交易风险状况，要求银行保险机构缩减对单个或全部关联方交易金额的比例要求，直至停止关联交易；

（四）责令更换会计师事务所、专业评估机构、律师事务所等服务机构；

（五）银保监会或其派出机构可依法采取的其他措施。

第三十五条 银行保险机构董事、监事、高级管理人员或其他有关从业人员违反本办法规定的，银保监会或其派出机构可以对相关责任人员采取以下措施：

（一）责令改正；

（二）记入履职记录并进行行业通报；

（三）责令银行保险机构予以问责；

（四）银保监会或其派出机构可依法采取的其他措施。

银行保险机构的关联方违反本办法规定的，银保监会或其派出机构可以采取公开谴责等措施。

第三十六条 持有银行保险机构5%以上股权的股东质押股权数量超过其持有该银行保险机构股权总量50%的，银保监会或其派出机构可以限制其与银行保险机构开展关联交易。

第四章 关联交易的内部管理

第三十七条 银行保险机构应当制定关联交易管理制度。

关联交易管理制度包括关联交易的管理架构和相应职责分工，关联方的识别、报告、信息收集与管理，关联交易的定价、审查、回避、报告、披露、审计和责任追究等内容。

第三十八条 银行保险机构应对其控股子公司与银行保险机构关联方发生的关联交易事项进行管理，明确管理机制，加强风险管控。

第三十九条 银行保险机构董事会应当设立关联交易控制委员会，负责关联交易管理、审查和风险控制。银保监会对设立董事会下设专业委员会另有规定的，从其规定。

董事会对关联交易管理承担最终责任，关联交易控制委员会、涉及业务部门、风险审批及合规审查的部门负责人对关联交易的合规性承担相应责任。

关联交易控制委员会由三名以上董事组成，由独立董事担任负责人。关联交易控制委员会应重点关注关联交易的合规性、公允性和必要性。

银行保险机构应当在管理层面设立跨部门的关联交易管理办公室，成员应当包括合规、业务、风控、财务等相关部门人员，并明确牵头部门、设置专岗，负责关联方识别维护、关联交易管理等日常事务。

第四十条 银行保险机构应当建立关联方信息档案，确定重要分行、分公司标准或名单，明确具有大额授信、资产转移、保险资金运用等核心业务审批或决策权的人员范围。

银行保险机构应当通过关联交易监管相关信息系统及时向银保监会或其派出机构报送关联方、重大关联交易、季度关联交易情况等信息，保证数据的真实性、准确性，不得瞒报、漏报。

银行保险机构应当提高关联方和关联交易管理的信息化和智能化水平，强化大数据管理能力。

第四十一条 银行保险机构董事、监事、高级管理人员及具有大额授信、资产转移、保险资金运用等核心业务审批或决策权的人员，应当自任职之日起15个工作日内，按本办法有关规定向银行保险机构报告其关联方情况。

持有银行保险机构5%以上股权，或持股不足5%但是对银行保险机构经营管理有重大影响的自然人、法人或非法人组织，应当在持股达到5%之日或能够施加重大影响之日起15个工作日内，按本办法有关规定向银行保险机构报告其关联方情况。

前款报告事项如发生变动，应当在变动后的15个工作日内向银行保险机构报告并更新关联方情况。

第四十二条 银行保险机构关联方不得通过隐瞒关联关系等不当手段规避关联交易的内部审查、外部监管以及报告披露义务。

第四十三条 银行保险机构应当主动穿透识别关联交易，动态监测交易资金来源和流向，及时掌握基础资产状况，动态评估对风险暴露和资本占用的影响程度，建立有效的关联交易风险控制机制，及时调整经营行为以符合本办法的有关规定。

第四十四条 关联交易应当订立书面协议，按照商业原则，以不优于对非关联方同类交易的条件进行。必要时关联交易控制委员会可以聘请财务顾问等独立第三方出具报告，作为判断的依据。

第四十五条 银行保险机构应当完善关联交易内控机制，优化关联交易管理流程，关键环节的审查意见以及关联交易控制委员会等会议决议、记录应当清晰可查。

一般关联交易按照公司内部管理制度和授权程序审查，报关联交易控制委员会备案。重大关联交易经由关联交易控制委员会审查后，提交董事会批准。董事会会议所作决议须经非关联董事 2/3 以上通过。出席董事会会议的非关联董事人数不足三人的，应当提交股东（大）会审议。

第四十六条 银行保险机构关联交易控制委员会、董事会及股东（大）会对关联交易进行表决或决策时，与该关联交易有利害关系的人员应当回避。

如银行保险机构未设立股东（大）会，或者因回避原则而无法召开股东（大）会的，仍由董事会审议且不适用本条第一款关于回避的规定，但关联董事应出具不存在利益输送的声明。

第四十七条 银行保险机构与同一关联方之间长期持续发生的，需要反复签订交易协议的提供服务类、保险业务类及其他经银保监会认可的关联交易，可以签订统一交易协议，协议期限一般不超过三年。

第四十八条 统一交易协议的签订、续签、实质性变更，应按照重大关联交易进行内部审查、报告和信息披露。统一交易协议下发生的关联交易无需逐笔进行审查、报告和披露，但应当在季度报告中说明执行情况。统一交易协议应当明确或预估关联交易金额。

第四十九条 独立董事应当逐笔对重大关联交易的公允性、合规性以及内部审批程序履行情况发表书面意见。独立董事认为有必要的，可以聘请中介机构等独立第三方提供意见，费用由银行保险机构承担。

第五十条 对于未按照规定报告关联方、违规开展关联交易等情形，银行保险机构应当按照内部问责制度对相关人员进行问责，并将问责情况报关联交易控制委员会。

第五十一条 银行保险机构应当每年至少对关联交易进行一次专项审计，并将审计结果报董事会和监事会。

银行保险机构不得聘用关联方控制的会计师事务所、专业评估机构、律师事务所为其提供审计、评估等服务。

第五章 关联交易的报告和披露

第五十二条 银行保险机构及其关联方应当按照本办法有关规定，真实、准确、完整、及时地报告、披露关联交易信息，不得存在任何虚假记载、误导性陈述或重大遗漏。

第五十三条 银行保险机构应当在签订以下交易协议后15个工作日内逐笔向银保监会或其派出机构报告：

（一）重大关联交易；

（二）统一交易协议的签订、续签或实质性变更；

（三）银保监会要求报告的其他交易。

信托公司关联交易逐笔报告另有规定的，从其规定。

第五十四条 银行保险机构应当按照本办法有关规定统计季度全部关联交易金额及比例，并于每季度结束后30日内通过关联交易监管相关信息系统向银保监会或其派出机构报送关联交易有关情况。

第五十五条 银行保险机构董事会应当每年向股东（大）会就关联交易整体情况做出专项报告，并向银保监会或其派出机构报送。

第五十六条 银行保险机构应当在公司网站中披露关联交易信息，在公司年报中披露当年关联交易的总体情况。按照本办法第五十三条规定需逐笔报告的关联交易应当在签订交易协议后15个工作日内逐笔披露，一般关联交易应在每季度结束后30日内按交易类型合并披露。

逐笔披露内容包括：

（一）关联交易概述及交易标的情况。

（二）交易对手情况。包括关联自然人基本情况，关联法人或非法人组织的名称、经济性质或类型、主营业务或经营范围、法定代表人、注册地、注册资本及其变化，与银行保险机构存在的关联关系。

（三）定价政策。

（四）关联交易金额及相应比例。

（五）股东（大）会、董事会决议，关联交易控制委员会的意见或决议情况。

（六）独立董事发表意见情况。

（七）银保监会认为需要披露的其他事项。

合并披露内容应当包括关联交易类型、交易金额及相应监管比例执行情况。

第五十七条 银行保险机构进行的下列关联交易，可以免予按照关联交易的方式进行审议和披露：

（一）与关联自然人单笔交易额在50万元以下或与关联法人单笔交易额在500万元以下的关联交易，且交易后累计未达到重大关联交易标准的；

（二）一方以现金认购另一方公开发行的股票、公司债券或企业债券、可转换债券或其他衍生品种；

（三）活期存款业务；

（四）同一自然人同时担任银行保险机构和其他法人的独立董事且不存在其他构成关联方情形的，该法人与银行保险机构进行的交易；

（五）交易的定价为国家规定的；

（六）银保监会认可的其他情形。

第五十八条 银行保险机构关联交易信息涉及国家秘密、商业秘密或者银保监会认可的其他情形，银行保险机构可以向银保监会申请豁免按照本办法披露或履行相关义务。

第六章 关联交易的监督管理

第五十九条 银行机构、信托公司、其他非银行金融机构的股东或其控股股东、实际控制人，通过向机构施加影响，迫使机构从事下列行为的，银保监会或其派出机构应当责令限期改正；逾期未改正的，可以限制该股东的权利；对情节严重的控股股东，可以责令其转让股权。

（一）违反本办法第二十七条规定进行关联交易的；

（二）未按本办法第四十四条规定的商业原则进行关联交易的；

（三）未按本办法第四十五条规定审查关联交易的；

（四）违反本办法规定为关联方融资行为提供担保的；

（五）接受本公司的股权作为质押提供授信的；

（六）聘用关联方控制的会计师事务所等为其提供服务的；

（七）对关联方授信余额或融资余额等超过本办法规定比例的；

（八）未按照本办法规定披露信息的。

第六十条 银行机构、信托公司、其他非银行金融机构董事、高级管理人员有下列情形之一的，银保监会或其派出机构可以责令其限期改正；逾期未改正或者情节严重的，银保监会或其派出机构可以责令机构调整董事、高级管理人员或者限制其权利。

（一）未按本办法第四十一条规定报告的；

（二）做出虚假或有重大遗漏报告的；

（三）未按本办法第四十六条规定回避的；

（四）独立董事未按本办法第四十九条规定发表书面意见的。

第六十一条 银行机构、信托公司、其他非银行金融机构有下列情形之一的，银保监会或其派出机构可依照法律法规采取相关监管措施或进行处罚：

（一）违反本办法第二十七条规定进行关联交易的；

（二）未按本办法第四十四条规定的商业原则进行关联交易的；

（三）未按本办法第四十五条规定审查关联交易的；

（四）违反本办法规定为关联方融资行为提供担保的；

（五）接受本行的股权作为质押提供授信的；

（六）聘用关联方控制的会计师事务所等为其提供服务的；

（七）对关联方授信余额或融资余额等超过本办法规定比例的；

（八）未按照本办法规定披露信息的；

（九）未按要求执行本办法第五十九条和第六十条规定的监督管理措施的；

（十）其他违反本办法规定的情形。

第六十二条　银行机构、信托公司、其他非银行金融机构未按照本办法规定向银保监会或其派出机构报告重大关联交易或报送关联交易情况报告的，银保监会或其派出机构可依照法律法规采取相关监管措施或进行处罚。

第六十三条　银行机构、信托公司、其他非银行金融机构有本办法第六十一条所列情形之一的，银保监会或其派出机构可以区别不同情形，依据《中华人民共和国银行业监督管理法》等法律法规对董事、高级管理人员和其他直接责任人员采取相应处罚措施。

第六十四条　保险机构及其股东、控股股东，保险机构的董事、监事或高级管理人员违反本办法相关规定的，银保监会或其派出机构可依照法律法规采取相关监管措施或进行处罚。涉嫌犯罪的，依法移送司法机关追究刑事责任。

第七章　附　　则

第六十五条　本办法中下列用语的含义：

本办法所称“以上”含本数，“以下”不含本数。年度为会计年度。

控制，包括直接控制、间接控制，是指有权决定一个企业的财务和经营决策，并能据以从该企业的经营活动中获取利益。

持有，包括直接持有与间接持有。

重大影响，是指对法人或组织的财务和经营政策有参与决策的权力，但不能够控制或者与其他方共同控制这些政策的制定。包括但不限于派驻董事、监事或高级管理人员、通过协议或其他方式影响法人或组织的财务和经营管理决策，以及银保监会或其派出机构认定的其他情形。

共同控制，指按照合同约定对某项经济活动所共有的控制，仅在与该项经济活动相关的重要财务和经营决策需要分享控制权的投资方一致同意时存在。

控股股东，是指持股比例达到50%以上的股东；或持股比例虽不足50%，但依享有的表决权已足以对股东（大）会的决议产生控制性影响的股东。

控股子公司，是指对该子公司的持股比例达到50%以上；或者持股比例虽不足50%，但通过表决权、协议等安排能够对其施加控制性影响。控股子公司包括直接、间接或共同控制的子公司或非法人组织。

实际控制人，是指虽不是公司的股东，但通过投资关系、协议或者其他安排，能够实际支配公司行为的自然人或其他最终控制人。

集团客户，是指存在控制关系的一组企事业法人客户或同业单一客户。

一致行动人，是指通过协议、合作或其他途径，在行使表决权或参与其他经济活动时采取相同意思表示的自然人、法人或非法人组织。

最终受益人，是指实际享有银行保险机构股权收益、金融产品收益的人。

其他关系密切的家庭成员，是指除配偶、父母、成年子女及兄弟姐妹以外的包括配偶的父母、子女的配偶、兄弟姐妹的配偶、配偶的兄弟姐妹以及其他可能产生利益转移的家庭成员。

内部工作人员，是指与银行保险机构签订劳动合同的人员。

关联关系，是指银行保险机构控股股东、实际控制人、董事、监事、高级管理人员等与其直接或者间接控制的企业之间的关系，以及可能导致利益转移的其他关系。

关联董事、关联股东，是指交易的一方，或者在审议关联交易时可能影响该交易公允性的董事、股东。

书面协议的书面形式包括合同书、信件和数据电文（包括电报、电传、传真、电子数据交换和电子邮件）等法律认可的有形的表现所载内容的形式。

本办法所称关联法人或非法人组织不包括国家行政机关、政府部门，中央汇金投资有限责任公司，全国社保基金理事会，梧桐树投资平台有限责任公司，存款保险基金管理有限责任公司，以及经银保监会批准豁免认定的关联方。上述机构派出同一自然人同时担任两家或以上银行保险机构董事或监事，且不存在其他关联关系的，所任职机构之间不构成关联方。

国家控股的企业之间不仅因为同受国家控股而构成关联方。

第六十六条 银保监会批准设立的外国银行分行、其他金融机构参照适用本办法，法律、行政法规及银保监会另有规定的从其规定。

自保公司的自保业务、企业集团财务公司的成员单位业务不适用本办法。

银行保险机构为上市公司的，应同时遵守上市公司有关规定。

第六十七条 本办法由银保监会负责解释。

第六十八条 本办法自2022年3月1日起施行。《商业银行与内部人和股东关联交易管理办法》（中国银行业监督管理委员会令2004年第3号）、《保险公司关联交易管理办法》（银保监发〔2019〕35号）同时废止。本办法施行前，银保监会有关银行保险机构关联交易管理的规定与本办法不一致的，按照本办法执行。

再保险业务管理规定

1. 2021年7月21日中国银行保险监督管理委员会令2021年第8号公布

2. 自2021年12月1日起施行

第一章 总 则

第一条 为规范和发展再保险市场，加强对再保险业务的管理，实现保险业健康协调可持续发展，依据《中华人民共和国保险法》（以下简称《保险法》）、《中华人民共和国外资保险公司管理条例》以及有关法律、行政法规，制定本规定。

第二条 本规定所称再保险，是指保险人将其承担的保险业务，部分转移给其他保险人的经营行为。

本规定所称直接保险，也称原保险，是相对再保险而言的保险，由投保人与保险人直接订立保险合同的保险业务。

本规定所称转分保，是指再保险接受人将其分入的保险业务，转移给其他保险人的经营行为。

本规定所称合约分保，是指保险人与其他保险人预先订立合同，约定将一定时期内其承担的保险业务，部分向其他保险人办理再保险，再保险接受人需按照约定分保条件承担再保险责任的经营行为。

本规定所称临时分保，是指保险人临时与其他保险人约定，将其承担的保险业务，部分向其他保险人逐保单办理再保险，再保险接受人需逐保单约定分保条件并承担再保险责任的经营行为。

本规定所称比例再保险，是指以保险金额为基础确定再保险分出人自留额和再保险接受人分保额的再保险方式。

本规定所称非比例再保险，是指以赔款金额为基础确定再保险分出人自负责任和再保险接受人分保责任的再保险方式。

第三条 本规定所称再保险分出人，是指将其承担的保险业务，部分转移给其他保险人的保险人；本规定所称再保险接受人，是指承接其他保险人转移的保险业务的保险人。

本规定所称分出业务，是指再保险分出人转移出的保险业务；本规定所称分入业务，是指再保险接受人接受分入的保险业务。

本规定所称直接保险公司，也称原保险公司，是相对再保险人而言，是指直接与投保人订立保险合同的保险人。

本规定所称保险联合体，是指为了处理单个保险人无法承担的特殊风险或者巨额保险业务，或者按照国际惯例，由两个或两个以上保险人联合组成、按照其章程约定共同经营保险业务的组织。

本规定所称保险经纪人，是指接受再保险分出人委托，基于再保险分出人利益，为再保险分出人与再保险接受人办理再保险业务提供中介服务，并按约定收取佣金的保险经纪机构。

第四条 在中华人民共和国境内（不含港澳台）设立的保险人、保险联合体以及保险经纪人或其他保险机构办理再保险业务，应当遵守本规定。

第五条 保险人、保险联合体和保险经纪人办理再保险业务，应当遵循审慎和最大诚信原则。

第六条 再保险分出人、再保险接受人和保险经纪人，对在办理再保险业务中知悉的商业秘密或其他应当保密的信息，负有保密义务。

第七条 中国银行保险监督管理委员会（以下简称银保监会）鼓励保险人、保险联合体和保险经纪人积极为农业保险，地震、台风、洪水、突发公共卫生事件等巨灾保险和国家重点项目提供保险及再保险服务。

第八条 银保监会依法对再保险业务实施监督和管理。

第二章 业务经营

第九条 保险人应当制定再保险战略，明确再保险在公司风险和资本管理战略中的作用。再保险战略应包括再保险安排的目的、自留政策、分保政策、风险管控机制等内容。

再保险战略的制定、实施、评估和调整由公司高级管理层负责，董事会或其授权的专业委员会应对再保险战略的制定和调整进行审批，并对实施情况进行监督。

外国再保险公司分公司，其再保险战略的制定、实施、评估和调整应经其分公司高级管理层同意。

第十条 保险集团应当统筹制定集团的再保险战略，明确再保险战略与集团风险管理和资本管理战略的关系。集团再保险战略应包括集团的风险累积和净自留管理、信用风险管控、集团内保险公司的再保险授权管理、集团内分保战略等内容。

保险集团再保险战略的制定、实施、评估和调整由集团高级管理层负责，董事会或其授权的专业委员会应对再保险战略的制定和调整进行审批，并对实施情况进行监督。

第十一条 再保险业务分为寿险再保险和非寿险再保险。保险人对寿险再保险和非寿险再保险应当单独列账、分别核算。

第十二条 保险人应当依照《保险法》规定，确定当年总自留保险费和每一危险单位自留责任；超过的部分，应当办理再保险。

保险人对危险单位的划分应当符合银保监会的相关规定。

第十三条 保险人应当根据实际情况，科学、合理安排巨灾再保险。

第十四条 保险人应当按照银保监会的规定办理再保险，并审慎选择再保险接受人和保险经纪人，选择再保险接受人和保险经纪人应当符合银保监会的有关规定。

第十五条 再保险分出人应当及时将影响再保险定价和分保条件的重要信息向再保险接受人书面告知；再保险合同成立后，再保险分出人应当及时向再保险接受人提供重大赔案信息、赔款准备金等对再保险接受人的偿付能力计算、准备金计提及预期赔付有重大影响的信息。

第十六条 再保险分出人和再保险接受人应加强再保险合同管理，及时完成再保险合同文本或再保险合同简要文本的签订。

第十七条 再保险分出人应按约定及时支付再保险保费，再保险接受人应按约定及时支付赔款。

第十八条 保险人应当建立再保险业务档案管理制度，妥善保管再保险业务合同文本、账单、赔案资料及相关往来文件资料，及时进行电子化处理并存储到相关电子档案管理系统。

第十九条 保险人应建立再保险业务集中度管理制度，对分出业务集中于同一家再保险接受人和与其关联的再保险接受人的情况进行监测和管控，防范信用风险。

除航空航天保险、核保险、石油保险、信用保险外，直接保险公司以比例再保险方式分出财产险直接保险业务时，每一危险单位分给同一家再保险接受人的总比例，不得超过再保险分出人承保直接保险合同保险金额或者责任限额的80%。

第二十条 保险人应当正确识别自身临时分保需求，建立科学合理的临时分保管理制度。保险人承保的业务超过其承保能力和风险承担能力的，应当在承保前完成临时分保安排。

第二十一条 保险人开展境外分出业务的，应当建立境外分出业务监测制度，每半年对分保至境外的再保险业务的信用风险和流动性风险进行分析，及时提出应对措施，保证再保险交易安全。分析报告应当经公司总经理审核确认，妥善保管。

第二十二条 保险人应当建立再保险业务流动性风险管理制度，加强对再保险应收款项的管理，制定重大赔付案件流动性风险处置预案，确保发生重大赔付时及早识别和应对潜在的流动性风险。

第二十三条 保险人在与关联企业进行再保险交易时，应当遵循市场化原则确定再保险价格与条件，不得利用再保险转移利润，逃避税收。保险人应当按有关规定披露再保险关联交易信息。

第二十四条 保险人和保险经纪人可以利用金融工具开发设计新型风险转移产品。保险人应当按照有关规定向银保监会报告。

第二十五条 中国境内的专业再保险接受人，应当配备在中国境内有住所的专职再保险核保人和再保险核赔人。

第二十六条 直接保险公司开展再保险分入业务的，应当满足以下条件：

（一）由总公司统一办理，除银保监会另有规定外，分支机构不得办理再保险分入业务；

（二）设立独立的再保险部门，配备必要的专业人员，上一年分保费收入超过1亿元的，应配置不少于3名独立于直接保险业务的专职人员，上一年分保费收入超过3亿元的，前述专职人员不得少于5名；

（三）建立完整的分入业务管理制度和独立的分入业务信息系统模块，并与财务系统自动对接，实现分入业务与直保业务的独立管理；

（四）制定合理、详细的年度分入业务发展计划。

第三章　再保险经纪业务

第二十七条 保险经纪人从事再保险经纪业务，应恪尽职责，不得损害保险人的信誉和合法权益。

第二十八条 保险经纪人可以根据业务需要引进或者设计再保险合同。

第二十九条　保险经纪人应当按照再保险合同的约定，及时送达账单、结算再保险款项以及履行其他义务，不得挪用或者截留再保险费、摊回赔款、摊回手续费以及摊回费用。

第三十条　保险经纪人应当将再保险接受人的有关信息及时、准确地书面告知再保险分出人。

应再保险接受人的要求，保险经纪人应当按照与再保险分出人的约定，将其知道的再保险分出人的自留责任以及直接保险的有关情况，及时、准确地书面告知再保险接受人。

第三十一条　应再保险分出人或者再保险接受人的要求，保险经纪人应当按照合同约定配合进行赔案的理赔工作。

第四章　监督管理

第三十二条　保险人办理再保险业务，应当按照精算的原理、方法，评估各项准备金，并按照银保监会有关规定准确、足额提取和结转各项准备金。

对于同一笔寿险业务，在有关精算规定责任准备金下，再保险接受人与再保险分出人在评估准备金时，应采用一致的评估方法与假设。

第三十三条　保险人偿付能力报告中涉及再保险业务的内容，应当符合银保监会发布的保险公司偿付能力监管规则的要求。

第三十四条　外国再保险公司分公司的偿付能力应当符合银保监会发布的保险公司偿付能力监管规则等有关制度的要求。外国再保险公司分公司自留保费以其总公司直接授权的额度为限。

第三十五条　保险人应当严格按照本规定对合约分保和临时分保业务进行分类和经营，不得以临时分保名义变相经营合约分保业务。

预约分保等非逐保单约定分保条件的再保险业务属于合约分保业务，应当按合约分保的要求进行管理。

第三十六条　保险公司应按规定向银保监会或其派出机构提交下列材料：

（一）于每年4月30日前，提交上一会计年度再保险经营管理情况：

1. 再保险业务经营情况。

包括分保费收入、分出保费、手续费以及摊回、赔款以及摊回等情况。

直接保险公司还应报送重大保险赔案及其再保险安排、摊回赔款等情况。重大保险赔案是指在一次保险事故中，财产损失赔偿在5000万元以上，或者人身伤亡赔付在3000万元以上的理赔案件。

2. 经总精算师签署的、有关再保险业务的各类准备金提取办法和金额。

3. 除航空航天保险、核保险、石油保险、信用保险外，财产保险公司以比例再保险方式将每一危险单位分给同一家再保险接受人的业务，超过再保险分出人承保直接保险合同部分的保险金额或者责任限额 50% 的交易情况，以及管理该业务信用风险的相关措施。

4. 巨灾风险安排情况，包括巨灾风险累积、巨灾风险自留额及其确定方式、巨灾风险的再保险分出安排等情况。

5. 再保险保费、赔款的应收、应付情况，包括余额、账龄结构、原因分析等，特别是应收应付账龄超过 180 天的情况。

（二）于每年 6 月 30 日前，提交本会计年度再保险安排有关情况：

1. 财产保险公司的危险单位划分方法及每一危险单位的最大净自留额。

2. 直接保险公司的再保险安排情况，主要包括再保合约的增减、合约分保首席接受人或最大份额接受人的变化等情况。

3. 外国再保险公司分公司的总公司注册地保险监管机构根据当地法律出具的有关其总公司偿付能力状况的意见书或者经营状况意见书，以及总公司对其授权的承保权限和自留保费额度。

第三十七条 保险联合体应当在每年 4 月 30 日以前，向银保监会报告上一年度的财务报告、业务分析报告以及与境外再保险交易情况。

第五章 法律责任

第三十八条 保险公司、保险经纪人违反本规定办理再保险业务的，由银保监会及其派出机构责令改正，处以五万元以上三十万元以下罚款；情节严重的，可以限制业务范围、责令停止接受新业务或者吊销业务许可证。

对违反本规定办理再保险业务的行为负有直接责任的主管人员和其他直接责任人员给予警告，并处一万元以上十万元以下的罚款；情节严重的，撤销任职资格。

第三十九条 办理再保险业务违反法律、行政法规的规定，情节严重的，银保监会可以禁止有关责任人员一定期限直至终身进入保险业。

第六章 附则

第四十条 政策性保险公司办理再保险业务参照适用本规定。不能适用本规定的，政策性保险公司应当在 3 个月内向银保监会报告有关情况。

第四十一条 鼓励保险公司利用金融基础设施提供的数字化服务，推动再保险业务向线上化、智能化转型发展，提高经营水平和服务质效。

第四十二条 本规定由银保监会负责解释。

第四十三条 本规定自 2021 年 12 月 1 日起施行。《再保险业务管理规定》（中国保险监督管理委员会令 2010 年第 8 号）同时废止。

银行保险机构应对突发事件金融服务管理办法

1. 2020年9月9日中国银行保险监督管理委员会令2020年第10号公布
2. 自2020年9月9日起施行

第一章 总 则

第一条 为规范银行保险机构应对突发事件的经营活动和金融服务，保护客户的合法权利，增强监管工作的针对性，维护银行业保险业安全稳健运行，根据《中华人民共和国银行业监督管理法》《中华人民共和国商业银行法》《中华人民共和国保险法》《中华人民共和国突发事件应对法》等相关法律法规，制定本办法。

第二条 本办法所称突发事件，是指符合《中华人民共和国突发事件应对法》规定的，突然发生，造成或者可能造成严重社会危害，需要采取应急处置措施予以应对的自然灾害、事故灾难、公共卫生事件和社会安全事件。

本办法所称重大突发事件，是指《中华人民共和国突发事件应对法》规定的特别重大或重大等级的突发事件。

第三条 银行保险监督管理机构应当切实履行应对突发事件的职责，加强与县级以上人民政府及其部门的沟通、联系、协调、配合，做好对银行保险机构的指导和监管，促进银行保险机构完善突发事件金融服务。

第四条 银行保险机构应当做好应对突发事件的组织管理、制度和预案体系建设工作，及时启动应对预案，健全风险管理，确保基本金融服务功能的安全性和连续性，加强对重点领域、关键环节和特殊人群的金融服务。

第五条 应对突发事件金融服务应当坚持以下原则：

（一）常态管理原则。银行保险机构应当建立突发事件应对工作机制，并将突发事件应对管理纳入全面风险管理体系。

（二）及时处置原则。银行保险机构应当及时启动本单位应对预案，制定科学的应急措施、调度所需资源，及时果断调整金融服务措施。

（三）最小影响原则。银行保险机构应当采取必要措施将突发事件对业务连续运行、金融服务功能的影响控制在最小程度，确保持续提供基本金融服务。

（四）社会责任原则。银行保险机构应当充分评估突发事件对客户、员工和经济社会发展的影响，在风险可控的前提下提供便民金融服务，妥善保障员工合法权益，积极支持受突发事件重大影响的企业、行业保持正常生产经营。

第六条 国务院银行保险监督管理机构应当积极利用双边、多边监管合作机制和渠道，与境外监管机构加强信息共享，协调监管行动，提高应对工作的有效性。

第二章 组织管理

第七条 银行保险机构应当建立突发事件应对管理体系。董（理）事会是银行保险机构突发事件应对管理的决策机构，对突发事件的应对管理承担最终责任。高级管理层负责执行经董（理）事会批准的突发事件应对管理政策。

第八条 银行保险机构应当成立由高级管理层和突发事件应对管理相关部门负责人组成的突发事件应对管理委员会及相应指挥机构，负责突发事件应对工作的管理、指挥和协调，并明确成员部门相应的职责分工。

银行保险机构可以指定业务连续性管理委员会等专门委员会负责突发事件应对管理工作。

第九条 银行保险机构应当制定应对突发事件的管理制度，与业务连续性管理、信息科技风险管理、声誉风险管理、资产安全管理等制度有效衔接。银行保险机构在制定恢复处置计划时，应当充分考虑应对突发事件的因素。

第十条 银行保险机构应当根据本机构的具体情况细化突发事件的类型并制定、更新应对预案。银行保险机构应当充分评估营业场所、员工、基础设施、信息数据等要素，制定具体的突发事件应对措施以及恢复方案。

银行保险机构至少每三年开展一次突发事件应对预案的演练，检验应对预案的完整性、可操作性和有效性，验证应对预案中有关资源的可用性，提高突发事件的综合处置能力。银行保险机构对灾难备份等关键资源或重要业务功能至少每年开展一次突发事件应对预案的演练。

第十一条 银行保险机构应当依法配合县级以上人民政府及法定授权部门的指挥，有序开展突发事件应对工作。

银行保险机构应当在应对突发事件过程中提供必要的相互协助。

第十二条 银行保险机构应当按照关于银行业保险业突发事件信息报告的监管要求，向银行保险监督管理机构报告突发事件信息、采取的应对措施、存在的问题以及所需的支持。

第十三条 行业自律组织应当为银行保险机构应对突发事件、实施同业协助提供必要的协调和支持。

第三章 业务和风险管理

第十四条 银行保险机构应当加强突发事件预警，按照县级以上人民政府及法定授权部门发布的应对突发事件的决定、命令以及银行保险监督管理机构的监管规则，加强对各类风险的识别、计量、监测和控制，及时启动相关应对预案，采取必要措施保障人员和财产安全，保障基本金融服务功能的正常运转。

第十五条 银行保险机构应当按照银行保险监督管理机构的要求，根据县级以上人民政府及法定授权部门响应突发事件的具体措施，及时向处置突发事件的有关单位和个人提供急需的金融服务。

第十六条 受突发事件重大影响的银行保险机构需要暂时变更营业时间、营业地点、营业方式和营业范围等的，应当在作出决定当日报告属地银行保险监督管理机构和所在地人民政府后向社会公众公告。

银行保险监督管理机构可以根据突发事件的等级和影响范围，决定暂时变更受影响的银行保险机构的营业时间、营业地点、营业方式和营业范围等。

第十七条 在金融服务受到重大突发事件影响的区域，银行保险机构应当在保证员工人身和财产安全的前提下，经向银行保险监督管理机构报告后，采用设立流动网点、临时服务点等方式提供现场服务，合理布放自动柜员机（ATM）、销售终端（POS）、智能柜员机（含便携式、远程协同式）等机具，满足客户金融服务需求。

银行保险机构因重大突发事件无法提供柜面、现场或机具服务的，应当利用互联网、移动终端、固定电话等信息技术方式为客户提供服务。

第十八条 银行保险机构应当为受重大突发事件影响的客户办理账户查询、挂失、补办、转账、提款、继承、理赔、保全等业务提供便利。对身份证明或业务凭证丢失的客户，银行保险机构通过其他方式可以识别客户身份或进行业务验证的，应当满足其一定数额或基本的业务需求，不得以客户无身份证明或业务凭证为由拒绝办理业务。

第十九条 银行业金融机构对重大突发事件发生前已经发放、受突发事件影响、非因借款人自身原因不能按时偿还的各类贷款，应当考虑受影响借款人的实际情况调整贷款回收方式，可不收取延期还款的相关罚息及费用。银行业金融机构不得仅以贷款未及时偿还为理由，阻碍受影响借款人继续获得其他针对突发事件的信贷支持。

第二十条 保险公司应当根据突发事件形成的社会风险保障需求，及时开发保险产品，增加巨灾保险、企业财产保险、安全生产责任保险、出口信用保险、农业保险等业务供给，积极发挥保险的风险防范作用。

第二十一条 为切实服务受重大突发事件影响的客户，支持受影响的个人、机构和行业，银行业金融机构可以采取以下措施：

（一）减免受影响客户账户查询、挂失和补办、转账、继承等业务的相关收费；

（二）与受重大影响的客户协商调整债务期限、利率和偿还方式等；

（三）为受重大影响的客户提供续贷服务；

（四）在风险可控的前提下，加快信贷等业务审批流程；

（五）其他符合银行保险监督管理机构要求的措施。

第二十二条 为切实服务受重大突发事件影响的客户，支持受影响的个人、机构和行业，保险公司可以采取以下措施：

（一）适当延长受重大影响客户的报案时限，减免保单补发等相关费用；

（二）适当延长受重大影响客户的保险期限，对保费缴纳给予一定优惠或宽限期；

（三）对因突发事件导致单证损毁遗失的保险客户，简化其理赔申请资料；

（四）对受重大影响的农户和农业生产经营组织，在确保投保意愿真实的前提下，可暂缓其提交承保农业保险所需的相关资料，确定发生农业保险损失的，可采取预付部分赔款等方式提供理赔服务；

（五）针对突发事件造成的影响，在风险承受范围内适当扩展保险责任范围；

（六）其他符合银行保险监督管理机构要求的措施。

第二十三条 银行保险机构应当及时预估受突发事件重大影响的企业恢复生产经营的资金需求情况，加强对受突发事件影响的重点地区、行业客户群体的金融服务，发挥在基础设施、农业、特色优势产业、小微企业等方面的金融支持作用。

第二十四条 银行业金融机构应当加强贷前审查和贷后管理，通过行业自律和联合授信等机制，防范客户不正当获取、使用与应对突发事件有关的融资便利或优惠措施，有效防范多头授信和过度授信，防止客户挪用获得的相关融资。

银行业金融机构对符合贷款减免和核销规定的贷款，应当严格按照程序和条件进行贷款减免和核销，做好贷款清收管理和资产保全工作，切实维护合法金融债权。

第二十五条 银行保险机构应当及时保存与应对突发事件有关的交易或业务记

录，及时进行交易或业务记录回溯，重点对金额较大、交易笔数频繁、非工作时间交易等情况进行核查和分析。

银行保险机构应当及时对应对突发事件金融服务措施的实际效果和风险状况进行后评估。

第二十六条　银行保险机构应当加强突发事件期间对消费者权益的保护，确保投诉渠道畅通，及时处理相关咨询和投诉事项。银行保险机构不得利用突发事件进行诱导销售、虚假宣传等营销行为，或侵害客户的知情权、公平交易权、自主选择权、隐私权等合法权利。

银行保险机构应当加强声誉风险管理，做好舆情监测、管理和应对，及时、规范开展信息发布、解释和澄清等工作，防范负面舆情引发声誉风险、流动性风险等次生风险，保障正常经营秩序。

第四章　监督管理

第二十七条　银行保险监督管理机构应当保持监管工作的连续性、有效性、灵活性，并根据突发事件的等级、银行保险机构受影响情况，适当调整监管工作的具体方式。

银行保险监督管理机构应当依法对银行保险机构突发事件应对机制、活动和效果进行指导和监督检查，妥善回应社会关注和敏感问题，及时发布支持政策和措施，加强与同级人民银行及相关政府部门的信息共享和沟通，协调解决应对突发事件过程中的问题。

第二十八条　银行保险监督管理机构应当按照县级以上人民政府及法定授权部门对突发事件的应对要求，审慎评估突发事件对银行保险机构造成的影响，依法履行以下职责：

（一）加强对突发事件引发的区域性、系统性风险的监测、分析和预警；

（二）督促银行保险机构按照突发事件应对预案，保障基本金融服务功能持续安全运转；

（三）指导银行保险机构提供突发事件应急处置金融服务；

（四）引导银行保险机构积极承担社会责任；

（五）协调有关政府部门，协助保障银行保险机构正常经营。

第二十九条　受突发事件重大影响的银行保险机构等申请人在行政许可流程中无法在规定期限内完成办理事项的，可以向银行保险监督管理机构申请延长办理期限。银行保险监督管理机构经评估，可以根据具体情况决定延长有关办理期限。

银行保险监督管理机构可以根据突发事件的等级及影响情况，依法调整行政许可的程序、条件或材料等相关规则，以便利银行保险机构为应对突发事件提供金融服务。

第三十条 受突发事件重大影响的银行保险机构可以根据实际情况向银行保险监督管理机构申请变更报送监管信息、统计数据的时间和报送方式。银行保险监督管理机构经评估同意变更的，应当持续通过其他方式开展非现场监管。

银行保险监督管理机构可以根据突发事件的等级及影响情况，依法决定实施非现场监管的具体方式、时限要求及频率。

第三十一条 受突发事件重大影响的银行保险机构可以根据实际情况向银行保险监督管理机构申请暂时中止现场检查、现场调查及其他重大监管行动或者变更其时间。

银行保险监督管理机构可以按照突发事件的等级及影响情况，根据申请或主动决定暂时中止对银行保险机构进行现场检查、现场调查及采取其他重大监管行动或变更其时间。银行保险监督管理机构应当在突发事件影响消除后重新安排现场检查、现场调查等监管工作。

第三十二条 根据应对重大突发事件和落实国家金融支持政策的需要，国务院银行保险监督管理机构可以依据法律、行政法规的授权或经国务院批准，决定临时性调整审慎监管指标和监管要求。

国务院银行保险监督管理机构可以根据银行保险机构受重大突发事件的影响情况，依法对临时性突破审慎监管指标的银行保险机构豁免采取监管措施或实施行政处罚，但应要求银行保险机构制定合理的整改计划。

银行保险机构不得利用上述情形扩大股东分红或其他利润分配，不得提高董事、监事及高级管理人员的薪酬待遇。

第三十三条 银行保险监督管理机构应当评估银行保险机构因突发事件产生的风险因素，并在市场准入、监管评级等工作中予以适当考虑。

第三十四条 对于银行保险机构因突发事件导致的重大风险，银行保险监督管理机构应当及时采取风险处置措施，维护金融稳定。

根据处置应对重大金融风险、维护金融稳定的需要，国务院银行保险监督管理机构可以依法豁免对银行保险机构适用部分监管规定。

第三十五条 银行保险机构存在以下情形的，银行保险监督管理机构可以依据《中华人民共和国银行业监督管理法》《中华人民共和国保险法》等法律法规采取监管措施或实施行政处罚；法律、行政法规没有规定的，由银行保险监督管理机构责令改正，给予警告，对有违法所得的处以违法所得 1 倍以上 3 倍以下罚款，最高不超过 3 万元，对没有违法所得的处以 1 万元以下罚款：

（一）未按照本办法要求建立突发事件应对管理体系、组织架构、制度或预案；

（二）未按照要求定期开展突发事件应对预案的演练；

（三）未采取有效应对措施，导致基本金融服务长时间中断；

（四）突发事件影响消除后，未及时恢复金融服务；

（五）利用突发事件实施诱导销售、虚假宣传等行为，侵害客户合法权利；

（六）利用监管支持政策违规套利；

（七）其他违反本办法规定的情形。

第五章　附　　则

第三十六条　本办法所称银行保险机构，是指银行业金融机构和保险公司。

本办法所称银行业金融机构，是指在中华人民共和国境内设立的商业银行、农村信用合作社等吸收公众存款的金融机构以及开发性金融机构、政策性银行。

第三十七条　在中华人民共和国境内设立的金融资产管理公司、信托公司、财务公司、金融租赁公司、汽车金融公司、消费金融公司、货币经纪公司、金融资产投资公司、银行理财子公司、保险集团（控股）公司、保险资产管理公司以及保险中介机构等银行保险监督管理机构监管的其他机构，参照执行本办法的规定。

第三十八条　本办法自公布之日起施行。

银行保险机构应当自本办法施行之日起6个月内，建立和完善突发事件应对管理体系和管理制度，并向银行保险监督管理机构报告。

保险公司次级定期债务管理办法

1．2011年10月6日中国保险监督管理委员会令2011年第2号公布

2．根据2013年3月15日中国保险监督管理委员会令2013年第5号《关于修改〈保险公司次级定期债务管理办法〉的决定》第一次修订

3．根据2018年2月13日中国保险监督管理委员会令2018年第4号《关于修改〈中华人民共和国外资保险公司管理条例实施细则〉等四部规章的决定》第二次修订

第一章　总　　则

第一条　为了规范保险公司次级定期债务（以下简称“次级债”）的募集、管理、还本付息和信息披露行为，保证保险公司的偿付能力，根据《中华人民共和国公司法》、《中华人民共和国保险法》及有关法律、行政法规的规定，制定本办法。

第二条 本办法所称保险公司，是指依照中国法律在中国境内设立的中资保险公司、中外合资保险公司和外资独资保险公司。

第三条 本办法所称次级债，是指保险公司为了弥补临时性或者阶段性资本不足，经批准募集、期限在五年以上（含五年），且本金和利息的清偿顺序列于保单责任和其他负债之后、先于保险公司股权资本的保险公司债务。

第四条 保险公司募集次级债所获取的资金，可以计入附属资本，但不得用于弥补保险公司日常经营损失。保险公司计入附属资本的次级债金额不得超过净资产的50%，具体认可标准由中国保险监督管理委员会（以下简称中国保监会）另行规定。

第五条 保险集团（或控股）公司募集次级债适用本办法。

第六条 中国保监会依法对保险公司次级债的募集、管理、还本付息和信息披露行为进行监督管理。

第七条 募集次级债的保险公司（以下简称“募集人”）应当稳健经营，保护次级债债权人的合法权益。

第二章 申 请

第八条 保险公司募集次级债必须符合本办法规定的条件，并报中国保监会审批。

第九条 保险公司偿付能力充足率低于150%或者预计未来两年内偿付能力充足率将低于150%的，可以申请募集次级债。

第十条 保险公司申请募集次级债，应当符合下列条件：

（一）开业时间超过三年；

（二）经审计的上年度末净资产不低于人民币5亿元；

（三）募集后，累计未偿付的次级债本息额不超过上年度末经审计的净资产的50%；

（四）具备偿债能力；

（五）具有良好的公司治理结构；

（六）内部控制制度健全且能得到严格遵循；

（七）资产未被具有实际控制权的自然人、法人或者其他组织及其关联方占用；

（八）最近两年内未受到重大行政处罚；

（九）中国保监会规定的其他条件。

第十一条 保险公司募集次级债应当由董事会制定方案，股东（大）会对下列事项作出专项决议：

（一）募集规模、期限、利率；

（二）募集方式和募集对象；

（三）募集资金用途；

（四）募集次级债决议的有效期；

（五）与本次次级债募集相关的其他重要事项。

第十二条 募集人可以聘请资信评级机构对本次次级债进行信用评级。

资信评级机构应当客观、公正地出具有关报告文件并承担相应责任。

第十三条 保险公司申请募集次级债，应当向中国保监会报送下列文件：

（一）次级债募集申请报告；

（二）股东（大）会有关本次次级债募集的专项决议；

（三）可行性研究报告；

可行性研究报告应当包括以下内容：

1. 募集次级债的必要性；

2. 次级债的成本效益分析（募集资金的规模、期限、债务定价及成本分析、募集资金的用途、收益预测、对偿付能力的影响等）；

3. 募集方式和募集对象。

（四）招募说明书；

（五）次级债的协议（合同）文本；

（六）已募集但尚未偿付的次级债总额及募集资金运用情况；

（七）募集人制定的次级债管理方案；

（八）与次级债募集相关的其他重要合同；

（九）中国保监会规定提供的其他材料。

保险公司对本次募集次级债进行了信用评级的，还应当报送次级债信用评级报告。

第十四条 募集人向中国保监会报送的材料应当真实、准确、完整。可行性报告中应当包含有关偿付能力预测的方法、参数和假设。

第十五条 保险公司及其股东和其他第三方不得为募集的次级债提供担保。

第三章 募 集

第十六条 募集人应当在中国保监会批准次级债募集之日起六个月内完成次级债募集工作，募集工作可以分期完成。

募集人未能在规定期限内完成募集的，原批准文件自动失效，募集人如需募集次级债，应当另行申请。

第十七条 保险公司募集的次级债金额不得超过中国保监会批准的额度。

第十八条 保险公司次级债应当向合格投资者募集。

合格投资者是指具备购买次级债的独立分析能力和风险承受能力的境内和境外法人，但不包括：

（一）募集人控制的公司；

（二）与募集人受同一第三方控制的公司。

第十九条 募集人的单个股东和股东的控制方持有的次级债不得超过单次或者累计募集额的10%，并且单次或者累计募集额的持有比例不得为最高。

募集人的全部股东和所有股东的控制方累计持有的次级债不得超过单次或者累计募集额的20%。

募集人分期发行次级债的，应当合并作为一次次级债适用前述两款的规定。

第二十条 募集人向保险公司或者保险资产管理公司募集次级债的条件和额度，应当符合中国保监会的有关规定。

第二十一条 募集人可以自行或者委托具有证券承销业务资格的机构募集次级债。

第二十二条 募集人应当在次级债募集结束后的十个工作日内向中国保监会报告募集情况，并将与次级债债权人签订的次级债合同的复印件报送中国保监会。

第四章　管理和偿还

第二十三条 募集人可以委托中央国债登记结算有限责任公司或者中国证券登记结算有限责任公司作为次级债的登记、托管机构，并可委托其代为兑付本息。

第二十四条 募集人应当对次级债募集的资金实施专户管理，严格按照可行性研究报告中募集资金的用途和次级债管理方案使用募集资金。

第二十五条 次级债募集资金的运用应当符合中国保监会的有关规定，不得用于投资股权、不动产和基础设施。

第二十六条 募集人只有在确保偿还次级债本息后偿付能力充足率不低于100%的前提下，才能偿付本息。

第二十七条 募集人在不能按时偿付次级债本息期间，不得向股东分配利润。

第二十八条 募集人可以对次级债设定赎回权，赎回时间应当设定在次级债募集五年后。

次级债合同中不得规定债权人具有次级债回售权。

次级债根据合同提前赎回的，必须确保赎回后保险公司偿付能力充足率不低于100%。

除依据前款设定的赎回权外，募集人不得提前赎回次级债。

第二十九条 募集人偿还次级债全部本息或者提前赎回次级债后，应当在十个工作日内向中国保监会报告偿还或者赎回情况。

第三十条 次级债需要延期的，募集人应当对延期期限、利率调整等事项提出议案，并经次级债债权人同意。

募集人应当在与次级债债权人签订延期协议后的五个工作日内，向中国保监会报告延期情况，并将相关合同文本的复印件报送中国保监会。

第三十一条 债权人可以向其他合格投资者转让次级债。

第五章 信息披露

第三十二条 次级债招募说明书、专题财务报告及重大事项告知等信息披露文件的内容及其制作、发布等，应当符合中国保监会的有关规定。

第三十三条 募集人应当按照中国保监会的有关规定制作次级债招募说明书和其他信息披露文件，保证真实、准确、完整、及时地披露一切对募集对象有实质性影响的信息。

募集人和有关当事人不得以任何方式误导投资者购买次级债。

第三十四条 募集人应当在招募说明书的显著位置提示投资者："投资者购买本期次级定期债务，应当认真阅读本招募说明书及有关的信息披露文件，进行独立的投资判断。中国保险监督管理委员会对本期次级定期债务募集的批准，并不表明其对本期债务的投资价值作出了任何评价，也不表明对本期债务的投资风险作出了任何判断"。

第三十五条 募集人应当在招募说明书的募集条款中明确约定：

（一）募集人只有在确保偿还次级债本息后偿付能力充足率不低于100%的前提下，才能偿付本息；

（二）募集人在无法按时支付利息或者偿还本金时，债权人无权向法院申请对募集人实施破产清偿；

（三）募集人依法进入破产偿债程序后，次级债本金和利息的清偿顺序列于所有非次级债务之后。

第三十六条 招募说明书中的募集条款应当具体明确，向投资者充分披露本办法关于次级债募集、赎回、延期和本息偿付的规定，详细约定次级债当事人双方的权利和义务，约定条款的内容不得违反法律、行政法规和中国保监会的强制性规定。

招募说明书至少应当包括下列内容：

（一）次级债募集的规模、期限（起止时间）、利率；

（二）募集方式和募集对象；

（三）募集资金的用途；

（四）本息偿付的法定条件、时间、程序、方式；

（五）次级债的转让和赎回；

（六）募集人和次级债债权人的违约责任；

（七）中介机构及其责任。

募集人对本次次级债募集进行了信用评级的，招募说明书中还应当包括信用评级报告及跟踪评级安排的内容。

第三十七条 在次级债存续期间，募集人应当在每个会计年度结束后四个月内，向次级债债权人披露上一年度的次级债专题财务报告。该报告至少应当包括下列内容：

（一）经审计的财务报表；

（二）经审计的偿付能力状况表、最低资本计算表、认可资产表和认可负债表；

（三）债务本息的支付情况；

（四）募集资金的运用情况；

（五）影响次级债本息偿付的重大投资、关联交易等事项；

（六）其他对次级债债权人有重大影响的信息。

募集人进行了跟踪评级的，还应当包括跟踪评级情况。

第三十八条 募集人出现下列情形之一的，应当及时告知次级债债权人，并同时报告中国保监会：

（一）偿付能力状况发生重大不利变动；

（二）预计到期难以偿付次级债利息或者本金；

（三）订立可能对次级债还本付息产生重大影响的担保合同及其他重要合同；

（四）发生重大亏损或者遭受超过净资产 10% 以上的重大损失；

（五）发生重大仲裁、诉讼；

（六）减资、合并、分立、解散及申请破产；

（七）拟进行重大债务重组；

（八）中国保监会规定的其他情形。

第六章 监督管理

第三十九条 募集人应当在每年4月30日之前向中国保监会提交次级债专题报告，内容包括已募集但尚未偿付的次级债的下列信息：

（一）金额、期限、利率；

（二）登记和托管情况；

（三）募集资金的运用情况；

（四）本息支付情况；

（五）影响本息偿付的重大投资、关联交易等事项；

（六）中国保监会要求报告的其他信息。

第四十条 募集人按照第二十四条的规定登记、托管次级债的，应当于每季度结束后十五个工作日内向中国保监会提交次级债专项报告，内容包括：

（一）次级债登记和托管情况；

（二）次级债转让情况；

（三）其他需要说明的重要事项。

第四十一条 中国保监会可以对保险公司次级债的管理、募集资金的运用等情况进行现场检查。

第四十二条 对违反本办法规定的保险公司，中国保监会可以责令其限期改正，并可以根据具体情况采取下列监管措施：

（一）三年内不再受理该保险公司的次级债募集申请；

（二）暂停认定可计入该保险公司附属资本的次级债金额。

第四十三条 募集人或者其从业人员违反本规定，由中国保监会依照法律、行政法规进行处罚；法律、行政法规没有规定的，由中国保监会责令改正，给予警告，对有违法所得的处以违法所得1倍以上3倍以下罚款，但最高不超过3万元，对没有违法所得的处以1万元以下罚款；涉嫌犯罪的，依法移交司法机构追究刑事责任。

第七章 附 则

第四十四条 本办法规定的重大行政处罚，是指保险公司受到下列行政处罚：

（一）单次罚款金额在150万元人民币以上（含150万元）的；

（二）限制业务范围的；

（三）责令停止接受新业务一年以上（含一年）的；

（四）责令停业整顿的；

（五）计划单列市分公司或者省级分公司被吊销业务许可证的；

（六）董事长、总经理被撤销任职资格或者行业禁入的；

（七）中国保监会规定的其他重大行政处罚。

第四十五条 本办法由中国保监会负责解释。

第四十六条 本办法自发布之日起施行。中国保监会2004年9月29日发布的《保险公司次级定期债务管理暂行办法》（保监会令〔2004〕10号）同时废止。

保险公司财会工作规范

1. 2012年1月12日发布

2. 保监发〔2012〕8号

3. 自2012年7月1日起施行

第一章 总 则

第一条 为加强保险公司财会工作管理，规范保险公司财务行为，有效防范和化解风险，依据《中华人民共和国保险法》、《中华人民共和国会计法》等有关法律法规，制定本规范。

第二条 本规范所称保险公司和保险集团公司，是指根据《中华人民共和国保险法》及保监会有关规定分别设立的保险公司和保险集团公司。

第三条 保险公司应当加强财会工作管理，根据公司发展战略、业务规模、销售渠道和产品特征等情况，建立符合自身实际的财会工作管理机制和制度，有效降低管控风险，提高财务运行效率。

第四条 保险公司董事长、总经理对本公司财会工作合规性和会计资料的真实性、完整性负责。

第五条 保险集团公司对所属子公司财会工作的指导和管理应当遵循《公司法》和公司章程的规定。

第六条 中国保监会依据有关法律法规和本规范对保险公司财会工作及财务负责人的履职情况进行监管、评价。

第二章 机构和人员

第七条 保险公司应当设立单独的财会部门，履行下列职责：

（ ）负责会计核算和编制财务报告；

（二）负责资金管理；

（三）负责预算管理；

（四）负责税务管理、外汇管理；

（五）负责或者参与资产管理、负债管理、资本管理、有价单证管理；

（六）中国保监会规定、公司内部管理规定以及依法应当履行的其他职责。

保险公司原则上应当设立一个财会部门集中履行上述职责。设立多个部门履行上述（一）、（二）、（三）、（四）项财会工作职责或者将上述（一）、（二）、（三）、（四）项职能在有关部门之间进行调整的，应当向中国保监会报告。

第八条 保险公司分支机构应当设立独立的财会部门。规模较小或实行集中化管理的保险公司省级以下分支机构，在满足财会管理需要和有效控制风险的前提下，可不再设置单独的财会部门。

第九条 保险公司应当配备与业务规模、管理模式、风险状况相适应的一定数量、具有专业资质的财会人员。

第十条 保险公司总公司财会部门应当配备熟悉保险责任准备金评估原理和实务的人员。

第十一条 保险公司总公司应当统一制定各级财会人员的管理制度，包括：岗位设置、岗位责任、任职条件、考核办法、轮岗制度、培训制度以及分支机构财会人员管理体制等。

第十二条 保险公司应当设置财务负责人职位。财务负责人行使《保险公司财务负责人任职资格管理规定》规定的职责、权限，直接对公司董事会和总经理负责。

第十三条 保险公司应当设置财会部门负责人职位。担任保险公司财会部门负责人应当具备下列条件：

（一）大学本科以上学历；

（二）从事会计工作5年以上或从事经济、金融工作10年以上；

（三）熟悉履行职责所需的法律法规和监管规定，在会计、财务、投资、精算或者风险管理等方面具有良好的专业基础；

（四）具有财会专业学士以上学位，或者国内外会计、财务、投资、精算等相关领域的合法专业资格，或者国内会计或者审计系列高级职称；

（五）具有在企事业单位或者国家机关担任领导或者管理职务的任职经历；

（六）能够熟练使用中文进行工作；

（七）中国保监会规定的其他条件。

第十四条 有下列情形之一的，不得担任保险公司财会部门负责人：

（一）被判处刑罚，执行期满未逾3年；

（二）被金融监管部门取消、撤销任职资格，自被取消或者撤销任职资格之日起未逾5年；

（三）受到中国保监会和其它行政管理部门重大行政处罚未逾2年；

（四）因违法行为或者违纪行为被吊销执业资格的律师、注册会计师或者资产评估机构、验证机构等机构的专业人员，自被吊销执业资格之日起未逾5年；

（五）中国保监会规定的其他情形。

第十五条 保险公司任命财会部门负责人，应当在做出任职决定之日起10个工作日内向中国保监会报告。需要指定临时财会部门负责人的，应当在做出任职决定之日起10个工作日内向中国保监会报告。临时财会部门负责人的任职时间不得超过3个月。

保险公司设立多个部门履行本规范第七条规定的财会工作职责的，应当就履行第（一）项职责的部门负责人任职资格向中国保监会报告。

第十六条 保险公司向中国保监会报告财会部门负责人任职资格，应当提交下列材料：

（一）保险公司财会部门负责人履历表（附件）；

（二）保险公司的任职决定；

（三）财会部门负责人的居民身份证（护照）、学历证书、学位证书、专业资格、专业技术职务任职资格证书等有关证书的复印件；

（四）离任审计报告；

（五）中国保监会要求提供的其他材料。

没有进行离任审计的，由原任职单位做出未进行离任审计的说明。不能提供离任审计报告或者原任职单位说明材料的，由财会部门负责人做出书面说明。

第十七条 保险公司任命的财会部门负责人不符合有关规定的，中国保监会将责令公司改正。

第十八条 财会人员调动或离职，应当按照国家法律法规和公司规定与接替人员办理交接手续，并按规定监交。按照国家法律法规和公司规定属于离任审计范围的，应当进行离任审计。

第十九条 财会部门负责人调动或离职，应当将有关任免文件同时抄送中国保监会。

第二十条　保险公司应当建立财会人员的培训制度，按照国家有关规定组织财会人员参加后续教育，包括中国保监会组织或认可的培训。

第二十一条　保险公司应当实施分支机构财务经理委派制，各级分支机构财务经理的聘任、考核和薪酬应当由上级机构或者总公司统一管理。

第二十二条　保险公司总公司应当加强对分支机构财会部门和人员的指导、监督，定期进行检查，防范分支机构的财务风险。

第三章　会计核算和财务报告

第二十三条　保险公司应当根据实际发生的经济业务事项进行会计核算，编制财务报告，保证会计信息真实、完整。

任何公司不得以虚假的经济业务事项或者资料进行会计核算。

第二十四条　保险公司应当根据企业会计准则和公司实际情况制定内部会计核算制度，对公司所有经济事项的会计处理进行规范。内部会计核算制度至少应当包括以下内容：

（一）会计政策；

（二）会计估计；

（三）会计科目；

（四）账务处理；

（五）财务报告。

第二十五条　保险公司内部会计核算制度应当明确下列事项：

（一）保险责任准备金的计量单元、计量方法、计量假设等具体规则；

（二）重大保险风险测试的方法、标准、保单分组、样本选取等具体规则；

（三）分拆核算的收入、费用确认标准等具体规则。

第二十六条　除本规范第九十三条规定的情形外，保险公司不得委托代理记账机构进行代理记账。

第二十七条　保险公司应当建立业务、财务、精算、投资等数据的定期对账制度，确保基础数据的一致性。

第二十八条　保险公司应当明确各类金融资产分类的标准和流程，准确核算各类金融资产。

第二十九条　保险公司精算部门应当按照企业会计准则计量财务报告准备金，对准备金的真实性、公允性负责。

保险公司财会部门编制财务报告时，应当对精算部门提供的责任准备金进行独立分析，重点关注各项责任准备金计量方法、计量假设的合规性以及责任准备金的偏差率、波动性，对发现的不符合准则要求和不合理的情况，应当与精算部门沟通或向公司管理层报告。

第三十条 保险公司委托保险资产管理公司投资或者将资金进行托管时，会计核算应当符合下列要求：

（一）保险公司、保险资产管理公司、托管方应当明确各方在委托资产会计核算、单证交接、数据传输以及数据核对等方面的职责分工；

（二）主核算人应当按照委托方的会计核算制度进行会计核算。

第三十一条 保险公司会计核算采用集中模式的，应完善内部流程，加强对会计核算所依据的原始凭证的管理。采用远程传送影像技术的，应当加强对原始凭证影像、扫描件的审核，确保与原件相符，保证财务数据的真实性。

第三十二条 保险公司应建立健全财务报告编制、审批、报送的内控流程，明确财务报告、偿付能力报告、各项专题财务报告编制的流程和职责分工，确保各项财务报告真实、完整和及时报送。

第三十三条 保险公司应当建立电子会计档案管理制度，明确会计凭证、会计账簿、财务报告等电子会计档案的保管、备份、查阅等管理要求，保证电子会计档案安全、完整。

第三十四条 保险公司应当完整保存责任准备金计量和重大保险风险测试的文档记录及相关支持材料，作为重要会计档案保存。

第四章 资金管理

第三十五条 保险公司应当建立财会部门牵头，其他部门密切配合的资金管理机制，健全资金筹措、归集、存放、划拨、支付等内部管理制度，确保资金安全。

第三十六条 保险公司总公司应当对银行账户进行统一管理，各级机构银行账户的开设、变更、撤销等相关事项应当报总公司审批或者备案。

保险公司总公司和分支机构应当严格按照国家对银行账户管理的有关规定以及公司规定的账户类型和用途进行资金收付。

第三十七条 保险公司应当建立专人专岗负责各类资金的划拨、清算，并不得与会计核算、投资交易、筹资交易等岗位兼职。

第三十八条 保险公司应当实行“收支两条线”，分支机构保费及其他收入上划总公司，费用及业务支出由总公司拨入。

保险公司应当建立健全保费及其他收入的定期或自动上划机制，加强对分支机构资金量的监控，提高资金归集速度和使用效率。

第三十九条 保险公司的佣金和手续费应当由总公司或省级分公司通过银行转

账等非现金方式集中支付，保险公司不得以现金方式支付佣金和手续费，省级以下分支机构不得支付佣金和手续费。

第四十条　保险公司收取的保费、支付的赔付金和退保金原则上应当由总公司或省级分公司通过银行转账等非现金方式集中收付，下列情况除外：

（一）保险公司在营业场所内进行收付；

（二）保险公司委托保险代理机构在保险代理机构营业场所内进行收付；

（三）保险公司在营业场所外通过保险销售从业人员进行收付，依照保险合同单次金额不超过人民币1000元；

（四）中国保监会规定的其他收付费方式。

第四十一条　保险公司应当建立规范统一的收付费管理制度，明确规定收付费的管理流程、作业要求和岗位职责，防止侵占、挪用及违规支付等行为，确保资金安全。

第四十二条　保险公司应当建立投资资金的划拨、清算等内控制度，确保投资决策、交易、资金划拨、清算的相互隔离。保险公司可以根据管控需要，建立资金内部或外部托管制度。

第四十三条　保险公司投资资金管理应当符合下列要求：

（一）保险公司财会部门和保险资产管理公司应当设立专人专岗负责投资资金划拨、清算，并不得与投资交易等岗位兼职；

（二）保险公司应当通过签订协议、定期检查等方式确保保险资产管理公司对其自有资金和受托资金、对受托管理的不同委托人的投资资金分设账户，单独管理；

（三）保险公司内部、保险公司与资产管理公司之间、保险公司与托管银行之间应当定期核对投资资金划拨金额；

（四）中国保监会规定的其他要求。

第四十四条　保险公司通过非金融支付机构划转、结算资金的，应当符合下列条件：

（一）非金融支付机构应当取得监管机构颁发的支付业务许可证；

（二）在非金融支付机构留存的备付金不得超过公司总资产的1%。

上述非金融支付机构不包括经人民银行特别许可办理银行业金融机构之间货币资金转移的非金融支付机构。

第四十五条　保险公司应当根据有关法律法规，建立大额和可疑交易鉴别、审批、报告的反洗钱内部控制制度。

第五章 资产管理

第四十六条 保险公司应当建立有效的资产管理制度和机制，确保公司各项金融资产、实物资产、无形资产等资产的安全、完整。

第四十七条 保险公司应当加强投资资产管理，识别投资资产的市场风险、信用风险、流动性风险、集中度风险，确保公司偿付能力充足，满足流动性需求。

第四十八条 保险公司应当以偿付能力充足和流动性充足为条件，制定投资策略，安排投资资产结构。

保险公司应当根据偿付能力状况、流动性需求等因素，及时调整投资策略和投资资产结构。

第四十九条 保险公司应当加强银行存款的管理。总资产在100亿元以上的寿险公司、总资产在20亿元以上的产险公司和再保险公司的银行存款应当符合下列要求：

（一）在一家非全国性商业银行的存款不得超过公司银行存款总额的20%；

（二）在非全国性商业银行的存款不得超过公司银行存款总额的60%；

（三）中国保监会的其他规定。

第五十条 保险公司应当加强长期股权投资管理，建立长期股权投资决策机制和程序，定期分析子公司、合营企业、联营企业的经营状况和财务状况。

第五十一条 保险公司应当建立信用风险管理制度和机制，加强对保单质押贷款、应收款项、应收分保准备金等债权资产的管理。

第五十二条 保险公司应当加强房地产资产的管理，严格区分自用房地产和投资性房地产，分别进行管理。

保险公司不得将为赚取租金或资本增值，或两者兼有而持有的房地产纳入自用房地产管理。保险公司不得将为提供劳务或者经营管理而持有的房地产纳入投资性房地产管理。

第五十三条 保险公司固定资产账面价值和在建工程账面价值之和占净资产的比重最高不得超过50%。

第五十四条 保险公司应当加强损余物资和理赔收回资产的管理，建立此类资产的收取、保管、处置、清查等内控流程。

第六章 负债管理

第五十五条 保险公司应建立健全责任准备金负债、金融负债、资本性负债等负债管理制度，并对制度运行情况定期进行检查评估，确保制度有效运行。

第五十六条　保险公司财务报告准备金负债计量由公司董事会负总责。准备金计量涉及的重大会计政策和会计估计应当经财务负责人和总精算师（或精算责任人）同意后，提交公司董事会或总经理办公会研究决定。

外资保险公司分公司由管理层对准备金计量工作负总责。

第五十七条　保险公司应制定财务报告准备金负债评估工作流程和内控体系，确保准备金提取真实、公允，有效防范准备金计量的随意性。准备金负债评估的工作流程和内控体系应当向中国保监会报告。

第五十八条　保险公司应当根据重大保险风险测试结果，识别保险风险和投资风险，对通过重大保险风险测试的保险合同负债和未通过重大保险风险测试的投资合同负债区别管理。

保险公司应当制定重大保险风险测试的内控制度和流程，并向中国保监会报告。

第五十九条　保险公司应当加强资产负债匹配管理，定期分析资产负债在利率、期限、币种等方面存在的匹配风险，合理安排资金支付赔款、保险金和退保金。

第六十条　保险公司应当加强对证券回购、拆入资金、银行借款等融资行为的管理，建立健全融资管理制度，监测防范融资风险。

第六十一条　保险公司证券回购融资余额不得超过公司债券资产余额的50%。

第六十二条　保险公司应当加强或有负债等表外负债的管理，定期监测和分析，及时防范、化解风险。

第六十三条　保险公司应当建立健全次级债等资本性负债的管理制度，专户管理资本性负债融入资金，按时归还到期债务，防范和化解财务风险。

第七章　预 算 管 理

第六十四条　保险公司应当实行预算管理，根据发展战略、经营规划、偿付能力等编制预算，确定科学、合理、明确的预算目标，促进公司持续、稳健发展。

第六十五条　保险公司预算应当经过股东（大）会批准。

保险公司应当定期向董事会报告预算执行情况。

第六十六条　保险公司应当建立健全预算管理制度，明确预算编制、审批、执行、分析、调整、考核等职责分工和操作流程，合理分配财务、实物及人力等各项资源。

第六十七条　保险公司应当以偿付能力充足为前提条件，编制收入、费用、利润、融资、投资、机构设立等各项预算。

第六十八条 保险公司应当编制资本预算，预计公司资本需求，安排资本补充，确保偿付能力充足。

第六十九条 保险公司应当按照险种、产品、销售渠道、费用性质等因素，编制各项费用预算。

第七十条 保险公司应当将预算作为预算期内组织、协调各项经营活动的基本依据，严格预算执行，控制费用支出和预算偏差，确保年度预算目标的实现。

第七十一条 保险公司应当对预算的执行情况进行定期或不定期监控、分析预算执行情况及执行差异，及时纠正预算执行中的问题，确保预算有效执行。

第八章　会 计 监 督

第七十二条 保险公司应当按照《会计法》等相关法规要求，建立董事长（或总经理）负责，财会部门、内部审计部门、监事会职责分工明确的内部会计监督机制。

第七十三条 保险公司董事长、总经理应当保证财会部门、财会人员依法履行职责，不得授意、指使、强令财会部门、财会人员违法办理会计事项。

第七十四条 保险公司内部审计部门应当建立有效的内部审计制度，对本单位各项经营管理活动和财务活动的真实性、合法性进行监督。

第七十五条 保险公司监事会应当履行《公司法》和公司章程规定的职责，依法监督公司财务活动。

第七十六条 保险公司各级财会部门和财会人员应当履行《会计法》赋予的职责和权力，对本单位经济业务事项是否符合财经法规以及各项收支的合规性进行监督。

第七十七条 保险公司财会人员发现公司存在下列行为的，应当予以制止和纠正。制止和纠正无效的，应及时向公司财务负责人、公司负责人直至上级机构和监管部门报告：

（一）保险责任准备金数据弄虚作假、不符合会计准则要求；

（二）私设“小金库”；

（三）总公司或分支机构负责人强制要求财会人员违反有关规定办理会计事项的；

（四）虚假承保、虚假批退、虚列费用、虚假理赔、虚假挂单等账实不符行为；

（五）其他违反法律法规和本规范的行为。

保险公司财会人员履行了上述制止、纠正和报告义务的，可以免除或减轻其行政责任。

第七十八条 保险公司业务部门对职责范围内的业务活动的真实性负责。业务部门存在虚构经济业务事项、提供虚假票据、未及时提供相关经济业务事项资料等情形，导致会计信息不真实、不完整的，应当依法追究业务部门和直接责任人的法律责任。

第九章 财务信息系统

第七十九条 保险公司应当建立符合业务发展和管理需要的财务信息系统，制定财务信息系统的管理制度，规范财务信息系统的统筹规划、设计开发、运行维护、安全管理等事项，提高财务管理的信息化水平。

第八十条 保险公司财务信息系统应当符合下列要求：

（一）满足日常会计核算需要，可生成各类财务报表，包括分红保险财务报表、交强险财务报表等；

（二）满足偿付能力评估需要，可生成各类偿付能力报表；

（三）满足财务分析需要；

（四）与单证系统、业务系统、再保系统、精算系统等对接，实现系统间数据自动交换；

（五）将预算管理、资金管理、资产管理、单证管理等内控流程内嵌于信息系统；

（六）总公司可实时查询、管理各级分支机构的财务数据；

（七）中国保监会规定的其他要求。

第八十一条 保险公司财务信息系统的开发和改造应当由总公司统一负责，各级分支机构不得随意开发和修改。

第八十二条 保险公司财务信息系统中的业务、财务数据应当在中国境内存储，并进行异地备份。

第八十三条 保险公司应当加强财务信息系统的账户管理和权限管理，明确分支机构和相关人员的权限和职责。

第八十四条 保险公司应当定期对财务信息系统的内设公式、逻辑关系、权限设置等进行检查，确保系统运行安全、数据准确。

第十章 聘请会计师事务所进行年度审计

第八十五条 保险公司聘请或者解聘会计师事务所为其提供年度审计服务，应当向中国保监会报告。

第八十六条 保险公司应当对会计师事务所的独立性、专业胜任能力和声誉进行评估，选择具有与自身业务规模、经营模式等相匹配的资源和风险承受能力的会计师事务所提供年度审计服务。

第八十七条 保险公司新聘请会计师事务所的，应当于做出聘请决定的10个工作日内向中国保监会报告，并提交以下材料：

（一）公司聘请会计师事务所的决议；

（二）会计师事务所的基本情况，包括：业务开展情况、主要服务内容、主要客户等；

（三）公司项目主要负责人的简历；

（四）保监会规定提交的其他材料。

第八十八条 保险公司解聘会计师事务所的，应当于做出解聘决定的10个工作日内向保监会报告，并提交以下材料：

（一）公司解聘会计师事务所的决议；

（二）公司解聘会计师事务所的原因；

（三）保监会规定提交的其他材料。

第八十九条 保险公司应当建立审计轮换制度。

国有及国有控股保险公司聘请、轮换会计师事务所应当执行《财政部关于印发〈金融企业选聘会计师事务所招标管理办法（试行）〉的通知》（财金〔2010〕169号）的规定。

其他保险公司至少每5年轮换一次签字注册会计师或会计师事务所。截至2012年12月31日，如果连续聘用同一会计师事务所的年限或者同一注册会计师连续签字的年限已经达到或者超过5年的，最长可延缓2年更换，但最长不得超过10年。

第九十条 中国保监会有权对保险公司进行抽查，复核保险公司报送的经过会计师事务所审计的有关报告。如发现会计师事务所在审计过程中存在违规行为、重大工作疏漏或失误等，将移交有关部门进行处理，并可要求保险公司终止对该会计师事务所的委托。

第十一章 集团化经营模式下的财会管理

第九十一条 本规范第二章到第十章的规定适用于保险集团公司。

第九十二条 保险集团的财会工作，应当切实防范财务和资金集中风险、内部传染风险等风险。

第九十三条 实行财务集中化管理的保险集团，其所属保险子公司可以将部分核算职能委托集团公司或其他关联公司代理记账。受托代理记账的机构应当符合下列条件：

（一）具有代理记账许可证；

（二）注册地和住所地在中国境内；

（三）与委托方签有明确的委托代理记账协议。

受托代理记账机构的负责人应当符合本规范第十三条和第十四条的规定，并按照第十五条、第十六条的规定向中国保监会报告。

第九十四条 保险集团公司可以通过内设部门，集中处理所属保险子公司的账务。负责集中核算的部门负责人，应当符合本规范第十三条和第十四条的规定，并按照第十五条、第十六条的规定向中国保监会报告。

第九十五条 保险集团公司及其所属子公司应制定和执行统一的会计政策。如果采用不同的会计政策，应当制定转换方法及审批流程。

第九十六条 对同一审计事项，集团内各公司原则上应当委托同一家会计师事务所。

第九十七条 保险集团应当在各子公司间建立资金的防火墙制度，不得将子公司资金混用或变相混用。

第九十八条 保险集团内各子公司的保险资金委托集团公司统一管理、投资的，应当符合下列要求：

（一）对各子公司的资金分设账户，单独管理；

（二）以各子公司的名义持有和交易投资资产。

第九十九条 保险集团内各公司之间相互融资、担保、租赁、销售产品、资产转让等关联交易应当符合有关监管法规，不得以集团内不同行业子公司之间关联交易的方式，逃避或变相逃避保险、银行和证券业务的监管；关联交易的定价应当公允，禁止违规转移利益；应当按照监管部门的要求及时报告和充分披露有关信息。

第一百条 保险集团公司应当建立长期资本规划，定期对集团和各子公司的偿付能力状况进行预测分析，及时补充资本，确保集团和各子公司偿付能力充足。

第十二章　附　　则

第一百零一条 保险资产管理公司参照本规范执行。

第一百零二条 经中国保监会批准筹建的保险公司申请开业时，应当设有独立的财会部门，财会人员、财会制度、内控管理、财务信息系统等应当符合本规范和中国保监会相关规定。

第一百零三条 本规范由中国保监会负责解释。

第一百零四条 本规范自2012年7月1日起施行。

第一百零五条 《关于保险公司委托会计师事务所开展审计业务有关问题的通知》（保监发〔1999〕235号）同时废止。

附件：保险公司财会部门负责人履历表（略）

保险公司风险管理指引（试行）

1. 2007年4月6日发布
2. 保监发〔2007〕23号

第一章 总 则

第一条 为指导保险公司加强风险管理，保障保险公司稳健经营，根据《关于规范保险公司治理结构的指导意见（试行）》及其他相关法律法规，制定本指引。

第二条 本指引适用于在中国境内依法设立的保险公司和保险资产管理公司。

保险集团（控股）公司已经按照本指引规定建立覆盖全集团的风险管理体系的，经中国保监会批准，其保险子公司可以不适用本指引。

第三条 本指引所称风险，是指对实现保险经营目标可能产生负面影响的不确定性因素。

第四条 本指引所称风险管理，是指保险公司围绕经营目标，对保险经营中的风险进行识别、评估和控制的基本流程以及相关的组织架构、制度和措施。

第五条 保险公司应当明确风险管理目标，建立健全风险管理体系，规范风险管理流程，采用先进的风险管理方法和手段，努力实现适当风险水平下的效益最大化。

第六条 保险公司风险管理应当遵循以下原则：

（一）全面管理与重点监控相统一的原则。保险公司应当建立覆盖所有业务流程和操作环节，能够对风险进行持续监控、定期评估和准确预警的全面风险管理体系，同时要根据公司实际有针对性地实施重点风险监控，及时发现、防范和化解对公司经营有重要影响的风险。

（二）独立集中与分工协作相统一的原则。保险公司应当建立全面评估和集中管理风险的机制，保证风险管理的独立性和客观性，同时要强化业务单位的风险管理主体职责，在保证风险管理职能部门与业务单位分工明确、密切协作的基础上，使业务发展与风险管理平行推进，实现对风险的过程控制。

（三）充分有效与成本控制相统一的原则。保险公司应当建立与自身经营目标、业务规模、资本实力、管理能力和风险状况相适应的风险管理体系，同时要合理权衡风险管理成本与效益的关系，合理配置风险管理资源，实现适当成本下的有效风险管理。

第七条 保险公司应当建立涵盖风险管理基本流程和控制环节的信息系统，提高风险管理的信息化水平。

保险公司应当统筹规划风险管理和业务管理信息系统，使风险信息能够在职能部门和业务单位之间实现集成与共享，充分满足对风险进行分析评估和监控管理的各项要求。

第八条 保险公司应当定期对高级管理人员和员工进行风险管理理念、知识、流程以及控制方式等内容的培训，增强风险管理意识，同时将风险管理绩效与薪酬制度、人事制度和责任追究制度相结合，培育和塑造良好的风险管理文化。

第二章 风险管理组织

第九条 保险公司应当建立由董事会负最终责任、管理层直接领导，以风险管理机构为依托，相关职能部门密切配合，覆盖所有业务单位的风险管理组织体系。

第十条 保险公司可以在董事会下设立风险管理委员会负责风险管理工作。

风险管理委员会成员应当熟悉保险公司业务和管理流程，对保险经营风险及其识别、评估和控制等具备足够的知识和经验。

没有设立风险管理委员会的，由审计委员会承担相应职责。

第十一条 保险公司董事会风险管理委员会应当全面了解公司面临的各项重大风险及其管理状况，监督风险管理体系运行的有效性，对以下事项进行审议并向董事会提出意见和建议：

（一）风险管理的总体目标、基本政策和工作制度；

（二）风险管理机构设置及其职责；

（三）重大决策的风险评估和重大风险的解决方案；

（四）年度风险评估报告。

第十二条 保险公司可以设立由相关高级管理人员或者部门负责人组成的综合协调机构，由总经理或者总经理指定的高级管理人员担任负责人。风险管理协调机构主要职责如下：

（一）研究制定与保险公司发展战略、整体风险承受能力相匹配的风险管理政策和制度；

（二）研究制定重大事件、重大决策和重要业务流程的风险评估报告以及重大风险的解决方案；

（三）向董事会风险管理委员会和管理层提交年度风险评估报告；

（四）指导、协调和监督各职能部门和各业务单位开展风险管理工作。

第十三条 保险公司应当设立风险管理部门或者指定工作部门具体负责风险管理相关事务工作。该部门主要职责如下：

（一）对风险进行定性和定量评估，改进风险管理方法、技术和模型；

（二）合理确定各类风险限额，组织协调风险管理日常工作，协助各业务部门在风险限额内开展业务，监控风险限额的遵守情况；

（三）资产负债管理；

（四）组织推动建立风险管理信息系统；

（五）组织推动风险文化建设。

设有本指引第十二条规定的风险管理协调机构的，该部门为其办事机构。

第十四条 保险公司各职能部门和业务单位应当接受风险管理部门的组织、协调和监督，建立健全本职能部门或者业务单位风险管理的子系统，执行风险管理的基本流程，定期对本职能部门或者业务单位的风险进行评估，对其风险管理的有效性负责。

第三章 风险评估

第十五条 保险公司应当识别和评估经营过程中面临的各类主要风险，包括：保险风险、市场风险、信用风险和操作风险等。

（一）保险风险指由于对死亡率、疾病率、赔付率、退保率等判断不正确导致产品定价错误或者准备金提取不足，再保险安排不当，非预期重大理赔等造成损失的可能性。

（二）市场风险是指由于利率、汇率、股票价格和商品价格等市场价格的不利变动而造成损失，以及由于重大危机造成业务收入无法弥补费用的可能性。

（三）信用风险是指由于债务人或者交易对手不能履行合同义务，或者信用状况的不利变动而造成损失的可能性。

（四）操作风险指由于操作流程不完善、人为过错和信息系统故障等原因导致损失的可能性。

保险公司还应当对战略规划失误和公司治理结构不完善等给公司带来不利影响的其他风险予以关注。

第十六条 保险公司风险管理部门应当与各职能部门和业务单位建立信息共享机制，广泛搜集、整理与风险管理相关的内外部信息，为风险评估奠定相应的信息基础。

第十七条 保险公司应当在广泛收集信息的基础上，对经营活动和业务流程进行风险评估。风险评估包括风险识别、风险分析、风险评价三个步骤。

风险识别是指识别经营活动及业务流程中是否存在风险以及存在何种风险。

风险分析是指对识别出的风险进行分析，判断风险发生的可能性及风险发生的条件。

风险评价是指评估风险可能产生损失的大小及对保险公司实现经营目标的影响程度。

第十八条 风险评估应当采用定性与定量相结合的方法。定量评估应当统一制定各风险的度量单位和风险度量模型，确保评估的假设前提、参数、数据来源和评估程序的合理性和准确性。

第十九条 保险公司进行风险评估时，应当对各种风险之间的相关性进行分析，以便发现各风险之间的自然对冲、风险事件发生的正负相关性等组合效应，对风险进行统一集中管理。

第二十条 风险评估由风险管理部门组织实施，必要时可以聘请中介机构协助实施。

第二十一条 保险公司应当对风险信息实行动态管理，及时识别新的风险，并对原有风险的变化进行重新评估。

第四章 风险控制

第二十二条 风险控制包括明确风险管理总体策略、制定风险解决方案和方案的组织实施等内容。

第二十三条 制定风险管理总体策略是指保险公司根据自身发展战略和条件，明确风险管理重点，确定风险限额，选择风险管理工具以及配置风险管理资源等的总体安排。

第二十四条 保险公司应当根据风险发生的可能性和对经营目标的影响程度，对各项风险进行分析比较，确定风险管理的重点。

第二十五条 确定风险限额是指保险公司根据自身财务状况、经营需要和各类保险业务的特点，在平衡风险与收益的基础上，确定愿意承担哪些风险及所能承受的最高风险水平，并据此确定风险的预警线。

第二十六条 保险公司针对不同类型的风险，可以选择风险规避、降低、转移或者自留等风险管理工具，确保把风险控制在风险限额以内。

第二十七条 保险公司应当根据风险管理总体策略，针对各类重大风险制定风险解决方案。风险解决方案主要包括解决该项风险所要达到的具体目标，所涉及的管理及业务流程，所需的条件和资源，所采取的具体措施及风险管理工具等内容。

第二十八条 保险公司应当根据各职能部门和业务单位职责分工，认真组织实施风险解决方案，确保风险得到有效控制。

第五章 风险管理的监督与改进

第二十九条 保险公司应当对风险管理的流程及其有效性进行检验评估，并根据评估结果及时改进。

第三十条 保险公司各职能部门和业务单位应当定期对其风险管理工作进行自查，并将自查报告报送风险管理部门。

第三十一条 保险公司风险管理部门应当定期对各职能部门和业务单位的风险管理工作进行检查评估，并提出改进的建议和措施。

第三十二条 保险公司风险管理部门应当每年至少一次向管理层和董事会提交风险评估报告。风险评估报告主要包括以下内容：

（一）风险管理组织体系和基本流程；

（二）风险管理总体策略及其执行情况；

（三）各类风险的评估方法及结果；

（四）重大风险事件情况及未来风险状况的预测；

（五）对风险管理的改进建议。

第三十三条 董事会或者其风险管理委员会可以聘请中介机构对保险公司风险管理工作进行评价，并出具评估报告。

第六章 风险管理的监管

第三十四条 保险公司应当及时向中国保监会报告本公司发生的重大风险事件。

第三十五条 保险公司应当按照本指引及偿付能力编报规则的要求，在年报中提交经董事会审议的年度风险评估报告。

第三十六条 中国保监会定期对保险公司及其分支机构的风险管理工作进行检查。检查内容主要包括：

（一）风险管理组织的健全性及履职情况；

（二）风险管理流程的完备性、可操作性和实际运行情况；

（三）重大风险处置的及时性和有效性。

第三十七条 中国保监会可以根据检查结果，对风险管理存在严重缺陷的保险公司出具风险提示函。保险公司应当按照风险提示函的要求及时提交整改方案，采取整改措施并提交整改情况报告。

第七章 附 则

第三十八条 本指引由中国保监会负责解释。

第三十九条 本指引自二〇〇七年七月一日起施行。

2. 信息披露

保险公司信息披露管理办法

1. 2018年4月28日中国银行保险监督管理委员会令2018年第2号公布

2. 自2018年7月1日起施行

第一章 总 则

第一条 为了规范保险公司的信息披露行为，保障投保人、被保险人、受益人以及相关当事人的合法权益，促进保险业健康发展，根据《中华人民共和国保险法》等法律、行政法规，制定本办法。

第二条 本办法所称保险公司，是指经中国银行保险监督管理委员会批准设立，并依法登记注册的商业保险公司。

本办法所称信息披露，是指保险公司向社会公众公开其经营管理相关信息的行为。

第三条 保险公司信息披露应当遵循真实、准确、完整、及时、有效的原则，不得有虚假记载、误导性陈述和重大遗漏。

保险公司信息披露应当尽可能使用通俗易懂的语言。

第四条 保险公司应当按照法律、行政法规和中国银行保险监督管理委员会的规定进行信息披露。

保险公司可以在法律、行政法规和中国银行保险监督管理委员会规定的基础上披露更多信息。

第五条 保险公司按照本办法拟披露的信息属于国家秘密、商业秘密，以及存在其他因披露将导致违反国家有关保密的法律、行政法规等情形的，可以豁免披露相关内容。

第六条 中国银行保险监督管理委员会根据法律、行政法规和国务院授权，对保险公司的信息披露行为进行监督管理。

第二章　信息披露的内容

第七条　保险公司应当披露下列信息：

（一）基本信息；

（二）财务会计信息；

（三）保险责任准备金信息；

（四）风险管理状况信息；

（五）保险产品经营信息；

（六）偿付能力信息；

（七）重大关联交易信息；

（八）重大事项信息；

（九）中国银行保险监督管理委员会规定的其他信息。

第八条　保险公司披露的基本信息应当包括公司概况、公司治理概要和产品基本信息。

第九条　保险公司披露的公司概况应当包括下列内容：

（一）公司名称；

（二）注册资本；

（三）公司住所和营业场所；

（四）成立时间；

（五）经营范围和经营区域；

（六）法定代表人；

（七）客服电话、投诉渠道和投诉处理程序；

（八）各分支机构营业场所和联系电话。

第十条　保险公司披露的公司治理概要应当包括下列内容：

（一）实际控制人及其控制本公司情况的简要说明；

（二）持股比例在5%以上的股东及其持股情况；

（三）近3年股东大会（股东会）主要决议，至少包括会议召开的时间、地点、出席情况、主要议题以及表决情况等；

（四）董事和监事简历；

（五）高级管理人员简历、职责及其履职情况；

（六）公司部门设置情况。

第十一条　保险公司披露的产品基本信息应当包括下列内容：

（一）审批或者备案的保险产品目录、条款；

（二）人身保险新型产品说明书；

（三）中国银行保险监督管理委员会规定的其他产品基本信息。

第十二条 保险公司披露的上一年度财务会计信息应当与经审计的年度财务会计报告保持一致，并包括下列内容：

（一）财务报表，包括资产负债表、利润表、现金流量表、所有者权益变动表和附注；

财务报表附注，包括财务报表的编制基础，重要会计政策和会计估计的说明，重要会计政策和会计估计变更的说明，或有事项、资产负债表日后事项和表外业务的说明，对公司财务状况有重大影响的再保险安排说明，企业合并、分立的说明，以及财务报表中重要项目的明细。

（二）审计报告的主要审计意见，审计意见中存在带强调事项段的无保留意见、保留意见、否定意见或者无法表示意见的，保险公司还应当就此作出说明。

实际经营期未超过3个月的保险公司年度财务会计报告可以不经审计。

第十三条 保险公司披露的上一年度保险责任准备金信息包括准备金评估方面的定性信息和定量信息。

保险公司应当按照准备金的类别提供以下说明：未来现金流假设、主要精算假设方法及其结果等。

保险公司应当按照准备金的类别列示准备金评估结果以及与前一年度评估结果的对比分析。

保险公司披露的保险责任准备金信息应当与财务会计报告相关信息保持一致。

第十四条 保险公司披露的风险管理状况信息应当与经董事会审议的年度风险评估报告保持一致，并包括下列内容：

（一）风险评估，包括保险风险、市场风险和信用风险等风险的敞口及其简要说明，以及操作风险、战略风险、声誉风险、流动性风险等的简要说明；

（二）风险控制，包括风险管理组织体系简要介绍、风险管理总体策略及其执行情况。

第十五条 人身保险公司披露的产品经营信息应当包括下列内容：

（一）上一年度原保险保费收入居前5位的保险产品的名称、主要销售渠道、原保险保费收入和退保金；

（二）上一年度保户投资款新增交费居前3位的保险产品的名称、主要销售渠道、保户投资款新增交费和保户投资款本年退保；

（三）上一年度投连险独立账户新增交费居前3位的投连险产品的名称、主要销售渠道、投连险独立账户新增交费和投连险独立账户本年退保。

第十六条 财产保险公司披露的产品经营信息是指上一年度原保险保费收入居前5位的商业保险险种经营情况，包括险种名称、保险金额、原保险保费收入、赔款支出、准备金、承保利润。

第十七条 保险公司披露的上一年度偿付能力信息是指经审计的第四季度偿付能力信息，至少包括核心偿付能力充足率、综合偿付能力充足率、实际资本和最低资本等内容。

第十八条 保险公司披露的重大关联交易信息应当包括下列内容：

（一）交易概述以及交易标的的基本情况；

（二）交易对手情况；

（三）交易的主要内容和定价政策；

（四）独立董事的意见；

（五）中国银行保险监督管理委员会规定的其他事项。

重大关联交易的认定和计算，应当符合中国银行保险监督管理委员会的有关规定。

第十九条 保险公司有下列重大事项之一的，应当披露相关信息并作出简要说明：

（一）控股股东或者实际控制人发生变更；

（二）更换董事长或者总经理；

（三）当年董事会累计变更人数超过董事会成员人数的三分之一；

（四）公司名称、注册资本、公司住所或者营业场所发生变更；

（五）经营范围发生变化；

（六）合并、分立、解散或者申请破产；

（七）撤销省级分公司；

（八）对被投资企业实施控制的重大股权投资；

（九）发生单项投资实际投资损失金额超过公司上季度末净资产总额5%的重大投资损失，如果净资产为负值则按照公司注册资本5%计算；

（十）发生单笔赔案或者同一保险事故涉及的所有赔案实际赔付支出金额超过公司上季度末净资产总额5%的重大赔付，如果净资产为负值则按照公司注册资本5%计算；

（十一）发生对公司净资产和实际营运造成重要影响或者判决公司赔偿金额超过5000万元人民币的重大诉讼案件；

（十二）发生对公司净资产和实际营运造成重要影响或者裁决公司赔偿金额超过5000万元人民币的重大仲裁事项；

（十三）保险公司或者其董事长、总经理受到刑事处罚；

（十四）保险公司或者其省级分公司受到中国银行保险监督管理委员会或者其派出机构的行政处罚；

（十五）更换或者提前解聘会计师事务所；

（十六）中国银行保险监督管理委员会规定的其他事项。

第三章 信息披露的方式和时间

第二十条 保险公司应当建立公司网站，按照本办法的规定披露相关信息。

第二十一条 保险公司应当在公司网站披露公司的基本信息。

公司基本信息发生变更的，保险公司应当自变更之日起10个工作日内更新。

第二十二条 保险公司应当制作年度信息披露报告，年度信息披露报告应当至少包括本办法第七条第（二）项至第（六）项规定的内容。

保险公司应当在每年4月30日前在公司网站和中国银行保险监督管理委员会指定的媒介上发布年度信息披露报告。

第二十三条 保险公司发生本办法第七条第（七）项、第（八）项规定事项之一的，应当自事项发生之日起10个工作日内编制临时信息披露报告，并在公司网站上发布。

临时信息披露报告应当按照事项发生的顺序进行编号并且标注披露时间，报告应当包含事项发生的时间、事项的起因、目前的状态和可能产生的影响。

第二十四条 保险公司不能按时进行信息披露的，应当在规定披露的期限届满前向中国银行保险监督管理委员会报告相关情况，并且在公司网站公布不能按时披露的原因以及预计披露时间。

第二十五条 保险公司网站应当保留最近5年的公司年度信息披露报告和临时信息披露报告。

第二十六条 保险公司在公司网站和中国银行保险监督管理委员会指定媒介以外披露信息的，其内容不得与公司网站和中国银行保险监督管理委员会指定媒介披露的内容相冲突，且不得早于公司网站和中国银行保险监督管理委员会指定媒介的披露时间。

第四章 信息披露的管理

第二十七条 保险公司应当建立信息披露管理制度并报中国银行保险监督管理委员会。信息披露管理制度应当包括下列内容：

（一）信息披露的内容和基本格式；

（二）信息的审核和发布流程；

（三）信息披露的豁免及其审核流程；

（四）信息披露事务的职责分工、承办部门和评价制度；

（五）责任追究制度。

保险公司修订信息披露管理制度后，应当在修订完成之日起10个工作日内向中国银行保险监督管理委员会报告。

第二十八条 保险公司拟披露信息属于豁免披露事项的，应当在豁免披露事项通过公司审核后10个工作日内向中国银行保险监督管理委员会报告。

豁免披露的原因已经消除的，保险公司应当在原因消除之日起10个工作日内编制临时信息披露报告，披露相关信息、此前豁免披露的原因和公司审核情况等。

第二十九条 保险公司董事会秘书负责管理公司信息披露事务。未设董事会的保险公司，应当指定公司高级管理人员负责管理信息披露事务。

第三十条 保险公司应当将董事会秘书或者指定的高级管理人员、承办信息披露事务的部门的联系方式报中国银行保险监督管理委员会。

上述情况发生变更的，保险公司应当在变更之日起10个工作日内向中国银行保险监督管理委员会报告。

第三十一条 保险公司应当在公司网站主页置顶的显著位置设置信息披露专栏，名称为“公开信息披露”。

保险公司所有公开披露的信息都应当在该专栏下分类设置子栏目列示，一级子栏目名称分别为“基本信息”“年度信息”“重大事项”和“专项信息”等。其中，“专项信息”栏目下设“关联交易”“股东股权”“偿付能力”“互联网保险”“资金运用”“新型产品”“交强险”等二级子栏目。

上市保险公司可以在“投资者关系”栏目下披露本办法要求披露的相关内容。

第三十二条 保险公司应当加强公司网站建设，维护公司网站安全，方便社会公众查阅信息。

第三十三条 保险公司应当使用中文进行信息披露。同时披露外文文本的，中、外文文本内容应当保持一致；两种文本不一致的，以中文文本为准。

第五章 法律责任

第三十四条 保险公司有下列行为之一的，由中国银行保险监督管理委员会依据法律、行政法规进行处罚：

（一）未按照本办法的规定披露信息的；

（二）未按照本办法的规定报送或者保管报告、报表、文件、资料的，或者未按照规定提供有关信息、资料的；

（三）编制或者提供虚假的报告、报表、文件、资料的；

（四）拒绝或者妨碍依法监督检查的。

第三十五条 保险公司违反本办法规定的，中国银行保险监督管理委员会除按照本办法第三十四条的规定对该公司给予处罚外，对其直接负责信息披露的主管人员和其他直接责任人员依据法律、行政法规进行处罚。

第六章 附 则

第三十六条 中国银行保险监督管理委员会对保险产品经营信息和其他信息的披露另有规定的，从其规定。

第三十七条 下列保险机构参照适用本办法，法律、行政法规和中国银行保险监督管理委员会另有规定的除外：

（一）保险集团（控股）公司；

（二）再保险公司；

（三）保险资产管理公司；

（四）相互保险组织；

（五）外国保险公司分公司；

（六）中国银行保险监督管理委员会规定的其他保险机构。

第三十八条 上市保险公司按照上市公司信息披露要求已经披露本办法规定的相关信息的，可免予重复披露。

保险集团（控股）公司下属的保险公司已经按照本办法规定披露保险责任准备金信息、保险产品经营信息等信息的，保险集团（控股）公司可免于重复披露。

对于上述免于重复披露的内容，上市保险公司或者保险集团（控股）公司应当在公司网站和中国银行保险监督管理委员会指定的媒介上披露链接网址及其简要说明。

第三十九条 本办法由中国银行保险监督管理委员会负责解释。

第四十条 本办法自2018年7月1日起施行。原中国保险监督管理委员会2010年5月12日发布的《保险公司信息披露管理办法》（保监会令2010年第7号）、2010年6月2日发布的《关于实施〈保险公司信息披露管理办法〉有关问题的通知》（保监统信〔2010〕604号）同时废止。

保险公司资金运用信息披露准则第1号：关联交易

1．2014年5月19日公布

2．保监发〔2014〕44号

第一条 为规范保险公司资金运用关联交易的信息披露行为，防范投资风险，根据《保险公司关联交易管理暂行办法》、《保险公司信息披露管理办法》及相关规定，制定本准则。

第二条 本准则所称关联方，是指按照《保险公司关联交易管理暂行办法》确定的关联企业和关联自然人。

第三条 保险公司与关联方之间开展下列保险资金运用行为的信息披露适用本准则：

（一）在关联方办理银行存款（活期存款除外）业务；

（二）投资关联方的股权、不动产及其他资产；

（三）投资关联方发行的金融产品，或投资基础资产包含关联方资产的金融产品；

（四）中国保监会认定的其他关联交易行为。

第四条 保险公司与关联方之间开展上述关联交易，应当按照相关格式要求编制信息披露公告，披露下列信息：

（一）交易概述及交易标的的基本情况；

（二）交易各方的关联关系和关联方基本情况；

（三）交易的定价政策及定价依据；

（四）交易协议的主要内容，包括交易价格、交易结算方式、协议生效条件、生效时间、履行期限等；

（五）交易决策及审议情况；

（六）中国保监会认为应当披露的其他信息。

第五条 保险公司与关联方之间开展上述关联交易，应当于签订交易协议后10个工作日内（无交易协议的，自事项发生之日起10个工作日内），按照规定在保险公司网站和中国保险行业协会网站发布信息披露公告。

第六条 保险公司按照本准则规定披露的关联交易信息，应当真实、准确、完整、规范，不得存在虚假记载、误导性陈述或重大遗漏。

第七条 保险公司按本准则要求披露的关联交易信息，因涉及国家秘密、商业秘密或其他相关原因，依法不得公开披露的，应当至少于信息披露规定日期前5个工作日内，向中国保监会书面说明情况，并依法不予披露。上市保险公司按照上市公司信息披露的要求，已经披露本准则规定的有关信息的，可免予重复披露，但应当在信息披露公告中注明信息披露的具体地点（网站、报刊、媒体等）。

第八条 保险集团（控股）公司、保险资产管理机构发生本准则第三条所列关联交易行为，以及保险资产管理机构发起设立以关联方为交易对手或以关联方资产为基础资产的金融产品，参照适用本准则。

第九条 本准则由中国保监会负责解释，自发布之日起施行。

附件：保险公司资金运用信息披露格式第1号：关联交易（略）

保险公司资金运用信息披露准则第2号：风险责任人

1. 2015年4月10日发布

2. 保监发〔2015〕42号

第一条 为规范保险公司资金运用风险责任人的信息披露行为，防范投资风险，根据《保险公司信息披露管理办法》《关于保险机构投资风险责任人有关事项的通知》《关于加强和改进保险机构投资管理能力建设有关事项的通知》及相关规定，制定本准则。

第二条 本准则所称风险责任人，是指按照《关于保险机构投资风险责任人有关事项的通知》明确的行政责任人和专业责任人。

第三条 保险公司开展下列资金运用活动，应当公开披露风险责任人的相关信息：

（一）备案投资能力；

（二）转移投资能力；

（三）投资集合资金信托计划；

（四）开展境外投资；

（五）变更风险责任人；

（六）基于审慎监管原则要求确定其他风险责任人。

第四条 保险公司应当按照相关格式要求披露下列信息：

（一）风险责任人的基本信息披露公告；

（二）公司确定风险责任人的文件；

（三）公司法人代表签署的风险责任人符合监管要求的承诺函；

（四）风险责任人签署的职责知晓函；

（五）中国保监会认为应当披露的其他信息。

第五条 保险公司开展资金运用活动需要确定风险责任人的，应当在提交相关书面报告的同时，按照规定的内容和格式，在保险公司网站和中国保险行业协会网站披露相关信息。

第六条 保险公司按照本准则规定披露的风险责任人信息，应当真实、准确、完整、规范，不得存在虚假记载、误导性陈述或重大遗漏。

第七条 保险公司已经确定的风险责任人，保险公司应当在本通知发布之日起一个月内，通过指定信息平台披露相关信息。

第八条 保险资产管理机构发生本准则有关情形，以及保险资产管理机构开展有关保险资产管理产品业务，参照适用本准则。

第九条 本准则由中国保监会负责解释，自发布之日起施行。

附件：1. ［公司名称］关于［投资业务］风险责任人的基本信息披露公告（略）

2. ［公司名称］关于报送［投资业务］风险责任人的报告（略）

3. 承诺函（略）

4. 行政责任人和专业责任人职责知晓函（略）

保险公司资金运用信息披露准则第3号：举牌上市公司股票

1. 2015年12月23日发布

2. 保监发〔2015〕121号

3. 根据2022年2月4日中国银行保险监督管理委员会《关于废止和修改部分规范性文件的通知》（银保监发〔2020〕5号）修正

第一条 为规范保险公司举牌上市公司股票的信息披露行为，防范投资风险，维护资产安全，根据《保险资金运用管理暂行办法》《保险公司信息披露管理办法》及相关规定，制定本准则。

第二条 本准则所称保险公司举牌上市公司股票，是指保险公司持有或者与其关联方及一致行动人共同持有一家上市公司已发行股份的5%，以及之后每增持达到5%时，按照相关法律法规规定，在3日内通知该上市公司并予以公告的行为。

第三条 保险公司举牌上市公司股票，应当于上市公司公告之日起2个工作日内，在保险公司网站、中国保险行业协会网站，以及具有较大影响力的全国性媒体发布信息披露公告，披露下列信息：

（一）被举牌上市公司股票名称、代码、上市公司公告日期及达到举牌标准的交易日期（以下简称交易日）。

（二）保险公司、参与举牌的关联方及一致行动人情况。

（三）截至交易日，保险公司投资该上市公司股票的账面余额及占上季末总资产的比例、权益类资产账面余额占上季末总资产的比例。

（四）保险公司举牌该上市公司股票的交易方式（竞价交易、大宗交易、增发、协议转让及其他方式）、资金来源（自有资金、保险责任准备金、其他资金）；资金来源于保险责任准备金的，应当按照保险账户和产品，分别说明截至交易日，该账户和产品投资该股票的余额、可运用资金余额、平均持有期，以及最近4个季度每季度的现金流入、流出金额；来源于其他资金的，应当说明资金具体来源、投资该股票余额、资金成本、资金期限等。

（五）保险公司对该股票投资的管理方式（股票或者股权）；按照规定符合纳入股权管理条件的，应当说明向中国保监会报送相关材料情况，列明公司报文的文件标题、文号和报送日期。

（六）中国保监会基于审慎监管认为应当披露的其他信息。

第四条 保险公司按照本准则规定披露的信息，应当真实、准确、完整、规范，不得存在虚假记载、误导性陈述或者重大遗漏。

第五条 保险公司按本准则要求披露信息，因涉及国家秘密等原因，依法不得公开披露的，应当于上市公司公告后1个工作日内，向中国保监会书面说明情况，并依法不予披露。

第六条 保险公司委托专业资产管理机构投资股票，发生举牌行为的，由保险公司履行信息披露义务。

第七条 保险集团（控股）公司举牌上市公司股票，适用本准则。保险公司投资境外市场上市公司股票，达到所在国家或地区法律法规规定举牌标准的，参照适用本准则。

第八条 本准则由中国保监会负责解释，自发布之日起施行。

附件：保险公司资金运用信息披露格式第3号：举牌上市公司股票（略）

保险公司资金运用信息披露准则第4号：大额未上市股权和大额不动产投资

1. 2016年5月4日发布

2. 保监发〔2016〕36号

第一条 为规范保险公司大额未上市股权和大额不动产投资的信息披露行为，防范投资风险，维护资产安全，根据《保险资金运用管理暂行办法》《保险公司信息披露管理办法》及相关规定，制定本准则。

第二条 保险公司在境内外开展大额未上市股权投资和大额不动产投资，适用本准则。

第三条 按照本准则要求需要披露信息的大额未上市股权投资，是指直接投资境内外单一未上市企业股权金额累计超过30亿元人民币（或等值外币，下同）的行为。

第四条 按照本准则要求需要披露信息的大额不动产投资，是指直接投资境内不动产和以物权方式投资境外的单项不动产金额累计超过50亿元人民币，或者以股权方式投资境外单项不动产，权益投资金额累计超过10亿元人民币的行为。

第五条 保险公司开展大额未上市股权和大额不动产投资，应当于签署投资协议后10个工作日内，在保险公司网站、中国保险行业协会网站、中国保险资产管理业协会网站以及中国保监会指定平台发布信息披露公告，披露下列信息：

（一）拟投资企业或者不动产项目名称及预计投资金额。本次投资为追加投资的，还应说明首次投资日期和截至本次投资协议签署日，已完成投资的投资成本及投资余额。涉及境外投资的，还应当说明保险公司、特殊目的公司及拟投资企业或者不动产等层面，所有外部融资或其他资金的金额和来源安排。

（二）预计投资完成后，该企业或者项目投资余额占保险公司上季度末总资产的比例，以及所属大类资产账面余额占上季度末总资产的比例；涉及境外投资的，还应当说明预计投资完成后的境外投资余额及占保险公司上季度末总资产的比例。

（三）与关联企业或一致行动人共同投资的，说明关联企业及一致行动人名称及拟投资金额；涉及其他关联交易的，说明关联交易具体情况。

（四）保险公司上季度末偿付能力充足率。

（五）中国保监会基于审慎监管认为应当披露的其他信息。

保险公司实际出资10个工作日内，还应继续披露投资资金来源（自有资金、保险责任准备金、其他资金）。资金来源于保险责任准备金的，应当按照保险账户和产品，分别说明截至上季末，该账户和产品出资金额、可运用资金余额；资金来源于外部融资或其他资金的，说明资金来源和金额。

第六条 保险公司开展大额不动产投资，除披露本准则第五条规定的信息外，还应当披露下列信息：

（一）不动产所在城市、区位及建设进展情况。

（二）投资方式（物权或者股权）。

（三）以股权方式投资的，说明项目公司名称、注册资本、总资产、净资产、主要业务范围和持有项目公司的股权比例。

第七条 保险公司按本准则要求披露的信息要素在后续操作过程中发生变动的，应当于相关要素变动后10个工作日内公开披露变动情况。

第八条 保险公司按照本准则规定披露的信息，应当真实、准确、完整、规范，不得存在虚假记载、误导性陈述或者重大遗漏。保险公司开展多项大额未上市股权和大额不动产投资的，应当逐项编制信息披露公告，分别披露信息。

第九条 上市保险公司按照上市公司信息披露的要求，已经披露本准则规定有关信息的，可以免于重复披露，但应当在信息披露公告中注明信息名称及披露的具体地点（网站、报刊、媒体等）；按照上市公司信息披露的要求，应当定期披露本准则规定有关信息的，可按照相关规定执行，但应当在信息披露公告中注明将于何报告中披露相关信息。

第十条 保险公司开展大额未上市股权和大额不动产投资，拟投资企业或者项目涉及上市公司需要依规披露的，由上市公司依规办理。

第十一条 保险公司与关联企业或一致行动人共同投资，达到本准则要求大额未上市股权和大额不动产投资标准的，应当按照本准则要求披露相关信息；已经按照《保险资金信息披露准则第1号：关联交易》披露本准则规定有关信息的，可以免于重复披露，但应当在信息披露公告中注明重复信息名称及披露的具体地点（网站、报刊、媒体等）。

第十二条 保险公司按照《保险资金投资股权暂行办法》开展重大股权投资，按规定需要核准且达到本准则规定大额标准的，保险公司应当按照本准则规定披露相关信息；经中国保监会认可，可以在核准后10个工作日内进行信息披露。

第十三条 保险公司按照本准则要求披露信息，因涉及国家秘密依法不得公开披露的，应当于签署投资协议后5个工作日内，向中国保监会书面说明情况，并依法不予披露。

第十四条 保险公司委托保险资产管理公司或者保险集团内统一投资平台开展大额未上市股权和大额不动产投资，由保险公司履行信息披露义务。

第十五条 保险集团（控股）公司、保险资产管理公司以及接受中国保监会监管的保险公司非保险子公司，开展大额未上市股权和大额不动产投资，适用本准则。

第十六条 本准则由中国保监会负责解释，自发布之日起施行。

附件：1. 保险公司资金运用信息披露第4号准则披露格式－1（略）
2. 保险公司资金运用信息披露第4号准则披露格式－2（略）
3. 保险公司资金运用信息披露第4号准则披露格式－3（略）

3. 资 金 运 用

保险资金运用管理办法

1. 2018年1月24日中国保险监督管理委员会令〔2018〕1号公布
2. 自2018年4月1日起施行

第一章 总 则

第一条 为了规范保险资金运用行为，防范保险资金运用风险，保护保险当事人合法权益，维护保险市场秩序，根据《中华人民共和国保险法》等法律、行政法规，制定本办法。

第二条 在中国境内依法设立的保险集团（控股）公司、保险公司从事保险资金运用活动适用本办法规定。

第三条 本办法所称保险资金，是指保险集团（控股）公司、保险公司以本外币计价的资本金、公积金、未分配利润、各项准备金以及其他资金。

第四条 保险资金运用必须以服务保险业为主要目标，坚持稳健审慎和安全性原则，符合偿付能力监管要求，根据保险资金性质实行资产负债管理和全面风险管理，实现集约化、专业化、规范化和市场化。

保险资金运用应当坚持独立运作。保险集团（控股）公司、保险公司的股东不得违法违规干预保险资金运用工作。

第五条 中国保险监督管理委员会（以下简称中国保监会）依法对保险资金运用活动进行监督管理。

第二章 资金运用形式

第一节 资金运用范围

第六条 保险资金运用限于下列形式：

（一）银行存款；

（二）买卖债券、股票、证券投资基金份额等有价证券；

（三）投资不动产；

（四）投资股权；

（五）国务院规定的其他资金运用形式。

保险资金从事境外投资的，应当符合中国保监会、中国人民银行和国家外汇管理局的相关规定。

第七条 保险资金办理银行存款的，应当选择符合下列条件的商业银行作为存款银行：

（一）资本充足率、净资产和拨备覆盖率等符合监管要求；

（二）治理结构规范、内控体系健全、经营业绩良好；

（三）最近三年未发现重大违法违规行为；

（四）信用等级达到中国保监会规定的标准。

第八条 保险资金投资的债券，应当达到中国保监会认可的信用评级机构评定的、且符合规定要求的信用级别，主要包括政府债券、金融债券、企业（公司）债券、非金融企业债务融资工具以及符合规定的其他债券。

第九条 保险资金投资的股票，主要包括公开发行并上市交易的股票和上市公司向特定对象非公开发行的股票。

保险资金开展股票投资，分为一般股票投资、重大股票投资和上市公司收购等，中国保监会根据不同情形实施差别监管。

保险资金投资全国中小企业股份转让系统挂牌的公司股票，以及以外币认购及交易的股票，由中国保监会另行规定。

第十条 保险资金投资证券投资基金的，其基金管理人应当符合下列条件：

（一）公司治理良好、风险控制机制健全；

（二）依法履行合同，维护投资者合法权益；

（三）设立时间一年（含）以上；

（四）最近三年没有重大违法违规行为；设立未满三年的，自其成立之日起没有重大违法违规行为；

（五）建立有效的证券投资基金和特定客户资产管理业务之间的防火墙机制；

（六）投资团队稳定，历史投资业绩良好，管理资产规模或者基金份额相对稳定。

第十一条 保险资金投资的不动产，是指土地、建筑物以及其他附着于土地上的定着物，具体办法由中国保监会制定。

第十二条 保险资金投资的股权，应当为境内依法设立和注册登记，且未在证券交易所公开上市的股份有限公司和有限责任公司的股权。

第十三条 保险集团（控股）公司、保险公司购置自用不动产、开展上市公司收购或者从事对其他企业实现控股的股权投资，应当使用自有资金。

第十四条 保险集团（控股）公司、保险公司对其他企业实现控股的股权投资，应当满足有关偿付能力监管规定。保险集团（控股）公司的保险子公司不符合中国保监会偿付能力监管要求的，该保险集团（控股）公司不得向非保险类金融企业投资。

实现控股的股权投资应当限于下列企业：

（一）保险类企业，包括保险公司、保险资产管理机构以及保险专业代理机构、保险经纪机构、保险公估机构；

（二）非保险类金融企业；

（三）与保险业务相关的企业。

本办法所称保险资产管理机构，是指经中国保监会同意，依法登记注册，受托管理保险资金等资金的金融机构，包括保险资产管理公司及其子公司、其他专业保险资产管理机构。

第十五条 保险资金可以投资资产证券化产品。

前款所称资产证券化产品，是指金融机构以可特定化的基础资产所产生的现金流为偿付支持，通过结构化等方式进行信用增级，在此基础上发行的金融产品。

第十六条 保险资金可以投资创业投资基金等私募基金。

前款所称创业投资基金是指依法设立并由符合条件的基金管理机构管理，主要投资创业企业普通股或者依法可转换为普通股的优先股、可转换债券等权益的股权投资基金。

第十七条 保险资金可以投资设立不动产、基础设施、养老等专业保险资产管理机构，专业保险资产管理机构可以设立符合条件的保险私募基金，具体办法由中国保监会制定。

第十八条 除中国保监会另有规定以外，保险集团（控股）公司、保险公司从事保险资金运用，不得有下列行为：

（一）存款于非银行金融机构；

（二）买入被交易所实行“特别处理”“警示存在终止上市风险的特别处理”的股票；

（三）投资不符合国家产业政策的企业股权和不动产；

（四）直接从事房地产开发建设；

（五）将保险资金运用形成的投资资产用于向他人提供担保或者发放贷款，个人保单质押贷款除外；

（六）中国保监会禁止的其他投资行为。

第十九条 保险集团（控股）公司、保险公司从事保险资金运用应当符合中国保监会比例监管要求，具体规定由中国保监会另行制定。

中国保监会根据保险资金运用实际情况，可以对保险资产的分类、品种以及相关比例等进行调整。

第二十条 投资连结保险产品和非寿险非预定收益投资型保险产品的资金运用，应当在资产隔离、资产配置、投资管理等环节，独立于其他保险产品资金，具体办法由中国保监会制定。

第二节 资金运用模式

第二十一条 保险集团（控股）公司、保险公司应当按照“集中管理、统一配置、专业运作”的要求，实行保险资金的集约化、专业化管理。

保险资金应当由法人机构统一管理和运用，分支机构不得从事保险资金运用业务。

第二十二条 保险集团（控股）公司、保险公司应当选择符合条件的商业银行等专业机构，实施保险资金运用第三方托管和监督，具体办法由中国保监会制定。

托管的保险资产独立于托管机构固有资产，并独立于托管机构托管的其他资产。托管机构因依法解散、被依法撤销或者被依法宣告破产等原因进行清算的，托管资产不属于其清算财产。

第二十三条 托管机构从事保险资金托管的，主要职责包括：

（一）保险资金的保管、清算交割和资产估值；

（二）监督投资行为；

（三）向有关当事人披露信息；

（四）依法保守商业秘密；

（五）法律、行政法规、中国保监会规定和合同约定的其他职责。

第二十四条 托管机构从事保险资金托管，不得有下列行为：

（一）挪用托管资金；

（二）混合管理托管资金和自有资金或者混合管理不同托管账户资金；

（三）利用托管资金及其相关信息谋取非法利益；

（四）其他违法行为。

第二十五条 保险集团（控股）公司、保险公司、保险资产管理机构开展保险资金运用业务，应当具备相应的投资管理能力。

第二十六条 保险集团（控股）公司、保险公司根据投资管理能力和风险管理能力，可以按照相关监管规定自行投资或者委托符合条件的投资管理人作为受托人进行投资。

本办法所称投资管理人，是指依法设立的，符合中国保监会规定的保险资产管理机构、证券公司、证券资产管理公司、证券投资基金管理公司等专业投资管理机构。

第二十七条 保险集团（控股）公司、保险公司委托投资管理人投资的，应当订立书面合同，约定双方权利与义务，确保委托人、受托人、托管人三方职责各自独立。

保险集团（控股）公司、保险公司应当履行制定资产战略配置指引、选择受托人、监督受托人执行情况、评估受托人投资绩效等职责。

受托人应当执行委托人资产配置指引，根据保险资金特性构建投资组合，公平对待不同资金。

第二十八条 保险集团（控股）公司、保险公司委托投资管理人投资的，不得有下列行为：

（一）妨碍、干预受托人正常履行职责；

（二）要求受托人提供其他委托机构信息；

（三）要求受托人提供最低投资收益保证；

（四）非法转移保险利润或者进行其他不正当利益输送；

（五）其他违法行为。

第二十九条 投资管理人受托管理保险资金的，不得有下列行为：

（一）违反合同约定投资；

（二）不公平对待不同资金；

（三）混合管理自有、受托资金或者不同委托机构资金；

（四）挪用受托资金；

（五）向委托机构提供最低投资收益承诺；

（六）以保险资金及其投资形成的资产为他人设定担保；

（七）将受托资金转委托；

（八）为委托机构提供通道服务；

（九）其他违法行为。

第三十条 保险资产管理机构根据中国保监会相关规定，可以将保险资金运用范围内的投资品种作为基础资产，开展保险资产管理产品业务。

保险集团（控股）公司、保险公司委托投资或者购买保险资产管理产品，保险资产管理机构应当根据合同约定，及时向有关当事人披露资金投向、投资管理、资金托管、风险管理和重大突发事件等信息，并保证披露信息的真实、准确和完整。

保险资产管理机构应当根据受托资产规模、资产类别、产品风险特征、投资业绩等因素，按照市场化原则，以合同方式与委托或者投资机构，约定管理费收入计提标准和支付方式。

保险资产管理产品业务，是指由保险资产管理机构作为发行人和管理人，向保险集团（控股）公司、保险公司、保险资产管理机构以及其他合格投资者发售产品份额，募集资金，并选聘商业银行等专业机构为托管人，为投资人利益开展的投资管理活动。

第三十一条 保险资产管理机构开展保险资产管理产品业务，应当在中国保监会认可的资产登记交易平台进行发行、登记、托管、交易、结算、信息披露以及相关信用增进和抵质押融资等业务。

保险资金投资保险资产管理产品以外的其他金融产品，金融产品信息应当在中国保监会认可的资产登记交易平台进行登记和披露，具体操作参照保险资产管理产品的相关规定执行。

前款所称其他金融产品是指商业银行、信托公司、证券公司、证券投资基金管理公司等金融机构依照相关法律、行政法规发行，符合中国保监会规定的金融产品。

第三章 决策运行机制

第一节 组织结构与职责

第三十二条 保险集团（控股）公司、保险公司应当建立健全公司治理，在公司章程和相关制度中明确规定股东（大）会、董事会、监事会和经营管理层的保险资金运用职责，实现保险资金运用决策权、运营权、监督权相互分离，相互制衡。

第三十三条 保险资金运用实行董事会负责制。保险公司董事会应当对资产配置和投资政策、风险控制、合规管理承担最终责任，主要履行下列职责：

（一）审定保险资金运用管理制度；

（二）确定保险资金运用管理方式；

（三）审定投资决策程序和授权机制；

（四）审定资产战略配置规划、年度资产配置计划及相关调整方案；

（五）决定重大投资事项；

（六）审定新投资品种的投资策略和运作方案；

（七）建立资金运用绩效考核制度；

（八）其他相关职责。

董事会应当设立具有投资决策、资产负债管理和风险管理等相应职能的专业委员会。

第三十四条 保险集团（控股）公司、保险公司决定委托投资，以及投资无担保债券、股票、股权和不动产等重大保险资金运用事项，应当经董事会审议通过。

第三十五条 保险集团（控股）公司、保险公司经营管理层根据董事会授权，应当履行下列职责：

（一）负责保险资金运用的日常运营和管理工作；

（二）建立保险资金运用与财务、精算、产品和风险控制等部门之间的沟通协商机制；

（三）审议资产管理部门拟定的保险资产战略配置规划和年度资产配置计划及相关调整方案，并提交董事会审定；

（四）组织实施经董事会审定的资产战略配置规划和年度资产配置计划；

（五）控制和管理保险资金运用风险；

（六）其他相关职责。

第三十六条 保险集团（控股）公司、保险公司应当设置专门的保险资产管理部门，并独立于财务、精算、风险控制等其他业务部门，履行下列职责：

（一）拟定保险资金运用管理制度；

（二）拟定资产战略配置规划和年度资产配置计划及相关调整方案；

（三）执行资产战略配置规划和年度资产配置计划；

（四）实施保险资金运用风险管理措施；

（五）其他相关职责。

保险集团（控股）公司、保险公司自行投资的，保险资产管理部门应当负责日常投资和交易管理；委托投资的，保险资产管理部门应当履行监督投资行为和评估投资业绩等委托人职责。

第三十七条 保险集团（控股）公司、保险公司的保险资产管理部门应当在投资研究、资产清算、风险控制、业绩评估、相关保障等环节设置岗位，建立防火墙体系，实现专业化、规范化、程序化运作。

保险集团（控股）公司、保险公司自行投资的，保险资产管理部门应当设置投资、交易等与资金运用业务直接相关的岗位。

第三十八条 保险集团（控股）公司、保险公司风险管理部门以及具有相应管理职能的部门，应当履行下列职责：

（一）拟定保险资金运用风险管理制度；

（二）审核和监控保险资金运用合法合规性；

（三）识别、评估、跟踪、控制和管理保险资金运用风险；

（四）定期报告保险资金运用风险管理状况；

（五）其他相关职责。

第三十九条 保险资产管理机构应当设立首席风险管理执行官。

首席风险管理执行官为公司高级管理人员，负责组织和指导保险资产管理机构风险管理，履职范围应当包括保险资产管理机构运作的所有业务环节，独立向董事会、中国保监会报告有关情况，提出防范和化解重大风险建议。

首席风险管理执行官不得主管投资管理。如需更换，应当于更换前至少5个工作日向中国保监会书面说明理由和其履职情况。

第二节 资金运用流程

第四十条 保险集团（控股）公司、保险公司应当建立健全保险资金运用的管理制度和内部控制机制，明确各个环节、有关岗位的衔接方式及操作标准，严格分离前、中、后台岗位责任，定期检查和评估制度执行情况，做到权责分明、相对独立和相互制衡。相关制度包括但不限于：

（一）资产配置相关制度；

（二）投资研究、决策和授权制度；

（三）交易和结算管理制度；

（四）绩效评估和考核制度；

（五）信息系统管理制度；

（六）风险管理制度等。

第四十一条 保险集团（控股）公司、保险公司应当以独立法人为单位，统筹境内境外两个市场，综合偿付能力约束、外部环境、风险偏好和监管要求等因素，分析保险资金成本、现金流和期限等负债指标，选择配置具有相应风险收益特征、期限及流动性的资产。

第四十二条 保险集团（控股）公司、保险公司应当建立专业化分析平台，并利用外部研究成果，研究制定涵盖交易对手管理和投资品种选择的模型和制度，实时跟踪并分析市场变化，为保险资金运用决策提供依据。

第四十三条 保险集团（控股）公司、保险公司应当建立健全相对集中、分级管理、权责统一的投资决策和授权制度，明确授权方式、权限、标准、程序、时效和责任，并对授权情况进行检查和逐级问责。

第四十四条 保险集团（控股）公司、保险公司应当建立和完善公平交易机制，有效控制相关人员操作风险和道德风险，防范交易系统的技术安全疏漏，确保交易行为的合规性、公平性和有效性。公平交易机制至少应当包括以下内容：

（一）实行集中交易制度，严格隔离投资决策与交易执行；

（二）构建符合相关要求的集中交易监测系统、预警系统和反馈系统；

（三）建立完善的交易记录制度；

（四）在账户设置、研究支持、资源分配、人员管理等环节公平对待不同资金等。

保险集团（控股）公司、保险公司开展证券投资业务，应当遵守证券行业相关法律法规，建立健全风险隔离机制，实行相关从业人员本人及直系亲属投资信息申报制度，切实防范内幕交易、利用未公开信息交易、利益输送等违法违规行为。

第四十五条 保险集团（控股）公司、保险公司应当建立以资产负债管理为核心的绩效评估体系和评估标准，定期开展保险资金运用绩效评估和归因分析，推进长期投资、价值投资和分散化投资，实现保险资金运用总体目标。

第四十六条 保险集团（控股）公司、保险公司应当建立保险资金运用信息管理系统，减少或者消除人为操纵因素，自动识别、预警报告和管理控制资产管理风险，确保实时掌握风险状况。

信息管理系统应当设定合规性和风险指标阀值，将风险监控的各项要素固化到相关信息技术系统之中，降低操作风险、防止道德风险。

信息管理系统应当建立全面风险管理数据库，收集和整合市场基础资料，记录保险资金管理和投资交易的原始数据，保证信息平台共享。

第四章 风险管控

第四十七条 保险集团（控股）公司、保险公司应当建立全面覆盖、全程监控、全员参与的保险资金运用风险管理组织体系和运行机制，改进风险管理技术和信息技术系统，通过管理系统和稽核审计等手段，分类、识别、量化和评估各类风险，防范和化解风险。

第四十八条 保险集团（控股）公司、保险公司应当管理和控制资产负债错配风险，以偿付能力约束和保险产品负债特性为基础，加强成本收益管理、期限管理和风险预算，确定保险资金运用风险限额，采用缺口分析、敏感性和情景测试等方法，评估和管理资产错配风险。

第四十九条 保险集团（控股）公司、保险公司应当管理和控制流动性风险，根据保险业务特点和风险偏好，测试不同状况下可以承受的流动性风险水平和自身风险承受能力，制定流动性风险管理策略、政策和程序，防范流动性风险。

第五十条 保险集团（控股）公司、保险公司应当管理和控制市场风险，评估和管理利率风险、汇率风险以及金融市场波动风险，建立有效的市场风险评估和管理机制，实行市场风险限额管理。

第五十一条 保险集团（控股）公司、保险公司应当管理和控制信用风险，建立信用风险管理制度，及时跟踪评估信用风险，跟踪分析持仓信用品种和交易对手，定期组织回测检验。

第五十二条 保险集团（控股）公司、保险公司应当加强同业拆借、债券回购和融资融券业务管理，严格控制融资规模和使用杠杆，禁止投机或者用短期拆借资金投资高风险和流动性差的资产。保险资金参与衍生产品交易，仅限于对冲风险，不得用于投机，具体办法由中国保监会制定。

第五十三条 保险集团（控股）公司、保险公司、保险资产管理机构开展投资业务或者资产管理产品业务，应当建立风险责任人制度，明确相应的风险责任人，具体办法由中国保监会制定。

第五十四条 保险集团（控股）公司、保险公司应当建立内部稽核和外部审计制度。

保险集团（控股）公司、保险公司应当每年至少进行一次保险资金运用内部稽核。

保险集团（控股）公司、保险公司应当聘请符合条件的外部专业审计机构，对保险资金运用内部控制情况进行年度专项审计。

上述内部稽核和年度审计的结果应当向中国保监会报告。具体办法由中国保监会制定。

第五十五条 保险集团（控股）公司、保险公司主管投资的高级管理人员、保险资金运用部门负责人和重要岗位人员离任前应当进行离任审计，审计结果应当向中国保监会报告。

第五十六条 保险集团（控股）公司、保险公司应当建立保险资金运用风险处置机制，制定应急预案，及时控制和化解风险隐患。投资资产发生大幅贬值或者出现债权不能清偿的，应当制定处置方案，并及时报告中国保监会。

第五十七条 保险集团（控股）公司、保险公司应当确保风险管控相关岗位和人员具有履行职责所需知情权和查询权，有权查阅、询问所有与保险资金运用业务相关的数据、资料和细节，并列席与保险资金运用相关的会议。

第五十八条 保险集团（控股）公司、保险公司的保险资金运用行为涉及关联交易的，应当遵守法律、行政法规、国家会计制度，以及中国保监会的有关监管规定。

第五章 监督管理

第五十九条 中国保监会对保险资金运用的监督管理，采取现场监管与非现场监管相结合的方式。

中国保监会可以授权其派出机构行使保险资金运用监管职权。

第六十条 中国保监会应当根据公司治理结构、偿付能力、投资管理能力和风险管理能力，按照内控与合规计分等有关监管规则，对保险集团（控股）公司、保险公司保险资金运用实行分类监管、持续监管、风险监测和动态评估。

中国保监会应当强化对保险公司的资本约束，确定保险资金运用风险监管指标体系，并根据评估结果，采取相应监管措施，防范和化解风险。

第六十一条 保险集团（控股）公司、保险公司分管投资的高级管理人员、保险资产管理公司的董事、监事、高级管理人员，应当在任职前取得中国保监会核准的任职资格。

保险集团（控股）公司、保险公司的首席投资官由分管投资的高级管理人员担任。

保险集团（控股）公司、保险公司的首席投资官和资产管理部门主要负责人应当在任命后10个工作日内，由任职机构向中国保监会报告。

第六十二条 保险集团（控股）公司、保险公司的重大股权投资，应当报中国保监会核准。

重大股权投资的具体办法由中国保监会另行制定。

第六十三条 保险资产管理机构发行或者发起设立的保险资产管理产品，实行核准、备案或注册管理。

注册不对保险资产管理产品的投资价值以及风险作实质性判断。

第六十四条 中国保监会有权要求保险集团（控股）公司、保险公司提供报告、报表、文件和资料。

提交报告、报表、文件和资料，应当及时、真实、准确、完整。

第六十五条 保险集团（控股）公司、保险公司应当依法披露保险资金运用的相关信息。保险集团（控股）公司、保险公司的股东（大）会、董事会的重大投资决议，应当在决议作出后5个工作日内向中国保监会报告，中国保监会另有规定的除外。

第六十六条 中国保监会有权要求保险集团（控股）公司、保险公司将保险资金运用的有关数据与中国保监会的监管信息系统动态连接。

保险集团（控股）公司、保险公司应当按照中国保监会规定，及时、准确、完整地向中国保监会的监管信息系统报送相关数据。

第六十七条 保险集团（控股）公司和保险公司违反本办法规定，存在以下情形之一的，中国保监会可以限制其资金运用的形式和比例：

（一）偿付能力状况不符合中国保监会要求的；

（二）公司治理存在重大风险的；

（三）资金运用违反关联交易有关规定的。

第六十八条 保险集团（控股）公司、保险公司违反资金运用形式和比例有关规定的，由中国保监会责令限期改正。

第六十九条 中国保监会有权对保险集团（控股）公司、保险公司的董事、监事、高级管理人员和保险资产管理部门负责人进行监管谈话，要求其就保险资金运用情况、风险控制、内部管理等有关重大事项作出说明。

第七十条 保险集团（控股）公司、保险公司严重违反资金运用有关规定的，中国保监会可以责令调整负责人及有关管理人员。

第七十一条 保险集团（控股）公司、保险公司严重违反保险资金运用有关规定，被责令限期改正逾期未改正的，中国保监会可以决定选派有关人员组成整顿组，对公司进行整顿。

第七十二条 保险集团（控股）公司、保险公司违反本办法规定运用保险资金的，由中国保监会依法予以罚款、限制业务范围、责令停止接受新业务或者吊销业务许可证等行政处罚，对相关责任人员依法予以警告、罚款、撤销任职资格、禁止进入保险业等行政处罚。

受到行政处罚的，保险集团（控股）公司、保险公司应当对相关责任人员进行内部责任追究。

第七十三条 保险资金运用的其他当事人在参与保险资金运用活动中，违反有关法律、行政法规和本办法规定的，中国保监会应当记录其不良行为，并将有关情况通报其行业主管部门；情节严重的，中国保监会可以通报保险集团（控股）公司、保险公司3年内不得与其从事相关业务，并商有关监管部门依法给予行政处罚。

第七十四条 中国保监会工作人员滥用职权、玩忽职守，或者泄露所知悉的有关单位和人员的商业秘密的，依法追究法律责任。

第六章 附 则

第七十五条 保险资产管理机构以及其他投资管理人管理运用保险资金参照本办法执行。

第七十六条 中国保监会对保险集团（控股）公司、自保公司以及其他类型保险机构的资金运用另有规定的，从其规定。

第七十七条 本办法由中国保监会负责解释和修订。

第七十八条 本办法自2018年4月1日起施行。中国保监会2010年7月30日发布的《保险资金运用管理暂行办法》（保监会令2010年第9号）、2014年4月4日发布的《中国保险监督管理委员会关于修改〈保险资金运用管理暂行办法〉的决定》（保监会令2014年第3号）同时废止。

保险资金委托投资管理办法

1. 2022年5月9日发布

2. 银保监规〔2022〕9号

第一章 总 则

第一条 为规范保险资金委托投资行为，防范投资管理风险，切实保障资产安全，维护保险当事人合法权益，根据《中华人民共和国保险法》《保险资金运用管理办法》（中国保险监督管理委员会令2018年第1号）等法律法规，制定本办法。

第二条 中国境内依法设立的保险集团（控股）公司和保险公司（以下统称保险公司）将保险资金委托给符合条件的保险资产管理机构，由保险资产管理机构作为受托人并以委托人的名义在境内开展主动投资管理业务，适用本办法。

第三条 保险公司应当建立委托投资资产托管机制，并按照本办法规定选择受托人。保险公司委托投资资金及其运用形成的资产，应当独立于受托人、托管人的固有财产及其管理的其他资产。受托人因投资、管理或者处分保险资金取得的资产和收益，应当归入委托投资资产。相关机构不得对受托投资的保险资金采取强制措施。

第四条 中国银行保险监督管理委员会（以下简称银保监会）负责制定保险资金委托投资的监管制度，依法对委托投资、受托投资和资产托管等行为实施监督管理。

第二章 资质条件

第五条 开展委托投资的保险公司应当符合下列条件：

（一）具有完善的公司治理、决策流程和内控机制；

（二）具有健全的资产管理体制和明确的资产配置计划；

（三）财务状况良好，委托投资相关人员管理职责明确，资产配置能力符合银保监会有关规定；

（四）建立委托投资管理制度，包括受托人选聘、监督、评价、考核等制度，并覆盖委托投资全部过程；

（五）建立委托资产托管机制，资金运作透明规范；

（六）银保监会规定的其他条件。

第六条 受托管理保险资金的保险资产管理机构应当符合下列条件：

（一）公司治理完善，操作流程、内控机制、风险管理及审计体系、公平交易和风险隔离机制健全。

（二）具有稳定的投资管理团队，设置资产配置、投资研究、投资管理、风险管理、绩效评估等专业岗位。

（三）具有一年以上受托投资经验，受托管理关联方保险资金除外。

（四）具备相应的投资管理能力并持续符合监管要求，其中，受托开展间接股权投资的，应当具备股权投资计划产品管理能力；受托开展不动产金融产品投资的，应当具备债权投资计划产品管理能力。

第七条 保险公司应当聘请符合银保监会规定的商业银行等专业机构担任委托投资资产的托管人。托管人应当按规定忠实履行托管职责，妥善保管托管财产，有效监督投资行为，及时沟通托管资产信息，保障委托人合法权益。

第三章 投资规范

第八条 保险资金委托投资资产限于银保监会规定的保险资金运用范围，直接股权投资、以物权和股权形式持有的投资性不动产除外。

第九条 保险公司应当建立委托投资决策程序和授权机制，并经董事会审议通过。

第十条 保险公司应当根据资金运用目标和投资管理能力审慎选择受托人，并严格履行委托人职责。受托人未按照约定的投资范围、风险偏好等开展投资的，保险公司应当要求其限期纠正。

第十一条 保险公司应当与受托人签订委托投资管理协议，载明当事人权利义务、关键人员变动、利益冲突处理、风险管理、信息披露、异常情况处置、责任追究等事项。

第十二条 保险公司应当加强资产负债管理，根据保险资金负债特点、偿付能力和资产配置需要，审慎制定委托投资指引，合理确定委托投资的资产范围、投资目标、投资期限和投资限制等，定期或不定期审核委托投资指引，及时调整相关条款。

第十三条 保险公司与受托人应当按照市场化原则，根据资产规模、投资目标、投资策略、投资绩效等因素，协商确定管理费率及定价机制，并在委托投资管理协议或委托投资指引中载明管理费率及定价机制。

第十四条 保险公司开展委托投资，不得有下列行为：

（一）妨碍、干预受托人正常履行职责，包括违反委托投资管理协议或委托投资指引对投资标的下达交易指令等；

（二）要求受托人提供其他委托人信息；

（三）要求受托人提供最低投资收益保证；

（四）非法转移利润或者进行其他利益输送；

（五）利用受托人违规开展关联交易；

（六）国家有关法律法规和监管规定禁止的其他行为。

第十五条 受托人受托管理保险资金，应当履行以下职责：

（一）严格遵守委托投资管理协议、委托投资指引和本办法规定，恪尽职守，忠实履行诚信、谨慎、有效的管理义务；

（二）根据保险资金特性、委托投资指引等构建投资组合，独立进行风险评估并履行完整的投资决策流程，对投资标的和投资时机选择以及投后管理等实施主动管理，对投资运作承担合规管理责任；

（三）持续评估、分析、监控和核查保险资金的划拨、投资、交易等行为，确保保险资金在投资研究、投资决策和交易执行等环节得到公平对待；

（四）依法保守保险资金投资的商业秘密；

（五）定期或不定期向保险公司披露公司治理、受托资金配置、价格波动、交易记录、绩效归因、风险合规、关键人员变动、重大突发事件等信息，并为保险公司查询上述信息提供便利和支持，保证披露信息的及时、真实、准确和完整。

第十六条　受托人受托管理保险资金，不得有下列行为：

（一）违反委托投资管理协议或委托投资指引；

（二）承诺受托管理资产不受损失，或者保证最低收益；

（三）不公平对待不同资金，包括直接或间接在受托投资账户、保险资产管理产品账户、自有资金账户之间进行利益输送等；

（四）混合管理自有资金与受托资金；

（五）挪用受托资金；

（六）以保险资金及其投资形成的资产为他人提供担保；

（七）违规将受托管理的资产转委托；

（八）将受托资金投资于面向单一投资者发行的私募理财产品、证券期货经营机构发行的单一资产管理计划；

（九）为委托人提供规避投资范围、杠杆约束等监管要求的通道服务；

（十）利用受托资金为委托人以外的第三人谋取利益，或者为自己谋取合同约定报酬以外的其他利益；

（十一）以资产管理费的名义或者其他方式与委托人合谋获取非法利益；

（十二）国家有关法律法规和监管规定禁止的其他行为。

第十七条　受托人可以聘请专业服务机构为受托业务提供独立监督、信用评估、投资顾问、法律服务、财务审计或者资产评估等专业服务。专业服务机构的资质要求等参照保险资产管理产品相关监管规定执行。

第十八条　受托人存在下列情形之一的，保险公司应当及时予以解聘或者更换：

（一）违反委托投资管理协议约定，致使委托人利益遭受重大损失；

（二）利用受托管理的保险资金为自己或第三人谋取不正当利益；

（三）与受托管理保险资金发生重大利益冲突；

（四）受托人解散、依法被撤销、破产或者由接管人接管其资产；

（五）不符合本办法第六条规定的条件；

（六）银保监会规定的其他情形。

第四章 风险管理

第十九条 保险公司应当定期评估受托人的公司治理情况、投资管理能力、投资业绩、服务质量等，跟踪监测各类委托投资账户风险及合规状况，定期出具分析报告。

第二十条 保险公司应当与受托人及托管人建立信息共享、关联交易识别、重大突发事件等沟通协调机制，及时解决委托投资管理中的相关问题。

第二十一条 保险公司应当建立完善的风险管理和内部控制机制，配备满足业务发展需要的风险监测和信息管理系统。

第二十二条 保险公司委托投资相关人员应当遵守法律法规及监管规定，恪守职业道德和行为规范，不得利用受托人提供的资产配置、交易记录等信息开展内幕交易，不得利用职务之便为自己或他人谋取不正当利益。

第二十三条 保险公司和受托人应当建立委受托投资责任追究制度，相关高级管理人员和主要业务人员违反有关规定，未履行职责并造成损失的，应当依法追究责任。

第五章 监督管理

第二十四条 受托人应当按照监管规定定期向银保监会报告受托投资管理情况。银保监会组织相关机构对报告进行收集、整理和分析。

发生与委托投资有关的重大诉讼、重大风险事件及其他影响委托投资资产安全的重大事件的，委托人应当立即采取有效措施，防范相关风险，并及时向银保监会报告。

第二十五条 保险公司和保险资产管理机构开展委受托投资违反本办法规定的，银保监会将依法采取相应监管措施或实施行政处罚。

第六章 附则

第二十六条 保险资金委托投资关联交易管理另有规定的，从其规定。

本办法自发布之日起施行。《保险资金委托投资管理暂行办法》（保监发〔2012〕60号）同时废止。

保险公司股票资产托管指引（试行）

1．2004年11月8日发布

2．保监发〔2005〕16号

3．根据2021年12月8日中国银行保险监督管理委员会《关于修改保险资金运用领域部分规范性文件的通知》（银保监发〔2021〕47号）修订

第一章 总 则

第一条 为了指导保险公司规范、健康、有序地进行股票资产托管，根据《中华人民共和国保险法》、《保险机构投资者股票管理暂行办法》等规定，制定本指引。

第二条 保险公司股票资产托管是指保险公司根据中国保险监督管理委员会（以下简称中国保监会）的有关规定，与商业银行或者其他专业金融机构签订托管协议，委托其保管股票资产、负责清算交割、资产估值、投资监督等事务的行为。

第三条 中华人民共和国境内登记注册的保险公司、保险资产管理公司、商业银行以及其他专业金融机构办理保险公司股票资产托管，应当遵守本指引。

中国保监会根据《中华人民共和国保险法》，对保险资金运用进行监督管理。

第二章 托管人条件

第四条 保险公司股票资产托管人（以下简称托管人）是指符合本指引托管人条件、根据托管协议履行托管职责的商业银行或者其他专业金融机构。

第五条 托管人应当具备下列条件：

（一）具有完善的公司治理结构、内部稽核监控制度和风险控制制度；

（二）设有专门的托管部门；

（三）具有一定数量从事托管业务的专职人员；

（四）具有承办托管业务的专门信息系统和安全高效的清算、交割系统；

（五）具备法律、行政法规和中国保监会规定的托管保险公司股票资产的投资监督和绩效评估能力；

（六）具有符合有关监管机构要求的营业场所、安全防范设施和与保险公司股票资产托管业务有关的其他设施；

（七）近三年托管业务没有重大违法违规行为，没有受到有关监管机构处罚；

（八）中国保监会规定的其他条件。

商业银行担任托管人的实收资本不低于80亿元人民币，并具有3年以上托管经验，外国银行分行的实收资本按其总行计算。

商业银行或者其他专业金融机构担任托管人，按照规定需要相关监管机构批准或者需要向监管机构备案的，应当按照相关监管机构的规定办理。

第六条 托管人应当履行下列职责：

（一）安全保管保险公司的股票资产；

（二）根据保险公司的委托代理开立专用存款账户和证券账户；

（三）根据保险公司、保险资产管理公司的投资指令，及时办理托管股票资产的清算交割；

（四）监督保险公司、保险资产管理公司的投资运作，发现违法违规行为或者违反有关协议约定的问题，应当及时向保险公司、保险资产管理公司和中国保监会报告；

（五）负责保险公司托管股票资产的估值；

（六）根据托管协议约定，向保险公司、保险资产管理公司出具股票资产托管报告；

（七）定期不定期按规定向中国保监会报送保险公司股票资产投资绩效和风险评估报告，以及股票资产的托管数据，确保提供数据的真实、准确，评估报告没有虚假记载、重大遗漏或者误导性陈述；

（八）完整保存股票资产托管业务活动的记录、账册、报表和其他相关资料；有关托管股票资产的凭证、交易记录、合同等重要资料应当保存15年以上；

（九）国家规定和托管协议约定的其他职责。

第七条 商业银行或其他专业金融机构担任托管人，应当向中国保监会提供符合第五条规定条件的证明材料和履行第六条第（四）、（七）项规定职责的承诺书。中国保监会从资产规模、公司治理、托管经验、内部控制和市场地位等方面，对商业银行或者其他专业金融机构从事保险公司股票资产托管业务进行评估，并出具审核意见书。

第三章 托管人选择

第八条 保险公司应当选择符合规定条件的商业银行或者其他专业金融机构托管股票资产。

第九条 保险公司选择托管人，应当按照规定的程序和标准，对备选股票资产托管人的资本实力、信用状况、托管能力、风险控制能力和绩效评估能力等进行综合评估。

第十条 保险公司选择托管人，应当要求商业银行或者其他专业金融机构提供下列材料：

（一）金融许可证复印件；

（二）最近3年经会计师事务所审计的财务报表；

（三）有关托管业务的组织架构、管理制度和人员配置情况；

（四）保管保险公司股票资产信息系统和安全设施的说明；

（五）中国保监会出具的托管人审核意见书；

（六）中国保监会规定的其他材料。

第十一条 商业银行或者其他专业金融机构直接或者间接持有保险公司股份超过10%，不得担任该保险公司股票资产托管人。

保险公司直接或者间接持有商业银行或者其他专业金融机构股份超过10%，不得选择该机构托管其股票资产。

第四章 托管协议

第十二条 保险公司进行股票资产托管，应当与托管人签订协议。托管协议应当载明下列事项：

（一）托管资产范围；

（二）双方权利与义务；

（三）资金清算、会计处理、资产估值原则与要求；

（四）托管服务项目，包括办理专用存款账户、开设并管理证券账户、保管资产凭证，负责资金清算、会计核算、监督投资、管理托管资产档案、出具托管报告；

（五）双方授权人员的指定与变更，包括人员名单、授权的权限、期限、预留的签字、印鉴、公章或业务章等事项；

（六）防范错误操作措施；

（七）过失与差错责任承担；

（八）托管费用及计提方法；

（九）托管人变更；

（十）协议生效、变更和终止；

（十一）禁止行为；

（十二）保密条款；

（十三）违约责任。

第十三条 托管人从事保险公司股票资产托管，不得有下列行为：

（一）挪用托管的保险公司股票资产；

（二）将托管的保险公司股票资产与托管人的自有资产混合管理；

（三）将托管的保险公司股票资产与其他机构的托管资产混合管理；

（四）将不同保险公司托管的股票资产混合管理；

（五）利用托管的保险公司股票资产及相关信息为自己或者他人谋利；

（六）国家规定和托管协议约定禁止的其他行为。

第十四条 托管人有下列情形之一的，应当在5日内通知保险公司并向中国保监会报告：

（一）变更法定代表人；

（二）变更控股股东；

（三）实收资本变化；

（四）涉及重大诉讼或者受到重大处罚；

（五）国家规定和托管协议约定需要报告的其他情况。

第十五条 托管人有下列情形之一的，保险公司应当更换托管人：

（一）违反托管协议情节严重的；

（二）被依法取消托管业务的；

（三）依法解散、撤销、破产或者被接管的；

（四）有关监管机构或者保险公司有充分理由和依据认为托管人不能继续履行托管职责的；

（五）国家规定和托管协议约定的其他情形。

第十六条 托管人不得泄漏托管的保险公司股票资产运用情况和资料，法律法规规定披露的情况除外。

第十七条 托管人违反本指引或者托管协议约定，造成所托管保险公司股票资产损失的，应当负责赔偿及承担民事责任，其赔偿及民事责任不因退任而免除。

第十八条 托管人违反托管协议，利用所托管保险公司股票资产为自己或者他人谋取利益的，所得利益归于股票资产，法律、行政法规另有规定的除外。

第十九条 保险公司更换托管人，原任托管人应当妥善保管托管的保险公司股票资产和托管业务资料，及时办理托管业务的移交手续。

第二十条 托管人依法解散、撤销、破产或者被接管时，其所托管保险公司股票资产不得列入清算资产范围。

第二十一条 保险公司与托管人签订股票资产托管协议，应当包含本章规定的所有条款。

第五章 监督管理

第二十二条 中国保监会、中国银监会依法对保险股票资产托管业务活动进行监督管理。

第二十三条 保险公司与托管人签订托管协议、变更或者终止资产托管协议，应当自托管协议签订、变更或者终止生效之日起5日内向中国保监会报告。

第二十四条 托管人应当每年及在托管协议终止之前聘请会计师事务所对其所托管的保险公司股票资产进行审计，并将审计结果报送中国保监会。

第二十五条 托管人开展保险公司股票资产托管业务时，不得进行不正当竞争，不得垄断市场。

第二十六条 保险公司、保险资产管理公司违反本指引规定的，中国保监会依据相关规定予以处罚。

托管人违反本指引规定的，中国保监会将对该托管人的业务不良记录进行登记；情节严重的，中国保监会商中国银监会停止其保险公司股票资产托管业务。

第六章 附　　则

第二十七条 保险集团公司、保险控股公司、政策性保险公司进行股票资产托管，适用本指引。

外国保险公司分公司适用本指引有关保险公司总公司的规定。

第二十八条 本指引由中国保监会、中国银监会负责解释和修订。

第二十九条 本指引自颁布之日起施行。

保险资金参与金融衍生产品交易办法

1. 2020年6月23日印发

2. 银保监办发〔2020〕59号

第一章 总　　则

第一条 为规范保险资金参与金融衍生产品交易，防范资金运用风险，维护保险当事人合法权益，依据《中华人民共和国保险法》及《保险资金运用管理办法》等法律法规，制定本办法。

第二条 在中国境内依法设立的保险集团（控股）公司、保险公司、保险资产管理机构（以下统称保险机构）参与金融衍生产品交易，适用本办法。

第三条 本办法所称金融衍生产品（以下简称衍生品），是指其价值取决于一种或多种基础资产、指数或特定事件的金融合约，包括远期、期货、期权及掉期（互换）。

本办法所称金融衍生产品交易（以下简称衍生品交易），是指境内衍生品交易，不包括境外衍生品交易。

第四条 保险集团（控股）公司、保险公司可以自行参与衍生品交易，也可以根据本办法及相关规定，委托保险资产管理机构及符合中国银行保险监督管理委员会（以下简称银保监会）规定的其他专业管理机构，在授权范围内参与衍生品交易。

第五条 保险资金参与衍生品交易，应当以对冲或规避风险为目的，不得用于投机目的。包括：

（一）对冲或规避现有资产风险、负债风险或资产负债错配风险；

（二）对冲未来拟买入资产风险，或锁定其未来交易价格，具体期限视不同品种另行规定。

本条第（二）项所称拟买入资产，应当是机构按其投资决策程序，已经决定将要买入的资产。未在决定之日起的规定期限内买入该资产，或在规定期限内放弃买入该资产，应当在规定期限结束后或决定之日起的一定期限内，终止、清算或平仓相关衍生品。

第六条 银保监会将根据市场发展和实际需要，适时发布衍生品具体品种交易规定。

第二章 资质条件

第七条 保险集团（控股）公司、保险公司自行参与衍生品交易，应当符合以下要求：

（一）董事会知晓相关风险，并承担参与衍生品交易的最终责任；

（二）保险公司上季度末综合偿付能力充足率不低于150%，上一年资产负债管理能力评估结果不低于85分；

（三）具有良好的公司治理结构，以及健全的衍生品交易业务操作、内部控制和风险管理制度；

（四）建立投资交易、会计核算和风险管理等信息系统；

（五）配备衍生品交易专业管理人员，包括但不限于分析研究、投资交易、财务处理、风险控制和审计稽核等；

（六）近两年未受到监管机构重大行政处罚；

（七）其他规定要求。

第八条 保险集团（控股）公司、保险公司委托保险资产管理机构及其他专业管理机构参与衍生品交易，应当符合以下要求：

（一）董事会知晓相关风险，并承担参与衍生品交易的最终责任；

（二）保险公司上季度末综合偿付能力充足率不低于120%，上一年资产负债管理能力评估结果不低于60分；

（三）配备与衍生品交易相适应的监督和评价等专业管理人员；

（四）其他规定要求。

保险资产管理机构及其他专业管理机构受托参与衍生品交易，应当符合本办法第七条第（三）项至第（七）项规定的要求。

第九条 保险资金参与衍生品交易，选择的交易结算等专业机构，应当符合银保监会有关衍生品交易的规定。

第三章 管理规范

第十条 保险集团（控股）公司、保险公司参与衍生品交易，应当根据公司自身的发展战略和总体规划，综合衡量现阶段的风险管理水平、技术系统和专业人员准备情况，审慎评估参与衍生品交易的能力，科学决策参与衍生品交易的广度和深度。董事会应当根据公司管理情况，制定授权制度，建立决策机制，明确管理人员职责及报告要求。

第十一条 保险机构自行或受托参与衍生品交易，业务操作制度应当涵盖研究、决策、交易、清算与结算等全过程，明确责任分工，确保业务流程清晰，环节紧密衔接。

第十二条 保险机构自行或受托参与衍生品交易，内部控制制度应当明确岗位职责，确保业务操作和风险管理流程可执行，关键岗位相互制衡，重点环节双人复核。

第十三条 保险机构自行或受托参与衍生品交易，风险管理制度应当纳入公司总体风险管理架构，能够覆盖衍生品交易前、中、后台，并符合本办法第四章规定要求。

第十四条 保险机构自行或受托参与衍生品交易，信息系统应当包括业务处理设备、交易软件和操作系统等，并通过可靠性测试。包括但不限于：

（一）应当配置投资分析系统，计算对冲资产组合风险所需的衍生品数量，并根据市场变化，调整衍生品规模，逐步实现担保品动态调整。

（二）应当配备相应的衍生品估值与清算模块，会计确认、计量、账务处理及财务报告应当符合规定。保险机构委托托管银行进行财务核算的，应当确认托管银行的信息系统合规可靠。

第十五条 保险集团（控股）公司、保险公司参与衍生品交易，应当制定业务指引。该指引可以单独制定，也可以作为公司年度投资计划和投资指引的组成部分，包括但不限于以下内容：

（一）拟运用衍生品种类；

（二）使用衍生品的限制；

（三）风险管理要求。

第十六条 保险机构自行或受托参与衍生品交易，应当制定风险对冲方案，并经公司风险管理部门及有关决策人员审批。

第十七条 保险机构参与衍生品交易，应当根据有关法律法规要求，规范业务运作，不得从事内幕交易、操纵证券及衍生品价格、进行利益输送及其他不正当的交易活动。

第四章 风 险 管 理

第十八条 保险机构参与衍生品交易，应当建立动态风险管理机制，制定衍生品交易的全面风险管理制度与操作流程，建立监测、评估与处置风险的信息系统，完善应急机制和管理预案。

第十九条 保险机构参与衍生品交易，应当制定量化的风险指标，采用适当的计量模型与测评分析技术，及时评估衍生品交易风险。

第二十条 保险机构参与衍生品交易，同一资产组合持有的衍生品多头合约价值之和不得高于资产组合净值的100%，应当根据公司风险承受能力，确定衍生品及其资产组合的风险限额，按照一定的评估频率定期复查更新。

保险机构应将风险限额分解为不同层级，由风险管理部门控制执行。对违反风险限额等交易情况，风险管理部门应当及时报告；确有风险对冲需求并需要灵活处理的，应严格履行内部审批程序。

第二十一条 保险机构参与衍生品交易，应当密切关注外部市场变化，审慎评估市场变化趋势，及时调整衍生品交易方案，防范市场风险。

第二十二条 保险机构自行或受托参与衍生品交易涉及交易对手的，应当建立交易对手评估与选择机制，充分调查交易对手的资信情况，评估信用风险，并跟踪评估交易过程和行为。

保险机构应当综合内外部信用评级情况，为交易对手设定交易限额，并根据需要采用适当的信用风险缓释措施。

第二十三条 保险机构自行或受托参与衍生品交易，应当维持一定比例的流动资产，通过现金管理方法监控与防范流动性风险。

第二十四条 保险机构自行或受托参与衍生品交易，应当及时评估避险有效性。评估工作应当独立于决策和交易部门。评估衍生品价值时，应当采用市场公认或合理的估值方法。

第二十五条 保险机构自行或受托参与衍生品交易，应当制定有效的激励制度和机制，不得简单将衍生品交易盈亏与业务人员收入挂钩。后台及风险管理部门的人员报酬应当独立于交易盈亏情况。

第二十六条 保险机构自行或受托参与衍生品交易，应当在不同部门之间设立防火墙体系，实行严格的业务分离制度，确保投资交易、风险管理、清算核算、内审稽核等部门独立运作。

保险机构应当制定衍生品交易主管人员和专业人员的工作守则，建立问责制度。

第二十七条 保险机构参与衍生品交易，内部审计与稽核部门应当定期对衍生品交易的风险管理情况进行监督检查，独立提交半年和年度稽核报告。检查内容包括但不限于以下方面：

（一）衍生品交易活动合规情况；

（二）业务操作、内部控制及风险管理制度执行情况；

（三）专业人员资质情况；

（四）避险政策及其有效性评估等。

第二十八条 保险机构自行或受托参与衍生品交易，应当确保交易记录的及时、真实、准确与完整。记录内容包括衍生品交易决策流程、执行情况及风险事项等。

第五章 监督管理

第二十九条 保险资金参与衍生品交易，应当按照衍生品类别分别向银保监会报告，并提交以下书面材料：

（一）保险集团（控股）公司、保险公司自行参与衍生品交易的，应当报送董事会批准参与衍生品交易的决议、董事会的风险知晓函及本办法第七条第（二）项至第（六）项要求的书面证明文件。

（二）保险集团（控股）公司、保险公司委托保险资产管理机构及其他专业管理机构参与衍生品交易的，委托人应当报送董事会批准参与衍生品交易的决议、风险知晓函、相关委托协议及符合规定的专业人员资料，受托人应当报送符合本办法第七条第（三）项至第（六）项要求的书面证明文件，受托的其他专业管理机构还应当报送书面承诺函，承诺以对冲或规避风险为目的参与衍生品交易，选择符合银保监会规定的交易结算等专业机构，遵守保险资金参与衍生品交易的头寸比例和流动性比例，并承诺接受银保监会的质询，如实提供衍生品交易的各种资料。

第三十条 保险机构参与衍生品交易，应当持续符合相应的资质条件，在业务系统、设备要求、专业人员配备等不再满足银保监会规定要求时，应当及时向银保监会报告，并暂停开展衍生品业务，妥善处置衍生品头寸，直至满足有关规定要求后，才可恢复相关业务。

第三十一条 保险集团（控股）公司、保险公司应当按照规定向银保监会报送以下报告：

（一）每个季度结束后的10个工作日内，报送衍生品交易的期末风险敞口总额、各类衍生品风险敞口金额，以及该季度的风险对冲情况和合规情况；

（二）每半年度和年度结束后的30个工作日内，报送衍生品交易的稽核审计报告；

（三）发生的衍生品交易违规行为、重大风险或异常情况，及采取的应对措施，应在10个工作日内上报银保监会；

（四）银保监会规定要求报送的其他材料。

本条所指的各项报告应当包括保险集团（控股）公司、保险公司以自己名义开展衍生品交易和委托保险资产管理机构及其他专业管理机构开展衍生品交易的情况。

第三十二条 银保监会依法对保险机构参与衍生品交易情况开展现场和非现场检查。

第三十三条 保险机构违反规定参与衍生品交易的，由银保监会责令限期改正，并依法对相关机构和人员给予行政处罚。

其他专业管理机构违反有关法规和本办法规定的，银保监会将记录其不良行为，并将有关情况通报其行业主管部门；情节严重的，银保监会可通报保险集团（控股）公司、保险公司3年内不得与其从事相关业务，并商有关监管部门依法给予行政处罚。

涉嫌犯罪的相关机构和人员，银保监会将依法移送司法机关查处。

第三十四条 保险集团（控股）公司、保险公司参与境外衍生品交易，应当遵守保险资金境外投资规定，委托境外投资管理人，按照授权开展相关业务，并将衍生品交易纳入其业务管理体系。

第三十五条 保险机构受托管理非保险资金参与衍生品交易的，应依照相关法律法规及合同约定进行管理，并严格执行风险管控措施，履行勤勉尽责义务，维护投资者权益。

第六章　附　　则

第三十六条　本办法由银保监会负责解释。

第三十七条　《保险资金参与金融衍生产品交易暂行办法》（保监发〔2012〕94 号）同时废止。

保险资金参与国债期货交易规定

1. 2020 年 6 月 23 日印发

2. 银保监办发〔2020〕59 号

为规范保险资金参与国债期货交易，有效防范风险，依据《保险资金运用管理办法》《保险资金参与金融衍生产品交易办法》（以下简称衍生品办法）等规章办法，制定以下规定：

一、本规定所称国债期货，是指经中国证券监督管理机构批准，在中国金融期货交易所上市交易的以国债为标的的金融期货合约。

二、在中国境内依法设立的保险集团（控股）公司、保险公司、保险资产管理机构（以下统称保险机构）参与国债期货交易，应当根据衍生品办法的规定，做好制度、岗位、人员及信息系统安排，遵守管理规范，强化风险管理。

三、保险资金参与国债期货交易，不得用于投机目的，应当以对冲或规避风险为目的，包括：

（一）对冲或规避现有资产风险；

（二）对冲未来半年内拟买入资产风险，或锁定其未来交易价格；

（三）对冲或规避资产负债错配导致的利率风险。

本条第（二）项所称拟买入资产，应当是机构按其投资决策程序，已经决定将要买入的资产。未在决定之日起的半年内买入该资产，或在规定期限内放弃买入该资产，应当在规定期限结束后或做出放弃买入该资产决定之日起的 15 个交易日内，终止、清算或平仓相关衍生品。

本条第（三）项是指人身保险公司按其资产负债管理委员会或资产负债管理执行委员会决策程序，决定缩短资产负债久期缺口，从而对冲由此带来的利率风险。风险对冲方案一经确定须严格执行，未经资产负债管理委员会或资产负债管理执行委员会决策，不得更改。

四、保险资金参与国债期货交易，应当以确定的资产组合（以下简称资产组合）为基础，分别开立期货交易账户，实行账户、资产、交易、核算等的独立管理。

五、保险机构参与国债期货交易，应当根据资产配置和风险管理要求，制定合理的交易策略，并履行内部决策程序。

六、保险机构自行或受托参与国债期货交易，应当根据衍生品办法规定，制定风险对冲方案，明确对冲目标、工具、对象、规模、期限、风险对冲比例、保证金管理、风险敞口限额，对冲有效性的相关指标、标准和评估频度，相关部门权限和责任分工，以及可能导致无法对冲的情景等内容，并履行内部审批程序，包括征求风险管理部门的意见。对于对冲资产负债错配导致的利率风险的策略，保险公司还应当进行风险对冲策略对公司偿付能力和资产负债匹配状况可能产生不利影响的情景测试，并与风险对冲方案一并提交公司资产负债管理委员会或资产负债管理执行委员会审批。

七、保险资金参与国债期货交易，任一资产组合在任何交易日日终，所持有的卖出国债期货合约价值，不得超过其对冲标的债券、债券型基金及其他净值型固定收益类资产管理产品资产的账面价值，所持有的买入国债期货合约价值不得超过该资产组合净值的50%。其中，卖出国债期货合约价值与买入国债期货合约价值，不得合并轧差计算。

保险集团（控股）公司、保险公司在任何交易日日终，持有的合并轧差计算后的国债期货合约价值不得超过本公司上季末总资产的20%。

八、保险资金参与国债期货交易，任一资产组合在任何交易日结算后，扣除国债期货合约需缴纳的交易保证金，应当保持不低于交易保证金一倍的符合银保监会规定的流动性资产，有效防范强制平仓风险。

九、保险机构参与国债期货交易，应当根据公司及资产组合实际情况，动态监测相关风险控制指标，制定风险对冲有效性预警机制，及时根据市场变化对交易作出风险预警。

十、保险机构参与国债期货交易，应当建立国债期货有关交割规则；对实物交割的品种，应当充分评估交割风险，做好应急预案。

十一、保险集团（控股）公司、保险公司委托保险资产管理机构及其他专业管理机构参与国债期货交易的，应在保险资金委托合同或投资指引中明确约定参与国债期货交易的目的、比例限制、估值方法、信息披露、风险控制、责任承担等事项。

十二、保险机构自行或受托参与国债期货交易，除符合衍生品办法规定外，信息系统还应当符合下列要求：

（一）国债期货交易管理系统和估值系统稳定高效，且能够满足交易和估值需求；

（二）风险管理系统能够实现对国债期货交易的实时监控，各项风险管理指标固化在系统中，并能够及时预警；

（三）能够与合作的交易结算机构信息系统对接，并建立相应的备份通道。

十三、保险资金参与国债期货交易，专业管理人员应当符合下列条件：

（一）保险集团（控股）公司、保险公司自行参与国债期货交易的，资产配置和投资交易专业人员不少于5名；风险控制专业人员不少于3名；清算和核算专业人员不少于2名。投资交易、风险控制和清算岗位人员不得相互兼任。

（二）保险集团（控股）公司、保险公司委托保险资产管理机构或者其他专业管理机构参与国债期货交易的，专业人员不少于2名，其中包括风险控制人员。

受托管理的保险资产管理机构及其他专业管理机构，专业人员应当符合本条第（一）项规定的要求。其他专业管理机构应当同时满足银保监会规定的其他条件。

保险机构及其他专业管理机构同时参与股指期货等其他衍生品交易的，资产配置和投资交易专业人员人数不得重复计算，风险控制、清算和核算专业人员人数可重复计算。

上述专业人员均应通过期货从业人员资格考试，负责人员应当具有5年以上期货或证券业务经验；业务经理应当具有3年以上期货或证券业务经验。

十四、保险机构参与国债期货交易，应当根据相关规定，与交易结算机构确定国债期货业务交易、保证金管理结算、风险控制及数据传输等事项，通过协议明确双方的权利和义务。

保险机构与资产托管机构应当根据相关规定，确定国债期货业务的资金划拨、清算、估值等事项，并在托管协议中明确双方的权利和义务。

保险机构可以根据业务需要，与期货交易结算机构、资产托管机构签订多方合作协议。

十五、保险资金参与国债期货交易，所选期货公司应当符合下列条件：

（一）成立5年以上，上季末净资本达到人民币三亿元（含）以上，且净资本与公司风险资本准备的比例不低于150%；

（二）期货公司分类监管评价为A类；

（三）书面承诺接受银保监会的质询，并向银保监会如实提供保险机构参与国债期货交易涉及的各种资料；

（四）其他规定条件。

十六、保险机构参与国债期货交易，应当向银保监会报送以下文件：

（一）衍生品办法规定的材料，其中专业人员证明材料应当符合本规定的要求；

（二）与期货交易结算、资产托管等机构签署的协议文件；

（三）银保监会要求的其他文件。

十七、保险机构参与国债期货交易，持仓比例因市场波动等外部原因不再符合本规定要求的，应当在15个交易日内调整完毕，并在季度报告中向银保监会报告，列明事件发生的原因及处理过程。保险机构应每半年回溯国债期货买入计划与实际执行的偏差，纳入每半年及年度稽核审计报告，并按规定向银保监会报告。

保险资金参与股指期货交易规定

1. 2020年6月23日印发

2. 银保监办发〔2020〕59号

为规范保险资金参与股指期货交易，有效防范风险，依据《保险资金运用管理办法》《保险资金参与金融衍生产品交易办法》（以下简称衍生品办法）等规章办法，制定以下规定：

一、本规定所称股指期货，是指经中国证券监督管理机构批准，在中国金融期货交易所上市的以股票价格指数为标的的金融期货合约。

二、在中国境内依法设立的保险集团（控股）公司、保险公司、保险资产管理机构（以下统称保险机构）参与股指期货交易，应当根据衍生品办法的规定，做好制度、岗位、人员及信息系统安排，遵守管理规范，强化风险管理。

三、保险资金参与股指期货交易，不得用于投机目的，应当以对冲或规避风险为目的，包括：

（一）对冲或规避现有资产风险；

（二）对冲未来三个月内拟买入资产风险，或锁定其未来交易价格。

本条第（二）项所称拟买入资产，应当是机构按其投资决策程序，已经决定将要买入的资产。未在决定之日起的三个月内买入该资产，或在规定期限内放弃买入该资产，应当在规定期限结束后或做出放弃买入该资产决定之日起的10个交易日内，终止、清算或平仓相关衍生品。

四、保险资金参与股指期货交易，应当以确定的资产组合（以下简称资产组合）为基础，分别开立期货交易账户，实行账户、资产、交易、核算等的独立管理。

五、保险机构参与股指期货交易，应当根据资产配置和风险管理要求，制定合理的交易策略，并履行内部决策程序。

六、保险机构自行或受托参与股指期货交易，应当根据衍生品办法规定，制定风险对冲方案，明确对冲目标、工具、对象、规模、期限、风险对冲比例、保证金管理、风险敞口限额，对冲有效性的相关指标、标准和评估频度，相关部门权限和责任分工，以及可能导致无法对冲的情景等内容，并履行内部审批程序。内部审批应当包括风险管理部门意见。

七、保险资金参与股指期货交易，任一资产组合在任何交易日日终，所持有的卖出股指期货合约价值，不得超过其对冲标的股票、股票型基金及其他净值型权益类资产管理产品资产账面价值的102%，所持有的买入股指期货合约价值与股票、股票型基金及其他净值型权益类资产管理产品市值之和，不得超过资产组合净值的100%。

保险机构在任何交易日日终，持有的买入股指期货合约价值与权益类资产的账面价值，合计不得超过规定的投资比例上限。

本条所指卖出股指期货合约价值与买入股指期货合约价值，不得合并轧差计算。

八、保险资金参与股指期货交易，任一资产组合在任何交易日结算后，扣除股指期货合约需缴纳的交易保证金，应当保持不低于轧差后的股指期货合约价值10%的符合银保监会规定的流动性资产，有效防范强制平仓风险。

九、保险机构参与股指期货交易，应当根据公司及资产组合实际情况，动态监测相关风险控制指标，制定风险对冲有效性预警机制，及时根据市场变化对交易作出风险预警。

十、保险集团（控股）公司、保险公司委托保险资产管理机构及其他专业管理机构参与股指期货交易的，应在保险资金委托合同或投资指引中明确约定参与股指期货交易的目的、比例限制、估值方法、信息披露、风险控制、责任承担等事项。

十一、保险机构自行或受托参与股指期货交易，除符合衍生品办法规定外，信息系统还应当符合下列要求：

（一）股指期货交易管理系统和估值系统稳定高效，且能够满足交易和估值需求；

（二）风险管理系统能够实现对股指期货交易的实时监控，各项风险管理指标固化在系统中，并能够及时预警；

（三）能够与合作的交易结算机构信息系统对接，并建立相应的备份通道。

十二、保险资金参与股指期货交易，专业管理人员应当符合下列条件：

（一）保险集团（控股）公司、保险公司自行参与股指期货交易的，资产配置和投资交易专业人员不少于5名；风险控制专业人员不少于3名；清算和核算专业人员不少于2名。投资交易、风险控制和清算岗位人员不得相互兼任。

（二）保险集团（控股）公司、保险公司委托保险资产管理机构或者其他专业管理机构参与股指期货交易的，专业人员不少于2名，其中包括风险控制人员。

受托管理的保险资产管理机构及其他专业管理机构，专业人员应当符合本条第（一）项规定的要求。其他专业管理机构应当同时满足银保监会规定的其他条件。

保险机构及其他专业管理机构同时参与国债期货等其他衍生品交易的，资产配置和投资交易专业人员人数不得重复计算，风险控制、清算和核算专业人员人数可重复计算。

上述专业人员均应通过期货从业人员资格考试，负责人员应当具有5年以上期货或证券业务经验；业务经理应当具有3年以上期货或证券业务经验。

十三、保险机构参与股指期货交易，应当根据相关规定，与交易结算机构确定股指期货业务交易、保证金管理结算、风险控制及数据传输等事项，通过协议明确双方的权利和义务。

保险机构与资产托管机构应当根据相关规定，确定股指期货业务的资金划拨、清算、估值等事项，并在托管协议中明确双方的权利和义务。

保险机构可以根据业务需要，与期货交易结算机构、资产托管机构签订多方合作协议。

十四、保险资金参与股指期货交易，所选期货公司应当符合下列条件：

（一）成立5年以上，上季末净资本达到人民币三亿元（含）以上，且净资本与公司风险资本准备的比例不低于150%；

（二）期货公司分类监管评价为A类；

（三）书面承诺接受银保监会的质询，并向银保监会如实提供保险机构参与股指期货交易涉及的各种资料；

（四）其他规定条件。

十五、保险机构参与股指期货交易，应当向银保监会报送以下文件：

（一）衍生品办法规定的材料，其中专业人员证明材料应当符合本规定的要求；

（二）与期货交易结算、资产托管等机构签署的协议文件；

（三）银保监会要求的其他文件。

十六、保险机构参与股指期货交易，持仓比例因市场波动等外部原因不再符合本规定要求的，应当在10个交易日内调整完毕，并在季度报告中向银保监会报告，列明事件发生的原因及处理过程。保险机构应每半年回溯股指期货买入计划与实际执行的偏差，纳入每半年及年度稽核审计报告，并按规定向银保监会报告。

十七、《保险资金参与股指期货交易规定》（保监发〔2012〕95号）同时废止。

保险公司资本保证金管理办法

1. 2015年4月3日修订发布

2. 保监发〔2015〕37号

第一章 总 则

第一条 为加强对保险公司资本保证金的管理，维护保险市场平稳、健康发展，根据《中华人民共和国保险法》（以下简称《保险法》），制定本办法。

第二条 本办法所称保险公司，是指经保险监督管理机构批准设立，并依法登记注册的商业保险公司。

第三条 本办法所称资本保证金，是指根据《保险法》的规定，保险公司成立后按照其注册资本总额的20%提取的，除保险公司清算时用于清偿债务外不得动用的资金。

第四条 中国保险监督管理委员会（以下简称“中国保监会”）依法对保险公司资本保证金进行监督管理，保险公司提存、处置资本保证金等行为应符合本办法规定。

第五条 保险公司应遵循“足额、安全、稳定”的原则提存资本保证金。

第二章 存 放

第六条 保险公司应当选择两家（含）以上商业银行作为资本保证金的存放银行。存放银行应符合以下条件：

（一）国有商业银行、股份制商业银行、邮政储蓄银行和城市商业银行；

（二）上年末净资产不少于200亿元人民币；

（三）上年末资本充足率、不良资产率符合银行业监管部门有关规定；

（四）具有完善的公司治理结构、内部稽核监控制度和风险控制制度；

（五）与本公司不具有关联方关系；

（六）最近两年无重大违法违规记录。

第七条 保险公司应将资本保证金存放在保险公司法人机构住所地、直辖市、计划单列市或省会城市的指定银行。

第八条 保险公司应当开立独立银行账户存放资本保证金。

第九条 资本保证金存款存放期间，如存放银行不符合本办法规定，或者存在可能对资本保证金的安全存放具有重大不利影响的事项（如，因发生重大违法违规事件受到监管部门处罚、资本充足率不足等），保险公司应及时向中国保监会报告，并将资本保证金存款转存至符合规定的银行。

第十条 保险公司应在中国保监会批准开业后30个工作日或批准增加注册资本（营运资金）后30个工作日内，将资本保证金按时足额存入符合中国保监会规定的银行。

第十一条 保险公司可以以下形式存放资本保证金：

（一）定期存款；

（二）大额协议存款；

（三）中国保监会批准的其他形式。

第十二条 资本保证金存款存期不得短于一年。

第十三条 每笔资本保证金存款的金额不得低于人民币1000万元（或等额外币）。保险公司增加注册资本（营运资金）低于人民币5000万元（或等额外币）的，按实际增资金额的20%一笔提存资本保证金。

第十四条 保险公司应密切关注外币资本保证金存款的汇率波动。因汇率波动造成资本保证金总额（折合人民币）连续20个工作日低于法定要求的保险公司，应自下一个工作日起5个工作日内，按实际差额一笔提存资本保证金并办理相关事后备案手续。

第十五条 保险公司提存资本保证金，应与拟存放银行的总行或一级分行签订《资本保证金存款协议》。合同有效期内，双方不得擅自撤销协议。

第十六条 保险公司应要求存放银行对资本保证金存单进行背书："本存款为资本保证金存款，不得用于质押融资。在存放期限内，存款银行不得同意存款人变更存款的性质、将存款本金转出本存款银行以及其他对本存款的处置要求。存款银行未尽审查义务的，应当在被动用的资本保证金额度内对保险公司的债务承担连带责任。"

第三章 备　案

第十七条 保险公司对资本保证金的以下处置行为，应在资本保证金存妥后10个工作日内向中国保监会事后备案：

（一）开业或增资提存资本保证金；

（二）到期在原存放银行续存；

（三）到期转存其他银行，包括在同一银行所属分支机构之间转存；

（四）到期变更存款性质；

（五）提前支取，仅限于清算时动用资本保证金偿还债务，或注册资本（营运资金）减少时部分支取资本保证金；

（六）其他动用和处置资本保证金的行为。

第十八条 保险公司开业或增资提存保证金存款、到期在原存放银行续存的，应向中国保监会提交以下备案资料：

（一）资本保证金存款备案文件；

（二）保险公司资本保证金备案表（一式两份）；

（三）《资本保证金存款协议》原件一份；

（四）资本保证金存单复印件以及存单背书复印件；

（五）中国保监会要求报送的其他材料。

第十九条 保险公司资本保证金存款到期转存其他银行或到期变更存款性质的，除向中国保监会提交第十八条备案资料外，还需提供以下资料：

（一）保险公司资本保证金处置情况表；

（二）原《资本保证金存款协议》复印件；

（三）原资本保证金存款存单复印件及存单背书复印件；

（四）中国保监会要求报送的其他资料。

第二十条 保险公司提前支取资本保证金，仅限于清算时使用资本保证金偿还债务，或注册资本（营运资金）减少时部分支取资本保证金的，除向中国保监会提交第十九条相关备案资料外，还需提供中国保监会批准保险公司清算文件或减资文件。

第二十一条 备案资料不符合要求的，保险公司应在收到中国保监会通知之日起10个工作日内，重新提交备案资料。

第二十二条 未经中国保监会事后备案的，不认定为资本保证金存款。

第四章 监　　管

第二十三条 除清算时用于清偿债务或资本保证金存放银行不符合本办法规定外，保险公司不得动用资本保证金。

第二十四条 在存放期限内，保险公司不得变更资本保证金存款的性质。

第二十五条 资本保证金存款不得用于质押融资。

第二十六条 未按照本办法规定提存、处置资本保证金的，中国保监会将依法进行处罚。

第五章 附　　则

第二十七条 经营保险业务的保险控股公司和保险集团公司资本保证金的管理，适用本办法。

第二十八条 本办法由中国保监会负责解释。

第二十九条 本办法自发布之日起实施，《关于印发〈保险公司资本保证金管理办法〉的通知》（保监发〔2011〕39号）同时废止。

附件：1. 资本保证金存款协议（基本条款示例）（略）
2. 保险公司资本保证金备案表（略）
3. 保险公司资本保证金处置情况表（略）

保险资金运用内控与合规计分监管规则

1. 2014年6月22日发布

2. 保监发〔2014〕54号

第一章 总　　则

第一条 为提高保险资金运用监管工作的针对性和有效性，推动保险机构完善内控管理，加强合规运作，依据《中华人民共和国保险法》、《保险资金运用管理暂行办法》等有关规定，制定本规则。

第二条　保险资金运用内控与合规计分是指中国保监会在现场检查和非现场监管工作基础上，通过整理、汇总、分析保险机构的资金运用内控与合规运作的记录、信息和数据，按照计分标准对保险机构进行评分并开展持续监管的过程。

本规则所称保险机构，是指保险集团（控股）公司、保险公司和保险资产管理机构。

第三条　中国保监会根据市场发展情况和审慎监管原则，制定并适时调整计分标准。

第四条　中国保监会根据保险机构的内控与合规情况及计分结果，按照本规则的规定，对保险机构进行监督管理。

第二章　计分方法

第五条　保险资金运用内控与合规计分采取评分制，每一评价期的基准分为100分。

第六条　中国保监会在基准分基础上，根据保险机构的内控运作情况、持续合规情况和违规事项进行加分或者扣分，并汇总确定其最终得分。

第七条　中国保监会对保险机构资金运用内控与合规计分评价每年进行两次，评价期分别为每年的1月1日至6月30日和7月1日至12月31日。

第八条　保险机构在评价期内，因资金运用违法违规行为被中国保监会采取下列监管措施的，按照以下原则进行扣分：

（一）因未按照监管规定及时、准确、完整在保险资产管理监管信息系统和中国保监会指定信息登记平台提交电子数据、报表、资料，以及未按照监管规定及时、准确、完整向中国保监会提交相关报告，被责令提交或者补充提交的，每项每次分别扣1分和2分；

（二）因所披露信息不充分，或者因受托人不尽责未按照监管规定向投资计划受益人、资产管理产品投资人或者监管规定的相关当事人进行信息披露等原因，被责令及时、准确、完整进行披露的，每次扣3分；

（三）因按照监管规定进行的资金运用压力测试中度情形显示偿付能力充足率低于100%或者存在流动性不足等原因被出具风险提示函或者进行风险提示谈话的，每次扣4分；

（四）因董事、监事、高级管理人员、投资风险责任人对公司违法违规事项负有责任，但尚未造成投资损失或未达到处罚标准被监管谈话的，每次扣5分；因拟任董事、监事、高级管理人员未取得任职资格临时负责3个月以上被监管谈话的，每人次扣5分；

（五）因投资风险责任人资质不符合监管规定等原因被暂停投资能力备案的，每次扣5分；

（六）因违反资金运用政策规定但未造成损失或者重大影响，被中止资产管理产品发行、停止股权或不动产等投资的，每次扣6分；

（七）因违反资金运用政策规定被行业通报的，每次扣7分；

（八）因违反资金运用政策规定被出具监管函，采取责令增加内部合规检查次数、责令改正或者限期改正、责令处分有关人员、暂停资产管理产品试点业务、限制资金运用形式或者比例等监管措施的，每次扣8分。

第九条 保险机构在评价期内，因资金运用违法违规行为被中国保监会采取以下行政处罚，或者被司法机关追究刑事责任的，按照以下原则进行扣分：

（一）被采取罚款处罚的，或者董事、监事、高级管理人员、投资风险责任人因对违法违规行为负有责任被警告或者采取罚款处罚的，每次扣10分；

（二）董事、监事、高级管理人员，以及投资风险责任人因对公司违法违规行为负有责任，被责令调整、被撤销任职资格或者从业资格的，每次扣12分；

（三）董事、监事、高级管理人员、投资风险责任人因对公司违法违规行为负有责任被采取一定期限内或者永久市场禁入的，每人每次扣15分；

（四）被采取责令停止新业务或者限制业务范围、撤销部分资金运用业务许可处罚措施，或者董事、监事、高级管理人员、投资风险责任人因对公司违法违规行为负有刑事责任的，每次扣20分。

第十条 保险机构因同一违法违规行为被采取多项监管措施、行政处罚或者被追究刑事责任的，应按其最高值计算所扣分数，不重复扣分。保险机构因不同违法违规行为被采取同一监管措施、行政处罚或者被追究刑事责任的，应当合并计算所扣分数。

第十一条 保险机构因合理原因且经中国保监会认可，可以推迟提交相关数据、报表、信息、报告，或者推迟信息披露的，可不予扣分；因突发事件等客观原因造成投资比例超过监管比例，且保险机构履行报告义务并在中国保监会规定期限内调整投资比例的，可不予扣分。

保险机构上一评价期违法违规行为在本评价期内再次发生的，应双倍扣分。

第十二条 保险集团（控股）公司或者保险公司委托保险资产管理机构投资，并通过合同、协议等正式文件明确由该保险资产管理机构承担合规管控职责的，以该保险资产管理机构作为扣分主体，但保险集团（控股）公司或者保险公司提供虚假数据导致委托投资出现违规的，以保险集团（控股）公司或者保险公司作为扣分主体；未通过合同、协议等正式文件约定保险资产管理机构承担合规管控职责的，保险集团（控股）公司或者保险公司作为扣分主体。

保险集团（控股）公司或者保险公司委托保险资产管理机构之外的其他投资管理机构进行投资运作的，以保险集团（控股）或者保险公司作为扣分主体。

第十三条　保险机构出现下列情形的，在基准分基础上给予相应加分：

（一）最近连续2个评价期内未出现第八条和第九条所列事项的加2分，最近连续3个评价期未出现第八条和第九条所列事项的加4分；

（二）在评价期内，成为中国保险资产管理业协会会员的，加2分；

（三）评价期内，聘请独立第三方中介机构就保险资金运用的内控情况、合规情况和风险状况完成全面专项稽核审计的，加2分；出具无保留意见的，再加2分；

（四）全部投资资产实施托管的，加6分；

（五）按照监管标准，建立投资资产风险五级分类等项目投资资产后评估与后跟踪制度，经独立第三方中介机构审计并出具无保留意见的，加6分。

第三章　操作流程

第十四条　中国保监会建立保险机构资金运用内控与合规情况监管档案，用于记录保险机构资金运用内控与合规加分、扣分情况和评价结果。

第十五条　评价期内，中国保监会应当及时记录和汇总保险机构的扣分事项、所采取的监管措施和所扣分数，以及加分事项和分数，并于每月结束后10个工作日内，向相关保险机构通报其扣分和加分事项，与保险机构进行核对确认。

第十六条　保险机构对每月扣分事项和本评价期的计分和评价结果有异议的，可在收到通知后10个工作日内向中国保监会提出书面申述。中国保监会收到保险机构申述后10个工作日内予以书面答复。

第十七条　评价期结束30个工作日内，中国保监会汇总、整理全部保险机构的计分结果，记入监管档案。

第十八条　评价期结束后40个工作日内，中国保监会应当以书面形式向保险机构通报其计分和评价结果。

第四章 计分结果运用

第十九条 中国保监会根据保险机构的内控与合规计分结果，对保险机构的资金运用内控与合规情况进行评价分类：

A类：评分95分（含）以上。保险机构的资金运用内控与合规管理和风险控制能力强。

B类：评分80分（含）以上95分以下。保险机构的资金运用内控与合规管理和风险控制能力较强。

C类：评分60分（含）以上80分以下。保险机构的资金运用内控与合规管理和风险控制能力较弱。

D类：评分60分以下。保险机构的资金运用内控与合规管理和风险控制能力弱。

第二十条 在评价期内，保险机构资金运用业务存在以下情形的，中国保监会可将其本评价期的级别直接确定为C类或者D类：

（一）提交的监管信息、数据、报表、报告和投资计划注册材料，以及对外信息披露存在虚假记载、误导性陈述或者重大遗漏，但是投资计划注册材料中由所投资企业或者独立第三方提供的文件存在虚假记载，保险资产管理机构能够证明自己没有过错的除外；

（二）违反监管规定，经监管提示或者超过监管要求的整改期限仍不改正；

（三）挪用保险资金；

（四）未按委托人投资指引、合同及书面约定运用保险资金；

（五）被依法采取责令整顿，或者被中国保险保障基金有限责任公司采取接管等风险处置措施；

（六）中国保监会认定的其他情形。

下一评价期内，保险机构本条所列情形未改正或者未被中国保监会撤销相应监管措施的，继续沿用本评价期的类别。

第二十一条 保险机构本评价期的资金运用内控与合规计分属于A类和B类的，应当在之后的一个评价期持续达到或者超过该类别的分数方能予以确认。确认前，保险机构类别为暂定类别。

保险机构在下一评价期结束后的评价类别降低的，中国保监会应将上一个评价期的类别下调一级予以确认。

第二十二条 中国保监会可以定期或者不定期向行业通报保险机构的资金运用内控与合规评价结果。

第五章 监督管理

第二十三条 中国保监会将保险资金运用内控与合规评价结果作为保险机构进行投资管理能力备案的审慎性条件。

保险机构资金运用内控与合规评价等级最近连续4个评价期评价为A类（含暂定A类）的，经申请可以优先纳入创新业务试点范围。

第二十四条 中国保监会将评价等级为C类、D类的保险机构列为重点监管对象。

中国保监会对评价等级为C类和D类的保险机构，可以加大现场检查和非现场检查频率，采取限制资金运用渠道、范围或比例等监管措施。

第二十五条 保险机构应当针对引发扣分事项的问题，及时制定整改措施，中国保监会将对整改情况进行后续跟踪。

第二十六条 在评价期内，保险机构因限期整改不到位再次被采取行政纪律处分、监管措施、处罚措施及其他措施的，或者发生其他足以影响其评价结果的情形的，中国保监会应当及时对其评价结果进行动态调整。

第二十七条 保险资金运用内控与合规评价结果主要供监管机构使用，保险机构不得将计分和评价结果用于广告、宣传、营销等商业目的。保险机构的交易对手或者合作方要求了解其资金运用内控与合规评价结果，且用于非商业目的的情形除外。

第六章 附则

第二十八条 中国保监会应结合保险机构过去两年的保险资金运用内控与合规情况，确定其首次计分结果。保险机构成立时间不足两年的，中国保监会应结合其成立以来的保险资金运用内控与合规情况，确定其首次计分结果。

第二十九条 具有保险资金运用业务的外资保险公司分公司和外资再保险分公司参照本规则执行。

第三十条 本规则作为实施分类监管的具体规则，由中国保监会负责解释与修订。

第三十一条 本规则自发布之日起实施。

4. 具体险种相关规定

机动车交通事故责任强制保险条例

1. 2006年3月21日国务院令第462号公布

2. 根据2012年3月30日国务院令第618号《关于修改〈机动车交通事故责任强制保险条例〉的决定》第一次修订

3. 根据2012年12月17日国务院令第630号《关于修改〈机动车交通事故责任强制保险条例〉的决定》第二次修订

4. 根据2016年2月6日国务院令第666号《关于修改部分行政法规的决定》第三次修订

5. 根据2019年3月2日国务院令第709号《关于修改部分行政法规的决定》第四次修订

第一章 总 则

第一条 为了保障机动车道路交通事故受害人依法得到赔偿，促进道路交通安全，根据《中华人民共和国道路交通安全法》、《中华人民共和国保险法》，制定本条例。

第二条 在中华人民共和国境内道路上行驶的机动车的所有人或者管理人，应当依照《中华人民共和国道路交通安全法》的规定投保机动车交通事故责任强制保险。

机动车交通事故责任强制保险的投保、赔偿和监督管理，适用本条例。

第三条 本条例所称机动车交通事故责任强制保险，是指由保险公司对被保险机动车发生道路交通事故造成本车人员、被保险人以外的受害人的人身伤亡、财产损失，在责任限额内予以赔偿的强制性责任保险。

第四条 国务院保险监督管理机构依法对保险公司的机动车交通事故责任强制保险业务实施监督管理。

公安机关交通管理部门、农业（农业机械）主管部门（以下统称机动车管理部门）应当依法对机动车参加机动车交通事故责任强制保险的情况实施监督检查。对未参加机动车交通事故责任强制保险的机动车，机动车管理部门不得予以登记，机动车安全技术检验机构不得予以检验。

公安机关交通管理部门及其交通警察在调查处理道路交通安全违法行为和道路交通事故时，应当依法检查机动车交通事故责任强制保险的保险标志。

第二章 投　　保

第五条 保险公司可以从事机动车交通事故责任强制保险业务。

为了保证机动车交通事故责任强制保险制度的实行，国务院保险监督管理机构有权要求保险公司从事机动车交通事故责任强制保险业务。

除保险公司外，任何单位或者个人不得从事机动车交通事故责任强制保险业务。

第六条 机动车交通事故责任强制保险实行统一的保险条款和基础保险费率。国务院保险监督管理机构按照机动车交通事故责任强制保险业务总体上不盈利不亏损的原则审批保险费率。

国务院保险监督管理机构在审批保险费率时，可以聘请有关专业机构进行评估，可以举行听证会听取公众意见。

第七条 保险公司的机动车交通事故责任强制保险业务，应当与其他保险业务分开管理，单独核算。

国务院保险监督管理机构应当每年对保险公司的机动车交通事故责任强制保险业务情况进行核查，并向社会公布；根据保险公司机动车交通事故责任强制保险业务的总体盈利或者亏损情况，可以要求或者允许保险公司相应调整保险费率。

调整保险费率的幅度较大的，国务院保险监督管理机构应当进行听证。

第八条 被保险机动车没有发生道路交通安全违法行为和道路交通事故的，保险公司应当在下一年度降低其保险费率。在此后的年度内，被保险机动车仍然没有发生道路交通安全违法行为和道路交通事故的，保险公司应当继续降低其保险费率，直至最低标准。被保险机动车发生道路交通安全违法行为或者道路交通事故的，保险公司应当在下一年度提高其保险费率。多次发生道路交通安全违法行为、道路交通事故，或者发生重大道路交通事故的，保险公司应当加大提高其保险费率的幅度。在道路交通事故中被保险人没有过错的，不提高其保险费率。降低或者提高保险费率的标准，由国务院保险监督管理机构会同国务院公安部门制定。

第九条 国务院保险监督管理机构、国务院公安部门、国务院农业主管部门以及其他有关部门应当逐步建立有关机动车交通事故责任强制保险、道路交通安全违法行为和道路交通事故的信息共享机制。

第十条 投保人在投保时应当选择从事机动车交通事故责任强制保险业务的保险公司，被选择的保险公司不得拒绝或者拖延承保。

国务院保险监督管理机构应当将从事机动车交通事故责任强制保险业务的保险公司向社会公示。

第十一条 投保人投保时，应当向保险公司如实告知重要事项。

重要事项包括机动车的种类、厂牌型号、识别代码、牌照号码、使用性质和机动车所有人或者管理人的姓名（名称）、性别、年龄、住所、身份证或者驾驶证号码（组织机构代码）、续保前该机动车发生事故的情况以及国务院保险监督管理机构规定的其他事项。

第十二条 签订机动车交通事故责任强制保险合同时，投保人应当一次支付全部保险费；保险公司应当向投保人签发保险单、保险标志。保险单、保险标志应当注明保险单号码、车牌号码、保险期限、保险公司的名称、地址和理赔电话号码。

被保险人应当在被保险机动车上放置保险标志。

保险标志式样全国统一。保险单、保险标志由国务院保险监督管理机构监制。任何单位或者个人不得伪造、变造或者使用伪造、变造的保险单、保险标志。

第十三条 签订机动车交通事故责任强制保险合同时，投保人不得在保险条款和保险费率之外，向保险公司提出附加其他条件的要求。

签订机动车交通事故责任强制保险合同时，保险公司不得强制投保人订立商业保险合同以及提出附加其他条件的要求。

第十四条 保险公司不得解除机动车交通事故责任强制保险合同；但是，投保人对重要事项未履行如实告知义务的除外。

投保人对重要事项未履行如实告知义务，保险公司解除合同前，应当书面通知投保人，投保人应当自收到通知之日起 5 日内履行如实告知义务；投保人在上述期限内履行如实告知义务的，保险公司不得解除合同。

第十五条 保险公司解除机动车交通事故责任强制保险合同的，应当收回保险单和保险标志，并书面通知机动车管理部门。

第十六条 投保人不得解除机动车交通事故责任强制保险合同，但有下列情形之一的除外：

（一）被保险机动车被依法注销登记的；

（二）被保险机动车办理停驶的；

（三）被保险机动车经公安机关证实丢失的。

第十七条 机动车交通事故责任强制保险合同解除前，保险公司应当按照合同承担保险责任。

合同解除时，保险公司可以收取自保险责任开始之日起至合同解除之日止的保险费，剩余部分的保险费退还投保人。

第十八条 被保险机动车所有权转移的，应当办理机动车交通事故责任强制保险合同变更手续。

第十九条 机动车交通事故责任强制保险合同期满，投保人应当及时续保，并提供上一年度的保险单。

第二十条 机动车交通事故责任强制保险的保险期间为 1 年，但有下列情形之一的，投保人可以投保短期机动车交通事故责任强制保险：

（一）境外机动车临时入境的；

（二）机动车临时上道路行驶的；

（三）机动车距规定的报废期限不足 1 年的；

（四）国务院保险监督管理机构规定的其他情形。

第三章 赔　偿

第二十一条 被保险机动车发生道路交通事故造成本车人员、被保险人以外的受害人人身伤亡、财产损失的，由保险公司依法在机动车交通事故责任强制保险责任限额范围内予以赔偿。

道路交通事故的损失是由受害人故意造成的，保险公司不予赔偿。

第二十二条 有下列情形之一的，保险公司在机动车交通事故责任强制保险责任限额范围内垫付抢救费用，并有权向致害人追偿：

（一）驾驶人未取得驾驶资格或者醉酒的；

（二）被保险机动车被盗抢期间肇事的；

（三）被保险人故意制造道路交通事故的。

有前款所列情形之一，发生道路交通事故的，造成受害人的财产损失，保险公司不承担赔偿责任。

第二十三条 机动车交通事故责任强制保险在全国范围内实行统一的责任限额。责任限额分为死亡伤残赔偿限额、医疗费用赔偿限额、财产损失赔偿限额以及被保险人在道路交通事故中无责任的赔偿限额。

机动车交通事故责任强制保险责任限额由国务院保险监督管理机构会同国务院公安部门、国务院卫生主管部门、国务院农业主管部门规定。

第二十四条 国家设立道路交通事故社会救助基金（以下简称救助基金）。有下列情形之一时，道路交通事故中受害人人身伤亡的丧葬费用、部分或者全部抢救费用，由救助基金先行垫付，救助基金管理机构有权向道路交通事故责任人追偿：

（一）抢救费用超过机动车交通事故责任强制保险责任限额的；

（二）肇事机动车未参加机动车交通事故责任强制保险的；

（三）机动车肇事后逃逸的。

第二十五条 救助基金的来源包括：

（一）按照机动车交通事故责任强制保险的保险费的一定比例提取的资金；

（二）对未按照规定投保机动车交通事故责任强制保险的机动车的所有人、管理人的罚款；

（三）救助基金管理机构依法向道路交通事故责任人追偿的资金；

（四）救助基金孳息；

（五）其他资金。

第二十六条 救助基金的具体管理办法，由国务院财政部门会同国务院保险监督管理机构、国务院公安部门、国务院卫生主管部门、国务院农业主管部门制定试行。

第二十七条 被保险机动车发生道路交通事故，被保险人或者受害人通知保险公司的，保险公司应当立即给予答复，告知被保险人或者受害人具体的赔偿程序等有关事项。

第二十八条 被保险机动车发生道路交通事故的，由被保险人向保险公司申请赔偿保险金。保险公司应当自收到赔偿申请之日起 1 日内，书面告知被保险人需要向保险公司提供的与赔偿有关的证明和资料。

第二十九条 保险公司应当自收到被保险人提供的证明和资料之日起 5 日内，对是否属于保险责任作出核定，并将结果通知被保险人；对不属于保险责任的，应当书面说明理由；对属于保险责任的，在与被保险人达成赔偿保险金的协议后 10 日内，赔偿保险金。

第三十条 被保险人与保险公司对赔偿有争议的，可以依法申请仲裁或者向人民法院提起诉讼。

第三十一条 保险公司可以向被保险人赔偿保险金，也可以直接向受害人赔偿保险金。但是，因抢救受伤人员需要保险公司支付或者垫付抢救费用的，保险公司在接到公安机关交通管理部门通知后，经核对应当及时向医疗机构支付或者垫付抢救费用。

因抢救受伤人员需要救助基金管理机构垫付抢救费用的，救助基金管理机构在接到公安机关交通管理部门通知后，经核对应当及时向医疗机构垫付抢救费用。

第三十二条 医疗机构应当参照国务院卫生主管部门组织制定的有关临床诊疗指南，抢救、治疗道路交通事故中的受伤人员。

第三十三条 保险公司赔偿保险金或者垫付抢救费用，救助基金管理机构垫付抢救费用，需要向有关部门、医疗机构核实有关情况的，有关部门、医疗机构应当予以配合。

第三十四条 保险公司、救助基金管理机构的工作人员对当事人的个人隐私应当保密。

第三十五条 道路交通事故损害赔偿项目和标准依照有关法律的规定执行。

第四章 罚 则

第三十六条 保险公司以外的单位或者个人，非法从事机动车交通事故责任强制保险业务的，由国务院保险监督管理机构予以取缔；构成犯罪的，依法追究刑事责任；尚不构成犯罪的，由国务院保险监督管理机构没收违法所得，违法所得20万元以上的，并处违法所得1倍以上5倍以下罚款；没有违法所得或者违法所得不足20万元的，处20万元以上100万元以下罚款。

第三十七条 保险公司违反本条例规定，有下列行为之一的，由国务院保险监督管理机构责令改正，处5万元以上30万元以下罚款；情节严重的，可以限制业务范围、责令停止接受新业务或者吊销经营保险业务许可证：

（一）拒绝或者拖延承保机动车交通事故责任强制保险的；

（二）未按照统一的保险条款和基础保险费率从事机动车交通事故责任强制保险业务的；

（三）未将机动车交通事故责任强制保险业务和其他保险业务分开管理，单独核算的；

（四）强制投保人订立商业保险合同的；

（五）违反规定解除机动车交通事故责任强制保险合同的；

（六）拒不履行约定的赔偿保险金义务的；

（七）未按照规定及时支付或者垫付抢救费用的。

第三十八条 机动车所有人、管理人未按照规定投保机动车交通事故责任强制保险的，由公安机关交通管理部门扣留机动车，通知机动车所有人、管理人依照规定投保，处依照规定投保最低责任限额应缴纳的保险费的2倍罚款。

机动车所有人、管理人依照规定补办机动车交通事故责任强制保险的，应当及时退还机动车。

第三十九条 上道路行驶的机动车未放置保险标志的，公安机关交通管理部门应当扣留机动车，通知当事人提供保险标志或者补办相应手续，可以处警告或者 20 元以上 200 元以下罚款。

当事人提供保险标志或者补办相应手续的，应当及时退还机动车。

第四十条 伪造、变造或者使用伪造、变造的保险标志，或者使用其他机动车的保险标志，由公安机关交通管理部门予以收缴，扣留该机动车，处 200 元以上 2000 元以下罚款；构成犯罪的，依法追究刑事责任。

当事人提供相应的合法证明或者补办相应手续的，应当及时退还机动车。

第五章 附　　则

第四十一条 本条例下列用语的含义：

（一）投保人，是指与保险公司订立机动车交通事故责任强制保险合同，并按照合同负有支付保险费义务的机动车的所有人、管理人。

（二）被保险人，是指投保人及其允许的合法驾驶人。

（三）抢救费用，是指机动车发生道路交通事故导致人员受伤时，医疗机构参照国务院卫生主管部门组织制定的有关临床诊疗指南，对生命体征不平稳和虽然生命体征平稳但如果不采取处理措施会产生生命危险，或者导致残疾、器官功能障碍，或者导致病程明显延长的受伤人员，采取必要的处理措施所发生的医疗费用。

第四十二条 挂车不投保机动车交通事故责任强制保险。发生道路交通事故造成人身伤亡、财产损失的，由牵引车投保的保险公司在机动车交通事故责任强制保险责任限额范围内予以赔偿；不足的部分，由牵引车方和挂车方依照法律规定承担赔偿责任。

第四十三条 机动车在道路以外的地方通行时发生事故，造成人身伤亡、财产损失的赔偿，比照适用本条例。

第四十四条 中国人民解放军和中国人民武装警察部队在编机动车参加机动车交通事故责任强制保险的办法，由中国人民解放军和中国人民武装警察部队另行规定。

第四十五条 机动车所有人、管理人自本条例施行之日起 3 个月内投保机动车交通事故责任强制保险；本条例施行前已经投保商业性机动车第三者责任保险的，保险期满，应当投保机动车交通事故责任强制保险。

第四十六条 本条例自 2006 年 7 月 1 日起施行。

机动车辆保险理赔管理指引

1. 2012年2月21日印发

2. 保监发〔2012〕15号

第一章　总　　则

第一条　为维护被保险人合法权益，规范财产保险公司（以下简称“公司”）机动车辆保险（以下简称“车险”）经营行为，控制经营风险，提升行业理赔管理服务水平，促进行业诚信建设，根据《中华人民共和国保险法》及相关法律法规制订《机动车辆保险理赔管理指引》（以下简称《指引》）。

第二条　本《指引》所称公司，是指在中华人民共和国境内依法经营车险的财产保险公司，包括中资保险公司、中外合资保险公司、外商独资保险公司以及外资保险公司在华设立的分公司。

第三条　本《指引》中的车险理赔是指公司收到被保险人出险通知后，依据法律法规和保险合同，对有关事故损失事实调查核实，核定保险责任并赔偿保险金的行为，是保险人履行保险合同义务的体现。

第四条　车险理赔一般应包括报案受理、调度、查勘、立案、定损（估损）、人身伤亡跟踪（调查）、报核价、核损、医疗审核、资料收集、理算、核赔、结销案、赔款支付、追偿及损余物资处理、客户回访、投诉处理以及特殊案件处理等环节。

第五条　公司应制定完整统一的车险理赔组织管理、赔案管理、数据管理、运行保障管理等制度，搭建与业务规模、风险控制、客户服务相适应的理赔管理、流程控制、运行管理及服务体系。

第六条　公司车险理赔管理及服务应遵循以下原则：

（一）强化总公司集中统一的管理、控制和监督；

（二）逐步实现全过程流程化、信息化、规范化、标准化、一致性的理赔管理服务模式；

（三）建立健全符合合规管理及风险防范控制措施的理赔管理、风险控制、客户服务信息管理系统；

（四）确保各级理赔机构人员合理分工、职责明确、责任清晰、监督到位、考核落实；

（五）理赔资源配置要兼顾成本控制、风险防范、服务质量和效率。

第七条 本《指引》明确了公司在车险理赔管理中应达到的管理与服务的基本要求。公司与客户之间的权利义务关系应以《保险法》及相关法律法规和保险合同条款为准。

第八条 中国保险监督管理委员会及其派出机构依法对公司车险理赔实施监督检查，并可向社会公开《指引》的有关执行情况。

第二章 理赔管理

第一节 组织管理和资源配置

第九条 公司应建立健全车险理赔组织管理制度。明确理赔管理架构、管理机制、工作流程及各环节操作规范，明确各类理赔机构和人员的工作职责及权限、考核指标、标准及办法。明确理赔关键环节管理机制、关键岗位人员管理方式。明确理赔岗位各相关人员资格条件，建立理赔人员培训考试及考核评级制度，制订与业务规模、理赔管理和客户服务需要相适应的理赔资源配置办法等。

第十条 公司应按照车险理赔集中统一管理原则，建立完整合理的车险理赔组织架构，有效满足业务发展、理赔管理及客户服务需要。

（一）集中统一管理原则是指总公司统一制定理赔管理制度、规范理赔服务流程及标准，完善监督考核机制，应实现全国或区域接报案集中，以及对核损、核价、医疗审核、核赔等理赔流程关键环节和关键数据修改的总公司集中管控。

（二）完整合理的理赔组织架构，应将理赔管理职能、理赔操作职能以及客户服务职能分开设置，形成相互协作、相互监督的有效管理机制。

鼓励总公司对理赔线实行人、财、物全部垂直化管理。

第十一条 公司应制定严格管控措施和IT系统管控手段，强化关键岗位和关键环节的集中统一管理、监督和控制。

对核损、核价、医疗审核、核赔等关键岗位人员，应逐步实行总公司自上而下垂直管理，统一负责聘用、下派、任命、考核、薪酬发放、职务变动以及理赔审核管理权限授予等。

第十二条 对分支机构实行分类授权理赔管理，应充分考虑公司业务规模、经营效益、管理水平、区域条件等，可以选择“从人授权”和“从机构授权”方式。从机构授权只限于总公司对省级分公司的授权。

“从人授权”应根据理赔人员专业技能、考试评级结果授予不同金额、不同类型案件的审核权限；“从机构授权”应根据分支机构的经营管理水平、风险控制能力、经营效益以及服务需求授予不同理赔环节和内容的管理权限。

鼓励公司采取“从人授权”方式，加强专业化管理。

第十三条 公司应针对不同理赔岗位风险特性，制订严格岗位互掣制度。

核保岗位不得与核损、核价、核赔岗位兼任。同一赔案中，查勘、定损与核赔岗位，核损与核赔岗位之间不得兼任。在一定授权金额内，查勘、定损与核损岗位，理算与核赔岗位可兼任，但应制定严格有效的事中、事后抽查监督机制。

第十四条 公司应根据理赔管理、客户服务和业务发展需要，充分考虑业务规模、发展速度及地域特点，拟定理赔资源配置方案，明确理赔资源和业务资源配比。保证理赔服务场所、理赔服务工具、理赔信息系统、理赔人员等资源配备充足。

（一）在设有营销服务部以上经营机构地区

1. 应设立固定理赔服务场所或在营业场所内设立相对独立理赔服务区域，接受客户上门查勘定损、提交索赔材料。理赔服务场所数量应根据业务规模、案件数量以及服务半径合理设置、科学布局。理赔服务场所应保证交通便利、标识醒目。公司应对外公布理赔服务场所地址、电话。

2. 各地保险行业协会应根据本地区地域、自然环境、道路交通情况等因素确定各理赔环节的基本服务效率标准，各公司应保证各岗位理赔人员、理赔服务工具的配备满足上述标准要求。

（二）在未设分支机构地区

公司应制定切实可行的理赔服务方案，保证报案电话畅通，采取委托第三方等便捷方式为客户提供及时查勘、定损和救援等服务。在承保时，应向客户明确说明上述情况，并告知理赔服务流程。

不能满足上述要求的，公司应暂缓业务发展速度，控制业务规模。

第十五条 公司应建立各理赔岗位职责、上岗条件、培训、考核、评级、监督等管理制度和机制，建立理赔人员技术培训档案及服务投诉档案，如实记录理赔人员技能等级、培训考核情况和服务标准执行情况。

鼓励保险行业协会逐步探索实施行业统一的理赔人员从业资格、培训考试、考核评级等制度，建立理赔人员信息库。

第十六条 公司应对理赔人员进行岗前、岗中、晋级培训并考试。制定详实可行的培训计划和考核方案，保证基本培训时间、质量和效果。

（一）岗前培训：各岗位人员上岗前应参加岗前培训和考核，培训时间不应少于60小时，考试合格后可上岗工作；

（二）岗中培训：公司应通过集中面对面授课、视频授课等形式，对各岗位人员进行培训。核损、核价、医疗审核、核赔人员每年参加培训时间不应少于100小时，其他岗位人员每年参加培训时间不应少于50小时；

（三）晋级培训：各岗位人员晋级或非核损、核价、医疗审核、核赔岗位人员拟从事核损、核价、医疗审核、核赔岗位的，应经过统一培训和考试，合格后可晋级。

第二节　赔案管理

第十七条　公司应制定覆盖车险理赔全过程的管理制度和操作规范。按照精简高效原则，对接报案、调度、查勘、立案、定损（估损）、人身伤亡跟踪（调查）、报核价、核损、医疗审核、资料收集、理算、核赔、结销案、赔款支付、追偿及损余物资处理、客户回访、投诉处理以及特殊案件处理等各环节的工作流程和操作办法进行统一规范，逐步实现标准化、一致性的理赔管理和客户服务。

为防范风险，提高工作质量和效率，理赔处理各环节衔接点要严格规范，前后各环节间应形成必要的相互监督控制机制。

第十八条　公司应建立严格的未决赔案管理制度。规范未决赔案管理流程，准确掌握未决赔案数量及处理进度；监督促进提升理赔处理时效。根据未决赔案估损及估损调整管理规则确定估损金额，确保未决赔款准备金准确计提，真实反映负债和经营结果。

第十九条　公司应制订报核价管理制度。建立或采用科学合理的汽车零配件价格标准，做好零配件价格信息维护和本地化工作。

行业协会应积极推动保险行业与汽车产业链相关行业共同研究建立科学、合理的维修配件和工时系数标准化体系。

第二十条　公司应建立特殊案件管理制度。对案件注销、注销恢复、重开赔案、通融赔案、拒赔案件、预付赔款、规定范围内的诉讼案件、追偿赔案及其它特殊案件的审核和流程进行规范，并将审批权限上收到总公司。

第二十一条　公司应建立反欺诈管理制度。总公司及分支机构应建立自上而下、内外部合作、信息共享的反欺诈专职团队。对重点领域和环节通过在理赔信息系统中设立欺诈案件和可疑赔案筛查功能加大反欺诈预防查处力度。建立投诉、举报、信访处理机制和反欺诈奖励制度，向社会公布理赔投诉电话。

有条件的地区应建立本地区保险行业内联合反欺诈处理（或信息共享）机制或保险行业与当地公安机关联合反欺诈处理（或信息共享）机制。

第二十二条　公司应建立异地理赔管理制度和考核奖惩办法。按照“异地出险，就地理赔”原则，建立信息管理系统和网络，搭建省间代查勘、代定损、代赔付操作平台，规范实务流程和操作规则，做好跨省间客户投诉管理工作，确保全国理赔服务标准规范统一。

第三节　数据管理

第二十三条　公司应建立支撑车险理赔管理、风险控制及客户服务全流程化业务处理及信息管理系统。系统间实现无缝连接，无人工干预，实时数据传送处理，避免数据漏失、人工调整及时滞差异。

第二十四条　公司应制定数据质量管理制度。加强理赔与承保、财务间数据规范性、准确性和及时性的管理监督，使业务、财务数据归集、统计口径保持一致。公司应对数据质量定期监控与考评，对疑问数据及时通报。

第二十五条　公司应规范理赔各环节间数据管理。明确数据间勾稽关系，做到历史数据可追溯，对日常数据日清日结。应确定数据维护流程、使用性质和查询范围。应制定数据标准化推行制度。对异常（风险）数据设立基础考察观测项目，根据管理控制的重点适时调整考察观测项目。

疑问数据修改应依法合规，严格修改规范。疑问数据应及时整改，整改时应充分考虑整改方案是否合理以及是否会引发其它数据质量问题，严禁随意修改。

第二十六条　公司应建立内部各部门、各地区间必要的信息交流沟通机制。根据理赔数据管理情况，实现理赔部门与产品、承保、财务、精算、法律和客户服务等相关部门间沟通及信息反馈。

建立信息平台地区，公司应及时向信息平台上传理赔信息，确保上传信息与核心业务系统信息完整一致。

第四节　运行保障

第二十七条　公司应建立理赔费用管理制度，严格按照会计制度规定，规范直接理赔费用和间接理赔费用管理。理赔费用分摊应科学、合理并符合相关规定。

直接理赔费用要严格按照列支项目和原始凭证、材料，如实列支，审批权应集中到省级或以上机构，并按照直接理赔费用占赔款的一定比例监控；间接理赔费用要制定严格的间接理赔费用预算管理、计提标准、列支项目、列支审核以及执行监督制度，间接理赔费用的列支项目和单笔大额支出应规定严格的审批流程等。

公司应将理赔费用纳入考核政策，对各级机构形成约束。

第二十八条　公司应制定未决赔款准备金管理制度。根据未决赔款数据准确估算未决赔款准备金，建立理赔与精算的联合估算规则，要真实、准确、及时反映车险经营状况，有效预警经营风险，保证经营稳定。

第二十九条 公司应加强对合作单位管理，包括合作修理厂、合作医疗机构、医疗评残机构、公估机构以及其他保险中介机构的管理。

（一）公司在选择合作单位时，应保证公正、公平、公开原则，维护被保险人、受害人以及保险人的合法权益，依法选择，严格管理，建立准入、考核、监督及退出机制。

（二）公司应保证客户自由选择维修单位的权利，不得强制指定或变相强制指定车辆维修单位。

公司选择合作修理厂，应与经过规定程序产生的车辆维修单位签订维修合作协议。承修方要保证维修质量、维修时间达到客户满意，保险公司应协助客户跟踪维修质量与进度。

保险行业协会应积极协调组织公司就保险理赔服务有关工作与汽车修理厂、医疗机构、医疗评残机构、公估机构等相关单位沟通协调，加强行业间协作。

（三）严格理赔权限管理

1. 公司严禁将核损、核价、医疗审核、核赔等关键岗位理赔权限授予合作单位等非本公司系统内的各类机构或人员。

2. 原则上不允许合作单位代客户报案，代保险公司查勘、定损（专业公估机构除外），代客户领取赔款。

第三十条 公司应制定防灾防损制度，包括控制保险标的风险，抗御灾害及应对突发事件办法，降低保险事故发生频率和减少事故损失程度技能，增强为客户服务能力。

第三十一条 公司应建立客户投诉管理制度。对客户投诉渠道、投诉信息、投诉受理人、建议解决措施、投诉结果反馈、投诉结果归档、投诉处理的监督考核等规范管理。

第三十二条 公司应建立客户回访制度，对出险客户回访量、回访类型、回访内容、问题处置流程、解决问题比率、回访统计分析与反馈、回访结果归档，回访质量监督考核办法等进行规范管理。

第三十三条 公司应建立绩效考核机制。科学设计理赔质量指标体系，制定绩效考核管理办法。

理赔质量指标体系应包括客户服务满意度、投诉率、投诉处理满意度等客户服务类指标，案均结案时长、结案率等理赔效率类指标，估损偏差率、限时立案率、未决发展偏差率、服务质量、数据质量等理赔管理类指标以及赔付率、案均赔款、理赔费用等理赔成本类指标。公司应加强对理赔质量整体考核监管，不得单纯考核赔付率，不合理压低赔偿金额，损害消费者权益，影响理赔服务质量。

第三十四条 公司应定期或不定期开展理赔质量现场或非现场专项检查，包括对理赔服务、理赔关键举措、赔案质量、特殊案件处理、理赔费用列支等问题专项检查或评估。在日常赔案管理中，总公司应加强对分支机构理赔质量的常规检查和远程非现场检查监督，必要时可进行理赔效能专项检查。

第三十五条 公司应严格遵守各项法律法规，忠实履行保险合同义务。诚实守信、合法经营，禁止下列行为：

（一）理赔人员“吃、拿、卡、要”、故意刁难客户，或利用权力谋取个人私利；

（二）利用赔案强制被保险人提前续保；

（三）冒用被保险人名义缮制虚假赔案；

（四）无正当理由注销赔案；

（五）错赔、惜赔、拖赔、滥赔；

（六）理赔人员与客户内外勾结采取人为扩大损失等非法手段骗取赔款，损害公司利益的行为；

（七）其他侵犯客户合法权益的失信或违法违规行为。

第三章 流程控制

第一节 理赔信息系统

第三十六条 公司应以支持公司理赔全过程、流程化、规范化、标准化运行管控为目标，统一规划、开发、管理和维护理赔信息系统。

第三十七条 理赔流程中关键风险点的合规管控要求，应内嵌入理赔信息系统，并通过信息系统控制得以实现。

理赔信息系统操作应与理赔实务相一致，并严格规范指导实际操作。

第三十八条 公司应保证所有理赔案件处理通过理赔信息系统，实现全流程运行管控。严禁系统外处理赔案。

第三十九条 理赔信息系统数据库应建立在总公司。总公司不得授权省级分公司程序修改权和数据修改权。所有程序、数据的修改应保存审批及操作记录。

严禁将理赔信息系统数据库建立在省级及省级以下分支机构。

第四十条 公司理赔信息系统的功能设置应满足内控制度各项要求，至少应包括以下内容：

（一）理赔信息系统应与接报案系统、承保系统、再保险系统、财务系统数据实现集成管理，无缝对接。通过公司行政审批系统审批的案件信息应该自动对接到理赔系统，如果不能自动对接，应将行政审批意见扫描并上传至理赔系统中。

（二）理赔信息系统应实现理赔全流程管控，至少包括接报案、调度、查勘、立案、定损（估损）、人身伤亡跟踪（调查）、报核价、核损、医疗审核、资料收集、理算、核赔、结销案、赔款支付、追偿及损余物资处理、客户回访、投诉处理以及特殊案件处理等必要环节及完整的业务处理信息。理赔信息系统应实时准确反映各理赔环节、岗位的工作时效。

（三）理赔信息系统应能对核损、报核价、医疗审核、核赔等重要环节实现分级授权设置，系统按照授权规则自动提交上级审核；未经最终核损人审核同意，理赔系统不能打印损失确认书。未经最终核赔人审核同意，理赔系统不得核赔通过，财务系统不得支付赔款。

（四）理赔信息系统应按法律法规及条款约定设定理算标准及公式。

（五）理赔信息系统中不得单方面强制设置保险条款以外的责任免除、赔款扣除等内容。

（六）理赔信息系统数据应保证完整、真实并不能篡改。

（七）理赔信息系统应设置反欺诈识别提醒功能，对出险时间与起保或终止时间接近、保险年度索赔次数异常等情况进行提示。

（八）理赔信息系统可在各环节对采集到的客户信息进行补充修正，确保客户信息真实、准确、详实。

（九）理赔信息系统应具备影像存储传输功能，逐步实现全程电子化单证，推行无纸化操作；鼓励公司使用远程视频传输系统功能。

（十）理赔信息系统可对符合快速处理条件的赔案适当简化流程。

（十一）理赔信息系统应加强对一人多岗的监控，严禁使用他人工号。

第四十一条 公司应制订应急处理机制，保证系统故障时接报案等理赔服务工作及时有序进行。

第二节 接 报 案

第四十二条 公司应实行接报案全国或区域统一管理模式，不得将接报案统一集中到省级或以下机构管理。所有车险理赔案件必须通过系统接报案环节录入并生成编号后方可继续下一流程。

第四十三条 公司应建立有效报案甄别机制，通过接报案人员采用标准话术详细询问、接报案受理后及时回访等方法，逐步减少无效报案。

第四十四条 报案时间超过出险时间48小时的，公司应在理赔信息系统中设定警示标志，并应录入具体原因。公司应对报案时间超过出险时间15天的案件建立监督审核机制。

第四十五条 接报案时，理赔信息系统应自动查询并提示同一保单项下或同一车辆的以往报案记录，包括标的车辆作为第三者车辆的案件记录。对30天内多次报案的应设警示标志，防止重复报案并降低道德风险。

第四十六条 公司应积极引导被保险人或肇事司机直接向保险公司报案。对由修理单位等机构或个人代被保险人报案的，公司应要求其提供被保险人真实联系方式，并向被保险人核实。同时，公司应在后续理赔环节中通过查验被保险人有效身份证件或与被保险人见面方式对案件进行核实。

第四十七条 公司接报案受理人员应仔细询问并记录报案信息，报案记录应尽可能详尽，至少应包括以下内容：保单信息、出险车辆信息、被保险人信息、报案人信息、驾驶员信息、出险情况、损失情况、事故处理及施救等情况。

完成报案记录后，接报案人员或查勘人员要及时向报案人或被保险人详细明确说明理赔处理流程和所需证明材料等有关事项。

为方便客户了解赔偿程序和索赔要领，公司应向客户提供多渠道、多方式解释说明。

第三节 调　　度

第四十八条 公司应建立完善、科学的调度体系，利用信息化手段准确调度，提高效率。

第四十九条 公司应通过调度系统实时掌握理赔人员、理赔车辆、理赔任务的工作状态。

第四节 查　　勘

第五十条 公司应通过移动终端、远程控制或双人查勘等方式确保现场查勘信息真实。对重大、可疑赔案，应双人、多人查勘。

公司应加大对疑难重大案件复勘力度，并对第一现场、复勘现场、无现场查勘方式进行统计。

公司应建立查勘应急处理机制，防范并妥善处理突发大案或案件高峰期可能出现的查勘资源配置不到位。

第五十一条 理赔案件查勘报告应真实客观反映查勘情况，查勘报告重要项目应填写完整规范。重要项目至少应包括：出险车辆信息、驾驶员信息、事故成因、经过和性质、查勘时间、地点、内容、人员伤亡情况、事故车辆损失部位、程度等情况、查勘人员签名等。

现场照片应清楚反映事故全貌和损失情况。公司应采取技术手段防止或识别数码相片的修改。

查勘信息应及时录入理赔系统，超过规定时限的，应提交上级管理人员，对查勘人员进行考核处罚。

第五十二条 查勘人员应详细记录客户信息，了解事故情况，进行调查取证。

查勘人员应向客户递交书面“索赔须知”，并进行必要讲解，提示客户及时提出索赔申请。“索赔须知”至少应包括：索赔程序指引、索赔需提供的资料、理赔时效承诺、理赔投诉电话、理赔人员信息、理赔信息客户自主查询方式方法以及其他注意事项等。

第五十三条 公司查勘人员应在查勘环节收集真实完整的客户信息，并在后续环节中不断完善补充。

第五十四条 公司应对委托外部机构查勘严格管理。公司应制定外部合作机构资质标准，并与委托查勘机构签订合作协议。分支机构委托外部机构查勘的，应经总公司审批授权。

第五十五条 鼓励公司印制防伪易碎贴或防伪易碎封签（标签），加贴于特定部位，防止损坏配件被恶意替换，并加强配件残值管理处置。主要用于以下方面：

（一）第一现场估损符合自动核价条件的，对需要回收残值的配件加贴。

（二）第一现场不能估损的案件，对外表损坏配件加贴，对易产生替换和可能损坏的配件加贴；对需监督拆解车辆，在拆解关键点加贴。

（三）水损事故中对损失与否不能确认的配件，如电脑板等加贴。

第五十六条 公司应严格按照《保险法》及相关法律法规和保险合同的约定，在法律规定时限内，核定事故是否属于保险责任。情形复杂的，应在30日内作出核定，但合同另有约定的除外。不属于保险责任的，应自作出核定之日起3日内向被保险人发出拒绝赔偿通知书并说明理由，将索赔单证扫描存入系统后，退还相关索赔单证，并办理签收手续。

第五节 立　　案

第五十七条 公司应加强立案过程管理，确保立案时估损金额尽量准确。公司原则上应实行报案即立案。接到报案后应及时在理赔信息系统中进行立案处理。系统应设置超过3日尚未立案则强制自动立案功能。

第五十八条 公司应及时充足准确录入估损金额，对自动立案并通过理赔系统对案件进行自动估损赋值的，应本着充分原则，赋值金额参考历史同类案件的案均赔款或其他合理统计量确定。公司应根据险别、有无人伤等不同情况明确赋值规则。

第六节 定损（估损）

第五十九条 公司定损人员应准确记录损失部位和项目，提出修理、更换建议，及时录入理赔信息系统。并请客户签字确认损失部位和项目。

第六十条 定损人员应及时向客户说明损失情况，并就定损项目、修复方式、配件类型、维修金额等向客户耐心细致解释。核损通过后的损失确认书，应由客户签字确认。对客户自行承担的损失，应明确告知客户并做好解释说明。

定损项目和金额需要调整的，定损人员应征得客户同意并签字确认。

第六十一条 公司应对委托外部机构定损严格管控。

第七节 报核价

第六十二条 公司应建立专业报核价队伍，在理赔信息系统中设置报核价模块，逐步实现常用配件自动报价。

第六十三条 公司应维护更新零部件价格信息，推行价格信息本地化，保证价格信息与区域市场匹配。

公司应采用经国家有关部门批准和认证的正规配件企业生产、符合原厂技术规范和配件性能标准、有合法商标、质量检验合格的配件。

第八节 核损

第六十四条 公司应高度重视核损环节管理，加强核损队伍建设，提高核损人员专业技能。

第六十五条 核损人员应认真核对查勘、定损人员提交的事故现场查勘情况，与客户填报的事故经过是否一致，确定事故真伪及是否属于保险责任。

鼓励公司核损人员对拟提供给客户的“索赔须知”内容进行审核，确保对需提供的索赔材料说明准确。

第六十六条 核损人员应对定损人员提交的标的损失项目、修复方式、估损金额，根据报核价环节提供的配件价格信息进行远程在线审核或现场审核，并提出审核意见。

第六十七条 理赔信息系统应自动按照核损通过数值调整未决赔款金额。对于未决赔款金额波动较大的，应在系统中设置提醒标志。

第九节 人伤跟踪和医疗审核

第六十八条 总公司应建立人身伤亡案件（以下简称为“人伤”）审核专业管理团队，省级及以下理赔部门设置专职人伤跟踪（调查）和医疗审核团队或岗位，参与人伤损失的事故查勘、损伤调查、处理跟踪、协助和解、参与诉讼、资料收集、单证审核和费用核定等工作。公司应制订人伤跟踪、审核实务，应实现提前介入、过程跟踪、全程协助、加强管控的目标。

公司原则上应设置专线电话，安排人伤专业人员，为被保险人或受害人提供人伤处理全程咨询服务。

公司应加大人伤调查力度，制订人伤调查要求、具体内容和调查时效。

人伤审核人员应主动参与被保险人与事故受害人之间的损害赔偿和解工作，促成双方达成满意的和解结果。

在被保险人与受害人之间发生诉讼纠纷时，公司应积极主动协助被保险人做好诉讼案件处理工作。

第六十九条 公司在人伤跟踪过程中，应及时就诊疗方案、用药标准、后续治疗费用、残疾器具使用等问题向医疗单位、被保险人或受害人进行了解，并及时修正未决赔案估损金额。

第七十条 公司应根据相关法律法规和保险合同，按照以人为本和有利及时救治原则，进行人伤费用审核和支付。

第七十一条 公司对需进行伤残鉴定的人伤案件，应优先推荐和引导伤者到当地公信力较高的伤残鉴定机构进行评定，确保评残公正、客观。公司应跟踪评残过程及鉴定结果，发现疑义的应及时向鉴定机构反馈或要求复评。

公司应将“低残高评”、“疑义伤残”等记录在案，向有关主管部门反馈。

第十节 资料收集

第七十二条 公司接收、记录客户送达的索赔资料时，应按照“索赔须知”当场查验索赔资料是否齐全，及时出具接收回执。回执上应注明公司接收人、接收时间和公司咨询电话。

第七十三条 公司认为有关证明和资料不完整的，应当及时一次性书面通知投保人、被保险人或者受益人补充提供。

第十一节 理 算

第七十四条 公司对索赔资料齐全、无异议的案件，应及时完成理算工作。

第十二节 核 赔

第七十五条 公司理赔时效标准不得低于法律法规以及行业关于理赔时效的规定。

公司自收到索赔请求和有关证明、资料之日起60日内，对其赔偿数额不能确定的，应根据已有证明和资料可以确定的数额先予支付。最终确定赔偿数额后，支付相应差额。

第七十六条 公司应对疑难案件会商，在充分尊重事实，准确适用法律，综合评定各方利益，并与客户有效沟通后，做出最终结论，并将结果及时反馈。

第十三节 结 销 案

第七十七条 公司应当在全部损失标的核赔通过后自动或人工结案。结案后的重开赔案权限应通过理赔信息系统上收至总公司。

第七十八条 公司应明确规定赔案注销、零结案和拒赔条件，严格注销案件、零结案和拒赔管理。

注销恢复案件处理权限应通过理赔信息系统上收至总公司。

第十四节 赔 款 支 付

第七十九条 公司应在与客户达成赔偿协议后10日内赔付。公司应及时通知客户领取保险赔款，定期清理已决未支付赔案。不得通过预付赔款方式支付已达成协议的赔款。

鼓励公司建立快速理赔机制。

第八十条 公司应在理赔信息系统中设定赔款收款人姓名、账号和开户银行名称，赔款支付时应遵守反洗钱的相关规定。

在赔款成功支付后，公司应通过电话、短信或书面等方式告知客户。

鼓励公司在客户投保时，积极引导客户约定赔款支付方式、明确赔款支付对象、开户行、账号等信息。

第八十一条 被保险人为个人的，公司应积极引导被保险人通过银行转账方式领取保险赔款。保险赔款金额超过一定金额的，要通过非现金方式支付，且支付到与被保险人、道路交通事故受害人等符合法律法规规定的人员名称相一致的银行账户。

各地区、各公司可根据实际情况，制订现金支付的最高限额。

第八十二条 被保险人为单位的，公司应严格按照有关支付结算规定，对1000元以上的保险赔款要通过非现金方式支付，且支付到与被保险人、道路交通事故受害人等符合法律法规规定的人员名称相一致的银行账户。

各地区、各公司可根据实际情况，进一步限定采取汇款、网上银行等无背书功能的转账支付方式。

鼓励公司采取无现金支付方式支付赔款。

第八十三条 公司应严格管控代领保险赔款风险。

（一）严格“直赔”修理厂管理

公司对签订“直赔”协议的修理单位（以下简称“直赔厂”），必须严格管理监督。

1. 不得将代报案、代查勘权限授予直赔厂。

2. 直赔厂在代客户索赔时，应提供维修发票、维修清单以及被保险人出具的授权书原件、身份证明等材料。

3. 公司应通过银行采用无背书功能的转账支付方式将保险赔款划入以承修事故车辆的修理单位为户名的银行账户，并通过电话回访或书面方式告知被保险人。

4. 对于不能提供被保险人真实联系方式、授权书的修理单位，公司不应与其签订或续签“直赔”协议。

（二）严格管控其他单位或个人代领保险赔款

对于直赔厂之外的其他单位或个人代被保险人或道路交通事故受害人领取保险赔款的，必须提供被保险人或道路交通事故受害人有效身份证明原件、授权书原件以及代领赔款人身份证明原件。

赔款支付方式按照第八十一条和第八十二条的规定执行。

第八十四条 被保险人给第三者造成损害，被保险人对第三者应负的赔偿责任确定的，根据被保险人的请求，公司应直接向该第三者赔偿保险金。被保险人怠于请求的，第三者有权就其应获赔偿部分直接向公司请求赔偿，公司应受理。

第十五节 追偿及损余物资处理

第八十五条 公司应加强代位追偿案件管理，制订制度规范以及追偿案件的业务、财务处理方式及流程。

第八十六条 公司应制订损余物资管理办法。损余物资折归被保险人的，应与被保险人协商同意，确保公平合理。

公司回收损余物资的，应在理赔信息系统中准确录入损余物资管理信息和处置情况，统计损余物资处置金额。处理款项应及时冲减赔款。

对于盗抢险追回车辆、推定全损车辆的损余处理，应上收到省级或以上机构统一处理。

第四章 理赔服务

第一节 服务标准

第八十七条 理赔服务应贯彻于理赔全过程，包括风险管理、客户回访、投诉处理等内容。

第八十八条 公司应制订理赔服务规范，确保流程控制中各环节理赔手续简便、服务时效明确、服务标准一致。

第八十九条 公司应建立“首问负责制”，保证流程顺畅，不互相推诿。

最先受理客户咨询、投诉的人员作为首问责任人，负责处理或督促相关部门解决客户提出的各类问题，并跟踪至问题解决。

第九十条 公司应设立全国统一的服务电话号码，并向社会公示，24 小时 × 365 天接受报案和咨询。公司应保证报案电话畅通，接通率不低于 85%。

公司应提供 24 小时 ×365 天查勘定损服务。

各地保险行业协会应根据本地实际情况，规定理赔人员到达事故现场时限，并向社会公布。

第九十一条 公司应建立理赔服务指标体系。理赔服务指标至少应包括：报案电话接通率、到达现场时长、平均结案周期、小额赔案结案周期、赔付时效、客户有效投诉率等。

各地保险行业协会应根据本地实际情况，制定理赔服务指标参考标准，并向社会公布。

第九十二条 公司应统一查勘定损员服装样式，统一制作并悬挂胸牌，按照公司视觉识别标识统一进行查勘车辆的外观喷涂和编号，便于各级理赔服务工作管理监督，提升理赔服务形象。

第九十三条 公司应制订理赔标准用语规范，涵盖理赔全流程。理赔人员在服务过程中应体现出良好的保险职业道德和精神风貌，主动迅速准确为客户提供优质服务。

第九十四条 异地理赔服务、委托外部机构理赔服务不得低于规定的理赔服务时效、理赔标准。

第二节 服务内容

第九十五条 公司应高度重视车险理赔服务工作，进一步强化理赔服务意识、增强理赔服务能力、提高理赔服务质量。

公司应积极协助被保险人向责任对方（责任对方是指在事故中对被保险人负有赔偿责任的当事人）进行索赔；当被保险人选择直接向投保保险公司索赔，并将向责任对方请求赔偿的权利转让给保险公司时，保险公司应该认真履行赔付义务。

各公司之间应进一步加强沟通协调。对于涉及多家保险公司的赔案，各公司均应积极参与处理，不得推诿。

为提高运行效率，各省级行业协会应逐步依托行业车险信息平台尽快实现数据及时传递和共享，应组织保险公司逐步建立行业间定损标准、赔付标准和追偿实务标准，积极解决保险理赔服务问题，提高客户满意度。

第九十六条 公司应根据赔案类型、客户分类和赔付数据建立差异化理赔服务机制。

公司应建立小额赔案理赔快速处理机制，不断提高小额案件理赔时效和服务质量。小额赔案的标准和赔付时限由各省级行业协会根据情况确定。

第九十七条 公司可在合理成本范围内为客户提供车辆救援、风险管理等增值服务。

第九十八条 公司应提供多渠道的理赔信息反馈服务。公司应按照相关规定，提供理赔信息自助查询服务。公司应在与理赔相关的营业场所或服务场所，张贴统一印制的索赔指引或索赔流程图，在保险凭证和保险宣传资料上明示服务电话，制订并对外公布理赔服务承诺。

公司应逐步实施电话、短信通知提醒、网络平台上传资料等服务内容。

第三节 服务保证

第九十九条 公司应建立客户回访制度，应设专职人员在赔款支付15个工作日内进行客户回访，各公司应根据案件量确保一定回访比例。

建立客户回访台账或留存回访电话录音，内容至少应包括：案件情况真实性、理赔服务质量、赔款领取情况等。回访记录应妥善保存，自保险合同终止之日起计算，保管期限不得少于5年。

第一百条 公司应建立投诉信访处理机制，设立客户服务部门或者咨询投诉岗位，向社会公布理赔投诉电话，接受社会监督。

（一）公司应设专职人员负责受理客户理赔投诉工作。建立客户投诉登记台帐，台帐内容至少应包括：投诉编号、投诉日期、投诉人及联系方式、被投诉人、涉及保单或赔案号、投诉原因、投诉具体内容、处理结果、答复客户日期等。

（二）对保险监管部门按照规定转办的涉及理赔服务方面的信访事项，不得推诿、敷衍、拖延、弄虚作假，由公司分管领导负责并按照监管部门要求报告受理情况和办理结果。

（三）上门投诉的客户，有专人负责接待，尽最大努力即时解决。无法即时解决的，明确答复时限。其他形式（如电话、传真、信访和电子邮件等）的一般性投诉，承办部门应在3个工作日内答复；重大、疑难类投诉，应在5个工作日内答复。

对信访投诉情况定期分析，并采取改进措施。

第一百零一条 公司应建立并不断完善重大突发性事件、群体性投诉和媒体曝光事件的应急机制。

第一百零二条 公司应建立对理赔服务的内部稽核检查机制。

公司应通过客户服务暗访、客户满意度调查制度等多种方式对理赔服务质量监督检查，确保理赔服务水平。

第一百零三条 公司在加强理赔管理的同时，应不断提升理赔服务水平，落实理赔服务承诺，不得以打击车险骗赔等各种理由为名，降低车险理赔服务质量。

第五章 附 则

第一百零四条 车险电销专用产品业务的理赔及后续管理等原则上在保险标的所在地进行，并实行属地管理。

第一百零五条 交强险案件的理赔，应严格遵照监管部门及行业协会的有关规定执行。

第一百零六条 公司在与保险公估机构建立业务合作关系时，双方签订的合作协议中应明确规定保险公估机构提供的相关服务不低于本《指引》要求的管理与服务质量水平。

第一百零七条 本《指引》自下发之日起实施。

农业保险条例

1. 2012年11月12日国务院令第629号公布
2. 根据2016年2月6日国务院令第666号《关于修改部分行政法规的决定》修订

第一章 总 则

第一条 为了规范农业保险活动，保护农业保险活动当事人的合法权益，提高农业生产抗风险能力，促进农业保险事业健康发展，根据《中华人民共和国保险法》、《中华人民共和国农业法》等法律，制定本条例。

第二条 本条例所称农业保险，是指保险机构根据农业保险合同，对被保险人在种植业、林业、畜牧业和渔业生产中因保险标的遭受约定的自然灾害、意外事故、疫病、疾病等保险事故所造成的财产损失，承担赔偿保险金责任的保险活动。

本条例所称保险机构，是指保险公司以及依法设立的农业互助保险等保险组织。

第三条 国家支持发展多种形式的农业保险，健全政策性农业保险制度。

农业保险实行政府引导、市场运作、自主自愿和协同推进的原则。

省、自治区、直辖市人民政府可以确定适合本地区实际的农业保险经营模式。

任何单位和个人不得利用行政权力、职务或者职业便利以及其他方式强迫、限制农民或者农业生产经营组织参加农业保险。

第四条 国务院保险监督管理机构对农业保险业务实施监督管理。国务院财政、农业、林业、发展改革、税务、民政等有关部门按照各自的职责，负责农业保险推进、管理的相关工作。

财政、保险监督管理、国土资源、农业、林业、气象等有关部门、机构应当建立农业保险相关信息的共享机制。

第五条 县级以上地方人民政府统一领导、组织、协调本行政区域的农业保险工作，建立健全推进农业保险发展的工作机制。县级以上地方人民政府有关部门按照本级人民政府规定的职责，负责本行政区域农业保险推进、管理的相关工作。

第六条 国务院有关部门、机构和地方各级人民政府及其有关部门应当采取多种形式，加强对农业保险的宣传，提高农民和农业生产经营组织的保险意识，组织引导农民和农业生产经营组织积极参加农业保险。

第七条 农民或者农业生产经营组织投保的农业保险标的属于财政给予保险费补贴范围的，由财政部门按照规定给予保险费补贴，具体办法由国务院财政部门商国务院农业、林业主管部门和保险监督管理机构制定。

国家鼓励地方人民政府采取由地方财政给予保险费补贴等措施，支持发展农业保险。

第八条 国家建立财政支持的农业保险大灾风险分散机制，具体办法由国务院财政部门会同国务院有关部门制定。

国家鼓励地方人民政府建立地方财政支持的农业保险大灾风险分散机制。

第九条 保险机构经营农业保险业务依法享受税收优惠。

国家支持保险机构建立适应农业保险业务发展需要的基层服务体系。

国家鼓励金融机构对投保农业保险的农民和农业生产经营组织加大信贷支持力度。

第二章 农业保险合同

第十条 农业保险可以由农民、农业生产经营组织自行投保，也可以由农业生产经营组织、村民委员会等单位组织农民投保。

由农业生产经营组织、村民委员会等单位组织农民投保的，保险机构应当在订立农业保险合同时，制定投保清单，详细列明被保险人的投保信息，并由被保险人签字确认。保险机构应当将承保情况予以公示。

第十一条 在农业保险合同有效期内，合同当事人不得因保险标的的危险程度发生变化增加保险费或者解除农业保险合同。

第十二条 保险机构接到发生保险事故的通知后，应当及时进行现场查勘，会同被保险人核定保险标的的受损情况。由农业生产经营组织、村民委员会等单位组织农民投保的，保险机构应当将查勘定损结果予以公示。

保险机构按照农业保险合同约定，可以采取抽样方式或者其他方式核定保险标的的损失程度。采用抽样方式核定损失程度的，应当符合有关部门规定的抽样技术规范。

第十三条 法律、行政法规对受损的农业保险标的的处理有规定的，理赔时应当取得受损保险标的已依法处理的证据或者证明材料。

保险机构不得主张对受损的保险标的残余价值的权利，农业保险合同另有约定的除外。

第十四条 保险机构应当在与被保险人达成赔偿协议后 10 日内，将应赔偿的保险金支付给被保险人。农业保险合同对赔偿保险金的期限有约定的，保险机构应当按照约定履行赔偿保险金义务。

第十五条 保险机构应当按照农业保险合同约定，根据核定的保险标的的损失程度足额支付应赔偿的保险金。

任何单位和个人不得非法干预保险机构履行赔偿保险金的义务，不得限制被保险人取得保险金的权利。

农业生产经营组织、村民委员会等单位组织农民投保的，理赔清单应当由被保险人签字确认，保险机构应当将理赔结果予以公示。

第十六条 本条例对农业保险合同未作规定的，参照适用《中华人民共和国保险法》中保险合同的有关规定。

第三章 经营规则

第十七条 保险机构经营农业保险业务，应当符合下列条件：

（一）有完善的基层服务网络；

（二）有专门的农业保险经营部门并配备相应的专业人员；

（三）有完善的农业保险内控制度；

（四）有稳健的农业再保险和大灾风险安排以及风险应对预案；

（五）偿付能力符合国务院保险监督管理机构的规定；

（六）国务院保险监督管理机构规定的其他条件。

除保险机构外，任何单位和个人不得经营农业保险业务。

第十八条 保险机构经营农业保险业务，实行自主经营、自负盈亏。

保险机构经营农业保险业务，应当与其他保险业务分开管理，单独核算损益。

第十九条 保险机构应当公平、合理地拟订农业保险条款和保险费率。属于财政给予保险费补贴的险种的保险条款和保险费率，保险机构应当在充分听取省、自治区、直辖市人民政府财政、农业、林业部门和农民代表意见的基础上拟订。

农业保险条款和保险费率应当依法报保险监督管理机构审批或者备案。

第二十条 保险机构经营农业保险业务的准备金评估和偿付能力报告的编制，应当符合国务院保险监督管理机构的规定。

农业保险业务的财务管理和会计核算需要采取特殊原则和方法的，由国务院财政部门制定具体办法。

第二十一条 保险机构可以委托基层农业技术推广等机构协助办理农业保险业务。保险机构应当与被委托协助办理农业保险业务的机构签订书面合同，明确双方权利义务，约定费用支付，并对协助办理农业保险业务的机构进行业务指导。

第二十二条 保险机构应当按照国务院保险监督管理机构的规定妥善保存农业保险查勘定损的原始资料。

禁止任何单位和个人涂改、伪造、隐匿或者违反规定销毁查勘定损的原始资料。

第二十三条 保险费补贴的取得和使用，应当遵守依照本条例第七条制定的具体办法的规定。

禁止以下列方式或者其他任何方式骗取农业保险的保险费补贴：

（一）虚构或者虚增保险标的或者以同一保险标的进行多次投保；

（二）以虚假理赔、虚列费用、虚假退保或者截留、挪用保险金、挪用经营费用等方式冲销投保人应缴的保险费或者财政给予的保险费补贴。

第二十四条 禁止任何单位和个人挪用、截留、侵占保险机构应当赔偿被保险人的保险金。

第二十五条 本条例对农业保险经营规则未作规定的，适用《中华人民共和国保险法》中保险经营规则及监督管理的有关规定。

第四章 法律责任

第二十六条 保险机构不符合本条例第十七条第一款规定条件经营农业保险业

务的，由保险监督管理机构责令限期改正，停止接受新业务；逾期不改正或者造成严重后果的，处10万元以上50万元以下的罚款，可以责令停业整顿或者吊销经营保险业务许可证。

保险机构以外的其他组织或者个人非法经营农业保险业务的，由保险监督管理机构予以取缔，没收违法所得，并处违法所得1倍以上5倍以下的罚款；没有违法所得或者违法所得不足20万元的，处20万元以上100万元以下的罚款。

第二十七条 保险机构经营农业保险业务，有下列行为之一的，由保险监督管理机构责令改正，处10万元以上50万元以下的罚款；情节严重的，可以限制其业务范围、责令停止接受新业务：

（一）编制或者提供虚假的报告、报表、文件、资料；

（二）拒绝或者妨碍依法监督检查；

（三）未按照规定使用经批准或者备案的农业保险条款、保险费率。

第二十八条 保险机构经营农业保险业务，违反本条例规定，有下列行为之一的，由保险监督管理机构责令改正，处5万元以上30万元以下的罚款；情节严重的，可以限制其业务范围、责令停止接受新业务：

（一）未按照规定将农业保险业务与其他保险业务分开管理，单独核算损益；

（二）利用开展农业保险业务为其他机构或者个人牟取不正当利益；

（三）未按照规定申请批准农业保险条款、保险费率。

保险机构经营农业保险业务，未按照规定报送农业保险条款、保险费率备案的，由保险监督管理机构责令限期改正；逾期不改正的，处1万元以上10万元以下的罚款。

第二十九条 保险机构违反本条例规定，保险监督管理机构除依照本条例的规定给予处罚外，对其直接负责的主管人员和其他直接责任人员给予警告，并处1万元以上10万元以下的罚款；情节严重的，对取得任职资格或者从业资格的人员撤销其相应资格。

第三十条 违反本条例第二十三条规定，骗取保险费补贴的，由财政部门依照《财政违法行为处罚处分条例》的有关规定予以处理；构成犯罪的，依法追究刑事责任。

违反本条例第二十四条规定，挪用、截留、侵占保险金的，由有关部门依法处理；构成犯罪的，依法追究刑事责任。

第三十一条 保险机构违反本条例规定的法律责任，本条例未作规定的，适用

《中华人民共和国保险法》的有关规定。

第五章　附　　则

第三十二条　保险机构经营有政策支持的涉农保险，参照适用本条例有关规定。

涉农保险是指农业保险以外、为农民在农业生产生活中提供保险保障的保险，包括农房、农机具、渔船等财产保险，涉及农民的生命和身体等方面的短期意外伤害保险。

第三十三条　本条例自 2013 年 3 月 1 日起施行。

农业保险承保理赔管理办法

1. 2022 年 2 月 17 日印发

2. 银保监规〔2022〕4 号

3. 自 2022 年 4 月 1 日起施行

第一章　总　　则

第一条　为加强农业保险监管，进一步规范农业保险承保理赔管理，加快推动农业保险高质量发展，依据《中华人民共和国保险法》（以下简称《保险法》）、《农业保险条例》等有关法律法规，制定本办法。

第二条　本办法适用于种植业保险、养殖业保险和森林保险业务。

第三条　本办法所称保险机构，是指符合银保监会关于农业保险业务经营条件规定的财产保险公司及其分支机构。本办法所称协办机构，是指受保险机构委托，协助办理农业保险业务的财政、农业农村、林草、村民委员会、农村集体经济组织等基层机构。

第四条　保险机构开展农业保险承保理赔服务时，应当尊重农业生产规律，遵循依法合规、诚实信用、优质高效、创新发展原则，保护农业保险活动当事人合法权益。

第二章　承 保 管 理

第五条　农业保险可以由农民、农业生产经营组织自行投保，也可以由农业生产经营组织、村民委员会等单位组织农民投保。

第六条　保险机构在承保前应当以现场、线上等形式宣讲相关惠农政策、服务标准和监管要求等内容。由农业生产经营组织或村民委员会等单位组织农民投保的，可以组织投保人、被保险人召开宣传说明会，现场发放投保险种保险条款，重点讲解保险责任、责任免除、赔款处理等内容。

第七条 保险机构应当严格履行说明义务，在投保单、保险单上作出足以引起投保人注意的提示，并向投保人重点说明投保险种的保险责任、责任免除、合同双方权利义务、特别约定、理赔标准和方式等条款内容。

第八条 保险机构和组织投保的单位应当保障投保人、被保险人的知情权和自主权，不得欺骗、误导投保，不得以不正当手段强迫投保或限制投保。

保险机构及其工作人员不得向投保人、被保险人给予或承诺给予保险合同约定以外的保费回扣、赔付返还或者其他利益。

第九条 保险机构应当准确完整记录投保信息。业务系统中投保信息必录项应当至少包括：

（一）客户信息。投保人、被保险人姓名或者组织名称、身份证号码或统一社会信用代码、联系方式、联系地址等。存在特殊情形的，可由投保人、被保险人授权直系亲属代为办理，但需留存直系亲属的身份证号码、联系方式等，同时注明其与投保人、被保险人的关系。

（二）保险标的信息。种植业保险标的数量、品种、地块或村组位置，养殖业保险标的数量、品种、地点位置、标识或有关信息，森林保险标的数量、属性、地点位置等。

（三）其他信息。投保险种、保费金额、保险费率、自缴保费、保险金额、保险期间等。

保险机构应当加强科技应用，可以采用生物识别等技术手段，对标的进行标识并记录，确保投保信息真实、准确、完整。

第十条 保险机构开展承保工作，应当真实、准确、完整记录投保信息，严禁虚假记录或编制投保信息。相关承保业务单证（包括分户投保清单）应当由投保人、被保险人签名或盖章确认。存在特殊情形的，可由投保人、被保险人授权直系亲属代为办理，保险机构应当留存同等法律效力的证明资料。

对于农业生产经营组织或村民委员会等单位组织投保的业务，还应由投保组织者核对并盖章确认。

保险机构可以采取投保人、被保险人电子签名等可验证方式确认投保清单。保险机构工作人员、协办人员不得篡改承保信息。

第十一条 保险机构应当对保险标的真实性、准确性、权属和风险等情况进行查验，并妥善保存相关证明资料。对保险标的不具有保险利益的个人或单位，保险机构不得将其确定为被保险人。

第十二条 保险机构应当根据保险标的特征和分布等情况，采用全检或比例抽查方式查验标的，核查保险标的位置、数量、权属和风险等情况。保险机构可以从当地财政、农业农村、林草等部门或相关机构取得保险标的有关信息，辅助核查投保信息的真实性。

承保种植业保险，还应当查验被保险人土地承包经营权证书或土地承包经营租赁合同；被保险人确实无法提供的，应由管理部门或组织出具证明资料。

承保养殖业保险，还应当查验保险标的存栏数量、防灾防疫、标识标志等情况；被保险人为规模养殖场的，还应当查验经营许可证明等资料。

承保森林保险，还应当查验被保险人山林权属证明或山林承包经营租赁合同；被保险人确实无法提供的，应当由管理部门或组织出具证明资料。

第十三条 保险机构应当对标的查验情况进行拍摄，并确保影像资料清晰、完整、未经任何修改。查验影像应能反映查验人员、查验日期、承保标的特征和规模等。养殖业如有特殊情形，经被保险人与保险人双方同意，可由被保险人提供相关影像和证明资料。

保险机构应当将影像资料上传至业务系统作为核保的必要档案。保险机构可以采用无人机、遥感等远程科技手段查验标的。

第十四条 对于组织投保的业务，在订立农业保险合同时，保险机构应当制作分户投保清单，列明被保险人的相关投保信息。

在依法保护个人信息的前提下，保险机构应当对分户投保清单进行不少于3天的承保公示。承保公示方式包括：在村级或农业生产经营组织公共区域张贴公告；通过政府公共网站、行业信息平台发布；经被保险人同意的其他线上公示方式。

公示期间，投保人、被保险人对公示信息提出异议的，保险机构应当及时核查、据实调整，并将核查情况及时反馈相关投保人、被保险人。

第十五条 保险机构应当集中核保，原则上由总公司或省级分公司集中核保，特殊情形可临时授权中心支公司进行核保。保险机构应当合理设置核保权限，明确核保人员职责与权限，实行核保授权分级管理制度。

保险机构应当对投保单、分户投保清单、验标影像、承保公示资料等承保要件以及保险金额、保险费率、保险期间等承保条件进行认真审核，重点审核承保信息的真实性、准确性、完整性。不符合规定要求或缺少相关内容的，不得审核通过。

第十六条 保险机构应当在确认收到农民或农业生产经营组织应缴保费后，出具保险单。保险单或保险凭证应当及时发放到户。

第十七条 保险机构应当加强批改管理，合理设置保单批改权限，由总公司或省级分公司集中审批。保险机构应当在业务信息系统中真实、准确、完整记录批改说明及证明资料。

涉及投保人、被保险人个人信息和承保重要信息变动的，应当由投保人、被保险人签名或盖章确认。

第三章 理赔管理

第十八条 保险机构应当以保障被保险人合法权益为出发点，遵循“主动、迅速、科学、合理”原则，做好理赔工作。保险机构应当重合同、守信用，不得平均赔付、协议赔付。

第十九条 保险机构应当加强接报案管理，保持报案渠道畅通，24小时接受报案。

接报案应当由总公司或省级分公司集中受理，报案信息应当及时准确录入业务系统。对于省级以下分支机构或经办人员直接收到的报案，应当引导或协助报案人报案。对于未能及时报案的案件，应当在业务系统中记录延迟报案的具体原因和情况说明。

第二十条 保险机构应当建立农业保险查勘制度，查勘应当真实客观反映标的损失情况，查勘过程应当完整、规范。

第二十一条 接到报案后，保险机构应当在24小时内进行查勘，因客观原因难以及时查勘的，应当与报案人联系并说明原因。

发生种植业、森林灾害，保险机构可以依照相关农业、林业技术规范，抽取样本测定保险标的损失程度。对于情况复杂、难度较高的，可以委托农业、林业等领域有资质的第三方专业机构协助开展查勘定损。保险机构可以采用无人机、遥感等远程科技手段开展查勘定损工作。

发生养殖业灾害，保险机构应当及时查勘。有标识信息的，应当将标识信息录入业务系统，保险机构业务系统应当具备标识唯一性的审核、校验和出险注销等功能。政府对承保标的有无害化处理要求的，保险机构应当将无害化处理作为理赔的前提条件；对于不能确认无害化处理的，不予赔偿。

第二十二条 保险机构应当对损失情况进行拍摄，并确保影像资料清晰、完整、未经任何修改。查勘影像应当体现查勘人员、拍摄位置、拍摄日期、受损标的特征和规模、损失原因和程度、标识或有关信息等。养殖业如有特殊情形，经被保险人与保险人双方同意，可由被保险人提供相关影像及证明资料。

保险机构应当将影像资料上传业务系统作为核赔的必要档案。

第二十三条 保险机构应当如实撰写查勘报告，并保存查勘原始记录等单证资料，严禁编纂虚假查勘资料和报告。查勘单证应当对标的受损情况、事故原因以及是否属于保险责任等提出意见，并由查勘人员和被保险人签名确认。存在特殊情形的，可由被保险人授权直系亲属代为办理，保险机构应当留存具有同等法律效力的证明资料。

第二十四条 保险机构应当加强立案管理。对属于保险责任的案件，保险机构应当及时立案。对报案后超过 10 日未立案的，业务系统应当强制自动立案。

第二十五条 保险机构应当及时核定损失。

种植业保险、森林保险发生全部损失的，应当在接到报案后 10 日内完成损失核定；发生部分损失的，应当在接到报案后 20 日内完成损失核定。养殖业保险应当在接到报案后 3 日内完成损失核定。

发生重大灾害、大范围疫情以及存在其他特殊情形的，保险机构可以按照合同约定，适当延长损失核定时间，并向被保险人做好解释说明工作。

第二十六条 保险机构应当加强定损管理，依据定损标准和规范科学定损，定损结果应当确定到户。保险机构应当对定损结果进行抽查，并在公司相关内控制度中明确抽查比例。

第二十七条 保险机构应当加强案件拒赔管理。对于不属于保险责任的，应当在核定之日起 3 日内向被保险人发出拒赔通知书，并说明理由。拒赔材料应当上传业务系统进行管理。

第二十八条 查勘定损过程中，应当由被保险人提供的有关证明资料不齐全或不符合要求的，保险机构应当一次性告知被保险人提供；保险机构能够直接取得的气象灾害证明等有关证明资料，不得要求被保险人提供。

法律法规对受损保险标的处理有规定的，保险机构理赔时应当取得受损保险标的已依法处理的证据或证明资料。

除保险合同另有约定外，保险机构不得主张对受损保险标的残余价值的权利。

第二十九条 对于组织投保的业务，在依法保护个人信息的前提下，保险机构应当对分户定损结果进行不少于 3 天的理赔公示。理赔公示方式包括：在村级或农业生产经营组织公共区域张贴公告；通过政府公共网站、行业信息平台发布；经被保险人同意的其他线上公示方式。

公示期间，投保人、被保险人对公示信息提出异议的，保险机构应当及时核查，据实调整，并将核查情况及时反馈相关投保人、被保险人。

第三十条 保险机构应当根据公示反馈结果制作分户理赔清单，列明被保险人姓名、身份证号、银行账号、赔付险种和赔款金额，由被保险人签名或盖章确认。存在特殊情形的，可由被保险人授权直系亲属代为办理，保险机构应当留存具有同等法律效力的证明资料。

保险机构可以制作电子理赔清单，并采取被保险人电子签名等可验证方式确认理赔清单。保险机构工作人员、协办人员不得篡改理赔信息。

第三十一条 保险机构应当集中核赔，原则上由总公司或省级分公司集中核赔，特殊情形可临时授权中心支公司进行核赔。保险机构应当合理设置核赔权限，明确核赔人员职责与权限，实行核赔授权分级管理制度，明确小额案件标准，建立快速核赔机制。

保险机构应当对查勘报告、损失清单、查勘影像、公示资料等理赔要件进行严格审核，重点核实赔案的真实性和定损结果的科学性、合理性。

第三十二条 保险机构应当在与被保险人达成赔偿协议后10日内，将赔款支付给被保险人。农业保险合同对赔款支付的期限有约定的，保险机构应当按照约定履行赔付义务。

农业保险赔款原则上应当通过转账方式支付被保险人。保险机构应当留存支付证明，并将理赔信息及时告知被保险人。财务支付的收款人名称应当与被保险人一致。

第三十三条 保险机构自收到被保险人赔偿请求和有关证明资料之日起60日内，如不能确定赔款金额，应当依据已有证明和资料，对可以确定的金额先予支付。最终确定赔偿金额并达成赔偿协议后，应当支付相应的差额。

第三十四条 任何单位和个人不得非法干预保险机构履行赔偿保险金的义务，不得限制被保险人取得保险金的权利。

第四章 协办管理

第三十五条 保险机构应当加强服务能力建设，建立符合农业保险高质量发展需要的基层服务网络体系。保险机构可以委托财政、农业农村、林草、村民委员会、农村集体经济组织等基层机构，协助办理农业保险业务。

第三十六条 保险机构委托协助办理农业保险业务的，应当按照公平、自主自愿的原则，与协办机构签订书面合同，明确双方权利义务，并由协办机构指派协办人员协助办理农业保险业务。省级保险机构应当在每年一季度末将确定的协办机构及协办人员名单报所在地银保监局备案。

第三十七条 协办业务双方应当按照公平公正原则，合理确定协办费用，并建立协办费用激励约束机制。保险机构应当加强协办费用管理，确保协办费用仅用于协助办理农业保险业务，不得挪作他用。协办费用应当通过转账方式支付，并以取得的合法票据为依据入账。

除协办费用外，保险机构不得给予或承诺给予协办机构、协办人员合同约定以外的回扣或其他利益。

第三十八条 保险机构应当明确自身职责，加强协办业务管理，确保运作规范；应当制定协办业务内部管理制度，将协办业务合规性列为公司内控管理重点，发现问题及时处理。

第三十九条 保险机构应当定期对协办人员开展培训，培训内容包括国家政策、监管制度、承保理赔流程、职责义务等。

第五章 内控管理

第四十条 保险机构应当根据法律法规和监管规定，建立完善农业保险业务管理、客户回访、投诉管理、内部稽核、信息管理、档案管理等内控管理制度。

第四十一条 保险机构应当如实记录农业保险业务和财务情况，保证业务和财务数据真实、准确、完整。对外部数据信息应当进行必要的查验审核，对存在问题的数据信息应当及时向有关部门报告。禁止通过虚假承保、虚假理赔、虚列费用等方式骗取农业保险保费补贴。

第四十二条 保险机构应当将农业保险纳入公司稽核制度中，并依据《农业保险条例》、监管规定以及公司内控制度，每年对农业保险业务进行审计核查。

第四十三条 保险机构应当加强防灾减损管理，据实列支防灾减损费用，依法合规做好防灾减损工作。保险机构应当强化与农业防灾减损体系的协同，提高农业抵御风险的能力。

第四十四条 保险机构应当建立完善承保理赔客户回访管理制度，包括但不限于回访方式、回访频率、回访比例、回访记录格式、回访档案管理等内容。

第四十五条 保险机构应当建立投诉处理制度。对于农业保险相关投诉事项，保险机构应当及时受理、认真调查，在规定时限内作出答复。

第四十六条 保险机构应当按照法律法规和监管规定建立农业保险档案管理制度。承保档案应当至少包括投保单、保险单、查验影像、公示证明、保费缴纳证明等资料。理赔档案应当至少包括出险通知书或索赔申请书、查勘报告、查勘影像、公示证明、赔款支付证明等资料。公示证明应当能够反映公示日期、方式和内容。上述资料应当及时归档、集中管理、妥善保管。保险机构按照有关规定可以采取信息化方式保存档案。

第四十七条 保险机构应当加强信息管理系统建设，实现农业保险全流程系统管理，承保、理赔、再保险和财务系统应当无缝对接，信息管理系统应当能够实时监控承保理赔情况，具备数据管理、统计分析、稽核等功能。

第四十八条 保险机构应当严格按照法律法规和监管规定做好农业保险信息数据安全保护工作，确保信息系统安全和数据安全。对于开展业务中知悉的个人隐私、个人信息等数据，保险机构应当依法予以保密，不得泄露或者非法提供。

第四十九条 保险机构应当加强服务能力建设，建立分支机构服务能力标准，完善基层服务网络，提高业务人员素质，确保服务能力和业务规模相匹配。

第五十条 保险机构应当加大科技投入，采取线上化、信息化手段提升承保理赔服务能力和效率，推动科技赋能，更好满足被保险人农业风险保障需求。

第五十一条 保险机构应当按照有关规定，建立和完善农业保险大灾风险分散机制。

第六章 监督管理

第五十二条 保险机构在经营农业保险业务过程中，违反《保险法》《农业保险条例》等有关规定的，银保监会及其派出机构可以依法实施行政处罚。

第五十三条 保险机构在经营农业保险业务过程中，违反本办法相关规定的，银保监会及其派出机构可依法采取监管措施。

第五十四条 银保监会及其派出机构应当将保险机构执行本办法规定的有关情况，纳入农业保险业务经营条件考评管理。违反本办法相关规定的，银保监会及其派出机构应当按照有关规定对其是否符合农业保险业务经营条件进行认定。

第七章 附则

第五十五条 经银保监会批准依法设立的农业相互保险组织，参照本办法执行。

第五十六条 农业指数保险、涉农保险及创新型农业保险业务参照适用本办法有关规定。

第五十七条 本办法由银保监会负责解释。

第五十八条 本办法自2022年4月1日起施行。

人身保险公司保险条款和保险费率管理办法

1. 2011年12月30日中国保险监督管理委员会令2011年第3号发布

2. 根据2015年10月19日中国保险监督管理委员会令2015年第3号《关于修改〈保险公司设立境外保险类机构管理办法〉等八部规章的决定》修订

第一章 总则

第一条 为了加强人身保险公司（以下简称保险公司）保险条款和保险费率的

监督管理，保护投保人、被保险人和受益人的合法权益，维护保险市场竞争秩序，鼓励保险公司创新，根据《中华人民共和国保险法》（以下简称《保险法》）等有关法律、行政法规，制定本办法。

第二条 中国保险监督管理委员会（以下简称中国保监会）依法对保险公司的保险条款和保险费率实施监督管理。中国保监会派出机构在中国保监会授权范围内行使职权。

第三条 保险公司应当按照《保险法》和中国保监会有关规定，公平、合理拟订保险条款和保险费率，不得损害投保人、被保险人和受益人的合法权益。保险公司对其拟订的保险条款和保险费率承担相应责任。

第四条 保险公司应当按照本办法规定将保险条款和保险费率报送中国保监会审批或者备案。

第五条 保险公司应当建立科学、高效、符合市场需求的人身保险开发管理机制，定期跟踪和分析经营情况，及时发现保险条款、保险费率经营管理中存在的问题并采取相应解决措施。

第六条 保险公司应当充分发挥核心竞争优势，合理配置公司资源，围绕宏观经济政策、市场需求、公司战略目标开发保险险种。

第二章 设计与分类

第七条 人身保险分为人寿保险、年金保险、健康保险、意外伤害保险。

第八条 人寿保险是指以人的寿命为保险标的的人身保险。人寿保险分为定期寿险、终身寿险、两全保险等。

定期寿险是指以被保险人死亡为给付保险金条件，且保险期间为固定年限的人寿保险。

终身寿险是指以被保险人死亡为给付保险金条件，且保险期间为终身的人寿保险。

两全保险是指既包含以被保险人死亡为给付保险金条件，又包含以被保险人生存为给付保险金条件的人寿保险。

第九条 年金保险是指以被保险人生存为给付保险金条件，并按约定的时间间隔分期给付生存保险金的人身保险。

第十条 养老年金保险是指以养老保障为目的的年金保险。养老年金保险应当符合下列条件：

（一）保险合同约定给付被保险人生存保险金的年龄不得小于国家规定的退休年龄；

（二）相邻两次给付的时间间隔不得超过一年。

第十一条 健康保险是指以因健康原因导致损失为给付保险金条件的人身保险。健康保险分为疾病保险、医疗保险、失能收入损失保险、护理保险等。

疾病保险是指以保险合同约定的疾病发生为给付保险金条件的健康保险。

医疗保险是指以保险合同约定的医疗行为发生为给付保险金条件，按约定对被保险人接受诊疗期间的医疗费用支出提供保障的健康保险。

失能收入损失保险是指以因保险合同约定的疾病或者意外伤害导致工作能力丧失为给付保险金条件，按约定对被保险人在一定时期内收入减少或者中断提供保障的健康保险。

护理保险是指以因保险合同约定的日常生活能力障碍引发护理需要为给付保险金条件，按约定对被保险人的护理支出提供保障的健康保险。

第十二条 意外伤害保险是指以被保险人因意外事故而导致身故、残疾或者发生保险合同约定的其他事故为给付保险金条件的人身保险。

第十三条 人寿保险和健康保险可以包含全残责任。

健康保险包含两种以上健康保障责任的，应当按照一般精算原理判断主要责任，并根据主要责任确定险种类别。长期健康保险中的疾病保险，可以包含死亡保险责任，但死亡给付金额不得高于疾病最高给付金额。其他健康保险不得包含死亡保险责任，但因疾病引发的死亡保险责任除外。

医疗保险和疾病保险不得包含生存保险责任。

意外伤害保险可以包含由意外伤害导致的医疗保险责任。仅包含由意外伤害导致的医疗保险责任的保险应当确定为医疗保险。

第十四条 保险公司应当严格遵循本办法所规定的人寿保险、年金保险、健康保险、意外伤害保险的分类标准，中国保监会另有规定的除外。

第十五条 人身保险的定名应当符合下列格式：

“保险公司名称” + “吉庆、说明性文字” + “险种类别” + “（设计类型）”

前款规定的保险公司名称可用全称或者简称；吉庆、说明性文字的字数不得超过 10 个。

附加保险的定名应当在“保险公司名称”后标注“附加”字样。

团体保险应当在名称中标明“团体”字样。

第十六条 年金保险中的养老年金保险险种类别为“养老年金保险”，其他年金保险险种类别为“年金保险”；意外伤害保险险种类别为“意外伤害保险”。

第十七条 人身保险的设计类型分为普通型、分红型、投资连结型、万能型等。

第十八条 分红型、投资连结型和万能型人身保险应当在名称中注明设计类型，普通型人身保险无须在名称中注明设计类型。

第三章 审批与备案

第十九条 保险公司总公司负责将保险条款和保险费率报送中国保监会审批或者备案。

第二十条 保险公司下列险种的保险条款和保险费率，应当在使用前报送中国保监会审批：

（一）关系社会公众利益的保险险种；

（二）依法实行强制保险的险种；

（三）中国保监会规定的新开发人寿保险险种；

（四）中国保监会规定的其他险种。

前款规定以外的其他险种，应当报送中国保监会备案。

第二十一条 保险公司报送保险条款和保险费率备案的，应当提交下列材料：

（一）《人身保险公司保险条款和保险费率备案报送材料清单表》；

（二）保险条款；

（三）保险费率表；

（四）总精算师签署的相关精算报告；

（五）总精算师声明书；

（六）法律责任人声明书；

（七）中国保监会规定的其他材料。

第二十二条 保险公司报送分红保险、投资连结保险、万能保险保险条款和保险费率备案的，除提交第二十一条规定的材料以外，还应当提交下列材料：

（一）财务管理办法；

（二）业务管理办法；

（三）信息披露管理制度；

（四）业务规划及对偿付能力的影响；

（五）产品说明书。

分红保险，还应当提交红利计算和分配办法、收入分配和费用分摊原则；投资连结保险和万能保险，还应当提交包括销售渠道、销售区域等内容的销售管理办法。

保险公司提交的上述材料与本公司已经中国保监会审批或者备案的同类险种对应材料完全一致的，可以免于提交该材料，但应当在材料清单表中予以注明。

第二十三条 保险公司报送保险条款和保险费率审批的，除提交第二十一条第（二）项至第（七）项以及第二十二条规定的材料外，还应当提交下列材料：

（一）《人身保险公司保险条款和保险费率审批申请表》；

（二）《人身保险公司保险条款和保险费率审批报送材料清单表》；

（三）保险条款和保险费率的说明材料，包括保险条款和保险费率的主要特点、市场风险和经营风险分析、相应的管控措施等。

第二十四条 保险公司报送下列保险条款和保险费率审批或者备案的，除分别按照第二十一条、第二十二条、第二十三条规定报送材料以外，还应当按照下列规定提交材料：

（一）具有现金价值的，提交包含现金价值表示例的书面材料以及包含各年龄现金价值全表的电子文档；

（二）具有减额交清条款的，提交包含减额交清保额表示例的书面材料以及包含各年龄减额交清保额全表的电子文档；

（三）中国保监会允许费率浮动或者参数调整的，提交由总精算师签署的费率浮动管理办法或者产品参数调整办法；

（四）保险期间超过一年的，提交利润测试模型的电子文档。

第二十五条 保险公司报送保险条款和保险费率审批或者备案的，提交的精算报告至少应当包括下列内容：

（一）数据来源和定价基础；

（二）定价方法和定价假设，保险期间超过一年的，还应当包括利润测试参数、利润测试结果以及主要参数变化的敏感性分析；

（三）法定准备金计算方法；

（四）主要风险及相应管理意见；

（五）总精算师需要特别说明的内容；

（六）中国保监会规定的其他内容。

第二十六条 保险公司报送下列保险条款和保险费率审批或者备案的，提交的精算报告除符合第二十五条规定外，还应当符合下列规定：

（一）具有现金价值的，列明现金价值计算方法；

（二）具有减额交清条款的，列明减额交清保额的计算方法；

（三）具有利益演示的，列明利益演示的计算方法。

第二十七条 中国保监会收到保险公司报送的保险条款和保险费率审批申请后，应当根据下列情况分别作出处理：

（一）申请材料不齐全的，自收到材料之日起 5 日内一次告知保险公司需要补正的全部内容；

（二）申请材料齐全或者保险公司按照规定提交全部补正申请材料的，受理该申请，并向保险公司出具加盖受理专用印章的书面凭证。

第二十八条 中国保监会应当自受理保险条款和保险费率审批申请之日起20日内作出批准或者不予批准的决定。20日内不能作出决定的，经中国保监会负责人批准，审批期限可以延长10日。中国保监会应当将延长期限的理由告知保险公司。

决定批准的，中国保监会应当将批准决定在保监会文告或者网站上向社会公布；决定不予批准的，中国保监会应当书面通知保险公司，说明理由并告知其享有依法申请行政复议或者提起行政诉讼的权利。

第二十九条 中国保监会可以对审批的保险条款和保险费率进行专家评审，并将专家评审所需时间书面告知保险公司。

中国保监会对涉及社会公共利益的保险条款和保险费率可以组织听证，并根据《中华人民共和国行政许可法》有关规定予以实施。

专家评审时间和听证时间不在本办法第二十八条规定的审批期限内计算。

第三十条 保险公司在保险条款和保险费率审批申请受理后、审批决定作出前，撤回审批申请的，应当向中国保监会提交书面申请，中国保监会应当及时终止对保险条款和保险费率审批申请的审查，并将审批申请材料退回保险公司。

第三十一条 保险公司在保险条款和保险费率审批申请受理后、审批决定作出前，对申报的保险条款和保险费率进行修改的，应当向中国保监会申请撤回审批。

保险公司有前款规定情形的，审批期限自中国保监会收到修改后的完整申请材料之日起重新计算。

第三十二条 保险公司对于未获批准的保险条款和保险费率，可以在修改后重新报送中国保监会审批。

第三十三条 保险公司报送保险条款和保险费率备案，不得迟于使用后10日。

第三十四条 中国保监会收到备案材料后，应当根据下列情况分别作出处理：

（一）备案材料不齐全的，一次告知保险公司在10日内补正全部备案材料；

（二）备案材料齐全或者保险公司按照规定提交全部补正材料的，将备案材料存档，并向保险公司出具备案回执；

（三）发现备案的保险条款和保险费率有《保险法》第一百三十六条规定情形的，责令保险公司立即停止使用。

第四章 变更与停止使用

第三十五条 保险公司变更已经审批或者备案的保险条款和保险费率，改变其保险责任、险种类别或者定价方法的，应当将保险条款和保险费率重新报送审批或者备案。

第三十六条 保险公司变更已经审批或者备案的保险条款和保险费率，且不改变保险责任、险种类别和定价方法的，应当在发生变更之日起10日内向中国保监会备案，并提交下列材料：

（一）《变更备案报送材料清单表》；

（二）变更原因、主要变更内容的对比说明；

（三）已经审批或者备案的保险条款；

（四）变更后的相关材料；

（五）总精算师声明书；

（六）法律责任人声明书；

（七）中国保监会规定的其他材料。

保险公司名称变更导致人身保险定名发生变更，但其他内容未变更的，可以不提交前款第（三）、（四）、（五）项规定的材料。

第三十七条 保险公司决定在全国范围内停止使用保险条款和保险费率的，应当在停止使用后10日内向中国保监会提交报告，说明停止使用的原因、后续服务的相关措施等情况，并将报告抄送原使用区域的中国保监会派出机构。

保险公司决定在部分区域停止使用保险条款和保险费率的，不得以停止使用保险条款和保险费率进行宣传和销售误导。

保险公司省级分公司及以下分支机构，不得决定停止使用保险条款和保险费率。

第三十八条 保险公司决定重新销售已经停止使用的保险条款和保险费率的，应当在重新销售后10日内向中国保监会提交报告，说明重新使用的原因、管理计划等情况，并将报告抄送拟使用区域的中国保监会派出机构。

第五章 总精算师和法律责任人

第三十九条 保险公司总精算师应当对报送审批或者备案的保险条款和保险费率出具总精算师声明书，并签署相关的精算报告、费率浮动管理办法或者产品参数调整办法。

保险公司总精算师对报送审批或者备案的保险条款和保险费率承担下列责任：

（一）分类准确，定名符合本办法规定；

（二）精算报告内容完备；

（三）精算假设和精算方法符合一般精算原理和中国保监会的精算规定；

（四）具有利益演示的险种，利益演示方法符合一般精算原理和中国保监会的有关规定；

（五）保险费率厘定合理，满足充足性、适当性和公平性原则；

（六）中国保监会规定的其他责任。

第四十条 保险公司应当指定法律责任人，并向中国保监会备案。

第四十一条 保险公司指定的法律责任人应当符合下列条件：

（一）在中华人民共和国境内有住所；

（二）具有本科以上学历；

（三）具有中国律师资格证书或者法律职业资格证书；

（四）属于公司正式员工，且在公司内担任部门负责人及以上职务；

（五）具有5年以上国内保险或者法律从业经验，其中包括三年以上在保险行业内的法律从业经验；

（六）过去3年内未因违法执业行为受到行政处罚；

（七）未受过刑事处罚；

（八）中国保监会规定的其他条件。

第四十二条 保险公司法律责任人履行下列职责：

（一）参与制定人身保险开发策略；

（二）审核保险条款的相关材料；

（三）定期分析由保险条款引发的诉讼案件；

（四）及时向中国保监会报告保险条款的重大风险隐患；

（五）中国保监会或者保险公司章程规定的其他职责。

第四十三条 保险公司法律责任人应当对报送审批或者备案的保险条款出具法律责任人声明书，并承担下列责任：

（一）保险条款公平合理，不损害社会公共利益，不侵害投保人、被保险人和受益人的合法权益；

（二）保险条款文字准确，表述严谨；

（三）具有产品说明书的，产品说明书符合条款表述，内容全面、真实，符合中国保监会的有关规定；

（四）保险条款符合《保险法》等法律、行政法规和中国保监会有关规定；

（五）中国保监会规定的其他责任。

第四十四条 保险公司报送法律责任人备案的，应当向中国保监会提交下列材料一式两份：

（一）《法律责任人备案情况表》；

（二）拟任人身份证明和住所证明复印件；

（三）学历证明和专业资格证明复印件；

（四）从业经历证明；

（五）中国保监会规定的其他材料。

第四十五条 保险公司应当加强对法律责任人管理，建立法律责任人相关制度，向法律责任人提供其承担工作职责所必需的信息，并保证法律责任人能够独立地履行职责。

第四十六条 法律责任人因辞职、被免职或者被撤职等原因离职的，保险公司应当自作出批准辞职或者免职、撤职等决定之日起30日内，向中国保监会报告，并提交下列材料：

（一）法律责任人被免职或者被撤职的原因说明；

（二）免职、撤职或者批准辞职等有关决定的复印件；

（三）法律责任人作出的离职报告或者保险公司对未作离职报告的法律责任人作出的离职说明报告。

第六章 法律责任

第四十七条 保险公司未按照规定申请批准保险条款、保险费率的，由中国保监会依据《保险法》第一百六十四条进行处罚。

第四十八条 保险公司使用的保险条款和保险费率有下列情形之一的，由中国保监会责令停止使用，限期修改；情节严重的，可以在一定期限内禁止申报新的保险条款和保险费率：

（一）损害社会公共利益；

（二）内容显失公平或者形成价格垄断，侵害投保人、被保险人或者受益人的合法权益；

（三）条款设计或者费率厘定不当，可能危及保险公司偿付能力；

（四）违反法律、行政法规或者中国保监会的其他规定。

第四十九条 保险公司有下列行为之一的，由中国保监会依据《保险法》第一百六十九条进行处罚：

（一）未按照规定报送保险条款、保险费率备案的；

（二）未按照规定报送停止使用保险条款和保险费率相关报告的；

（三）未按照规定报送或者保管与保险条款、保险费率相关的其他报告、报表、文件、资料的，或者未按照规定提供有关信息、资料的。

第五十条 保险公司有下列行为之一的，由中国保监会依据《保险法》第一百七十条进行处罚：

（一）报送审批、备案保险条款和保险费率时，编制或者提供虚假的报告、报表、文件、资料的；

（二）报送法律责任人备案时，编制或者提供虚假的报告、报表、文件、资料的；

（三）未按照规定使用经批准或者备案的保险条款、保险费率的。

第五十一条 保险公司违反本办法第三十七条第三款的由中国保监会给予警告，处3万元以下罚款。

第五十二条 保险公司以停止使用保险条款和保险费率进行销售误导的，由中国保监会依据《保险法》第一百六十一条进行处罚。

第五十三条 保险公司违反本办法规定，聘任不符合规定条件的法律责任人的，由中国保监会责令限期改正；逾期不改正的，给予警告，处1万元以下罚款。

第七章 附 则

第五十四条 中国保监会对保险公司总精算师、法律责任人另有规定的，适用其规定。

团体保险的保险条款和保险费率的管理，中国保监会另有规定的，适用其规定。

第五十五条 本办法规定的期限以工作日计算。

第五十六条 本办法由中国保监会负责解释。

第五十七条 本办法自颁布之日起施行。中国保监会2000年3月23日发布的《人身保险产品定名暂行办法》（保监发〔2000〕42号）、2000年5月16日发布的《关于放开短期意外险费率及简化短期意外险备案手续的通知》（保监发〔2000〕78号）、2004年6月30日发布的《人身保险产品审批和备案管理办法》（保监会令〔2004〕6号）以及2004年7月1日发布的《关于〈人身保险产品审批和备案管理办法〉若干问题的通知》（保监发〔2004〕76号）同时废止。

附件：人身保险公司保险条款和费率管理办法格式文本（略）

人身保险业务基本服务规定

1. 2010年2月11日中国保险监督管理委员会令第4号公布
2. 自2010年5月1日起施行

第一条 为了规范人身保险服务活动，保护投保人、被保险人和受益人的合法权益，依据《中华人民共和国保险法》等法律、行政法规，制定本规定。

第二条 保险公司、保险代理人及其从业人员从事人身保险产品的销售、承保、回访、保全、理赔、信息披露等业务活动，应当符合本规定的要求。

本规定所称保全，是指人身保险合同生效后，为了维持合同持续有效，保险公司根据合同约定或者投保人、被保险人、受益人的要求而提供的一系列服务，包括但不限于保险合同效力中止与恢复、保险合同内容变更等。

第三条 保险公司的营业场所应当设置醒目的服务标识牌，对服务的内容、流程及监督电话等进行公示，并设置投诉意见箱或者客户意见簿。

保险公司的柜台服务人员应当佩戴或者在柜台前放置标明身份的标识卡，行为举止应当符合基本的职业规范。

第四条 保险公司应当公布服务电话号码，电话服务至少应当包括咨询、接报案、投诉等内容。

保险代理人及其从业人员应当将相关保险公司的服务电话号码告知投保人。

第五条 保险公司应当提供每日24小时电话服务，并且工作日的人工接听服务不得少于8小时。

保险公司应当对服务电话建立来电事项的记录及处理制度。

第六条 保险销售人员通过面对面的方式销售保险产品的，应当出示工作证或者展业证等证件。保险销售人员通过电话销售保险产品的，应当将姓名及工号告知投保人。

保险销售人员是指从事保险销售的下列人员：

（一）保险公司的工作人员；

（二）保险代理机构的从业人员；

（三）保险营销员。

第七条 保险公司应当按照中国保监会的规定建立投保提示制度。保险销售人员在销售过程中应当向投保人提示保险产品的特点和风险，以便客户选择适合自身风险偏好和经济承受能力的保险产品。

第八条 通过电话渠道销售保险产品的，保险销售人员应当告知投保人查询保险合同条款的有效途径。

第九条 保险销售人员向投保人提供投保单时应当附保险合同条款。

保险销售人员应当提醒投保人在投保单上填写准确的通讯地址、联系电话等信息。

第十条 投保人提交的投保单填写错误或者所附资料不完整的，保险公司应当自收到投保资料之日起5个工作日内一次性告知投保人需要补正或者补充的内容。

第十一条 保险公司认为需要进行体检、生存调查等程序的，应当自收到符合要求的投保资料之日起5个工作日内通知投保人。

保险公司认为不需要进行体检、生存调查等程序并同意承保的，应当自收到符合要求的投保资料之日起15个工作日内完成保险合同制作并送达投保人。

第十二条 保险公司应当自收到被保险人体检报告或者生存调查报告之日起15个工作日内，告知投保人核保结果，同意承保的，还应当完成合同制作并送达投保人。

第十三条 保险公司通过银行扣划方式收取保险费的，应当就扣划的账户、金额、时间等内容与投保人达成协议。

第十四条 保险公司应当建立回访制度，指定专门部门负责回访工作，并配备必要的人员和设备。

第十五条 保险公司应当在犹豫期内对合同期限超过一年的人身保险新单业务进行回访，并及时记录回访情况。回访应当包括以下内容：

（一）确认受访人是否为投保人本人；

（二）确认投保人是否购买了该保险产品以及投保人和被保险人是否按照要求亲笔签名；

（三）确认投保人是否已经阅读并理解产品说明书和投保提示的内容；

（四）确认投保人是否知悉保险责任、责任免除和保险期间；

（五）确认投保人是否知悉退保可能受到的损失；

（六）确认投保人是否知悉犹豫期的起算时间、期间以及享有的权利；

（七）采用期缴方式的，确认投保人是否了解缴费期间和缴费频率。

人身保险新型产品的回访，中国保监会另有规定的，从其规定。

第十六条 保险公司与保险销售人员解除劳动合同或者委托合同，通过该保险销售人员签订的一年期以上的人身保险合同尚未履行完毕的，保险公司应当告知投保人保单状况以及获得后续服务的途径。

第十七条 投保人、被保险人或者受益人委托他人向保险公司领取金额超过人民币1000元的，保险公司应当将办理结果通知投保人、被保险人或者受益人。

第十八条 保险公司在回访中发现存在销售误导等问题的，应当自发现问题之日起15个工作日内由销售人员以外的人员予以解决。

第十九条 保险公司应当自收到资料齐全、符合合同约定条件的保全申请之日起2个工作日内完成受理。

保全申请资料不完整、填写不规范或者不符合合同约定条件的，应当自收到保全申请之日起5个工作日内一次性通知保全申请人，并协助其补正。

第二十条 保全不涉及保险费缴纳的，保险公司应当自同意保全之日起5个工作日内处理完毕；保全涉及保险费缴纳的，保险公司应当自投保人缴纳足额保险费之日起5个工作日内处理完毕。

保全涉及体检的，体检所需时间不计算在前款规定的期限内。

保险公司由于特殊情况无法在规定期限内完成的，应当及时向保全申请人说明原因并告知处理进度。

第二十一条 对于约定分期支付保险费的保险合同，保险公司应当向投保人确认是否需要缴费提示。投保人需要缴费提示的，保险公司应当在当期保费缴费日前向投保人发出缴费提示。

保险合同效力中止的，保险公司应当自中止之日起10个工作日内向投保人发出效力中止通知，并告知合同效力中止的后果以及合同效力恢复的方式。

第二十二条 保险公司在接到投保人、被保险人或者受益人的保险事故通知后，应当及时告知相关当事人索赔注意事项，指导相关当事人提供与确认保险事故的性质、原因、损失程度等有关的证明和资料。

第二十三条 保险公司在收到被保险人或者受益人的赔偿或者给付保险金的请求后，应当在5个工作日内作出核定；情形复杂的，应当在30日内作出核定，但合同另有约定的除外。

第二十四条 保险公司作出不属于保险责任的核定后，应当自作出核定之日起3日内向被保险人或者受益人发出拒绝赔偿或者拒绝给付保险金通知书，并说明理由。

第二十五条 对需要进行伤残鉴定的索赔或者给付请求，保险公司应当提醒投保人、被保险人或者受益人按照合同约定及时办理相关委托和鉴定手续。

第二十六条 保险公司应当在与被保险人或者受益人达成赔偿或者给付保险金的协议后10日内，履行赔偿或者给付保险金义务。保险合同对赔偿或者给付保险金的期限有约定的，保险公司应当按照约定履行赔偿或者给付保险金义务。

第二十七条 保险公司应当建立完善的应急预案，在发生特大交通事故、重大自然灾害等事故时，及时启动应急预案，通过建立快速理赔通道、预付赔款、上门服务等方式，提高理赔效率和质量。

第二十八条 保险公司应当建立保护投保人、被保险人和受益人个人隐私和商业秘密的制度。未经投保人、被保险人和受益人同意，保险公司不得泄露其个人隐私和商业秘密。

第二十九条 保险公司应当建立完善的投诉处理机制。

保险公司应当自受理投诉之日起10个工作日内向投诉人做出明确答复。由于特殊原因无法按时答复的，保险公司应当向投诉人反馈进展情况。

第三十条 保险公司应当根据本规定的要求制定服务标准与服务质量监督机制，每年定期进行服务质量检查评估。

第三十一条 保险公司、保险代理人及其从业人员违反本规定的，由中国保监会及其派出机构责令其限期改正，逾期不改正的，给予警告，对有违法所得的处违法所得1倍以上3倍以下的罚款，但最高不得超过3万元，对没有违法所得的处1万元以下的罚款。对直接责任人员和直接负责的主管人员可以给予警告，并处1万元以下的罚款。

第三十二条 团体人身保险业务不适用本规定。

第三十三条 本规定自2010年5月1日起施行。

人身保险新型产品信息披露管理办法

1. 2009年9月25日中国保险监督管理委员会令第3号公布

2. 自2009年10月1日起施行

第一章 总　　则

第一条 为了促进人身保险业务健康发展，保护投保人、被保险人、受益人的合法权益，维护社会经济秩序和社会公共利益，根据《中华人民共和国保险法》，制定本办法。

第二条 本办法所称人身保险新型产品（以下简称“新型产品”），是指投资连结保险、万能保险、分红保险以及中国保险监督管理委员会（以下简称“中国保监会”）认定的其他产品。

第三条 本办法所称信息披露，是指人身保险公司（以下简称“保险公司”）及其代理人向投保人、被保险人、受益人及社会公众描述新型产品的特性、演示保单利益测算以及介绍经营成果等相关信息的行为。

信息披露方式包括但不限于下列形式：

（一）媒体、公司网站上的说明和介绍；

（二）产品说明会上的说明和介绍；

（三）销售人员的说明和介绍；

（四）客户服务人员的回访；

（五）定期寄送报告资料。

第四条 保险公司开办新型产品，应当制作产品说明书和投保提示书，并按照本办法的规定进行信息披露。

第五条 新型产品的信息披露，应当采用通俗易懂的语言，准确描述与产品相关的信息。保险公司应当对信息披露的客观性、真实性负责，无重大遗漏，不得对投保人、被保险人、受益人及社会公众进行欺骗、误导和隐瞒。

第六条 保险公司销售新型产品，应当向投保人出示保险条款、产品说明书。向个人销售新型产品的，还应当出示投保提示书。

订立保险合同，采用保险公司提供的格式条款的，保险公司向投保人提供的投保单应当附格式条款，保险公司应当向投保人说明合同的内容。

向个人销售新型产品的，保险公司提供的投保单应当包含投保人确认栏，并由投保人抄录下列语句后签名：“本人已阅读保险条款、产品说明书和投保提示书，了解本产品的特点和保单利益的不确定性”。

第七条 保险公司在产品说明书和其他宣传材料中演示保单利益时，应当采用高、中、低三档演示新型产品未来的利益给付。

利益演示应当坚持审慎的原则，用于利益演示的分红保险、投资连结保险的假设投资回报率或者万能保险的假设结算利率不得超过中国保监会规定的最高限额。

第八条 保险公司及其代理人进行新型产品的信息披露，不得使用比率性指标与其他保险产品以及银行储蓄、基金、国债等进行简单对比，也不得对投保人、被保险人、受益人及社会公众作引人误解的宣传或者虚假宣传。

第九条 除团体保险外，保险公司应当建立一年期以上新型产品的回访制度。回访制度应当包括回访的时间、方式、内容、成功率以及问题件的处理等内容。

第十条 保险公司对新型产品投保人的回访应当在犹豫期内完成。回访应当首先采用电话方式，并制作录音；电话回访不成功的，可以采用信函或者会见等方式，但必须取得投保人签名的回执；通过以上所有方式均不能成功回访的，保险公司应当就回访情况及不能成功回访的原因等有关内容进行详细记录。

保险公司应当妥善保管回访的录音及其他证明材料，保管期限自保险合同终止之日起计算，保险期间在 1 年以下的不得少于 5 年，保险期间超过 1 年的不得少于 10 年。

第二章 信息披露材料管理

第十一条 保险公司法律责任人、总精算师应当确保产品说明书客观、真实、无重大遗漏，并且符合本办法对信息披露的相关要求。

第十二条 保险公司新型产品的其他信息披露材料应当与保险条款及产品说明书保持一致。

第十三条 保险公司以任何方式向投保人、被保险人、受益人及社会公众演示新型产品未来利益给付的，应当符合本办法的要求。

第十四条 新型产品的信息披露材料应当由保险公司总公司统一负责管理。

保险公司省级分公司设计、印刷新型产品的信息披露材料，应当报经其总公司批准。除省级分公司以外，保险公司的其他各级分支机构均不得设计、印刷和修改新型产品的信息披露材料。

第十五条 保险公司不得授权其代理人设计、印刷和变更新型产品的信息披露材料。

保险代理人不得设计、印刷和变更其代理销售的新型产品的信息披露材料。

第十六条 保险公司及其代理人不得使用与新型产品的保险条款、产品说明书不一致的信息披露材料。

第三章 投资连结保险信息披露

第十七条 保险公司开发的投资连结保险赋予投保人在犹豫期内将保险费转入投资账户选择权的，应当在投保单和保险条款中载明。保险公司应当提示投保人在投保单上注明是否在犹豫期内将合同约定的保险费转入投资账户。

选择在犹豫期内将保险费转入投资账户的投保人，在犹豫期内解除合同的，除保单工本费和资产管理费以外，保险公司应当退还账户余额以及其他收取的各项费用；选择犹豫期满后将保险费转入投资账户的投保人，在犹豫期内解除合同的，保险公司应当退还除保单工本费以外的其他全部保险费。

第十八条 投资连结保险的产品说明书应当包含以下内容：

（一）风险提示

1. 在产品说明书封面显著位置用比正文至少大一号的黑体字提示该产品为投资连结保险，产品投资风险由投保人承担。

2. 提供灵活缴费方式的，还应当特别提示投保人停止缴费可能产生的风险和不利后果。

（二）产品基本特征

投资连结保险的运作原理，产品的保险责任及责任免除。

（三）投资账户情况说明

1. 产品所连结的各投资账户的资产配置目标、原则、投资策略、投资工具及比例等；

2. 产品所连结的各投资账户过去10年每月末账户卖出单位价格变化图；投资账户运作时间不足10年的，则为其存续时间内每月末账户的卖出单位价格变化图；

3. 各投资账户提取的各项费用及提取时间；

4. 投资单位价值评估方法；

5. 各投资账户面临的主要投资风险；

6. 在投资账户设定投资业绩比较基准的情况下，说明投资业绩比较基准及计算方法。

委托商业银行进行资产托管的投连产品，还应当披露资产托管银行名称。

（四）利益演示

1. 利益演示应当以表格形式预测投资部分的未来利益给付情况，且至少应当包括以下项目：

（1）期缴或者趸缴保险费、追加保险费以及累计保险费；

（2）收取的各项费用，其中初始费用、保单管理费、风险保费等主要费用需逐项列明；

（3）进入投资账户的价值；

（4）不同假设投资回报率下的投资账户价值、死亡给付金额和现金价值。

2. 保险期间少于10年的，必须逐年演示各保单年度末的保单利益；保险期间超过10年的，前10年各保单年度末的保单利益必须逐年演示。

3. 利益演示必须注明投资连结保险对应资产的假设投资回报率，并用醒目字体标明该利益演示基于公司的投资收益假设，不代表公司的历史经营业绩，也不代表对公司未来经营业绩的预期，实际投资收益可能出现负值。

（五）犹豫期及退保

1. 犹豫期的含义、起算时间及天数；

2. 投保人在犹豫期内的选择权以及不同选择权下犹豫期内解除保险合同应当退还的金额；

3. 犹豫期后退保需扣除的费用以及退保金的计算方法。

第十九条 保单期满前，保单账户余额不足以支付当前的风险保费及其他费用的，保险公司应当及时催告投保人，并且告知不按时支付相关费用的法律后果。

第二十条 开办投资连结保险的保险公司每周应当至少在公司网站或者中国保监会认可的公众媒体上公告一次投资账户单位价格。

保险公司应当在公司网站上保留至少最近10年的投资账户单位价格历史信息；运作时间不足10年的，应当保留投资连结保险开办以来投资账户单位价格的全部历史信息。

保险公司在网站上公布的投资账户单位价格的历史信息应当方便公众查询。

第二十一条 开办投资连结保险的保险公司每半年应当至少在公司网站及中国保监会认可的公众媒体上发布一次信息公告。信息公告应当包括以下内容：

（一）各投资账户简介，包括投资策略、主要投资工具及各类资产比例；

（二）各投资账户财务状况的简要说明；

（三）列表比较各投资账户自设立以来各年度的投资回报率；

（四）投资连结保险账户资产估值原则，包括上市交易和未上市交易的各类证券品种的估值原则和处理方法；

（五）投资连结保险账户投资回报率及其他涉及业绩表现的财务指标的计算公式；

（六）报告期末股票资产中各行业股票市值及占比；

（七）报告期末债券资产中各类债券账面余额及占比，不同信用等级的债券账面余额及占比；

（八）报告期末基金资产中各类基金净值及占比；

（九）报告期内资产托管银行变更情况；

（十）其他根据中国保监会要求应当公开披露的信息。

第二十二条 保险公司经营投连产品，发生中国保监会规定的应当发布临时报告的事项，应当按照相关规定披露信息。

第二十三条 保险公司应当在保险合同条款中约定每年向投保人提供一份保单状态报告。保单状态报告应当包含以下内容：

（一）保险单信息，包括保险产品名称、保险单编号、保险单生效日、投保人姓名、被保险人姓名、报告期间等；

（二）保单周年日（若保单周年日为资产评估日）或者保单周年日后第一个资产评估日（若保单周年日为非资产评估日）各投资账户余额，包括持有的单位数、单位价值、账户价值总额；

（三）报告期间保单项下各投资单位数变动情况及报告期初和期末各投资账户余额；

（四）逐笔列示报告期间内发生的期缴或者趸缴保险费、部分领取、账户转换、保单管理费、死亡风险保险费、追加保险费等事项；

（五）报告期间发生的其他需要告知投保人的重要信息。

保单状态报告不得用于销售宣传等其他目的。

第二十四条 对投资连结保险投保人的回访应当包括以下内容：

（一）确认投保人是否购买了该保险产品以及投保人是否在投保单上亲笔签名；

（二）确认投保人是否知悉犹豫期的起算时间、天数以及犹豫期享有的权利；

（三）确认投保人是否知悉保险责任和责任免除；

（四）确认投保人是否知悉投资连结保险的投资回报是不确定的，实际投资收益可能会出现亏损；宣传材料上的利益演示仅基于假定的投资收益，不代表未来的实际收益；

（五）确认投保人是否知悉费用扣除项目及扣除的比例或者金额；

（六）确认投保人是否知悉退保可能产生的损失。

第四章 万能保险信息披露

第二十五条 万能保险的产品说明书应当包含以下内容：

（一）风险提示

1. 在产品说明书封面显著位置用比正文至少大一号的黑体字提示该产品为万能保险，结算利率超过最低保证利率的部分是不确定的。

2. 提供灵活缴费方式的，应当特别提示投保人停止缴费可能产生的风险和不利后果。

（二）产品基本特征

万能保险的运作原理，产品的保险责任、责任免除、保单利益以及万能险的主要投资策略。

（三）保单账户

1. 保单账户价值的计算方法；

2. 逐项列明收取的各项费用、费用扣除比例（或者金额）及扣费时间。

（四）利益演示

1. 以表格形式演示万能保险各保单年度末的保单利益，表格中至少应当包括以下要素：

（1）期缴或者趸缴保险费、追加保险费以及累计保险费；

（2）收取的各项费用，其中初始费用、保单管理费、风险保费等主要费用需逐项列明；

（3）进入万能保单账户的价值；

（4）不同假设结算利率下各保单年度末保单账户余额、死亡给付金额和现金价值。

2. 保险期间少于10年的，必须逐年演示各保单年度末的保单利益；保险期间大于10年的，前10年各保单年度末的保单利益必须逐年演示。

3. 利益演示时，必须注明用于演示的万能保险的假设结算利率，并用醒目字体注明该利益演示是基于公司的精算及其他假设，不代表公司的历史经营业绩，也不代表对公司未来经营业绩的预期，最低保证利率之上的投资收益是不确定的，实际保单账户利益可能低于中、高档利益演示水平。

（五）犹豫期及退保

1. 犹豫期的含义、起算时间、天数及投保人在犹豫期内享有的权利；

2. 犹豫期后退保需扣除的费用以及退保金的计算方法。

第二十六条 保险公司每月应当至少在公司网站上公布一次当月的日结算利率和年化结算利率。

保险公司应当在公司网站上保留至少最近10年万能保险各月结算利率的历史信息，供社会公众查询。运作时间不足10年的，应当保留万能保险开办以来各月结算利率的全部历史信息。

第二十七条 保单期满前，保单账户余额不足以支付当前的风险保费及其他费用的，保险公司应当及时催告投保人，并且告知不按时支付相关费用的法律后果。

第二十八条 保险公司应当在保险合同条款中约定每年至少向投保人提供一份保单状态报告。保单状态报告应当包含以下内容：

（一）保险单信息，包括保险产品名称、保险单编号、保险单生效日、投保人姓名、被保险人姓名、报告期间等；

（二）报告期内本保单账户价值变动情况：

1. 期初保单账户价值；

2. 本期保单账户价值增加情况，包括基本保险费、额外保险费、趸缴保险费、追加保险费、累计保险费、初始费用（扣除项）、保单账户结算收益、持续奖金等；

3. 本期保单账户价值减少情况，包括风险保险费、保单管理费、部分领取等；

4. 期末保单账户价值；

（三）报告期内各月的年化结算利率。

保单状态报告不得用于销售宣传等其他目的。

第二十九条 对万能保险投保人的回访应当包括以下内容：

（一）确认投保人是否购买了该保险产品，投保人是否在投保单上亲笔签名；

（二）确认投保人是否知悉犹豫期的起算时间、天数以及犹豫期享有的权利；

（三）确认投保人是否知悉保险责任和责任免除；

（四）提示投保人超过最低保证利率的收益是不确定的，取决于公司实际经营情况；

（五）确认投保人是否知悉费用扣除项目及扣除的比例或者金额；

（六）确认投保人是否知悉退保可能产生的损失。

第五章 分红保险信息披露

第三十条 分红保险的产品说明书应当包含以下内容：

（一）风险提示

在产品说明书封面显著位置用比正文至少大一号的黑体字提示该产品为分红保险，其红利分配是不确定的。其中，采用增额方式分红的，应当特别提示终了红利的领取条件。

（二）产品基本特征

产品的保险责任、责任免除、保单利益，以及分红保险的主要投资策略。

（三）红利及红利分配

1. 说明产品的红利来源，包括死差、费差、利差等，并作出简要解释；

2. 说明产品红利分配的方式，属于现金红利还是增额红利，是否具有终了红利，并作出简要解释；

3. 说明红利实现方式，包括直接领取、抵缴保险费、累积生息或者其他方式；

4. 说明红利分配政策以及确定保单红利水平的影响因素。

（四）利益演示

1. 以表格形式演示分红保险各保单年度末的保单利益，表格中至少应当包括以下要素：

（1）各年度保险费及累计保险费；

（2）满期给付、身故给付、退保金等保证利益；

（3）当年度红利、累积红利等非保证利益。

采用增额方式分红的，可以在表格中演示终了红利，但应当特别说明终了红利的领取条件。演示的年度红利和终了红利累计不得超过中国保监会规定的最高限额。

2. 保险期间少于10年的，必须逐年演示各保单年度末的保单利益；保险期间大于10年的，最近10年各保单年度末的保单利益必须逐年演示。

3. 利益演示应当用醒目字体标明该利益演示是基于公司的精算及其他假设，不代表公司的历史经营业绩，也不代表对公司未来经营业绩的预期，保单的红利分配是不确定的。

4. 利益演示时，不得披露用于演示的分红保险的投资回报率。

（五）犹豫期及退保

1. 犹豫期的含义、起算时间、天数及投保人在犹豫期内享有的权利；

2. 犹豫期后退保需扣除的费用以及退保金的计算方法。

第三十一条 保险公司不得使用分红率、投资回报率等比率性指标描述分红保险的红利分配情况。

第三十二条 保险公司应当在保险合同条款中约定每年至少向投保人提供一份红利通知书。红利通知书应当包含以下内容：

（一）保险单信息，包括保险产品名称、保险单编号、保险单生效日、投保人姓名、被保险人姓名、报告期间等；

（二）保单各年度保险费以及至上一保单年度末该投保人已分配的红利总额；

（三）红利分配政策；

（四）本年度公司红利分配额度以及分配给投保人的红利总额；

（五）本年度分配给该投保人的红利。

除向投保人提供红利通知书外，保险公司不得向公众披露或者宣传分红保险的经营成果或者分红水平。

第三十三条 对分红保险投保人的回访应当包括以下内容：

（一）确认投保人是否购买了该保险产品，投保人是否在投保单上亲笔签名；

（二）确认投保人是否知悉犹豫期的起算时间、天数以及犹豫期享有的权利；

（三）确认投保人是否知悉保险责任和责任免除；

（四）确认投保人是否知悉宣传材料上的利益演示是基于公司精算假设，保单的红利分配是不确定的；

（五）确认投保人是否知悉退保可能产生的损失。

第六章 法律责任

第三十四条 保险公司未按照本办法要求及时进行回访，或者回访不符合本办法要求的，由中国保监会及其派出机构责令改正，给予警告，对有违法所得的处违法所得1倍以上3倍以下的罚款，但最高不得超过3万元，对没有违法所得的处1万元以下的罚款。对其直接负责的主管人员和其他直接责任人员给予警告，并处1万元以下的罚款。

第三十五条 除本办法有关回访的规定外，保险公司未按照本办法要求进行信息披露的，由中国保监会及其派出机构责令其限期改正；逾期不改正的，处1万元以上10万元以下的罚款。对其直接负责的主管人员和其他直接责任人员给予警告，并处1万元以上3万元以下的罚款。

第七章 附 则

第三十六条 保险公司开办其他新型产品的，经中国保监会认定后，应当比照本办法中最相类似的新型产品进行信息披露。

第三十七条 本办法自2009年10月1日起施行。自本办法施行之日起，废止《人身保险新型产品信息披露管理暂行办法》（保监会令〔2001〕6号）。

财产保险公司保险条款和保险费率管理办法

1. 2021年8月16日银保监会令〔2021〕10号公布
2. 自2021年10月1日起施行

第一章 总 则

第一条 为了加强和改进对财产保险公司保险条款和保险费率的监督管理，保护投保人、被保险人和受益人的合法权益，维护保险市场秩序，鼓励财产保险公司创新，根据《中华人民共和国保险法》，制定本办法。

第二条 中国银行保险监督管理委员会（以下简称银保监会）及其派出机构依法对财产保险公司及其分支机构的保险条款和保险费率实施监督管理，遵循保护社会公众利益、防止不正当竞争、与市场行为监管协调配合原则。

第三条 财产保险公司保险条款和保险费率实施分类监管、属地监管，具体由银保监会另行规定。

第四条 财产保险公司应当依据法律、行政法规和银保监会的有关规定制订保险条款和保险费率，并对保险条款和保险费率承担相应的责任。

第五条 财产保险公司应当依据本办法的规定向银保监会或其省一级派出机构申报保险条款和保险费率审批或者备案。财产保险公司分支机构不得申报保险条款和保险费率审批或者备案。

第六条 中国保险行业协会应当切实履行保险条款和保险费率行业自律管理职责，推进保险条款和保险费率的通俗化、标准化、规范化工作，研究制订修订主要险种的行业示范条款，建立保险条款费率评估和创新保护机制。中国精算师协会应当研究制订修订主要险种的行业基准纯风险损失率。

第二章 条款开发和费率厘定

第七条 财产保险公司的保险条款和保险费率，应当依法合规，公平合理，不侵害投保人、被保险人和受益人的合法权益，不危及财产保险公司财务稳健和偿付能力；应当符合保险原理，尊重社会公德，不违背公序良俗，不损害社会公共利益，符合《中华人民共和国保险法》等法律、行政法规和银保监会的有关规定。

第八条 财产保险公司的保险条款应当要素完整、结构清晰、文字准确、表述严谨、通俗易懂，名称符合命名规则。

第九条 财产保险公司的保险费率应当按照合理、公平、充足原则科学厘定，不得妨碍市场公平竞争；保险费率可以上下浮动的，应当明确保险费率调整的条件和范围。

第十条 财产保险公司的合规负责人和总精算师分别负责保险条款审查和保险费率审查，并承担相应的责任。

第十一条 财产保险公司应当向合规负责人和总精算师提供其履行工作职责所必需的信息，并充分尊重其专业意见。

财产保险公司应当加强对合规负责人和总精算师的管理，按照银保监会的相关规定，建立健全相应的内部管控及问责机制。

第十二条 财产保险公司应当按照本办法规定提交由合规负责人出具的法律审查声明书。合规负责人应对以下内容进行审查：

（一）保险条款符合《中华人民共和国保险法》等法律、行政法规和银保监会的有关规定；

（二）保险条款公平合理，符合保险原理，不损害社会公共利益，不侵害投保人、被保险人和受益人的合法权益，并已通过消费者权益保护审查；

（三）命名符合规定，要素完备、文字准确、语言通俗、表述严谨。

第十三条 财产保险公司应当按照本办法规定提交由总精算师签署的精算报告和出具的精算审查声明书。总精算师应对以下内容进行审查：

（一）精算报告内容完备；

（二）精算假设和精算方法符合通用精算原理；

（三）保险费率厘定科学准确，满足合理性、公平性和充足性原则，并已通过消费者权益保护审查；

（四）保险费率符合《中华人民共和国保险法》等法律、行政法规和银保监会的有关规定。

第三章 审批和备案

第十四条 财产保险公司应当将关系社会公众利益的保险险种、依法实行强制保险的险种的保险条款和保险费率报银保监会审批。

其他险种的保险条款和保险费率，财产保险公司应当报银保监会或其省一级派出机构备案。

具体应当报送审批或者备案的险种，由银保监会另行规定。

第十五条 对于应当审批的保险条款和保险费率，在银保监会批准前，财产保险公司不得经营使用。

对于应当备案的保险条款和保险费率，财产保险公司应当在经营使用后十个工作日内报银保监会或其省一级派出机构备案。

第十六条 财产保险公司报送审批或者备案保险条款和保险费率，应当提交下列材料：

（一）申请文件；

（二）保险条款和保险费率文本；

（三）可行性报告，包括可行性分析、保险条款和保险费率的主要特点、经营模式、风险分析以及风险控制措施等；

（四）总精算师签署的保险费率精算报告，包括费率结果、基础数据及数据来源、厘定方法和模型，以及费率厘定的主要假设、参数和精算职业判断等；

（五）法律审查声明书，精算审查声明书；

（六）银保监会规定的其他材料。

第十七条 财产保险公司使用中国保险行业协会示范条款的，无需提交可行性报告。

财产保险公司使用行业基准纯风险损失率的，应当在精算报告中予以说明，无需提供纯风险损失率数据来源。

附加险无需提供可行性报告及精算报告，另有规定的除外。

第十八条 财产保险公司修改经批准或备案的保险条款或者保险费率的，应当依照本办法重新报送审批或备案。财产保险公司报送修改保险条款或者保险费率的，除应当提交本办法第十六条规定的材料外，还应当提交保险条款或保险费率的修改前后对比表和修订说明。

修改后的保险条款和保险费率经批准或者备案后，原保险条款和保险费率自动废止，财产保险公司不得在新订立的保险合同中使用原保险条款和保险费率。

第十九条 财产保险公司因名称发生变更，仅申请变更其保险条款和保险费率中涉及的公司名称的，无需提交本办法第十六条中（三）、（四）项规定的材料。

第二十条 银保监会或其省一级派出机构收到备案材料后，应根据下列情况分别作出处理：

（一）备案材料不完整齐备的，要求财产保险公司补正材料；

（二）备案材料完整齐备的，编号后反馈财产保险公司。

第二十一条 财产保险公司及其分支机构可以对已经审批或者备案的保险条款和保险费率进行组合式经营使用，但应当分别列明各保险条款对应的保险费和保险金额。

财产保险公司及其分支机构经营使用组合式保险条款和保险费率，不得修改已经审批或者备案的保险条款和保险费率。如需修改，应当按照本办法的规定重新报送审批或者备案。

第二十二条 在共保业务中，其他财产保险公司可直接使用首席承保人经审批或者备案的保险条款和保险费率，无需另行申报。

第四章 监督管理

第二十三条 财产保险公司及其分支机构应当严格执行经批准或者备案的保险条款和保险费率，不得违反本办法规定以任何方式改变保险条款或者保险费率。

第二十四条 财产保险公司及其分支机构使用的保险条款或者保险费率被发现违反法律、行政法规或者本办法第七条、第八条、第九条规定的，由银保监会或其省一级派出机构责令停止使用、限期修改；情节严重的，可以在一定期限内禁止申报新的保险条款和保险费率。

第二十五条 财产保险公司应当制定保险条款和保险费率开发管理制度，建立审议机制，对保险条款和保险费率开发和管理的重大事项进行审议。

第二十六条 财产保险公司应当指定专门部门履行保险条款和保险费率开发管理职能，负责研究开发、报送审批备案、验证修订、清理注销等全流程归口管理。

第二十七条 财产保险公司应当加强对使用中保险条款和保险费率的管理，指定专门部门进行跟踪评估、完善修订，对不再使用的及时清理。

第二十八条 财产保险公司应当于每年 3 月底前，统计分析前一年保险条款和保险费率的开发情况、修订情况和清理情况，并形成财产保险公司保险条款和保险费率年度分析报告和汇总明细表，经公司产品管理委员会审议通过后同时报银保监会和其省一级派出机构。

第二十九条 财产保险公司履行保险条款和保险费率开发管理职能的部门负责人对本公司保险条款和保险费率开发管理工作负直接责任。合规负责人对保险条款审查负直接责任，总精算师对保险费率审查负直接责任。

第三十条 财产保险公司履行保险条款和保险费率开发管理职能的部门负责人、合规负责人、总精算师违反本办法规定的，由银保监会或其省一级派出机构责令改正、提交书面检查，并可责令公司作出问责处理。

第五章 法律责任

第三十一条 财产保险公司未按照规定申请批准保险条款、保险费率的，由银保监会依法采取监督管理措施或予以行政处罚。

第三十二条 财产保险公司有下列行为之一的，由银保监会或其省一级派出机构依法采取监督管理措施或予以行政处罚：

（一）未按照规定报送保险条款、保险费率备案的；

（二）未按照规定报送或者保管保险条款、保险费率相关的报告、报表、文件、资料的，或者未按照规定提供有关信息、资料的。

第三十三条 财产保险公司报送审批、备案保险条款和保险费率时，编制或者提供虚假的报告、报表、文件、资料的，由银保监会或其省一级派出机构依法采取监督管理措施或予以行政处罚。

第三十四条 财产保险公司及其分支机构有违反本办法第二十三条规定的，由银保监会或其派出机构依法采取监督管理措施或予以行政处罚。

第三十五条 银保监会或其省一级派出机构依照本办法第二十四条的规定，责令财产保险公司及其分支机构停止使用或限期修改保险条款和保险费率，财产保险公司未停止使用或逾期不改正的，依法采取监督管理措施或予以行政处罚。

第三十六条 财产保险公司及其分支机构违反相关规定的，银保监会或其派出机构除依法对该单位给予处罚外，对其直接负责的主管人员和其他直接责任人员依法采取监督管理措施或予以行政处罚。

第六章 附　　则

第三十七条 银保监会对财产保险公司保险条款和保险费率的审批程序，适用《中华人民共和国行政许可法》和银保监会的有关规定。

第三十八条 法律、行政法规和国务院对机动车辆保险、农业保险、出口信用保险另有规定的，适用其规定。

第三十九条 本办法由银保监会负责解释。

第四十条 本办法自 2021 年 10 月 1 日起施行。原中国保险监督管理委员会 2010 年 2 月 5 日发布的《财产保险公司保险条款和保险费率管理办法》（中国保险监督管理委员会令 2010 年第 3 号）同时废止。

财产保险公司保险产品开发指引

1. 2016年12月30日发布

2. 保监发〔2016〕115号

3. 自2017年1月1日起施行

第一章 总 则

第一条 为保护投保人、被保险人合法权益，规范财产保险公司保险产品开发行为，鼓励保险产品创新，根据《中华人民共和国保险法》《财产保险公司保险条款和保险费率管理办法》，制定本指引。

第二条 本指引所称保险公司，是指经中国保监会批准设立，依法登记注册的财产保险公司。

第三条 本指引所称保险产品，是指由一个及以上主险条款费率组成，可以附加若干附加险条款费率，保险公司可独立销售的单元。

本指引所称保险条款，是指保险公司拟订的约定保险公司、投保人和被保险人权利义务的文本，是保险合同的重要组成部分。

本指引所称保险费率，是保险公司承担保险责任收取的保险费的计算原则和方法。

第四条 保险公司是保险产品开发主体，并对保险条款费率承担相应法律责任。

第二章 产品开发基本要求

第五条 保险公司开发保险产品应当遵守《中华人民共和国保险法》及相关法律法规规定，不得违反保险原理，不得违背社会公序良俗，不得损害社会公共利益和保险消费者合法权益。保险公司开发保险产品应当综合考虑公司承保能力、风险单位划分、再保险支持等因素，不得危及公司偿付能力和财务稳健。

第六条 保险公司开发保险产品应当坚持以下原则：

（一）保险利益原则。财产保险的被保险人在保险事故发生时，对保险标的应当具有保险利益。人身保险的投保人在保险合同订立时，对被保险人应当具有保险利益。

（二）损失补偿原则。财产保险产品应当坚持损失补偿原则，严禁被保险人通过保险产品获得不当利益。

（三）诚实信用原则。保险条款中应明确列明投保人、被保险人权利义务，不得损害投保人、被保险人合法权益。

（四）射幸合同原则。保险产品承保的风险是否发生、损失大小等应存在不确定性。

（五）风险定价原则。费率厘定应当基于对实际风险水平和保险责任的测算，确保保费与风险相匹配。

第七条 保险公司不得开发下列保险产品：

（一）对保险标的不具有法律上承认的合法利益。

（二）约定的保险事故不会造成被保险人实际损失的保险产品。

（三）承保的风险是确定的，如风险损失不会实际发生或风险损失确定的保险产品。

（四）承保既有损失可能又有获利机会的投机风险的保险产品。

（五）无实质内容意义、炒作概念的噱头性产品。

（六）没有实际保障内容，单纯以降价（费）、涨价（费）为目的的保险产品。

（七）"零保费""未出险返还保费"或返还其他不当利益的保险产品。

（八）其他违法违规、违反保险原理和社会公序良俗的保险产品。

第八条 保险公司开发保险产品特别是个人保险产品时，要坚持通俗化、标准化，语言应当通俗易懂、明确清楚，切实保护投保人和被保险人的合法权益。

保险产品可以分为个人产品和非个人产品。其中，个人产品是指被保险人为自然人的保险产品，非个人产品是指被保险人为非自然人的保险产品。

第三章　命名规则

第九条 保险条款和保险费率名称应当清晰明了，能客观全面反映保险责任的主要内容，名称不得使用易引起歧义的词汇，不得曲解保险责任，不得误导消费者。

第十条 主险保险条款和保险费率名称应当符合以下格式：

保险公司名称+（地方性产品地域名称）+主要保险责任描述（险种）+（版本）。

附加险保险条款和保险费率名称应当符合以下格式：

（保险公司名称）+（主险名称）+附加+（地方性产品地域名称）+主要保险责任描述（险种）+（版本）。

其中，括号中内容为可选要素。"保险公司名称"可用公司全称或者简称。"地方性产品地域名称"是指地方性产品经营使用的行政区划全称或者简称。"主要保险责任描述"由公司自定，应当涵盖条款的主要保险责任。

保险责任可明确归类为某险种的，可使用险种名称。“版本”可以包括适用特定区域、特定销售对象、特定业务性质、版本序号等内容。附加险保险条款和保险费率名称未包含主险名称的，应包含保险公司名称。

原则上保险条款和保险费率名称不使用个性化称号。中国保监会对具体险种命名另有规定的，从其规定。

第十一条 保险公司险种分为机动车辆保险、农业保险、企业财产保险、家庭财产保险、工程保险、责任保险、信用保险、保证保险、船舶保险、货物运输保险、特殊风险保险、意外伤害保险、短期健康保险及其他。不能界定具体险种和明确近因归属的保险产品，其险种归属为其他。

第十二条 保险产品名称参照保险条款和保险费率命名规则，原则上应当与主要保险条款和保险费率名称保持一致。保险产品名称可以在保险公司名称后增加个性化称号。个性化称号字数不得超过 10 个字，不得使用低俗、不雅、具有炒作性质的词汇。

第四章 保险条款要求

第十三条 保险公司开发保险条款可以参考以下框架要素：总则、保险责任、责任免除、保险金额/责任限额与免赔额（率）、保险期间、保险人义务、投保人/被保险人义务、赔偿处理、争议处理和法律适用、其他事项、释义等。

保险条款具体内容可以根据各险种特点进行增减。保险条款的表述应当严谨，避免过于宽泛。

第十四条 保险条款总则可以约定投保人、被保险人、保险标的等内容。

第十五条 保险条款的保险责任可以约定以下内容：

（一）损失原因。列明在保险期间内，由于何种原因造成的损失，保险人按照本保险合同的约定负责赔偿。

（二）损失内容。列明在保险期间内的何种损失，保险人按照本保险合同的约定负责赔偿。

（三）其他费用损失。被保险人支付的其它何种必要的、合理的费用，保险人按照保险合同的约定负责赔偿。

第十六条 保险条款责任免除可以约定以下内容：

（一）情形除外。列明出现何种情形时，保险人不负责赔偿。

（二）原因除外。列明因何种原因造成的损失、费用，保险人不负责赔偿。

（三）损失除外。列明何种损失、费用，保险人不负责赔偿。

（四）其他除外。其他不属于本保险责任范围内的损失、费用和责任，保险人不负责赔偿。

所有涉及保险人不承担、免除、减少保险责任的条款，应在责任免除部分列明。

第十七条 保险条款的保险金额/责任限额与免赔额（率）可以约定以下内容：

（一）保险金额/责任限额由投保人与保险人自行确定，并在保险单中载明。保险条款约定的保险金额不得超过投保时的保险价值。

（二）免赔额（率）由投保人与保险人在订立保险合同时协商确定，并在保险单中载明。

第十八条 海上保险的保险条款应当按照《海商法》的相关规定约定保险价值。

第十九条 保险条款的保险期间可以约定明确的期间，也可以约定以保险单载明的起讫时间为准。

第二十条 保险条款的保险人义务可以约定包括签发保单、及时一次性通知补充索赔证明和资料、及时核定赔付等义务。保险人义务具体内容可以根据不同险种情况进行增减。

第二十一条 保险条款的投保人、被保险人义务可以约定包括告知义务、交付保险费义务、防灾义务、危险程度显著增加通知义务、损害事故通知义务、损害赔偿请求协助义务、追偿协助义务、单证提供义务等。投保人、被保险人义务具体内容可以根据不同险种情况进行增减。

第二十二条 保险条款赔偿处理可以约定包括赔偿责任确定基础、保险标的损失计算方式、免赔额（率）计算方式、赔偿方式、残值处理、代位求偿等内容。

第二十三条 保险条款争议处理可以约定以下内容：因履行保险合同发生的争议，由当事人协商解决。协商不成的，可以提交保险单载明的仲裁机构仲裁；保险单未载明仲裁机构且争议发生后未达成仲裁协议的，依法向中华人民共和国人民法院起诉。

保险条款法律适用应当约定保险合同争议处理适用法律。

第二十四条 保险条款的其他事项可以约定以下内容：

保险责任开始前，投保人要求解除合同的，应当按照合同约定向保险人支付手续费，保险人应当退还保险费。

保险责任开始后，投保人要求解除合同的，保险人应当将已收取的保险费，按照合同约定扣除自保险责任开始之日起至合同解除之日止应收的部分后，退还投保人。

货物运输保险合同和运输工具航程保险合同，保险责任开始后，合同当事人不得解除合同。

第二十五条 保险条款的释义可以约定保险条款涉及的专业术语释义。

第五章 保险费率要求

第二十六条 保险费率厘定应当满足合理性、公平性、充足性原则。

第二十七条 保险公司应当在经验分析和合理预期的基础上，科学设定精算假设，综合考虑市场竞争的因素，对产品进行合理定价。

保险公司应当充分发挥保险费率杠杆的激励约束作用，强化事前风险防范，减少灾害事故发生，促进安全生产和突发事件应急管理。保险公司应当对严重失信主体上浮保险费率，或者限制向其提供保险服务。

第二十八条 保险费率由基准费率和费率调整系数组成。厘定基准费率包括纯风险损失率和附加费率。

第二十九条 保险公司应当根据实际风险水平测算纯风险损失率，或参考使用行业纯风险损失率。

第三十条 保险公司应当合理确定附加费率。附加费率由佣金及手续费、经营管理费用、利润及风险附加等组成。保险公司附加费率不得过高而损害投保人、被保险人利益。

第三十一条 保险公司应当合理厘定费率调整系数，费率调整系数是风险差异和费用差异的合理反映，不得影响整体费率水平的合理性、公平性和充足性。

第六章 产品开发组织制度

第三十二条 保险公司应当制定本公司产品开发管理制度，明确规定保险公司产品开发工作的组织机构、职能分工、工作流程、考核奖惩等内容。

第三十三条 保险公司应当成立产品管理委员会或建立类似机制，由公司主要负责人牵头，各相关部门负责人参加，负责审议公司产品开发和管理重大事项。

第三十四条 保险公司应当指定专门部门履行产品开发管理职能，负责产品全流程归口管理。保险公司产品开发部门应当配备专职的产品开发人员负责保险产品开发、定价、研究和管理等工作。

保险公司相关业务部门可以配置相关人员负责本业务条线产品研究论证和开发管理工作。保险公司各省级分公司可以配置相关人员负责地方性产品研究论证等工作。

第三十五条 保险公司主要负责人对本公司的产品开发管理工作负领导责任，保险公司履行产品开发管理职能的部门负责人对公司产品开发管理工作负直接责任。销售职能部门和分支机构对产品销售工作负直接责任。

精算审查人和法律审查人由保险公司内部认定，分别负责产品精算定价审核和条款依法合规性审查，并承担相应法律责任。

第三十六条 保险公司可以研究建立产品开发激励机制，鼓励业务部门和分公司加大产品研究开发力度，鼓励产品创新。鼓励保险公司采取设立保险产品创新试验室等形式，实行专业化研发和管理，强化保险产品创新能力。

第七章 产品开发流程

第三十七条 保险公司应当根据公司实际情况，制定本公司产品开发流程，并不断优化调整。

保险公司在产品开发过程中应当充分听取保险消费者的意见建议，应当尊重法律审查人和精算审查人的专业意见。保险公司开发保险产品可以参考使用行业示范条款和行业纯风险损失率。鼓励保险公司加强国际保险产品的研究借鉴，不断提高产品质量水平。

第三十八条 保险公司产品开发流程应当包括计划准备、研究论证、条款开发、费率定价、内部论证审核、报送审批备案（注册）、发布宣传。

第三十九条 保险公司应当根据市场需求和公司发展规划等合理确定公司产品开发计划，并采取科学的调研方法对市场需求信息、同类产品信息等资料数据进行收集、整理和分析，做好各项准备工作。

第四十条 保险公司应当加强条款费率开发的研究论证，做好产品开发的可行性分析，准确分析潜在风险，科学制定风险控制措施，明确产品销售推广、承保、理赔等后续各环节经营管理计划和方案。

第四十一条 保险公司应当根据法律法规和监管规定要求，完成条款费率开发和其他开发要件的编写工作。

保险公司开发保证保险产品，应当制定相应的风险管控措施，并在向中国保监会报送审批备案时提交相关材料。

第四十二条 保险公司应当制定明晰的产品开发内部审核论证机制。保险公司法律审查人对保险条款的依法合规性进行审核并签字；精算审查人对费率定价和精算报告进行审核并签字。政策性较强的产品、应当报送审批的产品、行业首创的产品、预计保费收入或保险金额较高的产品、风险较高的产品、风险或保险标的特殊的产品、经营模式独特的产品等重点产品开发还应当提交公司产品管理委员会审议，并在报送文件中说明。

第四十三条 保险公司应当根据法律法规和监管规定，将开发的保险条款和保险费率报中国保监会审批备案。根据《中国保监会关于开展财产保险公司备案产品自主注册改革的通知》和《中国保监会办公厅关于启动财产保险公司备案产品自主注册平台的通知》规定实行自主注册的产品应当在自主注册平台注册。

第四十四条 保险公司应当按照要求做好产品信息披露工作。

第四十五条 保险公司提供的格式合同文本中的责任免除条款、免赔额、免赔率、比例赔付或给付等免除或者减轻保险人责任的条款，应当以足以引起投保人注意的文字、字体、符号或者其他明显标志作出提示，并对保险合同中有关免除保险人责任条款的概念、内容及其法律后果以书面或者口头形式向投保人作出常人能够理解的解释说明。

第四十六条 保险公司保险产品宣传应当客观准确，不得误导保险消费者。未经审批或注册的保险条款和保险费率不得宣传销售。

保险产品名称同保险条款和保险费率名称不一致的，应当在保险合同和保险宣传材料上列明适用的保险条款和保险费率名称。

第四十七条 保险公司应当加强保证保险产品管理，应对保证保险条款投保人、被保险人的类型予以明晰，进一步加强对保险责任和责任免除的提示说明，有效强化投保人、被保险人的权益保护。

保险公司开展保证保险业务，不得以一年期以内产品通过逐年续保、出具多张保单等方式变相替代一年期以上产品。

第八章 评估修订与清理注销

第四十八条 保险公司应当按照保险公司偿付能力监管规则的要求，对当期签单保费占比在5%以上的在售产品的销售情况、现金流、资本占用、利润等进行评估。对上市两年以内的产品至少每半年评估一次，对上市超过两年的产品至少每年评估一次。对当期签单保费占比在5%以上的在售产品，应当对其保费充足性至少每年评估一次。

第四十九条 保险公司应当根据市场情况、保险消费者反映和新闻媒体报道等，密切跟踪、及时评估公司条款特别是新开发条款的合法合规性和适应性，对存在问题的保险条款及时修订，对不适宜继续销售的产品及时停止销售。

保险公司应当根据历史经验数据、经营情况和准备金提取等实际情况，按规定对保险费率进行合理性评估验证和调整。

第五十条 保险公司应当每年清理保险产品，对不再销售的保险产品应当及时注销。

第五十一条 保险公司应当编写产品年度评估报告，统计分析产品开发情况、产品经营使用情况、产品修订情况、产品注销情况等，提交公司产品管理委员会审议通过后，于每年三月底前报送中国保监会。

第九章 附 则

第五十二条 保险产品开发未尽事宜以中国保监会相关规定为准。农业保险（涉农保险）、机动车辆保险、意外险、健康险及其他险种另有规定的，从其规定。

第五十三条 本指引由中国保监会负责解释。本指引自 2017 年 1 月 1 日起施行。

健康保险管理办法

1. 2019 年 10 月 31 日中国银行保险监督管理委员会令 2019 年第 3 号公布
2. 自 2019 年 12 月 1 日起施行

第一章 总 则

第一条 为了促进健康保险的发展，规范健康保险的经营行为，保护健康保险活动当事人的合法权益，提升人民群众健康保障水平，根据《中华人民共和国保险法》（以下简称《保险法》）等法律、行政法规，制定本办法。

第二条 本办法所称健康保险，是指由保险公司对被保险人因健康原因或者医疗行为的发生给付保险金的保险，主要包括医疗保险、疾病保险、失能收入损失保险、护理保险以及医疗意外保险等。

本办法所称医疗保险，是指按照保险合同约定为被保险人的医疗、康复等提供保障的保险。

本办法所称疾病保险，是指发生保险合同约定的疾病时，为被保险人提供保障的保险。

本办法所称失能收入损失保险，是指以保险合同约定的疾病或者意外伤害导致工作能力丧失为给付保险金条件，为被保险人在一定时期内收入减少或者中断提供保障的保险。

本办法所称护理保险，是指按照保险合同约定为被保险人日常生活能力障碍引发护理需要提供保障的保险。

本办法所称医疗意外保险，是指按照保险合同约定发生不能归责于医疗机构、医护人员责任的医疗损害，为被保险人提供保障的保险。

第三条 健康保险是国家多层次医疗保障体系的重要组成部分，坚持健康保险的保障属性，鼓励保险公司遵循审慎、稳健原则，不断丰富健康保险产品，改进健康保险服务，扩大健康保险覆盖面，并通过有效管理和市场竞争降低健康保险价格和经营成本，提升保障水平。

第四条 健康保险按照保险期限分为长期健康保险和短期健康保险。

长期健康保险，是指保险期间超过一年或者保险期间虽不超过一年但含有保证续保条款的健康保险。

长期护理保险保险期间不得低于5年。

短期健康保险，是指保险期间为一年以及一年以下且不含有保证续保条款的健康保险。

保证续保条款，是指在前一保险期间届满前，投保人提出续保申请，保险公司必须按照原条款和约定费率继续承保的合同约定。

第五条 医疗保险按照保险金的给付性质分为费用补偿型医疗保险和定额给付型医疗保险。

费用补偿型医疗保险，是指根据被保险人实际发生的医疗、康复费用支出，按照约定的标准确定保险金数额的医疗保险。

定额给付型医疗保险，是指按照约定的数额给付保险金的医疗保险。

费用补偿型医疗保险的给付金额不得超过被保险人实际发生的医疗、康复费用金额。

第六条 中国银行保险监督管理委员会（以下简称银保监会）根据法律、行政法规和国务院授权，对保险公司经营健康保险的活动进行监督管理。

第七条 保险公司开展的与健康保险相关的政策性保险业务，除国家政策另有规定外，参照本办法执行。

保险公司开展不承担保险风险的委托管理服务不适用本办法。

第二章 经营管理

第八条 依法成立的健康保险公司、人寿保险公司、养老保险公司，经银保监会批准，可以经营健康保险业务。

前款规定以外的保险公司，经银保监会批准，可以经营短期健康保险业务。

第九条 除健康保险公司外，保险公司经营健康保险业务应当成立专门健康保险事业部。健康保险事业部应当持续具备下列条件：

（一）建立健康保险业务单独核算制度；

（二）建立健康保险精算制度和风险管理制度；

（三）建立健康保险核保制度和理赔制度；

（四）建立健康保险数据管理与信息披露制度；

（五）建立功能完整、相对独立的健康保险信息管理系统；

（六）配备具有健康保险专业知识的精算人员、核保人员、核赔人员和医学教育背景的管理人员；

（七）银保监会规定的其他条件。

第十条 保险公司应当对从事健康保险的核保、理赔以及销售等工作的从业人员进行健康保险专业培训。

第十一条 保险公司应当加强投保人、被保险人和受益人的隐私保护，建立健康保险客户信息管理和保密制度。

第三章 产 品 管 理

第十二条 保险公司拟定健康保险的保险条款和保险费率，应当按照银保监会的有关规定报送审批或者备案。

享受税收优惠政策的健康保险产品在产品设计、赔付率等方面应当遵循相关政策和监管要求。

第十三条 保险公司拟定的健康保险产品包含两种以上健康保障责任的，应当由总精算师按照一般精算原理判断主要责任，并根据主要责任确定产品类型。

第十四条 医疗意外保险和长期疾病保险产品可以包含死亡保险责任。长期疾病保险的死亡给付金额不得高于疾病最高给付金额。其他健康保险产品不得包含死亡保险责任，但因疾病引发的死亡保险责任除外。

医疗保险、疾病保险和医疗意外保险产品不得包含生存保险责任。

第十五条 长期健康保险产品应当设置合同犹豫期，并在保险条款中列明投保人在犹豫期内的权利。长期健康保险产品的犹豫期不得少于15天。

第十六条 保险公司应当严格按照审批或者备案的产品费率销售短期个人健康保险产品。

第十七条 除家族遗传病史之外，保险公司不得基于被保险人其他遗传信息、基因检测资料进行区别定价。

第十八条 短期团体健康保险产品可以对产品参数进行调整。

产品参数，是指保险产品条款中根据投保团体的具体情况进行合理调整的保险金额、起付金额、给付比例、除外责任、责任等待期等事项。

第十九条 保险公司将产品参数可调的短期团体健康保险产品报送审批或者备案时，提交的申请材料应当包含产品参数调整办法，并由总精算师遵循审慎原则签字确认。

保险公司销售产品参数可调的短期团体健康保险产品，应当根据产品参数调整办法、自身风险管理水平和投保团体的风险情况计算相应的保险费率，且产品参数的调整不得改变费率计算方法以及费率计算需要的基础数据。

保险公司销售产品参数可调的短期团体健康保险产品，如需改变费率计算方法或者费率计算需要的基础数据的，应当将该产品重新报送审批或者备案。

第二十条 保险公司可以在保险产品中约定对长期医疗保险产品进行费率调整，并明确注明费率调整的触发条件。

长期医疗保险产品费率调整应当遵循公平、合理原则，触发条件应当客观且能普遍适用，并符合有关监管规定。

第二十一条 含有保证续保条款的健康保险产品，应当明确约定保证续保条款的生效时间。

含有保证续保条款的健康保险产品不得约定在续保时保险公司有减少保险责任和增加责任免除范围的权利。

保险公司将含有保证续保条款的健康保险产品报送审批或者备案的，应当在产品精算报告中说明保证续保的定价处理方法和责任准备金计算办法。

第二十二条 保险公司拟定医疗保险产品条款，应当尊重被保险人接受合理医疗服务的权利，不得在条款中设置不合理的或者违背一般医学标准的要求作为给付保险金的条件。

第二十三条 保险公司在健康保险产品条款中约定的疾病诊断标准应当符合通行的医学诊断标准，并考虑到医疗技术条件发展的趋势。

健康保险合同生效后，被保险人根据通行的医学诊断标准被确诊疾病的，保险公司不得以该诊断标准与保险合同约定不符为理由拒绝给付保险金。

第二十四条 保险公司设计费用补偿型医疗保险产品，必须区分被保险人是否拥有公费医疗、基本医疗保险、其他费用补偿型医疗保险等不同情况，在保险条款、费率或者赔付金额等方面予以区别对待。

第二十五条 被保险人同时拥有多份有效的费用补偿型医疗保险保险单的，可以自主决定理赔申请顺序。

第二十六条 保险公司可以同投保人约定，以被保险人在指定医疗机构中进行医疗为给付保险金的条件。

保险公司指定医疗机构应当遵循方便被保险人、合理管理医疗成本的原则，引导被保险人合理使用医疗资源、节省医疗费用支出，并对投保人和被保险人做好说明、解释工作。

第二十七条 疾病保险、医疗保险、护理保险产品的等待期不得超过180天。

第二十八条 医疗保险产品可以在定价、赔付条件、保障范围等方面对贫困人口适当倾斜，并以书面形式予以明确。

第二十九条 护理保险产品在保险期间届满前给付的生存保险金，应当以被保险人因保险合同约定的日常生活能力障碍引发护理需要为给付条件。

第三十条 鼓励保险公司开发医疗保险产品，对新药品、新医疗器械和新诊疗方法在医疗服务中的应用支出进行保障。

第三十一条 鼓励保险公司采用大数据等新技术提升风险管理水平。对于事实清楚、责任明确的健康保险理赔申请，保险公司可以借助互联网等信息技术手段，对被保险人的数字化理赔材料进行审核，简化理赔流程，提升服务效率。

第三十二条 保险公司应当根据健康保险产品实际赔付经验，对产品定价进行回溯、分析，及时修订新销售的健康保险产品费率，并按照银保监会有关规定进行审批或者备案。

第三十三条 鼓励保险公司提供创新型健康保险产品，满足人民群众多层次多样化的健康保障需求。

第三十四条 保险公司开发的创新型健康保险产品应当符合《保险法》和保险基本原理，并按照有关规定报银保监会审批或者备案。

第四章 销售管理

第三十五条 保险公司销售健康保险产品，应当严格执行经审批或者备案的保险条款和保险费率。

第三十六条 经过审批或者备案的健康保险产品，除法定理由和条款另有约定外，保险公司不得拒绝提供。

保险公司销售健康保险产品，不得强制搭配其他产品销售。

第三十七条 保险公司不得委托医疗机构或者医护人员销售健康保险产品。

第三十八条 保险公司销售健康保险产品，不得非法搜集、获取被保险人除家族遗传病史之外的遗传信息、基因检测资料；也不得要求投保人、被保险人或者受益人提供上述信息。

保险公司不得以被保险人家族遗传病史之外的遗传信息、基因检测资料作为核保条件。

第三十九条 保险公司销售健康保险产品，应当以书面或者口头等形式向投保人说明保险合同的内容，对下列事项作出明确告知，并由投保人确认：

（一）保险责任；

（二）保险责任的减轻或者免除；

（三）保险责任等待期；

（四）保险合同犹豫期以及投保人相关权利义务；

（五）是否提供保证续保以及续保有效时间；

（六）理赔程序以及理赔文件要求；

（七）组合式健康保险产品中各产品的保险期间；

（八）银保监会规定的其他告知事项。

第四十条 保险公司销售健康保险产品，不得夸大保险保障范围，不得隐瞒责任免除，不得误导投保人和被保险人。

投保人和被保险人就保险条款中的保险、医疗和疾病等专业术语提出询问的，保险公司应当用清晰易懂的语言进行解释。

第四十一条 保险公司销售费用补偿型医疗保险，应当向投保人询问被保险人是否拥有公费医疗、基本医疗保险或者其他费用补偿型医疗保险的情况，投保人应当如实告知。

保险公司应当向投保人说明未如实告知的法律后果，并做好相关记录。

保险公司不得诱导投保人为同一被保险人重复购买保障功能相同或者类似的费用补偿型医疗保险产品。

第四十二条 保险公司销售医疗保险，应当向投保人告知约定医疗机构的名单或者资质要求，并提供查询服务。

保险公司调整约定医疗机构的，应当及时通知投保人或者被保险人。

第四十三条 保险公司以附加险形式销售无保证续保条款的健康保险产品的，附加险的保险期限不得小于主险保险期限。

第四十四条 保险公司销售长期个人健康保险产品的，应当在犹豫期内对投保人进行回访。

保险公司在回访中发现投保人被误导的，应当做好解释工作，并明确告知投保人有依法解除保险合同的权利。

第四十五条 保险公司承保团体健康保险，应当以书面或者口头等形式告知每个被保险人其参保情况以及相关权益。

第四十六条 投保人解除团体健康保险合同的，保险公司应当要求投保人提供已通知被保险人退保的有效证明，并按照银保监会有关团体保险退保的规定将退保金通过银行转账或者原投保资金汇入路径退至投保人缴费账户或者其他账户。

第五章 准备金评估

第四十七条 经营健康保险业务的保险公司应当按照本办法有关规定提交上一年度的精算报告或者准备金评估报告。

第四十八条 对已经发生保险事故并已提出索赔、保险公司尚未结案的赔案，保险公司应当提取已发生已报案未决赔款准备金。

保险公司应当采取逐案估计法、案均赔款法等合理的方法谨慎提取已发生已报案未决赔款准备金。

保险公司如果采取逐案估计法之外的精算方法计提已发生已报案未决赔款准备金，应当详细报告该方法的基础数据、参数设定和估计方法，并说明基础数据来源、数据质量以及准备金计算结果的可靠性。

保险公司总精算师不能确认估计方法的可靠性或者相关业务的经验数据不足3年的，应当按照已经提出的索赔金额提取已发生已报案未决赔款准备金。

第四十九条 对已经发生保险事故但尚未提出的赔偿或者给付，保险公司应当提取已发生未报案未决赔款准备金。

保险公司应当根据险种的风险性质和经验数据等因素，至少采用链梯法、案均赔款法、准备金进展法、B－F法、赔付率法中的两种方法评估已发生未报案未决赔款准备金，并选取评估结果的最大值确定最佳估计值。

保险公司应当详细报告已发生未报案未决赔款准备金的基础数据、计算方法和参数设定，并说明基础数据来源、数据质量以及准备金计算结果的可靠性。

保险公司总精算师判断数据基础不能确保计算结果的可靠性，或者相关业务的经验数据不足3年的，应当按照不低于该会计年度实际赔款支出的10%提取已发生未报案未决赔款准备金。

第五十条 对于短期健康保险业务，保险公司应当提取未到期责任准备金。

短期健康保险提取未到期责任准备金，可以采用下列方法之一：

（一）二十四分之一毛保费法（以月为基础计提）；

（二）三百六十五分之一毛保费法（以天为基础计提）；

（三）根据风险分布状况可以采用其他更为谨慎、合理的方法，提取的未到期责任准备金不得低于方法（一）和（二）所得结果的较小者。

第五十一条 短期健康保险未到期责任准备金的提取金额应当不低于下列两者中较大者：

（一）预期未来发生的赔款与费用扣除相关投资收入之后的余额；

（二）在责任准备金评估日假设所有保单退保时的退保金额。

未到期责任准备金不足的，应当提取保费不足准备金，用于弥补未到期责任准备金和前款两项中较大者之间的差额。

第五十二条 本办法所称责任准备金为业务相关报告责任准备金，财务报告责任准备金、偿付能力报告责任准备金的计提按照财政部和银保监会的相关规定执行。

第五十三条 长期健康保险未到期责任准备金的计提办法应当按照银保监会的有关规定执行。

第五十四条 保险公司应当按照再保前、再保后分别向银保监会报告准备金提取结果。

第六章 健康管理服务与合作

第五十五条 保险公司可以将健康保险产品与健康管理服务相结合，提供健康风险评估和干预、疾病预防、健康体检、健康咨询、健康维护、慢性病管理、养生保健等服务，降低健康风险，减少疾病损失。

第五十六条 保险公司开展健康管理服务的，有关健康管理服务内容可以在保险合同条款中列明，也可以另行签订健康管理服务合同。

第五十七条 健康保险产品提供健康管理服务，其分摊的成本不得超过净保险费的20%。

超出以上限额的服务，应当单独定价，不计入保险费，并在合同中明示健康管理服务价格。

第五十八条 保险公司经营医疗保险，应当加强与医疗机构、健康管理机构、康复服务机构等合作，为被保险人提供优质、方便的医疗服务。

保险公司经营医疗保险，应当按照有关政策文件规定，监督被保险人医疗行为的真实性和合法性，加强医疗费用支出合理性和必要性管理。

第五十九条 保险公司应当积极发挥健康保险费率调节机制对医疗费用和风险管控的作用，降低不合理的医疗费用支出。

第六十条 保险公司应当积极发挥作为医患关系第三方的作用，帮助缓解医患信息不对称，促进解决医患矛盾纠纷。

第六十一条 保险公司与医疗机构、健康管理机构之间的合作，不得损害被保险人的合法权益。

第六十二条 保险公司应当按照法律、行政法规的规定，充分保障客户隐私和数据安全，依据服务范围和服务对象与医疗机构、基本医保部门等进行必要的信息互联和数据共享。

第七章 再保险管理

第六十三条 保险公司办理健康保险再保险业务，应当遵守《保险法》和银保监会有关再保险业务管理的规定。

第六十四条 保险公司分支机构不得办理健康保险再保险分入业务，再保险公司分支机构除外。

第八章 法 律 责 任

第六十五条 保险公司及其分支机构违反本办法，由银保监会及其派出机构依照法律、行政法规进行处罚；法律、行政法规没有规定的，由银保监会及其派出机构责令改正，给予警告，对有违法所得的处以违法所得 1 倍以上3 倍以下罚款，但最高不得超过 3 万元，对没有违法所得的处以 1 万元以下罚款；涉嫌犯罪的，依法移交司法机关追究其刑事责任。

第六十六条 保险公司从业人员、保险公司分支机构从业人员违反本办法，由银保监会及其派出机构依照法律、行政法规进行处罚；法律、行政法规没有规定的，由银保监会及其派出机构责令改正，给予警告，对有违法所得的处以违法所得 1 倍以上 3 倍以下罚款，但最高不得超过 3 万元，对没有违法所得的处以 1 万元以下罚款；涉嫌犯罪的，依法移交司法机关追究其刑事责任。

第九章 附 则

第六十七条 相互保险组织经营健康保险适用本办法。

第六十八条 保险中介机构及其从业人员销售健康保险产品适用本办法。

第六十九条 通过银行、邮政等渠道销售健康保险产品的，应当遵守相关监管部门的规定。

第七十条 本办法施行前原中国保险监督管理委员会颁布的规定与本办法不符的，以本办法为准。

第七十一条 本办法由银保监会负责解释。

第七十二条 本办法自 2019 年 12 月 1 日起施行。原中国保险监督管理委员会 2006 年 8 月 7 日发布的《健康保险管理办法》（保监会令 2006 年第 8 号）同时废止。

保险公司养老保险业务管理办法

1. 2007 年 9 月 30 日中国保险监督管理委员会令第 4 号公布

2. 根据 2010 年 12 月 3 日中国保险监督管理委员会令 2010 年第 10 号《关于修改部分规章的决定》修正

第一章 总 则

第一条 为了规范保险公司养老保险业务，保护养老保险业务活动当事人的合法权益，促进保险业健康发展，推动社会多层次养老保障体系的完善，根据《中华人民共和国保险法》（以下简称《保险法》）等法律、行政法规和国家有关规定，制定本办法。

第二条 中国保险监督管理委员会（以下简称“中国保监会”）鼓励保险公司发挥专业优势，通过个人养老年金保险业务、团体养老年金保险业务、企业年金管理业务等多种养老保险业务，为个人、家庭、企事业单位等提供养老保障服务。

第三条 中国保监会依法对保险公司养老保险业务进行监督管理。

第四条 本办法所称保险公司，是指经保险监督管理机构批准设立并依法登记注册的人寿保险公司、养老保险公司。

第五条 本办法所称养老保险业务，包括个人养老年金保险业务、团体养老年金保险业务和企业年金管理业务。

个人养老年金保险业务和团体养老年金保险业务简称养老年金保险业务。

第六条 本办法所称个人养老年金保险，是指同时符合下列条件的人寿保险产品：

（一）以提供养老保障为目的；

（二）由个人向保险公司交纳保险费；

（三）保险合同约定被保险人生存至特定年龄时，可以选择由保险公司分期给付生存保险金；

（四）分期给付生存保险金的，相邻两次给付的时间间隔为一年或者不超过一年。

个人养老年金保险产品的具体范围由中国保监会另行规定。

第七条 本办法所称团体养老年金保险，是指同时符合下列条件的人寿保险产品：

（一）以提供养老保障为目的，并由保险公司以一份保险合同承保；

（二）由不以购买保险为目的的组织起来的团体投保，并以投保团体 5 人以上的特定成员为被保险人；

（三）保险合同约定被保险人生存至国家规定的退休年龄时，可以选择由保险公司分期给付生存保险金；

（四）分期给付生存保险金的，相邻两次给付的时间间隔为一年或者不超过一年。

第八条 本办法所称企业年金管理业务，是指保险公司根据国家有关规定从事的企业年金基金受托管理、帐户管理、投资管理等有关业务。

第九条 保险公司经营养老保险业务，适用本办法。

第二章 经营主体

第十条 人寿保险公司、养老保险公司经中国保监会核定，可以经营养老保险业务。

经营企业年金管理业务依法需经有关部门认定经办资格的，还应当经过相应的资格认定。

第十一条 养老保险公司经营企业年金管理业务，可以在全国展业。

第十二条 养老保险公司应当具备完善的公司治理结构和内部控制制度，建立有效的风险管理体系。

第十三条 养老保险公司应当按照中国保监会的规定设置独立董事，对养老保险公司的经营活动进行独立客观的监督。

第十四条 对养老保险公司的管理，本办法没有规定的，适用中国保监会对保险公司管理的有关规定。

第三章 养老年金保险业务

第一节 产品管理

第十五条 保险公司应当积极进行养老保险产品创新，根据市场情况开发适合不同团体和个人需要的养老保险产品。

鼓励保险公司开发含有终身年金领取方式的个人养老年金保险产品。

第十六条 保险公司拟定养老年金保险条款和保险费率，应当按照中国保监会的有关规定报送审批或者备案。

第十七条 除投资连结型、万能型个人养老年金保险产品外，个人养老年金保险产品应当在保险合同中提供保单现金价值表。

第十八条 团体养老年金保险的被保险人分担缴费的，保险合同中应当明确投保人和被保险人各自缴费部分的权益归属，被保险人缴费部分的权益应当完全归属其本人。

第十九条 团体养老年金保险合同应当约定被保险人在离职时，有权通过投保人向保险公司申请提取该被保险人全部或者部分已归属权益。

第二十条 团体养老年金保险合同设置公共账户的，被保险人缴费部分的权益不得计入公共账户。

保险公司不得利用公共账户谋取非法利益。

第二节 经营管理

第二十一条 养老年金保险产品的说明书、建议书和宣传单等信息披露材料应当与保险合同相关内容保持一致，不得通过夸大或者变相夸大保险合同利益、承诺高于保险条款规定的保底利率等方式误导投保人。

第二十二条 保险公司销售投保人具有投资选择权的养老年金保险产品，应当在投保人选择投资方式前，以书面形式向投保人明确提示投资风险，并由投保人签字确认。

第二十三条 对投保人具有投资选择权的养老年金保险产品，在保险合同约定的开始领取养老金年龄的前5年以内，保险公司不得向投保人推荐高风险投资组合。

个人养老年金保险的投保人自愿选择高风险投资组合的，保险公司应当制作独立的《高风险投资组合提示书》，明确提示投资风险；投保人坚持选择的，应当在《高风险投资组合提示书》上签字确认。

第二十四条 对投保大额个人养老年金保险的投保人，保险公司应当对其财务状况、缴费能力等方面进行必要的财务核保。

第二十五条 保险公司销售个人养老年金保险产品，应当对其所包含的各种养老年金领取方式，向投保人提供领取金额示例。

第二十六条 对同一投保团体在不同省、自治区、直辖市的成员，保险公司可以统一承保团体养老年金保险。

投保人为法人的，由该法人住所地的保险公司签发保单；投保人不是法人的，由多数被保险人所在地的保险公司签发保单。

第二十七条 保险公司销售团体养老年金保险产品，应当对团体养老年金保险投保、退保事宜进行谨慎审查。

第二十八条 保险公司销售团体养老年金保险产品，应当要求投保人提供下列材料：

（一）所有被保险人名单和身份证复印件；

（二）证明被保险人已同意投保团体养老年金保险事宜的有关书面文件。

第二十九条 保险公司销售团体养老年金保险合同，应当向每个被保险人签发保险凭证。

保险凭证应当记载团体养老年金保险合同约定的保险责任，以及被保险人享有的合同权益。

第三十条 团体养老年金保险的投保人退保的，保险公司应当要求其提供已通知被保险人退保事宜的有效证明，并以银行转帐方式将退保金退至投保人单位帐户。

第三十一条 保险公司经营团体养老年金保险，应当在合同到期给付时，要求投保人提供被保险人达到国家规定退休年龄的有效证明。因特殊情况提前退休的，可以在办理退休手续后重新计算领取金额。

第三十二条 保险公司销售分红型、万能型、投资连结型养老年金保险产品，应当按照中国保监会的要求向投保人、被保险人或者受益人寄送保单状态报告、业绩报告等有关材料。

第三十三条 保险公司应当加强对养老保险业务销售人员和管理人员的培训与管理，提高其职业道德和业务素质，不得唆使、误导销售人员和管理人员进行违背诚信义务的活动。

第三十四条 保险公司经营养老年金保险业务，应当遵守中国保监会对保险资金运用的有关规定。

第三十五条 保险公司经营养老保险业务按照中央和地方政府的有关政策享受税收优惠。

第四章 企业年金管理业务

第三十六条 担任企业年金基金受托人的保险公司，应当与委托人签订受托管理企业年金基金的书面合同，并应当根据该书面合同，依法审慎选择合格的账户管理人、托管人和投资管理人。

担任企业年金基金账户管理人、投资管理人的保险公司，应当与企业年金基金受托人签订受托管理企业年金基金账户或者受托投资管理企业年金基金的书面协议。

本条所称委托人，是指设立企业年金的企业及其职工。

第三十七条 保险公司委托保险代理机构代办有关企业年金管理业务的，应当遵守国家有关规定，并同时符合下列要求：

（一）与保险代理机构签订书面的《委托代理协议》；

（二）自上述《委托代理协议》签订之日起5日以内，向中国保监会的当地派出机构提交《委托代理协议》复印件、《委托代理服务可行性分析报告》和《委托代理服务管理办法》；

（三）中国保监会规定的其他要求。

第三十八条 保险公司对企业年金基金的投资管理，应当遵循审慎的投资原则，并不得违反国家对企业年金基金投资管理的有关规定。

第三十九条 企业年金受益人有投资选择权的，保险公司应当在其选择投资方式前，以书面形式向其明确提示投资风险。

第四十条 企业年金受益人有投资选择权的，在其达到国家规定退休年龄的前5年以内，保险公司不得向其推荐高风险投资组合。

受益人自愿选择高风险投资组合的，保险公司应当制作独立的《高风险投资组合提示书》，明确提示投资风险；受益人坚持选择的，应当在《高风险投资组合提示书》上签字确认。

第四十一条　保险公司经营企业年金管理业务，应当按照国家有关规定，定期提交有关企业年金基金管理报告、企业年金基金账户管理报告、投资管理报告。

第四十二条　保险公司应当按照中国保监会的规定，向中国保监会提交企业年金基金管理情况报告。

第四十三条　保险公司经营企业年金管理业务的统计和财务会计活动，应当符合国家统计和财务会计管理的法律、行政法规以及其他有关规定。

第五章　法律责任

第四十四条　保险公司违反本办法规定经营养老年金保险业务，由中国保监会及其派出机构依法进行处罚。

第四十五条　对违反本办法经营养老保险业务的行为负有直接责任的保险公司董事、高级管理人员，中国保监会或者当地派出机构可以视情形进行监管谈话。

第四十六条　对违反《保险法》规定经营养老年金保险业务、尚未构成犯罪的行为负有直接责任的保险公司董事、监事和高级管理人员和其他责任人员，由中国保监会或者当地派出机构区别不同情况给予警告，并处一万元以上十万元以下的罚款；情节严重的，撤销任职资格或者从业资格。

第六章　附　　则

第四十七条　本办法由中国保监会负责解释。

第四十八条　保险公司经营具有养老保障功能的个人两全保险业务，适用本办法对个人养老年金保险业务的有关规定。

前款所称个人两全保险产品的具体范围，由中国保监会另行规定。

第四十九条　本办法自2008年1月1日起施行。

保险公司非寿险业务准备金管理办法

1. 2021年5月20日中国银行保险监督管理委员会令第11号公布

2. 自2021年12月1日起施行

第一章　总　　则

第一条　为了加强对保险公司非寿险业务准备金的监督管理，促进保险公司稳健经营，夯实偿付能力计量基础，保护被保险人利益，根据《中华人民共和国保险法》（以下简称《保险法》）等法律、行政法规，制定本办法。

第二条 本办法所称非寿险业务，是指除人寿保险业务以外的保险业务，包括财产损失保险、责任保险、信用保险、保证保险、短期健康保险和意外伤害保险业务以及上述业务的再保险业务。

第三条 本办法所称保险公司，是指在中华人民共和国境内依法设立的经营上述非寿险业务的保险公司，包括财产保险公司、人身保险公司及再保险公司。

第四条 保险公司应建立并完善准备金管理的内控制度，明确职责分工和工作流程。保险公司评估各项准备金，应按照银保监会的规定，遵循非寿险精算的原理和方法，保持客观、谨慎，并充足、合理地提取和结转各项准备金。

第五条 银保监会及其派出机构依法对保险公司非寿险业务准备金进行监管。

第二章　准备金的种类及评估方法

第六条 保险公司非寿险业务准备金包括未到期责任准备金及未决赔款准备金。

第七条 未到期责任准备金是指在准备金评估日为尚未终止的保险责任而提取的准备金，包括未赚保费准备金及保费不足准备金。

第八条 未赚保费准备金是指以未满期部分保费收入为基础所计提的准备金，并应减除与获取保费收入相关联的保单获取成本的未到期部分。

第九条 对未赚保费准备金，应当采用以下方法确定：

（一）三百六十五分之一法；

（二）风险分布法；

（三）银保监会认可的其他方法。

第十条 保险公司应在未到期责任准备金评估过程中进行保费充足性测试，并根据测试结果提取保费不足准备金，作为未到期责任准备金的一部分。

第十一条 未决赔款准备金是指保险公司为保险事故已经发生但尚未最终结案的损失提取的准备金，包括已发生已报案未决赔款准备金、已发生未报案未决赔款准备金和理赔费用准备金。

第十二条 已发生已报案未决赔款准备金是指为保险事故已经发生并已向保险公司提出索赔，保险公司尚未结案的损失而提取的准备金。

第十三条 对已发生已报案未决赔款准备金，应当采用以下方法确定：

（一）逐案估计法；

（二）案均赋值法；

（三）银保监会认可的其它方法。

第十四条 已发生未报案未决赔款准备金是为下列情况所提取的赔款准备金：

（一）保险事故已经发生但尚未向保险公司提出索赔的；

（二）已经提出索赔但保险公司尚未立案的；

（三）保险公司已立案但对事故损失估计不足，预计最终赔付将超过原估损值的；

（四）保险事故已经赔付但有可能再次提出索赔的。

第十五条　对已发生未报案未决赔款准备金，应当根据险种的风险性质、分布特征、经验数据等因素采用以下方法确定：

（一）链梯法；

（二）案均赔款法；

（三）准备金进展法；

（四）B－F法；

（五）赔付率法；

（六）银保监会认可的其他方法。

第十六条　理赔费用准备金是指为尚未结案的损失可能发生的费用而提取的准备金，包括为直接发生于具体赔案的专家费、律师费、损失检验费等提取的直接理赔费用准备金，以及为非直接发生于具体赔案的费用而提取的间接理赔费用准备金。

第十七条　对已发生已报案案件的直接理赔费用准备金，应采用第十三条中规定的方法确定；对已发生未报案案件的直接理赔费用准备金，应采用第十五条中规定的方法确定；对间接理赔费用准备金，应采用合理的比率分摊法提取。

第十八条　保险公司提取的各项非寿险业务准备金应包含风险边际并考虑货币时间价值。

第三章　内 控 管 理

第十九条　保险公司的董事会、管理层、精算及相关职能部门、分支机构在准备金管理中应分级授权，权责分明，分工合作，相互制约。

第二十条　准备金评估方法、假设的调整对保险公司产生显著影响的，应经总精算师同意后，提交公司董事会决议，或由董事会正式授权公司经营管理层决策机构审议。

第二十一条　保险公司应加强准备金评估所需数据的质量管理，以保证所需数据真实、准确、完整、一致、有效。

第二十二条　保险公司应建立并完善准备金评估信息系统，以保证准备金的评估流程被完整地记录、保存。

第二十三条 保险公司应建立分支机构的准备金评估或分摊机制，不得违规调整分支机构的准备金。

第二十四条 保险公司总公司不直接经营业务的，不得在总公司本级留存准备金。

第二十五条 保险公司应建立准备金工作底稿制度。

第二十六条 保险公司应按照规定披露准备金信息。

第四章 监督管理

第二十七条 银保监会及其派出机构对保险公司准备金的监督管理，采取现场监管与非现场监管结合的方式。

第二十八条 保险公司总精算师负责准备金评估工作，公正、客观地履行精算职责，向银保监会或其派出机构提供精算意见，并应当向银保监会或其派出机构及时报告保险公司准备金的重大风险隐患。

第二十九条 保险公司应按规定向银保监会或其派出机构报送准备金评估报告、准备金回溯分析报告和银保监会或其派出机构要求的其他报告。银保监会或其派出机构依法对保险公司报送的上述报告进行抽查审核。

第三十条 银保监会或其派出机构可以根据审慎监管需要，调整所有公司或部分公司的准备金相关报告的报送内容、报送频率，要求保险公司聘请第三方对准备金评估报告进行独立审核。

第三十一条 保险公司应定期对准备金评估结果进行回溯分析，银保监会或其派出机构根据回溯分析结果对保险公司采取相应监管措施。

第三十二条 银保监会或其派出机构依法对保险公司准备金计提的违法违规行为进行查处。

第五章 法律责任

第三十三条 保险公司编制或者提供虚假的准备金评估报告、准备金回溯分析报告以及相关报表、文件、资料的，由银保监会或其派出机构依照《保险法》相关规定责令改正，并处十万元以上五十万元以下的罚款；情节严重的，可以限制其业务范围、责令停止接受新业务或者吊销业务许可证。对直接负责主管人员和其他直接责任人员，由银保监会或其派出机构依照《保险法》相关规定给予警告，并处一万元以上十万元以下的罚款；情节严重的，撤销任职资格。

第三十四条 保险公司未按照规定提取或者结转各项责任准备金，存在以下行为之一的，由银保监会或其派出机构依照《保险法》相关规定处五万元以上三十万元以下的罚款；情节严重的，可以限制其业务范围、责令停止接受新业务或者吊销业务许可证。对直接负责主管人员和其他直接责任人员，由银保监会或其派出机构依照《保险法》相关规定给予警告，并处一万元以上十万元以下的罚款；情节严重的，撤销任职资格：

（一）未按照本办法第九条、第十条的规定提取未到期责任准备金的；

（二）未按照本办法第十三条的规定提取已发生已报案未决赔款准备金的；

（三）未按照本办法第十五条的规定提取已发生未报案未决赔款准备金的；

（四）未按照本办法第十七条的规定提取理赔费用准备金的；

（五）未按照本办法第十八条的规定考虑风险边际及货币时间价值的；

（六）违反本办法第二十三条、第二十四条规定的。

第三十五条 保险公司有下列行为之一的，由银保监会或其派出机构依照《保险法》相关规定责令限期改正，逾期不改正的，处一万元以上十万元以下的罚款：

（一）未按照本办法第二十五条的规定保管准备金工作底稿的；

（二）未按照本办法第二十六条的规定披露准备金信息的；

（三）未按照本办法第二十九条的规定报送准备金评估报告、准备金回溯分析报告或未按照规定提供准备金有关信息、资料的。

第三十六条 保险公司违反本办法第十九条、第二十条、第二十一条、第二十二条规定的，由银保监会或其派出机构给予该保险公司警告，并处一万元以上三万元以下的罚款；对其直接负责的主管人员和其他直接责任人员给予警告，并处一万元以上三万元以下的罚款。

第六章 附　　则

第三十七条 银保监会制定并发布实施《保险公司非寿险业务准备金管理办法实施细则》。

第三十八条 中国精算师协会制定并发布非寿险业务准备金评估实务指南和行业参考标准。

第三十九条 政策性保险公司、相互制保险公司、自保公司等适用本办法，法律法规另有规定的除外。

第四十条 本办法由银保监会负责解释。

第四十一条 本办法自 2021 年 12 月 1 日起施行。原中国保险监督管理委员会发布的《保险公司非寿险业务准备金管理办法（试行）》（中国保险监督管理委员会令 2004 年第 13 号）同时废止。

第四十二条 原中国保险监督管理委员会发布的关于非寿险业务准备金的相关规定与本办法及实施细则不一致的，以本办法及实施细则为准，实施细则另行发布。

安全生产责任保险实施办法

1. 2017年12月12日国家安全监管总局、保监会、财政部发布
2. 安监总办〔2017〕140号
3. 自2018年1月1日起施行

第一章 总 则

第一条 为了规范安全生产责任保险工作，强化事故预防，切实保障投保的生产经营单位及有关人员的合法权益，根据相关法律法规和规定，制定本办法。

第二条 本办法所称安全生产责任保险，是指保险机构对投保的生产经营单位发生的生产安全事故造成的人员伤亡和有关经济损失等予以赔偿，并且为投保的生产经营单位提供生产安全事故预防服务的商业保险。

第三条 按照本办法请求的经济赔偿，不影响参保的生产经营单位从业人员（含劳务派遣人员，下同）依法请求工伤保险赔偿的权利。

第四条 坚持风险防控、费率合理、理赔及时的原则，按照政策引导、政府推动、市场运作的方式推行安全生产责任保险工作。

第五条 安全生产责任保险的保费由生产经营单位缴纳，不得以任何方式摊派给从业人员个人。

第六条 煤矿、非煤矿山、危险化学品、烟花爆竹、交通运输、建筑施工、民用爆炸物品、金属冶炼、渔业生产等高危行业领域的生产经营单位应当投保安全生产责任保险。鼓励其他行业领域生产经营单位投保安全生产责任保险。各地区可针对本地区安全生产特点，明确应当投保的生产经营单位。

对存在高危粉尘作业、高毒作业或其他严重职业病危害的生产经营单位，可以投保职业病相关保险。

对生产经营单位已投保的与安全生产相关的其他险种，应当增加或将其调整为安全生产责任保险，增强事故预防功能。

第二章 承保与投保

第七条 承保安全生产责任保险的保险机构应当具有相应的专业资质和能力，

主要包含以下方面：

（一）商业信誉情况；

（二）偿付能力水平；

（三）开展责任保险的业绩和规模；

（四）拥有风险管理专业人员的数量和相应专业资格情况；

（五）为生产经营单位提供事故预防服务情况。

第八条 根据实际需要，鼓励保险机构采取共保方式开展安全生产责任保险工作。

第九条 安全生产责任保险的保险责任包括投保的生产经营单位的从业人员人身伤亡赔偿，第三者人身伤亡和财产损失赔偿，事故抢险救援、医疗救护、事故鉴定、法律诉讼等费用。

保险机构可以开发适应各类生产经营单位安全生产保障需求的个性化保险产品。

第十条 除被依法关闭取缔、完全停止生产经营活动外，应当投保安全生产责任保险的生产经营单位不得延迟续保、退保。

第十一条 制定各行业领域安全生产责任保险基准指导费率，实行差别费率和浮动费率。建立费率动态调整机制，费率调整根据以下因素综合确定：

（一）事故记录和等级：费率调整根据生产经营单位是否发生事故、事故次数和等级确定，可以根据发生人员伤亡的一般事故、较大事故、重大及以上事故次数进行调整。

（二）其他：投保生产经营单位的安全风险程度、安全生产标准化等级、隐患排查治理情况、安全生产诚信等级、是否被纳入安全生产领域联合惩戒“黑名单”、赔付率等。

各地区可以参考以上因素，根据不同行业领域实际情况进一步确定具体的费率浮动。

第十二条 生产经营单位投保安全生产责任保险的保障范围应当覆盖全体从业人员。

第三章 事故预防与理赔

第十三条 保险机构应当建立生产安全事故预防服务制度，协助投保的生产经营单位开展以下工作：

（一）安全生产和职业病防治宣传教育培训；

（二）安全风险辨识、评估和安全评价；

（三）安全生产标准化建设；

（四）生产安全事故隐患排查；

（五）安全生产应急预案编制和应急救援演练；

（六）安全生产科技推广应用；

（七）其他有关事故预防工作。

第十四条 保险机构应当按照本办法第十三条规定的服务范围，在安全生产责任保险合同中约定具体服务项目及频次。

保险机构开展安全风险评估、生产安全事故隐患排查等服务工作时，投保的生产经营单位应当予以配合，并对评估发现的生产安全事故隐患进行整改；对拒不整改重大事故隐患的，保险机构可在下一投保年度上浮保险费率，并报告安全生产监督管理部门和相关部门。

第十五条 保险机构应当严格按照合同约定及时赔偿保险金；建立快速理赔机制，在事故发生后按照法律规定或者合同约定先行支付确定的赔偿保险金。

生产经营单位应当及时将赔偿保险金支付给受伤人员或者死亡人员的受益人（以下统称受害人），或者请求保险机构直接向受害人赔付。生产经营单位怠于请求的，受害人有权就其应获赔偿部分直接向保险机构请求赔付。

第十六条 同一生产经营单位的从业人员获取的保险金额应当实行同一标准，不得因用工方式、工作岗位等差别对待。

第十七条 各地区根据实际情况确定安全生产责任保险中涉及人员死亡的最低赔偿金额，每死亡一人按不低于30万元赔偿，并按本地区城镇居民上一年度人均可支配收入的变化进行调整。

对未造成人员死亡事故的赔偿保险金额度在保险合同中约定。

第四章 激励与保障

第十八条 安全生产监督管理部门和有关部门应当将安全生产责任保险投保情况作为生产经营单位安全生产标准化、安全生产诚信等级等评定的必要条件，作为安全生产与职业健康风险分类监管，以及取得安全生产许可证的重要参考。

安全生产和职业病预防相关法律法规另有规定的，从其规定。

第十九条 各地区应当在安全生产相关财政资金投入、信贷融资、项目立项、进入工业园区以及相关产业扶持政策等方面，在同等条件下优先考虑投保安全生产责任保险的生产经营单位。

第二十条 对赔付及时、事故预防成效显著的保险机构，纳入安全生产诚信管理体系，实行联合激励。

第二十一条 各地区将推行安全生产责任保险情况，纳入对本级政府有关部门和下级人民政府安全生产工作巡查和考核内容。

第二十二条 鼓励安全生产社会化服务机构为保险机构开展生产安全事故预防提供技术支撑。

第五章 监督与管理

第二十三条 建立安全生产监督管理部门和保险监督管理机构信息共享机制。安全生产监督管理部门和有关部门应当建立安全生产责任保险信息管理平台，并与安全生产监管信息平台对接，对保险机构开展生产安全事故预防服务及服务费用支出使用情况定期进行分析评估。安全生产监督管理部门可以引入第三方机构对安全生产责任保险信息管理平台进行建设维护及对保险机构开展预防服务情况开展评估，并依法保守有关商业秘密。

第二十四条 支持投保的生产经营单位、保险机构和相关社会组织建立协商机制，加强自主管理。

第二十五条 安全生产监督管理部门、保险监督管理机构和有关部门应当依据工作职责依法加强对生产经营单位和保险机构的监督管理，对实施安全生产责任保险情况开展监督检查。

第二十六条 对生产经营单位应当投保但未按规定投保或续保、将保费以各种形式摊派给从业人员个人、未及时将赔偿保险金支付给受害人的，保险机构预防费用投入不足、未履行事故预防责任、委托不合法的社会化服务机构开展事故预防工作的，安全生产监督管理部门、保险监督管理机构及有关部门应当提出整改要求；对拒不整改的，应当将其纳入安全生产领域联合惩戒"黑名单"管理，对违反相关法律法规规定的，依法追究其法律责任。

第二十七条 相关部门及其工作人员在对安全生产责任保险的监督管理中收取贿赂、滥用职权、玩忽职守、徇私舞弊的，依法依规对相关责任人严肃追责；涉嫌犯罪的，移交司法机关依法处理。

第六章 附 则

第二十八条 各省级安全生产监督管理部门、保险监督管理机构和有关部门依据本办法制定具体实施细则。

第二十九条 本办法由国家安全生产监督管理总局、中国保险监督管理委员会和财政部负责解释。

第三十条 本办法自 2018 年 1 月 1 日起施行。

旅行社责任保险管理办法

1. 2010年11月25日国家旅游局、中国保险监督管理委员会令第35号公布
2. 自2011年2月1日起施行

第一章 总 则

第一条 为保障旅游者的合法权益，根据《中华人民共和国保险法》和《旅行社条例》，制定本办法。

第二条 在中华人民共和国境内依法设立的旅行社，应当依照《旅行社条例》和本办法的规定，投保旅行社责任保险。

本办法所称旅行社责任保险，是指以旅行社因其组织的旅游活动对旅游者和受其委派并为旅游者提供服务的导游或者领队人员依法应当承担的赔偿责任为保险标的的保险。

第三条 投保旅行社责任保险的旅行社和承保旅行社责任保险的保险公司，应当遵守本办法。

第二章 投 保

第四条 旅行社责任保险的保险责任，应当包括旅行社在组织旅游活动中依法对旅游者的人身伤亡、财产损失承担的赔偿责任和依法对受旅行社委派并为旅游者提供服务的导游或者领队人员的人身伤亡承担的赔偿责任。

具体包括下列情形：

（一）因旅行社疏忽或过失应当承担赔偿责任的；

（二）因发生意外事故旅行社应当承担赔偿责任的；

（三）国家旅游局会同中国保险监督管理委员会（以下简称中国保监会）规定的其他情形。

第五条 中国保监会及其派出机构依法对旅行社责任保险的保险条款和保险费率进行管理。

第六条 旅行社责任保险的保险费率应当遵循市场化原则，并与旅行社经营风险相匹配。

第七条 旅行社投保旅行社责任保险的，应当与保险公司依法订立书面旅行社责任保险合同（以下简称保险合同）。

第八条 旅行社与保险公司订立保险合同时，双方应当依照《中华人民共和国保险法》的有关规定履行告知和说明义务。

第九条 订立保险合同时，保险公司不得强制旅行社投保其他商业保险。

第十条 保险合同成立后，旅行社按照约定交付保险费。保险公司应当及时向旅行社签发保险单或者其他保险凭证，并在保险单或者其他保险凭证中载明当事人双方约定的合同内容，同时按照约定的时间开始承担保险责任。

第十一条 保险合同成立后，除符合《中华人民共和国保险法》规定的情形外，保险公司不得解除保险合同。

第十二条 保险合同成立后，旅行社要解除保险合同的，应当同时订立新的保险合同，并书面通知所在地县级以上旅游行政管理部门，但因旅行社业务经营许可证被依法吊销或注销而解除合同的除外。

第十三条 保险合同解除的，保险公司应当收回保险单，并书面通知旅行社所在地县级以上旅游行政管理部门。

第十四条 旅行社的名称、法定代表人或者业务经营范围等重要事项变更时，应当及时通知保险公司。必要时应当依法办理保险合同变更手续。

第十五条 旅行社责任保险的保险期间为 1 年。

第十六条 旅行社应当在保险合同期满前及时续保。

第十七条 旅行社投保旅行社责任保险，可以依法自主投保，也可以有组织统一投保。

第三章 赔 偿

第十八条 旅行社在组织旅游活动中发生本办法第四条所列情形的，保险公司依法根据保险合同约定，在旅行社责任保险责任限额内予以赔偿。

责任限额可以根据旅行社业务经营范围、经营规模、风险管控能力、当地经济社会发展水平和旅行社自身需要，由旅行社与保险公司协商确定，但每人人身伤亡责任限额不得低于 20 万元人民币。

第十九条 旅行社组织的旅游活动中发生保险事故，旅行社或者受害的旅游者、导游、领队人员通知保险公司的，保险公司应当及时告知具体的赔偿程序等有关事项。

第二十条 保险事故发生后，旅行社按照保险合同请求保险公司赔偿保险金时，应当向保险公司提供其所能提供的与确认保险事故的性质、原因、损失程度等有关的证明和资料。

保险公司按照保险合同的约定，认为有关的证明和资料不完整的，应当及时一次性通知旅行社补充提供。

旅行社对旅游者、导游或者领队人员应负的赔偿责任确定的，根据旅行社的请求，保险公司应当直接向受害的旅游者、导游或者领队人员赔偿保险金。旅行社怠于请求的，受害的旅游者、导游或者领队人员有权就其应获赔偿部分直接向保险公司请求赔偿保险金。

第二十一条 保险公司收到赔偿保险金的请求和相关证明、资料后，应当及时做出核定；情形复杂的，应当在30日内作出核定，但合同另有约定的除外。保险公司应当将核定结果通知旅行社以及受害的旅游者、导游、领队人员；对属于保险责任的，在与旅行社达成赔偿保险金的协议后10日内，履行赔偿保险金义务。

第二十二条 因抢救受伤人员需要保险公司先行赔偿保险金用于支付抢救费用的，保险公司在接到旅行社或者受害的旅游者、导游、领队人员通知后，经核对属于保险责任的，可以在责任限额内先向医疗机构支付必要的费用。

第二十三条 因第三者损害而造成保险事故的，保险公司自直接赔偿保险金或者先行支付抢救费用之日起，在赔偿、支付金额范围内代位行使对第三者请求赔偿的权利。旅行社以及受害的旅游者、导游或者领队人员应当向保险公司提供必要的文件和所知道的有关情况。

第二十四条 旅行社与保险公司对赔偿有争议的，可以按照双方的约定申请仲裁，或者依法向人民法院提起诉讼。

第二十五条 保险公司的工作人员对当事人的个人隐私应当保密。

第四章 监督检查

第二十六条 县级以上旅游行政管理部门依法对旅行社投保旅行社责任保险情况实施监督检查。

第二十七条 中国保监会及其派出机构依法对保险公司开展旅行社责任保险业务实施监督管理。

第五章 罚 则

第二十八条 违反本办法第十二条、第十六条、第十八条的规定，旅行社解除保险合同但未同时订立新的保险合同，保险合同期满前未及时续保，或者人身伤亡责任限额低于20万元人民币的，由县级以上旅游行政管理部门依照《旅行社条例》第四十九条的规定处罚。

第二十九条 保险公司经营旅行社责任保险，违反有关保险条款和保险费率管理规定的，由中国保监会或者其派出机构依照《中华人民共和国保险法》和中国保监会的有关规定予以处罚。

第三十条 保险公司拒绝或者妨碍依法检查监督的，由中国保监会或者其派出机构依照《中华人民共和国保险法》的有关规定予以处罚。

第六章 附 则

第三十一条 本办法由国家旅游局和中国保监会负责解释。

第三十二条 本办法自2011年2月1日起施行。国家旅游局2001年5月15日发布的《旅行社投保旅行社责任保险规定》同时废止。

中华人民共和国船舶油污损害民事责任保险实施办法

1. 2010年8月19日交通运输部公布

2. 根据2013年8月31日交通运输部令2013年第11号《关于修改〈中华人民共和国船舶油污损害民事责任保险实施办法〉的决定》修正

第一章 总 则

第一条 为完善船舶污染事故损害赔偿机制，建立船舶油污损害民事责任保险制度，根据《中华人民共和国海洋环境保护法》、《中华人民共和国海商法》、《中华人民共和国防治船舶污染海洋环境管理条例》等法律、行政法规和我国缔结或者参加的有关国际条约，制定本办法。

第二条 在中华人民共和国管辖海域内航行的载运油类物质的船舶和1000总吨以上载运非油类物质的船舶，其所有人应当按照本办法的规定投保船舶油污损害民事责任保险或者取得相应的财务担保。

承担船舶油污损害民事责任保险的商业性保险机构和互助性保险机构，应当遵守本办法。

第三条 国务院交通运输主管部门负责统一管理全国船舶油污损害民事责任保险工作。

国家海事管理机构负责组织实施全国船舶油污损害民事责任保险工作。

沿海各级海事管理机构依照各自职责负责具体实施船舶油污损害民事责任保险工作。

第二章 船舶油污损害民事责任保险及额度

第四条 在中华人民共和国管辖海域内航行的船舶应当按照以下规定投保油污损害民事责任保险或者取得其他财务保证：

（一）载运散装持久性油类物质的船舶，投保油污损害民事责任保险，其保险标的应当包括持久性油类物质造成的污染损害；

（二）1000总吨以上载运非持久性油类物质的船舶，投保油污损害民事责任保险，其保险标的应当包括非持久性油类物质造成的污染损害和燃油造成的污染损害；

（三）1000 总吨以上载运非油类物质的船舶，投保油污损害民事责任保险，其保险标的应当包括燃油造成的污染损害；

（四）1000 总吨以下载运非持久性油类物质的船舶，投保油污损害民事责任保险，其保险标的应当包括非持久性油类物质造成的污染损害。

第五条 在中华人民共和国管辖海域内航行的载运散装持久性油类物质的船舶，投保油污损害民事责任保险或者取得其他财务保证，应当不低于以下额度：

（一）5000 总吨以下的船舶为 451 万特别提款权；

（二）5000 总吨以上的船舶，除前项所规定的数额外，每增加一吨，增加 631 特别提款权，但是，此总额度在任何情况下不超过 8977 万特别提款权。

第六条 在中华人民共和国管辖海域内航行的载运非持久性油类物质的船舶，以及 1000 总吨以上载运非油类物质的船舶，投保油污损害民事责任保险或者取得其他财务保证，应当不低于以下额度：

（一）20 总吨以上、21 总吨以下的船舶，为 27500 特别提款权；

（二）21 总吨以上、300 总吨以下的船舶，除第（一）项所规定的数额外，每增加一吨，增加 500 特别提款权；

（三）300 总吨至 500 总吨的船舶，为 167000 特别提款权；

（四）501 总吨至 30000 总吨的船舶，除第（三）项所规定的数额外，每增加一吨，增加 167 特别提款权；

（五）30001 总吨至 70000 总吨的船舶，除第（四）项所规定的数额外，每增加一吨，增加 125 特别提款权；

（六）70001 总吨以上的船舶，除第（五）项所规定的数额外，每增加一吨，增加 83 特别提款权。

第七条 从事中华人民共和国港口之间货物运输或者沿海作业的船舶，投保油污损害民事责任保险或者取得其他财务保证，其额度按照第六条所规定额度的 50% 计算。

第三章 船舶油污损害民事责任保险证书

第八条 中国籍船舶的所有人应当向在我国境内依法成立的商业性保险机构、在我国境内依法成立或者在我国境内设有代表机构或者代理机构的互助性保险机构投保船舶油污损害民事责任保险，或者取得上述保险机构以及境内银行所出具的保函、信用证等其他财务保证。

中国籍船舶的所有人应当向具有赔付能力的保险机构投保船舶油污损害民事责任保险或者取得财务保证，保险机构应当向中国籍船舶的所有人出示能够证明其具有赔付能力的相关文件。

第九条 中国籍船舶投保船舶油污损害民事责任保险或者取得其他财务保证之后，应当按以下规定向船籍港所在地的直属海事管理机构申请办理相应船舶油污损害民事责任保险证书：

（一）载运持久性油类物质的船舶，应当办理《油污损害民事责任保险或其他财务保证证书》；

（二）1000总吨以上的载运非持久性油类物质的船舶，应当办理《燃油污染损害民事责任保险或其他财务保证证书》和《非持久性油类污染损害民事责任保险或其他财务保证证书》；

（三）1000总吨以下的载运非持久性油类的船舶，应当办理《非持久性油类污染损害民事责任保险或其他财务保证证书》；

（四）1000总吨以上的载运非油类物质的船舶，应当办理《燃油污染损害民事责任保险或其他财务保证证书》。

第十条 中国籍船舶申请办理船舶油污损害民事责任保险证书，应向海事管理机构提交以下材料：

（一）申请书；

（二）有效的船舶油污损害民事责任保险单证或者其他财务保证证明；

（三）船舶国籍证书。

第十一条 海事管理机构应当对申请材料进行审核，对符合本办法规定的，在受理之日起7个工作日内，向船舶签发相应的船舶油污损害民事责任保险证书。

船舶油污损害民事责任保险证书的有效期不得超过船舶油污损害民事责任保险合同或者其他财务保证证明的期限。

第十二条 船舶油污损害民事责任保险证书不得伪造、涂改，并应当随船携带，以备海事管理机构查验。

船舶油污损害民事责任保险证书遗失的，应当书面说明理由，附具有关证明文件，向原发证机关申请补发。

第十三条 在我国管辖海域内航行的外国籍船舶应当符合以下规定：

（一）适用《1992年国际油污损害民事责任公约》的，应当持有缔约国主管机关或其授权机构签发的《油污损害民事责任保险或其他财务保证证书》；

（二）适用《2001年国际燃油污染损害民事责任公约》的，应当持有缔约国主管机关或其授权机构签发的《燃油污染损害民事责任保险或其他财务保证证书》；

（三）1000总吨以下载运非持久性油类物质的船舶，应当持有有效的非持久性油类污染民事责任保险单证或其他财务保证证明。

第十四条 海事管理机构应当加强对船舶油污损害民事责任保险证书、保险单证或其他财务保证证明的查验。

第四章 法律责任

第十五条 有下列情形之一的，由海事管理机构责令改正，并处1万元以上5万元以下的罚款；拒不改正的，责令停航、禁止进出港或者过境停留，并处5万元以上25万元以下的罚款：

（一）在我国管辖海域内航行的船舶，其所有人未按照规定投保船舶油污损害民事责任保险或者取得其他财务保证的；

（二）船舶所有人投保油污损害民事责任保险或者取得其他财务保证的额度低于本办法规定的。

下列情形视为船舶未按照规定投保船舶油污损害民事责任保险或者取得其他财务保证：

（一）未取得相应的船舶油污损害民事责任保险证书；

（二）伪造、涂改船舶油污损害民事责任保险证书；

（三）所持有的船舶油污损害民事责任保险证书超过有效期；

（四）所持有的船舶油污损害民事责任保险证书与船舶实际情况不相符。

船舶伪造、涂改船舶油污损害民事责任保险证书的，海事管理机构还应当对已签发的船舶油污损害民事责任保险证书予以撤销。

第十六条 从事船舶油污损害民事责任保险的保险机构在生效的法院判决、仲裁裁决书或仲裁调解书规定的履行期间届满后拒不执行，未向所承保船舶赔付的，自发现之年次年起三年内，海事管理机构在受理船舶油污损害民事责任保险证书申请时不接受其签发的船舶油污损害民事责任保险单证或者其他财务保证证明。

第十七条 海事管理人员滥用职权、徇私舞弊、玩忽职守、严重失职的，由所在单位或者上级机关给予行政处分；构成犯罪的，依法追究刑事责任。

第五章 附 则

第十八条 本办法所称的“以上”包括本数，所称的“以下”不包括本数。

第十九条 本法中下列用语的含义是：

“油类”是指任何类型的油及其炼制品。

“持久性油类”是指任何持久性烃类矿物油，例如原油、燃油、重柴油和润滑油等。

“非持久性油类”是指持久性油类以外的任何油类。

第二十条 本办法自2010年10月1日起实施。

在中华人民共和国海域内航行的1200总吨以下载运散装持久性油类物质的船舶，其油污损害民事责任保险制度自本办法生效1年后实行。

中国保监会关于父母为其未成年子女投保以死亡为给付保险金条件人身保险有关问题的通知

1. 2015年9月14日发布

2. 保监发〔2015〕90号

各保险公司：

为保护未成年人的合法权益，根据《中华人民共和国保险法》第三十三条规定，现就规范父母作为投保人为其未成年子女投保以死亡为给付保险金条件人身保险的有关问题通知如下：

一、对于父母为其未成年子女投保的人身保险，在被保险人成年之前，各保险合同约定的被保险人死亡给付的保险金额总和、被保险人死亡时各保险公司实际给付的保险金总和按以下限额执行：

（一）对于被保险人不满10周岁的，不得超过人民币20万元。

（二）对于被保险人已满10周岁但未满18周岁的，不得超过人民币50万元。

二、对于投保人为其未成年子女投保以死亡为给付保险金条件的每一份保险合同，以下三项可以不计算在前款规定限额之中：

（一）投保人已交保险费或被保险人死亡时合同的现金价值；对于投资连结保险合同、万能保险合同，该项为投保人已交保险费或被保险人死亡时合同的账户价值。

（二）合同约定的航空意外死亡保险金额。此处航空意外死亡保险金额是指航空意外伤害保险合同约定的死亡保险金额，或其他人身保险合同约定的航空意外身故责任对应的死亡保险金额。

（三）合同约定的重大自然灾害意外死亡保险金额。此处重大自然灾害意外死亡保险金额是指重大自然灾害意外伤害保险合同约定的死亡保险金额，或其他人身保险合同约定的重大自然灾害意外身故责任对应的死亡保险金额。

三、保险公司在订立保险合同前，应向投保人说明父母为其未成年子女投保以死亡为给付保险金条件人身保险的有关政策规定，询问并记录其未成年子女在本公司及其他保险公司已经参保的以死亡为给付保险金条件人身保险的有关情况。各保险合同约定的被保险人死亡给付的保险金额总和已经达到限额的，保险公司不得超过限额继续承保；尚未达到限额的，保险公司可以就差额部分进行承保，保险公司应在保险合同中载明差额部分的计算过程。

四、保险公司应在保险合同中明确约定因未成年人死亡给付的保险金额，不得以批单、批注（包括特别约定）等方式改变保险责任或超过本通知规定的限额进行承保。

五、保险公司应积极引导投保人树立正确的保险理念，在注重自身保险保障的基础上，为未成年人购买切合实际的人身保险产品。

六、保险公司应进一步完善未成年人人身保险的有关业务流程，强化投保、核保等环节的风险管控，在防范道德风险的同时，为未成年人提供更加丰富多样的保险保障，保护未成年人合法权益。

七、本通知自2016年1月1日起执行。中国保监会《关于父母为其未成年子女投保以死亡为给付保险金条件人身保险有关问题的通知》（保监发〔2010〕95号）自本通知执行之日起废止。

四、保险业监督管理

保险公司非现场监管暂行办法

1. 2022年1月18日中国银行保险监督管理委员会令第3号公布
2. 自2022年3月1日起施行

第一章　总　　则

第一条　为建立健全保险公司非现场监管体系，明确非现场监管职责分工，规范非现场监管工作流程，提高非现场监管工作效率，依据《中华人民共和国保险法》《保险公司管理规定》等有关法律法规，制定本办法。

第二条　保险公司非现场监管是指监管机构通过收集保险公司和保险行业的公司治理、偿付能力、经营管理以及业务、财务数据等各类信息，持续监测分析保险公司业务运营、提供风险保障和服务实体经济情况，对保险公司和保险行业的整体风险状况进行评估，并采取针对性监管措施的持续性监管过程。

非现场监管是保险监管的重要手段，监管机构要充分发挥其在提升监管效能方面的核心作用。

第三条　本办法所称监管机构是指银保监会及其派出机构。

本办法所称保险公司包括保险公司法人机构及其分支机构。其中保险公司法人机构是指经国务院保险监督管理机构批准设立，并依法登记注册的商业保险公司。保险公司分支机构是指保险公司法人机构依法设立的省级（含直辖市、计划单列市）分公司和地市级中心支公司，不包括支公司、营业部、营销服务部和各类专属机构。

第四条　监管机构对保险公司开展非现场监管，应遵循以下原则：

（一）全面风险监管原则。开展非现场监管应以风险为核心，全面识别、监测和评估保险公司的风险状况，及时进行风险预警，并采取相应的监管措施，推动保险公司持续健康发展。

（二）协调监管原则。机构监管部门和其他相关监管部门应当建立非现场监管联动工作机制，加强信息共享和工作协调，充分整合监管力量。

（三）分类监管原则。开展非现场监管应根据保险公司的业务类型、经营模式、风险状况、系统重要性程度等因素，合理配置监管资源，分类施策，及时审慎采取监管措施。

（四）监管标准统一原则。开展非现场监管应设定统一的非现场监管目标，建立统一的工作流程和工作标准，指导监管人员有序高效地履行非现场监管职责。

第二章　职责分工和工作要求

第五条　机构监管部门负责研究制定非现场监管的制度规定、工作流程和工作标准；对直接监管的保险公司法人机构和保险行业的系统性风险开展非现场监管，并指导派出机构开展非现场监管。

第六条　其他相关监管部门要加强与机构监管部门的协调配合，为构建完善非现场监管制度体系，开展非现场监管提供数据资料、政策解读等相关支持。

第七条　派出机构负责对属地保险公司法人机构、辖内保险公司分支机构以及保险行业的区域性风险开展非现场监管。

第八条　机构监管部门和其他相关监管部门与派出机构之间应当建立非现场监管联动工作机制，加强横向和纵向的监管联动，积极推动实现监管信息的有效共享。

第九条　非现场监管应当与行政审批、现场检查等监管手段形成有效衔接，与公司治理、偿付能力、资金运用和消费者权益保护等重点监管领域实现合作互补，共同构建高效、稳健的保险监管体系，为监管政策的制定实施提供有力支持。

第十条　非现场监管的工作流程分为信息收集和整理、日常监测和监管评估、评估结果运用、信息归档等四个阶段。

第十一条　监管机构应当根据监管人员配置情况和履职回避要求，明确专人负责单家保险公司的非现场监管工作，确保非现场监管分工到位、职责到人，定期对非现场监管人员进行培训、轮岗。

第三章　信息收集和整理

第十二条　监管机构应根据非现场监管的需要，从监管机构、保险公司、行业组织、行业信息基础设施等方面收集反映保险公司经营管理情况和风险状况的各类信息。

第十三条　监管机构应充分利用各类保险监管信息系统采集的报表和报告，整理形成可用于非现场监管的信息。

监管机构应定期收集日常监管工作中形成的现场检查、行政处罚、调研、信访举报投诉、行政审批、涉刑案件等方面信息，整理后用于非现场监管。

第十四条 监管机构应充分利用保险公司已报送的各类信息；对于非现场监管需要保险公司补充报送的信息，可以通过致函问询、约见访谈、走访等方式从保险公司补充收集。

监管机构认为必要时可要求保险公司提供经会计师事务所、律师事务所、税务师事务所、精算咨询机构、信用评级机构和资产评估机构等中介服务机构审计或鉴证的相关资料。

第十五条 监管机构应加强与保险业协会、保险学会、保险资管业协会等行业组织，以及保险保障基金公司、银保信公司、中保投资公司和上海保交所等行业机构的沟通协作，充分利用其工作成果，整理形成可用于非现场监管的信息。

监管机构应充分利用保单登记平台等行业信息基础设施，为非现场监管提供大数据分析支持。

第十六条 监管机构应当不断完善非现场监管信息收集和整理流程，加强各保险监管信息系统整合，提高信息收集、整理和分析效率。

第十七条 监管机构应督促保险公司贯彻落实监管要求，切实加强信息报送管理，确保报送信息的真实、准确、及时和完整；对于未按照非现场监管工作要求报送信息的，可视情节严重程度，依法对保险公司及责任人实施行政处罚。

第四章 日常监测和监管评估

第十八条 监管机构应当根据保险公司的业务类型、经营模式识别各业务领域和经营环节的风险点，编制建立风险监测指标体系，用于对保险公司经营发展情况进行日常动态监测和风险预警。

第十九条 监管机构应坚持定性分析与定量分析相结合的方法，通过综合分析收集的各类信息，结合风险监测指标预警情况，对保险公司的潜在风险进行有效识别，并确定特定业务领域、经营环节以及整体风险的非现场监管评估结果。

第二十条 监管机构原则上每年至少对保险公司法人机构和分支机构的整体风险状况进行一次非现场监管评估。

监管机构应综合考虑监管资源的配置情况、保险行业发展情况、保险公司经营特点和系统重要性程度等因素，确定合适的风险监测频次，对特定业务领域和经营环节进行专项非现场监管评估。

第二十一条 监管机构开展非现场监管评估，其内容包括但不限于：

（一）保险公司基本情况、评估期内业务发展情况及重大事项；

（二）本次非现场监管评估发现的主要问题、风险和评估结果，以及变化趋势；

（三）关于监管措施和监管意见的建议；

（四）非现场监管人员认为应当提示或讨论的问题和事项；

（五）针对上次非现场监管评估发现的问题和风险，公司贯彻落实监管要求、实施整改和处置风险的情况。

第二十二条 监管机构应在单体保险公司非现场监管的基础上，关注宏观经济和金融体系对保险行业的影响，以及保险行业内部同质风险的产生和传递，开展系统性区域性非现场监管。

第二十三条 机构监管部门应建立非现场监管评估结果的共享机制。机构监管部门和派出机构应根据各自的监管职责，及时在监管机构内部通报非现场监管评估结果、拟采取的监管措施等信息。

第二十四条 机构监管部门根据保险公司的业务范围和机构层级，制定适用于财产保险公司、人身保险公司和再保险公司的风险监测和非现场监管评估指引，明确风险监测指标的定义和非现场监管评估的方法，并根据保险行业和金融市场的变化发展等情况及时进行修订。

第五章 评估结果运用

第二十五条 监管机构应依据有关法律法规，针对风险监测和非现场监管评估发现的问题和风险，及时采取相应的监管措施；并根据风险监管的需要，要求保险公司开展压力测试、制定应急处置预案，指导和督促保险公司及其股东有效防范化解风险隐患。

第二十六条 监管机构发现保险公司违反法律法规或有关监管规定的，应当责令限期改正，并依法采取监管措施和实施行政处罚。

第二十七条 监管机构可以通过监管谈话、监管通报，以及下发风险提示函、监管意见书等形式向保险公司反馈非现场监管评估结果，并提出监管要求。

监管机构可以视情况选择非现场监管评估结果和监管要求的部分或全部内容向社会公布，发挥公众和舆论的监督约束作用，推动保险公司及时认真整改。

第二十八条 监管机构根据非现场监管评估结果，对需要开展现场检查的重点机构、重点业务、重点风险领域和主要风险点向现场检查部门提出立项建议；在项目立项后提供非现场监管的相关数据资料，及时跟踪检查进展和结果，并与非现场监管评估结果进行比对。

第二十九条 监管机构在开展市场准入、产品审批等行政审批工作时，应将非现场监管评估结果作为重要考虑因素。

第三十条 监管机构在开展非现场监管过程中，分析认为监管法规、监管政策等方面存在需要关注的事项的，应当及时在监管机构内部通报相关情况。

第六章 信息归档

第三十一条 监管机构应将非现场监管过程中收集的信息资料、形成的工作材料以及风险监测和非现场监管评估报告等及时归档管理。

第三十二条 监管机构应加强非现场监管的信息档案管理，明确档案保管、查询和保密的相关权限。

第三十三条 从事非现场监管的工作人员对非现场监管信息负有保密义务，未经必要决策程序，不得擅自对外披露。非现场监管信息主要包括：

（一）保险公司根据非现场监管要求报送的数据和信息资料；

（二）开展非现场监管所使用的各类监管工作信息；

（三）开展非现场监管形成的风险监测指标数值、监管评估结果和相关报告等；

（四）其他不宜对外披露的信息。

第七章 附则

第三十四条 监管机构应开展非现场监管后评价，对非现场监管组织开展情况和监管效果进行客观评价，发现问题，分析原因，不断完善非现场监管制度规定和工作流程。监管后评价的具体规则另行制定。

第三十五条 财产保险公司、人身保险公司和再保险公司的风险监测和非现场监管评估指引由相应的机构监管部门另行制定下发。

第三十六条 本办法所称机构监管部门是指银保监会负责各类保险公司监管工作的内设部门。其他相关监管部门是指银保监会负责保险公司现场检查、偿付能力监管、公司治理监管、保险资金运用监管、消费者权益保护、重大风险事件与案件处置、法规、统计信息与风险监测等的内设部门。

第三十七条 相互保险组织、政策性保险公司、保险集团（控股）公司和保险资产管理公司的非现场监管参照适用本办法。

第三十八条 本办法由银保监会负责解释和修订。

第三十九条 本办法自 2022 年 3 月 1 日起施行。

中国银行保险监督管理委员会派出机构监管职责规定

1. 2021年7月30日中国银行保险监督管理委员会令2021年第9号公布
2. 自2021年10月1日起施行

第一条 为明确中国银行保险监督管理委员会（以下简称银保监会）派出机构监管职责，根据《中华人民共和国银行业监督管理法》《中华人民共和国商业银行法》《中华人民共和国保险法》等法律、行政法规，制定本规定。

第二条 本规定所称派出机构，是指银保监会派驻各省（自治区、直辖市）和计划单列市的监管局（以下简称银保监局）、派驻地市（州、盟）的监管分局（以下简称银保监分局）以及设在县（市、区、旗）的监管组。

本规定所称银行保险机构，是指依法由银行保险监督管理机构监管的商业银行、政策性银行、开发性银行、农村合作银行、村镇银行、外国银行分行、外国银行代表处、农村信用社、农村资金互助社、贷款公司、保险集团（控股）公司、保险公司、外国保险机构驻华代表机构、保险资产管理公司、保险代理机构、保险经纪机构、保险公估机构、信托公司、金融资产管理公司、金融资产投资公司、金融租赁公司、企业集团财务公司、消费金融公司、汽车金融公司、银行理财公司、货币经纪公司等机构。

第三条 银保监会对派出机构实行垂直领导。

派出机构监管职责的确立，遵循职权法定、属地监管、分级负责、权责统一的原则。

银保监局在银保监会的领导下，履行所在省（自治区、直辖市）和计划单列市银行业和保险业监督管理职能。银保监局根据银保监会的授权和统一领导，依法依规独立对辖内银行业和保险业实行统一监督管理。

银保监分局在银保监局的领导下，履行所在地市银行业和保险业监督管理职能。银保监分局根据银保监会和省（自治区、直辖市）银保监局的授权和统一领导，依法依规独立对辖内银行业和保险业实行统一监督管理。

县（市、区、旗）监管组在银保监局或银保监分局的授权和统一领导下，依法依规负责所在县市银行保险机构及其业务活动的监管工作，收集所在县市有关金融风险的信息并向上级机构报告，承担交办的其他工作。

第四条 派出机构在履行职责过程中坚持和加强党对银行业和保险业监管工作

的集中统一领导，确保党中央关于银行业和保险业监管工作的方针政策和决策部署得到贯彻落实。

第五条 派出机构依法、公开、公正履行对辖内银行业和保险业的监管职责，维护银行业和保险业金融活动当事人的合法权益，促进辖内银行业和保险业合法、稳健运行，防范和化解金融风险等。

第六条 派出机构根据有关规定统计辖内银行保险机构有关数据和信息，跟踪、监测、研判辖内银行业和保险业运行情况，报送辖内银行业和保险业运行情况和风险情况，及时向上级监管机构报告有可能影响当地银行业和保险业稳健运行的重大事项。

第七条 银保监会依照法律法规统一监督管理全国银行业和保险业。银保监会可以根据实际需要，明确银保监会直接监管的机构，并在官方网站公布各银行保险机构法人的监管责任单位。

银保监局、银保监分局根据法律、行政法规及银保监会的规定，负责辖内银行保险机构的直接监管，具体名单由银保监局、银保监分局公布。

第八条 银保监局、银保监分局依照法定权限和程序制定涉及辖内银行业和保险业监管的规范性文件，并负责监督相关法律、行政法规及规章制度在辖内的贯彻实施。

第九条 银保监局、银保监分局根据法律、行政法规和银保监会的规定，依法对辖内银行保险机构及其有关人员实施行政许可。

第十条 银保监局、银保监分局依法对辖内银行保险机构的公司治理、风险管理、内部控制、资本充足、偿付能力、资产质量、业务活动、信息披露、信息科技、第三方合作等实施监督管理，具体监管事项依照法律、行政法规和银保监会的相关规定确定。

第十一条 银保监局、银保监分局依法对辖内银行保险机构实施现场检查、调查和非现场监管，参与防范和处置辖内银行保险机构有关风险。

第十二条 银保监局、银保监分局负责辖内银行业和保险业消费者权益保护工作，督促辖内银行保险机构健全消费者权益保护体制机制，规范经营行为，强化落实消费投诉处理主体责任，做好金融消费者教育宣传等工作。

第十三条 银保监局、银保监分局根据法律、行政法规和银保监会的规定，负责辖内信访、银行保险违法行为举报处理以及消费投诉督查等工作。

第十四条 银保监局、银保监分局依法负责本机构政府信息公开工作。

第十五条 银保监局、银保监分局根据法律、行政法规及银保监会的规定，负责辖内银行业和保险业重大风险事件处置、涉刑案件管理、反保险欺诈、反洗钱和反恐怖融资监督管理，督导银行保险机构做好安全保卫相关工作。

第十六条 银保监局、银保监分局依法督导银行保险机构做好非法集资可疑资金的监测工作，建立健全与非法集资之间的防火墙。

第十七条 银保监局、银保监分局依法查处辖内非法设立银行保险机构、非法以银行业金融机构名义从事业务以及非法经营保险业务的行为。

第十八条 银保监局、银保监分局负责辖内应急管理工作，督促银行保险机构落实突发事件信息报送首报责任，按规定组织开展应急演练，制定应急预案并向上级单位报备。

第十九条 银保监局、银保监分局负责统筹开展辖内新闻宣传工作，指导辖内银行保险机构新闻宣传工作。

银保监局、银保监分局负责督促辖内银行保险机构做好声誉风险管理工作，及时、妥善处置声誉风险事件。

第二十条 银保监局、银保监分局按照银保监会统一部署，推动辖内银行业和保险业信用体系建设工作。

第二十一条 银保监局、银保监分局对违反法律、行政法规、银行保险监管规定的机构和人员，依法实施行政处罚或者监管措施。

第二十二条 上级监管机构发现下级监管机构负责监管的银行保险机构出现下列情形时，应当督促下级监管机构加强监管，情节严重的，可以上收监管权限：

（一）风险状况急剧恶化；

（二）存在重大违法违规问题；

（三）上级监管机构认为需要上收监管权限的其他情况。

第二十三条 上级监管机构可以依法委托下级监管机构实施监管行为，并负责监督委托实施的行为，对委托实施行为的后果承担法律责任。

第二十四条 设有银保监分局的银保监局负责审理以辖内银保监分局为被申请人的行政复议案件。

第二十五条 银保监局、银保监分局负责涉及本机构的各类诉讼的应诉工作。

第二十六条 银保监局、银保监分局在监管职责范围内与辖区司法机关建立协助机制，依法处理司法机关来访、来函等事项。

银保监局、银保监分局负责建立和完善与辖区公安机关、纪检监察机关的协作配合机制，按照规定向公安机关、纪检监察机关通报和移送银行保险机构违法犯罪案件线索，配合公安机关、纪检监察机关开展调查工作。

第二十七条 银保监局、银保监分局按照银保监会的统一部署，支持辖内相关自律组织等发挥金融纠纷调解作用，监督辖区银行业和保险业调解机构规范运行，加强与辖区司法机关、司法行政机关、仲裁机构的联系，推动建立完善多元化金融纠纷解决机制。

第二十八条　银保监局、银保监分局依法依规协同配合做好辖内银行业和保险业风险防范和化解工作，切实承担监管责任，推动落实地方党委党的领导责任、地方国有金融资本股东责任和属地金融风险处置责任。

第二十九条　银保监局、银保监分局指导和监督地方金融监管部门相关业务工作，并有权纠正不符合相关监管规则的行为。

第三十条　银保监局、银保监分局负责与辖区地方人民政府相关部门、其他金融管理机构协同推动当地普惠金融发展，指导辖内银行保险机构推进小微企业、“三农”等普惠金融重点领域工作。

第三十一条　银保监局、银保监分局依照法律、行政法规和银保监会的规定对辖内银行业保险业社团组织进行指导和监督。

第三十二条　银保监会对各级派出机构的监管职责另有规定的，从其规定。

第三十三条　本规定由银保监会负责解释。

第三十四条　本规定自2021年10月1日起施行。《中国银行业监督管理委员会关于印发〈中国银行业监督管理委员会监管职责分工和工作程序的暂行规定〉的通知》（银监发〔2004〕28号）同时废止。

保险公司偿付能力管理规定

1. 2021年1月15日中国银行保险监督管理委员会令2021年第1号公布

2. 自2021年3月1日起施行

第一章　总　　则

第一条　为加强保险公司偿付能力监管，有效防控保险市场风险，维护保单持有人利益，根据《中华人民共和国保险法》，制定本规定。

第二条　本规定所称保险公司，是指依法在中国境内设立的经营商业保险业务的保险公司和外国保险公司分公司。

第三条　本规定所称偿付能力，是保险公司对保单持有人履行赔付义务的能力。

第四条　保险公司应当建立健全偿付能力管理体系，有效识别管理各类风险，不断提升偿付能力风险管理水平，及时监测偿付能力状况，编报偿付能力报告，披露偿付能力相关信息，做好资本规划，确保偿付能力达标。

第五条 中国银保监会以风险为导向，制定定量资本要求、定性监管要求、市场约束机制相结合的偿付能力监管具体规则，对保险公司偿付能力充足率状况、综合风险、风险管理能力进行全面评价和监督检查，并依法采取监管措施。

第六条 偿付能力监管指标包括：

（一）核心偿付能力充足率，即核心资本与最低资本的比值，衡量保险公司高质量资本的充足状况；

（二）综合偿付能力充足率，即实际资本与最低资本的比值，衡量保险公司资本的总体充足状况；

（三）风险综合评级，即对保险公司偿付能力综合风险的评价，衡量保险公司总体偿付能力风险的大小。

核心资本，是指保险公司在持续经营和破产清算状态下均可以吸收损失的资本。

实际资本，是指保险公司在持续经营或破产清算状态下可以吸收损失的财务资源。

最低资本，是指基于审慎监管目的，为使保险公司具有适当的财务资源应对各类可量化为资本要求的风险对偿付能力的不利影响，所要求保险公司应当具有的资本数额。

核心资本、实际资本、最低资本的计量标准等监管具体规则由中国银保监会另行规定。

第七条 保险公司逆周期附加资本、系统重要性保险机构附加资本的计提另行规定。

第八条 保险公司同时符合以下三项监管要求的，为偿付能力达标公司：

（一）核心偿付能力充足率不低于50%；

（二）综合偿付能力充足率不低于100%；

（三）风险综合评级在B类及以上。

不符合上述任意一项要求的，为偿付能力不达标公司。

第二章 保险公司偿付能力管理

第九条 保险公司董事会和高级管理层对本公司的偿付能力管理工作负责；总公司不在中国境内的外国保险公司分公司的高级管理层对本公司的偿付能力管理工作负责。

第十条 保险公司应当建立健全偿付能力风险管理的组织架构，明确董事会及其相关专业委员会、高级管理层和相关部门的职责与权限，并指定一名高级管理人员作为首席风险官负责偿付能力风险管理工作。

保险公司应当通过聘用协议、书面承诺等方式，明确对于造成公司偿付能力风险和损失的董事和高级管理人员，公司有权追回已发的薪酬。

未设置董事会及相关专业委员会的外国保险公司分公司，由高级管理层履行偿付能力风险管理的相关职责。

第十一条 保险公司应当建立完备的偿付能力风险管理制度和机制，加强对保险风险、市场风险、信用风险、操作风险、战略风险、声誉风险和流动性风险等固有风险的管理，以有效降低公司的控制风险。

固有风险，是指在现有的正常的保险行业物质技术条件和生产组织方式下，保险公司在经营和管理活动中必然存在的客观的偿付能力相关风险。

控制风险，是指因保险公司内部管理和控制不完善或无效，导致固有风险未被及时识别和控制的偿付能力相关风险。

第十二条 保险公司应当按照保险公司偿付能力监管具体规则，定期评估公司的偿付能力充足状况，计算核心偿付能力充足率和综合偿付能力充足率，按规定要求报送偿付能力报告，并对其真实性、完整性和合规性负责。

第十三条 保险公司应当按照中国银保监会的规定开展偿付能力压力测试，对未来一定时间内不同情景下的偿付能力状况及趋势进行预测和预警，并采取相应的预防措施。

第十四条 保险公司应当建立偿付能力数据管理制度，明确职责分工，完善管理机制，强化数据管控，确保各项偿付能力数据真实、准确、完整。

第十五条 保险公司应当按年度滚动编制公司三年资本规划，经公司董事会批准后，报送中国银保监会及其派出机构。保险公司应建立发展战略、经营规划、机构设立、产品设计、资金运用与资本规划联动的管理决策机制，通过优化业务结构、资产结构，提升内生资本的能力，运用适当的外部资本工具补充资本，保持偿付能力充足。

第三章 市场约束与监督

第十六条 保险公司应当按照中国银保监会制定的保险公司偿付能力监管具体规则，每季度公开披露偿付能力季度报告摘要，并在日常经营的有关环节，向保险消费者、股东、潜在投资者、债权人等利益相关方披露和说明其偿付能力信息。

上市保险公司应当同时遵守证券监督管理机构相关信息披露规定。

第十七条 中国银保监会定期发布以下偿付能力信息：

（一）保险业偿付能力总体状况；

（二）偿付能力监管工作情况；

（三）中国银保监会认为需要发布的其他偿付能力信息。

第十八条 保险公司聘请的会计师事务所应当按照法律法规的要求，独立、客观地对保险公司偿付能力报告发表审计意见。

精算咨询机构、信用评级机构、资产评估机构、律师事务所等中介机构在保险业开展业务，应当按照法律法规和执业准则要求，发表意见或出具报告。

第十九条 保险消费者、新闻媒体、行业分析师、研究机构等可以就发现的保险公司存在未遵守偿付能力监管规定的行为，向中国银保监会反映和报告。

第四章 监管评估与检查

第二十条 中国银保监会及其派出机构通过偿付能力风险管理能力评估、风险综合评级等监管工具，分析和评估保险公司的风险状况。

第二十一条 中国银保监会及其派出机构定期对保险公司偿付能力风险管理能力进行监管评估，识别保险公司的控制风险。

保险公司根据评估结果计量控制风险的资本要求，并将其计入公司的最低资本。

第二十二条 中国银保监会及其派出机构通过评估保险公司操作风险、战略风险、声誉风险和流动性风险，结合其核心偿付能力充足率和综合偿付能力充足率，对保险公司总体风险进行评价，确定其风险综合评级，分为A类、B类、C类和D类，并采取差别化监管措施。

风险综合评级具体评价标准和程序由中国银保监会另行规定。中国银保监会可以根据保险业发展情况和监管需要，细化风险综合评级的类别。

第二十三条 中国银保监会及其派出机构建立以下偿付能力数据核查机制，包括：

（一）每季度对保险公司报送的季度偿付能力报告的真实性、完整性和合规性进行核查；

（二）每季度对保险公司公开披露的偿付能力季度报告摘要的真实性、完整性和合规性进行核查；

（三）对保险公司报送的其他偿付能力信息和数据进行核查。

核心偿付能力充足率低于60%或综合偿付能力充足率低于120%的保险公司为重点核查对象。

第二十四条 中国银保监会及其派出机构对保险公司偿付能力管理实施现场检

查，包括：

（一）偿付能力管理的合规性和有效性；

（二）偿付能力报告的真实性、完整性和合规性；

（三）风险综合评级数据的真实性、完整性和合规性；

（四）偿付能力信息公开披露的真实性、完整性和合规性；

（五）对中国银保监会及其派出机构监管措施的落实情况；

（六）中国银保监会及其派出机构认为需要检查的其他方面。

第五章 监管措施

第二十五条 中国银保监会及其派出机构将根据保险公司的风险成因和风险程度，依法采取针对性的监管措施，以督促保险公司恢复偿付能力或在难以持续经营的状态下维护保单持有人的利益。

第二十六条 对于核心偿付能力充足率低于50%或综合偿付能力充足率低于100%的保险公司，中国银保监会应当采取以下第（一）项至第（四）项的全部措施：

（一）监管谈话；

（二）要求保险公司提交预防偿付能力充足率恶化或完善风险管理的计划；

（三）限制董事、监事、高级管理人员的薪酬水平；

（四）限制向股东分红。

中国银保监会还可以根据其偿付能力充足率下降的具体原因，采取以下第（五）项至第（十二）项的措施：

（五）责令增加资本金；

（六）责令停止部分或全部新业务；

（七）责令调整业务结构，限制增设分支机构，限制商业性广告；

（八）限制业务范围、责令转让保险业务或责令办理分出业务；

（九）责令调整资产结构，限制投资形式或比例；

（十）对风险和损失负有责任的董事和高级管理人员，责令保险公司根据聘用协议、书面承诺等追回其薪酬；

（十一）依法责令调整公司负责人及有关管理人员；

（十二）中国银保监会依法根据保险公司的风险成因和风险程度认为必要的其它监管措施。

对于采取上述措施后偿付能力未明显改善或进一步恶化的，由中国银保监会依法采取接管、申请破产等监管措施。

中国银保监会可以视具体情况，依法授权其派出机构实施必要的监管措施。

第二十七条 对于核心偿付能力充足率和综合偿付能力充足率达标，但操作风险、战略风险、声誉风险、流动性风险中某一类或某几类风险较大或严重的C类和D类保险公司，中国银保监会及其派出机构应根据风险成因和风险程度，采取针对性的监管措施。

第二十八条 保险公司未按规定报送偿付能力报告或公开披露偿付能力信息的，以及报送和披露虚假偿付能力信息的，中国银保监会及其派出机构依据《中华人民共和国保险法》等进行处罚。

第二十九条 保险公司聘请的会计师事务所的审计质量存在问题的，中国银保监会及其派出机构视具体情况采取责令保险公司更换会计师事务所、行业通报、向社会公众公布、不接受审计报告等措施，并移交注册会计师行业行政主管部门处理。

第三十条 精算咨询机构、信用评级机构、资产评估机构、律师事务所等中介机构在保险业开展业务时，存在重大疏漏或出具的意见、报告存在严重质量问题的，中国银保监会及其派出机构视具体情况采取责令保险公司更换中介机构、不接受报告、移交相关部门处理等措施。

第六章 附 则

第三十一条 保险集团、自保公司、相互保险组织适用本规定。相关法律法规另有规定的，从其规定。

第三十二条 外国保险公司分公司，如在中国境内有多家分公司，应当指定其中一家分公司合并评估所有在华分公司的偿付能力，并履行本规定的偿付能力管理职责，承担偿付能力管理责任。

第三十三条 本规定由中国银保监会负责解释和修订。

第三十四条 本规定自2021年3月1日起施行。《保险公司偿付能力管理规定》（中国保险监督管理委员会令2008年第1号）同时废止。

互联网保险业务监管办法

1. 2020年12月7日中国银行保险监督管理委员会令2020年第13号公布

2. 自2021年2月1日起施行

第一章 总 则

第一条 为规范互联网保险业务，有效防范风险，保护消费者合法权益，提升保险业服务实体经济和社会民生的水平，根据《中华人民共和国保险法》等法律、行政法规，制定本办法。

第二条 本办法所称互联网保险业务，是指保险机构依托互联网订立保险合同、提供保险服务的保险经营活动。

本办法所称保险机构包括保险公司（含相互保险组织和互联网保险公司）和保险中介机构；保险中介机构包括保险代理人（不含个人保险代理人）、保险经纪人、保险公估人；保险代理人（不含个人保险代理人）包括保险专业代理机构、银行类保险兼业代理机构和依法获得保险代理业务许可的互联网企业；保险专业中介机构包括保险专业代理机构、保险经纪人和保险公估人。

本办法所称自营网络平台，是指保险机构为经营互联网保险业务，依法设立的独立运营、享有完整数据权限的网络平台。保险机构分支机构以及与保险机构具有股权、人员等关联关系的非保险机构设立的网络平台，不属于自营网络平台。

本办法所称互联网保险产品，是指保险机构通过互联网销售的保险产品。

第三条 互联网保险业务应由依法设立的保险机构开展，其他机构和个人不得开展互联网保险业务。保险机构开展互联网保险业务，不得超出该机构许可证（备案表）上载明的业务范围。

第四条 保险机构开展互联网保险业务，应符合新发展理念，依法合规，防范风险，以人为本，满足人民群众多层次风险保障需求，不得损害消费者合法权益和社会公共利益。

保险机构开展互联网保险业务，应由总公司集中运营、统一管理，建立统一集中的业务平台、业务流程和管理制度。保险机构应科学评估自身风险管控能力、客户服务能力，合理确定适合互联网经营的保险产品及其销售范围，不能有效管控风险、保障售后服务质量的，不得开展互联网保险销售或保险经纪活动。

保险机构应持续提高互联网保险业务风险防控水平，健全风险监测预警和早期干预机制，保证自营网络平台运营的独立性，在财务、业务、信息系统、客户信息保护等方面与公司股东、实际控制人、公司高级管理人员等关联方实现有效隔离。

第五条 保险机构通过互联网和自助终端设备销售保险产品或提供保险经纪服务，消费者能够通过保险机构自营网络平台的销售页面独立了解产品信息，并能够自主完成投保行为的，适用本办法。

投保人通过保险机构及其从业人员提供的保险产品投保链接自行完成投保的，应同时满足本办法及所属渠道相关监管规定。涉及线上线下融合开展保险销售或保险经纪业务的，其线上和线下经营活动分别适用线上和线下监管规则；无法分开适用监管规则的，同时适用线上和线下监管规则，规则不一致的，坚持合规经营和有利于消费者的原则。

第六条 中国银行保险监督管理委员会（以下简称银保监会）及其派出机构依法对互联网保险业务实施监督管理。

第二章 基本业务规则

第一节 业务条件

第七条 开展互联网保险业务的保险机构及其自营网络平台应具备以下条件：

（一）服务接入地在中华人民共和国境内。自营网络平台是网站或移动应用程序（App）的，应依法向互联网行业管理部门履行互联网信息服务备案手续、取得备案编号。自营网络平台不是网站或移动应用程序（App）的，应符合相关法律法规的规定和相关行业主管部门的资质要求。

（二）具有支持互联网保险业务运营的信息管理系统和核心业务系统，并与保险机构其他无关的信息系统有效隔离。

（三）具有完善的网络安全监测、信息通报、应急处置工作机制，以及完善的边界防护、入侵检测、数据保护、灾难恢复等网络安全防护手段。

（四）贯彻落实国家网络安全等级保护制度，开展网络安全定级备案，定期开展等级保护测评，落实相应等级的安全保护措施。对于具有保险销售或投保功能的自营网络平台，以及支持该自营网络平台运营的信息管理系统和核心业务系统，相关自营网络平台和信息系统的安全保护等级应不低于三级；对于不具有保险销售和投保功能的自营网络平台，以及支持该自营网络平台运营的信息管理系统和核心业务系统，相关自营网络平台和信息系统的安全保护等级应不低于二级。

（五）具有合法合规的营销模式，建立满足互联网保险经营需求、符合互联网保险用户特点、支持业务覆盖区域的运营和服务体系。

（六）建立或明确互联网保险业务管理部门，并配备相应的专业人员，指定一名高级管理人员担任互联网保险业务负责人，明确各自营网络平台负责人。

（七）具有健全的互联网保险业务管理制度和操作规程。

（八）保险公司开展互联网保险销售，应符合银保监会关于偿付能力、消费者权益保护监管评价等相关规定。

（九）保险专业中介机构应是全国性机构，经营区域不限于总公司营业执照登记注册地所在省（自治区、直辖市、计划单列市），并符合银保监会关于保险专业中介机构分类监管的相关规定。

（十）银保监会规定的其他条件。

第八条 保险机构不满足本办法第七条规定的，应立即停止通过互联网销售保险产品或提供保险经纪服务，并在官方网站和自营网络平台发布公告。保险机构经整改后满足本办法第七条规定的，可恢复开展相关互联网保险业务。保险机构拟自行停止自营网络平台业务经营的，应至少提前20个工作日在官方网站和自营网络平台发布公告。涉及债权债务处置的，应一并进行公告。

第九条 保险公司开展互联网保险销售，应在满足本办法规定的前提下，优先选择形态简单、条款简洁、责任清晰、可有效保障售后服务的保险产品，并充分考虑投保的便利性、风控的有效性、理赔的及时性。

保险公司开发互联网保险产品应符合风险保障本质、遵循保险基本原理、符合互联网经济特点，并满足银保监会关于保险产品开发的相关监管规定，做到产品定价合理、公平和充足。不得违背公序良俗、不得进行噱头炒作、不得损害消费者合法权益和社会公共利益，不得危及公司偿付能力和财务稳健。

第十条 银保监会可根据互联网保险业务发展阶段、不同保险产品的服务保障需要，规定保险机构通过互联网销售或提供保险经纪服务的险种范围和相关条件。

第二节 销售管理

第十一条 保险机构开展互联网保险业务，应加强销售管理，充分进行信息披露，规范营销宣传行为，优化销售流程，保护消费者合法权益。

第十二条 开展互联网保险业务的保险机构应建立官方网站，参照《保险公司信息披露管理办法》相关规定，设置互联网保险栏目进行信息披露，披露内容包括但不限于：

（一）营业执照、经营保险业务相关许可证（备案表）。

（二）自营网络平台的名称、网址，以及在中国保险行业协会官方网站上的信息披露访问链接。

（三）一年来综合偿付能力充足率、风险综合评级、消费者权益保护监管评价等相关监管评价信息，银保监会另有规定的从其规定。

（四）保险机构之间开展合作的，各保险机构应分别披露合作机构名称、业务合作范围及合作起止时间。

（五）互联网保险产品名称、产品信息（或链接），产品信息包括条款、审批类产品的批复文号、备案类产品的备案编号或产品注册号、报备文件编号或条款编码。

（六）互联网保险产品及保单的查询和验真途径。

（七）省级分支机构和落地服务机构的名称、办公地址、电话号码等。

（八）理赔、保全等客户服务及投诉渠道，相关联系方式。

（九）本办法第八条规定的经营变化情况。

（十）银保监会规定的其他内容。

第十三条 保险机构应在开展互联网保险业务的自营网络平台显著位置，列明以下信息：

（一）保险产品承保公司设有省级分支机构和落地服务机构的省（自治区、直辖市、计划单列市）清单。

（二）保险产品承保公司全国统一的客户服务及投诉方式，包括客服电话、在线服务访问方式、理赔争议处理机制和工作流程等。

（三）投保咨询方式、保单查询方式。

（四）针对消费者个人信息、投保交易信息和交易安全的保障措施。

（五）自营网络平台在中国保险行业协会官方网站上的信息披露访问链接。

（六）本办法第八条规定的经营变化情况。

（七）银保监会规定的其他内容。

第十四条 互联网保险产品的销售或详情展示页面上应包括以下内容：

（一）保险产品名称（条款名称和宣传名称），审批类产品的批复文号，备案类产品的备案编号或产品注册号，以及报备文件编号或条款编码。

（二）保险条款和保费（或链接），应突出提示和说明免除保险公司责任的条款，并以适当的方式突出提示理赔条件和流程，以及保险合同中的犹豫期、等待期、费用扣除、退保损失、保单现金价值等重点内容。

（三）保险产品为投连险、万能险等人身保险新型产品的，应按照银保监会关于新型产品信息披露的相关规定，清晰标明相关信息，用不小于产品名称字号的黑体字标注保单利益具有不确定性。

（四）投保人的如实告知义务，以及违反义务的后果。

（五）能否实现全流程线上服务的情况说明，以及因保险机构在消费者或保险标的所在地无分支机构而可能存在的服务不到位等问题的提示。

（六）保费的支付方式，以及保险单证、保费发票等凭证的送达方式。

（七）其他直接影响消费者权益和购买决策的事项。

第十五条 本办法所称互联网保险营销宣传，是指保险机构通过网站、网页、互联网应用程序等互联网媒介，以文字、图片、音频、视频或其他形式，就保险产品或保险服务进行商业宣传推广的活动。保险机构开展互联网保险营销宣传活动应符合《中华人民共和国广告法》、金融营销宣传以及银保监会相关规定。

保险机构应加强互联网保险营销宣传管理：

（一）保险机构应建立从业人员互联网保险营销宣传的资质、培训、内容审核和行为管理制度。

（二）保险机构应从严、精细管控所属从业人员互联网保险营销宣传活动，提高从业人员的诚信和专业水平。保险机构应对从业人员发布的互联网保险营销宣传内容进行监测检查，发现问题及时处置。

（三）保险机构从业人员应在保险机构授权范围内开展互联网保险营销宣传。从业人员发布的互联网保险营销宣传内容，应由所属保险机构统一制作，并在显著位置标明所属保险机构全称及个人姓名、执业证编号等信息。

（四）开展互联网保险营销宣传活动应遵循清晰准确、通俗易懂、符合社会公序良俗的原则，不得进行不实陈述或误导性描述，不得片面比较保险产品价格和简单排名，不得与其他非保险产品和服务混淆，不得片面或夸大宣传，不得违规承诺收益或承诺承担损失。

（五）互联网保险营销宣传内容应与保险合同条款保持一致，不得误导性解读监管政策，不得使用或变相使用监管机构及其工作人员的名义或形象进行商业宣传。

（六）互联网保险营销宣传页面应明确标识产品为保险产品，标明保险产品全称、承保保险公司全称以及提供销售或经纪服务的保险中介机构全称；应用准确的语言描述产品的主要功能和特点，突出说明容易引发歧义或消费者容易忽视的内容。

（七）保险机构及其从业人员应慎重向消费者发送互联网保险产品信息。消费者明确表示拒绝接收的，不得向其发送互联网保险产品信息。

（八）保险机构应对本机构及所属从业人员互联网保险营销宣传承担合规管理的主体责任。

第十六条 保险机构应通过其自营网络平台或其他保险机构的自营网络平台销售互联网保险产品或提供保险经纪、保险公估服务，投保页面须属于保险机构自营网络平台。政府部门为了公共利益需要，要求投保人在政府规定的网络平台完成投保信息录入的除外。

第十七条 保险机构应提高互联网保险产品销售的针对性，采取必要手段识别消费者的保险保障需求和消费能力，把合适的保险产品提供给消费者，并通过以下方式保障消费者的知情权和自主选择权：

（一）充分告知消费者售后服务能否全流程线上实现，以及保险机构因在消费者或保险标的所在地无分支机构而可能存在的服务不到位等问题。

（二）通过互联网销售投连险、万能险等人身保险新型产品或提供相关保险经纪服务的，应建立健全投保人风险承受能力评估及业务管理制度，向消费者做好风险提示。

（三）提供有效的售前在线咨询服务，帮助消费者客观、及时了解保险产品和服务信息。

（四）通过问卷、问询等方式有效提示消费者履行如实告知义务，提示消费者告知不准确可能带来的法律责任，不得诱导消费者隐瞒真实健康状况等实际情况。

（五）在销售流程的各个环节以清晰、简洁的方式保障消费者实现真实的购买意愿，不得采取默认勾选、限制取消自动扣费功能等方式剥夺消费者自主选择的权利。

第十八条 保险机构核保使用的数据信息应做到来源及使用方式合法。保险机构应丰富数据信息来源，深化技术应用，加强保险细分领域风险因素分析，不断完善核保模型，提高识别筛查能力，加强承保风险控制。

第十九条 保险公司通过自营网络平台开展互联网保险业务的，应通过自有保费收入专用账户直接收取投保人交付的保费；与保险中介机构合作开展互联网保险业务的，可通过该保险中介机构的保费收入专用账户代收保费。保费收入专用账户包括保险机构依法在商业银行及第三方支付平台开设的专用账户。

第二十条 保险机构开展互联网保险业务，可通过互联网、电话等多种方式开展回访工作，回访时应验证客户身份，保障客户投保后及时完整知悉合同主要内容。保险机构开展电子化回访应遵循银保监会相关规定。

第二十一条 保险机构通过互联网销售可以续保的保险产品或提供相关保险经纪服务的，应保障客户的续保权益，为其提供线上的续保或终止续保的途径，未经客户同意不得自动续保。

第二十二条 保险机构开展互联网保险业务，应向客户提供保单和发票，可优先提供电子保单和电子发票。采用纸质保单的，保险公司或合作的保险中介机构应以适当方式将保单送达客户。采用电子保单的，保险公司或合作的保险中介机构应向客户说明，并向客户提供可查询、下载电子保单的自营网络平台或行业统一查验平台的访问方式。

第二十三条 非保险机构不得开展互联网保险业务，包括但不限于以下商业行为：

（一）提供保险产品咨询服务。

（二）比较保险产品、保费试算、报价比价。

（三）为投保人设计投保方案。

（四）代办投保手续。

（五）代收保费。

第三节 服务管理

第二十四条 保险公司应建立健全在线核保、批改、保全、退保、理赔和投诉处理等全流程服务体系，加强互联网保险业务的服务过程管理和服务质量管理，并根据客户评价、投诉等情况，审视经营中存在的问题，及时改进产品管理，优化服务流程。服务水平无法达到本办法要求的，保险公司应主动限制互联网保险业务的险种和区域。

保险中介机构与保险公司合作，或接受保险公司委托，开展互联网保险相关业务活动的，应参照本办法关于保险公司的业务规则执行。

第二十五条 保险公司应在自营网络平台设立统一集中的客户服务业务办理入口，提升线上服务能力，与线下服务有机融合，并提供必要的人工辅助，保障客户获得及时有效的服务。

第二十六条 对于部分无法在线完成核保、保全、理赔等保险业务活动的，保险公司应通过本公司分支机构或线下合作机构做好落地服务，销售时应明确告知投保人相关情况。线下合作机构应是其他保险机构及其分支机构，包括区域性保险专业中介机构。对于完全无法在线完成批改、保全、退保、理赔等保险业务活动的，保险公司不得经营相关互联网保险产品。

保险公司委托其他合作机构提供技术支持和客户服务的，应建立委托合作全流程管理制度，审慎选择合作机构，进行有效的监测监督。

第二十七条 保险公司应不断加强互联网保险售后服务的标准化、规范化、透明化建设：

（一）在自营网络平台明示业务办理流程和客户权利义务，一次性告知业务办理所需材料清单，明确承诺服务时限。

（二）提供包含电话服务、在线服务在内的两种及以上服务方式。

（三）提供客户自助查询服务，及时向客户展示告知处理进程、处理依据、预估进展、处理结果。涉及保费、保险金、退保金等资金收付的，应说明资金的支付方式，以及资金额度基于保费、保险金额或现金价值的计算方法。

（四）提升销售和服务的透明化水平，可在自营网络平台提供消费者在线评价功能，为消费者提供消费参考信息。

第二十八条 保险公司为互联网保险客户提供保单批改和保全服务的，应识别、确认客户身份的真实性和合法性。对于线上变更受益人的请求，保险公司应确认该项业务已取得被保险人的同意。

第二十九条 保险公司应保障客户退保权益，不得隐藏相关业务的办理入口，不得阻碍或限制客户退保。

第三十条 保险公司为互联网保险客户提供查勘理赔服务的，应建立包括客户报案、查勘理赔、争议处理等环节在内的系统化工作流程，实现查勘理赔服务闭环完整。参与查勘理赔的各类机构和人员应做好工作衔接，做到响应及时准确、流程简捷流畅。

第三十一条 保险公司应建立健全理赔争议处理机制和工作流程，及时向客户说明理赔决定、原因依据和争议处理办法，探索多元纠纷解决机制，跟踪做好争议处理工作。

第三十二条 保险公司应建立完整的客户投诉处理流程，建设独立于销售、理赔等业务的专职处理互联网保险客户投诉的人员队伍。对于银保监会及其派出机构、相关行业组织、消费者权益保护组织、新闻媒体等转送的互联网保险业务投诉，保险公司应建立有效的转接管理制度，纳入互联网保险客户投诉处理流程。

第四节 运营管理

第三十三条 保险机构应采用有效技术手段对投保人身份信息的真实性进行验证，应完整记录和保存互联网保险主要业务过程，包括：产品销售页面的内容信息、投保人操作轨迹、保全理赔及投诉服务记录等，做到销售和服务等主要行为信息不可篡改并全流程可回溯。互联网保险业务可回溯管理的具体规则，由银保监会另行制定。

第三十四条 保险公司与保险中介机构合作开展互联网保险业务的，应审慎选择符合本办法规定、具有相应经营能力的保险中介机构，做好服务衔接、数据同步和信息共享。保险公司应与保险中介机构签订合作或委托协议，确定合作和委托范围，明确双方权利义务，约定不得限制对方获取客户信息等保险合同订立的必要信息。

第三十五条 保险机构授权在本机构执业的保险销售、保险经纪从业人员为互联网保险业务开展营销宣传、产品咨询的，应在其劳动合同或委托协议中约定双方的权利义务，并按照相关监管规定对其进行执业登记和管理，标识其从事互联网保险业务的资质以供公众查询。保险机构对所属从业人员的互联网保险业务行为依法承担责任。保险机构在互联网保险销售或经纪活动中，不得向未在本机构进行执业登记的人员支付或变相支付佣金及劳动报酬。

第三十六条 保险公司向保险中介机构支付相关费用，或保险机构向提供技术支持、客户服务等服务的合作机构支付相关费用，应按照合作协议约定的费用种类和标准，由总公司或其授权的省级分支机构通过银行或合法第三方支付平台转账支付，不得以现金形式进行结算。保险机构不得直接或间接给予合作协议约定以外的其他利益。

第三十七条 保险机构应严格按照网络安全相关法律法规，建立完善与互联网保险业务发展相适应的信息技术基础设施和安全保障体系，提升信息化和网络安全保障能力：

（一）按照国家相关标准要求，采取边界防护、入侵检测、数据保护以及灾难恢复等技术手段，加强信息系统和业务数据的安全管理。

（二）制定网络安全应急预案，定期开展应急演练，建立快速应急响应机制，开展网络安全实时监测，发现问题后立即采取防范和处置措施，并按照银行业保险业突发事件报告、应对相关规定及时向负责日常监管的银保监会或其派出机构、当地公安网安部门报告。

（三）对提供技术支持和客户服务的合作机构加强合规管理，督促其保障服务质量和网络安全，其相关信息系统至少应获得网络安全等级保护二级认证。

（四）防范假冒网站、假冒互联网应用程序等与互联网保险业务相关的违法犯罪活动，开辟专门渠道接受公众举报。

第三十八条 保险机构应承担客户信息保护的主体责任，收集、处理及使用个人信息应遵循合法、正当、必要的原则，保证信息收集、处理及使用的安全性和合法性：

（一）建立客户信息保护制度，明确数据安全责任人，构建覆盖全生命周期的客户信息保护体系，防范信息泄露。

（二）督促提供技术支持、客户服务等服务的合作机构建立有效的客户信息保护制度，在合作协议中明确约定客户信息保护责任，保障客户信息安全，明确约定合作机构不得限制保险机构获取客户投保信息，不得限制保险机构获取能够验证客户真实身份的相关信息。

（三）保险机构收集、处理及使用个人信息，应征得客户同意，获得客户授权。未经客户同意或授权，保险机构不得将客户信息用于所提供保险服务之外的用途，法律法规另有规定的除外。

第三十九条 保险机构应制定互联网保险业务经营中断应急处置预案。因突发事件、政策变化等原因导致互联网保险业务经营中断的，保险机构应在官方网站和自营网络平台及时发布公告，说明原因及后续处理方式，并按照银行业保险业突发事件报告、应对相关规定及时向负责日常监管的银保监会或其派出机构报告。

第四十条 保险机构应建立健全反洗钱内部控制制度、客户尽职调查制度、客户身份资料和交易记录保存制度、大额交易和可疑交易报告制度，履行《中华人民共和国反洗钱法》规定的反洗钱义务。

保险机构原则上应要求投保人使用本人账户支付保费。退保时保费应退还至原交费账户或投保人本人其他账户。保险金应支付到被保险人账户、受益人账户或保险合同约定的其他账户。保险机构应核对投保人账户信息的真实性。

第四十一条 保险机构应建立健全互联网保险业务反欺诈制度，加强对互联网保险欺诈的监控和报告，及时有效处置欺诈案件。保险机构应积极参与风险信息共享的行业协同机制，提高风险识别和反欺诈能力。

第四十二条 保险机构停止经营互联网保险相关业务的，应采取妥善措施做好存续业务的售后服务，有效保护客户合法权益。

第四十三条 保险机构应开展互联网保险业务舆情监测，积极做好舆情沟通，回应消费者和公众关切，及时有效处理因消费争议和纠纷产生的网络舆情。

第三章　特别业务规则

第一节　互联网保险公司

第四十四条 本办法所称互联网保险公司是指银保监会为促进保险业务与互联网、大数据等新技术融合创新，专门批准设立并依法登记注册，不设分支机构，在全国范围内专门开展互联网保险业务的保险公司。

第四十五条 互联网保险公司应提高线上全流程服务能力，提升线上服务体验和效率；应在自营网络平台设立统一集中的互联网保险销售和客户服务业务办理入口，提供销售、批改、保全、退保、报案、理赔和投诉等线上服务，与线下服务有机融合，向消费者提供及时有效的服务。

第四十六条 互联网保险公司应积极开发符合互联网经济特点、服务多元化保障需求的保险产品。产品开发应具备定价基础，符合精算原理，满足场景所需，让保险与场景、技术合理融合，充分考虑投保的便利性、风控的有效性、理赔的及时性。互联网保险公司应加强对产品开发、销售渠道和运营成本的管控，做到产品定价合理、公平和充足，保障稳健可持续经营。

第四十七条 互联网保险公司不得线下销售保险产品，不得通过其他保险机构线下销售保险产品。

第四十八条 互联网保险公司应不断提高互联网保险业务风险防控水平，健全风险监测预警和早期干预机制，运用数据挖掘、机器学习等技术提高风险识别和处置能力。

互联网保险公司应建立完善与互联网保险业务发展相适应的信息技术基础设施和安全保障体系，提升信息化能力，保障信息系统和相关基础设施安全稳定运行，有效防范、控制和化解信息技术风险。

第四十九条 互联网保险公司应指定高级管理人员分管投诉处理工作，设立专门的投诉管理部门和岗位，对投诉情况进行分析研究，协同公司产品开发、业务管理、运营管理等部门进行改进，完善消费者权益保护工作。

互联网保险公司应根据业务特点建立售后服务快速反应工作机制，对于投诉率异常增长的业务，应集中力量应对，及时妥善处理。

第二节　保险公司

第五十条 本节所称保险公司，是指互联网保险公司之外的保险公司。

保险公司应优化业务模式和服务体系，推动互联网、大数据等新技术向保险业务领域渗透，提升运营效率，改善消费体验；应为互联网保险业务配置充足的服务资源，保障与产品特点、业务规模相适应的后续服务能力。

第五十一条 保险公司总公司应对互联网保险业务实行统一、垂直管理。

保险公司总公司可将合作机构拓展、营销宣传、客户服务、投诉处理等相关业务授权省级分支机构开展。经总公司同意，省级分支机构可将营销宣传、客户服务和投诉处理相关工作授权下级分支机构开展。总公司、分支机构依法承担相应的法律责任。

第五十二条 经营财产保险业务的保险公司在具有相应内控管理能力且能满足客户落地服务需求的情况下，可将相关财产保险产品的经营区域拓展至未设立分公司的省（自治区、直辖市、计划单列市），具体由银保监会另行规定。

经营人身保险业务的保险公司在满足相关条件的基础上，可在全国范围内通过互联网经营相关人身保险产品，具体由银保监会另行规定。不满足相关条件的，不得通过互联网经营相关人身保险产品。

第五十三条 保险公司分支机构可在上级机构授权范围内为互联网保险业务提供查勘理赔、批改保全、医疗协助、退保及投诉处理等属地化服务。保险公司应为分支机构开展属地化服务建立明确的工作流程和制度，在保证服务时效和服务质量的前提下，提供该类服务可不受经营区域的限制。

第五十四条 保险公司开展互联网保险业务，应结合公司发展战略，做好互联网与其他渠道融合和联动，充分发挥不同销售渠道优势，提升业务可获得性和服务便利性，做好经营环节、人员职责和业务数据等方面的有效衔接，提高消费者享有的服务水平。

第五十五条 保险公司开展互联网保险业务核算统计，应将通过直销、专业代理、经纪、兼业代理等销售渠道开展的互联网保险业务，计入该销售渠道的线上业务部分，并将各销售渠道线上业务部分进行汇总，反映本公司的互联网保险业务经营成果。

第三节 保险中介机构

第五十六条 保险中介机构应从消费者实际保险需求出发，立足角色独立、贴近市场的优势，积极运用新技术，提升保险销售和服务能力，帮助消费者选择合适的保险产品和保险服务。保险中介机构应配合保险公司开展互联网保险业务合规管理工作。

保险中介机构应对互联网保险业务实行统一、垂直管理，具体要求参照本办法第五十一条、第五十三条规定。

第五十七条 保险中介机构应立足经济社会发展和民生需要，选择经营稳健、能保障服务质量的保险公司进行合作，并建立互联网保险产品筛选机制，选择符合消费者需求和互联网特点的保险产品进行销售或提供保险经纪服务。

第五十八条 保险中介机构开展互联网保险业务，经营险种不得突破承保公司的险种范围和经营区域，业务范围不得超出合作或委托协议约定的范围。

第五十九条 保险中介机构及其自营网络平台在使用简称时应清晰标识所属行业细分类别，不得使用“××保险”或“××保险平台”等容易混淆行业类别的字样或宣传用语。为保险机构提供技术支持、客户服务的合作机构参照执行。

第六十条 保险中介机构应在自营网络平台设立统一集中的客户服务专栏，提供服务入口或披露承保公司服务渠道，保障客户获得及时有效的服务。保险中介机构销售互联网保险产品、提供保险经纪服务和保险公估服务的，应在自营网络平台展示客户告知书。

第六十一条 保险专业中介机构将互联网保险业务转委托给其他保险中介机构开展的，应征得委托人同意，并充分向消费者进行披露。受托保险中介机构应符合本办法规定的条件。

保险经纪人、保险公估人接受消费者委托，为消费者提供互联网保险相关服务的，应签订委托合同，明确约定权利义务和服务项目，履行受托职责，提升受托服务意识和专业服务能力。

第六十二条 保险中介机构可积极运用互联网、大数据等技术手段，提高风险识别和业务运营能力，完善管理制度，与保险公司的运营服务相互补充，共同服务消费者。保险中介机构可发挥自身优势，建立完善相关保险领域数据库，创新数据应用，积极开展风险管理、健康管理、案件调查、防灾减损等服务。

第六十三条 保险中介机构开展互联网保险业务，应在有效隔离、风险可控的前提下，与保险公司系统互通、业务互联、数据对接。保险中介机构之间可依托互联网等技术手段加强协同合作，促进资源共享和优势互补，降低运营成本，提高服务效率和服务质量。

第六十四条 银行类保险兼业代理机构销售互联网保险产品应满足以下要求：

（一）通过电子银行业务平台销售。

（二）符合银保监会关于电子银行业务经营区域的监管规定。地方法人银行开展互联网保险业务，应主要服务于在实体经营网点开户的客户，原则上不得在未开设分支机构的省（自治区、直辖市、计划单列市）开展业务。无实体经营网点、业务主要在线上开展，且符合银保监会规定的其他条件的银行除外。

（三）银行类保险兼业代理机构及其销售从业人员不得将互联网保险业务转委托给其他机构或个人。

第四节 互联网企业代理保险业务

第六十五条 互联网企业代理保险业务是指互联网企业利用符合本办法规定的自营网络平台代理销售互联网保险产品、提供保险服务的经营活动。

互联网企业代理保险业务应获得经营保险代理业务许可。

第六十六条 互联网企业代理保险业务应满足以下要求：

（一）具有较强的合规管理能力，能够有效防范化解风险，保障互联网保险业务持续稳健运营。

（二）具有突出的场景、流量和广泛触达消费者的优势，能够将场景流量与保险需求有机结合，有效满足消费者风险保障需求。

（三）具有系统的消费者权益保护制度和工作机制，能够不断改善消费体验，提高服务质量。

（四）具有敏捷完善的应急响应制度和工作机制，能够快速应对各类突发事件。

（五）具有熟悉保险业务的专业人员队伍。

（六）具有较强的信息技术实力，能够有效保护数据信息安全，保障信息系统高效、持续、稳定运行。

（七）银保监会规定的其他要求。

第六十七条 互联网企业代理保险业务，应明确高级管理人员负责管理，建立科学有效的管理制度和工作流程，实现互联网保险业务独立运营。

第六十八条 互联网企业可根据保险公司或保险专业中介机构委托代理保险业务，不得将互联网保险业务转委托给其他机构或个人。

互联网企业根据保险公司和保险专业中介机构委托代理保险业务的，应审慎选择符合本办法规定、具有相应经营能力的保险机构，签订委托协议，确定委托范围，明确双方权利义务。

第六十九条 互联网企业代理保险业务，应参照本办法第四十九条，建立互联网保险售后服务快速反应工作机制，增强服务能力。

第七十条 互联网企业代理保险业务，应进行有效的业务隔离：

（一）规范开展营销宣传，清晰提示保险产品与其他产品和服务的区别。

（二）建立支持互联网保险业务运营的信息管理系统和核心业务系统，并与其他无关的信息系统有效隔离。

（三）具有完善的边界防护、入侵检测、数据保护以及灾难恢复等网络安全防护手段和管理体系。

（四）符合银保监会规定的其他要求。

第四章 监督管理

第七十一条 银保监会在有效防范市场风险的基础上，创新监管理念和方式，落实审慎监管要求，推动建立健全适应互联网保险业务发展特点的新型监管机制，对同类业务、同类主体一视同仁，严厉打击非法经营活动，着力营造公平有序的市场环境，促进互联网保险业务规范健康发展。

第七十二条 银保监会统筹负责互联网保险业务监管制度制定，银保监会及其派出机构按照关于保险机构的监管分工实施互联网保险业务日常监测与监管。

对互联网保险业务的投诉或举报，由投诉人或举报人经常居住地的银保监局依据相关规定进行处理。投诉举报事项涉及多地的，其他相关银保监局配合，有争议的由银保监会指定银保监局承办。

银保监局可授权下级派出机构开展互联网保险业务相关监管工作。

第七十三条 银保监会建设互联网保险监管相关信息系统，开展平台管理、数据信息报送、业务统计、监测分析、监管信息共享等工作，提高监管的及时性、有效性和针对性。

第七十四条 保险机构开展互联网保险业务，应将自营网络平台、互联网保险产品、合作销售渠道等信息以及相关变更情况报送至互联网保险监管相关信息系统。

保险机构应于每年4月30日前向互联网保险监管相关信息系统报送上一年度互联网保险业务经营情况报告。报告内容包括但不限于：业务基本情况、营销模式、相关机构（含技术支持、客户服务机构）合作情况、网络安全建设、消费者权益保护和投诉处理、信息系统运行和故障情况、合规经营和外部合规审计情况等。保险机构总经理和互联网保险业务负责人应在报告上签字，并对报告内容的真实性和完整性负责。

保险机构应按照银保监会相关规定定期报送互联网保险业务监管数据和监管报表。

第七十五条 中国保险行业协会对互联网保险业务进行自律管理，开展保险机构互联网保险业务信息披露相关管理工作。

保险机构应通过中国保险行业协会官方网站的互联网保险信息披露专栏，对自营网络平台、互联网保险产品、合作销售渠道等信息及时进行披露，便于社会公众查询和监督。

第七十六条 银保监会及其派出机构发现保险机构不满足本办法第七条规定的经营条件的，或存在经营异常、经营风险的，或因售后服务保障不到位等问题而引发投诉率较高的，可责令保险机构限期改正；逾期未改正，或经营严重危害保险机构稳健运行，损害投保人、被保险人或受益人合法权益的，可依法采取相应监管措施。保险机构整改后，应向银保监会或其派出机构提交整改报告。

第七十七条 保险机构及其从业人员违反本办法相关规定，银保监会及其派出机构应依法采取监管措施或实施行政处罚。

第五章 附　　则

第七十八条 保险机构对于通过非互联网渠道订立的保险合同开展线上营销宣传和线上售后服务的，以及通过互联网优化业务模式和业务形态的，参照本办法执行。

再保险业务及再保险经纪业务不适用本办法。

第七十九条 保险机构通过自营网络平台销售其他非保险产品或提供相关服务的，应符合银保监会相关规定，并与互联网保险业务有效隔离。保险机构不得在自营网络平台销售未经金融监管部门批准的非保险金融产品。

第八十条 银保监会根据互联网保险业务发展情况和风险状况，适时出台配套文件，细化、调整监管规定，推进互联网保险监管长效化、系统化、制度化。

第八十一条 保险机构应依据本办法规定对照整改，在本办法施行之日起3个月内完成制度建设、营销宣传、销售管理、信息披露等问题整改，6个月内完成业务和经营等其他问题整改，12个月内完成自营网络平台网络安全等级保护认证。

第八十二条 本办法自2021年2月1日起施行，《互联网保险业务监管暂行办法》（保监发〔2015〕69号）同时废止。

第八十三条 本办法由银保监会负责解释和修订。

保险统计管理规定

1. 2013年1月6日保监会令2013年第1号公布

2. 自2013年3月1日起施行

第一章 总 则

第一条 为了组织实施保险统计工作，加强保险统计监督管理，保障保险统计信息的真实性、准确性、完整性和及时性，根据《中华人民共和国保险法》、《中华人民共和国统计法》等法律、行政法规，制定本规定。

第二条 保险统计工作的基本任务是依法对保险业情况进行统计调查、统计分析，为实施保险监管、促进保险业发展提供统计资料和统计咨询意见，实行统计监督。

第三条 保险统计工作应当遵循客观、科学、统一、及时的原则。

第四条 保险统计工作实行统一管理、分级负责的管理体制。

中国保险监督管理委员会（以下简称中国保监会）负责监督和管理全国保险统计工作；中国保监会派出机构根据中国保监会授权，负责监督和管理辖区内保险统计工作。

保险机构负责组织开展本机构保险统计工作，管理本机构保险统计信息。

第五条 统计机构和统计人员对在保险统计工作中知悉的国家秘密、商业秘密和个人信息，应当予以保密。

第六条　本规定所称保险统计是指下列活动：

（一）中国保监会及其派出机构依法对反映保险机构经营管理情况的资料进行调查、收集、整理、分析，提供统计信息和统计咨询意见，实施保险统计监督和管理；

（二）保险机构依法对反映本机构经营管理情况的资料进行调查、收集、整理、分析，提供统计信息和统计咨询意见，并对本机构保险统计工作进行管理。

第七条　本规定所称保险统计信息是指反映保险机构经营管理情况的有关数据、报表、报告和文件，以及中国保监会规定的其他统计资料。

第八条　本规定所称保险机构是指经中国保监会或者其派出机构批准设立，并依法登记注册的商业保险公司及其分支机构。

第二章　统计机构和统计人员

第九条　中国保监会履行下列统计工作职责：

（一）制定保险统计制度和统计标准，建立健全保险统计指标体系；

（二）负责保险监管统计信息系统的设计、开发、维护、管理和升级，建立保险行业统计信息数据库；

（三）制定和实施保险统计工作规划，组织、协调、管理保险行业统计工作；

（四）采集、审核、汇总、分析保险统计信息，编制保险业报表和统计分析报告，对外公布有关保险统计信息；

（五）管理保险统计信息，维护保险行业统计信息数据库；

（六）组织和实施保险行业统计调查和统计监督检查；

（七）组织保险统计人员业务培训。

中国保监会派出机构在辖区内履行前款第（三）项至第（七）项职责。

第十条　中国保监会及其派出机构设立统计部门，负责监督和归口管理保险统计工作。

第十一条　保险机构开展下列统计工作：

（一）管理本机构保险统计工作；

（二）制定本机构保险统计制度；

（三）收集、审核、汇总、编制本机构保险统计信息，依照规定向中国保监会及其派出机构报送统计信息；

（四）完成中国保监会及其派出机构规定的统计调查任务；

（五）加强统计信息化建设，建立健全统计信息管理系统；

（六）组织本机构统计法律法规实施情况和统计质量检查；

（七）组织保险统计人员业务培训；

（八）中国保监会及其派出机构规定的其他统计工作。

第十二条 保险公司及其支公司以上分支机构应当指定一名高级管理人员为保险统计负责人。

保险统计负责人负责组织开展本机构的保险统计工作。

第十三条 保险公司及其支公司以上分支机构应当设立或者指定职能部门负责统计工作，设置统计岗位，并配备相应数量的统计人员。

负责统计工作的职能部门为统计联系部门，该部门的主要负责人为保险统计联系人。

第十四条 保险统计人员应当具有良好的职业道德，具备完成保险统计工作必需的专业知识。

第十五条 保险公司应当在指定或者变更保险统计负责人、保险统计联系人后10日内，向中国保监会报告。

保险公司支公司以上分支机构应当在指定或者变更保险统计负责人、保险统计联系人后10日内，向中国保监会派出机构报告。

第三章 统计调查和统计分析

第十六条 中国保监会及其派出机构有权根据监管需要，对保险机构进行统计调查。统计调查的内容主要包括业务经营状况、财务状况、人员配备和统计信息化建设等情况。

第十七条 保险统计信息可以采用调查表、调查问卷、统计指标等形式，通过邮件、传真、网络等方式进行采集和报送。

第十八条 保险统计年度为公历年度，即从每年的1月1日0时起至当年12月31日24时止。

第十九条 保险统计信息的报送频度分为：月度快报、月报、季报、半年报、年报、年度决算报和不定期报。

中国保监会可以根据监管需要，改变保险统计信息的报送频度。

第二十条 保险统计信息的报送时间为：月度快报为下月的前2个工作日内；月报为下月的前10日内；季报、半年报和年报分别为下一季度、下半年及次年的前12日内；年度决算报为次年的4月30日前。不定期报告按照中国保监会规定的时间报送。

月报、季报的报送时间，遇国庆、春节等法定长假可以顺延3日。

中国保监会可以根据监管需要，改变统计信息报送时间。

第二十一条 保险机构应当根据中国保监会及其派出机构的规定，真实、准确、完整、及时地报送统计信息，不得迟报、漏报、瞒报、虚报、拒报或者伪造、篡改统计信息，报送的统计信息不得有误导性陈述。

保险机构对其报送的统计信息的一致性负责。

第二十二条 保险机构负责人不得自行修改统计部门和统计人员依法收集、整理的统计信息，不得要求统计部门、统计人员伪造、篡改统计信息或者编造虚假统计信息。

第二十三条 保险机构报送的统计信息应当由本机构主要负责人审核确认。

保险机构报送的下级分支机构的统计信息，应当经下级分支机构主要负责人审核确认。

保险公司应当建立健全统计信息管理系统，实现相关统计信息与分支机构之间的共享。

第二十四条 中国保监会及其派出机构发现保险机构报送的统计信息存在错误的，有权责令改正并且要求其做出书面说明。

第二十五条 中国保监会及其派出机构定期对保险市场和宏观经济金融发展情况进行统计分析，并就其对保险业发展的影响等情况进行调查研究。

保险机构应当按照规定对本机构经营管理情况进行统计分析并向中国保监会及其派出机构报送相关报告。

第四章 统计信息管理与公布

第二十六条 中国保监会及其派出机构应当建立健全统计信息管理制度，规范统计信息的审核、整理、保存、查询、使用和公布等事项。

第二十七条 中国保监会定期通过中国保监会网站公布全国保险行业的原保险保费收入、赔付支出和资产总额等统计信息。

中国保监会派出机构根据中国保监会的有关规定，定期公布辖区内保险行业的原保险保费收入、赔付支出和资产总额等统计信息。

保险行业统计数据，以中国保监会及其派出机构统计部门提供的数据为准。

第二十八条 中国保监会派出机构公布的保险统计信息不得含有下列内容：

（一）本辖区以外未经公布的保险统计信息；

（二）与前项保险统计信息比较分析的结果。

第二十九条 保险机构应当建立健全统计信息管理制度，规范统计信息的审核、签署、交接、报送、保存、查询、使用和披露等事项。

统计信息的审核、签署人员应当对其审核、签署的统计信息的真实性、准确性和完整性负责。

第三十条 保险机构应当按照中国保监会有关信息披露的规定披露统计信息。

保险机构披露统计信息不得损害其他单位或者个人的合法利益。

第五章 统计监督检查

第三十一条 中国保监会及其派出机构依法对保险机构的统计工作进行监督检查，检查可以采取现场或者非现场方式。

第三十二条 保险统计监督检查的内容主要包括：

（一）保险统计工作管理情况；

（二）相关统计法律、行政法规和保险统计制度的贯彻执行情况；

（三）统计岗位的设立及统计人员的配备情况；

（四）统计信息的管理及披露情况；

（五）统计信息质量；

（六）统计信息系统完备性和安全性；

（七）其他与统计工作相关的情况。

第三十三条 中国保监会及其派出机构建立保险统计信息报送情况通报制度，对保险机构报送统计信息的及时性、完整性及其数据质量等情况进行通报。

第三十四条 中国保监会及其派出机构在履行保险统计监督检查职责时，保险机构应当如实反映情况，提供相关证明和资料，不得拒绝、阻碍检查，不得转移、隐匿、篡改、毁弃原始记录、统计调查表等资料。

中国保监会及其派出机构有权依法采取相应措施，保障保险统计监督检查工作的顺利进行。

第三十五条 中国保监会及其派出机构可以要求保险机构定期对本机构统计工作进行检查和总结，并报送相关报告。

第六章 法律责任

第三十六条 保险机构违反本规定，有下列行为之一的，由中国保监会及其派出机构依照《中华人民共和国保险法》第一百七十一条予以处罚：

（一）未按照规定的时间、方式、口径等报送或者提供统计信息的；

（二）未按照规定披露信息的。

第三十七条 保险机构违反本规定，有下列行为之一的，由中国保监会及其派出机构依照《中华人民共和国保险法》第一百七十二条予以处罚：

（一）编制或者提供虚假统计信息的；

（二）拒绝或者妨碍依法监督检查的。

第三十八条 保险机构违反本规定，中国保监会及其派出机构除依法对该保险机构给予处罚外，对其直接负责的主管人员和其他直接责任人员依照《中华人民共和国保险法》第一百七十三条予以处罚。

第三十九条 中国保监会及其派出机构从事统计监督管理工作的人员有下列行为之一的，依法给予处分：

（一）虚报、伪造、篡改保险统计信息的；

（二）违反国家保密制度或者超越权限公布保险统计信息造成严重后果的；

（三）违反法律法规的其他统计管理行为。

第七章 附 则

第四十条 下列机构的保险统计工作，法律、行政法规或者中国保监会有规定的，适用其规定；法律、行政法规或者中国保监会没有其他规定的，参照适用本规定：

（一）保险集团公司；

（二）保险控股公司；

（三）政策性保险公司；

（四）保险资产管理公司；

（五）保险中介机构。

第四十一条 境外保险公司分公司的保险统计工作，适用保险公司的有关规定。

第四十二条 中国保监会派出机构可以根据本规定制定实施细则。

中国保监会派出机构根据前款规定制定的实施细则，应当在公布前报中国保监会备案。

第四十三条 本规定由中国保监会负责解释。

第四十四条 本规定自2013年3月1日起施行。中国保监会2004年9月29日发布的《保险统计管理暂行规定》（保监会令〔2004〕11号）同时废止。

责任保险业务监管办法

1. 2020年12月22日发布

2. 银保监办发〔2020〕117号

3. 自2021年1月1日起施行

第一章 总 则

第一条 为规范责任保险经营行为，保护责任保险活动当事人合法权益，更好服务经济社会全局，促进责任保险业务持续健康发展，根据《中华人民共和国保险法》等法律、行政法规，制定本办法。

第二条 本办法所称责任保险，是指以被保险人对第三者依法应负的赔偿责任为保险标的的保险。

本办法所称保险公司，是指依法设立的财产保险公司。

本办法所称保险服务，是指保险公司为被保险人提供的与保险标的有关的风险防范、应急处置、纠纷调处等相关服务。

第三条 保险公司开展责任保险业务，应当严格遵守法律、行政法规及各项监管规定，遵循保险原理，准确把握回归本源、防范风险的总体要求，不得损害社会公共利益和保险消费者的合法权益。

第四条 保险公司应当不断丰富责任保险产品，改进保险服务，提升保障水平，聚焦重大战略，服务实体经济，积极发挥责任保险在参与社会治理、化解矛盾纠纷、保障和改善民生中的积极作用。

第二章 经营规则

第五条 保险公司经营责任保险业务，应当遵守偿付能力监管要求，科学评估自身风险管控能力、客户服务能力，合理确定经营险种及区域。

第六条 责任保险应当承保被保险人给第三者造成损害依法应负的赔偿责任。保险公司应当准确把握责任保险定义，厘清相关概念及权利义务关系，严格界定保险责任，不得通过责任保险承保以下风险或损失：

（一）被保险人故意制造事故导致的赔偿责任；

（二）刑事罚金、行政罚款；

（三）履约信用风险；

（四）确定的损失；

（五）投机风险；

（六）银保监会规定的其他风险或损失。

第七条 保险公司开展责任保险业务时，应当自觉维护市场竞争秩序，不得存在以下经营行为：

（一）未按照规定使用经批准或者备案的保险条款、保险费率，包括但不限于通过保单特别约定、签订补充协议等形式改变经审批或者备案的保险产品；

（二）夸大保险保障范围、隐瞒责任免除、虚假宣传等误导投保人和被保险人的行为；

（三）以承保担保机构责任等形式实质承保融资性信用风险；

（四）以利益输送、商业贿赂等手段开展不正当竞争；

（五）作出不符合保险原理的承诺；

（六）借助中介机构、行业协会或其他组织排除、限制竞争；

（七）银保监会规定的其他行为。

第八条 保险公司应当厘清责任保险与财产损失保险、信用保险、保证保险、意外伤害保险等险种的关系，合理确定承保险种。

保险公司开展机动车第三者责任保险等归属机动车辆保险的保险业务，应当遵守机动车辆保险相关监管规定。不得以机动车辆保险以外的责任保险主险或附加险承保机动车第三者责任。

第九条 保险公司提供保险服务，应当遵循合理性、必要性原则，明确对应的被保险人、保险标的和服务内容，以降低赔付风险为主要目的，不得随意扩大服务范围、服务内容。

第十条 保险公司应当严格按照会计准则对保险服务进行账务处理，确保数据真实准确，不得通过保险服务套取费用或从事其他违法违规行为。

第十一条 保险公司可以自行或委托监测机构、评估机构、培训机构等第三方机构开展保险服务。保险公司与第三方机构的合作，不得损害被保险人的合法权益。

第十二条 保险公司参加各级政府部门组织开展的责任保险项目时，应当加强与政府部门、投保人、被保险人沟通，不得盲目扩大保障范围。对不属于责任保险承保范围的，不得以责任保险名义承保。

第十三条 保险公司通过保险中介展业，支付的保险佣金应与实际中介服务相匹配，不得通过保险中介为其他机构或者个人谋取不正当利益。

第十四条 保险公司应当严格按照保险合同约定履行赔偿义务，及时支付赔款，主动提升理赔服务水平，优化客户体验。

第十五条 保险公司对同一承保主体的同一保险责任，除法律、行政法规、司法解释另有规定外，不得出具与保险合同的法律效力类似且具有担保性质的函件。

第十六条 保险公司应根据保险标的风险，综合考虑风险管理水平、违法行为、事故记录、诚信记录等因素，科学合理厘定费率，促进被保险人主动提高风险管理能力。

中国保险行业协会发布的行业纯风险损失率表或费率表，保险公司可以参考使用。

第三章 内控管理

第十七条 保险公司应当加强责任保险业务管理，根据公司业务及风险情况确定高风险业务标准和内部授权机制。高风险业务应由总公司集中管理或在总公司授权范围内开展。

第十八条 保险公司应当根据各级机构的经营能力、管理水平、风险状况和业务发展需要，建立授权体系，明确各级机构、部门、岗位、人员权限，实行动态调整，加强授权管控，强化监督落实。

第十九条 保险公司应当配备具有责任保险专业知识的产品开发人员、核保人员、核赔人员、精算人员，不断加强业务培训和人才培养，满足责任保险的承保、理赔、风险防范等需求。专业责任保险公司的总公司及分公司，应当单独设立责任保险业务部门，并配备相应人员。

第二十条 保险公司应当建立责任保险承保、理赔、精算、风险管理、保险服务等制度，并可以根据险种特点制定具体管理办法。

第二十一条 保险公司应当建立责任保险业务单独核算制度，严格执行费用分摊标准，据实列支经营费用，不得将其他险种费用纳入责任保险核算。

第二十二条 保险公司应当建立功能完整、能够满足业务财务核算和管理需求的责任保险信息管理系统，提高信息化管理水平。

第二十三条 保险公司应当建立健全责任保险数据统计制度，按照监管要求，及时准确完整地报送统计数据。

保险公司应当建立内部数据治理机制，定期开展数据核查分析，避免出现数据错报、漏报、迟报、报送口径不一致等问题。

第二十四条 保险公司应当强化责任保险数据安全管理，不得泄露投保人、被保险人信息，不得利用投保人、被保险人提供的信息从事与保险业务无关或损害投保人、被保险人及其他第三人利益的活动。

第二十五条 保险公司应当规范案件注销、注销恢复、重开赔案、零结案件、拒赔案件、特殊案件、追偿赔案等案件的审核流程，明确审批权限，强化案件管理。

第二十六条 保险公司通过互联网开展责任保险业务，应当严格遵守互联网保险业务监管规定，加强自身风险管理能力和客户服务能力建设。

第二十七条 保险公司经营责任保险时，应当严格按照会计准则和监管规定，遵循非寿险精算的原理和方法，审慎评估业务风险，合理提取和结转相关准备金。

第二十八条 保险公司经营责任保险业务，应当充分评估自身风险承受能力，确定风控标准，制定风险预案。保险公司应当审慎承保高风险业务，并通过再保险、共同保险等方式分散和分担风险。

第四章 监督管理

第二十九条 保险公司应当建立责任保险突发事件报告机制，按照银保监会关于突发事件信息报告要求，及时报送突发事件信息。

第三十条 保险公司应于每年2月底前报送责任保险上年度经营报告，直接监管公司向银保监会报送，属地监管公司向属地监管局报送。报告内容包括但不限于以下内容：

（一）业务整体经营情况，包括但不限于经营成果、赔付情况、保险服务开展情况、创新亮点、典型赔案、存在的问题及建议等；

（二）由总公司集中管理的高风险业务经营情况；

（三）责任保险统计制度未单独列明的险种中，年保费收入占比超过本公司责任保险保费收入5%的单一险种有关情况；

（四）下一年度责任保险业务发展规划；

（五）银保监会要求报告的其他情况。

第三十一条 保险公司在经营责任保险业务中，违反本办法相关规定的，银保监会及其派出机构可以依法采取监管谈话、限期整改、通报批评等监管措施，违反《中华人民共和国保险法》有关规定的，依法予以行政处罚。

第五章 附 则

第三十二条 本办法相关内容，法律、行政法规另有规定的，从其规定。

第三十三条 其他相关险种另有规定的，从其规定。

第三十四条 本办法由银保监会负责解释。

第三十五条 本办法自2021年1月1日起施行。

保险公司合规管理办法

1. 2016年12月30日发布

2. 保监发〔2016〕116号

3. 自2017年7月1日起施行

第一章 总 则

第一条 为了加强保险公司合规管理，发挥公司治理机制作用，根据《中华人民共和国公司法》《中华人民共和国保险法》和《保险公司管理规定》等法律、行政法规和规章，制定本办法。

第二条 本办法所称的合规是指保险公司及其保险从业人员的保险经营管理行为应当符合法律法规、监管规定、公司内部管理制度以及诚实守信的道德准则。

本办法所称的合规风险是指保险公司及其保险从业人员因不合规的保险经营管理行为引发法律责任、财务损失或者声誉损失的风险。

第三条 合规管理是保险公司通过建立合规管理机制，制定和执行合规政策，开展合规审核、合规检查、合规风险监测、合规考核以及合规培训等，预防、识别、评估、报告和应对合规风险的行为。合规管理是保险公司全面风险管理的一项重要内容，也是实施有效内部控制的一项基础性工作。

保险公司应当按照本办法的规定，建立健全合规管理制度，完善合规管理组织架构，明确合规管理责任，构建合规管理体系，推动合规文化建设，有效识别并积极主动防范、化解合规风险，确保公司稳健运营。

第四条 保险公司应当倡导和培育良好的合规文化，努力培育公司全体保险从业人员的合规意识，并将合规文化建设作为公司文化建设的一个重要组成部分。

保险公司董事会和高级管理人员应当在公司倡导诚实守信的道德准则和价值观念，推行主动合规、合规创造价值等合规理念，促进保险公司内部合规管理与外部监管的有效互动。

第五条 保险集团（控股）公司应当建立集团整体的合规管理体系，加强对全集团合规管理的规划、领导和监督，提高集团整体合规管理水平。各成员公司应当贯彻落实集团整体合规管理要求，对自身合规管理负责。

第六条 中国保监会及其派出机构依法对保险公司合规管理实施监督检查。

第二章　董事会、监事会和总经理的合规职责

第七条 保险公司董事会对公司的合规管理承担最终责任，履行以下合规职责：

（一）审议批准合规政策，监督合规政策的实施，并对实施情况进行年度评估；

（二）审议批准并向中国保监会提交公司年度合规报告，对年度合规报告中反映出的问题，提出解决方案；

（三）决定合规负责人的聘任、解聘及报酬事项；

（四）决定公司合规管理部门的设置及其职能；

（五）保证合规负责人独立与董事会、董事会专业委员会沟通；

（六）公司章程规定的其他合规职责。

第八条 保险公司董事会可以授权专业委员会履行以下合规职责：

（一）审核公司年度合规报告；

（二）听取合规负责人和合规管理部门有关合规事项的报告；

（三）监督公司合规管理，了解合规政策的实施情况和存在的问题，并向董事会提出意见和建议；

（四）公司章程规定或者董事会确定的其他合规职责。

第九条 保险公司监事或者监事会履行以下合规职责：

（一）监督董事和高级管理人员履行合规职责的情况；

（二）监督董事会的决策及决策流程是否合规；

（三）对引发重大合规风险的董事、高级管理人员提出罢免的建议；

（四）向董事会提出撤换公司合规负责人的建议；

（五）依法调查公司经营中引发合规风险的相关情况，并可要求公司相关高级管理人员和部门协助；

（六）公司章程规定的其他合规职责。

第十条 保险公司总经理履行以下合规职责：

（一）根据董事会的决定建立健全公司合规管理组织架构，设立合规管理部门，并为合规负责人和合规管理部门履行职责提供充分条件；

（二）审核公司合规政策，报经董事会审议后执行；

（三）每年至少组织一次对公司合规风险的识别和评估，并审核公司年度合规管理计划；

（四）审核并向董事会或者其授权的专业委员会提交公司年度合规报告；

（五）发现公司有不合规的经营管理行为的，应当及时制止并纠正，追究违规责任人的相应责任，并按规定进行报告；

（六）公司章程规定、董事会确定的其他合规职责。

保险公司分公司和中心支公司总经理应当履行前款第三项和第五项规定的合规职责，以及保险公司确定的其他合规职责。

第三章 合规负责人和合规管理部门

第十一条 保险公司应当设立合规负责人。合规负责人是保险公司的高级管理人员。合规负责人不得兼管公司的业务、财务、资金运用和内部审计部门等可能与合规管理存在职责冲突的部门，保险公司总经理兼任合规负责人的除外。

本条所称的业务部门指保险公司设立的负责销售、承保和理赔等保险业务的部门。

第十二条 保险公司任命合规负责人，应当依据《保险公司董事、监事和高级管理人员任职资格管理规定》及中国保监会的有关规定申请核准其任职资格。

保险公司解聘合规负责人的，应当在解聘后10个工作日内向中国保监会报告并说明正当理由。

第十三条 保险公司合规负责人对董事会负责，接受董事会和总经理的领导，并履行以下职责：

（一）全面负责公司的合规管理工作，领导合规管理部门；

（二）制定和修订公司合规政策，制订公司年度合规管理计划，并报总经理审核；

（三）将董事会审议批准后的合规政策传达给保险从业人员，并组织执行；

（四）向总经理、董事会或者其授权的专业委员会定期提出合规改进建议，及时报告公司和高级管理人员的重大违规行为；

（五）审核合规管理部门出具的合规报告等合规文件；

（六）公司章程规定或者董事会确定的其他合规职责。

第十四条 保险公司总公司及省级分公司应当设置合规管理部门。保险公司应当根据业务规模、组织架构和风险管理工作的需要，在其他分支机构设置合规管理部门或者合规岗位。

保险公司分支机构的合规管理部门、合规岗位对上级合规管理部门或者合规岗位负责，同时对其所在分支机构的负责人负责。

保险公司应当以合规政策或者其他正式文件的形式，确立合规管理部门和合规岗位的组织结构、职责和权利，并规定确保其独立性的措施。

第十五条 保险公司应当确保合规管理部门和合规岗位的独立性，并对其实行独立预算和考评。合规管理部门和合规岗位应当独立于业务、财务、资金运用和内部审计部门等可能与合规管理存在职责冲突的部门。

第十六条 合规管理部门履行以下职责：

（一）协助合规负责人制订、修订公司的合规政策和年度合规管理计划，并推动其贯彻落实，协助高级管理人员培育公司的合规文化；

（二）组织协调公司各部门和分支机构制订、修订公司合规管理规章制度；

（三）组织实施合规审核、合规检查；

（四）组织实施合规风险监测，识别、评估和报告合规风险；

（五）撰写年度合规报告；

（六）为公司新产品和新业务的开发提供合规支持，识别、评估合规风险；

（七）组织公司反洗钱等制度的制订和实施；

（八）开展合规培训，推动保险从业人员遵守行为准则，并向保险从业人员提供合规咨询；

（九）审查公司重要的内部规章制度和业务规程，并依据法律法规、监管规定和行业自律规则的变动和发展，提出制订或者修订公司内部规章制度和业务规程的建议；

（十）保持与监管机构的日常工作联系，反馈相关意见和建议；

（十一）组织或者参与实施合规考核和问责；

（十二）董事会确定的其他合规管理职责。

合规岗位的具体职责，由公司参照前款规定确定。

第十七条 保险公司应当保障合规负责人、合规管理部门和合规岗位享有以下权利：

（一）为了履行合规管理职责，通过参加会议、查阅文件、调取数据、与有关人员交谈、接受合规情况反映等方式获取信息；

（二）对违规或者可能违规的人员和事件进行独立调查，可外聘专业人员或者机构协助工作；

（三）享有通畅的报告渠道，根据董事会确定的报告路线向总经理、董事会授权的专业委员会、董事会报告；

（四）董事会确定的其他权利。

董事会和高级管理人员应当支持合规管理部门、合规岗位和合规人员履行工作职责，并采取措施切实保障合规管理部门、合规岗位和合规人员不因履行职责遭受不公正的对待。

第十八条 保险公司应当根据业务规模、人员数量、风险水平等因素为合规管理部门或者合规岗位配备足够的专职合规人员。

保险公司总公司和省级分公司应当为合规管理部门以外的其他各部门配备兼职合规人员。有条件的保险公司应当为省级分公司以外的其他分支机构配备兼职合规人员。保险公司应当建立兼职合规人员激励机制，促进兼职合规人员履职尽责。

第十九条 合规人员应当具有与其履行职责相适应的资质和经验，具有法律、保险、财会、金融等方面的专业知识，并熟练掌握法律法规、监管规定、行业自律规则和公司内部管理制度。

保险公司应当定期开展系统的教育培训，提高合规人员的专业技能。

第四章 合规管理

第二十条 保险公司应当建立三道防线的合规管理框架，确保三道防线各司其职、协调配合，有效参与合规管理，形成合规管理的合力。

第二十一条 保险公司各部门和分支机构履行合规管理的第一道防线职责，对其职责范围内的合规管理负有直接和第一位的责任。

保险公司各部门和分支机构应当主动进行日常的合规管控，定期进行合规自查，并向合规管理部门或者合规岗位提供合规风险信息或者风险点，支持并配合合规管理部门或者合规岗位的合规风险监测和评估。

第二十二条 保险公司合规管理部门和合规岗位履行合规管理的第二道防线职责。合规管理部门和合规岗位应当按照本办法第十六条规定的职责，向公司各部门和分支机构的业务活动提供合规支持，组织、协调、监督各部门和分支机构开展合规管理各项工作。

第二十三条 保险公司内部审计部门履行合规管理的第三道防线职责，定期对公司的合规管理情况进行独立审计。

第二十四条 保险公司应当在合规管理部门与内部审计部门之间建立明确的合作和信息交流机制。内部审计部门在审计结束后，应当将审计情况和结论通报合规管理部门；合规管理部门也可以根据合规风险的监测情况主动向内部审计部门提出开展审计工作的建议。

第二十五条 保险公司应当制订合规政策，经董事会审议通过后报中国保监会备案。

合规政策是保险公司进行合规管理的纲领性文件，应当包括以下内容：

（一）公司进行合规管理的目标和基本原则；

（二）公司倡导的合规文化；

（三）董事会、高级管理人员的合规责任；

（四）公司合规管理框架和报告路线；

（五）合规管理部门的地位和职责；

（六）公司识别和管理合规风险的主要程序。

保险公司应当定期对合规政策进行评估，并视合规工作需要进行修订。

第二十六条 保险公司应当通过制定相关规章制度，明确保险从业人员行为规范，落实公司的合规政策，并为保险从业人员执行合规政策提供指引。

保险公司应当制定工作岗位的业务操作程序和规范。

第二十七条 保险公司应当定期组织识别、评估和监测以下事项的合规风险：

（一）业务行为；

（二）财务行为；

（三）资金运用行为；

（四）机构管理行为；

（五）其他可能引发合规风险的行为。

第二十八条　保险公司应当明确合规风险报告的路线，规定报告路线涉及的每个人员和机构的职责，明确报告人的报告内容、方式和频率以及接受报告人直接处理或者向上报告的规范要求。

第二十九条　保险公司合规管理部门应当对下列事项进行合规审核：

（一）重要的内部规章制度和业务规程；

（二）重要的业务行为、财务行为、资金运用行为和机构管理行为。

第三十条　保险公司合规管理部门应当按照合规负责人、总经理、董事会或者其授权的专业委员会的要求，在公司内进行合规调查。

合规调查结束后，合规管理部门应当就调查情况和结论制作报告，并报送提出调查要求的机构。

第三十一条　保险公司应当建立有效的合规考核和问责制度，将合规管理作为公司年度考核的重要指标，对各部门、分支机构及其人员的合规职责履行情况进行考核和评价，并追究违法违规事件责任人员的责任。

第三十二条　保险公司合规管理部门应当与公司相关培训部门建立协作机制，制订合规培训计划，定期组织开展合规培训工作。

保险公司董事、监事和高级管理人员应当参加与其职责相关的合规培训。保险从业人员应当定期接受合规培训。

第三十三条　保险公司应当建立有效的信息系统，确保在合规管理工作中能够及时、准确获取有关公司业务、财务、资金运用、机构管理等合规管理工作所需的信息。

第三十四条　保险公司各分支机构主要负责人应当根据本办法和公司合规管理制度，落实上级机构的要求，加强合规管理。

第五章　合规的外部监督

第三十五条　中国保监会根据保险公司发展实际，采取分类指导的原则，加强督导，推动保险公司建立和完善合规管理体系。

第三十六条　中国保监会通过合规报告或者现场检查等方式对保险公司合规管理工作进行监督和评价，评价结果将作为实施风险综合评级的重要依据。

第三十七条　保险公司应当于每年4月30日前向中国保监会提交公司上一年度的年度合规报告。保险公司董事会对合规报告的真实性、准确性、完整性负责。

公司年度合规报告应当包括以下内容：

（一）合规管理状况概述；

（二）合规政策的制订、评估和修订；

（三）合规负责人和合规管理部门的情况；

（四）重要业务活动的合规情况；

（五）合规评估和监测机制的运行；

（六）存在的主要合规风险及应对措施；

（七）重大违规事件及其处理；

（八）合规培训情况；

（九）合规管理存在的问题和改进措施；

（十）其他。

中国保监会可以根据监管需要，要求保险公司报送综合或者专项的合规报告。

中国保监会派出机构可以根据辖区内监管需要，要求保险公司省级分公司书面报告合规工作情况。

第三十八条 保险公司及其相关责任人违反本办法规定的，中国保监会可以根据具体情况采取以下监管措施：

（一）责令限期改正；

（二）调整风险综合评级；

（三）调整公司治理评级；

（四）监管谈话；

（五）行业通报；

（六）其他监管措施。

对拒不改正的，依法予以处罚。

第六章 附 则

第三十九条 本办法适用于在中华人民共和国境内成立的保险公司、保险集团（控股）公司。外国保险公司分公司、保险资产管理公司以及经中国保监会批准成立的其他保险组织参照适用。

保险公司计划单列市分公司参照适用本办法有关保险公司省级分公司的规定。

第四十条 本办法所称保险公司分支机构，是指经中国保监会及其派出机构批准，保险公司依法在境内设立的分公司、中心支公司、支公司、营业部、营销服务部以及各类专属机构。

本办法所称保险从业人员，是指保险公司工作人员以及其他为保险公司销售保险产品的保险销售从业人员。

第四十一条 本办法由中国保监会负责解释。

第四十二条 本办法自2017年7月1日起施行。中国保监会2007年9月7日发布的《保险公司合规管理指引》（保监发〔2007〕91号）同时废止。

保险业反洗钱工作管理办法

1. 2011年9月13日发布

2. 保监发〔2011〕52号

3. 自2011年10月1日起施行

第一章 总 则

第一条 为做好保险业反洗钱工作，促进行业持续健康发展，根据《中华人民共和国反洗钱法》、《中华人民共和国保险法》等有关法律法规、部门规章和规范性文件，制定本办法。

第二条 中国保险监督管理委员会（以下简称“中国保监会”）根据有关法律法规和国务院授权，履行保险业反洗钱监管职责。

中国保监会派出机构根据本办法的规定，在中国保监会授权范围内履行反洗钱监管职责。

第三条 本办法适用于保险公司、保险资产管理公司及其分支机构，保险专业代理公司、保险经纪公司及其分支机构，金融机构类保险兼业代理机构。

第二章 保险监管职责

第四条 中国保监会组织、协调、指导保险业反洗钱工作，依法履行下列反洗钱职责：

（一）参与制定保险业反洗钱政策、规划、部门规章，配合国务院反洗钱行政主管部门对保险业实施反洗钱监管；

（二）制定保险业反洗钱监管制度，对保险业市场准入提出反洗钱要求，开展反洗钱审查和监督检查；

（三）参加反洗钱监管合作；

（四）组织开展反洗钱培训宣传；

（五）协助司法机关调查处理涉嫌洗钱案件；

（六）其他依法履行的反洗钱职责。

第五条 中国保监会派出机构在中国保监会授权范围内，依法履行下列反洗钱职责：

（一）制定辖内保险业反洗钱规范性文件，开展反洗钱审查和监督检查；

（二）向中国保监会报告辖内保险业反洗钱工作情况；

（三）参加辖内反洗钱监管合作；

（四）组织开展辖内保险业反洗钱培训宣传；

（五）协助司法机关调查处理涉嫌洗钱案件；

（六）中国保监会授权的其他反洗钱职责。

第三章 保险业反洗钱义务

第六条 保险公司、保险资产管理公司和保险专业代理公司、保险经纪公司应当以保单实名制为基础，按照客户资料完整、交易记录可查、资金流转规范的工作原则，切实提高反洗钱内控水平。

第七条 申请设立保险公司、保险资产管理公司应当符合下列反洗钱条件：

（一）投资资金来源合法；

（二）建立了反洗钱内控制度；

（三）设置了反洗钱专门机构或指定内设机构负责反洗钱工作；

（四）配备了反洗钱机构或岗位人员，岗位人员接受了必要的反洗钱培训；

（五）信息系统建设满足反洗钱要求；

（六）中国保监会规定的其他条件。

第八条 设立保险公司、保险资产管理公司的申请文件中应当包括下列反洗钱材料：

（一）投资资金来源情况说明和投资资金来源合法的声明；

（二）反洗钱内控制度；

（三）反洗钱机构设置报告；

（四）反洗钱机构或岗位人员配备情况及岗位人员接受反洗钱培训情况的报告；

（五）信息系统反洗钱功能报告；

（六）中国保监会规定的其他材料。

申请设立保险公司、保险资产管理公司，可以在筹建申请和开业申请中分阶段提交上述各项材料，但最迟应当在提出开业申请时提交完毕。

开业验收阶段，申请人应当按照要求演示反洗钱的组织架构、工作流程、风控管理和信息系统建设等。

第九条 申请设立保险公司、保险资产管理公司分支机构应当符合下列反洗钱条件：

（一）总公司具备健全的反洗钱内控制度并对分支机构具有良好的管控能力；

（二）总公司的信息系统建设能够支持分支机构的反洗钱工作；

（三）拟设分支机构设置了反洗钱专门机构或指定内设机构负责反洗钱工作；

（四）反洗钱岗位人员基本配备并接受了必要的反洗钱培训；

（五）中国保监会规定的其他条件。

第十条 设立保险公司、保险资产管理公司分支机构的申请文件中应当包括下列反洗钱材料：

（一）总公司的反洗钱内控制度；

（二）总公司信息系统的反洗钱功能报告；

（三）拟设分支机构的反洗钱机构设置报告；

（四）拟设分支机构的反洗钱岗位人员配备及接受反洗钱培训情况的报告；

（五）中国保监会规定的其他材料。

第十一条 发生下列情形之一，保险公司、保险资产管理公司应当知悉投资资金来源，提交投资资金来源情况说明和投资资金来源合法的声明：

（一）增加注册资本；

（二）股权变更，但通过证券交易所购买上市机构股票不足注册资本5%的除外；

（三）中国保监会规定的其他情形。

第十二条 保险公司、保险资产管理公司董事、监事、高级管理人员应当了解反洗钱法律法规，接受反洗钱培训，通过保险监管机构组织的包含反洗钱内容的任职资格知识测试。

保险公司、保险资产管理公司董事、监事、高级管理人员任职资格核准申请材料中应当包括接受反洗钱培训情况报告及本人签字的履行反洗钱义务的承诺书。

第十三条 保险公司、保险资产管理公司应当建立健全反洗钱内控制度。

反洗钱内控制度应当包括下列内容：

（一）客户身份识别；

（二）客户身份资料和交易记录保存；

（三）大额交易和可疑交易报告；

（四）反洗钱培训宣传；

（五）反洗钱内部审计；

（六）重大洗钱案件应急处置；

（七）配合反洗钱监督检查、行政调查以及涉嫌洗钱犯罪活动调查；

（八）反洗钱工作信息保密；

（九）反洗钱法律法规规定的其他内容。

保险公司、保险资产管理公司分支机构可以根据总公司的反洗钱内控制度制定本级的实施细则。

第十四条 保险公司、保险资产管理公司应当设立反洗钱专门机构或者指定内设机构，组织开展反洗钱工作。

指定内设机构组织开展反洗钱工作的，应当设立反洗钱岗位。

保险公司、保险资产管理公司应当明确相关业务部门的反洗钱职责，保证反洗钱内控制度在业务流程中贯彻执行。

第十五条 保险公司、保险资产管理公司应当将可量化的反洗钱控制指标嵌入信息系统，使风险信息能够在业务部门和反洗钱机构之间有效传递、集中和共享，满足对洗钱风险进行预警、提取、分析和报告等各项反洗钱要求。

第十六条 保险公司应当依法在订立保险合同、解除保险合同、理赔或者给付等环节对规定金额以上的业务进行客户身份识别。

第十七条 保险公司、保险资产管理公司应当按照客户特点或者账户属性，划分风险等级，并在持续关注的基础上，适时调整风险等级。

第十八条 保险公司、保险资产管理公司应当根据监管要求密切关注涉恐人员名单，及时对本机构客户进行风险排查，依法采取相应措施。

第十九条 保险公司、保险资产管理公司应当依法保存客户身份资料和交易记录，确保能足以重现该项交易，以提供监测分析交易情况、调查可疑交易活动和查处洗钱案件所需的信息。

第二十条 保险公司、保险资产管理公司破产和解散时，应当将客户身份资料和交易记录移交国务院有关部门指定的机构。

第二十一条 保险公司、保险资产管理公司应当依法识别、报告大额交易和可疑交易。

第二十二条 保险公司通过保险专业代理公司、金融机构类保险兼业代理机构开展保险业务时，应当在合作协议中写入反洗钱条款。

反洗钱条款应当包括下列内容：

（一）保险专业代理公司、金融机构类保险兼业代理机构按照保险公司的反洗钱法律义务要求识别客户身份；

（二）保险公司在办理业务时能够及时获得保险业务客户身份信息，必要时，可以从保险专业代理公司、金融机构类保险兼业代理机构获得客户有效身份证件或者其他身份证明文件的复印件或者影印件；

（三）保险公司为保险专业代理公司、金融机构类保险兼业代理机构代其识别客户身份提供培训等必要协助。

保险经纪公司代理客户与保险公司开展保险业务时，应当提供保险公司识别客户身份所需的客户身份信息，必要时，还应当依法提供客户身份证件或者其他身份证明文件的复印件或者影印件。

保险公司承担未履行客户身份识别义务的最终责任，保险专业代理公司、保险经纪公司、金融机构类保险兼业代理机构承担相应责任。

第二十三条 保险公司、保险资产管理公司应当开展反洗钱培训，保存培训课件和培训工作记录。

对本公司人员的反洗钱培训应当包括下列内容：

（一）反洗钱法律法规和监管规定；

（二）反洗钱内控制度、与其岗位职责相应的反洗钱工作要求；

（三）开展反洗钱工作必备的其他知识、技能等。

对保险销售从业人员的反洗钱培训应当包括下列内容：

（一）反洗钱法律法规和监管规定；

（二）反洗钱内控制度；

（三）展业中的反洗钱要求，如提醒客户提供相关信息资料、配合履行反洗钱义务等。

第二十四条 保险公司、保险资产管理公司应当开展反洗钱宣传，保存宣传资料和宣传工作记录。

第二十五条 保险公司、保险资产管理公司应当每年开展反洗钱内部审计，反洗钱内部审计可以是专项审计或者与其他审计项目结合进行。

第二十六条 保险公司、保险资产管理公司应当妥善处置涉及本公司的重大洗钱案件，及时向保险监管机构报告案件处置情况。

第二十七条 保险公司、保险资产管理公司应当配合反洗钱监督检查、行政调查以及涉嫌洗钱犯罪活动的调查，记录并保存配合检查、调查的相关情况。

第二十八条 保险公司、保险资产管理公司及其工作人员应当对依法履行反洗钱义务获得客户身份资料和交易信息予以保密；非依法律规定，不得向任何单位和个人提供。

保险公司、保险资产管理公司及其工作人员应当对报告可疑交易、配合调查可疑交易和涉嫌洗钱犯罪活动等有关信息予以保密，不得违反规定向客户和其他人员提供。

第二十九条 保险专业代理公司、保险经纪公司应当建立反洗钱内控制度，禁止来源不合法资金投资入股。

保险专业代理公司、保险经纪公司高级管理人员应当了解反洗钱法律法规。

第三十条 保险专业代理公司、保险经纪公司应当开展反洗钱培训、宣传，妥善处置涉及本公司的重大洗钱案件，配合反洗钱监督检查、行政调查以及涉嫌洗钱犯罪活动的调查，对依法开展反洗钱的相关信息予以保密。

第四章 监督管理

第三十一条 保险监管机构依法对保险业新设机构、投资入股资金和相关人员任职资格进行反洗钱审查，对不符合条件的，不予批准或者核准。

第三十二条 保险监管机构依法开展反洗钱现场检查与非现场监管。

第三十三条 反洗钱现场检查可以开展专项检查或者与其他检查项目结合进行。

第三十四条 保险监管机构有权根据监管需要，要求保险公司、保险资产管理公司提交反洗钱报告或者专项反洗钱资料。

第三十五条 保险公司、保险资产管理公司发生下列情形之一，保险监管机构可以将其列为反洗钱重点监管对象：

（一）涉嫌从事洗钱或者协助他人洗钱；

（二）受到反洗钱主管部门重大行政处罚；

（三）中国保监会认为需要重点监管的其他情形。

第三十六条 保险公司、保险资产管理公司违反反洗钱法律法规和本办法规定的，由保险监管机构责令限期改正、约谈相关人员或者依法采取其他措施。

第三十七条 保险监管机构根据保险公司、保险资产管理公司反洗钱工作开展情况，调整其在分类监管体系中合规类指标的评分。

第三十八条 保险公司、保险资产管理公司违反本办法规定，达到案件责任追究标准的，应当依法追究案件责任人的责任。

第五章 附 则

第三十九条 中国保监会依法指导中国保险行业协会，制定反洗钱工作指引，开展反洗钱培训宣传。

第四十条 保险公司与非金融机构类保险兼业代理机构的反洗钱合作可以参照本办法。

第四十一条 本办法由中国保监会负责解释。

第四十二条 本办法自2011年10月1日起施行，中国保监会之前反洗钱监管要求与本办法不同的，以本办法为准。

中国银保监会办公厅关于加强商业保理企业监督管理的通知

1. 2019年10月18日发布

2. 银保监办发〔2019〕205号

3. 根据2021年6月21日中国银行保险监督管理委员会令2021年第7号《关于清理规章规范性文件的决定》修正

各省、自治区、直辖市、计划单列市、新疆生产建设兵团地方金融监督管理局：

为规范商业保理企业经营行为，加强监督管理，压实监管责任，防范化解风险，促进商业保理行业健康发展，现就有关事项通知如下：

一、依法合规经营

（一）商业保理企业开展业务，应遵守《中华人民共和国民法典》等法律法规的有关规定，回归本源，专注主业，诚实守信，合规经营，不断提升服务实体经济质效。

（二）商业保理企业应完善公司治理，健全内部控制制度和风险管理体系，防范化解各类风险，保障安全稳健运行。

（三）商业保理业务是供应商将其基于真实交易的应收账款转让给商业保理企业，由商业保理企业向其提供的以下服务：

1. 保理融资；
2. 销售分户（分类）账管理；
3. 应收账款催收；
4. 非商业性坏账担保。

商业保理企业应主要经营商业保理业务，同时还可经营客户资信调查与评估、与商业保理相关的咨询服务。

（四）商业保理企业不得有以下行为或经营以下业务：

1. 吸收或变相吸收公众存款；

2. 通过网络借贷信息中介机构、地方各类交易场所、资产管理机构以及私募投资基金等机构融入资金；

3. 与其他商业保理企业拆借或变相拆借资金；

4. 发放贷款或受托发放贷款；

5. 专门从事或受托开展与商业保理无关的催收业务、讨债业务；

6. 基于不合法基础交易合同、寄售合同、权属不清的应收账款、因票据或其他有价证券而产生的付款请求权等开展保理融资业务；

7. 国家规定不得从事的其他活动。

（五）商业保理企业可以向银保监会监管的银行和非银行金融机构融资，也可以通过股东借款、发行债券、再保理等渠道融资。融资来源必须符合国家相关法律法规规定。

（六）商业保理企业应积极转变业务模式，逐步提高正向保理业务比重，惠及更多供应链上下游中小企业；重点支持符合国家产业政策方向、主业集中于实体经济、技术先进、有市场竞争力的产业链上下游中小企业，助力实体经济和中小企业发展。

二、加强监督管理

（七）商业保理企业应遵守以下监管要求：

1. 受让同一债务人的应收账款，不得超过风险资产总额的50%；

2. 受让以其关联企业为债务人的应收账款，不得超过风险资产总额的40%；

3. 将逾期90天未收回或未实现的保理融资款纳入不良资产管理；

4. 计提的风险准备金，不得低于融资保理业务期末余额的1%；

5. 风险资产不得超过净资产的10倍。

（八）各地方金融监督管理局（以下简称金融监管局）要重点分析商业保理企业的财务状况、业务开展情况及经营风险，评价公司治理、内部控制、风险管理措施有效性，关注风险的外溢和交叉传染。

（九）各金融监管局要全面持续收集商业保理企业的经营管理和风险信息，清晰连续地了解和掌握企业基本状况，要求其定期报送报表资料，包括财务会计、统计报表、经营管理资料及其他资料。

（十）各金融监管局要结合非现场监管发现的问题和风险监管要求，加大现场检查的力度，提升现场检查的深度和广度，提高检查的质量和效率。

现场检查可采取询问商业保理企业工作人员、查阅复制与检查事项相关的文件、资料、系统数据等方式，并可委托第三方中介机构实施。

（十一）商业保理企业应在下列事项发生后10个工作日内向金融监管局报告：

1. 单笔金额超过净资产5%的重大关联交易；
2. 单笔金额超过净资产10%的重大债务；
3. 单笔金额超过净资产20%的或有负债；
4. 超过净资产10%的重大损失或赔偿责任；
5. 重大待决诉讼、仲裁。

（十二）各金融监管局可根据风险监管需要，采取窗口指导、提高信息报送频率、督促开展自查、做出风险提示和通报、进行监管约谈、开展现场检查等常规性监管措施。

三、稳妥推进分类处置

（十三）各金融监管局要通过信息交叉比对、实地走访、接受信访投诉等方式，继续核查辖内商业保理企业的数量和风险底数，按照经营风险、违法违规情形划分为正常经营、非正常经营和违法违规经营等三类。

（十四）正常经营类是指依法合规经营的企业。各金融监管局要对正常经营类商业保理企业按注册地审核其营业执照、公司章程、股东名单、高级管理人员名单和简历、经审计的近两年的资产负债表、利润表、现金流量表及规定的其他资料。对于接受并配合监管、在注册地有经营场所且登录“商业保理信息管理系统”或金融监管局指定信息系统完整填报信息的企业，各金融监管局要在报银保监会审核后分批分次进行公示，纳入监管名单。

（十五）非正常经营类主要是指“失联”和“空壳”等经营异常的企业。其中，“失联”企业是指满足以下条件之一的企业：无法取得联系；在企业登记住所实地排查无法找到；虽然可以联系到企业工作人员，但其并不知情也不能联系到企业实际控制人；连续3个月未按监管要求报送月报。“空壳”企业是指满足以下条件之一的企业：上一年度市场监管部门年度报告显示无经营；近6个月监管月报显示无经营；近6个月无纳税记录或“零申报”；近6个月无社保缴纳记录。

各金融监管局要督促非正常经营类和违法违规经营类企业整改。非正常经营类企业整改验收合格的，可纳入监管名单；拒绝整改或整改验收不合格的，各金融监管局要协调市场监管部门将其纳入异常经营名录，劝导其申请变更企业名称和业务范围、自愿注销或依法吊销营业执照。

（十六）违法违规经营类是指经营行为违反法律法规和本通知规定的企业。违法违规情节较轻且整改验收合格的，可纳入监管名单；整改验收不合格或违法违规情节严重的，各金融监管局要依法处罚或取缔，涉嫌违法犯罪的及时移送公安机关依法查处。

四、严把市场准入关

（十七）在商业保理企业市场准入管理办法出台前，各金融监管局要协调市场监管部门严控商业保理企业登记注册。确有必要新设的，要与市场监管部门建立会商机制。严格控制商业保理企业变更注册地址，禁止跨省、自治区、直辖市、计划单列市变更注册地址。

（十八）各金融监管局要严格审核监管名单内商业保理企业股权变更申请，对新股东的背景实力、入股动机、入股资金来源等加强审查，严禁新股东以债务资金或委托资金等非自有资金入股商业保理企业。

五、压实监管责任

（十九）银保监会负责制定商业保理企业业务经营和监管规则。各省（区、市）人民政府负责对辖内商业保理企业实施监督管理。各金融监管局具体负责统一归口监管。除新设审批和行政处罚外，各金融监管局可授权省级以下地方金融监管部门负责其他监管工作。建立专职监管员制度，专职监管员的人数、能力要与被监管对象数量相匹配。

（二十）各金融监管局要推动成立商业保理行业清理规范工作领导小组，组长由省（区、市）人民政府分管负责人担任，办公室设在金融监管局，成员单位包括市场监管、公安、人民银行、银保监、税务等部门。主要职责是：研究解决辖内商业保理行业重大问题，制定相关政策措施，加强工作指导，确保2020年6月末前完成存量商业保理企业清理规范工作，并向银保监会报告。

（二十一）商业保理企业住所地金融监管局要牵头负责跨区域经营商业保理企业的监管，加强与分支机构所在地金融监管局的协调配合，定期共享跨区域经营的商业保理企业分支机构名单和经营信息，避免重复监管和监管真空。

六、优化营商环境

（二十二）各金融监管局要推动出台风险补偿、奖励、贴息等政策，引导商业保理企业更好为中小微企业提供融资服务。

自由贸易试验区内的商业保理企业可以按照有关规定享受自由贸易试验

区关于商业保理企业和支持企业发展的各项优惠政策。

（二十三）鼓励和支持银行保险机构与监管名单内商业保理企业进行合作，按照平等、自愿、公平和诚实信用原则提供融资。

鼓励银行业金融机构向商业保理企业提供境外合作渠道支持，助力商业保理企业拓展国际业务。支持保险公司在风险可控前提下，研究探索与商业保理企业加强业务合作，提供保险保障服务，增强商业保理企业风险抵御能力。

（二十四）各金融监管局要加强对商业保理行业重大问题的研究，深入总结行业发展经验，综合研判本地商业保理行业的发展现状与潜在问题，持续引导商业保理行业高质量发展。

（二十五）地方商业保理行业协会要积极发挥作用，加大对商业保理行业的宣传和普及力度，提升社会认知度；引导企业诚实守信、公平竞争、依法合规经营；通过培训、交流等方式，不断提高从业人员合规意识、内控和风险管理水平，促进行业健康发展。

五、法律责任

中华人民共和国刑法（节录）

1. 1979年7月1日第五届全国人民代表大会第二次会议通过

2. 1997年3月14日第八届全国人民代表大会第五次会议修订

3. 根据1998年12月29日第九届全国人民代表大会常务委员会第六次会议通过的《关于惩治骗购外汇、逃汇和非法买卖外汇犯罪的决定》、1999年12月25日第九届全国人民代表大会常务委员会第十三次会议通过的《中华人民共和国刑法修正案》、2001年8月31日第九届全国人民代表大会常务委员会第二十三次会议通过的《中华人民共和国刑法修正案（二）》、2001年12月29日第九届全国人民代表大会常务委员会第二十五次会议通过的《中华人民共和国刑法修正案（三）》、2002年12月28日第九届全国人民代表大会常务委员会第三十一次会议通过的《中华人民共和国刑法修正案（四）》、2005年2月28日第十届全国人民代表大会常务委员会第十四次会议通过的《中华人民共和国刑法修正案（五）》、2006年6月29日第十届全国人民代表大会常务委员会第二十二次会议通过的《中华人民共和国刑法修正案（六）》、2009年2月28日第十一届全国人民代表大会常务委员会第七次会议通过的《中华人民共和国刑法修正案（七）》、2009年8月27日第十一届全国人民代表大会常务委员会第十次会议通过的《关于修改部分法律的决定》、2011年2月25日第十一届全国人民代表大会常务委员会第十九次会议通过的《中华人民共和国刑法修正案（八）》、2015年8月29日第十二届全国人民代表大会常务委员会第十六次会议通过的《中华人民共和国刑法修正案（九）》、2017年11月4日第十二届全国人民代表大会常务委员会第三十次会议通过的《中华人民共和国刑法修正案（十）》、2020年12月26日第十三届全国人民代表大会常务委员会第二十四次会议通过的《中华人民共和国刑法修正案（十一）》修正

第一百八十三条　【保险公司工作人员虚假理赔的犯罪及处罚】保险公司的工作人员利用职务上的便利，故意编造未曾发生的保险事故进行虚假理赔，骗取保险金归自己所有的，依照本法第二百七十一条的规定定罪处罚。

国有保险公司工作人员和国有保险公司委派到非国有保险公司从事公务的人员有前款行为的，依照本法第三百八十二条、第三百八十三条的规定定罪处罚。

第一百八十五条　**【挪用资金罪】**商业银行、证券交易所、期货交易所、证券公司、期货经纪公司、保险公司或者其他金融机构的工作人员利用职务上的便利，挪用本单位或者客户资金的，依照本法第二百七十二条的规定定罪处罚。

【挪用公款罪】国有商业银行、证券交易所、期货交易所、证券公司、期货经纪公司、保险公司或者其他国有金融机构的工作人员和国有商业银行、证券交易所、期货交易所、证券公司、期货经纪公司、保险公司或者其他国有金融机构委派到前款规定中的非国有机构从事公务的人员有前款行为的，依照本法第三百八十四条的规定定罪处罚。

第一百八十五条之一　**【背信运用受托财产罪】**商业银行、证券交易所、期货交易所、证券公司、期货经纪公司、保险公司或者其他金融机构，违背受托义务，擅自运用客户资金或者其他委托、信托的财产，情节严重的，对单位判处罚金，并对其直接负责的主管人员和其他直接责任人员，处三年以下有期徒刑或者拘役，并处三万元以上三十万元以下罚金；情节特别严重的，处三年以上十年以下有期徒刑，并处五万元以上五十万元以下罚金。

【违法运用资金罪】社会保障基金管理机构、住房公积金管理机构等公众资金管理机构，以及保险公司、保险资产管理公司、证券投资基金管理公司，违反国家规定运用资金的，对其直接负责的主管人员和其他直接责任人员，依照前款的规定处罚。

第一百九十八条　**【保险诈骗罪】**有下列情形之一，进行保险诈骗活动，数额较大的，处五年以下有期徒刑或者拘役，并处一万元以上十万元以下罚金；数额巨大或者有其他严重情节的，处五年以上十年以下有期徒刑，并处二万元以上二十万元以下罚金；数额特别巨大或者有其他特别严重情节的，处十年以上有期徒刑，并处二万元以上二十万元以下罚金或者没收财产：

（一）投保人故意虚构保险标的，骗取保险金的；

（二）投保人、被保险人或者受益人对发生的保险事故编造虚假的原因或者夸大损失的程度，骗取保险金的；

（三）投保人、被保险人或者受益人编造未曾发生的保险事故，骗取保险金的；

（四）投保人、被保险人故意造成财产损失的保险事故，骗取保险金的；

（五）投保人、受益人故意造成被保险人死亡、伤残或者疾病，骗取保险金的。

有前款第四项、第五项所列行为，同时构成其他犯罪的，依照数罪并罚的规定处罚。

单位犯第一款罪的，对单位判处罚金，并对其直接负责的主管人员和其他直接责任人员，处五年以下有期徒刑或者拘役；数额巨大或者有其他严重情节的，处五年以上十年以下有期徒刑；数额特别巨大或者有其他特别严重情节的，处十年以上有期徒刑。

保险事故的鉴定人、证明人、财产评估人故意提供虚假的证明文件，为他人诈骗提供条件的，以保险诈骗的共犯论处。

第二百二十五条　【非法经营罪】违反国家规定，有下列非法经营行为之一，扰乱市场秩序，情节严重的，处五年以下有期徒刑或者拘役，并处或者单处违法所得一倍以上五倍以下罚金；情节特别严重的，处五年以上有期徒刑，并处违法所得一倍以上五倍以下罚金或者没收财产：

（一）未经许可经营法律、行政法规规定的专营、专卖物品或者其他限制买卖的物品的；

（二）买卖进出口许可证、进出口原产地证明以及其他法律、行政法规规定的经营许可证或者批准文件的；

（三）未经国家有关主管部门批准非法经营证券、期货、保险业务的，或者非法从事资金支付结算业务的；

（四）其他严重扰乱市场秩序的非法经营行为。

最高人民法院关于审理海上保险纠纷案件若干问题的规定

1. 2006年11月13日最高人民法院审判委员会第1405次会议通过、2006年11月23日公布、自2007年1月1日起施行（法释〔2006〕10号）

2. 根据2020年12月23日最高人民法院审判委员会第1823次会议通过、2020年12月29日公布、自2021年1月1日起施行的《最高人民法院关于修改〈最高人民法院关于破产企业国有划拨土地使用权应否列入破产财产等问题的批复〉等二十九件商事类司法解释的决定》（法释〔2020〕18号）修正

为正确审理海上保险纠纷案件，依照《中华人民共和国海商法》《中华人民共和国保险法》《中华人民共和国海事诉讼特别程序法》和《中华人民共和国民事诉讼法》的相关规定，制定本规定。

第一条 审理海上保险合同纠纷案件，适用海商法的规定；海商法没有规定的，适用保险法的有关规定；海商法、保险法均没有规定的，适用民法典等其他相关法律的规定。

第二条 审理非因海上事故引起的港口设施或者码头作为保险标的的保险合同纠纷案件，适用保险法等法律的规定。

第三条 审理保险人因发生船舶触碰港口设施或者码头等保险事故，行使代位请求赔偿权利向造成保险事故的第三人追偿的案件，适用海商法的规定。

第四条 保险人知道被保险人未如实告知海商法第二百二十二条第一款规定的重要情况，仍收取保险费或者支付保险赔偿，保险人又以被保险人未如实告知重要情况为由请求解除合同的，人民法院不予支持。

第五条 被保险人未按照海商法第二百三十四条的规定向保险人支付约定的保险费的，保险责任开始前，保险人有权解除保险合同，但保险人已经签发保险单证的除外；保险责任开始后，保险人以被保险人未支付保险费请求解除合同的，人民法院不予支持。

第六条 保险人以被保险人违反合同约定的保证条款未立即书面通知保险人为由，要求从违反保证条款之日起解除保险合同的，人民法院应予支持。

第七条 保险人收到被保险人违反合同约定的保证条款书面通知后仍支付保险赔偿，又以被保险人违反合同约定的保证条款为由请求解除合同的，人民法院不予支持。

第八条 保险人收到被保险人违反合同约定的保证条款的书面通知后，就修改承保条件、增加保险费等事项与被保险人协商未能达成一致的，保险合同于违反保证条款之日解除。

第九条 在航次之中发生船舶转让的，未经保险人同意转让的船舶保险合同至航次终了时解除。船舶转让时起至航次终了时止的船舶保险合同的权利、义务由船舶出让人享有、承担，也可以由船舶受让人继受。

船舶受让人根据前款规定向保险人请求赔偿时，应当提交有效的保险单证及船舶转让合同的证明。

第十条 保险人与被保险人在订立保险合同时均不知道保险标的已经发生保险事故而遭受损失，或者保险标的已经不可能因发生保险事故而遭受损失的，不影响保险合同的效力。

第十一条 海上货物运输中因承运人无正本提单交付货物造成的损失不属于保险人的保险责任范围。保险合同当事人另有约定的，依约定。

第十二条 发生保险事故后，被保险人为防止或者减少损失而采取的合理措施没有效果，要求保险人支付由此产生的合理费用的，人民法院应予支持。

第十三条 保险人在行使代位请求赔偿权利时，未依照海事诉讼特别程序法的规定，向人民法院提交其已经向被保险人实际支付保险赔偿凭证的，人民法院不予受理；已经受理的，裁定驳回起诉。

第十四条 受理保险人行使代位请求赔偿权利纠纷案件的人民法院应当仅就造成保险事故的第三人与被保险人之间的法律关系进行审理。

第十五条 保险人取得代位请求赔偿权利后，以被保险人向第三人提起诉讼、提交仲裁、申请扣押船舶或者第三人同意履行义务为由主张诉讼时效中断的，人民法院应予支持。

第十六条 保险人取得代位请求赔偿权利后，主张享有被保险人因申请扣押船舶取得的担保权利的，人民法院应予支持。

第十七条 本规定自2007年1月1日起施行。

最高人民法院关于审理出口信用保险合同纠纷案件适用相关法律问题的批复

1. 2013年4月15日最高人民法院审判委员会第1575次会议通过
2. 2013年5月2日公布
3. 法释〔2013〕13号
4. 自2013年5月8日起施行

广东省高级人民法院：

你院《关于出口信用保险合同法律适用问题的请示》（粤高法〔2012〕442号）收悉。经研究，批复如下：

对出口信用保险合同的法律适用问题，保险法没有作出明确规定。鉴于出口信用保险的特殊性，人民法院审理出口信用保险合同纠纷案件，可以参照适用保险法的相关规定；出口信用保险合同另有约定的，从其约定。

最高人民法院研究室关于新的人身损害赔偿审理标准是否适用于未到期机动车第三者责任保险合同问题的答复

1. 2004年6月4日公布
2. 法研〔2004〕81号

中国保险监督管理委员会办公厅：

你厅《关于新的人身损害赔偿审理标准是否适用于未到期机动车第三者责任保险合同问题的函》（保监厅函〔2004〕90号）收悉。经研究，答复如下：

《合同法》第四条规定，“当事人依法享有自愿订立合同的权利，任何单位和个人不得非法干预。”《合同法》本条所确定的自愿原则是合同法中一项基本原则，应当适用于保险合同的订立。《保险法》第四条也规定，从事保险活动必须遵循自愿原则。因此，投保人与保险人在保险合同中有关“保险人按照《道路交通事故处理办法》规定的人身损害赔偿范围、项目和标准以及保险合同的约定，在保险单载明的责任限额内承担赔偿责任”的约定只是保险人应承担的赔偿责任的计算方法，而不是强制执行的标准，它不因《道路交通事故的处理办法》的失效而无效。我院《关于审理人身损害赔偿案件适用法律若干问题的解释》施行后，保险合同的当事人既可以继续履行2004年5月1日前签订的机动车辆第三者责任保险合同，也可以经协商依法变更保险合同。

最高人民法院关于人民法院能否提取投保人在保险公司所投的第三人责任险应得的保险赔偿款问题的复函

1. 2000年7月13日公布
2.〔2000〕执他字第15号

江苏省高级人民法院：

你院〔1999〕苏法执他字第15号《关于人民法院能否提取投保人在保险

公司所投的第三人责任险应得的保险赔偿款的请示》收悉。经研究，答复如下：

人民法院受理此类申请执行案件，如投保人不履行义务时，人民法院可以依据债权人（或受益人）的申请向保险公司发出协助执行通知书，由保险公司依照有关规定理赔，并给付申请执行人；申请执行人对保险公司理赔数额有异议的，可通过诉讼予以解决；如保险公司无正当理由拒绝理赔的，人民法院可依法予以强制执行。

中国银保监会行政处罚办法

1. 2020年6月15日中国银行保险监督管理委员会令2020年第8号公布
2. 自2020年8月1日起施行

第一章　总　　则

第一条　为规范中国银行保险监督管理委员会（以下简称银保监会）及其派出机构行政处罚行为，维护银行业保险业市场秩序，根据《中华人民共和国行政处罚法》《中华人民共和国银行业监督管理法》《中华人民共和国商业银行法》《中华人民共和国保险法》等相关法律，制定本办法。

第二条　银行保险机构、其他单位和个人（以下简称当事人）违反法律、行政法规和银行保险监管规定，银保监会及其派出机构依法给予行政处罚的，按照本办法实施。法律、行政法规另有规定的除外。

第三条　本办法所指的行政处罚包括：

（一）警告；

（二）罚款；

（三）没收违法所得；

（四）责令停业整顿；

（五）吊销金融、业务许可证；

（六）取消、撤销任职资格；

（七）限制保险业机构业务范围；

（八）责令保险业机构停止接受新业务；

（九）撤销外国银行代表处、撤销外国保险机构驻华代表机构；

（十）要求撤换外国银行首席代表、责令撤换外国保险机构驻华代表机构的首席代表；

（十一）禁止从事银行业工作或者禁止进入保险业；

（十二）法律、行政法规规定的其他行政处罚。

第四条 银保监会及其派出机构实施行政处罚，应当遵循以下原则：

（一）公平、公正、公开；

（二）程序合法；

（三）过罚相当；

（四）维护当事人的合法权益；

（五）处罚与教育相结合。

第五条 银保监会及其派出机构实行立案调查、审理和决定相分离的行政处罚制度，设立行政处罚委员会。

行政处罚委员会下设办公室，行政处罚委员会办公室设在银保监会及其派出机构的法律部门；暂未设立法律部门的，由相关部门履行其职责。

第六条 银保监会及其派出机构在处罚银行保险机构时，依法对相关责任人员采取责令纪律处分、行政处罚等方式追究法律责任。

第七条 当事人有下列情形之一的，应当依法从轻或者减轻行政处罚：

（一）主动消除或者减轻违法行为危害后果的；

（二）受他人胁迫有违法行为的；

（三）配合行政机关查处违法行为有立功表现的；

（四）其他依法从轻或者减轻行政处罚的。

违法行为轻微并及时纠正，没有造成危害后果的，不予行政处罚。

第八条 当事人有下列情形之一的，依法从重处罚：

（一）屡查屡犯的；

（二）不配合监管执法的；

（三）危害后果严重，造成较为恶劣社会影响的；

（四）其他依法从重行政处罚的情形。

第九条 银保监会及其派出机构参与行政处罚的工作人员有下列情形之一的，本人应当申请回避，当事人及其代理人也有权申请其回避：

（一）是案件当事人或其代理人的近亲属的；

（二）与案件有直接利害关系的；

（三）与案件当事人或其代理人有其他关系，可能影响案件公正处理的；

（四）根据法律、行政法规或者其他规定应当回避的。

当事人及其代理人提出回避申请的，应当说明理由。回避决定作出前，有关工作人员应当暂停对案件的调查审理，有特殊情况的除外。

第十条 案件调查人员及审理人员的回避由相关人员所在部门负责人决定，行政处罚委员会委员的回避由主任委员决定；主任委员的回避由所在银行保险监督管理机构的主要负责人决定，主要负责人担任主任委员的，其是否回避由上一级机构决定。

第十一条 当事人对银保监会及其派出机构作出的行政处罚，享有陈述权和申辩权。对行政处罚决定不服的，有权依法申请行政复议或者提起行政诉讼。

当事人提出的事实、理由和证据成立的，银保监会及其派出机构应当予以采纳，不得因当事人申辩而加重处罚。

第十二条 银保监会及其派出机构参与行政处罚的工作人员应当保守案件查办中获悉的国家秘密、商业秘密和个人隐私。

第二章 管 辖

第十三条 银保监会对下列违法行为给予行政处罚：

（一）直接监管的银行业法人机构及其从业人员实施的；

（二）直接监管的保险业法人机构及其从业人员实施的；

（三）其他应当由银保监会实施行政处罚的违法行为。

第十四条 派出机构负责对辖区内的下列违法行为给予行政处罚：

（一）直接监管的银行业法人机构及其从业人员实施的；

（二）银行业法人机构的分支机构及其从业人员实施的；

（三）保险公司分支机构及其从业人员实施的；

（四）保险中介机构及其从业人员实施的；

（五）非法设立保险业机构，非法经营保险业务的；

（六）其他应由派出机构实施行政处罚的违法行为。

第十五条 异地实施违法行为的，由违法行为发生地的派出机构管辖。行为发生地的派出机构应当及时通知行为主体所在地的派出机构，行为主体所在地的派出机构应当积极配合违法行为的查处。

违法行为发生地的派出机构认为不宜行使管辖权的，可以移交行为主体所在地的派出机构管辖。

违法行为发生地的派出机构或行为主体所在地的派出机构作出行政处罚决定前可以征求对方意见，并应当书面告知处罚结果。

第十六条 因交叉检查（调查）或者跨区域检查（调查）发现违法行为需要给予行政处罚的，应当提请有管辖权的监督管理机构立案查处，并及时移交可以作为认定违法事实的相关证据材料。

第十七条 派出机构发现不属于自己管辖的违法行为的，应当移送有管辖权的派出机构。两个以上派出机构对同一违法行为都有管辖权的，由最先立案的派出机构管辖。

对管辖权不明确或者有争议的，应当报请共同的上一级机构指定管辖。

第十八条 上级机构可以直接查处应由下级机构负责查处的违法行为，可以授权下级机构查处应由其负责查处的违法行为，也可以授权下级机构查处应由其他下级派出机构负责查处的违法行为。

授权管辖的，应当出具书面授权文件。

第十九条 派出机构管辖的电话销售保险违法行为，原则上按照下列要求确定具体管辖地：

（一）在对电话销售业务日常监管中发现的违法行为，由呼出地派出机构查处；

（二）在投诉、举报等工作中发现的违法行为，由投保人住所地派出机构查处，经与呼出地派出机构协商一致，也可以由呼出地派出机构查处。

第二十条 对银行业机构予以吊销金融许可证的行政处罚案件，由颁发该金融许可证的监督管理机构管辖，处罚决定抄送批准该机构筹建的监督管理机构及银保监会相关部门。

责令银行业机构停业整顿的行政处罚案件，由批准该银行业机构开业的监督管理机构管辖，处罚决定抄送批准该机构筹建的监督管理机构及银保监会相关部门。

第三章 立 案 调 查

第二十一条 银保监会及其派出机构发现当事人涉嫌违反法律、行政法规和银行保险监管规定，依法应当给予行政处罚且有管辖权的，应当予以立案。

第二十二条 立案应当由立案调查部门填写行政处罚立案审批表，由分管立案调查部门的负责人批准。

立案调查部门应当在立案之日起九十日内完成调查工作。有特殊情况的，可以适当延长。

第二十三条 调查人员应当对案件事实进行全面、客观、公正的调查，并依法充分收集证据。

行政处罚立案前通过现场检查、调查、信访核查等方式依法获取的证明材料符合行政处罚证据要求的，可以作为行政处罚案件的证据，但应当在调查报告中载明上述情况。

第二十四条 在证据可能灭失或者以后难以取得的情况下，可以采取先行登记保存措施。采取先行登记保存措施，应当填写先行登记保存证据审批表，并由银保监会负责人或者派出机构负责人批准。

第二十五条 先行登记保存证据的，应当签发先行登记保存证据通知书，填写先行登记保存证据清单，由当事人签字或者盖章确认，并加封银保监会或者派出机构先行登记保存封条，就地由当事人保存。登记保存证据期间，当事人或者有关人员不得损毁、销毁或者转移证据。对于先行登记保存的证据，应当在七日以内作出处理决定。

第二十六条 调查人员进行案件调查时不得少于二人，并应当向当事人或者有关单位和个人出示合法证件和调查（现场检查）通知书。

第二十七条 需要银保监会派出机构协助调查的，调查机构应当出具协助调查函。协助机构应当在调查机构要求的期限内完成调查。需要延期的，协助机构应当及时告知调查机构。

第二十八条 当事人违法行为不属于银保监会及其派出机构管辖的，立案调查部门应当依法及时向有关部门移送处理。

当事人违法行为涉嫌犯罪的，立案调查部门应当依照有关规定及时移送司法机关或者纪检监察机关。

第二十九条 立案调查部门在调查银行保险机构违法行为时，应当对相关责任人员的违法行为及其责任一并进行调查认定。

第三十条 调查终结后，立案调查部门应当制作调查报告。调查报告应当载明以下事项：

（一）案件来源；

（二）当事人的基本情况；

（三）调查取证过程；

（四）机构违法事实和相关证据；

（五）相关责任人员的违法事实，相关证据以及责任认定情况；

（六）行政处罚时效情况；

（七）当事人的陈述意见、采纳情况及理由；

（八）违法行为造成的风险、损失以及违法所得情况；

（九）从重、从轻、减轻的情形及理由；

（十）行政处罚建议、理由及依据。

第四章　取　　证

第三十一条 行政处罚证据包括：

（一）书证；

（二）物证；

（三）视听资料；

（四）电子数据；

（五）证人证言；

（六）当事人陈述；

（七）鉴定意见；

（八）勘验笔录、现场笔录；

（九）法律、行政法规规定的其他证据。

第三十二条 调查人员应当全面收集当事人违法行为及其情节轻重的有关证据，证据应当符合以下要求：

（一）与被证明事实具有关联性；

（二）能够真实、客观反映被证明事实；

（三）收集证据行为符合法定程序。

第三十三条 调查人员收集书证，应当符合下列要求：

（一）收集书证的原件，收集原件确有困难的，可以收集与原件核对无误的复印件、扫描件、翻拍件、节录本等复制件；

（二）复印件、扫描件、翻拍件、节录本等复制件应当注明提供日期、出处，由提供者载明“与原件核对一致”，加盖单位公章或由提供者签章，页数较多的可以加盖骑缝章；

（三）收集报表、会计账册、专业技术资料等书证，应当说明具体证明事项。

第三十四条 调查人员收集物证时，应当收集原物。收集原物确有困难的，可以收集与原物核对无误的复制件或证明该物证的照片、录像等其他证据，但是应当附有制作过程、时间、制作人等情况的相关说明。

第三十五条 调查人员提取视听资料应当符合下列要求：

（一）提取视听资料的原始载体，提取原始载体有困难的，可以提取复制件，但是应附有制作过程、时间、制作人等内容的说明，并由原始载体持有人签字或者盖章；

（二）视听资料应当附有声音内容的文字记录。提取视听资料应当注明提取人、提取出处、提取时间和证明对象等。

第三十六条 调查人员可以直接提取电子计算机管理业务数据库中的数据，也可以采用转换、计算、分解等方式形成新的电子数据。调查人员收集电子数据，应当提取电子数据原始载体，附有数据内容、收集时间和地点、收集过程、收集方法、收集人、证明对象等情况的说明，由原始数据持有人签名或者盖章。

无法提取原始载体或者提取确有困难的，可以提供电子数据复制件，但是应当附有复制过程、复制人、原始载体存放地点等情况的说明。

第三十七条 调查人员可以询问当事人或有关人员，询问应当分别进行，询问前应当告知其有如实陈述事实、提供证据的义务。

询问应当制作调查笔录，调查笔录应当交被询问人核对，对没有阅读能力的，应当向其宣读；笔录如有差错、遗漏，应当允许其更正或者补充，更正或补充部分由被询问人签字或盖章确认；经核对无误后，调查人员应当在笔录上签名，被询问人逐页签名或者盖章；被询问人拒绝签名或者盖章的，调查人员应当在笔录上注明。

第三十八条 当事人或有关人员拒绝接受调查、拒绝提供有关证据材料或者拒绝在证据材料上签名、盖章的，调查人员应当在调查笔录上载明或以录音、录像等视听资料加以证明。必要时，调查人员可以邀请无利害关系的第三方作为见证人。

通过上述方式获取的材料可以作为认定相关事实的证据。

第三十九条 调查人员对涉嫌违法的物品进行现场勘验时，应当有当事人在场，并制作现场勘验笔录；当事人拒绝到场的，应当在现场勘验笔录中注明。

第四十条 抽样取证，应当开具物品清单，由调查人员和当事人签名或者盖章。

第四十一条 现场检查事实确认书记载的有关违法事实，当事人予以确认的，可以作为认定违法事实的证据。现场检查事实确认书应当有相关检查取证材料作为佐证。

第四十二条 对司法机关或者其他行政执法机关保存、公布、移送的证据材料，符合证据要求的，可以作为行政处罚的证据。

第四十三条 调查人员应当制作证据目录，包括证据材料的序号、名称、证明目的、证据来源、证据形式、页码等。

第四十四条 其他有关收集和审查证据的要求，本办法没有规定的，可以按照其他法律、行政法规、规章规定或者参照有关司法解释规定执行。

第五章 审　　理

第四十五条 立案调查结束后，需要移送行政处罚委员会的，由立案调查部门提出处罚建议，将案件材料移交行政处罚委员会办公室。

其他案件由立案调查部门根据查审分离的原则，指派调查人员以外的工作人员进行审理，审理程序参照本章规定执行。行政处罚委员会办公室在立案调查部门认定的违法事实基础上，就处罚依据、处罚种类法律适用问题进行审核。

第四十六条 立案调查部门移交行政处罚委员会办公室的案件材料应当包括：

（一）立案审批表；

（二）调查（现场检查）通知等文书；

（三）案件调查报告书；

（四）证据、证据目录及相关说明；

（五）当事人的反馈材料；

（六）拟被处罚机构负责法律文书接收工作的联系人（包括负责接收工作的高级管理人员、部门负责人、经办人）、联系方式；

（七）当事人送达地址确认书；

（八）移交审理表；

（九）其他必要材料。

第四十七条 立案调查部门移交审理的案件材料应当符合下列标准：

（一）材料齐全，内容完整，装订整齐，页码连续；

（二）证据目录格式规范，证据说明清晰，证据材料与违法事实内容一致；

（三）证据应当是原件，不能提供原件的，复制件应与原件一致。

立案调查部门对送审材料的真实性、准确性、完整性，以及执法的事实、证据、程序的合法性负责。

第四十八条 行政处罚委员会办公室收到立案调查部门移交的案件材料后，应当在三个工作日内进行审查并作出是否接收的决定。

符合规定标准的，行政处罚委员会办公室应当办理接收手续，注明案件接收日期和案卷材料等有关情况。不符合接收标准的，应当退回立案调查部门并说明理由。

第四十九条 行政处罚委员会办公室接收案件材料后，应当基于调查报告载明的违法事实和责任人员，从调查程序、处罚时效、证据采信、事实认定、行为定性、处罚种类与幅度等方面进行审理，对案件审理意见负责。

第五十条 有下列情形之一的，行政处罚委员会办公室应当请立案调查部门书面说明或者退回补充调查：

（一）违法事实不清的；

（二）证据不足或不符合要求的；

（三）责任主体认定不清的；

（四）调查取证程序违法的；

（五）处罚建议不明确或明显不当的。

第五十一条 行政处罚委员会办公室应当自正式接收案件之日起九十日内完成案件审理，形成审理报告提交行政处罚委员会审议。有特殊情况的，可以适当延长。

立案调查部门根据办公室意见需要补充材料的，自办公室收到完整补充材料之日起重新计算审理期限。

审理报告主要内容应当包括：

（一）当事人的基本情况；

（二）当事人违法事实与有关人员责任认定情况；

（三）拟处罚意见、理由和依据。

审理报告可以对调查报告载明的违法事实认定、行为定性、量罚依据、处罚幅度或种类等事项提出调整或者变更的意见或建议。

第六章 审　　议

第五十二条 行政处罚委员会审议会议应当以审理报告为基础对案件进行审议，审议的主要内容包括：

（一）程序是否合法；

（二）事实是否清楚、证据是否确凿；

（三）行为定性是否准确；

（四）责任认定是否适当；

（五）量罚依据是否正确；

（六）处罚种类与幅度是否适当。

第五十三条 行政处罚委员会审议会议由主任委员主持，每次参加审议会议的委员不得少于全体委员的三分之二。

第五十四条 参会委员应当以事实为依据，以法律为准绳，坚持专业判断，发表独立、客观、公正的审议意见。

第五十五条 行政处罚委员会审议会议采取记名投票方式，各委员对审理意见进行投票表决，全体委员超过半数同意的，按照审理意见作出决议，会议主持人当场宣布投票结果。

参会委员应当积极履行职责，不得投弃权票。

第五十六条 行政处罚委员会审议案件，可以咨询与案件无利益冲突的有关法官、律师、学者或专家的专业意见。

第七章 权利告知与听证

第五十七条 银保监会及其派出机构拟作出行政处罚决定的，应当制作行政处罚事先告知书，告知当事人拟作出行政处罚决定的事实、理由及依据，并告知当事人有权进行陈述和申辩。

第五十八条 行政处罚事先告知书应当载明下列内容：

（一）拟被处罚当事人的基本情况；

（二）拟被处罚当事人违法事实和相关证据；

（三）拟作出处罚的理由、依据；

（四）拟作出处罚的种类和幅度；

（五）当事人享有的陈述、申辩或者听证权利；

（六）拟作出处罚决定的机构名称、印章和日期。

第五十九条 当事人需要陈述和申辩的，应当自收到行政处罚事先告知书之日起十个工作日以内将陈述和申辩的书面材料提交拟作出处罚的银保监会或其派出机构。当事人逾期未行使陈述权、申辩权的，视为放弃权利。

第六十条 银保监会及其派出机构拟作出以下行政处罚决定前，应当在行政处罚事先告知书中告知当事人有要求举行听证的权利：

（一）作出较大数额的罚款；

（二）没收较大数额的违法所得；

（三）限制保险业机构业务范围、责令停止接受新业务；

（四）责令停业整顿；

（五）吊销金融、业务许可证；

（六）取消、撤销任职资格；

（七）撤销外国银行代表处、撤销外国保险机构驻华代表机构或要求撤换外国银行首席代表、责令撤换外国保险机构驻华代表机构的首席代表；

（八）禁止从事银行业工作或者禁止进入保险业。

前款所称较大数额的罚款是指：

（一）银保监会对实施银行业违法行为的单位作出的五百万元以上（不含本数，下同）罚款、对实施银行业违法行为的个人作出的五十万元以上罚款，对实施保险业违法行为的单位作出的一百五十万元以上罚款、对实施保险业违法行为的个人作出十万元以上罚款；

（二）银保监局对实施银行业违法行为的单位作出的三百万元以上罚款、对实施银行业违法行为的个人作出的三十万元以上罚款，对实施保险业违法行为的单位作出的五十万元以上罚款、对实施保险业违法行为的个人作出七万元以上罚款；

（三）银保监分局对实施银行业违法行为的单位作出的一百万元以上罚

款、对实施银行业违法行为的个人作出的十万元以上罚款，对实施保险业违法行为的单位作出的三十万元以上罚款、对实施保险业违法行为的个人作出的五万元以上罚款。

本条第二款所称没收较大数额的违法所得是指银保监会作出的没收五百万元以上违法所得，银保监局作出的没收一百万元以上违法所得，银保监分局作出的没收五十万元以上违法所得。

第六十一条 当事人申请听证的，应当自收到行政处罚事先告知书之日起五个工作日以内，向银保监会或其派出机构提交经本人签字或盖章的听证申请书。听证申请书中应当载明下列内容：

（一）申请人的基本情况；

（二）具体的听证请求；

（三）申请听证的主要事实、理由和证据；

（四）申请日期和申请人签章。

当事人逾期不提出申请的，视为放弃听证权利。

当事人对违法事实有异议的，应当在提起听证申请时提交相关证据材料。

第六十二条 银保监会或者派出机构收到听证申请后，应依法进行审查，符合听证条件的，应当组织举行听证，并在举行听证七个工作日前，书面通知当事人举行听证的时间、地点。

第六十三条 行政处罚委员会办公室可以成立至少由三人组成的听证组进行听证。其中，听证主持人由行政处罚委员会办公室主任或其指定的人员担任，听证组其他成员由行政处罚委员会办公室的工作人员或者其他相关人员担任。

听证组应当指定专人作为记录员。

第六十四条 听证主持人履行下列职责：

（一）主持听证会，维持听证秩序；

（二）询问听证参加人；

（三）决定听证的延期、中止或终止；

（四）法律、行政法规和规章赋予的其他职权。

第六十五条 当事人在听证中享有下列权利：

（一）使用本民族的语言文字参加听证；

（二）申请不公开听证；

（三）申请回避；

（四）参加听证或者委托代理人参加听证；

（五）就听证事项进行陈述、申辩和举证、质证；

（六）听证结束前进行最后陈述；

（七）核对听证笔录；

（八）依法享有的其他权利。

第六十六条 当事人和其他听证参加人应当承担下列义务：

（一）按时参加听证；

（二）依法举证和质证；

（三）如实陈述和回答询问；

（四）遵守听证纪律；

（五）在核对无误的听证笔录上签名或盖章。

第六十七条 当事人可以委托一至二名代理人参加听证。

第六十八条 代理人参加听证的，应当提交授权委托书、委托人及代理人身份证明等相关材料。授权委托书应当载明如下事项：

（一）委托人及其代理人的基本情况；

（二）代理人的代理权限；

（三）委托日期及委托人签章。

第六十九条 调查人员应当参加听证，提出当事人违法的事实、证据和行政处罚建议，并进行质证。

第七十条 需要证人、鉴定人、勘验人、翻译人员等参加听证的，调查人员、当事人应当提出申请，并提供相关人员的基本情况。经听证主持人同意的，方可参加听证。

证人、鉴定人、勘验人不能亲自到场作证的，调查人员、当事人或其代理人可以提交相关书面材料，并当场宣读。

第七十一条 听证应当公开举行，但涉及国家秘密、商业秘密、个人隐私或影响金融稳定的除外。听证不公开举行的，应当由银保监会及其派出机构行政处罚委员会主任委员决定。

第七十二条 听证公开举行的，银保监会或者派出机构应当通过张贴纸质公告、网上公示等适当方式先期公告当事人姓名或者名称、案由、听证时间和地点。

公民、法人或者非法人组织可以申请参加旁听公开举行的听证；银保监会或其派出机构可以根据场地等条件，确定旁听人数。

第七十三条 听证开始前，记录员应当查明听证当事人和其他听证参加人是否到场，并宣布听证纪律。

对违反听证纪律的，听证主持人有权予以制止；情节严重的，责令其退场。

第七十四条 听证应当按照下列程序进行：

（一）听证主持人宣布听证开始，宣布案由；

（二）听证主持人核对听证参加人身份，宣布听证主持人、听证组成员、听证记录员名单，告知听证参加人在听证中的权利义务，询问当事人是否申请回避；

（三）案件调查人员陈述当事人违法的事实、证据、行政处罚的依据和建议等；

（四）当事人及其委托代理人就调查人员提出的违法事实、证据、行政处罚的依据和建议进行申辩，并可以出示无违法事实、违法事实较轻或者减轻、免除行政处罚的证据材料；

（五）经听证主持人允许，案件调查人员和当事人可以就有关证据相互质证，也可以向到场的证人、鉴定人、勘验人发问；

（六）当事人、案件调查人员作最后陈述；

（七）听证主持人宣布听证结束。

第七十五条 记录员应当制作听证笔录，听证笔录当场完成的，应当交由当事人核对；当事人核对无误后，应当逐页签名或盖章。

当事人认为听证笔录有差错、遗漏的，可以当场更正或补充；听证笔录不能当场完成的，听证主持人应指定日期和场所核对。

当事人拒绝在听证笔录上签名或盖章的，记录员应当在听证笔录中注明，并由听证主持人签名确认。

第七十六条 出现下列情形的，可以延期或者中止举行听证：

（一）当事人或其代理人因不可抗拒的事由无法参加听证的；

（二）当事人或其代理人在听证会上提出回避申请的；

（三）需要通知新的证人到场，调取新的证据或者需要重新鉴定、调查或者需要补充调查的；

（四）其他应当延期或者中止听证的情形。

第七十七条 延期、中止听证的情形消失后，应当恢复听证，并将听证的时间、地点通知听证参加人。

第七十八条 出现下列情形之一的，应当终止听证：

（一）当事人撤回听证要求的；

（二）当事人无正当理由不参加听证，或者未经听证主持人允许中途退场的；

（三）其他应当终止听证的情形。

当事人撤回听证要求的，听证记录员应当在听证笔录上记明，并由当事人签名或者盖章。

第七十九条 银保监会及其派出机构应当对当事人陈述、申辩或者听证意见进行研究。需要补充调查的，进行补充调查。

第八十条 采纳当事人陈述、申辩或者听证意见，对拟处罚决定作出重大调整的，应当重新对当事人进行行政处罚事先告知。

第八章 决定与执行

第八十一条 银保监会及其派出机构应当根据案件审理审议情况和当事人陈述、申辩情况及听证情况拟定行政处罚决定书。

第八十二条 行政处罚决定书应当载明下列内容：

（一）当事人的基本情况；

（二）违法事实和相关证据；

（三）处罚的依据、种类、幅度；

（四）处罚的履行方式和期限；

（五）申请行政复议或者提起行政诉讼的途径和期限；

（六）作出处罚决定的机构名称、印章和日期。

第八十三条 银保监会及其派出机构送达行政处罚决定书等行政处罚法律文书时，应当附送达回证，由受送达人在送达回证上记明收到日期，并签名或者盖章。

受送达人被羁押、留置的，可以通过采取相关措施的机关转交行政处罚法律文书，确保行政处罚程序正常进行。

送达的具体程序本办法没有规定的，参照民事诉讼法的有关规定，将行政处罚决定书等文书送达当事人。

第八十四条 行政处罚决定作出后，应当报送相应纪检监察部门，并按要求将相关责任人被处罚情况通报有关组织部门。涉及罚款或者没收违法所得的，同时将行政处罚决定抄送财会部门。

第八十五条 作出取消、撤销相关责任人员任职资格处罚的，应当将行政处罚决定书抄送核准其任职资格的监督管理机构和其所属的银行保险机构。

第八十六条 作出禁止从事银行业工作或者禁止进入保险业处罚的，应当将行政处罚决定书抄送被处罚责任人所属的银行保险机构。

第八十七条 银保监会及其派出机构作出的罚款、没收违法所得行政处罚决定，当事人应当自收到行政处罚决定书之日起十五日以内缴纳。银保监会及其派出机构和执法人员不得自行收缴罚款。

第八十八条 银保监会及其派出机构作出停业整顿或者吊销金融、业务许可证行政处罚的，应当在银保监会官方网站或具有较大影响力的全国性媒体上公告，公告内容包括：

（一）银行保险机构的名称、地址；

（二）行政处罚决定、理由和法律依据；

（三）其他需要公告的事项。

第八十九条 立案调查部门负责行政处罚决定的监督执行。

第九十条 当事人确有经济困难，需要延期或者分期缴纳罚款的，经当事人申请，由分管立案调查部门的负责人批准，可以暂缓或者分期缴纳。

第九十一条 当事人逾期不履行行政处罚决定的，作出行政处罚决定的机构可以采取下列措施：

（一）到期不缴纳罚款的，每日按照罚款数额的百分之三加处罚款；

（二）经依法催告后当事人仍未履行义务的，申请人民法院强制执行；

（三）法律、行政法规规定的其他措施。

加处罚款的数额不得超出罚款数额。

第九十二条 行政处罚案件材料应当按照有关法律法规和档案管理规定归档保存。

第九十三条 银保监会及其派出机构应当按照规定在官方网站上公开行政处罚有关信息。

第九十四条 当事人对行政处罚决定不服的，可以在收到行政处罚决定书之日起六十日内申请行政复议，也可以在收到行政处罚决定书之日起六个月内直接向有管辖权的人民法院提起行政诉讼。

行政处罚委员会审议并作出处罚决定的案件，当事人申请行政复议或者提起行政诉讼的，法律部门应当做好复议答辩和应诉工作，立案调查部门予以配合。

无需移送行政处罚委员会的案件，当事人申请行政复议或者提起行政诉讼的，立案调查部门应当做好复议答辩和应诉工作，法律部门予以配合。

第九章 法律责任

第九十五条 对于滥用职权、徇私舞弊、玩忽职守、擅自改变行政处罚决定种类和幅度等严重违反行政处罚工作纪律的人员，依法给予行政处分；涉嫌犯罪的，依法移送纪检监察机关处理。

第九十六条 银保监会及其派出机构违法实施行政处罚给当事人造成损害的，应当依法予以赔偿。对有关责任人员应当依法给予行政处分；涉嫌犯罪的，依法移送纪检监察机关处理。

第九十七条 银保监会及其派出机构工作人员在行政处罚过程中，利用职务便利索取或者收受他人财物、收缴罚款据为己有的，依法给予行政处分；涉嫌犯罪的，依法移送纪检监察机关处理。

第十章 附 则

第九十八条 银保监会及其派出机构应当为行政处罚工作提供必要的人力资源与财务经费保障。

第九十九条 银保监会建立行政处罚信息管理系统，加强行政处罚统计分析工作。

银保监会及其派出机构应当按照规定及时将行政处罚决定书等有关行政处罚信息录入行政处罚信息管理系统。必要时可向有关部门和机构披露银行保险机构和从业人员的处罚情况。

第一百条 本办法所称银行业机构，是指依法设立的商业银行、农村合作银行、农村信用社、村镇银行等吸收公众存款的金融机构和政策性银行，金融资产管理公司、信托公司、企业集团财务公司、金融租赁公司、汽车金融公司、消费金融公司以及经银保监会及其派出机构批准设立的其他银行业机构。

本办法所称保险业机构，是指依法设立的保险集团（控股）公司、保险公司、保险资产管理公司、保险代理机构、保险经纪机构、保险公估机构、外国保险机构驻华代表机构以及经银保监会及其派出机构批准设立的其他保险业机构。

第一百零一条 本办法所称“以内”皆包括本数或者本级。

第一百零二条 执行本办法所需要的法律文书式样，由银保监会制定。银保监会没有制定式样、执法工作中需要的其他法律文书，银保监局可以制定式样。

第一百零三条 本办法由银保监会负责解释。

第一百零四条 本办法自 2020 年 7 月 15 日起施行，《中国银监会行政处罚办法》（中国银监会令 2015 年第 8 号）、《中国保险监督管理委员会行政处罚程序规定》（中国保监会令 2017 年第 1 号）同时废止。

中国保险监督管理委员会行政复议办法

1. 2010年1月6日中国保险监督管理委员会令2010第1号公布
2. 自2010年3月1日起施行

第一章 总 则

第一条 为了防止和纠正违法的或者不当的具体行政行为，保护公民、法人和其他组织的合法权益，保障和监督中国保险监督管理委员会（以下简称“中国保监会”）及中国保监会派出机构（以下简称“派出机构”）依法行使职权，根据《中华人民共和国保险法》（以下简称“保险法”）、《中华人民共和国行政复议法》（以下简称“行政复议法”）、《中华人民共和国行政复议法实施条例》（以下简称“行政复议实施条例”）等有关法律、行政法规，制定本办法。

第二条 公民、法人或者其他组织认为中国保监会或者其派出机构的具体行政行为侵犯其合法权益的，可以依照法律、行政法规和本办法的规定向中国保监会申请行政复议。

中国保监会作为行政复议机关，依照法律、行政法规和本办法的规定受理行政复议申请，对中国保监会或者其派出机构的具体行政行为进行审查，作出行政复议决定。

第三条 中国保监会负责法制工作的机构作为中国保监会的行政复议机构，具体办理行政复议事项，履行下列职责：

（一）受理行政复议申请；

（二）向有关组织和人员调查取证，查阅文件和资料；

（三）审查申请行政复议的具体行政行为是否合法与适当，拟订行政复议决定；

（四）处理或者转送对本办法第七条所列有关规定的审查申请；

（五）办理行政复议统计和重大行政复议决定备案事项；

（六）对违反本办法规定的行为依照规定的权限和程序提出处理建议；

（七）督促行政复议决定的执行；

（八）法律、行政法规和中国保监会规章规定的其他职责。

第四条 中国保监会履行行政复议职责，应当遵循合法、公正、公开、及时、便民的原则，坚持有错必纠，保障法律、法规的正确实施。

第二章 行政复议范围

第五条 公民、法人或者其他组织对中国保监会或者其派出机构作出的、属于行政复议法第六条规定的具体行政行为不服，可以向中国保监会申请行政复议。

第六条 对中国保监会或者其派出机构的下列行为不能申请行政复议：

（一）对其工作人员作出的行政处分或者其他人事处理决定；

（二）不具有强制力的行政指导行为；

（三）对公民、法人或者其他组织的权利义务不产生实际影响的行为。

第七条 公民、法人或者其他组织认为中国保监会或者其派出机构的具体行政行为所依据的规定不合法，在对具体行政行为申请行政复议时，可以一并向中国保监会提出对该规定的审查申请；申请人在对具体行政行为提出行政复议申请时，尚不知道该具体行政行为所依据的规定的，可以在中国保监会作出行政复议决定前向中国保监会提出对该规定的审查申请。

前款规定不适用于规章。规章的审查依照法律、行政法规办理。

第三章 行政复议申请

第八条 公民、法人或者其他组织认为中国保监会或者其派出机构的具体行政行为侵犯其合法权益的，可以自知道该具体行政行为之日起六十日内提出行政复议申请。法律规定的申请期限超过六十日的除外。

因不可抗力或者其他正当理由耽误法定申请期限的，经行政复议机构依法审查属实，申请期限自障碍消除之日起继续计算。

第九条 依照本办法申请行政复议的公民、法人或者其他组织是行政复议的申请人。

有权申请行政复议的公民死亡的，其近亲属可以申请行政复议。

有权申请行政复议的公民为无民事行为能力人或者限制民事行为能力人的，其法定代理人可以代为申请行政复议。

有权申请行政复议的法人或者其他组织终止的，承受其权利的法人或者其他组织可以申请行政复议。

第十条 合伙企业申请行政复议的，应当以核准登记的企业为申请人，由执行合伙事务的合伙人代表该企业参加行政复议；其他合伙组织申请行政复议的，由合伙人共同申请行政复议。

前款规定以外的不具备法人资格的其他组织申请行政复议的，由该组织的主要负责人代表该组织参加行政复议；没有主要负责人的，由共同推选的其他成员代表该组织参加行政复议。

第十一条 股份制企业的股东大会、股东代表大会、董事会认为中国保监会或者其派出机构的具体行政行为侵犯企业合法权益的，可以以企业的名义申请行政复议。

第十二条 公民、法人或者其他组织对中国保监会或者其派出机构的具体行政行为不服申请行政复议的，作出该具体行政行为的机关是被申请人。

第十三条 与申请行政复议的具体行政行为有利害关系的其他公民、法人或者其他组织，提出申请并经行政复议机构审查认为符合行政复议第三人条件的，可以作为第三人参加行政复议。行政复议机构也可以直接通知上述人员作为第三人参加行政复议。

参加行政复议的第三人有权提出与所参加的行政复议有关的主张。第三人不参加行政复议，不影响行政复议案件的审理。

本条第一款所称利害关系是指与具体行政行为有法律上的利害关系。

第十四条 申请人、第三人可以委托一至二名代理人代为参加行政复议。

委托代理人代为参加行政复议时，应当向行政复议机构提交委托人签署的授权委托书，出示委托人及代理人的合法有效身份证件。授权委托书应当载明委托事项、权限和期限。

公民在特殊情况下无法书面委托的，可以口头委托。口头委托的，行政复议机构应当核实并记录在卷。申请人、第三人解除或者变更委托的，应当书面报告行政复议机构。

第十五条 申请人申请行政复议，可以书面申请，也可以口头申请。

申请人书面申请行政复议的，可以采取当面递交、邮寄或者传真方式提出行政复议申请。

申请人选择口头申请的，行政复议机构应当依照本办法第十六条规定的事项，当场制作行政复议申请笔录交申请人核对或者向申请人宣读，并由申请人签字确认。

第十六条 申请人书面申请行政复议的，应当在行政复议申请书中载明下列事项：

（一）申请人的基本情况，包括：公民的姓名、性别、年龄、身份证号码、工作单位、住所、邮政编码；法人或者其他组织的名称、住所、邮政编码和法定代表人或者主要负责人的姓名、职务；

（二）被申请人的名称；

（三）行政复议请求；

（四）申请行政复议的主要事实和理由；

（五）申请人的签名或者盖章；

（六）申请行政复议的日期。

第十七条 申请人对中国保监会或者其派出机构的具体行政行为不服的，可以直接向中国保监会申请行政复议，也可以通过派出机构提出。

申请人选择向派出机构口头提出行政复议申请的，派出机构应当根据本办法第十五条第三款的规定，制作行政复议申请笔录交申请人核对或者向申请人宣读，并由申请人签字确认。

派出机构应当在收到申请人的行政复议申请或者制作完成行政复议申请笔录之日起七日内，将申请人的行政复议申请转呈中国保监会，并告知申请人。

第十八条 有下列情形之一的，申请人应当提供证明材料：

（一）认为被申请人不履行法定职责的，提供曾经要求被申请人履行法定职责而被申请人未履行的证明材料；

（二）法律、法规规定需要申请人提供证据材料的其他情形。

第十九条 申请人向中国保监会申请行政复议，中国保监会已经受理的，在法定行政复议期限内申请人不得向人民法院起诉；申请人向人民法院提起行政诉讼，人民法院已经依法受理的，不得申请行政复议。

第四章 行政复议受理

第二十条 行政复议机构应当在收到申请人提交的或派出机构转呈的行政复议申请之日起五日内进行审查，对不符合行政复议法、行政复议实施条例和本办法规定的受理条件的行政复议申请，决定不予受理，并书面告知申请人。对符合行政复议法、行政复议实施条例和本办法规定的受理条件的行政复议申请，自行政复议机构收到之日起即为受理。

第二十一条 行政复议申请材料不齐全或者表述不清楚的，行政复议机构可以自收到该行政复议申请之日起五日内书面通知申请人补正。补正通知应当载明需要补正的事项和合理的补正期限。无正当理由逾期不补正的，视为申请人放弃行政复议申请。补正申请材料所用时间不计入行政复议审理期限。

申请人采取传真方式提出行政复议申请的，行政复议机构可以要求申请人依照行政复议实施条例第二十九条和本办法第二十二条的规定补充提交申请材料的原件。

第二十二条 有下列情形之一的，属于行政复议申请材料不齐全或者表述不清楚：

（一）未依照本办法第十六条第（一）项的规定提供申请人基本情况；

（二）无明确的被申请人；

（三）行政复议请求不具体、不明确；

（四）委托代理的手续不全或者权限不明确；

（五）未依照本办法第十八条的规定提供证明材料；

（六）其他行政复议申请材料不齐全或者表述不清楚的情形。

第二十三条 行政复议申请材料不齐全或者表述不清楚，或者采取传真方式提出行政复议申请，行政复议机构书面通知申请人补正申请材料或者提交申请材料原件的，受理的审查期限自收到补正后的申请材料或者申请材料原件之日起算。

第二十四条 下列情形不视为申请行政复议，行政复议机构可以转由其他机构处理并告知申请人：

（一）对中国保监会或者其派出机构工作人员的个人违法违纪行为进行举报、控告的；

（二）其他以行政复议申请名义，进行信访投诉的情形。

第二十五条 复议期间具体行政行为不停止执行；但是，有下列情形之一的，可以停止执行：

（一）被申请人认为需要停止执行的；

（二）中国保监会认为需要停止执行的；

（三）申请人申请停止执行，中国保监会认为其要求合理，决定停止执行的；

（四）法律规定停止执行的。

第五章 行政复议决定

第二十六条 行政复议原则上实行书面审查。但是申请人提出要求或者行政复议机构认为必要的，行政复议机构可以向有关组织和人员调查情况，听取申请人、被申请人和第三人的意见。对于重大、复杂的案件，行政复议机构可以采取听证的方式审理。

需要现场勘验的，现场勘验所用时间不计入行政复议审理期限。

第二十七条 行政复议机构应当自行政复议申请受理之日起七日内，将行政复议申请书副本或者行政复议申请笔录复印件发送被申请人。被申请人应当自收到申请书副本或者申请笔录复印件之日起十日内，向行政复议机构提交书面答复一式两份，并提交当初作出具体行政行为的证据、依据和其他有关材料。

中国保监会是被申请人的，由中国保监会主办该具体行政行为的部门提交书面答复，并提交当初作出具体行政行为的证据、依据和其他有关材料。

第二十八条 被申请人提交的书面答复应当载明下列内容：

（一）被申请人的名称和住址；

（二）被申请人当初作出具体行政行为时所认定的事实、证据及所依据的规定，对有关事实的陈述应当注明相应的证据及证据的来源；

（三）对申请人行政复议申请中陈述的事实和理由提出答辩并进行相应的举证；

（四）结论；

（五）作出书面答复的年、月、日，并加盖派出机构或部门的印章。

第二十九条 申请人和第三人可以查阅被申请人提出的书面答复、作出具体行政行为的证据、依据和其他有关材料，除涉及国家秘密、商业秘密或者个人隐私外，中国保监会不得拒绝。

申请人和第三人查阅材料，按下列程序和要求办理：

（一）在行政复议机构要求的时限内，提出查阅申请，并办理相关查阅手续；

（二）在查阅过程中，不得涂改、替换、毁损、隐匿查阅的材料；

（三）经行政复议机构同意，可以摘抄查阅材料的内容。

第三十条 申请人和第三人在行政复议过程中，需要针对被申请人提交的书面答复作出补充说明的，应当在行政复议机构指定的合理期限内提交书面意见，逾期提交的，行政复议机构可以不予接受。

第三十一条 在行政复议过程中，被申请人不得自行向申请人和其他有关组织或者个人收集证据。

第三十二条 行政复议决定作出前，申请人要求撤回行政复议申请的，经说明理由，可以撤回。

申请人撤回行政复议申请的，不得再以同一事实和理由提出行政复议申请。

第三十三条 行政复议期间有下列情形之一，影响行政复议案件审理的，行政复议中止：

（一）行政复议法第二十六条、第二十七条规定的情形；

（二）行政复议实施条例第四十一条规定的情形。

行政复议中止的原因消除后，应当及时恢复行政复议案件的审理。

行政复议机构中止、恢复行政复议案件的审理，应当告知有关当事人。

第三十四条 行政复议期间有行政复议实施条例第四十二条规定情形的，行政复议终止。

第三十五条 申请人、被申请人和第三人认为复议工作人员与本案有利害关系或者有其他关系可能影响公正审理复议案件的，有权申请复议工作人员回避。

复议工作人员认为自己与本案有利害关系或者有其他关系的，应当申请回避。

复议工作人员的回避由行政复议机构负责人决定。行政复议机构负责人的回避由中国保监会负责人决定。

第三十六条 有下列情形之一的，中国保监会应当决定驳回行政复议申请：

（一）申请人认为被申请人不履行法定职责申请行政复议，中国保监会受理后发现被申请人没有相应法定职责或者在受理前已经履行法定职责的；

（二）受理行政复议申请后，发现该行政复议申请不符合行政复议法、行政复议实施条例和本办法规定的受理条件的。

第三十七条 行政复议机构应当对被申请人作出的具体行政行为进行审查，提出意见，经中国保监会负责人同意或者集体讨论通过后，中国保监会按照下列规定作出行政复议决定：

（一）具体行政行为认定事实清楚，证据确凿，适用依据正确，程序合法，内容适当的，决定维持；

（二）被申请人不履行法定职责的，决定其在一定期限内履行；

（三）具体行政行为有下列情形之一的，决定撤销、变更或者确认该具体行政行为违法；决定撤销或者确认该具体行政行为违法的，可以责令被申请人在一定期限内重新作出具体行政行为：

1. 主要事实不清、证据不足的；
2. 适用依据错误的；
3. 违反法定程序的；
4. 超越或者滥用职权的；
5. 具体行政行为明显不当的。

（四）被申请人不按照本办法第二十七条的规定提出书面答复、提交当初作出具体行政行为的证据、依据和其他有关材料的，视为该具体行政行为没有证据、依据，决定撤销该具体行政行为。

中国保监会责令被申请人重新作出具体行政行为的，被申请人不得以同一事实和理由作出与原具体行政行为相同或者基本相同的具体行政行为。因违反法定程序而被撤销的除外。

第三十八条 中国保监会应当自受理申请之日起六十日内作出行政复议决定；但是法律规定的行政复议期限少于六十日的除外。情况复杂，不能在规定期限内作出行政复议决定的，经中国保监会负责人批准，可以适当延长，并告知申请人、被申请人和第三人；但是延长期限最多不超过三十日。

第三十九条 中国保监会作出行政复议决定，应当制作《行政复议决定书》，送达申请人、被申请人和第三人。

行政复议决定书一经送达，即发生法律效力。

第四十条 被申请人应当履行行政复议决定。

被申请人不履行或者无正当理由拖延履行行政复议决定的，中国保监会应当责令被申请人限期履行。

第六章 法律责任

第四十一条 中国保监会或者其派出机构、中国保监会或者其派出机构工作人员，在行政复议活动中有违反行政复议法、行政复议实施条例及本办法规定的行为的，按照行政复议法第三十四条至第三十八条和行政复议实施条例第六十二条、第六十四条的规定，追究法律责任。

第四十二条 拒绝或者阻挠行政复议人员调查取证、查阅、复制、调取有关文件和资料的，对有关责任人员依法给予处分或者治安处罚；构成犯罪的，依法追究刑事责任。

第四十三条 中国保监会或者其派出机构、中国保监会或者其派出机构工作人员，违反行政复议法、行政复议实施条例和本办法规定的，行政复议机构可以向人事、监察部门提出对有关责任人员的处分建议，也可以将有关人员违法的事实材料直接转送人事、监察部门处理；接受转送的人事、监察部门应当依法处理，并将处理结果通报转送的行政复议机构。

第七章 附 则

第四十四条 中国保监会受理行政复议申请，不得向申请人收取任何费用。

第四十五条 行政复议期间的计算依照民事诉讼法关于期间的规定执行。

本办法关于行政复议期间有关“五日”、“七日”的规定是指工作日，不含节假日。

第四十六条 行政复议文书的送达，依照民事诉讼法和中国保监会关于送达的规定执行。

第四十七条 外国人、无国籍人、外国组织在中华人民共和国境内向中国保监会申请行政复议的，适用本办法。

第四十八条 本办法由中国保监会负责解释。

第四十九条 本办法未作规定的，适用行政复议法和行政复议实施条例的规定。

第五十条 本办法自2010年3月1日起施行。中国保监会2001年7月5日发布的《中国保险监督管理委员会行政复议办法》（保监会令〔2001〕2号）同时废止。

保险公司中介业务违法行为处罚办法

1. 2009年9月5日中国保险监督管理委员会令2009年第4号公布

2. 自2009年10月1日起施行

第一条 为了维护保险市场秩序，预防和惩处保险公司中介业务违法行为，促进保险业健康发展，根据《中华人民共和国保险法》等有关法律、行政法规，制定本办法。

第二条 保险公司通过保险代理人、保险经纪人、保险公估机构进行销售、理赔等活动的，应当遵守法律、行政法规和中国保险监督管理委员会（以下简称“中国保监会”）的规定。

中国保监会根据《中华人民共和国保险法》和国务院授权履行监管职责。中国保监会派出机构，在中国保监会授权范围内履行监管职责。

第三条 保险公司应当制定合法、科学、有效的中介业务管理制度，确保经营行为依法合规、业务财务数据真实客观。

第四条 保险公司的业务、财务管理信息系统应当真实、准确、完整记载中介业务的业务和财务信息。

保险公司应当逐单记载通过保险代理人、保险经纪人签订的保单的保险费和佣金数额。

第五条 保险公司应当加强对中介业务的稽核审计，建立中介业务违法行为责任追究机制。

保险公司发现中介业务活动涉嫌违法犯罪行为的，应当按照本办法的规定进行报告。

第六条 保险公司应当按照中国保监会的规定，对保险代理人进行法律法规和职业道德培训，并保留详细的培训档案。

第七条 保险公司应当设置专门岗位，负责对保险代理业务进行日常管理，并且建立代理业务合规经营档案。

保险公司应当建立代理业务定期核查制度，核查结果应当记入代理业务合规经营档案。

第八条 保险公司应当在委托合同中约定，保险公司有权要求保险代理人纠正保险违法行为，保险代理人拒不纠正的，保险公司有权终止其代理权。

保险公司应当及时要求保险代理人纠正保险违法行为，保险代理人拒不纠正的，保险公司应当终止其代理权。

第九条 保险公司发现保险代理人存在下列行为的，应当自发现之日起10个工作日内向中国保监会报告：

（一）严重侵害投保人、被保险人或者受益人的合法权益；

（二）利用保险业务进行非法集资、传销或者洗钱等非法活动；

（三）中国保监会规定的其他需要报告的行为。

第十条 保险公司及其工作人员不得在账外暗中直接或者间接给予保险中介机构及其工作人员委托合同约定以外的利益。

第十一条 保险公司及其工作人员不得唆使、诱导保险代理人、保险经纪人、保险公估机构欺骗投保人、被保险人或者受益人。

第十二条 保险公司及其工作人员不得利用保险代理人、保险经纪人或者保险公估机构，通过虚挂应收保险费、虚开税务发票、虚假批改或者注销保单、编造退保等方式套取费用。

第十三条 保险公司及其工作人员不得利用保险中介业务，为其他机构或者个人牟取不正当利益。

第十四条 保险公司及其工作人员不得通过保险代理人、保险经纪人给予或者承诺给予投保人、被保险人、受益人保险合同约定以外的保险费回扣或者其他利益。

第十五条 保险公司及其工作人员不得串通保险代理人、保险经纪人，挪用、截留和侵占保险费。

第十六条 保险公司及其工作人员不得串通保险代理人、保险经纪人、保险公估机构，虚构保险合同、故意编造未曾发生的保险事故或者故意夸大已经发生的保险事故的损失程度进行虚假理赔，骗取保险金或者牟取其他不正当利益。

第十七条 保险公司及其工作人员不得委托未取得合法资格的机构或者个人从事保险销售活动。

第十八条 保险公司及其工作人员在保险业务活动中不得编造虚假中介业务、虚构个人保险代理人资料、虚假列支中介业务费用，或者通过其他方式编制或者提供虚假的中介业务报告、报表、文件、资料。

第十九条 保险公司违反本办法第六条至第九条规定的，由中国保监会责令改正，给予警告，对有违法所得的处违法所得1倍以上3倍以下的罚款，但最高不得超过3万元，对没有违法所得的处1万元以下的罚款。对其直接负责的主管人员和其他直接责任人员，中国保监会可以给予警告，处1万元以下的罚款。

第二十条 保险公司有本办法第十条至第十七条规定行为之一的，由中国保监会责令改正，处5万元以上30万元以下的罚款；情节严重的，限制保险公司业务范围、责令停止接受新业务或者吊销业务许可证。对其直接负责的主管人员和其他直接责任人员，由中国保监会给予警告，并处1万元以上10万元以下的罚款；情节严重的，撤销任职资格或者从业资格，禁止有关责任人员一定期限直至终身进入保险业。

第二十一条 保险公司有本办法第十八条规定行为之一的，由中国保监会责令改正，处10万元以上50万元以下的罚款；情节严重的，可以限制其业务范围、责令停止接受新业务或者吊销业务许可证。对其直接负责的主管人员和其他直接责任人员，由中国保监会给予警告，并处1万元以上10万元以下的罚款；情节严重的，撤销任职资格或者从业资格，禁止有关责任人员一定期限直至终身进入保险业。

第二十二条 中国保监会在查处保险公司中介业务违法行为过程中，发现保险代理人、保险经纪人、保险公估机构违法行为的，应当并案查处。

第二十三条 中国保监会在查处保险公司中介业务违法行为过程中，发现存在涉嫌非法集资、传销、洗钱、违反国家税收管理规定等应当由其他部门查处的违法行为的，应当依法向有关部门移送。

第二十四条 中国保监会在查处保险公司中介业务违法行为过程中，发现国有保险公司工作人员贪污贿赂、挪用公款等违纪、犯罪线索的，应当根据案件的性质，依法及时向监察机关或者司法机关移送。

中国保监会在查处保险公司中介业务违法行为过程中，发现非国有保险公司及其工作人员的违法行为，涉嫌构成职务侵占罪、非国家工作人员受贿罪、对非国家工作人员行贿罪、偷税罪等，需要追究刑事责任的，应当依法及时向司法机关移送。

第二十五条 本办法自2009年10月1日起施行。

中国银保监会信访工作办法

1. 2020年1月14日中国银行保险监督管理委员会令2020年第2号公布
2. 自2020年3月1日起施行

第一章 总 则

第一条 为规范中国银行保险监督管理委员会及其派出机构（以下简称“银行保险监督管理机构”）信访工作，保障信访人合法权益，维护信访秩序，依据《中华人民共和国银行业监督管理法》《中华人民共和国保险法》《信访条例》《信访工作责任制实施办法》等规定，制定本办法。

第二条 本办法所称信访，是指公民、法人或其他组织采用书信、传真、电话、走访等形式，向银行保险监督管理机构反映情况，提出建议、意见或者请求，依法应当由银行保险监督管理机构处理的活动。

本办法所称信访人，指采用前款规定的形式反映情况，提出建议、意见或者请求的公民、法人或者其他组织。

第三条 银行保险监督管理机构应当做好信访工作，认真处理来信、接待来访，倾听人民群众的意见、建议和要求，接受人民群众的监督，努力为人民服务。

第四条 银行保险监督管理机构应当遵循“属地管理、分级负责，谁主管、谁负责，依法、及时、就地解决问题与疏导教育相结合”的工作原则，处理职责范围内的信访事项。

第五条 银行保险监督管理机构应当建立统一领导、分工协调，统筹兼顾、标本兼治，各负其责、齐抓共管的信访工作格局，建立健全信访工作联席会议、信访矛盾纠纷排查调处、信访调查处理、信访应急处置等机制。

第六条 银行保险监督管理机构应当落实信访工作责任制。各级机构及其部门的主要负责人对本单位、本部门信访工作负总责，其他负责人根据工作分工，对职责范围内的信访工作负主要领导责任。

各级领导干部应当阅批群众来信，定期接待群众来访，协调处理复杂疑难信访问题。

第七条 银行保险监督管理机构应当建立健全信访工作考核评价机制，每年对本系统信访工作情况进行考核。考核结果作为对领导班子和领导干部综合考核以及其他有关干部考核、奖评的重要参考。对在信访工作中作出优异成绩的单位或个人，应予以表彰奖励。

第八条 银行保险监督管理机构应当明确信访工作部门和信访承办部门。信访工作部门负责对本单位、本系统信访工作进行管理，具体负责分办本单位信访事项，督查指导本单位信访事项办理，协调本单位重大信访问题处理，督促指导下级机构信访工作，联系同级党委政府信访工作机构。信访承办部门负责职责范围内信访事项的受理、调查、核实、答复意见拟制，配合信访工作部门接谈等。

第九条 银行保险监督管理机构应当从人力物力财力上保证信访工作顺利开展。为信访工作部门配备充足、合格的工作人员，加强对信访干部的培训。设立专门的信访接待场所，配备录音录像等设备设施。加强信访信息系统建设，增强运用效果。

第十条 银行保险监督管理机构应当建立信访工作报告制度和通报制度，加强信访信息工作。

第十一条 银行保险监督管理机构对于可能或者已经造成社会影响的重大、紧急信访事项和信访信息，应当在职责范围内依法及时采取措施，并及时报告情况。

第十二条 银行保险监督管理机构及其工作人员在信访工作中依法保护国家秘密、工作秘密、商业秘密和个人隐私。

第十三条 银行保险监督管理机构处理信访事项的工作人员与信访事项或者信访人有直接利害关系的，应当回避。

第十四条 银行保险监督管理机构应当对信访工作重要资料，按档案管理规定予以立卷保存。

第二章　信访事项的提出

第十五条 银行保险监督管理机构应当通过网站等方式向社会公布信访工作部门的通信地址、信访电话、来访接待时间和地点等信息。

银行保险监督管理机构应当在信访接待场所或网站公布与本单位信访工作相关的主要法律法规、工作制度及处理程序，以及其他为信访人依照法定途径反映诉求提供便利的事项。

第十六条 信访人对银行保险监督管理机构及其工作人员的职务行为反映情况、提出建议、意见，或者不服银行保险监督管理机构及其工作人员的职务行为，可以依照本办法向银行保险监督管理机构提出信访事项。

信访人提出信访事项，一般应当采用书面形式，应载明信访人的姓名（名称）、住址、联系方式，并提供有效的身份信息。信访人提出诉求的，还应当写明被反映单位名称或者人员姓名、诉求事项、主要事实及理由，并附上相关证明材料。

信访人采用传真或书信形式提出信访事项的，应当向被反映单位或人员所在地的本级银行保险监督管理机构提出。

信访人采用走访形式提出信访事项的，应当按照逐级走访的规定，到依法有权处理的本级或上一级银行保险监督管理机构设立或者指定的信访接待场所提出。多人采用走访形式提出共同信访事项的，应当推选代表，代表人数不得超过5人。

信访人采用口头形式提出信访事项的，银行保险监督管理机构信访工作人员应当引导其补充书面材料，或者记录信访人的姓名（名称）、住址、联系方式和诉求、事实及理由，信访人对记录的内容以签字、盖章等适当方式进行确认后提交，信访人拒绝确认的视同放弃信访。

信访人采用电话形式提出信访事项的，银行保险监督管理机构信访工作人员应当引导其补充书面材料，或者告知信访工作部门通讯地址、信访接待场所。

第十七条 信访人提出信访事项，应当客观真实，对其所提供材料内容的真实性负责，不得捏造歪曲事实，不得诬告陷害他人。

信访人捏造歪曲事实，诬告陷害他人，构成犯罪的，依法追究刑事责任；尚不构成犯罪的，由公安机关依法给予治安管理处罚。

银行保险监督管理机构在信访事项办理中发现信访人提出的信访事项及材料内容不符合上述规定的，可以终止信访程序。

第十八条 信访人在信访过程中应当遵守法律、法规，不得损害国家、社会、集体和他人的合法权益，自觉维护社会公共秩序和信访秩序。

信访人在银行保险监督管理机构办公场所周围非法聚集，或在信访接待场所滞留、滋事，扰乱、妨碍社会公共秩序或信访秩序的，银行保险监督管理机构应对信访人进行劝阻、批评或教育；信访人违反治安管理法律法规的，银行保险监督管理机构报请公安机关依法处理。

第三章 信访事项的受理

第十九条 银行保险监督管理机构应当依照规定，制定分类清单和处理程序，依法分类处理信访诉求。

银行保险监督管理机构按照职责范围，分级、按权限受理信访事项。信访事项涉及银行保险监督管理机构和其他有权机关的，可按照职责部分受理。信访事项涉及两个或者两个以上银行保险监督管理机构职责范围的，由所涉及的机构协商受理；受理有争议的，由共同的上级机构指定其中的一个机构受理，其他相关机构配合。

第二十条 银行保险监督管理机构对下列属于职责范围的信访事项应当予以受理，并在收到完备材料之日起15日内向信访人出具受理告知书。

（一）对银行保险监督管理机构制定和实施的银行保险监督管理规章、制度和办法等提出建议、意见和批评的；

（二）对银行保险监督管理机构及其工作人员的职务行为提出建议、意见和批评或者不服银行保险监督管理机构及其工作人员的职务行为的；

（三）其他应当受理的信访事项。

第二十一条 银行保险监督管理机构对下列信访事项不予受理或不再受理，并在收到完备材料之日起15日内告知信访人。

（一）不属于银行保险监督管理机构信访职责范围的；

（二）已经或依法应当通过诉讼、仲裁、行政复议等法定途径解决的；

（三）已经受理或正在办理的，在规定期限内向受理或办理上级机关再提出同一事项或复查、复核申请的；

（四）收到书面答复后，未在规定时限内提出复查、复核申请，仍就同一事项重复信访的；

（五）已经完成复核并答复或已经中国银行保险监督管理委员会答复，仍就同一事项重复信访的；

（六）反映的信访事项已由银行保险监督管理机构通过信访以外的途径发现并依法依规处理的；

（七）撤回信访事项后仍就同一事项再次信访的；

（八）其他依法依规不予受理或不再受理的信访事项。

银行保险监督管理机构在受理信访事项后发现存在本条所列情形的，可作出撤销受理的决定，并告知材料提交人。

第二十二条 银行保险监督管理机构对下列不属于信访事项的请求，应依照有关规定程序处理并告知材料提交人。

（一）举报银行保险机构或其工作人员违反相关银行保险监管法律、行政法规、部门规章和其他规范性文件；举报公民、法人或者其他组织涉嫌非法设立银行保险机构或从事银行保险业务，要求监管部门查处的，依照有关银行保险违法行为举报处理规定程序处理。

（二）投诉与银行保险机构或其从业人员因购买银行、保险产品或接受银行、保险相关服务，产生纠纷并向银行保险机构主张其民事权益的，应当转本级消费者权益保护部门，依照有关银行保险消费投诉处理管理规定程序处理。

（三）检举、揭发、控告银行保险监督管理机构或其工作人员涉嫌违纪违法行为的，应当转本级纪检监察机构，依照有关纪检监察规定程序处理。

（四）银行保险监督管理机构工作人员对涉及本人的人事处理、行政处分不服的，应当转本级组织人事部门，依照有关规定程序处理；对党纪政务处分不服，应当转本级纪检监察机构，依照有关规定程序处理。

本条所称银行保险机构指依照《中华人民共和国银行业监督管理法》和《中华人民共和国保险法》，由银行保险监督管理机构负责监管的各类主体。

银行保险监督管理机构在受理信访事项后发现存在本条所列情形的，可作出撤销受理的决定，依照有关规定程序依法分类处理，并告知材料提交人。

第二十三条 银行保险监督管理机构对于收到不属于本机构职责范围处理事项材料的，不作为信访事项予以受理，引导材料提交人向有权机关反映。

第二十四条 银行保险监督管理机构对不属于本机构职责范围，但属于其他银行保险监督管理机构职责范围的信访事项，应当在收到材料之日起 15 日内转交其他有职责的银行保险监督管理机构；有职责的银行保险监督管理机构应当自收到完备材料之日起 15 日内告知信访人相关受理情况。

第二十五条 对于因信访人提交材料反映信访事项不清而不能办理的，银行保险监督管理机构可以在接到信访事项之日起 15 日内告知信访人补充相关材料；有关信访受理、答复等期限自收到完备材料之日起重新计算；信访人拒绝补充材料或不能补充的，视同放弃信访。

信访人在处理期限内针对已经受理的信访事项提出新的事实、证明材料和理由需要查证的，可以合并处理，信访期限自银行保险监督管理机构收到新材料之日起重新计算。

第二十六条 银行保险监督管理机构对属于职责范围的匿名信访事项，应当区别情况，妥善处理，但不进行信访事项的告知、受理、答复等。

信访事项反映对象明确，内容和提供的线索具体清楚的，应当核查处理；反映对象或所反映内容陈述模糊的，可酌情处理。

第二十七条 银行保险监督管理机构对于署名信访事项，但材料提交人提供的联系方式、地址等不明确或存在冒名、假名，联系方式、地址不实，冒用他人联系方式、地址等情形的，按匿名信访事项处理。

第二十八条 信访人可以申请撤回信访事项，信访工作程序自银行保险监督管理机构收到申请当日终止。

第四章 信访事项的办理

第二十九条 银行保险监督管理机构应当依法按程序办理信访事项，恪尽职守、秉公办事，规范细致、及时稳妥，不得推诿、敷衍、拖延。

第三十条 银行保险监督管理机构办理信访事项，可听取或阅悉信访人陈述事实和理由；可要求信访人、相关组织或人员说明情况，需要进一步核实有关情况的，可进行调查。对重大、复杂、疑难的信访事项，可根据利益相关方申请举行听证。

第三十一条 银行保险监督管理机构对已受理的信访事项，经核实、调查，依照相关法律法规和监管规定，针对信访人的诉求事项按程序提出意见，应自受理之日起60日内办结并书面答复信访人，但答复内容不得违反相关保密规定。

信访事项办理过程中需其他国家机关协查等所需的时间，不计入前款规定的期限。

在前述60日期限内发现情况复杂，需要延长调查期限的，经本单位负责人批准，可以适当延期，但延长期限不得超过30日，并告知信访人延期理由。

信访事项办理中，信访人要求查询信访办理进度的，可以告知，但不得涉及保密、敏感性事项或尚未明确的事实、结论等信息。

对匿名信访事项或信访人提供的姓名（名称）、联系方式、地址等不明确的，不适用本条，不予告知或答复。

第三十二条 信访人对银行保险监督管理机构信访事项答复意见不服的，可以自收到书面答复之日起30日内向原办理机构的上一级机构书面提出复查，申请材料应包括原处理意见、不服意见的事实和理由。信访人再次向原办理机构以同一事项提出信访诉求的，原办理机构不予受理。

收到复查请求的机构应当自收到复查请求之日起30日内提出复查意见，对信访人不服意见的事实和理由进行核查，并书面答复信访人。

第三十三条 信访人对银行保险监督管理机构复查意见不服的，可以自收到书面答复之日起30日内向复查机构的上一级机构书面提出复核，申请材料应包括原处理意见、不服意见的事实和理由。信访人再次向原复查机构以同一事项提出重新复查请求的，原复查机构不予受理。

收到复核请求的机构应当自收到复核请求之日起30日内提出复核意见，对信访人不服复查意见的事实和理由进行核查，并书面答复信访人。

第三十四条 银行保险监督管理机构信访工作部门发现有下列情形之一的，应当及时督办信访承办部门，并提出改进建议。

（一）无正当理由未按规定时限受理应当受理的信访事项的；

（二）无正当理由未按规定时限办结已受理的信访事项的；

（三）未按规定反馈信访事项办理结果的；

（四）受理、办理信访事项推诿、扯皮的；

（五）其他需要督办的情形。

第三十五条 银行保险监督管理机构信访承办部门收到信访工作部门改正建议的，应当及时进行改正；收到书面督办意见的，应当书面反馈信访工作部门。

第三十六条 银行保险监督管理机构对转到下级机构办理的信访事项，应当加强督促、指导，要求按规定告知信访人受理情况、按时限答复信访人。

第五章 责任追究

第三十七条 银行保险监督管理机构及其领导干部、工作人员不履行或者未能正确履行信访工作职责，有下列情形之一的，应当按照中国银行保险监督管理委员会相关问责规定追究责任。

（一）因决策失误、工作失职，损害群众利益，导致信访问题产生，造成严重后果的；

（二）未按规定受理、交办、转送和督办信访事项，严重损害信访人合法权益的；

（三）违反群众纪律，对应当依法处理的合理合法诉求消极应付、推诿敷衍，或者对待信访人态度恶劣、简单粗暴，损害党群干群关系或银行保险监督管理机构形象，造成严重后果的；

（四）对发生的集体访或者信访负面舆情处置不力，导致事态扩大，造成严重不良影响的；

（五）对信访工作部门提出的改进工作、完善政策和给予处分等建议重视不够、落实不力，导致问题长期得不到解决，造成严重后果的；

（六）其他应当追究责任的失职失责情形。

第三十八条 对具有本办法第三十七条所列情形，情节较轻的，银行保险监督管理机构对相关责任人进行通报，限期整改。

涉嫌违法犯罪的，按照国家有关法律法规处理。

第三十九条 对在信访工作中失职失责的银行保险监督管理机构相关责任人，应当给予党纪政纪处分的，依纪依法追究责任。

第六章 附 则

第四十条 银行保险监督管理机构应使用信访专用章办理本办法规定的信访

事项。

第四十一条 本办法所称“告知”，可采取纸面告知、平台短信、录音电话等适当方式。

第四十二条 各级派出机构可结合工作实际，制定实施细则。

第四十三条 对外国人、无国籍人、外国组织涉及银行保险监督管理机构信访事项的处理，参照本办法执行。

第四十四条 本办法所规定的“以内”包括本数；本办法所称“日”指自然日。

第四十五条 本办法由中国银行保险监督管理委员会负责解释。

第四十六条 本办法自2020年3月1日起施行。《中国银监会信访工作办法》和《中国保险监督管理委员会信访工作办法》同时废止。原中国银监会、原中国保监会发布规定与本办法不一致的，以本办法为准。

银行保险违法行为举报处理办法

1. 2019年12月25日中国银行保险监督管理委员会令2019年第8号公布
2. 自2020年3月1日起施行

第一条 为规范中国银行保险监督管理委员会及派出机构（以下统称银行保险监督管理机构）对银行保险违法行为举报处理工作，维护经济金融秩序，根据《中华人民共和国银行业监督管理法》《中华人民共和国商业银行法》《中华人民共和国保险法》等有关法律、行政法规，制定本办法。

第二条 自然人、法人或者其他组织（以下简称举报人），对被举报人违反相关银行保险监管法律、行政法规、部门规章和其他规范性文件的行为向银行保险监督管理机构举报，请求银行保险监督管理机构依法履行查处职责，银行保险监督管理机构对该举报的处理，适用本办法。

本办法所称被举报人，包括银行业金融机构及从业人员，保险机构、保险中介机构及从业人员，银行保险监督管理机构负责监管的其他主体，以及涉嫌非法设立银行业金融机构、保险机构、保险中介机构和非法经营银行业务、保险业务、保险中介业务的自然人、法人或者其他组织。

第三条 举报处理工作应当遵循统一领导、属地管理、分级负责的原则。

银行保险监督管理机构应当明确举报处理工作的管理部门和承办部门，

分别负责对举报处理工作进行管理和办理。

第四条 银行保险监督管理机构应当遵循依法、公正、及时的原则，建立健全举报处理工作机制。

第五条 银行保险监督管理机构应当在官方网站公开受理举报的通信地址、联系电话、举报受理范围等信息。

第六条 银行保险监督管理机构对被举报人违法行为的管辖，根据银行保险监督管理机构对被举报人的直接监管职权管辖范围确定。

不同银行保险监督管理机构对同一举报事项的管辖权有争议的，报请共同的上级机构确定。

第七条 举报分为实名举报和匿名举报。在举报时提供本人真实姓名（名称）、有效身份信息和有效联系方式、身份证复印件等信息并签字（盖章）的，为实名举报。

对举报人采取书面邮寄方式向银行保险监督管理机构提出举报的，银行保险监督管理机构应当依据书面举报材料进行处理。对采取面谈方式提出举报的，银行保险监督管理机构应当予以记录并经其本人签字确认后提交。对采取电话方式提出举报的，举报人应当补充提交书面举报材料。拒绝签字确认或补充提交书面材料的，视为匿名举报。

五名以上举报人拟采取面谈方式共同提出举报的，应当推选一至二名代表。

对于实名举报，银行保险监督管理机构需按本办法要求，履行相关告知程序。对于匿名举报，银行保险监督管理机构根据举报内容及举报人提供的相关证明材料等情况依法进行处理，不受本办法规定的期限限制，也不履行本办法规定的相关告知程序。

第八条 举报同时符合下列条件的，予以受理：

（一）举报事项属于本机构的监管职责范围；

（二）有明确的被举报人；

（三）有被举报人违反相关银行保险监管法律、行政法规、部门规章和其他规范性文件行为的具体事实及相关的证明材料。

第九条 有下列情形之一的，银行保险监督管理机构不予受理：

（一）不符合本办法第八条规定的受理条件的；

（二）已经受理的举报，举报人在处理期间再次举报，且举报内容无新的事实、证明材料的；

（三）已经办结的举报，举报人再次举报，且举报内容无新的事实、证明材料的；

（四）已经或依法应当通过诉讼、仲裁、行政复议等法定途径予以解决的；

（五）反映的被举报人银行保险违法行为已由其他银行保险监督管理机构依法处理，或已由本机构通过举报以外的途径发现并依法处理的；

（六）已经或者依法应当由其他国家机关处理的；

（七）其他依法不应当受理的情形。

银行保险监督管理机构经审核认为举报材料中部分事项或诉求属于受理范围，部分事项或诉求不属于受理范围的，可作部分受理，并书面告知举报人。

银行保险监督管理机构在受理举报材料后发现存在本条所列情形的，可作出撤销举报材料受理的决定，并书面告知举报人。

第十条 银行保险监督管理机构应当在收到举报之日起15日内审查决定是否受理，并书面告知举报人。

举报材料不符合本办法第八条第二项、第三项规定，或举报人提供的身份信息等材料不符合实名举报的要求的，银行保险监督管理机构可以要求举报人在合理期限内补充提供有关材料。受理审查时限自收到完整材料之日起计算。举报人无正当理由逾期未补充提供符合本办法第八条第二项、第三项规定的举报材料的，视为放弃举报。举报人无正当理由逾期未补充提供符合实名举报要求的身份信息等材料的，视为匿名举报。

第十一条 对于不属于本机构负责处理，但属于其他银行保险监督管理机构负责处理的举报，应当在收到举报之日起15日内转交其他有职责的单位，同时将举报转交情形告知举报人。

接受转交举报的银行保险监督管理机构，应当在收到转交举报之日起15日内审查决定是否受理，并书面告知举报人。

对于不属于银行保险监督管理机构负责处理的举报，应当在收到举报之日起15日内书面告知举报人向有权机关提出。

第十二条 银行保险监督管理机构应当在受理后及时开展对举报的调查工作。自受理之日起60日内，对被举报的违法行为作出书面调查意见，并及时书面告知举报人，但不得泄露国家秘密、商业秘密和个人隐私。举报人在办理期限内针对已经受理的同一举报事项提出新的事实、证明材料和理由，并需要查证的，或多个举报人就同一事项提出举报的，可以合并处理。举报办理期限自收到新材料之日起重新计算，并书面告知举报人。法律、行政法规另有规定的，从其规定。

银行保险监督管理机构决定或协调组织开展鉴定以及需要其他行政机关进行协查等工作的，所需时间不计入前款规定的期限。

银行保险监督管理机构依法对被举报的违法行为进行调查后，如发现存在违法违规行为，但无法在受理之日起60日内作出行政处罚、监管强制措施等决定的，在书面调查意见中应当告知举报人将依法予以处理。

在本条规定的60日期限内发现情况复杂，需要延长调查期限的，经批准可以适当延期，一般不超过30日，并应当书面告知举报人。

上级机构可以将本机构受理的举报事项交由下级机构调查。接受交办的下级机构应当及时向上级机构反馈有关情况。

第十三条 在举报调查期限内，举报人主动提出撤回举报申请的，视为放弃举报。银行保险监督管理机构不再将调查处理情况告知举报人。

第十四条 被举报人应当配合银行保险监督管理机构调查，如实提供相关材料。

第十五条 银行保险监督管理机构及其工作人员在举报处理工作中，应当依法对举报人的个人隐私及举报材料中需要保密的内容或有关情况履行必要的保密义务，未经批准，不得随意对外泄露。

银行保险监督管理机构工作人员与举报事项、举报人或者被举报人有直接利害关系的，应当回避。

第十六条 举报人提出举报，应当实事求是，遵守法律、行政法规、部门规章，对所提供材料内容的真实性负责。举报人捏造、歪曲事实，诬告陷害他人的，依法承担法律责任。

第十七条 中国银行保险监督管理委员会建立举报处理工作年度报告制度，各省级派出机构应当于每年4月30日前向中国银行保险监督管理委员会报告上一年度举报处理工作情况。

各派出机构发生重大举报事项的，应当及时向上一级机构报告。

第十八条 对有重大社会影响的银行保险违法行为举报典型案例，银行保险监督管理机构可以向社会公布，但涉及国家秘密、商业秘密和个人隐私的除外。

第十九条 银行保险监督管理机构可以使用举报处理专用章办理本办法规定的举报事项。

第二十条 对银行保险违法违规问题的举报，相关法律、行政法规和国务院文件有专门规定的，按相关规定处理。

第二十一条 本办法所称“日”为自然日。

本办法所称“书面告知”，包括纸质告知以及通过平台短信等电子信息形式进行的告知。

第二十二条 各省级派出机构可以根据本办法制定实施细则。

第二十三条 本办法由中国银行保险监督管理委员会负责解释。

第二十四条 本办法自2020年3月1日起施行。《保险违法行为举报处理工作办法》和《保险消费投诉处理管理办法》同时废止。原中国银监会、原中国保监会以前发布的规定与本办法不一致的，以本办法为准。

银行业保险业消费投诉处理管理办法

1. 2020年1月14日中国银行保险监督管理委员会令2020年第3号公布

2. 自2020年3月1日起施行

第一章 总 则

第一条 为了规范银行业保险业消费投诉处理工作，保护消费者合法权益，根据《中华人民共和国银行业监督管理法》《中华人民共和国商业银行法》《中华人民共和国保险法》《中华人民共和国消费者权益保护法》等法律法规，制定本办法。

第二条 本办法所称银行业保险业消费投诉（以下简称“消费投诉”），是指消费者因购买银行、保险产品或者接受银行、保险相关服务与银行保险机构或者其从业人员产生纠纷（以下简称“消费纠纷”），并向银行保险机构主张其民事权益的行为。

第三条 银行业保险业消费投诉处理工作应当坚持依法合规、便捷高效、标本兼治和多元化解原则。

第四条 银行保险机构是维护消费者合法权益、处理消费投诉的责任主体，负责对本单位及其分支机构消费投诉处理工作的管理、指导和考核，协调、督促其分支机构妥善处理各类消费投诉。

第五条 各相关行业协会应当充分发挥在消费纠纷化解方面的行业自律作用，协调、促进其会员单位通过协商、调解、仲裁、诉讼等方式妥善处理消费纠纷。

第六条 中国银行保险监督管理委员会（以下简称“中国银保监会”）是全国银行业保险业消费投诉处理工作的监督单位，对全国银行业保险业消费投诉处理工作进行监督指导。

中国银保监会各级派出机构应当对辖区内银行业保险业消费投诉处理工作进行监督指导，推动辖区内建立完善消费纠纷多元化解机制。

第二章 组织管理

第七条 银行保险机构应当从人力物力财力上保证消费投诉处理工作顺利开展，指定高级管理人员或者机构负责人分管本单位消费投诉处理工作，设立或者指定本单位消费投诉处理工作的管理部门和岗位，合理配备工作人员。

银行保险机构应当畅通投诉渠道，设立或者指定投诉接待区域，配备录音录像等设备记录并保存消费投诉接待处理过程，加强消费投诉管理信息系统建设，规范消费投诉处理流程和管理。

第八条 银行保险机构应当在官方网站、移动客户端、营业场所或者办公场所醒目位置公布本单位的投诉电话、通讯地址等投诉渠道信息和消费投诉处理流程，开通电子邮件、官网平台等互联网投诉渠道的，应当公布本单位接收消费投诉的电子邮箱、网址等。在产品或者服务合约中，银行保险机构应当提供投诉电话或者其他投诉渠道信息。

第九条 银行保险机构开展消费投诉处理工作应当属地管理、分级负责，充分考虑和尊重消费者的合理诉求，公平合法作出处理结论。及时查找引发投诉事项的原因，健全完善溯源整改机制，切实注重消费者消费体验，提升服务水平。

第十条 银行保险机构应当加强对第三方机构合作业务消费投诉的管理，因合作销售产品或者提供服务而产生消费纠纷的，银行保险机构应当要求相关第三方机构配合处理消费投诉，对消费投诉事项进行核实，及时提供相关情况，促进消费投诉顺利解决。银行保险机构应当将第三方机构对消费投诉处理工作的配合情况纳入合作第三方机构的准入退出评估机制。

第三章 银行业保险业消费投诉处理

第十一条 银行保险机构应当负责处理因购买其产品或者接受其服务产生的消费投诉。

第十二条 银行保险机构可以要求投诉人通过其公布的投诉渠道提出消费投诉。

采取面谈方式提出消费投诉的，银行保险机构可以要求投诉人在其指定的接待场所提出。多名投诉人采取面谈方式提出共同消费投诉的，应当推选代表，代表人数不超过5名。

第十三条 银行保险机构可以要求投诉人提供以下材料或者信息：

（一）投诉人的基本情况，包括：自然人或者其法定代理人姓名、身份信息、联系方式；法人或者其他组织的名称、住所、统一社会信用代码，法定代表人或者主要负责人的姓名、身份信息、联系方式，法人或者其他组织投诉代理人的姓名、身份信息、联系方式、授权委托书；

（二）被投诉人的基本情况，包括：被投诉的银行保险机构的名称；被投诉的银行业保险业从业人员的相关情况以及其所属机构的名称；

（三）投诉请求、主要事实和相关依据；

（四）投诉人提交书面材料的，应当由投诉人签字或者盖章。

银行保险机构已经掌握或者通过查询内部信息档案可以获得的材料，不得要求投诉人提供。

第十四条 投诉人提出消费投诉确有困难的，银行保险机构应当接受投诉人委托他人代为投诉，除第十三条规定材料或者信息外，可以要求提供经投诉人亲笔签名或者盖章的授权委托书原件，受托人身份证明和有效联系方式。

银行保险机构应当接受消费者继承人提出的消费投诉，除第十三条规定材料或者信息外，可以要求提供继承关系证明。

第十五条 银行保险机构可以接受投诉人撤回消费投诉。投诉人撤回消费投诉的，消费投诉处理程序自银行保险机构收到撤回申请当日终止。

第十六条 投诉人提出消费投诉，应当客观真实，对所提供材料内容的真实性负责，不得提供虚假信息或者捏造、歪曲事实，不得诬告、陷害他人。

投诉人在消费投诉过程中应当遵守法律、行政法规和国家有关规定，维护社会公共秩序和消费投诉处理单位的办公经营秩序。

第十七条 银行保险机构应当建立消费投诉处理回避制度，收到消费投诉后，应当指定与被投诉事项无直接利益关系的人员核实消费投诉内容，及时与投诉人沟通，积极通过协商方式解决消费纠纷。

第十八条 银行保险机构应当依照相关法律法规、合同约定，公平公正作出处理决定，对于事实清楚、争议情况简单的消费投诉，应当自收到消费投诉之日起15日内作出处理决定并告知投诉人，情况复杂的可以延长至30日；情况特别复杂或者有其他特殊原因的，经其上级机构或者总行、总公司高级管理人员审批并告知投诉人，可以再延长30日。

消费投诉处理过程中需外部机构进行鉴定、检测、评估等工作的，相关期间可以不计入消费投诉处理期限，但应当及时告知投诉人。

投诉人在消费投诉处理期限内再次提出同一消费投诉的，银行保险机构可以合并处理，如投诉人提出新的事实和理由，处理期限自收到新的投诉材料之日起重新计算。

在消费投诉处理过程中，发现消费投诉不是由投诉人或者其法定代理人、受托人提出的，银行保险机构可以不予办理，并告知投诉提出人。

第十九条 银行保险机构在告知投诉人处理决定的同时，应当说明对消费投诉内容的核实情况、作出决定的有关依据和理由，以及投诉人可以采取的申请核查、调解、仲裁、诉讼等救济途径。

第二十条 投诉人对银行保险机构分支机构消费投诉处理结果有异议的，可以自收到处理决定之日起30日内向其上级机构书面申请核查。核查机构应当对消费投诉处理过程、处理时限和处理结果进行核查，自收到核查申请之日起30日内作出核查决定并告知投诉人。

第二十一条 银行保险机构应当依照本办法的规定向投诉人告知相关事项并保留相关证明资料，投诉人无法联系的除外。

采取书面形式告知的，应当在本办法规定的告知期限内当面递交，或者通过邮寄方式寄出。

采取短信、电子邮件等可以保存的电子信息形式告知的，应当在本办法规定的告知期限内发出。

采取电话形式告知的，应当在本办法规定的告知期限内拨打投诉人电话。

银行保险机构与投诉人对消费投诉处理决定、告知期限、告知方式等事项协商一致的，按照协商确定的内容履行。

第二十二条 银行保险机构在消费投诉处理工作中，应当核实投诉人身份，保护投诉人信息安全，依法保护国家秘密、商业秘密和个人隐私不受侵犯。

第二十三条 银行保险机构在消费投诉处理过程中，可以根据需要向投诉人提出通过调解方式解决消费纠纷的建议。投诉人同意调解的，银行保险机构和投诉人应当向调解组织提出申请。调解期间不计入消费投诉处理期限。

第二十四条 银行保险机构应当充分运用当地消费纠纷调解处理机制，通过建立临时授权、异地授权、快速审批等机制促进消费纠纷化解。

第四章 银行业保险业消费投诉处理工作制度

第二十五条 银行保险机构应当根据本办法健全本单位消费投诉处理工作制度，明确消费投诉处理流程、责任分工、处理时限等要求。

第二十六条 银行保险机构应当建立消费投诉统计分析、溯源整改、信息披露、责任追究制度，定期开展消费投诉情况分析，及时有效整改问题；通过年报等方式对年度消费投诉情况进行披露；对于消费投诉处理中发现的违规行为，要依照相关规定追究直接责任人员和管理人员责任。

第二十七条 银行保险机构应当健全消费投诉处理考核评价制度，综合运用正向激励和负面约束手段，将消费投诉以及处理工作情况纳入各级机构综合绩效考核指标体系，并在各级机构高级管理人员、机构负责人和相关部门人员的薪酬分配、职务晋升等方面设定合理考核权重。

第二十八条 银行保险机构应当建立消费投诉处理登记制度和档案管理制度。消费投诉登记记录、处理意见等书面资料或者信息档案应当存档备查，法律、行政法规对保存期限有规定的，依照其规定执行。

第二十九条 银行保险机构应当依照国家有关规定制定重大消费投诉处理应急预案，做好重大消费投诉的预防、报告和应急处理工作。

重大消费投诉包括以下情形：

（一）因重大自然灾害、安全事故、公共卫生事件等引发的消费投诉；

（二）20 名以上投诉人采取面谈方式提出共同消费投诉的群体性投诉；

（三）中国银保监会及其派出机构（以下统称“银行保险监督管理机构”）认定的其他重大消费投诉。

第五章 监督管理

第三十条 银行保险监督管理机构应当明确银行保险机构消费投诉处理工作的监督管理部门。

第三十一条 银行保险监督管理机构设立消费投诉转办服务渠道，方便投诉人反映与银行保险机构的消费纠纷。

第三十二条 投诉人反映与银行保险机构的消费纠纷，同时提出应当由银行保险监督管理机构负责处理的其他事项的，依照有关规定处理。

第三十三条 银行保险监督管理机构的消费投诉处理监督管理部门应当自收到辖区内消费投诉之日起 7 个工作日内，将消费投诉转送被投诉银行保险机构并告知投诉人，投诉人无法联系的除外。

第三十四条 银行保险监督管理机构应当对银行保险机构消费投诉处理情况进行监督检查。

第三十五条 银行保险机构应当按照银行保险监督管理机构的要求，报告本单位消费投诉处理工作相关制度、消费投诉管理工作责任人名单，以及上述事项的变动情况。

第三十六条 银行保险机构应当按照银行保险监督管理机构的要求，报告本单位消费投诉数据、消费投诉处理工作情况，并对报送的数据、文件、资料的真实性、完整性、准确性负责。

第三十七条 银行保险监督管理机构应当定期将转送银行保险机构的消费投诉情况进行通报和对外披露，督促银行保险机构做好消费者权益保护工作。

第三十八条 银行保险监督管理机构应当将银行保险机构消费投诉处理工作情

况纳入年度消费者权益保护监管评价。

第三十九条　银行保险监督管理机构要加强对银行业保险业消费纠纷调解组织建设的指导，推动建立行业调解规则和标准，促进行业调解组织各项工作健康、规范、有序开展。

第四十条　银行保险机构在处理消费投诉中有下列情形之一的，银行保险监督管理机构可以提出整改要求，并监督其限期整改：

（一）未按照本办法第八条规定公布消费投诉处理相关信息的；

（二）未按照本办法规定程序办理消费投诉并告知的；

（三）无正当理由拒绝配合调解工作或者履行调解协议的。

第四十一条　银行保险机构违反本办法规定，有下列情形之一的，银行保险监督管理机构应当责令限期改正；逾期未改正的，区别情形，银行保险监督管理机构可以进行监督管理谈话，并对银行业金融机构依照《中华人民共和国银行业监督管理法》采取暂停相关业务、责令调整高级管理人员、停止批准增设分支机构以及行政处罚等措施，对保险机构、保险中介机构依照《中华人民共和国保险法》采取罚款、限制其业务范围、责令停止接受新业务等措施，对银行保险监督管理机构负责监管的其他主体依照相关法律法规采取相应措施。

（一）未按照本办法规定建立并实施消费投诉处理相关制度的；

（二）未按照本办法规定报告消费投诉处理工作有关情况的；

（三）违反本办法第四十条规定并未按照要求整改的；

（四）其他违反本办法规定，造成严重后果的。

第六章　附　　则

第四十二条　本办法所称银行保险机构包括银行业金融机构、保险机构、保险中介机构以及银行保险监督管理机构负责监管的其他主体。

第四十三条　本办法所称的“以内”“以上”均包含本数。

本办法中除“7个工作日”以外的“日”均为自然日。

第四十四条　本办法由中国银保监会负责解释。

第四十五条　本办法自2020年3月1日起施行，原《保险消费投诉处理管理办法》（保监会令2013年第8号）和《中国银监会办公厅关于印发银监会机关银行业消费者投诉处理规程的通知》（银监办发〔2018〕13号）同时废止。原中国银监会、原中国保监会发布的规定与本办法不一致的，以本办法为准。